namibia

Daniela Schetar
Friedrich Köthe

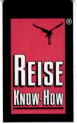

E-Mail-Adresse des Verlags:
verlag@rkh-reisefuehrer.de

www.reise-know-how.de

› Ergänzungen nach Redaktionsschluss
› kostenlose Zusatzinfos und Downloads
› das komplette Verlagsprogramm
› aktuelle Erscheinungstermine
› Newsletter abonnieren

Direkt einkaufen im Verlagsshop mit Sonderangeboten

Daniela Schetar
Friedrich Köthe

namibia

Impressum

Daniela Schetar
Friedrich Köthe

Namibia

erschienen im
REISE KNOW-HOW Verlag

ISBN 978-3-89662-607-3

© Helmut Hermann
Untere Mühle
D - 71706 Markgröningen

1996 · 1999 · 2002 · 2004 · 2007 · 2010 · 2012 · 2015
9. aktualisierte Auflage 2016

Alle Rechte vorbehalten

– Printed in Germany –

www.reise-know-how.de

eMail-Adresse des Verlags:
verlag@rkh-reisefuehrer.de

Gestaltung und Herstellung
Umschlagkonzept: Carsten Blind
Inhalt: Carsten Blind
Karten: Helmut Hermann
Druck: mediaprint, Paderborn
Fotos: siehe Anhang

Dieses Buch ist erhältlich in jeder Buchhandlung in
Deutschland, Österreich, Schweiz, Niederlande und Belgien.
Bitte informieren Sie Ihren Buchhändler über
folgende Bezugsadressen:

D: PROLIT GmbH, Postfach 9, 35461 Fernwald, www.prolit.de
    (sowie alle Barsortimente)
CH: AVA-Verlagsauslieferung AG, Postfach 27, 8910 Affoltern, www.ava.ch
A: Mohr Morawa Buchvertrieb GmbH,
    Sulzengasse 2, 1230 Wien, www.mohrmorawa.at
NL, B: Willems Adventure, www.willemsadventure.nl

Wer im Buchhandel trotzdem kein Glück hat, bekommt
unsere Bücher auch über unsere Büchershops im Internet (s.o.).

Wir freuen uns über Kritik, Kommentare und Verbesserungsvorschläge.
Alle Informationen und Daten in diesem Buch sind mit größter Sorgfalt
gesammelt und vom Lektorat des Verlags gewissenhaft bearbeitet und
überprüft worden. Da inhaltliche und sachliche Fehler nicht ausgeschlossen
werden können, erklärt der Verlag, dass alle Angaben im Sinne der Produkt-
haftung ohne Garantie erfolgen und dass Verlag wie Autor keinerlei Verantwortung
und Haftung für inhaltliche und sachliche Fehler übernehmen. Die Nennung
von Firmen und ihren Produkten und ihre Reihenfolge sind als Beispiel ohne
Wertung gegenüber anderen anzusehen. Qualitätsangaben sind subjektive
Einschätzungen der Autoren.

Vorwort

Namibia – „Afrikas herbes Paradies", „Land der Gegensätze", „das Kleinod Afrikas" – so wird Namibia oft genannt. Sein Reiz liegt in der Abwechslung. Es ist eine faszinierende Mischung aus unberührter Natur, Menschen vieler Kulturen und Zeugnissen deutscher Kolonialgeschichte.

Die Reise-Infrastruktur ist ausgezeichnet. Ob individuell im Mietwagen oder in einer Gruppe, es lässt sich bestens reisen. Zu den goldgelben Dünen von Sossusvlei, zum tiefen Fish River Canyon, zu den tosenden Wasserfällen bei Epupa, den Nationalparks, an wilde Küsten oder durch die Wüsten, Savannen und Regenwälder.

Dieses Reisehandbuch ist in 5 Teile gegliedert:

Teil I: Reisevorbereitungen
Teil II: Unterwegs in Namibia
Teil III: Land und Leute
Teil IV: Routenplanung
Teil V: Reise- und Routenteil

Der Teil I stimmt auf Namibia ein. Sie erfahren z.B., was und wieviel Sie auf Ihre Reise mitnehmen sollten, was zu beachten und zu bedenken ist. Hier stehen auch die Informationen, die Sie im täglichen Leben in Namibia, bei administrativen, privaten und öffentlichen Kontakten benötigen.

Im Teil II dreht sich alles um das Reisen im Land. Er behandelt Ankunft und Einreise, Geld- und Gesundheitsfragen, welche Freizeit-Aktivitäten möglich sind, was die Gastronomie bietet und was der Landesknigge rät. Abgerundet wird er durch Einkaufs- und Souvenir-Tipps und die Stichworte des „Namibia ABC".

Im Teil III stehen Namibia und seine Menschen im Mittelpunkt. Wie entstanden Wüsten und Gebirge, wie wurde das Land besiedelt, wie kamen und kommen die ethnischen Gruppen des Landes miteinander aus, wie unterscheiden sie sich und welche Gemeinsamkeiten haben sie, mit welchen Tieren und Pflanzen teilen sie ihre Heimat, wie sieht die wirtschaftliche, soziale und politische Gegenwart und Zukunft des Landes aus.

Mit dem Teil IV planen Sie Ihre maßgeschneiderte Namibia-Reise. Sie können auf **16 Hauptrouten und zahlreichen Nebenrouten** (s. vordere Klappenkarte) Namibia erkunden (mit Abstechern nach Südafrika, Zimbabwe und Botswana). Die alphabetische Liste der **Hauptsehenswürdigkeiten** mit dem Verweis auf die Route, die zur Anfahrt zu benutzen ist, macht es leicht, gezielt nachzuschlagen. In der **Liste der Unterkünfte** sind (fast) alle Beherbergungsbetriebe und Zeltplätze gelistet, gleichfalls mit Kurzbeschreibung und mit Verweis auf die Route.

Der Teil V ist der Reise- und Routenteil. Für den schnellen Überblick ist jeder einzelnen Route eine Tabelle mit Kilometrierung, Abzweigungen, Orten, sehenswerten Dingen und Übernachtungsstätten vorangestellt. Danach folgen die Orts- und Streckenbeschreibungen.

Im **Anhang** stehen Fotonachweis, Ausrüstungsliste, das Glossar „Südwester-Deutsch", Literaturliste und das Stichwortregister.

Gehen Sie also „auf Pad"! Sie werden sich später sicherlich – wie wir auch – immer wieder vom „herben Paradies" angezogen fühlen! Eine tolle Reise wünschen wir Ihnen,

Ihre Daniela Schetar und Friedrich Köthe

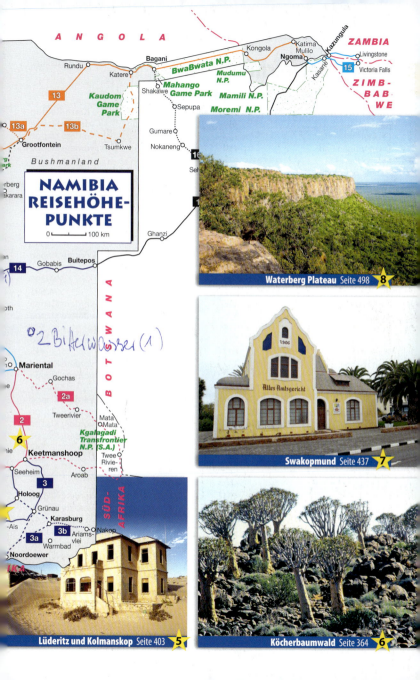

NAMIBIA REISEHÖHE-PUNKTE

0 — 100 km

Waterberg Plateau Seite 498 **8**

Swakopmund Seite 437 **7**

Lüderitz und Kolmanskop Seite 403 **5**

Köcherbaumwald Seite 364 **6**

Inhaltsverzeichnis

☐ Exkurs

Die wichtigsten Städte und Orte von A – Z

Stadt / Ort / NP	Seite	Karte	Karte-Region
Bethanie	369	369	vordere Klappe
Caprivi	592	594/595	vordere Klappe
Daan Viljoen Park	459	459	vordere Klappe
Etosha Park	477	478	479
Fish River Canyon	386	387	385
Gobabis	616	617	vordere Klappe
Gross Barmen	471	471	vordere Klappe
Grootfontein	585	586	vordere Klappe
Hardap-Damm	343	343	vordere Klappe
Henties Bay	574	574	542
Kamanjab	537	538	542
Karasburg	391	392	vordere Klappe
Karibib	508	508	
Katima Mulilo	599	600	594/595
Kaudom Park	610	611	594/595
Keetmanshoop	366	367	vordere Klappe
Kgalagadi Transfront. NP	376	377	vordere Klappe
Khorixas	518	520	542
Livingstone	633	634	626
Lüderitz	407	413	415
Maltahöhe	347	347	vordere Klappe
Mariental	344	344	vordere Klappe
Maun	643	644	594/595
Namib-Naukluft Park (Namib-Teil)	424	425	vordere Klappe
Namib-Naukluft-Park (Naukluft-Teil)	354	355	vordere Klappe
Okahandja	464	470	vordere Klappe
Okakarara	497	497	vordere Klappe
Omaruru	523	525	542
Ondangwa	568	568	542
Opuwo	547	548	542
Oshakati	567	567	542
Otavi	494	495	vordere Klappe
Otjiwarongo	473	474	vordere Klappe
Outjo	475	475	542
Rehoboth	340	340	vordere Klappe
Rundu	590	591	vordere Klappe
Sossusvlei	348	349	vordere Klappe
Swakopmund	437	441	542
Tsumeb	491	493	vordere Klappe
Usakos	510	511	542
Victoria Falls	627	631	631
Walvis Bay	429	430	430
Waterberg Plateau Park	498	499	vordere Klappe
Windhoek	316	319	hintere Klappe

Inhaltsverzeichnis

Teil 1 Reisevorbereitungen

Namibia pauschal oder individuell bereisen?....................	18
In Namibia reisen	20
Reise- und Jahreszeiten	23
☐ *Mit dem Ochsenkarren zu neuen Welten*	25
Reisebudget...............................	28
Wo übernachten?	29
Praktische Reisetipps von A bis Z:.....	35
Reisen mit Kindern	35
Anreise	38
Ausrüstung	41
Diplomatische Vertretungen..........	45
Dokumente	46
Gesundheitsvorsorge	47
Haustiere	50
Informationsstellen	50
Mietwagen	51
Reiseveranstalter in Namibia	55
Versicherungen	55
Zoll..	57

Teil 2 Unterwegs in Namibia

Ankunft und Einreise	60
☐ *Ankunft*	61
Rund ums Geld	63
Von Ort zu Ort – Verkehrs- und Transportmittel	65
☐ *Informationen über Radreisen (v. Andreas von Heßberg)*	68
Als Selbstfahrer unterwegs	71
Wie bleibe ich gesund?.............	77
☐ *Von Schlangen und anderen Giftigen*......................	79
Aktivitäten in Namibia	82
Astronomie	82
Angeln und Fischen	82
Ballonfahren	83
Bootsausflüge	83
Kayak-Touren	83
Bergsteigen	83
Quadbikes	83
Bungee-Jumping	84
☐ *Fly-in-Safaris*.........................	84
Fallschirmspringen....................	84
Golfen	84
☐ *Mit dem Flugzeug auf Safari*	87
Höhlenforschung......................	90
Kanutouren	90
Mineralien sammeln	90
Rafting......................................	90
Reiten	90
Segelfliegen, Motorflüge	91
Schießen	91
Trekking....................................	91
Wandern und Wüstenerlebnisse.........	91
☐ *In der Eisenbahn durch die Wüste*	92
☐ *Ausflug in der Lagune von Walvis Bay*	94
Jagen	95
Essen und Trinken.....................	96
☐ *Weine und andere Getränke*	99
Landesknigge	101
Einkaufen und Souvenirs	102
☐ *Souvenirs und Artenschutz*....	107
Namibia-ABC	108
Brief- und Paketverkehr............	108
Feiertage und Ferien	108
Fernsehen	109
Öffnungszeiten	109
Rundfunk	110
Sicherheitsvorkehrungen	111
Kriminalität..............................	111
Sprache	112
Telefonieren.............................	112
Funktelefon..............................	113
Zeitungen	113
Zeitverschiebung......................	114

Teil 3 Land und Leute

Namibia: Wilde, unberührte Natur	116
Gebirge, Wüsten und Riviere.............	116
Klima..	118
Wasserwirtschaft	119
☐ *Trockenflüsse als Wasseradern*	120
Geologie	121
☐ *Die wichtigsten geographischen Begriffe in Namibia*	125
Gesteine und Schätze im Erdinneren	125
☐ *Gesteine / Wichtige Gesteine in Namibia / Gesteinsformationen* ..	126
Schätze im Erdinneren – Namibias natürliche Ressourcen....................	129
Tier- und Pflanzenwelt Namibias	131
Lebensraum Wüste	132

- *Nebel als Lebensspender* 137
- Lebensraum Küste 140
- Lebensraum Savanne 141
- Lebensraum Trockenwald 147
- **Namibias artenreiche Fauna** 149
- Die großen Fünf – The Big Five 157
- Kleines Safari-Brevier 164

Geschichte und Geschichten 166
- In Zahlen 166
- Geschichtsquellen 172
- Was die Felsbilder erzählen:
  Vor- und Frühgeschichte 172
- Gravuren und Malereien 173
- San, Nama und Damara 174
- Einwanderung der Ovambo,
  Herero und der Orlaam 175
- Die Träume eines Kaufmanns 177
- Vom Handelsstützpunkt zur Kolonie . 178
- *Die Christliche Mission* 179
- Kriegszüge: Schutztruppe kontra
  Orlaam und Herero 180
- Diamanten und Internierung:
  Der Erste Weltkrieg 180
- Südafrikas Schatten über Namibia 181
- Widerstand: Von der OPO zur SWAPO 182
- Der bewaffnete Kampf 182
- Wer hält zu wem 183
- Der Weg in die Unabhängigkeit 184

Namibische Politik heute 184
- Der junge Staat 185
- Reconciliation: Politik gegen
  die innere Apartheid 187
- Politik gegen die äußere Apartheid ... 188
- Schulen 189
- Gesundheitswesen 190

Namibias wirtschaftliches Potential . 190
- Arbeit 191
- Landwirtschaftliche
  Nutzungsmöglichkeiten 191
- *Landreform – Pläne, Ziele,
  Möglichkeiten* 193
- *Umweltschutz* 194
- Fischerei 195
- Bergbau und Industrie 195
- Tourismus 197
- Presse und Rundfunk 197

**Namibias Menschen
und ihre Kultur** 199
- Die San (Buschmänner) 200
- *San-Legende* 203
- Die Nama 205
- *Nama-Legende* 207
- Die Damara 209
- *Die Herkunft der Damara* 210
- Die Herero 211
- Die Ovambo 214
- *Die Himba* 217
- Kavango- und Caprivi-Volksgruppen 219
- *Das gestohlene Wasser* 220
- Die Rehobother Baster 221
- *Die Farbigen* 222
- Die Buren 223
- Die Deutschen 224
- *Die DDR-Namibier* 227

Kunst und Traditionen 228
- Traditionelles Kunsthandwerk 230
- Architektur – von der Kolonialzeit
  zur Postmoderne 230
- Malerei – Moderne in Schwarz-Weiß . 234
- Musik – zwischen Bach
  und Kwela-Beat 235

Teil 4 Routenplanung
- Routenplanung und Hinweise
  zur Benutzung 238
- Die Routen 240
- Liste der Hauptsehenswürdigkeiten .. 241
- **Liste der Unterkünfte** 247

Bitte schreiben oder mailen Sie (verlag@rkh-reisefuehrer.de), wenn sich in Namibia Dinge verändert haben oder Sie Neues wissen. Wir beantworten jede Zuschrift. Danke!

Teil 5 Reise- und Routenteil

In den Süden

Route 1: **Roter Sand und rote Sonne – zu den Sossusvlei-Dünen ... 312**
- Windhoek 316
- Rehoboth 339
- Hardap-Dam 343
- Mariental 344
- Maltahöhe 345
- ☐ *Farm Nomtsas* 346
- Sesriem und Sossusvlei 348
- Naukluft Park 354
- ☐ *Als es gegen Hendrik Witbooi ging* 357
- Naukluft – Ababis über die Pässe nach Windhoek 358

Route 2: **Traumschloss im Nirgendwo – Duwisib 360**
- Mariental – Keetmanshoop. 362
- Köcherbaumwälder 364
- Keetmanshoop 366
- Bethanie 369
- ☐ *Karakulzucht* 370
- Helmeringhausen 371
- Duwisib 372

Route 2a: Südafrika ist nahe – der Kgalagadi Transfrontier Park (Kalahari-Gemsbok Park) 374
- Mariental – Gochas – Tweerivier 375
- Kgalagadi Transfrontier Park 376
- Mata Mata – Twee Rivieren – Aroab – Keetmanshoop 379

Route 3: **Langer Marsch zum heißen Wasser – Fish River u. Ai-Ais 381**
- Keetmanshoop – Grünau – Ai-Ais 382
- Ai-Ais 383
- Fish River Canyon 386
- Ai-Ais – Holoog – Seeheim 389

Route 3a: Kanus am Oranje 391
- Karasburg 391
- Warmbad 392
- ☐ *Flussfahrt auf dem Oranje* 394

Route 3b: Verbindung nach Südafrika 397
- Karasburg – Ariamsvlei – Nakop 397

Route 3c: Am Oranje entlang nach Rosh Pinah 398
- Noordoewer – Sendelingsdrift – Rosh Pinah – Aus 398

Route 4:	**Erste deutsche Schritte**	**400**
	Goageb – Aus	400
	Kolmanskop	403
	☐ *Diamantenfieber*	405
	Lüderitz	407
	Route 4a: Die Zentren der Farmer	**420**
	Aus – Helmeringhausen	420
	☐ *Naturpark Tiras Berge*	421

In der Landesmitte

Route 5:	**Durch die Namib an den Atlantik**	**422**
	Kuiseb Canyon	424
	Homeb	427
	Walvis Bay	429
	Swakopmund	437
Route 6:	**Durch die Wüste ins Hochland**	**452**
	Swakopmund – Welwitschia Trail	454
	Blutkuppe	457
	Bosua-Pass – Daan Viljoen Wildpark	458
	☐ *Der Baiweg*	458
	Daan Viljoen Wildpark	459
Route 7:	**Unter wilden Tieren – der Etosha National Park**	**461**
	Von-Bach-Damm • Okahandja	464
	☐ *Neuanfang in den Uniformen der Sieger*	468
	Gross Barmen	471
	Otjiwarongo	472
	Outjo	475
	Etosha National Park	477
	Okaukuejo	483
	Halali	485
	Namutoni	487
	Tsumeb	491
	Otavi	494
	Route 7a: Zum Waterberg-Plateau	**496**
	Waterberg Plateau Park	498
	☐ *Herero-Aufstand u. die Schlacht am Waterberg*	503
Route 8:	**Malereien und Gravuren – Bildsprache der Jäger**	**505**
	Okahandja – Karibib	507
	Karibib	508
	Usakos	510

Inhaltsverzeichnis

Spitzkoppe	512
☐ *Bei den Damara*	515
Uis	516
Brandberg	516
Khorixas	518
☐ *White Lady*	519
Vingerklip	520

Route 8a: Heiße Pfoten für Dinos – Spuren aus der Vergangenheit **522**
- Karibib – Omaruru 523
- ☐ *Der Siegeszug der Kompanie Franke* 525
- Omaruru – Otjiwarongo 527
- Abstecher: Dinosaurier-Fußspuren 527

Route 8b: Handel und Gefechte – der Pulverturm **528**
- Karibib – Otjimbingwe 528

Route 8c: Strahlendes Erz – Uran! **529**
- Swakopmund – Arandis – Rössing Mine – Usakos 530

Route 9:
Auf einsamen Pfaden durchs Damaraland (Kunene-Süd) **532**
- Khorixas – Versteinerter Wald 533
- Twyfelfontein 535
- Kamanjab 538

In den Norden

Route 10:
Wildnis – durchs Kaokoveld **539**
- Palmwag 541
- ☐ *Save the Dino Trust* 541
- Sesfontein 544
- Opuwo 547
- Opuwo – Kunene 548
- Ruacana-Fälle 550

Route 10a: Bedrohte Natur – die Epupa Fälle **552**
- Otjiveze – Okongwati 552
- Epupa-Fälle 553

Route 10b: Abenteuer Natur – über den Van Zyl's Pass zum Marienfluss **556**
- Okongwati – Van Zyl's Pass 558
- Van Zyl's Pass – Kunene 559
- Kunene – Hartmanntal – Orupembe 561
- Orupembe – Purros – Sesfontein 563

Route 11: Wo die Apartheid ihr Ende fand – Herzland der Ovambo 564
Ruacana – Oshakati 565
Ein Handschlag mit König Taapoi 566
Oshakati 567
Ondangwa 568
☐ *Zu den Seen des Ovambolandes* 570
Ondangwa – Namutoni 571

Route 12: Fische und Robben in gleißendem Dunst 572
Swakopmund – Henties Bay 573
Henties Bay 574
Henties Bay – Cape Cross 575
☐ *Kreuz des Südens* 577
Skeleton Coast National Park 577
Terrace Bay / Torra Bay 579

Route 12a: Pflanzen im Nebel 580
Ugab-Mündung – Uis 580

Route 12b: Durch den Messum Krater 581
Cape Cross – Messum Krater – Uis 581

In den Nordosten
Route 13: Tausch gegen Sansibar – die Idee eines Kanzlers 582
Otavi – Grootfontein 584
Grootfontein 585
☐ *Die Durstlandtrekker* 588
☐ *Rinderhaltung im Busch* 589
Rundu 590
☐ *Caprivi Strip* 592
Trans Caprivi Highway • Popa Fälle / Mahangu Safari Lodge
Caprivi Tierparks • Mahango Wildreservat 592
Bagani – Mudumu National Park 597
Mamili (Nkasa Lupala) National Park 597
Katima Mulilo 599

Route 13a: Hinterland ist Farmland 601
Grootfontein – Tsintabis – Tsumeb 601
☐ *Der Baobab* 602

**Route 13b: Tiefer Sand und wilde Tiere –
das Kaudom-Tierreservat 603**
Grootfontein – Kaudom Game Park – Tsumkwe 604
Tsumkwe 606
☐ *San, eine Kultur stirbt* 608
Tsumkwe – Kaudom 610
Kaudom Wildpark 610
☐ *Wie man in der Wüste (über)lebt* 612

Inhaltsverzeichnis

Route 14: Der Trans Kalahari Highway 614
Buitepos 616
Gobabis 616
Gobabis – Windhoek 618
Gästefarm Kiripotib 619

Nach Botswana, Zambia und Zimbabwe

Route 15: Zu den größten Wasserfällen der Welt –
die Victoria Falls 621
Ngoma – Kasane 622
Botswana 622
Kasane 623
Zimbabwe 626
Victoria Falls 627
Livingstone 633
Livingstone – Kazungula 635

Route 16: Elefantenrüssel im Zelt u. Löwen satt –
Chobe u. Moremi 636
Kazungula – Savuti Camp (Chobe Park) 638
Savuti 639
Moremi Game Reserve 640
Moremi Wildlife Reserve 641
Maun 643
Ghanzi 645
Ghanzi – Grenze Namibia 647

Route 16a: Westlich des Okavango-Deltas 648
Divundu – Shakawe – Toteng 649
Tsodilo Hills 649
Seronga 651

Anhang

Autoren / Bildnachweis 652
Ausrüstungsliste 653
Kleiner Sprachführer 654
Glossar Südwester-Deutsch 654
Literaturverzeichnis Namibia 655

Register A–Z 668

Teil I: Reisevorbereitungen

Namibia pauschal oder individuell bereisen?

Beides hat Vor- und Nachteile. Die Entscheidung hängt von den jeweiligen Wünschen ab, von der Zeit, die zur Verfügung steht, vom Budget und vom Organisationsaufwand, den zu investieren man bereit ist. Nachfolgend einige Überlegungen.

Pauschal- und Gruppenreisende haben mehr oder weniger einen strengen Reiseplan, von dem abzuweichen sehr schwierig sein dürfte. Abfahrts- und Ankunftszeiten sind festgelegt, Verweilzeiten nicht nach den eigenen Wünschen verlänger- oder verkürzbar. Änderungen sind mit allen Teilnehmern abzustimmen, und wenn man Pech hat, steht man mit seinen Vorstellungen regelmäßig alleine da. Erscheint eine Landschaft besonders pittoresk und lädt zum Fotografieren ein, haben Sie mit Ihrem Stopp-Wunsch nicht unbedingt Erfolg. Mit Ihnen fahren Menschen, die Sie nicht kennen und die ganz individuelle Vorstellungen haben, wie ein Urlaub auszusehen hat.

Im schlimmsten Fall befindet sich in der Gruppe ein ausgesprochenes Ekel, das alle terrorisiert. Vielleicht geht Ihnen auch Ihr Sitznachbar auf die Nerven, weil er dauernd Skat spielen will oder zu allem etwas zu sagen hat. Andererseits können Sie natürlich durchaus von einer fertigen Reiseorganisation profitieren. Der Vorbereitungsaufwand wird auf ein Minimum reduziert, es gibt untereinander kein Sprachproblem, in den meisten Fällen ist ein Reiseleiter dabei, der die notwendigen Hintergrundinformationen erzählen kann, und Sie müssen sich keine Sorgen um Ihre Sicherheit machen. Im Großen und Ganzen wird eine Namibia-Pauschalreise mit einem bedeutenden Veranstalter finanziell günstiger sein als eine selbstorganisierte und selbstgebuchte Reise. Gerade bei beschränkter Urlaubszeit und unter der Maßgabe, in diesem Rahmen ein Maximum sehen zu wollen, ist ein fester Reiseplan mit einem Pauschalanbieter durchaus vorteilhaft. Dieses Buch bietet Ihnen dazu alle Landesinformationen, Einblicke in das Land und beantwortet alle wesentlichen Fragen zu Geschichte, Flora, Fauna, Geologie oder Kultur.

Die meisten deutschen Veranstalter bieten Pauschalarrangements für Namibia an. Wenden Sie sich dazu an Ihr Reisebüro.

> **Reiseveranstalter-Tipp: Karawane Individuelles Reisen** ist einer der traditionsreichsten Veranstalter für das südliche Afrika. Seit 1950 werden individuelle oder Gruppenreisen zusammengestellt, je nach Geldbeutel im unteren, mittleren oder auch oberen Preissegment. Und je nach Geschmack, lässt man sich die gesamte Reise organisieren (Flug-, Mietwagen und Unterkunftsbuchungen) oder auch nur Teilbereiche. Weitere Infos siehe S. 19.

Namibia pauschal oder individuell bereisen

Reiseveranstalter in Europa

Einige ausgewählte Veranstalter:

Abendsonne Afrika GmbH, Tel. 07343-929980, www.abendsonneafrika.de

Afrika à la Carte Reisen, Buchenwinkel 7, 31789 Hameln, Tel. 05151-9577696, www.afrikaalacarte.de

Afrika & mehr e.K., Am Taubenfelde 24, Tel. 0511-1693040, www.afrikaundmehr.de

DSAR-Reisedienst GmbH, 53111 Bonn, Sandkaule 5–7, Tel. 0228-652929, www.dsar.de

Bwana Tucke-Tucke, Asternweg 4, 25551 Hohenlockstedt, Tel. 04826-5208, www.bwana.de (individuelle Tourenausarbeitung, pauschale Reisen, Rangerausbildung).

Impala Tours GmbH, 65760 Eschborn, Götzenstraße 8–10, Tel. 06196-41586, www.impala-tours.de

Jacana Tours, 80689 München, Willibaldstr. 27, Tel. 089-5808041, www.jacana.de

Karawane Individuelles Reisen, 71638 Ludwigsburg, Schorndorfer Str. 149, Tel. 07141-28480, www.karawane.de

Österreich

Ruefa Reisen, 1020 Wien, Lasallestr. 3, Tel. 0810-200400, info@ruefa.at, www.ruefa.at

Schweiz

Private Safaris pure Africa, 8010 Zürich, Geroldstr. 20, Postfach, Tel. 01-3864646, www.privatesafaris.ch

Individualreisende

Als Individualtourist sind Sie Ihr eigener Herr. Sie haben sich im Vorfeld schon intensiv mit Namibia auseinandergesetzt, wissen relativ genau, wie Sie anreisen, welche Sehenswürdigkeiten angefahren werden sollen, wo Sie übernachten wollen und Sie bringen ein bestimmtes Maß an Flexibilität für unerwartete Situationen mit. Ein Routenplan wurde ausgearbeitet, der Zeitrahmen und das Geldbudget bestimmt, Flüge gebucht, Mietwagen bestellt, die Übernachtungen bei den Hotels, Gästefarmen, Lodges und Parks avisiert und das Reisegepäck vorbereitet. Sie oder ihr Reisepartner oder jemand der Gruppe spricht ein wenig Englisch. Nach der Ankunft auf dem Airport in Windhoek erwartet Sie niemand, jetzt sind Sie auf sich allein gestellt. Sie können Sightseeing machen, Jagen, Fischen, Wandern, Angeln, Fallschirmspringen und vieles mehr.

Im **Teil IV** finden Sie einen **Tourenplaner** mit **Routenvorschlägen**, allen Sehenswürdigkeiten, Etappenlängen, Übernachtungs- und Versorgungsmöglichkeiten. Damit kann man seine Reise optimal planen und seinen Bedürfnissen und Neigungen entsprechend zusammenstellen.

Der Mittelweg

Wer weder das eine – die große Reisegruppe mit unbekannten Mitreisenden –, noch das andere – die aufwendig selbstorganisierte

Reise – will, kann einen Mittelweg wählen. Man entscheidet sich für einen der vielen Expeditionsanbieter Namibias für maßgeschneiderte Exkursionen. Hier bestimmen Sie selbst, wie groß die Gruppe sein, wohin es gehen und wie lange es dauern soll.

Diese Expeditionen in kleinen Gruppen über einen Veranstalter gibt es auch konfektioniert für Besucher, die alleine oder nur zu zweit reisen und darauf angewiesen sind, dass der Veranstalter eine Gruppe zusammenstellt (wobei die Gruppe der Größe wegen sehr homogen ist). Diese Form des Reisens hat natürlich auch ihren Preis. Es gibt zahlreiche Veranstalter in Namibia und den Nachbarländern. Eine Auswahl finden Sie in den Praktischen Reisetipps von A bis Z unter „Reiseveranstalter".

In Namibia reisen

Wie fortbewegen

Namibia ist ein Land der großen Entfernungen, und zwischen Etappenbeginn und -ziel findet sich meist nichts als Natur pur. Es gilt also, große Strecken zurückzulegen. Öffentliche Verkehrsmittel, bis auf die (lediglich zwischen einigen Hauptorten verkehrende) Eisenbahn und einige Busrouten, gibt es fast nicht. Mit dem privat betriebenen Verkehrsnetz zu reisen ist schwierig, da die dafür eingesetzten Minibusse nur auf festen Routen zwischen den Arbeitsstellen der schwarzen Bevölkerung im Farmland und dessen Städten und den ehemaligen Homelands verkehren.

Per **Anhalter** zu reisen ist faktisch nicht möglich, da die touristischen Ziele nur zur Versorgung oder zum Personaltransport angefahren werden und meist kein Platz auf oder in den Wagen vorhanden ist, außerdem dürfen die Fahrer keine Anhalter mitnehmen. In den Wagen der Touristen ist meist ebenfalls kein Platz. Darüber hinaus sind Übernachtungsmöglichkeiten nur begrenzt verfügbar, häufig im voraus gebucht, und viele Nationalparks dürfen zu Fuß (d.h. von Anhaltern) nicht betreten werden.

Die Fluggesellschaft **Air Namibia** verbindet nur die großen Städte untereinander. Wer es exklusiv und sehr teuer liebt, könnte noch mit dem **Charterflugzeug** die Sehenswürdigkeiten erreichen oder von Lodge zu Lodge springen. Verbleibt also für den Individualtouristen als einzig vernünftiges Überland-Fortbewegungsmittel der **Mietwagen,** mit oder ohne Fahrer.

Backpacker

Namibia ist eigentlich kein gutes Reiseziel für Low-budget-Touristen, die auf billige Unterkünfte und preiswerten Transport angewiesen sind. Dennoch hat sich eine Infrastruktur auch für den Backpacker entwickelt (Unterkünfte in den größeren Orten und Safaris).

Anforderungen

Namibia-Reisende sind bereit, die Regeln zu beachten, die eine sensible Natur erfordert. Sie sollten auch keinen Badeurlaub á la

In Namibia reisen

Kenia oder dauernde Animation erwarten, sondern vielmehr in der Lage sein, die herbe Schönheit der namibischen Natur, die Stille, Weite und Einsamkeit des Landes und den Charme der Städte sich selbst zu erschließen und zu genießen.

Landesgröße, Entfernungen

Namibia ist ein „kleines Land mit großen Entfernungen". Klein, weil es nur ca. 2 Mio. Einwohner hat und damit auch entsprechend wenig Städte; groß, weil die Entfernungen zwischen den Städten und den Sehenswürdigkeiten immens sind.

Die Ausdehnung von Nord nach Süd beträgt ca. 1500 km, von West nach Ost in der Landesmitte ca. 500 km und in Höhe des Caprivi Strip ca. 1400 km. Das Land ist mit 824.292 qkm etwa zweieinhalb Mal so groß wie Deutschland. „Erfährt" man sich Namibia, so braucht das seine Zeit, da die Straßen, bis auf eine Nord-Süd-Achse und drei Ost-West-Achsen, nicht asphaltiert sind. Will man auch nur die wichtigsten Sehenswürdigkeiten sehen, bleibt nichts anderes übrig, als einmal kreuz und quer durchzufahren. Wer nicht unbegrenzt über Zeit verfügt, sollte sich auf einen Landesteil bescheiden und einen weiteren Aufenthalt planen.

Zeitbedarf und Routenwahl

Bringen Sie viel Zeit mit, wenigstens zwei Wochen. Der Flug alleine dauert 9 bis 11 Stunden; auch wenn die Zeitverschiebung wegfällt, anstrengend ist er dennoch, und ein derart weit entferntes Reiseziel eignet sich nicht für einen einwöchigen Aufenthalt. Namibia ist groß, die Pads (Pisten), auch wenn sie vorzüglich unterhalten werden, sind keine Autobahnen. Übers Jahr wird es morgens zwischen 5 und 7 Uhr hell und abends im gleichen Zeitraum dunkel (der Äquator ist nicht allzuweit). In der Dämmerung und bei Dunkelheit sollte unter keinen Umständen gefahren werden – Warzenschweine auf dem Weg sind schon bei 60 km/h ein unüberwindliches Hindernis, geschweige denn eine Antilope.

Je nachdem, welches Etappenziel man wählt, was einen dort erwartet (Sehenswürdigkeiten, Tierbeobachtung o.a.) und wie man reist (Lagerplatz suchen, Zeltaufbau, Kochen), sollte man rechtzeitig ankommen. 15 bis 16 Uhr ist keinesfalls zu früh. Mit der Mittagspause wird man im Schnitt nicht wesentlich mehr als 5 bis 6 Stunden reine Fahrzeit am Tag zur Verfügung haben. Mit Stopps zum Gucken und Fotografieren erreicht man auf guten Pisten eine Durchschnittsgeschwindigkeit um die 50 km/h. Eine Tagesetappe mit höchstens 300 km Wegstrecke ist also durchaus vernünftig.

Mit einem Rasttag sollte man demnach pro Woche eine maximale Entfernung von 1500 bis 2000 km planen. Wird ganz Namibia bereist, muss man dazu mindestens einen vierwöchigen Urlaub nehmen.

Bei Fahrten in unwegsamen Gebieten, wie dem Damara- und Kaokoland abseits der Hauptstrecken, schnellt der Zeitbedarf sofort in die Höhe, da dort Durchschnittsgeschwindigkeiten von 10 oder 20 km/h keine Seltenheit sind.

Also lieber zu viel Zeit als zu wenig oder lieber weniger vom Land sehen, aber richtig. Der Kardinalfehler vieler Besucher besteht darin, die Tagesetappen zu lange zu gestalten; sie erreichen abgehetzt und in der Dunkelheit ihr Ziel, können an der Tierbeobachtung nicht teilnehmen, sind erschöpft und nicht mehr aufnahmefähig. Wer nur 2 Wochen zur Verfügung hat, ist gut beraten, entweder nur den Norden oder nur den Süden zu bereisen.

Im Teil IV „Routenplanung" sehen Sie, was machbar ist.

Wilde Landschaften Großartige Landschaften finden sich überall in Namibia, doch muss man unterscheiden zwischen „kultivierten" Regionen (meist privates Farmland, eingezäunt, der Tierbewirtschaftung vorbehalten und nur beschränkt bereisbar), den geschützten Gebieten (Reservate, Monumente und Nationalparks mit besonderen Zugangsbeschränkungen und vorgeschriebenen Verhaltensmaßregeln) und den ehemaligen Homelands, in denen Vieh- und Landwirtschaft meist auf offenem (kommunalem) Land betrieben wird. Besonders unzugänglich stellt sich der Nordwesten mit dem Damara- und dem Kaokoland dar. Im Nordosten um den Kaudom-Wildpark am Beginn des Caprivi Strips ist das Buschmannland (die heutige Region Otjozondjupa) noch wahrlich ursprünglich.

Aber auch alle öffentlich zugänglichen, geschützten Gebiete präsentieren gigantische Landschaften, die den Reisenden recht verletzlich wirken lassen. Im Süden der Fish River Canyon, dessen Wände in die Urzeit der Erdgeschichte verweisen, der vielfältige Namib-Naukluft Park mit Sand- und Steinwüsten, mächtigen Bergen

und Sanddünen, Küste und Schluchten im Südwesten, die Skelettküste im Nordwesten mit ewigem Nebel, Wind und Dünen, die in ihrer Erhabenheit denen bei Sesriem nur wenig nachstehen.

Auf den Spuren in der Kolonisierung
Die meisten Zeugnisse der deutschen „Schutztruppenzeit" Südwestafrikas (von 1884 bis 1915) finden sich in der Landesmitte, in etwa um die Linie Swakopmund – Windhoek – Waterberg. Gepflegte Gräber von „Reitern", administrative Gebäude im deutschen Kolonialstil, prachtvolle Villen vermögender Kaufmannsfamilien, inzwischen friedlich genutzte Verteidigungsanlagen, Trutzburgen, in denen und um die viel Blut vergossen wurde, und das unglaubliche Schloss Duwisib mitten im Niemandsland karger Landschaften, der Versuch, Ritterherrlichkeit in einer feindlichen Umgebung zu schaffen.

Wild beobachten
Die meisten Tiere und Tierarten leben im nördlichen Teil des Landes, im Etosha National Park, im Kaudom-Wildpark und im BwaBwata National Park mit den Parks Mudumu, Mamili (Nkasa Lupala) und Mahango. Wer Zeit und Lust hat, kann auch die wildreichen Parks im Nachbarland Botswana besuchen (Chobe und Moremi). Wer glaubt, das Wild außerhalb der Nationalparks und Tierreservate im Busch auf eigene Faust finden zu können, täuscht sich. Erstens ist meist kein Durchkommen, zweitens flüchten die Tiere bevor man sie entdeckt und drittens ist es in den Parks und auf vielen Wildfarmen verboten, die Wege (oder gar das Fahrzeug) zu verlassen.

Reise- und Jahreszeiten

Die wärmste Reisezeit
Am wärmsten ist es natürlich im Sommer der Südhalbkugel, während des europäischen Winters. Ganz Unentwegte springen zu dieser Jahreszeit in den – auch dann noch – kalten Atlantik. Die Pools der Lodges, Hotels und Gästefarmen bieten dagegen willkommene Abkühlung nach der Hitze des Tages. Allerdings gibt es auch starke Regenfälle, da die im Januar beginnende Hauptregenzeit erst im März langsam abklingt. Kalt wird es aber nie und es regnet sich auch nicht ein. Die Wasserfluten können aber einige Pads, nicht nur für normale Pkw, sondern auch für Allradfahrzeuge (Four-Wheel-Drives/FWD) unpassierbar machen. Da heißt es dann, einige Stunden, vielleicht auch einmal einen Tag warten, und unter Umständen erreicht man sein Etappenziel nicht. Hin und wieder, in Abständen von mehreren Jahren, ist es während und am Ende der Regenzeit fast unmöglich, das Kaokoland zu bereisen, da viele Pads gar nicht mehr existieren und Übergänge über die **Trockenflüsse (Riviere)** weggespült sind. Auch passionierte Wanderer können wegen der großen Hitze im Sommer einige der schönsten Touren, wie z.B. durch den Fish River Canyon, nicht durchführen. Der gesamte Bereich ist dann gesperrt, Genehmigungen *(Permits)* werden nicht erteilt.

Die touristischste Reisezeit

Die europäischen Weihnachtsferien fallen mit den Sommerferien der Bewohner des südlichen Afrika zusammen. Dort gibt es insgesamt drei Hauptferientermine (sie differieren von Jahr zu Jahr um wenige Tage):

1. Ca. 4 Wochen **von Ende April bis Ende Mai**
2. Ca. 2 Wochen **von Ende August bis Anfang September**
3. Ca. 6 Wochen **von Anfang Dezember bis Mitte Januar**

Alles ist dann unterwegs, im Wohnmobil, in Autos mit Anhängern, mit dem Motorrad. Jeder hat sein Fahrzeug vollgepackt bis zum letzten Winkel und reist. Besonders ausgebuchte Zeiten sind auch Juli und August, wenn die Südafrikaner mit Sack und Pack durch Namibia touren.

Da die Zahl der Unterkunftsmöglichkeiten in Namibia beschränkt ist (der Bau von neuen Unterkünften und Hotels kann mit der rasanten touristischen Entwicklung der letzten Jahre nicht Schritt halten, Natur und Ökologie lassen es aus Wassermangel nicht zu, das Angebot unbegrenzt zu erweitern), muss man Hotels und Unterkünfte in der Hochsaison vorausbuchen. Und nur wenn die Buchung wirklich lange vor Abreise vorgenommen wurde (bis zu 18 Monate!) hat man die Chance, sich seine Tour wie gewünscht selbst zusammenzustellen oder zusammenstellen zu lassen. In der Etosha-Pfanne reiht sich Fahrzeug an Fahrzeug, es kann passieren, dass trotz Zufahrtsbeschränkungen eine von den Wagen aufgewirbelte Staubwolke über den Pads hängt und das Beobachten der Tiere in der stickigen Atmosphäre nicht sehr vergnüglich ist.

Die tierreichste Reisezeit

Wer nach Namibia fährt, um Wild zu beobachten, ist am besten beraten, im Winter oder Spätwinter zu reisen (Juli bis September).. Das Land ist ausgetrocknet, die Tiere finden im Busch kein Wasser und sie kommen zu den Wasserstellen, die ihnen – teilweise künstlich unterhalten – auch in der Trockenzeit eine Tränke und dem Touristen beste Beobachtungsmöglichkeiten bieten.

Die ideale Reisezeit

Die ideale Reisezeit ist der namibische Herbst **von März/April bis Juni/Juli.** Es ist tagsüber nicht zu heiß, nachts nicht zu kalt, das Baden in den Swimmingpools ein Vergnügen, es sind nicht zu viele Menschen unterwegs, die Luft ist klar, der Himmel strahlend blau, und wenn die Regenzeit nicht zu stark war, beginnen die Tiere, zu den Wasserstellen zu kommen.

Mit dem Ochsenkarren zu neuen Welten

Die Welt „Die ersten Europäer, die in das Innere von Südwestafrika vorstießen, kamen aus der Kapkolonie und waren Jäger, Händler, Forscher und Missionare. Die Reisedauer umfasste Monate und man war sehr abhängig von den wenigen Wasserstellen und von den Weideverhältnissen. Der Weg, soweit man die Gleise eines vorangefahrenen Ochsenwagens als Weg ansprechen kann, überschritt bei Ramans oder Sendelingsdrift den Oranje, führte nach dem damaligen Nisbeth-Bath (später Warmbad), einer Station der Weslyaner Mission. Weiter ging es über Swart Modder (Keetmanshoop) und nordwärts bis zu den guten Quellen von Grootfontein, das ungefähr 40 km südlich von Maltahöhe gelegen ist und dessen Lehmsteinruinen und Baumbestände noch von der alten Zeit künden.

Eine Hin- und Rückreise mit dem Ochsenwagen von den im Landesinneren gegründeten Missionsstationen, z.B. von Großbarmen bis zum Kap, dauerte bis 11 Monate oder länger. In jenen Zeiten, mit Beginn des 19. Jahrhunderts, gab es keinerlei Wege in Südwest. Die wenigen Verbindungspfade waren die ausgetretenen Pfade der Wildherden, die sich über Berge und durch Schluchten wanden und sich für den Ochsenwagen als Reisefahrzeug nicht eigneten. Jeder Ochsenwagen, der als erster durch ein Gebiet fuhr, bahnte sich einen Weg ins Unbekannte und auf seinen Spuren, die sich in dem trockenen Klima teilweise jahrelang hielten, folgten dann die nächsten Reisenden."

(aus: „Der Baiweg", H. W. Stengel, Windhoek, 1972)

Der Wagen „Ein solcher Wagen ist ein Riesenungeheuer aus bestem Holz und mit massiven Eisenbeschlägen. Er ist solide konstruiert, denn es werden an seine Haltbarkeit große Anforderungen gestellt. Der Wagen ist mit

Historischer Ochsenwagen, Museum Swakopmund

einer Anzahl von Kisten besetzt, die gleichzeitig als Sitze dienen; auch unter dem Wagen sind allerlei Vorrichtungen zum Anhängen der Gerätschaften, besonders der dreifüßigen Kochkessel und der Blecheimer vorhanden. Der hintere Teil des Wagens ist vollständig mit einer großen Plane aus Segelleinwand überzogen.

Der Wagen kann – je nach seiner Größe, der Passierbarkeit des Weges und der Anzahl der Ochsen, von denen er geschleppt wird, – zweitausend bis sechstausend Pfund Ladung aufnehmen. Die Wagen werden in Kapstadt angefertigt und kosten zwei- bis dreitausend Mark. Zwölf bis achtzehn Ochsen werden paarweise vor den Wagen gespannt. Nur das zunächst dem Wagen gehende Paar, von den Holländern die „Achterochsen" genannt, gehen an einer Deichsel.

An der Spitze der Deichsel ist der sogenannte Ochsenstrick befestigt, das heißt, ein aus Leder zusammengeflochtener, sehr fester Riemen. An diesem sind mit den Jochen, die sie über den Köpfen tragen, die anderen Zugochsen paarweise befestigt. Das Ende dieses Ochsenstrickes, auch Leittau genannt, nimmt der vorausschreitende Führer des Wagens in die Hand. ...

Auf der vordersten Kiste nimmt der Kutscher Platz, der ein drei Meter langes Bambusrohr mit einer ellenlangen Peitsche hat, um von seinem Platz aus jeden einzelnen Ochsen, der zum Ziehen aufgefordert werden muss, mit großer Geschicklichkeit mit der Peitsche zu treffen. Jeder Ochse hat seinen besonderen Namen, der ihm auch zugerufen wird, wenn das Tier aufmerksam gemacht werden soll.

Die Ochsen sind ganz prächtige Tiere, meist glänzend schwarz und mit geringen weißen Abzeichen. Sie haben riesige, nadelspitze Hörner. Die Leistungsfähigkeit dieser Tiere ist eine fast unbegrenzte: Auf den fürchterlichsten Wegen gehen sie tagelang unermüdlich weiter, sie haben die Fähigkeit, tagelang zu hungern und zu dürsten. Ihre harten Hufe ermöglichen es ihnen, durch den Sand, über Felsengeröll, durch den Quarzschotter, der meilenweit das Land bedeckt, kurzum, auf den schlechtesten Wegen unbeschädigt dahinzuwandern. Sie sind manchmal störrisch und schwer in Ordnung zu halten, aber im großen und ganzen haben diese Tiere doch außerordentliche Vorzüge."

(aus: „Mit Büchse, Spaten und Ochsenstrick",
A. O. Klaussmann, Kattowitz und Leipzig, 1903)

Der Weg „Spuren von Elefanten, Straußen, Löwen, Giraffen und allerlei anderm Wild fanden wir sehr häufig, und konnten auch manche Tiere erlegen. In den letzten Tagen hatten wir einige Giraffen geschossen ...

Wir hatten jetzt beide Wagen voll Fleisch, und um unsere Vorräte zu sparen, wurde fast nur von Giraffenfleisch gelebt. ... Mir ... lag es im Magen wie ein Stein, und ich wurde recht krank davon. Ich zog mein Doktorbuch zu Rate; das sagte: ähnliches heilt ähnliches. Demnach, dachte ich, müssen Steine auch den Steindruck in meinem Magen vertreiben und nahm eine tüchtige Portion Steine. Die habe ich aber nicht verschluckt, sondern aus dem Weg gerollt und zur Abwechslung Bäume, die im Wege standen, umgehauen oder eigentlich umgebissen, denn das Holz ist so hart, dass es schien, das Beil sei von Holz und die Bäume von Stahl. …

Von den Bergen kommen öfters Seitenflüsse herunter, über deren steiniges Bett der Wagen gewaltig hinüberrappelt. Während wir so mit Ach und Krach dahinfuhren, wurde ein Berg über uns lebendig, die Steine rollten herunter, eine Truppe Zebra kam über die Berge herunter zum Wasser. Zwei der hübschen Tiere wurden erlegt. …

Am 7. Juli hatten wir allerlei Malheur: Der Topf mit der Wagenschmiere war verloren, und niemand hatte Lust, ihn zu suchen … Die Leute waren müde, … dazu war der Löwe auf dem Weg, da mag man nicht gebieten, obgleich man es könnte. …

Während der Abwesenheit der zwei Männer (die den Schmiertopf suchten), hatten wir zwei gefährliche Stellen zu passieren. Ein Berg streckte seine Nase bis an den Rand des Flusses und fiel da steil ab. Im Wagen zu sitzen hatte an dieser Stelle niemand Lust. … Der unsere wäre beinahe umgefallen, das eine Hinterrad sprang zwei Fuß in die Höhe. … Kaum waren wir aber über diese Nase hinüber, so trat ein anderer Berg steil bis an das Flüsschen heran. Jetzt hieß es über den Graben. Das Wasser war 6 Fuß tief und nur etwa 4 Fuß breit. Wenn ein Wagen in diesen Graben fiel, so kam er nicht wieder heraus. … Peter Swartboy, der diesen Weg vor uns passiert war, hatte große Steine in den Graben rollen lassen und auf dieselben eine Schicht kleinere, so lief das Wasser zwischen den großen Steinen durch und noch etwa 1 Fuß hoch über die kleinen Steine weg. Mit mancher Not kamen wir in zwei Stunden über diese Brücke hinüber auf die andere Seite des hohen Uferrandes."

(aus: „Aus alten Tagen in Südwest, der Ochsenwagen erzählt",
W. Moritz, Spenge, 1989)

Reisebudget

Reisekosten, Preise

Namibia ist für Touristen aus dem Euro-Raum immer noch ein relativ günstiges Reiseland. Dinge des täglichen Bedarfes liegen, je nach Wechselkurs, etwa 20–40% unter deutschem Preisniveau. Auf der anderen Seite ist Namibia kein Billigreiseland. Der Großteil der touristischen Infrastruktur und das Leistungsangebot sind ausgerichtet auf Reisende, von denen angenommen wird, dass sie über relativ viel Geld verfügen. Deshalb kann ein Namibia-Urlaub auch recht teuer werden. Doch findet auch der Rucksacktourist eine angemessene Low-budget-Infrastruktur. Es gibt eine Jugendherberge (in Swakopmund) und in den größeren Orten Billighotels. Schwierig ist es mit den öffentlichen Verkehrsmitteln, mit denen man preiswert die Sehenswürdigkeiten erreichen könnte (hier muss man eine Safari buchen). Wildzelten ist, bis auf wenige Gebiete (z.B. Kaokoland, Buschmannland), nicht möglich, da das Land wirtschaftlich genutzt wird und eingezäunt ist. Die **Flüge** nach Namibia und zurück kosten zwischen 700 € und 1200 €, je nach Airline, Reiseroute und Saison.

Für ein **Essen** in einem guten Restaurant muss mit ca. 15–20 € pro Person kalkuliert werden. Mit 6 € wird man aber auch in einem der kleinen Fastfood-Läden satt, die sich an vielen Tankstellen finden. Eine Übernachtung ohne Frühstück kostet mindestens 30 € pro Kopf (in den Backpackerunterkünften der Städte mit Schlafsaal auch manchmal nur 10 €), nach oben sind keine Grenzen gesetzt. Mit 8 € kommt man in einem Taxi quer durch Windhoek, für 10 € mit dem Zug von Windhoek nach Walvis Bay. Der Liter Diesel oder Benzin kostet 0,50–1 Euro, abhängig vom Wechselkurs und Rohölpreis.

Bei sparsamem Reisen (4 Personen im Kleinwagen, Zelturlaub, Selbstversorgung, Beschränkung auf das Allernotwendigste) wird man nicht wesentlich unter 1200–1500 € pro Person für 2 Wochen alles inklusive kommen. Nach oben hin ist alles offen (Luxuscamps, Anreise mit dem Flugzeug, Abstecher nach Botswana und zu den Victoria-Fällen, etc.).

Niedriges Reisebudget

Die günstigste Art zu reisen ist Anmietung eines kleinen Pkw und Zeltübernachtung auf dem Grund eines staatlichen Restcamps mit Selbstversorgung. Anzusetzen sind pro Übernachtung für 4 Erwachsene und Stellplatz für das Fahrzeug 40–60 €. Da sich die Autovermieter in ihrem Angebot beispielsweise bei Kosten für den Ausschluss der Selbstbeteiligung, freie Kilometer, Zustellung zum Flughafen etc. stark unterscheiden und es teils schwierig ist dies zu überblicken, kann man sich auf dem Internet-Portal **www.billiger-mietwagen.de** eine klar strukturierte Vergleichsliste der Angebote alle Verleiher herunterladen und in Ruhe entscheiden.

Mittleres Reisebudget Die Übernachtung in einer Hütte oder einem Appartement der staatlichen Restcamps kostet für 4 Personen mit Fahrzeug zwischen 60 € und – sehr luxuriös – 120 €. Auf Gästefarmen muss für die Übernachtung pro Person mit 60–125 € gerechnet werden (mit Abendessen und Frühstück, unter Umständen auch inklusive einer Farmbesichtigung und einer Pirschfahrt zur Tierbeobachtung). Hotels in den Städten bewegen sich auf etwa dem gleichen Preisniveau. Das Fahrzeug mittlerer Kategorie (Toyota Hilux) kommt auf etwa 100 € pro Tag.

Hohes Budget Lodges verlangen 80 bis 150 € pro Person. Enthalten sind meist alle Mahlzeiten und abendliche und morgendliche Tierbeobachtung. Einige Luxuslodges mit exklusivem Service verlangen bis zu 500 € pro Kopf (in Botswana kann der Preis sogar bis weit über 2000 € ansteigen). Ein voll ausgerüsteter, robuster Geländewagen, der für einige Touren auch unabdinglich ist, kann das Budget mit bis zu 175 € am Tag belasten.

Wo übernachten?

Buchung Übernachtungskapazitäten sind in Namibia auf dem Land nur begrenzt vorhanden und mit Rücksicht auf die Ökologie nicht beliebig ausbaubar. Auch in Zukunft wird es zu Spitzenzeiten des Urlaubsverkehrs Engpässe bei den Unterkünften geben. Konsequenz: die **rechtzeitige** Buchung, bis zu einem halben Jahr im Voraus, falls sich Ihr Urlaub mit der südafrikanischen Ferienzeit überschneidet! Die Anfahrtswege auf den Stichstraßen, die zu den Gästefarmen oder Lodges führen, sind zu lang (teilweise bis zu zwei Stunden von der Hauptroute entfernt), als dass sich das Risiko lohnte, ins Blaue zu

Die Namib Desert Lodge (60 km nördl. von Sesriem)

fahren und dann evtl. abgewiesen zu werden. Viele Beherbergungsbetriebe haben an ihren privaten Zufahrtsstraßen Schilder, die darauf hinweisen, dass eine Anfahrt nur mit bestätigter Buchung erlaubt ist.

Buchungen sind meist unproblematisch per Telefon, online oder schriftlich zu erledigen; bitten Sie um schriftliche Bestätigung. Teilweise muss eine Anzahlung geleistet werden (bei Ihrer Bank per SWIFT, 15 Euro und mehr Transferkosten; besser Kreditkartendaten übermitteln). Bei staatlichen Betrieben geht Ihnen vorab eine Rechnung zu, die innerhalb einer bestimmten Frist beglichen werden muss (dafür wird aber auch die Unterkunft auf alle Fälle für Sie freigehalten). Buchungen für Hotels und private Unterkünfte werden direkt vorgenommen, für alle Nationalparks und Erholungsgebiete auf staatlichem Boden zentral beim Buchungsbüro und bis zu 18 Monate im voraus. **Adresse:**

Namibia Wildlife Resorts Ltd., Head Office, Private Bag 13378, Windhoek, Independence Avenue, Windhoek, Tel. 061-2857200, reservations@nwr.com.na, www.nwr.com.na.
Öffnungszeiten der Kasse: Mo–Fr 8–15 Uhr,
von 15–17 Uhr nur Reservierungen und Informationen. Zahlungen nur per Kreditkarte!

Buchungen für den Namib-Teil des Namib-Naukluft-Parkes mit Welwitschia-Drive und den Zeltplätzen im Park (Homeb, Mirabib, Kuiseb-Brücke, Kriess se Rus, Ganab, Groot Tinkas, Archer's Rock, Blutkuppe, Vogelfederberg, Welwitschia und Swakopfluss) werden vorgenommen über *Namibia Wildlife Resorts Ltd.* in Windhoek oder das *Ministry of Environment & Tourism* in Swakopmund.

Klassifikation und Lizenzierung Prinzipiell unterscheidet man **private Beherbergungsbetriebe** (Hotels, Pensionen, Guest Houses, Gästefarmen, Bed&Breakfast-Betriebe, Jagdfarmen, Lodges, Caravan-Parks, Zeltplätze) und **staatliche** (inzwischen als Firma in staatlichem Besitz organisiert) bzw. **städtische Einrichtungen** (Restcamps oder Rastlager mit Bungalows, Appartements, Zimmern und Zeltplätzen). Jeder Betrieb muss lizenziert sein und wird staatlicherseits nach einem (mit Südafrika konsolidiertem) Sternesystem kategorisiert. Unterkünfte können 5 Sterne erhalten. Wenn eine Gästefarm oder eine Lodge keinen Stern besitzt, kann das jedoch auch bedeuten, dass dort an einer Klassifizierung kein Interesse besteht. Es gibt Lodges ohne Sterne, die jedes Luxushotel in den Schatten stellen. **Bei den Listungen der Hotels in den Orten sind die Empfehlungen der** Autoren in **fetter Schrift.**

Die **Lizenzierung für Alkohol** reicht von „T" (Ausschank nur an Übernachtungsgäste) über „YY" (im Restaurant wird an jeden Alkohol ausgeschenkt) bis zu „YYY" (volle Barlizenz).

Unterkünfte

Hotels, Guesthouses, Pensionen

Sie unterscheiden sich nicht von den Hotels in Europa, auch die gleichen Serviceleistungen, entsprechend der Kategorie, werden angeboten. Sie sind klassifiziert von einem Stern bis zu 5 Sternen. Ein-Stern-Hotels sind einfachst gehalten, ab 4 Sterne entsprechen die Hotels internationalem Luxusstandard. Preise für ein Doppelzimmer mit Frühstück variieren zwischen 25 € und 150 €.

Gästefarmen

Gästefarmen sind eine Spezialität Namibias. Sie müssen mindestens 4 Zimmer haben und besitzen selten mehr als 10. Die Zimmer sind bis auf wenige Neubauten in den Wirtschaftsgebäuden untergebracht. Einige Farmen haben die Viehzucht eingestellt und betreiben den Hof als Wild- oder Jagdfarm, damit ist meist eine persönliche Atmosphäre garantiert. Gegessen wird gemeinsam mit der die Farm bewirtschaftenden Familie (Frühstück und Abendbrot).

Gästefarmen finden sich im ganzen Land verteilt, und auch wenn man Hotels vorzieht, sollte wenigstens ein zwei- bis dreitägiger Aufenthalt auf einer Gästefarm eingeplant werden, die noch Vieh hält, um das Leben und die wirtschaftliche Struktur des Landes hautnah zu erleben. Auf der Farmrundfahrt erfährt man Wissenswertes über das Vieh, wieviel Land zur Ernährung eines Tieres notwendig ist, wie lange es auf einem Weideabschnitt verbleiben darf, wie die Abschnitte geteilt und untereinander verbunden sind, Probleme der Bewässerung, soziale Strukturen der Mitarbeiterfamilien und vieles mehr. Namibia ist „Cattle Country" (Viehland), und ohne die Nöte und Freuden des Lebens auf einer Farm kennengelernt zu haben, hat man nur die Hälfte gesehen. Die Klassifikation der Gästefarmen geht von einem bis zu drei Sternen.

Nubib Mountain Guest Farm

Unterkünfte

Lodges, Tented Camps

Auf Lodges wird keine Farmwirtschaft mehr betrieben. Auf dem Gelände ist Wild fest angesiedelt, und zur Gästeunterhaltung werden Fahrten zur Tierbeobachtung unternommen. Die Gebäude sind speziell zur Gästeunterbringung geschaffen worden, teilweise in afrikanisch-traditionellem Baustil. Die Atmosphäre entspricht eher der eines kleinen Hotels. An den Mahlzeiten nehmen häufig auch die Wildhüter und die Manager der Lodge teil, die gerne Fragen beantworten.

Neben den Lodges auf privatem Farmgebiet wurden privaten Betreibergesellschaften Konzessionen zur Nutzung von staatlichem Grund erteilt; das Wild in diesen Konzessionsgebieten ist nicht angesiedelt worden, sondern wandert frei umher (z.B. Palmwag Lodge und Skeleton Coast Fly-in-Safaris/Kaokoland). Oder die Lodge bekam die Erlaubnis, sich in einem Nationalpark zu etablieren.

Bed & Breakfast

B&B-Unterkünfte wurden früher nicht klassifiziert und auch nicht beauflagt, gewisse Standards einzuhalten. Dies hat sich geändert, nun muss ein Mindestmaß an Komfort und Service gewährleistet sein und sie werden im nationalen Sternesystem klassifiziert. B&B-Unterkünfte sind durchaus eine Alternative zu Hotelzimmer oder Lodges.

Jagdfarmen

Sie entsprechen in etwa den Gästefarmen oder auch den Lodges, haben eine spezielle Konzession und nehmen vornehmlich Jäger auf. Die Unterbringung reicht von einfachst bis hochluxuriös. Die hohen Preise erklären sich aus dem Komplettangebot mit Jagdführung und teilweise mit Abschusskosten. In den wenigsten Fällen wird der normale Tourist mit Jägern zusammentreffen, da aus gutem Grund auf eine strikte Trennung der beiden Klientengruppen geachtet wird.

Caravan Parks, Zeltplätze

Es gibt zahlreiche private, reine Zeltplätze. Auch einige Gästefarmen und Lodges bieten in beschränkter Zahl Stellplätze für Zelte und Caravans an. Toiletten, Wasserversorgung und der unvermeidliche Grillplatz mit Holzvorrat (Braai-Platz) sind selbstverständlich. Auch Stellplätze sollten unbedingt vorausgebucht werden.

Restcamps, Rastlager

Restcamps auf dem staatlichen Grund der National- und Wildparks werden von *Namibia Wildlife Resorts Ltd.* verwaltet, das dem Staat gehört. In den letzten Jahren gerieten die Lager in schlechten Ruf, da sie mehr und mehr verfielen. Es wurde aber ein Investitionsprogramm aufgelegt, und nun strahlen viele Lager wieder in neuem Glanz und auch neue sind hinzugekommen. Die Camps finden sich in Städten, an Thermalquellen, hauptsächlich aber in den Nationalparks. Sie haben Standplätze für Zelte und Campmobile, Zimmer und Bungalows verschiedener Preiskategorien und einen kleinen Laden mit Nahrungsmitteln zur Bestreitung des Grillabends (außer Frischem wie Obst und Gemüse).

Unterkünfte

Meist sind die Camps sauber, und das Personal ist freundlich. Die Lager sind eine relativ preiswerte Alternative zu Hotels, Gästefarmen und Lodges und meist die einzige Möglichkeit, in den Parks zu nächtigen. Bis auf die Stellplätze im nördlichen Teil des Namib-Naukluft Parks, zwischen Swakopmund und Windhoek, haben sie alle Wasserversorgung.

Namibia Community Based/Nacobta

Nacobta *(Namibia Community Based Tourism Assistance Trust)* war ein Entwicklungshilfeprojekt, das die lokalen Menschen vom Tourismus profitieren ließ. Weit ab von jeglicher Möglichkeit, sich eine Arbeitsstelle zu besorgen, wird die Ressource „Tourist" zur einzigen Chance, den Lebensunterhalt zu bestreiten. Es entstanden Zeltplätze/Lodges und Rastlager, Verkaufsstellen für Kunsthandwerk, Museen und die Einheimischen wurden für touristische Dienstleistungen, wie Bergführungen, ausgebildet. 2011 hat Nacobta seine Pforten geschlossen, doch zahlreiche Projekte stehen inzwischen auf eigenen Beinen und sind weiter tätig. Welche Projekte aber zu stark abhängig waren von Organisation und Geldmitteln des Kopfbüros, werden wohl noch 2012 ihre Tätigkeit einstellen. Die Projekte sind im Reise- und Routenteil genauer vorgestellt. Folgende Projekte wurden von Nacobta gefördert (ein Großteil hat mittlerweile die Aktivitäten eingestellt):

Zeltplätze/Rastlager/Lodges: Aabadi Bush Camp (Wilhelmstal), Abu Huab Campsite (Twyfelfontein), Boiteko Tourism Centre (Gobabis), Brukkaros Campsite (Brukkaros Krater), Bumhill Campsite (Caprivi), Etuna Guest House

Okahirongo Elephant Lodge

Rastlager Okaukuejo im Etosha National Park

(Ongwediva), Garies Restcamp (Klein-Aub), Granietkop Campsite (Twyfelfontein), Hippo Pools Campsite (Kaokoland), Hoada Campsite (Palmwag), Kambahoka Restcamp (Aminius), Kanamub Mountain Camp (Sesfontein), Kaumbangere Campsite (Tsumkwe), Khowarib Campsite (Kunene Süd), Marble Campsite (Orupembe), Mbamba Campsite (Caprivi), NGoabaca (Caprivi), Nakambale Restcamp (Ovamboland), Nambwa Campsite (Caprivi), Okarohombo Campsite (Marienfluss), Omatako Valley Restcamp (Tsumkwe), Ombalantu Baobab (Ovamboland), Purros Campsite (Purros), Salambala (Caprivi), Satako Restcamp (Gobabis), Sesfontein Fig Tree Camp (Sesfontein), Spitzkoppe Restcamp (Spitzkoppe), Treesleeper Camp (Tsintsabis), Van Zyl's Pass Campsite (Kaokoland), Warmbad Lodge (Warmbad).

Führer – Brandberg, Spitzkoppe, Opuwo (Kaokoland), Katutura Face to Face Tours (Windhoek), Warmbad, Versteinerter Wald, Twyfelfontein

Kunsthandwerk – Mashi Crafts (Mudumu Nationalpark), She She Crafts (Mamili Nationalpark), Daureb (Uis), Anmire Traditional Village (Khowarib), Nakambale Museum (Ovamboland), Caprivi Art Center (Katima Mulilo), Penduka (Windhoek), Warmbad, King Taapopi's Residence (Ovamboland), Ombalantu Baobab (Ovamboland), Onankali Paper Project (Kunene-Süd).

Museen – Warmbad Museum, Nakambale Museum.

The Living Culture Foundation Namibia

Die Institution „The Living Culture Foundation Namibia" unterstützt mehrere „Living Museums" im ganzen Land: Das lebende Museum der Damara (bei Twyfelfontein), das lebende Museum der Ju/'Hoansi und das Little Hunter's Museum (beide bei Tsumkwe), das lebende Museum der Mafwe (bei Kongola im Caprivi), und das lebende Museum der Mbunza (bei Rundu). Weiter gibt es das Jägermuseum der Ju/'Hoansi (bei Tsumkwe). Zwei weitere lebende Museen sind im Aufbau: Ovahimba bei Opuwo und Khwe im Caprivi. Informationen auf der Webseite www.lcfn.info.

Praktische Reisetipps von A bis Z

Hinweis Die meisten Adressen in Namibia sind in diesem Buch sowohl mit Straße als auch Postfach (P.O. Box/Private Bag) angegeben. Die Straßenadresse dient lediglich dazu, persönliche Besuche vorzunehmen, nicht als Postadresse! Namibia kennt keine Zustellung bis zum Empfänger. Die Post wird in das Postfach eingelegt. Dort muss sie der Adressat abholen. Post mit Straßenadresse geht, wenn überhaupt, als unzustellbar zurück.

Reisen mit Kindern

Namibia ist ein ideales Reiseland für ältere Kinder. Babys und Kleinkinder bis etwa 4 Jahre werden keine ungetrübte Freude an Namibia haben – dazu sind die täglichen Fahrstrecken zu lang und das Interesse an Tieren zu wenig ausgeprägt. Sobald die Kleinen aber anfangen, die Wunder der Natur für sich zu entdecken und sie zugleich alt genug sind, Vorsichtsmaßnahmen zu begreifen (und auch einzuhalten) sind sie in Namibia bestens aufgehoben.

Tierbeobachtung ist sicherlich das wichtigste und eindrucksvollste Erlebnis in Namibia: Doch während die Erwachsenen auf die Begegnung mit Großwild warten, können sich Kinder an wesentlich unspektakuläreren, dafür aber sensibleren Begegnungen erfreuen: Auf jeder Lodge und Farm, die man zur Übernachtung anfährt, wartet zumindest ein (meist riesenhafter) Hund darauf, beachtet und gestreichelt zu werden. Zu den exotischeren Haustieren zählen die putzigen Erdmännchen, die so zahm werden wie Hauskatzen und dem Sprössling nach dem Kennenlernen nicht mehr von der Seite weichen. Manche Farmer halten auch gefährlicheres, halbwegs gezähmtes Wild, das im Gehege untergebracht wird, wenn Gäste kommen. Dann bietet sich die Gelegenheit, Geparde, Warzenschweine oder Strauße hinter dem Zaun aus nächster Nähe zu beobachten.

Weg von den Haustieren in die freie Natur: Manche Strecken sind zugegebenermaßen recht langweilig und dauern ewig. Aber sobald das erste Wild den Weg kreuzt, was durchaus auch auf Hauptstraßen passiert, gibt es für passionierte Tierbestimmer kein Halten mehr: Antilopen, Zebras, Warane und Paviane werden gesichtet. Die Kinder kennen Namibias Fauna durch solche Beobachtungen oft besser als ihre Eltern. Höhepunkte sind natürlich Fahrten in den Nationalparks oder Game Drives auf privatem Farmgelände. Auch der gelangweilteste Sprössling lebt auf, wenn er sich einer Elefantenherde oder einem Spitzmaulnashorn gegenübersieht, und die Frage, wer wohl als erster die Mähne eines Löwen erspäht, kann die Fahrgemeinschaft mit Kindern ungemein lustig und spannend machen.

Interessant wird es auch, wenn die Familie in der Namib oder Kalahari ihr Zelt aufschlägt. Weit und breit kein Mensch, nur die geheimnisvollen Geräusche unsichtbarer Tiere, über dem Braai-Feuer wölbt sich ein fantastischer Sternenhimmel und wer mal muss, braucht eine Schaufel, um sein Depot ökologisch bewusst zu vergraben. Man untersucht Spuren, versucht Tierstimmen zu erkennen oder spielt Indianer. Kein europäischer Campingplatz hält ähnliche Erlebnisse parat.

Natürlich gibt es **Gefahren,** die nicht unterschätzt werden sollten: Giftschlangen und Skorpione meiden zwar den Menschen, doch kleine Erdenbürger neigen bekanntlich dazu, in Sandhügeln zu graben oder Steine zu sammeln und umzuschichten. Solche und ähnliche Aktivitäten sind unbedingt zu unterbinden. Wenn die Kinder durch die Landschaft laufen, sind sie mit festen, langen Hosen und knöchelhohen Schuhen einigermaßen vor Gifttieren geschützt. Wenn sie unbedingt Steine aufheben müssen, dann nur, nachdem sie diese mit dem Schuh umgekickt und sich vergewissert haben, dass darunter nichts lauert. Am besten, sie lassen es ganz.

Angesichts der meist barfüßigen und kurzbehosten Kinder der weißen wie schwarzen Einheimischen mögen solche Vorsichtsmaßnahmen absurd erscheinen – aber die sind in Namibia aufgewachsen und wissen, Spuren und Zeichen zu deuten. Vielleicht ist dies den Kindern ein kleiner Trost. Die Angst vor Gifttieren ist, vor allem wenn die Kinder noch kleiner und „unvernünftig" sind, ein ständiger Begleiter der Eltern und der (einzige) Wermutstropfen der Reise.

Kinder sind überall gern gesehene Gäste, sie werden von den Farmern gehätschelt, Wildführer geben sich besondere Mühe, die Kleinen durch Extra-Einlagen zu unterhalten, ihnen essbare Wildfrüchte zu zeigen oder mit ihnen auf Fährtensuche zu gehen. Einige Lodges, die ihr Angebot durch Raubtiere attraktiver machen, erlauben Kindern unter 12 Jahren allerdings keinen Zutritt.

We are Namibians – alle in einem Boot

Wer eine **Reise mit Kindern plant** sollte auf folgende Punkte achten:

☐ Gesundheit:
Wasser und Essen sind fast überall (abgesehen von abgelegenen Regionen wie Kaokoveld, Ovamboland und evtl. auch Caprivi) einwandfrei und können unbedenklich genossen werden. Wichtig ist eine vernünftige Malaria-Prophylaxe, wenn man in den kritischen Monaten den Norden Namibias oder auch den Osten besucht. Informationen dazu erteilen die Gesundheitsämter und Tropeninstitute.

☐ Sonnenschutz:
Für Kinder noch wichtiger als für Erwachsene. Schutzcreme mit hohem Faktor, ein Sonnenhut und ev. auch eine Sonnenbrille gehören ins Gepäck.

☐ Kleidung:
Wegen der Schlangengefahr unbedingt feste, knöchelhohe Stiefel und lange Hosen aus Baumwolldrill mitnehmen. Die Kinder müssen ja nicht immer so martialisch herumlaufen – es gibt genügend Gelegenheiten, bei denen man auf die Schutzkleidung verzichten kann. Wer in den warmen Monaten reist, sollte Badesachen einpacken. Auch wenn die Pools auf den Lodges und Farmen meist nicht geheizt sind, bieten sie Kindern eine willkommene Erfrischung nach der Autofahrt.

☐ Langeweile:
Sie stellt sich bei den langen Autofahrten mit absoluter Sicherheit ein. Auf den MP3-Player aufgespielte Kinderhörbücher, Gameboy, Reisespiele etc. sollten in ausreichender Zahl eingepackt werden. Für den kleinen Pfadfinder haben sich eigenes Taschenmesser, Kompass, Sternenkarte und ein Tierbestimmungsbuch als Unterhaltungsprogramm bestens bewährt.

☐ Babyausstattung:
Wer aus welchen Gründen auch immer mit Wickelkindern reist, braucht sich um Nachschub an Windeln und Kleinkindnahrung keine Sorgen zu machen. In allen größeren Orten gibt es gutsortierte Supermärkte mit allem, was des Babys Herz begehrt.

☐ Kindgerechte Ziele:
Hier Sehenswürdigkeiten, die Kindern besonders viel Spaß machen: **Sossusvlei** – die höchsten Sanddünen Namibias erklettern und auf dem Hosenboden herunterrutschen ist ein Riesenvergnügen für Alt und Jung. San-Wanderungen – von den Jägern wird man auf kürzeren oder längeren Spaziergängen in die Geheimnisse der Natur eingeführt. Wie jagen die San Strauße? Welche Spur stammt von welchem Tier? Wo findet man Wasser? Wanderungen mit San-Führern veranstalten verschiedene Unternehmen, darunter Muramba Bushman-Trails. **Cape Cross:** Robben im Übermaß, die sich balgen, im Wasser spielen und kämpfen. Leider beeinträchtigt höllischer Gestank das Vergnügen, den putzigen Tieren zuzusehen. **Reiten:** Reitmöglichkeiten gibt es auch für Kinder auf vielen Farmen.

Ähnliches gilt auch für viele Lodges in den Nachbarländern Botswana und Zimbabwe: Diese sind meist nicht eingezäunt, so dass Wild sich vor allem nachts darin frei bewegt. Dem Erwachsenen droht dabei angeblich kaum Gefahr – doch Kinder sind klein, nicht größer als die üblichen Beutetiere.

Eines sollte man nicht erwarten: dass die Sprösslinge unterwegs Spielgefährten finden. Die meisten Farmer schicken ihre Kinder auf Internatsschulen. Je nach Entfernung von der Heimat kommen die Schüler bestenfalls an den Wochenenden, oft sogar nur in den Ferien nach Hause. Wem Kinderkontakte wichtig sind, der sollte seine Reisepläne nach den namibischen Ferienterminen ausrichten. Doch das Abenteuer Namibia ist eigentlich so aufregend, dass die Sehnsucht nach Freunden durchaus für drei Wochen ruhen kann.

Anreise

Mit dem Flugzeug

Air Namibia fliegt mit Airbus-Maschinen A330-200 sechs Mal wöchentlich im Winter, sieben Mal im Sommer zwischen Windhoek und Frankfurt/M (Kaiserstr. 77, 60329 Frankfurt/M., Tel. 01805-40858564, www.airnamibia.com), im Flugpreis inbegriffen ist die Fahrt 2. Klasse (Economy) bzw. 1. Klasse (Business Class) von allen deutschen Bahnhöfen. Die Flugpläne der Air Namibia für die Weiterflüge ab Windhoek sind zeitlich auf die Ankunft aus Frankfurt/M abgestimmt (Luanda/Angola, Victoria Falls/Zimbabwe, Maun/Botswana, Lusaka/Zambia, Accra/Ghana, Harare/Zimbabwe Kapstadt und Johannesburg/Südafrika). Nationale Weiterflüge gehen nach Lüderitz, Oranjemund, Rundu, Ondangwa, Katima Mulilo und Walvis Bay.

Lufthansa (www.lufthansa.de) verbindet mit eigenen Flugzeugen und denen der mit ihr in der Star Alliance verbundenen South African Airways (SAA, www.flysaa.com) fast täglich München und Frankfurt mit Windhoek über Kapstadt und Johannesburg.

Condor (www.condor.de) fliegt zwei Mal pro Woche von Frankfurt direkt nach Windhoek (drei weitere Flüge über Kapstadt mit Anschlussflug der SAA). Juni bis Oktober fliegt Condor auch ein Mal die Woche von München nach Windhoek.

Die direkten Flüge dauern zwischen 9–10 Stunden, die Anschlüsse über Südafrika sind etwa 3–5 Stunden länger.

Lufthansa in Südafrika: Tel. +27-21-4153747.
Condor: Kontakt über Servicetelefon Deutschland 0180-6767767.
Air Namibia in Namibia: Tel. 061-2996333, Town Square Mall, Windhoek. Südafrika/Johannesburg: Unit 1, El Ridge Office Park, Ridge Road, Tel. +27-11-9785055. Südafrika/Kapstadt: Shop 4 C, Icon Building, Hans Strydom Street, Bartlett/Boksburg, Tel. +27-21-4181366.
SAA in Namibia: Sanlam Centre, Independence Avenue, P.O. Box 902, Windhoek, Tel. 061-273340.

Anreise

Hinweis — Die meisten Linienfluggesellschaften praktizieren die Rückbestätigung – „Reconfirmation" – nicht.

Mit dem Schiff

Das Reisebüro Hamburg Süd vermittelt Schiffspassagen auf Frachtern in das südliche Afrika von Bremerhaven, Rotterdam und Antwerpen aus. Angefahren werden Kapstadt und weiter Port Elisabeth und Durban. Abfahrten sind jede Woche. Bremerhaven – Kapstadt schlägt mit rund 2500 € zu Buche, die Reise dauert ca. 3 Wochen. Von deutschen Überseehäfen gibt es keine Passagen.

Anfragen: Hamburg-Süd Reiseagentur GmbH, Ost-West-Str. 59–61, 20457 Hamburg, Tel. 040-37050, www.hamburgsued-frachtschiffreisen.de

Mit dem Auto

Für die Einreise nach Namibia mit einem Auto ist zwingend eine internationale Zulassung und ein Carnet de Passage vorgeschrieben. Letzteres besteht aus einem Heft mit 25 identischen Blättern. Jedes Blatt enthält die Spezifikationen des Kraftfahrzeuges und ist dreigeteilt. Pro Land wird ein Blatt benötigt. Der unterste Teil des Blattes verbleibt beim Zoll des Einreiseortes. Die Einreisedaten werden im obersten Teil eingetragen. Der mittlere Teil wird bei der Ausreise aus dem Land ausgefüllt und entfernt, gleichzeitig werden die Ausreisedaten im oberen Teil eingetragen, der als einziger eines Blattes im Heft verbleibt. Er dient Ihnen als Nachweis über die ordnungsgemäße Ausfuhr des Fahrzeuges.

Südafrika, Botswana und Namibia bilden eine Zollunion, bei Reisen innerhalb dieser Länder wird das Carnet nicht neu benutzt. Für die Ausstellung des Carnets bei Ihrem Automobilclub muss eine Bürgschaft einer Bank hinterlegt werden (bis zu 3000 €, abhängig vom Wagenwert). Das Carnet ist ein Jahr gültig, nach Verfall müsste das Land – in diesem Fall die südafrikanische Zollunion mit Südafrika, Botswana und Namibia – verlassen und von Angola oder Zimbabwe mit einem Nachfolgecarnet neu eingereist werden. Praktisch kann

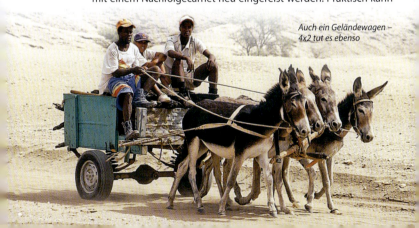

Auch ein Geländewagen – 4x2 tut es ebenso

man aber derzeit in Windhoek beim Zoll sein Fahrzeug, zumindest ein Mal, direkt in das Nachfolgecarnet umschreiben lassen. Nach Beendigung der Reise wird die Bürgschaft gegen das Carnet wieder eingetauscht (der deutsche Zoll muss zusätzlich die Wiedereinfuhr des Fahrzeuges auf einem Formblatt bestätigen bzw. der namibische Zoll die Verschrottung des Fahrzeuges).

Eine Einfuhr (mit Verzollung) *linksgesteuerter* Fahrzeuge und deren Anmeldung innerhalb der Grenzen der südafrikanischen Zollunion ist nicht möglich. Wer mit einem nicht in Namibia registrierten Fahrzeug ins Land kommt, muss an der Grenze *Cross Border Charges* (CBC), eine Straßennutzungsgebühr, bezahlen. Die Höhe richtet sich nach dem Fahrzeugtyp, ein Pkw kostet derzeit 242 N$, ein Motorrad 154 N$ (www.rfanam.com.na). Der Zahlungsbeleg muss aufgehoben werden bis das Fahrzeug das Land wieder verlässt (die Gebühr wird übrigens auch für im Land angemietete Fahrzeuge fällig, wenn man nach Verlassen des Landes wieder zurückkehrt). Die Gebühr ist direkt an den Grenzen zu entrichten.

Routen durch Afrika Es gibt derzeit zwei mögliche Routen durch Afrika nach Namibia, die aber ständiger Änderung unterworfen sind. Bei der Ostafrika-Route über Ägypten, Sudan, Eritrea, Äthiopien, Kenia, Tansania und Zambia/Malawi muss die Grenze Ägypten-Sudan per Fährschiff umfahren werden. Die Westafrika-Route Marokko und Mauretanien führt durch das politisch zerrissene und infrastrukturell auf Null gebrachte Zaïre nach Osten und ist mit Schwierigkeiten geradezu gepflastert. Voraussetzung für den Landweg durch Afrika ist ein vorbildlich ausgerüstetes Fahrzeug und ausreichend Zeit. Hilfe bei der Ausrüstungs- und Routenplanung geben die Bücher „Durch Afrika", Band 1 und 2, Reise Know-How Verlag.

Auto aufs Schiff verladen Der Wagen kann entweder im Roll-on/Roll-off-Verfahren verschifft (er ist dabei letztlich während der gesamten Fahrtzeit zugänglich, was der Ausrüstung unter Umständen nicht bekommt!) oder in einen Container verladen werden (der Container wird in Deutschland versiegelt und die Plombe erst in Ihrer Anwesenheit im Ankunftshafen aufgemacht). Containerverschiffung ist sicherer, aber auch teurer. Die Kosten bewegen sich alles in allem um die 2500 € für einen Geländewagen, die Fahrdauer von Hamburg nach Walvis Bay liegt zwischen 3 und 5 Wochen. Alternativ ist die Verschiffung nach Kapstadt und Abholung dort preislich günstiger als nach oder von Walvis Bay (ca. 2000 €). Wenn man die Abfertigung vor Ort selbst durchführt kommt man etwas günstiger als wenn man dies von der Reederei erledigen lässt. Für die Schiffsreise das gleiche Schiff wie das Auto zu benutzen ist aus technischen und organisatorischen Gründen praktisch unmöglich.

Spezialisiert auf Fahrzeugverschiffungen sind E.H.H. Car Shipping, Franziusstraße 70a, 27568 Bremerhaven, Tel. 0471-48295675, www.blg.de und Cross Freight, Obenhauptstraße 12, 22335 Hamburg, Tel. 040-5939890, www.crossfreight.de.

Für die Rückverschiffung kann man sich in Walvis Bay wenden an Kühne & Nagel (www.kn-portal.com), 18th Road/Sam Nujoma Drive, Tel. 064-271200, und in Windhoek an Kühne & Nagel, 19–21 Holstein Street, Tel. 061-375900. Auch Transworld Cargo, Ben Amatila Avenue, Walvis Bay, Tel. 064-205475, in Windhoek, 5 von Braun Street, Tel. 061-371100, www.transworldcargo.net, bietet Fahrzeugverschiffungen von und nach Europa an.

Auto per Luftfracht Ein Auto lässt auch per Luftfracht nach Namibia speditieren, doch wegen des hohen Preises (um 10000 € eine Strecke) wird man in den allermeisten Fällen davon Abstand nehmen. Luftfracht ist jedoch für ein Motorrad überlegenswert. Die Luftfrachtunternehmen geben Auskunft über die Kosten (ca. 1500 € einfache Strecke) und wie das Motorrad für den Transport vorbereitet werden muss. Die bekannten Fluggesellschaften fungieren auch als Luftfrachtunternehmen. Man wende sich an diese.

Ausrüstung

Persönliche Ausrüstung Mitnehmen will man viel, da die meisten Besucher aber mit dem Flugzeug anreisen, heißt es, sich auf das Notwendigste bescheiden. 20 kg Freigepäck sind schnell beisammen (plus Handgepäck mit etwa 6-8 kg). Reicht die Freigrenze nicht aus, und will man die hohen Übergepäckraten vermeiden, ein Tipp: Vieles ist auch in Windhoek zu vernünftigen Preisen erhältlich, wie z.B. eine sperrige Campingausrüstung.

Ein gutes Ausrüstungsgeschäft in Windhoek ist: Cymot, P.O. Box 726, 60 Mandume Ndemufayo Avenue, Windhoek. Tel. 061-2956000, www.cymot.com. Die Firma hat Zweigstellen in Katutura (Windhoek), Swakopmund, Tsumeb, Rundu, Walvis Bay, Lüderitz, Rosh Pinah, Otjiwarongo und Oshakati. Ein weiteres Geschäft mit Campingausrüstung ist Safari Den, P.O. Box 12011, Windhoek, Tel. 061-2909293, www.agra.com. Safarikleidung gibt es bei *Safariland Holtz* im Basement des Kalahari Sands Hotel, www.safarilandholtz.com. Alternativ lässt sich die Campingausrüstung bei Camping Hire Namibia leihen, P.O. Box 80029, 78 Mose Tjitendero Street, Windhoek, Tel. 061-252995, www.orusovo.com/camphire.

Bekleidung Tagsüber ist es in Namibia heiß, nachts kann es (im Südwinter) sehr kalt werden, also leichte Baumwollkleidung und einen warmen Pullover mit Windjacke mitnehmen, dazu warme Unterwäsche (spezielle Expeditionsunterwäsche hat sich bewährt) und eine Wollmütze (in Lüderitz am Meer bläst bisweilen ein ausgesprochen strammer Südwester – weswegen in der Bucht auch 2008 der Speed-Weltrekord der Wind- und Kitesurfer mit um die 50 Knoten eingestellt werden konnte).

Grau, Khaki und Beige sind geeignete Farben, vorausgesetzt, Sie wollen nicht ständig am Waschtisch Ihre schwarzen oder weißen Hemden und Hosen walken, sondern lieber in den Pool springen. Also Badesachen nicht vergessen!

Wenn auch die meisten Kinder im Land barfuß laufen (selbst die der deutschstämmigen Namibier), sie sind auf Vorsicht getrimmt. Ist man aber mit Schlangen und Skorpionen nicht aufgewachsen, sollte man festes, knöchelhohes Schuhwerk tragen. Highheels und der Abendanzug können zu Hause bleiben, man stieße auf Unverständnis bei den kurzbehosten Einheimischen.

Ein kleiner, faltbarer Rucksack bzw. ein als Koffer und Rucksack benutzbares Gepäckstück ist wichtig für Wanderungen und die Wege zu Orten, die mit dem Fahrzeug nicht erreichbar sind; die Mittagsrast wird erst mit einer Picknickausrüstung richtig schön. Eigener Schlafsack und ein kleines Kopfkissen machen die Nacht im Expeditionszelt gemütlicher. Eine Sonnenbrille, eine stabile Taschenlampe, ein gutes Fernglas und ein am Gürtel zu befestigendes kleines Klappmesser (kein Südwester, der ohne Gürtelmesser unterwegs ist) gehören ebenfalls eingepackt. Ein Brustbeutel verwahrt die wichtigen Papiere, Brillenträger dürfen ihre Ersatzbrille nicht vergessen. Und schließlich ein Moskitonetz mit einer kleinen Sammlung von Schraubhaken und Schnur zur Befestigung. Ohne dieses verreist man einfach nicht mehr.

Weitere Stichworte sind Gesundheitsvorsorge und Fotografieren (s. dort). Eine Kontrollliste zur Ausrüstung finden Sie im Anhang.

Fotoausrüstung Für gute Tieraufnahmen ist ein Teleobjektiv nötig. Da deren Lichtstärke (besonders in Dämmerungsstunden) oft nicht ausreicht, um hochauflösend aus der Hand verwacklungsfrei zu fotografieren, bringt ein Stativ Vorteile. Für Landschaften ist ein Weitwinkelobjektiv empfehlenswert. Heute gibt es sehr gute und erschwingliche Zoomobjektive, die einen großen Brennweitenbereich abdecken. Ein gute Kombination sind z.B. zwei Kameragehäuse und zwei Zoomobjektive, eins im Bereich Weitwinkel/Normal und eins für den Bereich Tele/Supertele. Alle Objektive sollten mit einem UV-Filter versehen werden (nicht wegen der Strahlung, die Hersteller vergüten heutzutage die Objektive entsprechend, sondern aus Schutzgründen). Ein Polfilter verhilft zu satteren Farben, der Umgang damit will aber gelernt sein.

Da der feine Staub der Pisten auch in gut verschlossene Fahrzeuge eindringt, ist ein staubdichtes Behältnis wichtig, die Kameras sind sonst binnen kürzester Zeit mit einer weißen Schicht überzogen. Eine Tragetasche oder ein Day-Pack für Wanderungen sind zweckmäßig, desgleichen ein Tuch zum Abdecken der Kamera bzw. der Fototasche vor direkter Sonnenbestrahlung im Wagen. Ein Tipp für Staubstraßen: Fenster zu und Lüftung auf volle Leistung, so dass ein Überdruck im Fahrzeug entsteht!

Landkarten Mit exakten Höhenlinien, sehr genau im Maßstab 1:1.250.000, mit GPS-tauglichem WGS84-Format (wie die Daten dieses Buches) und mit Höhenschichtenrelief ist im deutschen Buchhandel die Namibia-Karte aus reißfestem Material vom Verlag *Reise Know-How* erhältlich. *Conti Map* vertreibt eine Karte vom Kaokoveld im Maßstab 1:620.000, und im Maßstab 1:1 Mio. eine Karte von Botswana. *Shell* hat eine sehr empfehlenswerte Karte herausgegeben, zusammen mit einem Reiseführer über Botswana („The Shell Tourist and Travel Field Guide", unterschiedliche Maßstäbe).

Übersichtskarten des südlichen Afrika gibt es von *Michelin* (Blatt 955), RV (Afrika Süd), beide im Maßstab 1:4 Mio. und die amtliche *Southern Africa* 1:2,5 Mio. Wer Karten zum Blättern vorzieht: *Map Studio Touristenatlas,* deutsche Ausgabe, 96 Seiten, mit Stadtplänen, Fotos etc.

Relativ teuer, aber für Fahrten abseits der Hauptrouten durchaus sinnvoll in der Verwendung, sind die topographischen Karten im Maßstab 1:500.000 (14 Blätter) und im Maßstab 1:250.000 (43 Blätter). Günstiger sind sie in Windhoek zu erwerben (Office of the Surveyor General, Ministry of Land, Resettlement & Rehabilitation), 47 Robert Mugabe Avenue (zwischen Dr. A. B. May und Lazarett Street), P.O. Box 13182, Windhoek, Tel. 061-245055 (Mo–Fr 8–13 und 14–15.30 Uhr). Die Preise liegen für den Maßstab 1:250.000 bei etwa 2 €, wenn von Originalen Kopien gezogen werden bei etwa 1 €. Es gibt Im Buchhandel auch eine Karte, auf der alle Farmen mit Namen verzeichnet sind (Farmkarte, 1:1 Mio.).

Autoausrüstung Abhängig von der Route, der Jahreszeit und der Dauer der Reise muss das Fahrzeug mehr oder weniger vollständig ausgerüstet sein. Bewegt man sich auf den Hauptrouten, genügen ein **Wasserkanister** und ein oder zwei Ersatzkanister mit Benzin/Diesel à 20 Liter. Ein zweiter Ersatzreifen gibt zusätzliche Sicherheit.

Fahrten mit Expeditionscharakter während der Regenzeit in unwegsamen und einsamen Gelände erfordern mehr Vorbereitung. Mindestens zwei Ersatzreifen, Flickzeug, Wagenheber und Luftpumpe sind wichtig, ebenso wie Bergungsmaterial (entweder Winde oder Seilzug), ein Wagenheber mit großem Hub, Seil oder Bergungsgurt), ausreichend Kanister für Treibstoff und Wasser, Verpflegung und die übliche Campingausrüstung, je nachdem, wie komfortabel man seine Abende verbringen will. Wichtig ist gutes Kartenmaterial und ein Navigationssystem.

GPS Ein Kompass genügt in den wilden Regionen wie dem Kaokoland oder auch im Messum Krater nur, wenn man genauestes Kartenmaterial besitzt und mit einem Kompass umgehen kann. Einfacher in der Handhabung, sind die GPS Systeme (**G**lobal **P**ositioning

System). Über Satelliten werden Signale aus verschiedenen Richtungen empfangen und das Gerät berechnet aus der Laufzeit der Signale die Position bis auf wenige Meter genau. Man kann auf der Karte also immer seinen exakten Wegpunkt und, falls man die Koordinaten seines Zielpunktes kennt, den Weg dahin bestimmen. Neuere Geräte geben auch die Richtung an, die zum Ziel einzuschlagen ist, weiter die Geschwindigkeit und die verbleibende Zeit zum Ziel, bei gleichbleibender Geschwindigkeit. Das Gerät ist also äußerst hilfreich. Vor Beginn einer Tour lassen sich des Weiteren die einzelnen Wegpunkte/Koordinaten eingeben und das Gerät lotst einen durch die Landschaft. Manche plotten auch die gefahrene Wegstrecke, so dass es sehr einfach ist, den eingeschlagenen Weg zurückzuverfolgen.

GPS-Geräte können auf unterschiedliche Koordinatensysteme und unterschiedliche Darstellungen eingestellt werden. In diesem Buch wurde als Koordinatensystem das gängige WGS 84 (World Geodetic System 1984) benutzt, die Darstellungsform ist Grad, Minuten, Sekunden. Im Setup der Geräte können Sie die Einstellungen vornehmen. Nicht korrekt eingestellte GPS-Geräte können zu Missweisungen von mehreren Kilometern führen. Vergewissern Sie sich also, dass Ihr Gerät auf den in diesem Buch benutzten Standard abgestimmt ist! Bei der Unmenge an Daten kann es durchaus passieren, dass einmal eine Koordinate falsch ist. Wir nehmen gerne eine Berichtigung entgegen. Eine Gewährleistung für die Richtigkeit der GPS-Daten können weder die Autoren noch der Verlag übernehmen.

Die Firma *Globetrotter* mit Filialen in ganz Deutschland (www.globetrotter.de) und *Därr Expeditionsservice GmbH*, Schertlinstr. 17, 81379 München, Tel. 089-282032, www.daerr.de verkaufen die Geräte.

Beispiel GPS-Tabelle Die Tabelle zeigt in der 1. Spalte die Kilometrierung, in der 2. einen eventuellen Abzweig, in der 3. und 4. Orte und Sehenswürdigkeiten. In der 5. Spalte sind Übernachtungsmöglichkeiten gelistet. Die 6. Spalte sind den GPS-Daten (Grad, Min, Sek) im WGS-84-Format vorbehalten.

Km	Abzweig	Ort	Sehenswert	Übernachtung	GPS
Km 0		Karibib, T+V	Marmorwerk		21 56 08
C33, Teer				Stroblhof Ht.	15 51 43

Motorradausrüstung Die meisten Nationalparks in Namibia dürfen mit Motorrädern nicht befahren werden (zum einen hat die Administration schlechte Erfahrungen mit südafrikanischen Motocross-Fahrern gemacht, die Schrottmaschinen in der Wüste endgültig den Garaus bereiteten und liegen ließen, zum anderen bietet eine massive Karosserie angenehme Gefühle des Schutzes in Gegenden, die für ihre Überpopulation an Großkatzen bekannt sind, und drittens stellen Pisten hohe Anforderungen an das fahrerische Können).

Beste Lösung ist sicherlich eine organisierte Motorradtour mit Begleitfahrzeug, das auch zum Besuch der Parks verwendet werden kann. Damit können die Maschinen leicht gehalten werden, da lediglich das Tagesgepäck mitzuführen ist; wer bereits mit vollbeladener Maschine in schwerem Gelände fahren musste, weiß diesen Vorteil sehr zu schätzen.

Die Motorradausrüstung unterscheidet sich nicht wesentlich von der eines Autos, nur dass die mitgenommenen Gegenstände kleiner und leichter sein sollten, man sich wirklich auf das Notwendigste beschränken muss. Die bekannten Expeditionsausrüster in Deutschland bieten auch speziell für Motorräder konstruierte Teile an.

Der Reiseveranstalter *Explotours,* Tel. 0171-5725880, Pestalozzistr. 20, 80469 München, www.explo-tours.de, hat organisierte Motorradreisen hauptsächlich ins Kaokoland im Programm. Eigene Enduro-Maschinen sind Voraussetzung, sie werden im Container nach Namibia verschifft. Ein Begleitfahrzeug sorgt für ungehemmten Fahrspaß auf unbeladenen Maschinen. Ebenfalls wichtig ist gute Kondition. Die Pisten in dem unwegsamen Gelände haben einen ganz eigenen Charakter, zerren an Psyche und Physis. Weitere Veranstalter für Motorradreisen sind *Gravel Travel* (www.gravel-travel.de in Hanstedt/Deutschland und in Windhoek), Kontakt in Namibia über die Windhoek Mountain Lodge, und *Namibia Enduro Tours,* P.O. Box 5322 Windhoek, Tel. 061-246165, www.namibia-enduro-tours.com.

Diplomatische Vertretungen

In Deutschland
Botschaft der Republik **Namibia:** Reichsstr. 17, 14052 Berlin, 030-2540950, www.namibia-botschaft.de; in Trossingen, Bremen, Hamburg, München und Frankfurt gibt es Honorarkonsulate.

Botschaft der Republik **Zimbabwe:** Kommandantenstraße 80, 10052 Berlin, Tel. 030-2062263. www.zimembassyberlin.com

Botschaft von **Zambia:** Axel-Springer-Str. 54a, 10117 Berlin, Tel. 030-2062940, www.zambiaembassy.de.

Botschaft von **Botswana:** Lennestr. 5, 10785 Berlin, Tel. 030-887195010

In Österreich
Botschaft der Republik **Namibia:** Zuckerkandlgasse 2, 1190 Wien, Tel. 01-4029371, www.embnamibia.at; in Klagenfurt gibt es ein Honorarkonsulat.

Botschaft von **Zimbabwe:** Neustift am Walde 91, 1190 Wien, Tel. 01-4079236. , für konsularische Angelegenheiten ist die Botschaft in Berlin zu kontaktieren.

Honorarkonsulat von **Botswana:** Linke Wienzeile 4, 1060 Wien, Tel. 01-5879616.

In der Schweiz
Botschaft der Republik **Zimbabwe:** s. „Deutschland".

In Namibia	Botschaft **Deutschland:** Sanlam Center, 145 Independence Avenue, P.O. Box 231, Windhoek, Tel. 061-273100, www.windhuk.diplo.de, Notfalltelefon: 081-1243572 Konsulat der Republik **Österreich:** Scheferstr. 5, Klein Windhoek, Tel. 222159, www.austrian-consulate.com. Generalkonsulat der **Schweizerischen Eidgenossenschaft:** Independence Avenue 175 / Gathemann Building, Tel. 061-223853 High Commission of the Republic of **Zambia:** P.O. Box 22882, 22 Mandume Ndemufayo Street, Windhoek, Tel. 061-237610, www.zahico.iway.na High Commission of the Republic of **Botswana:** P.O. Box 20359, 101 Nelson Mandela Avenue, Windhoek, Tel. 061-221942 Vertretung von **Südafrika:** 48 Jan Jonker Road, P.O. Box 23100, Windhoek, Tel. 061-2057111, www.dirco.gov.za/windhoek High Commission of the Republic of **Zimbabwe:** Independence Avenue/ Grimm Street, P.O. Box 23056, Windhoek, Tel. 061-227738, www.zimwhk.com. Botschaft von **Angola:** Angola House, 3 Ausspann Street, P.O. Box 6647, Windhoek, Tel. 061-227535, https://angola.visahq.com
In Zimbabwe	Botschaft **Deutschland:** 30 Ceres Road, Avondale, Harare, Tel. 04-308655, www.harare.diplo.de, Notfalltelefon 077-2568343 Honorarkonsulat **Österreich:** Dunkirk Drive 11, Alexandra Park, Harare, Tel. 04-745387 Botschaft **Schweiz:** 9 Lanark Road, Belgravia, Harare, Tel. 04-703997
In Zambia	Botschaft **Deutschland:** 5219 Haile Selassie Avenue, Lusaka, Tel. 0211-250644, www.lusaka.diplo.de Honorarkonsulat **Österreich:** 74 Independence Avenue, Lusaka, Tel. 9211-257273
In Botswana	Botschaft **Deutschland:** Professional House, Broadhurst, Segoditshane Way, P.O. Box 315, Gaborone, Tel. 3953143, www.gaborone.diplo.de, Notfalltelefon 71300139 Honorarkonsulat **Österreich:** Plot 50667, Block B3, Fairground Holdings Park, Gaborone, Tel. 3956462 Konsulat **Schweiz:** Flying Mission, Plot 5268, Village, Gaborone, Tel. 3956462
In Südafrika	Botschaft **Deutschland**: 180 Blackwood Street, Arcadia, Pretoria, Tel. 012-4278900, www.pretoria.diplo.de, Notfalltelefon 083-3252694 Botschaft **Österreich:** 454a Fehrsen Street, Brooklyn, Pretoria, Tel. 012-4529155, www.aussenministerium.at/pretoria Botschaft **Schweiz:** 225 Veale St, Parc Nouveau, New Muckleneuk, Tel. 012-4520660, www.eda.admin.ch/pretoria

Dokumente

Papiere	Deutsche, österreichische und schweizer Staatsbürger benötigen für einen touristischen Aufenthalt bis zu 90 Tagen einen sechs Monate über das Abreisedatum hinaus gültigen **Reisepass** und den Nachweis ausreichender Geldmittel bzw. ein Rückflugticket. Aufenthalte von Geschäftsreisenden dürfen 30 Tage nicht übersteigen. Eine Verlängerung kann beantragt werden (Bearbeitungszeit ca. 1 Woche, 470 N$)

beim Ministry of Home Affaires, P.O. Box 13200, Cohen Building, Kasino Street/Independence Avenue, Windhoek, Tel. 061-2922111, Fax 2922185, www.mha.gov.na. Erfahrungsgemäß ist nur bei persönlicher Vorsprache eine Bearbeitung in einem vernünftigen Zeitraum gewährleistet.

Neben dem Pass wird für Fahrten im Land mit dem eigenen oder gemieteten Fahrzeug der **Internationale Führerschein** benötigt, für das eigene Fahrzeug ist die Internationale Zulassung und ein Carnet de Passage obligatorisch (Letzteres beim ADAC erhältlich, s.o. bei „Anreise"/„Nach Namibia mit dem Auto"). Wer nicht aus Infektionsgebieten kommt, braucht keinen Impfpass. Tipp: Kopieren Sie noch zu Hause alle Dokumente und Kreditkarten in verkleinertem Maßstab und bewahren Sie die Kopien gesondert auf. Bei Verlust der Originale leisten sie gute Dienste!

Gesundheitsvorsorge

Gesundheitsvorsorge

Prinzipiell ist es angeraten, vor einer Fernreise den Hausarzt zu konsultieren, u.U. ist auch eine Tropentauglichkeitsuntersuchung sinnvoll. Ihr Arzt wird Ihnen Ratschläge zur Zusammenstellung einer Reiseapotheke mit den für Sie persönlich wichtigen Medikamenten geben. Folgende Ratschläge sind nur allgemeiner Natur und können keine medizinische Beratung ersetzen. Tipp: Wer mehrtägige Wanderungen in den Nationalparks unternehmen will, muss eine ärztliche Unbedenklichkeitsbescheinigung vorlegen können, sonst wird er zur Wanderung nicht zugelassen.

Impfungen

Reisen Sie nicht aus einem Infektionsgebiet ein, sind für Namibia Impfungen nicht vorgeschrieben. Gegen **Wundstarrkrampf** und **Kinderlähmung** ist man im Allgemeinen schon geimpft. Sicherheitshalber kann man dies noch einmal prüfen. Fragen Sie Ihren Hausarzt nach Impfungen gegen Hepatitis A und B und Typhus.

Malaria

Die Aussagen zur Malariagefahr in Namibia sind unterschiedlich. Auf alle Fälle hochgefährdet ist man in Höhe und nördlich etwa von Otjiwarongo und östlich etwa ab Gobabis zur Regenzeit. Im Süden zur Trockenzeit ist das Risiko vernachlässigbarer. Über die Gebiete dazwischen kann man nichts Verlässliches sagen, da durch die Migration Malaria auch in eigentlich nicht betroffene Gebiete transportiert wird. Vor wenigen Jahren galt die Malaria, zumindest für Reisende aus der westlichen Welt, schon als besiegt. Mit Macht ist sie in den 1990er Jahren zurückgekehrt und befällt immer mehr Touristen und Einheimische. Es ist eine ausgesprochen gefährliche Krankheit mit, auch unter ärztlicher Betreuung, teilweise tödlichem Verlauf und eklatanten Spätfolgen wie Blindheit. In Namibia gehört die Malaria neben Tuberkulose und HIV zu den drei „Killerkrankheiten".

Medikamentöse Malariaprophylaxe

Die Ärzteschaft widerspricht sich in ihren Empfehlungen zur medikamentösen Prophylaxe. Einige Ärzte raten sogar ab, prophylaktisch Medikamente zu nehmen, da sich einerseits weitere Resistenzen herausbilden würden und anderseits die Diagnose erschwert wird (da die Ausprägungen der Malaria im Blutbild unterdrückt werden können). Bei Fieberanfällen, egal wie stark, ist in Namibia der nächste Arzt aufzusuchen, nach Rückkehr aus dem Urlaub, im Heimatland, muss man den Arzt unbedingt auf den Aufenthalt in Namibia hinweisen oder am besten gleich in ein Tropeninstitut gehen.

Die Tropeninstitute in Europa informieren über aktuelle Risikogebiete und die dort jeweilig zu bevorzugenden Medikamente, auch kann man sich in Namibia selbst über den neuesten Stand zu informieren (z.B. Luisenapotheke, Independence Avenue, Gathemann House, Tel. 061-236302, luisen@iway.na).

Wer eine Aversion gegen Medikamente besitzt, sollte bedenken, dass die medikamentöse Prophylaxe zwar eine Ansteckung nicht zu 100% ausschließen kann, dass aber die Krankheit bei weitem nicht so schnell und vehement ausbricht, da die Erreger ein ungünstiges Habitat vorfinden. Dies kann den Unterschied zwischen Leben und Tod bedeuten – wenn man z.B. im Busch ist und nicht umgehend einen Arzt erreichen kann.

Sonstige Malariaprophylaxe

Wichtigste Prophylaxe aber ist und bleibt die **Vermeidung** von Moskitostichen. Einreibemittel (Repellents), die es flüssig, als Stift und in Pumpsprayflaschen gibt, schützen recht zuverlässig. Viele namibische Apotheken mixen ihr eigenes Repellent. Welches der Mittel verwendet wird, hängt vom Hauttyp ab und wie sensibel man ist; Kinder empfinden zum Beispiel Zedan angenehmer als Autan, das aber wiederum länger wirken soll. Auf alle Fälle sollte man sich ausgiebig und wiederholt einreiben.

Rechtzeitig, das heißt vor Beginn der Dämmerung, lange Hosen und Hemden aus festem Stoff anziehen, so dass besonders Handgelenke und Knöchel bedeckt sind.

Auch ein **Moskitonetz** ist wichtig (sie sind auch mit Repellent-Imprägnierung im Handel). Die Mücken stechen in den Dämmerungsstunden und nachts. Ist die Schlafstätte mit keinem Moskitonetz ausgerüstet, hängen Sie Ihr eigenes Netz mittels mitgebrachter Haken und Schnüre auf. Wer darauf achtet, nicht gestochen zu werden und eine medikamentöse Prophylaxe betreibt, kann etwa von einer 80–90%igen Sicherheit ausgehen.

Allgemeine Gesundheitsregeln

Namibia ist kein Land der Reisedurchfälle. Mit minimalsten Sicherheitsvorkehrungen wird man davon verschont. Das Wasser in den großen Städten ist trinkbar, und vor Eiswürfeln muss nicht explizit gewarnt werden. Salate in Gaststätten können Sie meist unbesorgt essen, und auch in den vielen kleinen Take-aways unterwegs werden die Hygienevorschriften normalerweise eingehalten. Weil man nicht weiß, ob Obst gespritzt wurde (es kommt aus Südafrika), ist man nicht falsch beraten, wenn man es schält. Wer empfindlich auf trockene Luft reagiert (z.B. mit Nasenbluten), sollte Nasenöl mitnehmen, das die Schleimhäute vor Austrocknung schützt.

Aids Auf die Aidsgefahr sei auch noch hingewiesen. Namibia hat ein immenses Aidsproblem. Sicherlich ist es kein Reiseziel für Sexabenteuer, dennoch gehören in jedes Reisegepäck Alleinreisender, egal ob männlich oder weiblich und egal zu welcher Destination mann/frau unterwegs ist, heutzutage eine Packung Kondome.

Aids in Namibia: Man geht derzeit offiziell von einer Infektionsrate von etwa 16% der erwachsenen sexuell aktiven Bevölkerung (15–49 Jährige) aus – im Norden des Landes soll die Rate bei über 30% liegen. Die durchschnittliche Lebenserwartung der Geburtsjahrgänge war durch HIV um die Jahrtausendwende bei Männern auf 42 Jahre, bei Frauen auf 38 Jahre gesunken. Heute ist sie wieder auf etwa 52 Jahre gestiegen. Aids ist eine Krankheit, die naturgemäß mit dem Aufklärungsgrad der Menschen zusammenhängt – je höher, desto vorsichtiger sind die Menschen, desto geringer ist die Ansteckungsgefahr. Der Staat versucht mit Kampagnen die Bevölkerung aufzuklären und subventioniert Behandlung und Medikamente. Etwa 20% der Bevölkerung ist krankenversichert und die Krankenkassen übernehmen die Kosten. Der Rest der Namibianer erhält die Medikamente zu günstigerem Preis über die bestehenden Tuberkulose-Stationen und von den Apotheken zum Selbstkostenpreis.

Durchfallerkrankungen Sinnvoll ist bei Reisen im Busch ein Mittel zur Desinfektion von Wasser, z.B. Micropur. Gut ist auch bei schweren Durchfallerkrankungen in Portionen abgepacktes Pulver (Elektrolyte), das in Wasser gelöst den Flüssigkeits- und Mineralienverlust ausgleicht und auf sehr verträgliche Art der Erkrankung entgegenwirkt.

Bilharziose Diese Krankheit kommt in Namibia zunehmend häufiger vor, besonders im Norden des Landes während der Regenzeit. Dort bilden stehende Gewässer eine gute Voraussetzung für die Verbreitung.

Schlangenbisse Obwohl Sie wahrscheinlich keine Schlangen zu Gesicht bekommen, sondern sie nur wegraschlen hören, kann evtl. ein kleines Vakuumpumpenset (=Schlangenbissset) beruhigend wirken. Es ist erhältlich bei der Luisenapotheke, Independence Avenue, Gathemann House, Tel. 061-236302, info@luisen-pharmacy.com).

Reiseapotheke Für Notfalloperationen an Orten, wo die Hygiene suspekt erscheint, hilft eine kleine Sammlung selbst mitgebrachter Spritzen und Kanülen, jeweils in verschiedenen Größen, ein Einmalskalpell und Nahtmaterial (eine Kontrollliste finden Sie im Anhang).

Haustiere Namibia ist sicherlich kein Land, in das man sein Haustier mitnimmt. Obwohl auf jeder Farm Hunde und Katzen leben, käme niemand auf die Idee, die Tiere in Nationalparks und Reservate mitzunehmen weil es durchweg verboten ist. Viele Gästefarmen und Hotels sehen es ebenfalls nicht gerne, wenn Tiere mit auf das Zimmer kommen. Wer also seinen Namibia-Aufenthalt nicht nur in Swakopmund auf Sommerfrische verbringen will, soll sein Haustier zu Hause lassen.

Wer dennoch nicht darauf verzichten kann, muss folgendes beachten: Bei der Botschaft der Republik Namibia sind zwei Formulare anzufordern. Das erste Formular ist mindestens 6 Wochen vor Abreise nach Namibia an den Director of Veterinary Services zu senden. Das zweite Formular muss vom Tierarzt ausgefüllt werden, allerdings nicht länger als 3 Wochen vor Abreise. Das aus Namibia zurückgeschickte Formular und das Attest des Tierarztes begleiten das Tier.

Für den Flug muss sich das Tier in einem Transportbehältnis befinden. Das Behältnis wird mit dem Tier gewogen, pro kg werden ca. 15 € von der Fluggesellschaft erhoben, zuzüglich ca. 40 € für die Bearbeitung des Vorganges. Während des Fluges ist das Tier für 10–12 Stunden im Frachtraum des Flugzeuges alleine.

Informationsstellen

Staatliches Verkehrsbüro Reichhaltiges Informationsmaterial versendet im deutschsprachigen Raum Namibia Tourism. Ihre Wünsche können Sie an Werktagen (9–12 u. 14–16 Uhr) telefonisch durchgeben. Anschrift: Namibia Tourism, Schillerstr. 42-44, 60313 Frankfurt/M., Tel. 069-1337360, info@namibia-tourism.com, www.namibia-tourism.com.

Weitere Informationsstellen Die **Informationsstelle Südliches Afrika** verfügt über 400.000 Dokumente, die gegen Unkostenbeteiligung und Angabe der gewünschten Stichwörter in Kopie versendet werden. Außerdem werden zwei Buchreihen verlegt und die zweimonatlich erscheinende Zeitschrift „afrika süd" herausgegeben. Anschrift:
ISSA, Königswintererstraße 116, 53227 Bonn, Tel. 0228-464369, www.issa-bonn.org

Die **Deutsch-Namibische Gesellschaft** gibt eine eigene Vierteljahreszeitschrift heraus, das „Namibia Magazin", in der Sie Wissenswertes auch über die aktuelle politische Entwicklung finden.
Deutsch-Namibische Gesellschaft e.V., Sudetenlandstraße 18, 37085 Göttingen, Tel. 0551-7076781, www.dngev.de

Von der **Deutschen Afrika-Stiftung** wird die monatlich erscheinende Afrika-Post verlegt, die ebenfalls Hintergrundinformationen beistellt. Anschrift:
Deutsche Afrika-Stiftung, Ziegelstraße 30, 10117 Berlin, Tel. 030-28094727, www.deutsche-afrika-stiftung.de

Interessant ist auch ein Online-Abonnement der deutschsprachigen **„Allgemeinen Zeitung"**, Windhoek. Die Einzelausgabe kostet 4 N$, ein Monat 80 N$ und ein Jahr 900 N$. Alternativ auch ausgewählte Artikel kostenlos online lesen, www.az.com.na

Bücherlisten zum Thema Namibia und Literatur über Namibia versendet die Buchhandlung: *Namibiana Buchdepot,* Bismarckplatz 2, 27749 Delmenhorst, Tel. 04221-1230240, www.namibiana.de

Wer sich im Anschluss an seinen **Südafrikaurlaub** für einen Aufenthalt in Namibia interessiert, kann sich in Südafrika wenden an: *Namibia Tourism,* P.O. Box 739, Pinnacle Building, Burg Street, Cape Town, Tel. 021-4223298

Internet Unter der Vielzahl hier nur einige …

Website des namibischen Fremdenverkehrsamtes in Frankfurt: **www.namibiatourism.com.na**

Eine sehr umfangreiche Liste mit Links zu Unterkünften und zu allgemeinen Informationen: **www.natron.net**

Deutsch-Namibische Gesellschaft: **www.dngev.de**

Die Internet-Ausgabe der einzigen deutschsprachigen Zeitung Afrikas: **www.az.com.na** – u.a. mehr.

Mietwagen

In Namibia lassen sich alle Kategorien von Wagen mieten. Ursache für das relativ hohe Mietpreisniveau sind die häufigen und selbstverschuldeten Unfälle von Touristen und die Pisten, die den Fahrzeugen einiges abverlangen. Die Lebensdauer der Mietwagen ist überdurchschnittlich niedrig, die etlicher touristischer Fahrer im Übrigen auch (s.S. 74, „Fahrverhalten"). Einige Touristen haben in den letzten Jahren die Mietwagen – zu günstigeren Konditionen – in Südafrika angemietet und sind dann nach Namibia gefahren. Damit sind wiederum die Unfallquoten der südafrikanischen Vermieter gestiegen und die Preise für Mietfahrzeuge, die für Namibia freigeschrieben werden, haben sich inzwischen in etwa dem Niveau der namibischen Firmen angepasst.

Vor der Entscheidung für einen Wagen einer bestimmten Kategorie muss die Route, die Sie nehmen wollen, klar sein. Davon ist abhängig, ob Sie ein geländegängiges Fahrzeug benötigen oder mit einem normalen Pkw auskommen, wie das Fahrzeug ausgerüstet sein muss oder ob ein Campmobil die Wahl sein wird.

Die zweite Entscheidung ist dann die für einen bestimmten Vermieter. Wie immer ist das Gute nicht das Billigste. Ein gern kolportiertes Gerücht erzählt, dass ein Tourist vor Ort bei einer kleinen Firma einen

Wagen geliehen hatte, der aus zwei Fahrzeugen mit Totalschaden zusammengeschweißt war – das eine war ursprünglich an der Front, das andere am Heck verunfallt. Auf der Pad brach das Fahrzeug dann in der Mitte auseinander, keiner der Insassen überlebte. Mag dies nun stimmen oder nicht – Vorteil einer größeren oder bekannteren Firma ist deren Service, bei einem liegengebliebenen Fahrzeug für schnellen Ersatz zu sorgen, und dass deren Wagen nicht allzu betagt sind. Um Eventualitäten auszuschließen, sollte man noch in Europa einen Wagen nach dem jeweiligen Landesrecht anmieten.

> Das **Vergleichsportal** für Mietwagen www.billiger-mietwagen.de listet nach Eingabe der gewünschten Termine und der Fahrzeugklasse die Angebote der einschlägigen Firmen auf und unterscheidet nach wichtigen Kriterien wie Preis und Vollständigkeit der Inklusivangebote, so dass man sich im Dschungel des „Kleingeschriebenen" leichter zurechtfindet.

Wagenkategorien

Bei den Pkw gibt es die üblichen Kategorien vom Kleinwagen bis zur Luxusklasse. Diese Wagen enthalten keine Zusatzausrüstung und sind nicht für schwere Pisten geeignet, einige Firmen verbieten die Benutzung im Off-road-Bereich. Auf guten Pads, außerhalb der Regenzeit und wenn man auf den Hauptrouten bleibt, mögen sie durchaus ihren Dienst erfüllen, bei der Querung von sandigen Trockenflussbetten kann man aber schon mal ins Schwitzen geraten.

Geländegängige Fahrzeuge („four by four", 4x4) haben zwei angetriebene Achsen. Angeboten werden leichte Ausführungen, wie Toyota Hilux, oder schwerere, wie Land Rover, die wirkliche Expeditionsfahrzeuge sind. Jede nur erdenkliche Ausrüstung kann man hinzumieten. Hochpopulär ist das Dachzelt, in dem bequem zwei Personen nächtigen können, bei vier Reisenden werden auf dem Dach zwei Zelte montiert.

Mietwagen

Reine Campmobile sind wegen ihres Gewichtes und ihres Überhanges vorne und hinten eher unpraktisch und deshalb selten. Wenn man ein solches Gefährt wünscht, sollte man eines auf der Basis eines kleineren Fahrzeuges wählen (z.B. VW-Bus).

Mietwagenfirmen Es gibt in Namibia eine Unzahl an Mietwagenfirmen. Die folgende Liste bietet eine Auswahl an und enthält nur Firmen, die der CARAN beigetreten sind (der Vereinigung der Autovermietfirmen Namibias). Empfehlenswert mit gut gewarteten und ausgerüsteten Fahrzeugen aller Kategorien, auch Camper und Geländewagen, in **Windhoek** ist insbesondere

Caprivi Car Hire, P.O. Box 1837, Windhoek, 135 Sam Nujoma Drive, Tel. 061-256323, info@caprivicarhire.de, www.caprivicarhire.de, unter deutschsprachiger Leitung und mit dt.-spr. Personal.

Asco Car Hire steht unter deutsch- und französisch/flämischspr. Leitung: Windhoek, Tel. 061-377200, www.ascocarhire.com

Africamper, www.africamper.de hat Depots in Windhoek, Kapstadt, Durban und Johannesburg. Büro Kapstadt: Trade Link Park, Unit 10, Potgieter St, Somerset West, Tel. +27-21-8545627

Swakopmund: Avis, Swakopmundhotel, Tel. 064-402527

Walvis Bay: Avis, Rooikop Flughafen, Tel. 064-209487.
Europcar, Pelican Bay Hotel, Tel. 064-207391

Vertragsbedingungen Die Preise beinhalten die Kosten für Wartung, Öl und Grundversicherung. Reifen- und Glasschäden gehen zu Lasten des Mieters, ebenfalls Schäden, die auf Strecken entstanden sind, für die der Wagen nicht freigegeben war (dies betrifft auch Fahrten ins benachbarte Ausland, wenn der Wagen für das jeweilige Land nicht freigeschrieben wurde). Wollen Sie nach Botswana, Zambia, Zimbabwe oder Südafrika fahren, stimmen Sie dies mit dem Vermieter ab. Teilweise benötigt das Fahrzeug eine Genehmigung für den Grenzübertritt. Die Selbstbeteiligung bei Schäden oder Diebstahl, wenn man keine Zusatzversicherung abgeschlossen hat, beträgt – je nach Wagenklasse – zwischen 30.000 und 70.000 N$, s. hierzu bei „Zusatzversicherungen" weiter unten.

Preisbeispiele für Mietwagen Kosten für einen Mietwagen vor Ort: Inklusive Steuer, freie Kilometer, mit den Zusatzversicherungen gegen Diebstahl (TLW-Theft Loss Waiver) und Einschränkung der Selbstbeteiligung (CDW-Collision Damage Waiver), müssen pro Tag für einen Toyota Corolla um 60 €, für einen Toyota Hilux 4x4 ab 120 € pro Tag kalkuliert werden (längere Mietdauer verbilligt den Preis um 5–10%).

Zusatzversicherung Haftungsausschlüsse gibt es in verschiedenen Stufen:

CDW (Collision Damage Waiver): Die Selbstkostenbeteiligung wird reduziert, s. hierzu die Vertragsbedingungen, die sich nach Vermietern unterscheiden. Teilweise wird hier der auf Pisten entstandene Schaden nicht abgedeckt. **TLW** (Theft Loss Waiver): Die Selbstkostenbeteiligung wird gemindert (Voraussetzung ist allerdings, dass der Wagenschlüssel vorgewiesen werden kann, um einen Fahrzeugverkauf unter der Hand auszuschließen).

REW (Reduced Excess Waiver): Die Selbstkostenbeteiligung für Unfälle auf Sandstraßen und Pisten wird dadurch zusätzlich vermindert.

SEC (Super Excess Waiver): Hier sind auch Schäden an Glas und Reifen abgedeckt.

Beachten Sie während Ihrer Reise genau die Geschwindigkeitsbeschränkungen, da die Haftungsausschlüsse sonst verfallen können; viele Mietfahrzeuge haben inzwischen einen **Fahrtenschreiber** integriert, mit dem sich leicht Nachweis führen lässt.

Selbstbeteiligung Mit CDW und TLW ist der Selbstbehalt für einen Toyota Hilux 4x4/ Toyota Corolla bei Diebstahl oder Totalschaden auf ca. 3000/1500 € reduziert. Mit der REW fällt der Selbstbehalt etwa auf die Hälfte.

Abnahme des Wagens **Prüfen Sie** den Zustand der montierten **Reifen** und des/der **Ersatzreifen(s),** (lassen Sie sich speziell beim Toyota Hilux die Lösung des 2. Reifens unter dem Fahrzeug erklären), haben Sie keine Hemmungen bessere zu verlangen, wenn deren Zustand schlecht ist. Kontrollieren Sie das **Bordwerkzeug,** insbesondere den **Wagenheber.** Fragen Sie nach einem **Verbandskasten.** Lassen Sie sich eine Einweisung für das Fahrzeug geben (bei 4x4 lassen Sie sich erklären, wie die Freilaufnaben gelöst werden, falls welche vorhanden sind). Bitten Sie um eine kleine theoretische Schulung zur Fahrtechnik auf Pisten (die Vermieter, die etwas auf ihre Wagen und ihre Kunden geben, machen das gerne).

Autowracks, Solitaire

Reiseveranstalter in Namibia

Es gibt derzeit etwa 100 Reiseveranstalter in Namibia. Nicht alle sind der TASA (Tour and Safari Association Namibia) beigetreten, die die Qualität des Angebotes prüft und auch Sorge trägt, dass der Veranstalter z.B. entsprechende Versicherungen abgeschlossen hat. Eine sehr verlässliche Firma mit vielen Jahren Erfahrung ist **Cheetah Tours & Safaris,** P.O. Box 23075, Windhoek, Tel. 061-230287, http://cheetahtours.com. Unter der Leitung von Helmut Schäfer sind Ausarbeitung von Rundtouren und deren Buchung, maßgeschneiderte Safaris unter Berücksichtigung der jeweiligen Wünsche und Bedürfnisse und Zusammenstellung von Konvois mit Begleitfahrzeugen für Selbstfahrer im Angebot.

Blue Sky Namibia Tours, P.O. Box 6932, Windhoek Tel. 061-229279, www.blueskynamibia.com (maßgeschneiderte Touren für kleine Gruppen mit bis zu 6 Personen).

Charly's Desert Tours, 11 Sam Nujoma Ave, P.O. Box 1400, Swakopmund, Tel. 064-404341, www.charlysdeserttours.com (maßgeschneiderte Touren in der Namib).

Levo Tours, P.O. Box 3123, Walvis Bay, Tel. 064-207555, www.levotours.com (Bootsausflüge und Angelexkursionen in der Bucht von Walvis Bay).

Lüderitzbucht Safaris & Tours, Bismarck Street, P.O. Box 76, Lüderitz, Tel. 063-202719, ludsaf@africaonline.com.na (vermittelt Touren um Lüderitz).

Pleasure Flights, P.O. Box 537, Swakopmund, Tel. 064-404500, www.pleasureflights.com.na (Flugtouren im Bereich der Namib).

Skeleton Coast Safaris, P.O. Box 2195, Windhoek, Shop Nr.15b (II. Floor/North Wing/Maerua Park, Tel. 061-224248, www.skeletoncoastsafaris.com (Fly-in-Safaris im ganzen Land, speziell auch in den Norden zum Kunene, mit einem der renommiertesten Veranstalter des Landes).

Southern Cross Safaris, P.O. Box 941, Tel. 061-251553, www.southern-cross-safaris.com (auf Anschlusssafaris nach Botswana spezialisiert).

SWA-Safaris, P.O. Box 20373, Windhoek, Tel. 061-221193, www.swasafaris.com (feste und maßgeschneiderte Touren).

Living Desert Adventures, P.O. Box 1953, Swakopmund, Tel. 064-405070, www.livingdesertnamibia.com (nicht immer auf der Suche nach den Big Five, sondern auch nach den „Little Five", wie dem Gecko – Erkundungen in der Wüste).

Versicherungen

In Reisebüros erhalten Sie Antragsformulare von Firmen, die Reiseversicherungen anbieten. Im Prinzip sind versicherbar das Gepäck, Heilkosten und eine u.U. notwendige Rückholung in das Heimatland. Alle drei Versicherungen können auch als Paket abgeschlossen werden. Vorher sollte man aber prüfen, welche Versicherungen man schon automatisch besitzt, z.B. mit dem Vertrag seiner Kreditkarte oder mit der Mitgliedschaft in einem Automobilclub. Was im Einzelnen günstiger ist, muss ausgerechnet werden.

Auslandskrankenversicherung

Die Auslandskrankenversicherung übernimmt die Kosten bis zu einem bestimmten Betrag für die Behandlung von Krankheiten, an denen man noch nicht bei Abfahrt gelitten hat, die also auf der Reise entstanden sind. Es gibt bestimmte Ausschlussklauseln, die genau studiert werden wollen (Zahnersatz, der über eine Notfallbehandlung hinausgeht, ist z.B. nicht abgedeckt). Die Kosten müssen vorgeschossen werden, bei Rückkehr zahlt die Versicherung gegen Vorlage der Rechnungen.

Rückholversicherung

Bei schweren Krankheiten die im Reiseland nicht ausreichend behandelt werden können findet ein sehr teurer Rücktransport statt (liegend in einer Linienmaschine quer über drei Sitze oder mit einem eigens geschickten Flugzeug). Naturgemäß versuchen die Versicherungen, sich im Schadensfall davor zu drücken, und zwischen den Ärzten vor Ort, der Versicherung und Ihrem Hausarzt entsteht erst einmal ein großes Palaver.

Zum Teil lässt sich dies vermeiden, wenn man eine Versicherung wählt, die in die Vertragsbedingungen die Formulierung aufgenommen hat, dass die Rückholung „medizinisch sinnvoll und vertretbar" sein muss. Hat man Ihnen eine Versicherung verkauft, die die Rückholung durchführt, wenn sie „medizinisch notwendig" ist, haben Sie schlechte Karten.

Reisegepäckversicherung

Sie können Ihr Gepäck in jeder gewünschten Höhe versichern. Die Prämie richtet sich danach. Da mit dieser Versicherung sehr viel Missbrauch getrieben wurde, sahen sich die Versicherungsgesellschaften gezwungen, immer mehr Ausschlüsse in die Verträge aufzunehmen. Die Ausschlüsse betreffen bestimmte Gegenstände, die nur teilweise oder überhaupt nicht versichert sind, Tageszeiten, Schadensverläufe und Orte, an denen die Versicherung ganz wegfällt. Deshalb ist es wichtig, die Unterlagen genau durchzuarbeiten und sich entsprechend zu verhalten.

Reiserücktrittskostenversicherung

Versichert werden die fälligen Konventionalstrafen bzw. die gesamten Reisekosten, wenn die Reise aus zwingenden Gründen nicht angetreten werden kann. Zwingende Gründe sind Todesfälle und schwere Krankheiten nächster Verwandter oder von Personen aus der Reisegruppe. Bei Pauschalreisen ist die Prämie häufig im Preis inbegriffen, bei individuell zusammengestellten Reisen obliegt es immer dem Reisenden, sich um die Versicherung zu kümmern.

Fotoversicherung

Umfangreiche Kamera-Ausrüstungen können bei speziellen Versicherungen gegen fast alle Gefahren versichert werden. Die Prämie ist zwar relativ hoch (ca. 7% vom Neuwert), die Abwicklung aber reell. Bei Interesse wende man sich z.B. an eine Filiale des Gerling-Konzernes.

Kfz-Versicherung Wer mit dem eigenen Fahrzeug unterwegs ist, benötigt in Namibia keine Haftpflichtversicherung („third party insurance"), da der Staat einen Topf gebildet hat, der von Steueranteilen aus dem Treibstoffverkauf gespeist wird und aus dem Forderungen an die auch ausländischen Verkehrsteilnehmer beglichen werden (wobei die ausgezahlten Summen in keinster Weise im Verhältnis zum tatsächlichen Schaden stehen, insbesondere bei Verletzungen). Einige Versicherungsgesellschaften in Namibia bieten zusätzlichen Drittschaden-Schutz an, der für mindestens ein Jahr abgeschlossen werden muss (die Kosten betragen, abhängig vom Fahrzeug, um die 100 € im Jahr). Diese Versicherung abzuschließen ist auf jeden Fall angeraten. Bedenken Sie aber, dass Schäden an Fußgängern (die nicht als Verkehrsteilnehmer im Sinne der namibischen Versicherung gelten) nicht abgedeckt sind!

Mietwagenversicherung Für die Mietwagen existieren eine Fülle von Zusatzversicherungen mit Verminderungen der Selbstbeteiligungen in verschiedenen Stufen bei Unfällen, Diebstählen etc. Siehe bei „Mietwagen".

Personenbergung Im **Notfall** überführt die Fa. EMed Rescue 24 Kranke oder Verletzte zur nächstgelegenen Stelle innerhalb Namibias, bei der eine medizinische Versorgung möglich ist. Der Transport findet per Flugzeug, Hubschrauber oder Kfz statt. Allerdings sollte man eine Versicherung für die Bergung besitzen (in der Regel deckt eine Auslandskrankenschutzversicherung den Notfalltransport mit ab, informieren Sie sich hierzu bei Ihrer Versicherung – auf alle Fälle müssen die nicht unerheblichen Kosten vorgeschossen und die Rechnung mit Nachweisen über die medizinische Notwendigkeit des Transportes eingereicht werden).

EMed Rescue 24, Eros Airport, Aviation Road, Windhoek, Tel. 061-411600, Alarmnummer 081-924, www.emed.com.na.

Zoll

Gegenstände des **persönlichen Bedarfes** können unproblematisch eingeführt werden. An **Genussmitteln** und **Luxusgütern** dürfen nach Namibia 400 Zigaretten oder 50 Zigarren oder 250 g Tabak, 2 Liter Wein, 1 Liter Spirituosen und 50 ml Parfum oder 250 ml Eau de Toilette eingeführt werden. **Kraftfahrzeuge** unterliegen exorbitant hohen Einfuhrsteuern und Zöllen, die sich im Bereich von ca. 70% des Wagenwertes bewegen. Will man seinen überführten Wagen vor Ort verkaufen, ist zu bedenken, dass der erzielbare Preis sich nicht unbedingt am Wert, sondern an der Machbarkeit orientiert. Linksgesteuerte Fahrzeuge dürfen seit März 2003 (in Südafrika seit 2001) nicht mehr importiert werden. Wer seinen Wagen loswerden will, nimmt zu angolanischen Händlern (Angola fährt linksgesteuert) Kontakt auf (in Windhoek zum Beispiel Novel Ford, Joule Street oder Circle Motors, Rehobother Road). Besitz und Einfuhr von Faustfeuerwaffen ist verboten, **Jagdwaffen** dürfen mit offizieller Anmeldung und einer gültigen Waffenbesitzkarte nach Namibia eingeführt werden, Letztere ist rechtzeitig zu beantragen, da der Vorgang an der Grenze sonst sehr langwierig wird. Nach Botswana dürfen auch keine Jagdwaffen eingeführt, im Transit müssen sie versiegelt transportiert werden.

Mehrwertsteuer
Ab einem Bruttowarenwert von 250 N$ kann man bei Ausfuhr die Mehrwertsteuer (VAT – *Value added Tax*, derzeit 15%) geltend machen. Dazu muss man sich allerdings im Laden eine Rechnung ausstellen lassen, die bestimmte Erfordernisse erfüllt (das Wort „Steuerquittung" muss enthalten sein, Name, Adresse und MwSt.-Registrierungsnummer des Lieferanten, Name und Adresse des Empfängers, Rechnungsseriennummer und -datum, Beschreibung, Quantität oder Volumen der Ware, Warenwert, Betrag der Mehrwertsteuer und Bruttobetrag). Dies übernimmt normalerweise alles der Verkäufer. Die Rechnung wird am Flughafen (oder an den Grenzstationen Ariamsvlei und Noordoewer) dem Zoll gezeigt, der sie abstempelt (meistens muss noch nicht einmal die Ware vorgezeigt werden). Nach nochmaliger Prüfung erhält man dann einen Scheck, den man sich in der Bank nebenan auszahlen lassen kann. Nutzt man einen anderen Grenzübergang, ist von Touristen das Formular VAT 16 bzw. von Einwohnern Namibias ohne ständigen Wohnsitz in Namibia das Formular VAT 17 auszufüllen und nach Warenprüfung mit der Originalrechnung dem Zollbeamten zu übergeben; das Geld wird dann per Scheck nach Deutschland geschickt oder auf ein angegebenes Konto überwiesen (Überweisungsgebühren kommen in Abzug). Weitere Informationen hierzu gibt es beim Ministry of Finance unter Tel. 061-2092642/44, www.mof.gov.na.

TEIL II
Unterwegs in Namibia

TEIL II: Unterwegs in Namibia
Ankunft und Einreise

Mit dem Flugzeug

Der einzige internationale Flughafen mit Interkontinentalverbindungen liegt ca. 40 km östlich von Windhoek. Er heißt **Windhoek International/Hosea Kutako,** ist klein und wirkt leicht verschlafen. Bis auf den Reisepass (der noch sechs Monate über das beabsichtigte Rückreisedatum hinaus gültig sein muss) ist kein Einreisedokument erforderlich (unter Umständen muss ein Rückflugticket gezeigt und der Besitz ausreichender Geldmittel nachgewiesen werden). Die Einreise ist unproblematisch – ein kleiner Laufzettel ist auszufüllen, der Pass wird abgestempelt und in ihn die genehmigte Aufenthaltsdauer eingetragen. Eine Buslinie in das Zentrum Windhoeks ist eingerichtet, ihr Fahrplan richtet sich nach den Ankunfts- und Abflugzeiten der internationalen Verbindungen (Stadtterminal in der Independence Avenue, gegenüber dem Hotel Kalahari Sands). Die Fahrt mit dem Taxi in die Stadt kostet 15–25 €.

Mit dem Schiff

Das von Südafrika an Namibia 1994 übergebene Walvis Bay ist die wichtigste Hafenstadt Namibias mit entsprechenden Anlagen für Hochseeschiffe und besitzt Zoll- und Immigrationsbüros. Trotzdem legen aus Europa keine Frachtschiffe mit Passagierkabinen an. Lüderitz ist hauptsächlich ein Hafen für Hochseefischer, ab und zu gehen auch Kreuzfahrtschiffe vor Anker.

Landweg von Angola

Nach Ende des Bürgerkrieges sind die Grenzübergänge von und nach Angola offen, doch herrscht jenseits der Grenze und abseits der Hauptstraßen nach wie vor hohe Minengefahr.

Ankunft

„Grau in Grau lag die Welt; grau war der Himmel, grünlichgrau das Meer, dunkelgrau der schleppende Rauchschweif der Schornsteine. Die haushohen Wellen trugen weiße Schaumkronen und spritzten wütend zu den Seiten des Schiffes hinan. Oft wuschen sie über Deck und nahmen mit sich, was nicht ganz niet- und nagelfest war. Zwar ließ der Sturm nach drei Tagen nach, dafür setzte aber Nebel ein, so dicht und undurchdringlich, dass nicht die Hand vor Augen zu sehen war. Fortwährend ertönte die Sirene und der Kapitän hatte Besorgnis, wir könnten an Swakopmund vorbeifahren. Da, auf einmal hob sich der Nebel, und im Sonnenschein lag Swakopmund vor uns, und wir an Bord waren wie von Sinnen. Man umarmte einander, tanzte, schrie und lachte. Natürlich wollten wir alle sofort an Land. Aber von Swakopmund kam das Signal, die Landung sei unmöglich, der Brandung wegen. Bis zu uns klang ihr Donnern und Tosen.

… Swakopmund im Sonnenschein sah freundlich und verheißungsvoll aus. Zur Bewillkommnung unseres Dampfers wehten Flaggen auf vielen Häusern. Hell hoben sie sich von den dunklen Dünen ab.

… Da, gegen Mittag, erbarmte sich der Himmel unser … und glättete die Wogen. Heißes zitterndes Sonnenlicht lag über Swakopmund. Da begann die Landung.

… Mit herzlichen Dankesworten verabschiedeten wir uns vom Kapitän und den Offizieren und wurden auf sehr primitive Art in das tief unten auf dem Wasser schaukelnde Brandungsboot verladen. Nacheinander setzte man sich in einen Korbstuhl, der an einer Kette hing. Vermittels eines Kranes wurde der Korb dann in das Boot hinabgelassen, einer der bereits anwesenden Kruboys riss einen heraus, und der Korb ward wieder in die Höhe gewunden.

… Nach längerer Fahrt auf mäßig bewegtem Wasser kamen wir den gewaltigen Brechern näher und näher. Ich bewunderte die Geschicklichkeit der Kruboys, die mit größter Sicherheit und Kaltblütigkeit ihre Ruder in die Wellen tauchten und schnell vorwärts kamen. Als ich aber die kolossalen Brecher aus allernächster Nähe sah, die sich entweder haushoch aufzutürmen schienen oder einen tiefen Abgrund schufen, konnte ich mich einer Gänsehaut nicht erwehren. Pfeilschnell schossen wir mit den Brechern dahin, und mit gewaltigem Ruck fuhr das Vorderteil des Bootes auf den Sand."

(aus: Margarethe Eckenbrecher, „Was Afrika mir gab und nahm", Berlin, 1949

Swakopmund um 1910

Landweg von/nach Zambia	Auf Namibia-Seite ist *Katima Mulilo* der Grenzort, auf der Zambia-Seite *Shesheke*. Der Zambezi wird auf einer Brücke gequert. Die Straße entlang des Zambezi nach Kazungula ist in gutem Zustand (s.a. Route 15).
Landweg von/nach Botswana	Über die Ngoma-Brücke fährt man zum namibischen „Grenzort" Ngoma. So klein der Grenzposten auch ist, hier läuft der touristische Hauptverkehr von Zimbabwe und Zambia nach Namibia (Route 15). Ein weiterer Grenzübergang im Westen ist bei Shakawe/Botswana – Mohemba, in Höhe des Mahango-Nationalparks. Der Grenzübergang Dobe östlich von *Tsumkwe* ist auch für Touristen geöffnet. Von der Grenzstation zur Asphaltstraße in Botswana sind es 140 km tiefer Sand (nur 4x4-Fahrzeuge), die nächste Tankstelle in Botswana ist bei Gumare, 30 km nördlich Nokaneng (also für ausreichend Treibstoff sorgen). Größter und bestausgebauter Grenzpunkt ist *Buitepos* von Windhoek (Route 16).
Zimbabwe ü. Botswana	s. Routenbeschreibung Route 15
Von Zambia ü. Botswana	s. Routenbeschreibung Route 15
Landweg Südafrika	Hauptübergangsorte sind, auch aufgrund der guten Straßenverhältnisse, Ariamsvlei und Noordoewer im Süden Namibias (beide 24 Stunden am Tag geöffnet). Die Grenzübergänge bei Rietfontein und Mata Mata (Durchfahrt nur mit bestätigter Buchung von mindestens zwei Tagen im Nationalpark) ermöglichen die Zufahrt zum Kalahari Gemsbok bzw. Kgalagadi Transfrontier Park.

Öffnungszeiten der Grenzstellen

Südafrika	Sommer	Winter	Telefon
Klein Manasse/Rietfontein	8–16.30	7–15.30	081-2146222
Velverdiend/Mata Mata	8–16.30	7–15.30	081-3577312
Ariamsvlei/Nakop	24 h	24 h	081-1599230
Velloorsdrif/Onseepkans	8–16.30	7–15.30	081-2318122
Noordoewer/Vioolsdrif	24 h	24 h	081-4855690
Sendelingsdrift	8–17	8–17	081-2080226
Angola			
Ruacana/Omahene	8–18	7–18	081-2533944
Kasamane	8–19	7–18	
Oshikango	8–19	7–18	081-1241540
Katitwi	8–19	7–18	081-2038646
Rundu/Sarasungu	8–19	7–18	081-4624114
Zambia			
Wenela (Katima Mulilo)	8–18	6–18	081-1599186

Botswana

Ngoma	6–18	6–18	081-1664582
Muhembo	6–18	6–18	081-2319598
Dobe (Tsumkwe)	6–18	6–18	067-243170
Buitepos/Transkalahari	7–24	7–24	081-1599023

Zoll-formalitäten Der Zoll lässt die weltweit üblichen Freimengen (400 Zigaretten, 1 Liter hochprozentigen Alkohol, 2 Liter Wein, 50 Gramm Parfüm etc.) zu, die Kontrolle ist sehr touristenfreundlich. Waffen müssen deklariert werden, die Einfuhr von Jagdwaffen wirft keine Probleme auf – zum genauen Prozedere kontaktiere man allerdings vorab den Jagdverein. Gegenstände des persönlichen Bedarfes und Kameras (Foto und Video), Filme usw. können vorübergehend eingeführt werden.

Kraftfahrzeugeinfuhr Jedes Kraftfahrzeug benötigt ein Carnet de Passage (s.o., „Nach Namibia mit dem Auto", Kapitel „Praktische Reisetipps von A bis Z") und eine internationale Zulassung. Es darf maximal 1 Jahr im Raum der südafrikanischen Zollunion verbleiben (Südafrika, Namibia, Botswana). Es besteht unter Umständen die Möglichkeit, einmal ein Anschlusscarnet zu erhalten. Fragen Sie dazu Ihren Automobilclub.

Rund ums Geld

Währung Währung ist der **Namibia Dollar** (N$) zu 100 Cents. Er ist an den südafrikanischen Rand im Verhältnis 1:1 gebunden. Der **Wechselkurs schwankt zwischen 12 und 18 N$ für 1 Euro.**

Banknoten gibt es zu 10, 50 und 100 und 200 N$, Münzen zu 5, 10 und 50 Cents und zu 1 und 5 Dollar. Die Münzen und Scheine des südafrikanische Rand werden im ganzen Land als Zahlungsmittel akzeptiert. Umgekehrt werden die Noten des N$ nur in den grenznahen Gebieten Südafrikas in den Läden angenommen (z.B. auf der Route 2a durch den Kalahari-Gemsbok bzw. Kgalagadi Transfrontier Park). Das Mitbringen fremder Währungen unterliegt keinerlei Restriktion. Da ein Rücktausch von N$ in Devisen unter Umständen Schwierigkeiten bereiten kann, sollte man seine Heimatwährung direkt in Namibia wechseln und sich die Quittungen aufheben. Damit kann man Nachweis über die gewechselten Summen führen, und ein Rücktausch ist unproblematischer. Die **Inflationsrate** betrug 2015 ca. 5%.

Geldwechsel, Banken Geldwechsel ist bei Banken und in Hotels, Restcamps und Lodges möglich. Bei Letzteren, gerade wenn sie weit ab vom Schuss liegen, kann der Kurs für den Touristen äußerst ungünstig werden. Geldwechseln in Banken ist unkompliziert, ebenso der Erhalt von Bargeld auf die Kreditkarte, eine Viertel- bis halbe Stunde sollte aber einkalkuliert werden, da viele Leute anstehen. Das Geld ist gleich nach Erhalt sicher zu verstauen. Beste Möglichkeit der Geldversorgung sind die **Geld- bzw. Bankautomaten,** die teilweise auch in Tankstellen vorzufinden sind.

Kreditkarten

Kreditkarten werden zumeist akzeptiert (bis auf einige Gästefarmen und kleinere Tankstellen). Am verbreitetsten: **Visa** und **Mastercard.** Durch spätere Abbuchung vom Konto und Briefwechselkurs ist es im Allgemeinen günstiger, mit Kreditkarte zu zahlen (lästige Vorauszahlungen in Hotels und Kautionshinterlegungen bei Mietwagenfirmen entfallen ebenfalls).

Halten Sie den Bargeldvorrat möglichst gering, Sie können in fast jeder größeren Stadt an Geldautomaten abheben. Zur Abhebung müssen Sie Ihre Geheimzahl eingeben. Auf einigen Strecken mangelt es an Abhebemöglichkeiten, so zwischen Walvis Bay und Aus. Führen Sie (fast nirgends mehr akzeptierte) Reiseschecks mit sich, müssen Sie die Schecks und die Liste, in die Sie bei jedem Wechseln die Höhe des Betrages, die Schecknummer, den Ort und das Datum eintragen, getrennt aufbewahren. So können Sie bei Verlust der Schecks Nachweis über die bereits eingewechselte Summe führen und erhalten die verlorenen/gestohlenen Schecks ersetzt.

Folgende Kreditkartenfirmen sind mit Korrespondenzbanken in Windhoek vertreten:

- **Visa,** Tel. 061-2992222 (First National Bank),
  Notruf 001-303-967-1096
- **Mastercard,** Tel. 061-2942143 (Standard Bank),
  Notruf 001-636-7227111
- **Diners,** Tel. 061-2942143 (Standard Bank),
  Notruf 0049-69-900150135

Verlorene/ gestohlene Kredit- bzw. Bankkarten

müssen sofort gesperrt werden, diesbezügliche Telefonnummern Ihrer Kartenorganisation mitführen oder im Internet nachsehen, z.B. bei www.mastercard.com oder bei www.visa.de. Die deutsche Telefonnummer des zentralen **Sperr-Annahmedienstes für nahezu alle Karten, auch Bankkarten,** rund um die Uhr und aus dem Ausland ist **0049-1805-021021** (minimal gebührenpflichtig, Abwicklung per Sprachcomputer; Sie benötigen Ihre Kontonummer und die Bankleitzahl). Eine andere dt. zentrale Sperr-Nr. für nahezu alle Karten ist **0049-116116.** Bei **www.kartensicherheit.de** kann man einen **SOS-Info-Pass** runterladen, außerdem gibt es dort weitere Tips zur Prävention, zu Schadensfällen und zur richtigen Kartensperrung.

Verkehrs- und Transportmittel

Geldüberweisung
Die namibischen Banken sind an das internationale Überweisungssystem SWIFT angeschlossen. Damit kann schnell und unproblematisch Geld in das Land transferiert werden (allerdings relativ hohe Gebühren). Weitere Überweisungsmöglichkeiten bietet die Western Union-Bank (über die Deutsche Verkehrs-Bank oder die Postbank zu kontaktieren).

Steuern
Es wird **VAT** (Value Added Tax – Mehrwertsteuer) in Höhe von 15% erhoben. Ab einem Bruttowarenwert von 250 N$ können Touristen die Steuer zurückerhalten. In den Geschäften sollte man beim Kauf darauf hinweisen, damit die nötigen Formulare ausgestellt werden (genauere Informationen bei „Praktische Reisetipps" – Stichwort „Mehrwertsteuer").

Trinkgeld
Mit 5 bis 10% des Rechnungsbetrages liegen Sie nicht falsch. Viele Gästefarmen haben eine Trinkgeldbox (Tipbox), deren Inhalt unter dem Personal aufgeteilt wird, so dass auch Mitarbeiter ohne direkten Kunden-kontakt etwas bekommen. Manche Gästefarmbesitzer schütten das Trinkgeld auch nur teilweise aus und schaffen für den Rest nützliche Dinge für die Mitarbeitergemeinschaft und deren Familien auf der Farm an.

Von Ort zu Ort – Verkehrs- und Transportmittel

Busse
Der **Intercape Mainliner** verbindet Südafrika mit Namibia von Johannesburg und von Kapstadt aus täglich (Einfach-Fahrt jeweils 700–900 N$). Der Bus aus Kapstadt fährt über Keetmanshoop nach Windhoek und weiter nach Walvis Bay über Swakopmund. Die andere Linie kommt von Pretoria über Johannesburg und Upington, Keetmanshoop nach Windhoek. Eine nördlich verlaufende Linie führt von Windhoek nach Livingstone in Zambia (dreimal die Woche, einfach um 600–700 N$). Die Strecke Swakopmund – Windhoek (mehrmals die Woche) kostet 200–300 N$. Büros von *Intercape Mainliner*:

- Windhoek, Tel. 061-227847 (Intercape Mainliner Hauptbüro, www.intercape.co.za, die Haltestelle ist in der Bahnhof Street)
- Keetmanshoop, Tel. 063-223063 (Haltestelle Lafenis Engen Tankstelle)
- Swakopmund (Hendrik Witbooi Street, hinter dem Pick&Pay Supermarket)
- Karibib (Engen Garage)
- Walvis Bay, (Haltestelle Spur Restaurant)
- Tsumeb (Haltestelle Engen/Wimpy Gateway, Omeg Allee)
- Livingstone (South End Travel, Mosi-o-Tunya Road)
- Kapstadt, Tel. +27-861-287287 (Intercape Office, Unit 2, Old Marine Drive, Kapstadt Bahnhof)

66 Verkehrs- und Transportmittel

Die Firma **Town Hoppers** Tel. 064-407223, 081-2103062, www.namibiashuttle.com, verbindet Windhoek mit Swakopmund täglich außer Mittwoch mit modernen und sicheren Kleinbussen (einfache Fahrt 270 N$).

Eisenbahn **TransNamib Limited** befährt mit dem Starline Passenger Service die Strecken Windhoek – Walvis Bay, Windhoek – Keetmanshoop und Keetmanshoop – Karasburg und Tsumeb Ondangwa. Die zentrale Reservierung ist unter Tel. 061-2982032 erreichbar (www.transnamib.com.na). Die Tarife sind ausgesprochen günstig, für ca. 350 km muss man je nach Saison um 150 N$ in der einfachen und mit 250 N$ in der Business-Klasse rechnen.

Eine Tochtergesellschaft der TransNamib – der **„Desert Express"** – betreibt den gleichnamigen Luxusreisezug zwischen Windhoek und Swakopmund. Luxus pur mit mehreren Stops auf der Strecke, wo dann Ausflüge unternommen werden (Löwenfütterung, Dünenwanderung etc.). Jedes Abteil hat ein eigenes Bad, Restaurant- und Aussichtswagen hängen ebenfalls an der Lokomotive (auf einem Pritschenwaggon kann der Wagen mitreisen). Das Essen ist vorzüglich. Zwei Fahrten pro Woche in jede Richtung, ebenfalls im Programm sind die Strecken Windhoek – Etosha – Windhoek und Windhoek – Lüderitz – Windhoek (bis zur Rekonstruktion der Gleise ab Aus mit dem Bus). Buchung über Desert Express, Private Bag 13204, Windhoek, Tel. 061-2982600, www.transnamib.com.na. Das Doppelabteil kostet auf der einfachen Strecke Windhoek – Swakopmund um 3000 N$ p.P. mit Mahlzeiten, die Fahrten nach Etosha sind siebentägig und kosten inklusive der Mahlzeiten um 15.000 N$ p.P. im Doppelabteil.

TransNamib

Wegen umfangreicher Wartungsmaßnahmen finden 2016 nur zwei Fahrten zwischen Windhoek und Swakopmund statt (August und November). Fahrten in 2017 waren bei Redaktionsschluss noch nicht terminiert.

Ein weniger luxuriöser Zug – der *Shongololo Express* – unternimmt mehrtägige Ausflugsfahrten in Namibia und nach Botswana und Südafrika (jeweils 9 Fahrten im Jahr). Einen genauen Zeitplan erhält man bei Shongololo Express in Südafrika, Tel. +27-11-7814614, www.shongololo.com. Preisbeispiel: 12-tägige Reise von Johannesburg durch Namibia bis Windhoek mit Besichtigungen um 2500 €.

Der berühmte südafrikanische *Rovos Rail* fährt unregelmäßig von Johannesburg nach Windhoek und Swakopmund. Buchungen bei Rovos Rail Capetown, P.O. Box 50241, Waterfront, Capetown, Tel. +27-21-4214020, www.rovos.co.za. Preisbeispiel: 9-tägige Fahrt von Pretoria nach Swakopmund mit allen Extras um 4000 €/Person. Die Fahrt Kapstadt – Dar-es-Salam dauert 14 Tage und kostet ab 8000 €.

Taxifahren und Flughafentransfer

In fast allen Städten gibt es einen funktionierenden Taxiservice. Nicht alle Wagen besitzen einen Taxameter, so dass Fahrpreisverhandlungen notwendig sein können. Meist werden die Wagen per Funktelefon bestellt. Die Hotelrezeption und Restaurantpersonal geben Auskunft über die Nummern verlässlicher Unternehmer.

Flugzeug

Air Namibia verbindet folgende innernamibische Städte mit Windhoek/Eros Flughafen: Lüderitz, Oranjemund, Rundu, Ondangwa, Katima Mulilo und Walvis Bay. In der Region sind vom internationalen Flughafen Windhoek Hosea Kutako folgende Städte angebunden: Kapstadt, Johannesburg, Luanda, Maun, Lusaka, Accra und Victoria Falls.

Charterflugzeuge

Eine teure, aber angenehme Art des Inlandreisens ist das „eigene" Flugzeug. Namibia besitzt mehr als 200 über das Land verteilte zugelassene Airstrips. Der Landeanflug gestaltet sich einfach: Das Flugzeug kreist zweimal über der Landebahn und geht dann nieder. Daraufhin fährt ein Wagen von der Gästefarm, Lodge oder dem Restcamp los und holt die Gäste ab. Zuvor ist der Unterkunft lediglich der Tag der Ankunft und die ungefähre Uhrzeit über Telefon zu avisieren, um sicherzustellen, dass Platz verfügbar ist. In Windhoek starten Charterflüge *nicht* vom internationalen Flughafen, sondern vom im Weichbild der Stadt gelegenen Eros-Flughafen. Maschinen mit Pilot vermietet z.B. Pleasure Flights, P.O. Box 537, Swakopmund, Tel. 064-404500, www.pleasureflights.com.na.

Bitte schreiben oder mailen Sie (verlag@rkh-reisefuehrer.de), wenn sich in Namibia Dinge verändert haben oder Sie Neues wissen. Wir beantworten jede Zuschrift. Danke!

Informationen über Radreisen von Andreas von Heßberg

Anforderungen

Für Radfahrer besteht Helmpflicht! Namibia ist kein Reiseland für Neulinge in der Tourenradler-Szene, das muss zu Anfang erwähnt werden. Nicht nur die klimatischen Schwierigkeiten, sondern auch die fahrtechnischen Herausforderungen bedingen eine gute körperliche Kondition und ein hohes Maß an Erfahrung von anderen Fahrradtouren. Außerdem muss man sowohl im Falle eines technischen als auch eines gesundheitlichen Defekts in der Lage sein, sich selbst helfen zu können. Je weiter man sich abseits der Asphaltstraßen bewegt, desto stärker ergibt sich diese Notwendigkeit. Ein vollständiges Bündel an Werkzeug und Ersatzteilen ist somit genauso wichtig für den Erfolg einer Radreise in Namibia, wie auch eine richtig zusammengestellte Reiseapotheke. Ein Autofahrer kann bei gesundheitlichen Problemen noch eher zur nächsten Farm fahren. Ein Radfahrer ist bei einer Krankheit oder einem Knochenbruch nicht mehr in der Lage, sein Fahrzeug zu bewegen. Selbsthilfe- und Improvisationstalent ist also unbedingt mitzubringen!

Reisezeit

Die ideale Reisezeit gibt es für Radfahrer nicht, denn jede Jahreszeit hat Vor- und Nachteile für den Pedalritter. Ist es im Winter gemäßigt warm bis kühl (in den Bergen) und gibt es genug Wasser, so mag der Wind stärker blasen und so manch eine Piste schlammig sein. Außerdem ist dann im Norden die Mückenstichwahrscheinlichkeit fünfmal höher als in der Trockenzeit. Dafür ist mehr Grün in der Landschaft und es sind häufiger Tiere zu sehen. Im Sommer sind alle Pisten trocken und fest, die Winde sind schwächer, dafür ist es häufig über 40 °C und der Wasserverbrauch schränkt den Aktionsradius stark ein.

Routenplanung

Das Radfahren abseits der Pisten ist aus verschieden Gründen nicht zu empfehlen. Zum einen sind überall Dornengewächse, die auch einem mit Aramid verstärkten Kevlarreifen zu schaffen machen. Daneben sollte man auch in Namibia die Vegetationsdecke nicht durch unnötiges Befahren zerstören, das führt letztendlich nur zu Gesetzen, die dann die Bewegungsfreiheit von Tourenradlern einschränken. Zum anderen sind die Pisten rau genug, um als eine Herausforderung für Mensch und Material zu gelten. Von der Piste aus erschließt sich auch das Land viel besser als von den Lkw-belasteten Alphaltstraßen. Zu empfehlen sind für abgelegene Pisten die topographischen Blätter (1:250.000 und 1:500.000). Aufgrund der Dimensionen in diesem Land muss man sich entweder einschränken und nur einen bestimmten Landesteil erradeln oder man bringt viel Zeit mit. Für eine ausführliche Radreise in ganz Namibia mit einem Abstecher nach Maun und einigen eingestreuten Ruhetagen benötigt man als durchtrainierter Radfahrer 8-10 Wochen.

Die durchschnittliche Reisegeschwindigkeit auf den Pisten beträgt zwischen 10 und 15 km/h, manchmal auch weit darunter – dann nämlich, wenn es sandig wird. Überhaupt ist Sand der Feind Nr.1 für den Radfahrer. Sinkt man mehr als 5 cm ein, so steht man in Sekundenbruchteilen. Es erfordert bei kleineren Sandpassagen schon einiges Geschick und Kraft, nach dem schnellen Runterschalten sich selbst wieder herauszuarbeiten. Oder man steigt ab und schiebt durch.

Ausrüstung

Die Radausrüstung sollte in Sachen Robustheit nichts zu wünschen übrig lassen, das Fahrrad ein robustes Mountainbike sein, dies aber nicht zwingend. Nur wird man mit 26"-Rädern auf den Pisten besser zurechtkommen. Besonders die Felgen und Speichen werden auf den Pisten stark beansprucht. Welchen Reifen man aufzieht ist eine Frage der Routenplanung. Will man häufig auch Asphaltstraßen benutzen, um möglichst schnell zur nächsten interessanten Region zu kommen, so ist ein grober Stollenreifen nicht zu empfehlen. Hier nimmt man am besten einen Semislick-Reifen oder einen Straßenreifen mit gutem Profil. Daneben sollte man

Radreisen

Die Spitzkoppe kommt in Sicht

auf Durchstichfestigkeit (Dornen!) und stabile Karkassen achten (der Reifen wird auf den Pisten stark gewalkt). Ich empfehle aufgrund der langjährigen Erfahrungen den Schwalbe Marathon XR. Ein Faltmantel als Ersatz ist ebenso wichtig wie ein oder zwei Ersatzschläuche. Der Sattel sollte ungefedert sein, damit man keine unnötige Energie in die Federn statt auf die Pedale bringt. Dagegen ist eine gefederte Sattelstütze zur Dämpfung der Schläge, die sonst die Wirbelsäule und die Schultern abfangen müssten, dringend zu empfehlen. Eine Federung an der Gabel oder gar am Hinterbau ist auf den Pisten sinnlos, weil die Trägheit des Systems mit allen Packtaschen zu groß ist, um die Rüttelei beispielsweise auf den Wellblechpisten abzufangen. Ergonomisch geformte Griffe sind bei mehrwöchigen Radtouren sehr gut gegen das Abquetschen der Nerven in den Händen. Wer Hilfe braucht oder Ersatzteile, kann sich in Windhoek an folgende Adressen wenden: *Cycles Wholesales,* 45 Edison Street, Tel. 061-233081, und *Windhoek Cycletec,* Tel. 061-244324, 324 Sam Nujoma Drive. In Swakopmund hilft *Cycle Clinic,* Tel. 064-402530, 10 Hendrik Witbooi Street. Zubehör gibt es in den Läden der Kette *Cymot* im ganzen Land.

Hitze und Trockenheit

Gegen die Hitze kann man sich gut schützen – auch im Sommer Namibias. Ein Hut ist dabei besser als ein Kopftuch – auch wenn man dieses immer wieder mal nass machen kann. Man muss auch bedenken, dass die Sonnenbrille zu einem der wichtigeren Ausrüstungsteilen von Radfahrern gehört, so dass man eine Ersatzbrille mitnehmen sollte. Ein T-Shirt aus Baumwolle bleibt länger nass, als ein synthetisches Oberteil und kühlt somit besser. Außerdem kann man es auch schnell mal mit der Trinkflasche befeuchten. Gegen die starke Sonneneinstrahlung muss man sich als Radfahrer sehr gut schützen.

Hat man erst offene Blasen und Verwundungen, so schmerzen diese durch das ausgeschwitzte Salz unerträglich. Überhaupt ist das Auffüllen des körpereigenen Mineralhaushaltes ein lebensnotwendiger Faktor. Ein Sonnenschutzfaktor von 20 oder mehr und ein mehrmals tägliches Eincremen sind am Anfang des Aufenthaltes notwendig. Nach drei bis vier Wochen ist man an Armen und Beinen so braun, dass man keine Creme mehr braucht, denkt man. Doch auch dann sollte man sich wenigstens in der Mittagszeit noch eincremen, denn die UV-Strahlung schädigt auch gebräunte Haut noch stark. Im Sommer ist es empfehlenswert, in der Mittagshitze drei Stunden unter einem Baum zu rasten, sofern man einen findet! Aber Vorsicht: Zecken, Schlangen und Dornen! Die Trockenheit ist die große logistische Herausforderung für den Radfahrer. Im Extremfall, im Hochsommer, verbraucht man pro Tag ca. 10 Liter Wasser. Dieses muss man nicht nur im Gepäck unterbekommen, sondern auch transportieren. Will man wegen Mangel an Wasser auf einer mehrtägigen Etappe ausreichend Wasser mitnehmen (stets auch an eine Reserve denken!), so werden daraus auch schnell mal 30 Liter – oder auch 30 kg! Wo bekommt man das dann noch unter? In den vier Packtaschen und auf dem Gepäckträger ist nicht so viel Platz und das Hinterrad nochmal mit so viel Gewicht zu strapazieren, ist nicht zu empfehlen. Da geht auch die Fähigkeit, auf den Pisten eine stabile Balance zu halten, schnell verloren. Die Lösung heißt für eine mehrwöchige Radtour Anhänger. Dort bekommt man nicht nur viel Wasser und Proviant unter, sondern auch die sperrigen Teile wie das Zelt, den Schlafsack und die Iso-Matte. Damit erniedrigt man den Schwerpunkt des ganzen Systems und fährt auch auf den rauesten Pisten sehr stabil.

Übernachtung

Ein Radfahrer ist in Namibia in seinem Vorwärtskommen stark von der Windrichtung und der Pistenqualität abhängig. Somit weiß man nie genau, wo man am Abend sein wird. Die Lodges oder Campingplätze haben nur selten einen Tagesabstand voneinander, so dass man diese nur selten frequentiert. Daher sollte man sich damit anfreunden, wild zu zelten. Das funktioniert überall sehr gut, sogar dort, wo alles eingezäunt ist. So ist man unabhängiger, erlebt mehr Natur und fährt auch noch sehr viel billiger. Im Farmland sollte man aber stets darauf achten, dass das Tor im Zaun hinter einem auch wieder geschlossen ist. Sonst gibt es Ärger! Besser ist es auch, außer Sichtweite der Piste zu zelten. Wegen der „wilden" Tiere braucht man sich beim wilden Zelten keine Sorgen zu machen. Anders ist es gegenüber Schlangen, Skorpionen und Anopheles-Mücken. Es lohnt sich, eine stabile Folie vor dem Zelt auszubreiten, damit das Kochen oder Sitzen nicht direkt auf dem Boden geschehen muss. Wegen dem abendlichen Kochen und dem Gewicht des Wassers ist es natürlich auch interessant, auf den Farmen nicht nur nach Wasser zu fragen, sondern gleich neben dem Wasserhahn zu zelten. Die Farmer (speziell die weißen) sind gegenüber Radfahrern stets sehr freundlich, oft an der Tour interessiert und manchmal so offen, dass einem auch noch die Farm und die dort lebenden Tiere und Pflanzen per 4x4-Fahrzeug gezeigt wird.

Anreise

Nur ganz Verwegene werden mit dem Fahrrad über Land von Deutschland anreisen (doch es gibt sie wirklich!), oder aus anderen Ländern des südlichen Afrikas. Da wäre eine Radreise von Kapstadt nach Windhoek wegen der interessanten Veränderungen des Landschaftsbildes und der Vegetation zu empfehlen. Wer aber mit dem Flugzeug anreist, muss für das Fahrrad etwa 75 € zahlen. Die Luft muss zur Hälfte aus den Reifen gelassen werden, der Lenker quer gestellt werden und die oft scharfkantigen Mountainbikepedale sollte man besser abschrauben. Wie weit man sein Bike gegen Kratzer etc. beim Transport schützt, ist der Fluggesellschaft egal. In Namibia bekommt es ja sowieso noch genug ab! Ein Rolle Klebeband im Gepäck ermöglicht auch ein Fixieren von Trinkflaschen, Luftpumpe, Zeltstangen oder Ersatzmantel am Fahrrad während des Fluges!

Weitere Informationen

bekommt man gegen einen kleinen Unkostenbeitrag bei Andreas von Heßberg, Nobelstr. 21, 95444 Bayreuth, der nicht nur selber 5000 km in Namibia und Botswana geradelt ist, sondern auch Informationen von anderen Radfahrern bei sich bündelt, die zu anderen Jahreszeiten oder in anderen Regionen gewesen sind. Namibia ist auf alle Fälle ein lohnenswertes Reiseziel für alle Tourenradler, die viel wilde Natur, wenig Zivilisation und trotzdem noch ein Mindestmaß an Sicherheit suchen.

Wer Ersatzteile für sein Rad benötigt, wende sich in Windhoek an: Cycletec, 324 Sam Nujoma Drive, Klein Windhoek, Tel. 061-244324, www.cycletec.com.na. Die Hauptwindrichtungen in Namibia sind bei Sonne SW und bei Gewitter NO.

Als Selbstfahrer unterwegs

Straßenkategorien — Jede Straße oder Piste hat in Namibia ihre Nummer, die auf Wegweisern verwendet wird. Nur in Städten wird die Richtung mit Städtenamen angegeben, auf dem Land finden sich lediglich die Nummern. Zusätzlich werden die Straßentypen bzw. wird die Straßenbeschaffenheit durch voran-gestellte Buchstaben klassifiziert (z.B. B8). Asphaltstraßen gehören meist der **Kategorie B** an. Die **Kategorie C** sind Asphalt- und Sandstraßen, **Kategorie D** Sandstraßen bzw. Pisten. Pisten der **Kategorie P** bzw. **F** sind Privatwege. Vereinzelt findet man auch noch die Kennzeichnung **MR** für Gemeindepisten/-straßen (Municipal Road), oder auch gar keine Buch-stabenkennzeichnung (in diesem Buch werden sie dann einfach z.B. als „Straße 36" bezeichnet).

Autobahnen gibt es, bis auf ca. 20 km nördlich von Windhoek und die Westspangen bei Windhoek und Okahandja, keine.

Straßenzustand — Die Asphaltstraßen sind immer zweispurig, bei wenigen gibt es durch gebirgige Gegenden kurze dritte Überholspuren. Sie sind relativ schmal, aber meist in ausgezeichnetem Zustand. Man wird auf ihnen nur selten ein Schlagloch finden (in Namibia werden die Reparaturen von Schlaglöchern mit einem Datum zur Kontrolle versehen). Die weißen Mittellinien sind durchbrochen oder durchgezogen, wenn man nicht überholen darf. Nach der Regenzeit können die Bankette etwas bröckeln.

Die **Hauptpisten** sind durchweg gute bis sehr gute Pisten mit Sand- oder Geröllbelag. Sie werden in kurzen Abständen gewartet. Wahre Ungetüme von Maschinen (Scraper) hobeln die Oberfläche glatt, Warntafeln weisen rechtzeitig auf Straßenbauarbeiten hin.

Nebenpisten und weniger befahrenen Strecken haben zeitlich größere Wartungsintervalle, sie werden nicht so häufig gehobelt. Aus diesem Grund bilden sich auf ihnen mehr oder weniger starkes Wellblech und Spurrillen heraus. Befinden sich Pisten in katastrophalem Zustand, liegt das auch an der Unberechenbarkeit der Natur. Bei starken Regenfällen wird alles weggespült und der Straßendienst kommt nicht mehr nach (dies ist aber meist nur im ehemaligen Damaraland und im Kaokoveld der Fall). Die Wartung der **Farmwege** obliegt deren Besitzer.

Wellblech Auf weichem, lockerem Untergrund drehen Reifen ein wenig durch bevor sie greifen. Beim Greifen federn sie hoch und schlagen dann zurück. Dadurch bildet sich eine kleine Vertiefung. Nach und nach entsteht eine Wellenform des Bodens. Abhängig von der Größe der Reifen (Lkw oder Pkw), können Wellenabstand und Tiefe unterschiedlich sein. Gerät man auf so eine Wellblechpiste, hat man zwei Möglichkeiten: Man fährt mit 5 bis 10 km/h sicher und langsam, oder man versucht ca. 50 bis 80 km/h zu erreichen (abhängig von Fahrzeuggröße und Beladung), bei der die Reifen – „im Flug" – nur die Wellenkämme erwischen. Der Wagen läuft dann relativ ruhig, hat aber nur noch minimalen Bodenkontakt. Bis die Geschwindigkeit von 50 bis 80 km/h erreicht ist, meint man, der Wagen fliege auseinander.

Riviere Trockenflusstäler können nach starken Regenfällen zu reißenden Strömen werden, die alles mit sich spülen. Die Hauptverkehrsstraßen besitzen Brücken (wobei auch deren Rampen unterspült werden können), aber viele kleinere Nebenstrecken führen direkt durch die Riviere. Zwar sind es meist nur kurze Strecken, die dann im Sand und Geröll zurückgelegt werden müssen, wer aber mit einem Pkw unterwegs ist, sollte sich den Abschnitt zuerst zu Fuß anschauen. Viele Riviere sind sehr schmal (ein bis zwei Meter) und nicht sonderlich tief, gemeinerweise aber nur sehr schwer zu erkennen. Umsichtiges Fahren und Voraussicht bewahren vor unliebsamen Überraschungen.

Verkehrsregeln Im allen Ländern des südlichen Afrika herrscht **Linksverkehr,** die Mietfahrzeuge haben Rechtssteuerung. Gerade wer das erste Mal mit Linksverkehr konfrontiert ist, sollte die ersten Tage äußerste Vorsicht walten lassen. Im Gegensatz zur landläufigen Meinung bestehen Probleme nicht im Großstadtverkehr, sondern eher auf der Fahrt auf einsamen Landstraßen. Im Großstadtverkehr hat man mit den Verkehrsströmen meist immer vor Augen, welche Wege zu halten und einzuschlagen sind. Auf den Pisten im weiten Land verliert man leicht die Orientierung, und in kritischen Situationen, zum Beispiel bei entgegenkommenden Fahrzeugen an engen Stellen, passiert es schnell, dass man auf der falschen Seite vorbei-

zukommen versucht. Auch wenn man glaubt, es endlich nicht mehr zu vergessen, das Rechtsfahren ist unsereins so ins Blut übergegangen, dass es nicht falsch ist, sich an jedem Morgen bei Weiterfahrt den Linksverkehr ins Bewusstsein zu rücken. Aufpassen muss man auch beim Abbiegen und an Straßeneinmündungen. Zu oft wendet man den Kopf zur Beachtung der Vorfahrt in die falsche Richtung.

In den Städten besteht eine **Geschwindigkeitsbeschränkung** von 60 km/h, auf asphaltierten Überlandstraßen von 120 km/h. Auf unasphaltierten Überlandstraßen darf nicht schneller als 80 km/h gefahren werden. Das ist allerdings das absolute Maximum. Wenn das Fahrzeug auf einer kurvigen Pad das erste Mal „seitlich Beinchen bekommt" und sich bedrohlich dem Pistenrand genähert hat, wird der Fahrer nur noch in den seltensten Fällen die erlaubte Geschwindigkeit voll ausschöpfen. Mietwagen und deren Versicherungen übernehmen keine Schäden, die auf überhöhte Geschwindigkeit, insbesondere auch auf Pisten, zurückzuführen sind. Bedenken Sie, dass viele Mietfahrzeuge **Fahrtenschreiber** besitzen!

An Kreuzungen mit Stoppschildern an jeder Einmündung **(4-way-Stop),** darf jenes Fahrzeug zuerst fahren, das zuerst die Kreuzung erreicht hat.

Es herrscht **Anschnallpflicht**, die Kontrolle wird allerdings eher lax gehandhabt. Bei einem Unfall ist der Angeschnallte aber sicher besser gegen Verletzungen geschützt, als der, dem es zu lästig war.

Bei **Wildunfällen** in Nationalparks ist die zuständige Behörde (in der Person des Wildhüters/Rangers) zu informieren.

Auf Sandpisten wirbelt das Fahrzeug sehr viel Staub auf, der bei Windstille über der Pad hängen bleibt. Es ist daher nicht falsch, auf Überlandstrecken tagsüber das **Abblendlicht** einzuschalten, damit Entgegen-kommende das eigene Fahrzeug schneller erkennen.

Fahr- | Bezogen auf die Gesamtzahl der deutschen Touristen, die jährlich
verhalten | Namibia besuchen, ist die Anzahl der Verkehrstoten unter diesen unglaublich hoch. Es gab Jahre, in denen bei ca. 1000 Reisenden 1 tödlicher Unfall verzeichnet wurde! Der Großteil der Unfälle fand ohne Drittverschulden statt, wahrscheinlich waren dabei nur zu ca. 10% Tiere mitverwickelt. Hauptursache ist, wie kann es anders sein, das, was euphemistisch als „nicht angepasste Geschwindigkeit" bezeichnet wird.

Einige Unfallursachen

Auf der Asphaltstraße in den **Dämmerungsstunden** läuft eine Wildschweinfamilie über die Straße – wenn man Glück hat. Bei Pechvögeln ist es eine Antilope, die wegen ihrer hohen Sprünge meist direkt in der Windschutzscheibe und damit im Fahrgastraum landet.

Auf Pisten bilden sich einige Tage nach dem Abhobeln oder Schleifen wieder **Spurrillen** heraus. Meist sind dies drei Stück, die mittlere wird von den beiden Richtungen gemeinsam genutzt. Zwischen den Spurrillen befindet sich weicherer Sand. Bei Gegenverkehr ist zumindest ein Fahrzeug gezwungen nach links (!) auszuweichen. Gerät man dann mit hoher Geschwindigkeit in den weichen Sand, bringt jede **abrupte Lenkbewegung den Wagen zum Schleudern!** Auf Wellblech muss der Wagen auf eine Mindestgeschwindigkeit gebracht werden, um die Vibrationen auf ein erträgliches Maß zu reduzieren. Dann befindet man sich aber eher in einem Fluggerät als in einem Fahrzeug mit **Bodenhaftung.** Jedes Bremsen, jedes Lenken dauert weit länger als üblich. Gerät der Wagen auf den leicht erhöhten Seitenrand der Piste, sitzen Sie tatsächlich am Steuerhorn eines Flugzeuges, nur hat es kein Leitwerk. In unwegsameren Regionen werden die Pads immer wieder von **Trockenflusstälern** gekreuzt. Sie können sehr schmal sein, und wenn die Sonne nicht ideal steht, sind sie erst im letzten Moment zu sehen. Die Einheimischen kennen ihre Strecken und wissen, wo die Riviere liegen. Daraus erklärt sich deren hohe Geschwindigkeit. Wer es ihnen gleich tut und die

Kein Spaß – die meisten Unfälle passieren auf unbefestigten Straßen

Strecke nicht kennt, kann sich gleich den Betonpfeiler einer Autobahnbrücke aussuchen.

Häufig spielt auch der **Reifendruck** eine „tragende" Rolle. Bei zu wenig Druck (und guter Dämpfungseigenschaft) kann der Reifen in Kurven von der Felge rutschen, bei zu viel Druck ist der Reifen zu hart, er dämpft nicht richtig, bringt den Wagen zum Springen, oder platzt gar, weil er überhitzt. Auf Sandpisten entsteht hinter Fahrzeugen eine lange **Staubwolke**, die optisch fast undurchdringlich ist. Wer hier überholt, weil schon Stunden kein Fahrzeug entgegengekommen ist, verlässt sich auf die Statistik, nur – der Zufall hat kein Gedächtnis!

Zu guter Letzt: So perfekt eine notärztliche Versorgung auch sein mag – um sie in Anspruch zu nehmen, muss man den Notarzt alarmieren können. Häufig wird aber das nächste Farmtelefon oder die Landepiste für das Rettungsflugzeug zu weit weg sein und das Funktelefon hat keinen Netzkontakt.

Es soll nicht gesagt sein, dass Autofahren in Namibia gefährlich ist. Wahrscheinlich ist es weniger gefährlicher als sonstwo, bei der Größe des Landes, der geringen Bevölkerungsdichte und damit dem geringen Straßenverkehr. Man halte sich aber immer vor Augen, dass die Geschwindigkeit niedrig gehalten werden muss, dass man langsamer fahren sollte als erlaubt und dass man nicht in den Dämmerungsstunden oder nachts unterwegs sein sollte. Prüfen Sie nach Pistenfahrten die Reifen, kontrollieren sie auch ab und zu die Stoßdämpfer. Achten Sie auf hohes Gras und den Busch am Straßenrand, jederzeit kann ein Tier daraus hervorbrechen. Bei Regen werden Pisten schlüpfrig wie Eisbahnen, und nach langer Trockenzeit sind auch Asphaltstraßen bei einem richtigen Wolkenbruch rutschig und die Sicht wird gleich Null.

Treibstoffversorgung Die Treibstoffversorgung ist im Allgemeinen sehr gut, besonders in der Landesmitte und im Süden. Fast alle internationalen Firmen sind mit Tankstellen vertreten. Ersatzkanister sind notwendig bei Fahrten hoch zum Kunene, ins Kaokoveld und im Kaudom-Tierreservat. Nur wenige Tankstellen akzeptieren Kreditkarten. Eine Gebühr von 5% wird dann fällig. Es kann passieren, dass abgelegene Tankstellen kein bleifreies Benzin vorrätig haben. Man muss also soviel Treibstoff mit sich führen, dass die übernächste Versorgungsstelle erreichbar ist.

Orientierung Die Ausschilderung der Straßen und Pisten ist sehr gut. In den wenigsten Fällen wird man auf eine Kreuzung stoßen, an der man nicht weiter weiß, weil kein Straßenschild angebracht ist. Wichtig zu wissen, wenn man die Richtung am Stand der Sonne bestimmen will: **Die Sonne steht mittags im Norden!**

Navigation Im Allgemeinen sind die gängigen Straßenkarten zur Orientierung ausreichend. Nur wer wirklich die Wildnis aufsuchen will oder

Wanderungen in unwegsamem Gelände unternimmt, sollte sich mit entsprechendem Kartenmaterial, Kompass oder einem Navigationssystem (GPS, Global Positioning System) ausrüsten (s.a. unter GPS bei „Reisetipps von A–Z").

Notfall-Telefonnummern
Flugrettung: EMed Rescue24, Tel. 061-411600, www.emed.com.na
Polizei: Notruf landeseinheitlich 10111
Weitere Nummern s.a. unter „Diplomatische Vertretungen" in „Praktische Reisetipps von A–Z" u. unter „Abschleppdienste" in diesem Kapitel.

Automobilclub
Die Automobile Association of Namibia (AA Namibia) ist dem ADAC affiliert. Adresse: AA Namibia, P.O. Box 61, Windhoek, 22 Bismarck Street, Tel. 061-224201, www.aa-namibia.com. Öffnungszeiten wochentags von 8.30 bis 17 Uhr, samstags von 8.30 bis 12 Uhr.

Abschleppdienste
In einigen Städten gibt es Kfz-Betriebe (Garages), die teilweise auch einen 24-Stunden-Abschleppdienst offerieren. Dieser ist kostenpflichtig. Bei Mietwagen sollte man sich vorab informieren, ob die Vermietfirma einen eigenen Abschleppdienst anbietet oder z.B. sofort einen Ersatzwagen zur Verfügung stellt (bzw. im Notfall nachschickt). Der Automobilclub von Namibia bietet seinen Mitgliedern (und Mitgliedern des ADAC bei Vorlage des Mitgliedsausweises) eine kleine, jährlich aktualisierte Broschüre mit einer Liste der Garages im ganzen Land, die einen Notreparaturservice anbieten.

Motorradfahren
All das, was bezüglich der Fahrsicherheit auf das Autofahren zutrifft, gilt in verstärktem Maße auch für die Motorradfahrer. Hinzu kommt die leichte Verletzlichkeit durch wilde Tiere in den Nationalparks und Reservaten. Aus diesem Grund ist praktisch in allen die Zufahrt für Motorräder verboten. Im Einzelnen betrifft dies: Hardap-Erholungsgebiet, Naukluft Park, Namib-Wüste (außer im Transfer), Sandwich Harbour, Sossusvlei, Daan Viljoen Wildpark, Groß-Barmen, Von-Bach-Erholungsgebiet, Skeleton Coast, Waterberg Plateau, Etosha National Park, Popa-Fälle und Kaudom-Tierreservat.

Fahrzeug einlagern
Wer mit eigenem Kfz unterwegs ist und seinen Wagen für den nächsten Urlaub in Namibia lassen will, kann es bei der Firma Transworld Cargo (P.O. Box 6746, 5 von Braun St, Windhoek Tel. 061-371100, www.transworldcargo.net) im bewachten Lagerhof abstellen. Es kostet ca. 50 € im Monat. Eine sehr verlässliche Adresse ist der Stellplatz auf der Gästefarm Ondekaremba, 6 km vom Windhoek International Airport in Richtung Stadt, www.elitours.de. Die Fahrzeuge werden dort sonnengeschützt in Hallen untergestellt und bei Bedarf gewartet (Batterien etc.; ab etwa 500 N$/Monat).

Begleit-fahrzeuge Wer mit nur einem Fahrzeug unterwegs ist und Touren in unwegsame, wilde Gegenden machen will, wo mindestens zwei Fahrzeuge benötigt werden, kann ein Begleitfahrzeug mit Ausrüstung und Reiseleitung chartern. Größere Gruppen, die nicht die notwendige Ausrüstung und Landeskunde mitbringen können und wollen, aber nicht auf die Bequem-lichkeit eines angenehmen Lagers und auf das Selbstfahren zu verzichten bereit sind, haben die Möglichkeit, zwei Begleitfahrzeuge mitzunehmen. Bei großen Gruppen fährt der „Spurensucher" im vorderen, der „Lumpensammler" im hinteren Begleitfahrzeug. Die Fahrzeuge haben Funkverbindung untereinander und nach Windhoek. Kontakt: Cheetah Tours und Safaris, P.O. Box 23075, Windhoek, Tel. 061-230287, http://cheetahtours.com.

Wie bleibe ich gesund?

Nach Interkontinentalflügen, auch ohne Zeitverschiebung, wird der Körper einer klimatisch und jahreszeitlich völlig anderen Umwelt ausgesetzt. Bei der Landung in Windhoek sind Sie in der genau entgegengesetzten Jahreszeit und auf 1800 m Höhe. Übernehmen Sie sich die ersten ein, zwei Tage nicht, es ist besser, sich auszuruhen und zu akklimatisieren. Im Teil I, den Reisevorbereitungen, wurde bei „Gesundheitsvorsorge" schon einiges über die Malaria gesagt.

Malaria Das **Malariagebiet** Namibias beginnt in etwa nördlich einer Geraden, die den Waterberg und die Mündung des Kunene berührt. In der Regenzeit ist die Gefahr höher, in der Trockenzeit geringer. Wer dort reist, darf nicht vergessen, seine medikamentöse Prophylaxe durchzuhalten, abhängig vom Medikament am immer gleichen Wochentag die gleiche Dosis, oder täglich zur gleichen Zeit die gleiche Dosis. Zusätzlich sollte man, vor allem abends, feste Kleidung tragen, die die Arme und Beine, insbesondere die Handgelenke und Knöchel bedeckt. Alle freien Körperstellen bei Beginn der Dämmerung mit einem insektenabwehrenden Mittel (Repellent) einreiben und bei Bedarf den Schutzauftrag wiederholen (wenn Sie schwitzen, geht der Schutz schon nach 2–3 Stunden verloren).

Wer nicht in mückensicheren Räumen (Gaze an den Fenstern und Türen, oder Räume mit Klimaanlagen) übernachten kann, muss unbedingt das Moskitonetz aufspannen (noch vor Sonnenuntergang, dicht mit dem Boden abschließend). Das Netz sollte so fallen, dass man nachts nicht dranstößt.

Wasser Trinken Sie kein Wasser aus suspekten Quellen, auch nicht, wenn es klar ist. Klares Wasser kann mit einem Aufbereitungsmittel (zum Beispiel Micropur) innerhalb einer Stunde trinkbar gemacht werden.

In der heißen – und bei körperlicher Anstrengung auch in der kalten Jahreszeit (insbesondere bei Wanderungen) – muss dem Körper ausreichend **Flüssigkeit** zugeführt werden. Durch die trockene Luft verdunstet Schweiß sehr schnell und man merkt nicht so recht, wie viel Flüssigkeit man ausgeschwitzt hat. Im Normalfall benötigt ein Erwachsener 2–5 Liter am Tag. Sollte es einmal zu einer Durchfallerkrankung kommen, kann man dem Flüssigkeits- und Mineralienverlust notfalls mit Cola und Salzstangen entgegenwirken, doch besser ist eine Elektrolytlösung aus der Apotheke.

Sonne Unterschätzen Sie nicht die **Sonneneinstrahlung!** Benutzen Sie einen hochwirksamen Filterschutz (am besten einen Sun-Blocker). Bei Wanderungen einen Hut oder eine Kappe tragen und die Augen mit einer Sonnenbrille schützen. Auch im Nebel vermag die Sonne noch zu Ver-brennungen führen. Täuschen Sie sich also nicht, wenn Sie Strandwanderungen an der Küste unternehmen.

Richtig anziehen! Im Busch ist festes **Schuhwerk,** das auch den Knöchel schützt und stützt, angeraten. Strapazierfähige und lange Kleidung bewahrt die Haut vor Dornrissen und Strümpfe vor Grasspelzen.

Sammeln Auf den Zeltplätzen wird praktisch immer Feuerholz angeboten, Holzsammeln ist nachgerade verboten. Sollte sich doch einmal die Notwendigkeit ergeben, Holz zu sammeln, ist Vorsicht geboten vor Schlangen und Skorpionen. Auch beim Sammeln von Mineralien und Aufheben von Steinen muss aufgepasst werden. Es gibt Regionen, in denen man fast unter jedem Stein einen Skorpion findet!

Wilde Tiere In Gegenden mit **Raubtieren** ist es besser, im Fahrzeug zu bleiben (teilweise Auflage in den namibischen Nationalparks, und wer sich nicht daran hält, wird des Parks verwiesen) und auch Mondscheinspaziergänge zu unterlassen.

Medikamente Sollten Ihnen **persönliche Medikamente** ausgegangen oder abhanden gekommen sein, wenden Sie sich an die Luisen-Apotheke in Windhoek (Independence Avenue 181, Gathemann House, Tel. 061-236302). Die Betreiber haben eine deutsche Apothekerzulassung und Zugriff auf Datenbanken in Deutschland. Sie bestellen Ihnen aus dem Heimatland die Medikamente bzw. können vergleichbare Arzneimittel in Namibia besorgen. Die Luisen-Apotheke leistet auch Erste Hilfe nach Geschäftsschluss Tel. 081-1294422.

Von Schlangen und anderen Gifttieren

Für Besucher abgelegener Gebiete, gilt es einige Regeln zu beachten, da der unmittelbare Kontakt zur Natur Begegnungen mit Schlangen oder einem Skorpion möglich macht. Keines der Tiere ist grundsätzlich gefährlich, wenn man sich entsprechend verhält. Wer auf Hiking-Tour geht, sollte auf alle Fälle eine Vakuumpumpe mit sich führen, die auf Bissstellen gesetzt und betätigt, zumindest einen Teil des Giftes aus der Wunde ziehen kann. Wer sich nicht absolut sicher ist, von einer mindergiftigen Art angegangen worden zu sein, ist gut beraten, auf alle Fälle so schnell wie möglich einen Arzt aufzusuchen.

Auch bei Symptomen wie allgemeines Unwohlsein, Kopfschmerzen, Atembeschwerden und dergleichen ist medizinische Hilfe unbedingt notwendig. Ansonsten gilt: Schauen wohin man tritt.

Spinnen

Dem Menschen gefährliche Spinnen sind in Namibia selten. Kleine Bisse können zwar vorkommen, sind aber meist auf ungefährliche Spinnenarten zurückzuführen. Die wenigen Spinnen, die dem Menschen gefährlich werden können, sind vorwiegend nachtaktiv.

Die **Six-eyed Crabspider** gilt als eine der giftigsten Spinnen weltweit. Ihr cytotoxisches (Gewebe-)Gift führt zu Zersetzungen des Gewebes nicht nur an der Bissstelle, der ganze Körper kann betroffen werden und innere Blutungen entstehen, wenn keine Gegenmaßnahmen erfolgen. Wer im Schlafsack auf dem Boden schläft wird den Stich der kleinen Spinne kaum fühlen, nicht aufwachen und das Gift nicht absaugen können. In jedem Fall muss ein Arzt aufgesucht werden.

Nicht so giftig sind die Arten der bis zu 35 mm großen, haarigen **Baboon Spider.** In Abwehrstellung gegangen, haben sie schon manchen Menschen in die Flucht geschlagen. Von Licht und Wärme angezogen kommen sie des Nachts gerne zum Lagerfeuer. Wer barfuß die Romantik genießt, läuft Gefahr gestochen zu werden. Der Stich ist schmerzhaft und kann zu lokalen, nur langsam heilenden Wunden führen. Auch hier leistet die Vakuumpumpe Hilfe. Zur Vermeidung von Sekundärinfektionen (Blutvergiftung), sollte ebenfalls ein Arzt aufgesucht werden.

Skorpione

Die Klassifikation der Giftigkeit von Skorpionen nach ihrer Farbe ist falsch, ein schwarzer Skorpion ist nicht immer hochgiftig, ein gelber nicht immer harmlos. Da ein schwächeres Gift nicht sofort lähmt, ist das Tier auf größere Zangen angewiesen, um sein Opfer besser festhalten zu können, sein Schwanz ist relativ dünn und besitzt nur eine kleine Giftdrüse. Der hochgiftige, auch dem Menschen gefährliche Skorpion, hat einen dickeren Schwanz und eher kleine Zangen (auf die er ja auch nicht in dem Maße angewiesen ist).

Festes Schuhwerk ist der beste Schutz, gerade nachts, wenn die Tiere aktiv sind. Vorsicht beim Heben von Steinen, darunter verbergen sich häufig Skorpione. Auch Fotografen sollten bei Nahaufnahmen aufpassen. Manche Arten sind in der Lage ihr Gift zu spritzen, im Auge erzeugt es höllische Schmerzen. Nachts trägt man eine Taschenlampe bei sich und leuchtet den Weg (und die Türschwellen bei Eintritt in ein Haus) ab, tagsüber ist eine Sonnenbrille gegen Aerosolgifte nützlich. Wer gestochen wird, sollte sofort das Gift abpumpen, im Zweifelsfall ist umgehend ein Arzt aufzusuchen.

Schlangen

Namibia ist Schlangenland. Die meisten Schlangen bevorzugen eine dem Menschen ebenfalls angenehme Umgebungstemperatur, an heißen Tagen suchen sie sich ein Versteck. Ich habe die meisten Schlangen in den frühen Vormittags-, in den späten Nachmittagsstunden und nachts gesehen. Bei Bewölkung und im namibischen Winter sind sie aktiver, als im heißen Sommer.

Schlangen sind in der Lage, die Vibrationen des Bodens zu spüren und die Größe des „Beutetieres" abzuschätzen. Der Mensch wird durch die Stärke der Vibration als Bedrohung empfunden, das Tier versucht zu fliehen. Einige Arten haben auch ein ausgezeichnetes Nahsehvermögen (z.B. Schwarze Mamba/Dendroaspis polylepis, eines der weltweit giftigsten Tiere), wenn sie keine Vibrationen erspüren können, weil sie auf einem federnden Ast liegen, werden sie dennoch die Flucht ergreifen.

Prinzipiell gibt es nur zwei Situationen, die zu einem Schlangenbiss führen:

1) Eine Schlangenart, die eigentlich flüchten würde, fühlt sich in die Enge getrieben und greift an;
2) Man stößt auf eine der wenigen Arten (in Namibia die Puffotter/Bitis arietans), die zu träge zur Flucht sind.

Auch die **Puffotter** wird versuchen, durch lautes Fauchen zu warnen, manchmal sind die Umgebungsgeräusche aber zu laut. Wer zu Fuß in den Busch geht, sollte lange, weite Hosen und hohe Stiefel tragen, nicht über Baumstämme steigen, wenn er nicht sieht, was dahinter ist und nicht in Felsspalten, hohle Bäume, Termitenhügel und dergleichen greifen. Ein fester Schritt ist ebenfalls angeraten, notfalls klopft man vor sich mit einem langen Stecken den Boden ab. Gerät eine Schlange in Sicht, bleibt man stehen und zieht sich langsam – ohne hektische Bewegungen – zurück.

Es gibt auch Schlangen, die sich bei Überraschung totstellen. Man darf sie in keinem Fall berühren – sie wartet nur darauf, zuzubeißen!

Die Wirkungsweise der Schlangengifte ist unterschiedlich. Die gefährlichsten, sind die neurotoxischen (Nerven-)Gifte der Giftnattern. Größte Vertreterin dieser Gattung, nicht nur in Namibia, sondern in ganz Afrika, ist die Schwarze Mamba. Ihr Biss zeigt sehr schnell Wirkung, im schlimmsten Fall stirbt man nach 30 Minuten den Erstickungstod durch stark angeschwollene Atmungsorgane.

Die afrikanische Puffotter besitzt ein gewebezersetzendes Gift. Findet keine Behandlung statt, kann auch ihr Biss tödlich sein. Durch die langen Giftzähne ist der Biss ausgesprochen schmerzhaft und die Stelle schwillt sehr schnell an.

Kobras

Zu den Giftnattern gehören auch die **Kobras.** Ihr Gift ist nicht ganz so stark, kann aber auch bei bestimmten Arten zum Tod binnen weniger Stunden führen. Vasco da Gama gab ihnen bereits den Namen „Cobra di Capello" – Hutschlange, weil sie ihre Halsregion spreizen. Diese Mimikry dient der Einschüchterung der Feinde, denen die Schlange größer erscheint, als sie tatsächlich ist. Auch die Schwarze Mamba besitzt diese Eigenschaft. Hochaufgerichtet stand mir vor Jahren eine Mamba gegenüber, die ich überrascht hatte. Sie blähte nicht nur ihren Hals, sondern riss ihr Maul weit auf, um mich mit dumpfem Fauchen zu warnen. Während ich mich langsam zurückzog, nutzte auch sie die Gelegenheit zur Flucht.

Die verschiedenen **Speikobras** sprühen mittels einer speziellen Zahnkonstruktion hunderte kleiner Gifttropfen dem Gegner entgegen (2,5 Meter und weiter). Die vorwiegend cytotoxischen Gifte der Speikobras verursachen im Auge große Schmerzen und die Schlange hat Zeit zu fliehen. Die Augen müssen sofort ausgespült werden (Wasser/Milch, notfalls Urin).

Blutzerstörende Wirkung haben die Gifte der **Boomslang** (Dispholidus typus) und der **Vogelnatter,** beides sind Trugnattern. Sie sind scheu und gut getarnt, wegen der weit hinten sitzenden Zähne kommt es selten zu Bissunfällen.

Bissbehandlungen

In allen Fällen eines Bisses durch eine der erwähnten Schlangen ist eine ärztliche Behandlung mit Serum notwendig (bis auf Bisse der Speikobras, die symptomatisch behandelt werden). Wegen der unterschiedlichen Giftarten ist es notwendig, die Schlange beschreiben zu können (wie verhielt sich das Tier beim Biss, wich es sofort zurück, hing es noch am Körper, hat es vor dem Biss gewarnt, Kopfform, Größe, Farbe, Zeichnung). Nur dafür Ausgebildete und Scharfschützen werden wohl den Versuch machen, die Schlange einzufangen oder zu töten, um sie dem Arzt vorweisen zu können.

Die Mitführung eines Breitbandserums (in einem Kühlschrank) ist nur sinnvoll, wenn ein Arzt dabei ist. Serumbehandlung führt in mehr als 50% der Fälle zu einem anaphylaktischen Schock, der tödliche Folgen hat. Nur wer in der Lage ist, diesem mit Medikamenten entgegenzuwirken (Cortison), wird den Behandelten am Leben erhalten. Auch bei Abbinden und Aufschneiden der Bissstelle kann mehr Schaden als Nutzen angerichtet werden.

Die beste Notfallbehandlung ist das sofortige Absaugen des Giftes mit einer Vakuumpumpe (s.u. „Gesundheitsvorsorge" im Teil I).

Zur Beruhigung: Ist man im Land unterwegs, wird man in den seltensten Fällen eine Schlange zu Gesicht bekommen. Und schlängelt doch eine über den Weg, ist sie nicht unbedingt giftig. Die Eierschlange (Dasypeltinae), ohne jegliche Giftdrüsen, wäre jedem Feind ausgeliefert, wenn sie nicht gelernt hätte, sich wie eine hochgiftige, aggressive Viper zu gebärden. Ihr Verhalten vor dem Feind gleicht einer Zirkusnummer. Durch schnelle Bewegungen der aneinandergelegten Körperwindungen erzeugt sie mit ihren Schuppen ein furchteinflößendes Geräusch, dazu beißt sie ständig in die Richtung des vor ihr stehenden Gegners, wobei sie sich tunlichst hütet, einen Treffer zu landen, denn sofort wüsste der Gegner, dass sie keine Giftzähne besitzt – es wäre um sie geschehen. Mit einem einzigen kleinen Eizahn im Oberkiefer ist sie lediglich in der Lage, die Schale der Eier anzuritzen, von denen sie lebt.

Die Chance an einem Autounfall zu sterben ist größer, als von einer Schlange gebissen zu werden. Schlangen werden immer fliehen, wenn sie sich nicht in die Ecke gedrängt fühlen. Der Mensch ist ihnen kein Beutetier. Wer sich in einer Konfrontation richtig verhält, wird nicht attackiert. Schlangen, Spinnen und Skorpione sind Teil der Landschaft und des Lebens in Namibia, sie erfüllen ihren Zweck im Gleichgewicht der Natur und haben einen Anspruch darauf in Ruhe und Frieden zu leben; wer nicht in einer Notlage steckt und sie aus allgemeiner Angst tötet, befindet sich im Unrecht.

Artikel von Günther zur Strassen/Windhoek †

Aktivitäten in Namibia

Das Freizeitangebot ist reichhaltig. Vom Reiten, Wandern, Trekking, Fallschirmspringen über Angeln, Kanutouren und Ballonfahren bis zur Höhlenforschung gibt es viele Möglichkeiten. Wer zu den Victoria-Fällen kommt, kann den tiefsten Bungee-Sprung der Welt von einer Brücke machen. Das einzige, was man nicht erwarten sollte, ist Animation, dass sich irgendwelche Leute den lieben langen Tag damit befassen, den Urlauber zu beschäftigen. Wer dies vorzieht, ist mit einem Clubhotel-Urlaub irgendwo anders besser beraten. In Namibia wird dem Reisenden Eigenverantwortung für jeden einzelnen Tag abverlangt, dafür bekommt er auch kein touristisches Einheitsmenü serviert, sondern genießt den Vorteil, à la carte zu speisen.

Astronomie Die Höhe Zentralnamibias, die fast das ganze Jahr über supersaubere Luft und das Fehlen von Streulicht machen die Sternbeobachtung nicht nur für Amateure zu einem Erlebnis. Teleskope besitzen die Gästefarmen Okomitundu Guestfarm, Rooisand, Hakos Gästefarm (drei Sternwarten: 1 x C8, 1 x Meade ED/APO und 1 x C11 auf Losmandy G11-Montierung, weitere Säulen zur Montage mitgebrachter Geräte) und Kiripotib (www.astro-namibia.com). Am professionellsten ist aber sicherlich die Farm *Tivoli:* Instrumente mit Öffnungen zwischen 80 und 500 mm stehen zur Verfügung: Apo-Refraktor, SCT, Newton, Hypergraph, Dobson, Go-To-Montierungen, Betonsäulen und Adapter werden vermietet – aber auch ganze Sternwarten, im Top-Zustand, und laufend gewartet. Wer nach Tivoli kommt, will nichts und nichts und nichts anderes als Sterne beobachten, 14 Tage lang. Deshalb steht die Farm (die sich außerdem noch der Karakulzucht widmet) nur bluternsten Amateuren und Profis offen, „normale" Gäste werden abgewiesen, so können die Astronomen unter sich sein (Tivoli Southern Sky Guest Farm, P.O. Box 11854/Windhoek, Tel. 062-581405, www.tivoli-astrofarm.de).

Angeln und Fischen Die ganze Skeleton Coast, im Bereich des staatlichen Erholungsgebietes und auch im Park selbst, ist ein Eldorado für Angler. Ganz Swakopmund scheint am Wochenende auf den Beinen, um den Abendtisch mit Fisch anzureichern. In Terrace Bay existiert sogar eine Gefrieranlage, um den Fang auch für die langen Strecken nach Hause transportabel zu machen. Wer dort angeln will, muss beizeiten buchen, da nur in den Park darf, wer eine Reservierung vorweisen kann. Inzwischen ist an der ganzen Küste eine Angelgenehmigung notwendig. Der Langustenfang ist auf eine bestimmte Anzahl von Tieren pro Kopf und Tag beschränkt. In Swakopmund und Walvis Bay gibt es auch Agenturen, die sich auf Tiefsee-Fischen spezialisiert haben (s. dort).

Aktivitäten in Namibia

Ballonfahren
Nahe Sesriem werden zu exorbitant hohen Preisen (300–400 €/Person) Flüge über der Wüste unternommen. Frühzeitige Reservierung ist empfehlenswert. Buchung über: *Namib Sky Adventure Safaris,* Tel. 063-683188, www.namibsky.com. Bei Swakopmund unternimmt *African Adventure Balloons* Fahrten (ab 200 €), Tel. 064-403455 oder 081-2429481, www.africanballoons.com (150–200 €/Person).

Bootsausflüge
Bootsausflüge werden mit und ohne Angeln von Lüderitz, Walvis Bay bzw. Swakopmund aus organisiert: *Lüderitzbucht Safaris & Tours,* P.O. Box 76, Lüderitz, Tel. 063-202719.

Familie Leippert, vor Jahrzehnten aus Deutschland eingewandert, hat sich in Langstrand zwischen Walvis Bay und Swakopmund niedergelassen, betreibt das Levo Guest House und unternimmt wunderschöne Schiffstouren auf dem Meer vor Walvis Bay (s. Kasten). *Levo Tours,* P.O. Box 1860, Langstrand, Walvis Bay, Tel. 064-207555 oder 081-1296270, www.levotours.com, Büro in Walvis Bay bei der Infostelle Union Street/Ecke 5th Road (an der Stadteinfahrt).

Mit dem Katamaran bricht man in der Bucht von Walvis Bay bei mehrstündigen Touren Geschwindigkeitsrekorde, die pfeilschnellen Doppelrumpfler fliegen nur so über das Wasser. Buchungen über *Catamaran Charters,* Tel. 064-200798, www.namibiancharters.com. Ebenfalls mit dem Katamaran geht es von Lüderitzbucht hinaus aufs Meer, Buchungen über *Zeepard Catamaran Cruise* (Tel. 063-202173, systenella@yahoo.com)

Kayak-Touren
Jeanne Meintjes organisiert Kayak-Touren in der Lagune von Walvis Bay mit unterschiedlicher Dauer (halb- und ganztägig). Man kann Vögel beobachten, fährt zum Pelican Point und zu Austernfarmen. Jeanne stellt auch Touren nach Vorstellungen der Gäste zusammen.
Eco Marine Kayak Tours, P.O. Box 225, Walvis Bay, Tel. 064-203144, www.emkayak.iway.na.

Bergsteigen
Kletterführer (Spitzkoppe, Harmony 30 km südlich Windhoek, Omanduba bei Erongo) sind beim Südafrikanischen Bergsteigerklub, Sektion Namibia, erhältlich: P.O. Box 2448, Windhoek (www.mcsa.org.na).

Quadbikes
Quadbikes sind Motorräder mit vier Reifen, ideal für Frischluft in der Wüste, wenn man es liebt sich den Wind um die Nase pfeifen zu lassen. Die Quadbike-Touren sind geführt und dauern von einer halben Stunde bis zu einem ganzen Tag. *Dare Devil Adventures* bauen ihr Zelt zwischen Walvis Bay und Swakopmund auf (Tel. 081-1491261, www.daredeviladventures.com), *Desert Explorers* sind über P.O. Box 456, Swakopmund, Tel. 081-1241386, www.namibiadesertexplorers.com, erreichbar. Die Kosten betragen für eine Stunde etwa

Von Rangern geführte Quadbike-Touren in die Dünen der Namibwüste

20 €, für einen halben Tag mit Lunch etwa 50 €. Was man keinesfalls tun sollte: Mit den Quadbikes über den Strand zu brettern! Regelmäßig geben die südafrikanischen Touristen in den Sommerferien Anlass zu großem Ärger, da sie teils mit zwei Bikes pro Person anreisen und gnadenlos lärmend mit lebensgefährdendem Fahrstil davon Gebrauch machen – deshalb wurde die Nutzung der Geräte am Strand stark eingeschränkt.

Bungee-Jumping Vielleicht etwas exotisch, aber wer Lust hat zu springen, soll den höchsten (oder tiefsten) Sprung von einer Brücke machen, der weltweit möglich ist. Wo? An den Victoria-Fällen zwischen Zimbabwe und Zambia – am Grenzposten gibt es einen Brückenpass.

Fly-in-Safaris Mit einem kleinen Flugzeug gehen Sie auf eine mehrtägige Safari. Entweder sind diese konfektioniert, oder nach den Bedürfnissen der Gäste zusammengestellt. Im Preis (ca. 5000 € für 4 Tage) ist alles, aber auch wirklich alles enthalten (Mahlzeiten, Softdrinks, Alkoholika, Eintrittsgebühren). Traditionsreichster Veranstalter ist *Skeleton Coast Safaris,* P.O. Box 2195, Windhoek, Shop Nr.15b (II. Floor/North Wing/Maerua Park, Tel. 061-224248, www.skeletoncoastsafaris.com.

Fallschirmspringen Sprungkurse und Tandemsprünge, zu denen keine Ausbildung notwendig ist, da man einem speziell ausgebildeten Springer vor die Brust gebunden wird, werden in Swakopmund organisiert von der Fa. *Ground Rush Adventures,* Tel. 064-402841, www.skydiveswakop.com.na, am Flugfeld. Der *Swakopmund Skydiving Club,* Tel. 064-405671, www.skydiveswakopmund.com, führt keine Tandemsprünge durch, sondern schult nur zum Fallschirmspringer. Ein Tandemsprung kostet mit Videoaufnahme um 120 €.

Golfen Viele Städte besitzen einen Golfplatz (Windhoek, Swakopmund, Hentjes Bay, Walvis Bay, Tsumeb, Katima Mulilo), Gastfreundschaft wird dort hoch gehalten, meist wird auch Ausrüstung verliehen. Kontakt: *Namibian Amateur Golf Union,* www.namamateurgolf.com.

Mit dem Flugzeug auf Safari

Hinweis zur nachfolgenden Beschreibung einer Flugzeug-Safari, die mit "Skeleton Coast Safaris" durchgeführt wurde: Skeleton Coast Safaris wurde 1977 von Louw Schoeman gegründet. Davor war er als Rechtsanwalt einer Schürffirma tätig, die in diesem Gebiet nach Erz suchte. Er hat die Gründung des Naturreservates Skeleton Coast Park auf der Basis alter Ideen des Odendaal-Planes mitinitiiert. Er starb zu Beginn der 1990er Jahre, das Unternehmen wird seitdem von seinen vier Kindern geführt. Buchungen über: Skeleton Coast Safaris, P.O. Box 2195, Windhoek, Tel. 061-224248, www.skeletoncoastsafaris.com.

Vier Tage mit dem Flugzeug durch Namibia – eine Fly-in-Safari. Eine Checkliste wird vom Veranstalter ausgehändigt: Was soll ich alles mitnehmen, oder besser, was darf ich mitnehmen, nicht mehr als 10 kg und eine kleine Fotoausrüstung. Also Wäsche und Waschzeug in einer flexiblen Tasche, mehr nicht, das Flugzeug ist klein. Eine warme Jacke für die Küste, für alles andere soll vor Ort gesorgt sein (steht in den Anweisungen, na hoffentlich!).

Früh um sieben Treffpunkt am Flughafen Eros in Windhoek. Der Reiseleiter, Leon und die Pilotin, Helga stellen sich vor, die mitreisenden Touristen begrüßen einander und sofort geht es aufs Rollfeld. Klein ist sie schon die Maschine, Packen wird zur Kunst, auch das Einsteigen der Passagiere gestaltet sich nach einem strengen Plan, die Sitze müssen hin und her geschoben werden.

Der Motor wird angelassen, die Systeme überprüft, der Tower gibt sein o.k. und los geht es Richtung erstes Ziel, nach Sesriem. Die Maschine steigt, eine Ehrenrunde über Windhoek und dann nach Westen über das Khomas Hochland, nicht allzu hoch, man soll ja etwas sehen von der Landschaft.

Erst aus der Vogelperspektive wird einem bewusst, wie die Landschaft sich strukturiert. Einzelne, weit verstreute Gehöfte, die Riviere, die das Gebirge durchpflügen, Dämme mit mehr oder weniger Wasser, zum ersten Mal „ersieht" man die Anlage der Farmen hautnah und die Schwierigkeiten der Farmer, dieser rauen Natur etwas abzugewinnen. Der sich an den Trockenflusstälern entlang ziehende Galeriewald, die kargen Berge, die erbarmungslose Sonne, die auch das Flugzeug langsam aufheizt, der knallblaue Himmel – vor hundert Jahren reiste man mit dem Ochsenkarren und benötigte 3 Wochen.

Nach einer Stunde Flug wird bei Sesriem gelandet, die Cessna stiebt über die Geröllfläche, Landebahn ist ein großes Wort, wer die Landepisten im Busch nicht kennt, tut sich schwer sie von der restlichen Gegend zu unterscheiden.

Einsam steht ein leeres Fahrzeug in der Wüste bereit und wartet, um uns zu den Dünen zu bringen. Erstaunen der Passagiere, wo das Fahrzeug wohl herkomme. Es wurde pünktlich für uns geparkt, 5 km weiter ist in einem Hotel am Eingang des Nationalparks eine Wagenvermietung. Nach einer knappen Stunde Fahrt über Geröll und tiefen Sand ist das Sossusvlei erreicht. Um die Salzpfannen ragen die Sterndünen in den Himmel. Aufsteigen ist Pflicht. Nach einer Erfrischung, die Bar ist immer offen, beginnt der Anstieg. In Serpentinen ist es leichter, aber immer noch anstrengend genug („zwei Schritte vor, einen zurück"). Der Blick von oben lohnt. Im roten (eisenoxydhaltigen) Dünenmeer liegen rundherum die gleißenden, weißen Salzpfannen, darüber spannt sich der blaue Himmel.

Wieder beim Wagen werden die Kühltruhen geöffnet, Lunchzeit. Auch im Schatten der Kameldornbäume ist die Mittagshitze so stark, dass sich jeder auf die Getränke konzentriert, den köstlichen Sandwiches und Hühnchenteilen wird nur begrenzt zugesprochen. Wir wandern lieber umher und lassen uns die Flora der Namib erklären. Schließlich geht es zum Flugzeug zurück. Nun wird es verständlich, warum die Pilotin jede Glasfläche der Kabine mit reflektierender Folie abgedeckt hat. Es ist heiß, es wird immer heißer, es war noch nie so heiß.

Der Reiseleiter tröstet, an der Küste wird es kühler. Nächster Haltepunkt ist Swakopmund, aber nur zum Auftanken (in Windhoek wurde die Maschine nicht vollgetankt, da sie in der dünnen Luft in 1800 m Höhe vollbeladen nicht so einfach starten kann wie auf Meereshöhe). Wir wenden uns nach Nordwesten und überfliegen in 200 m Höhe die Sandmeere der Namib. Sterndünen, Längsdünen und Sicheldünen (Barchane). Nach einer halben Stunde kündigt sich die Küste mit einer Nebelwand an. Bei Conception Bay und der 1910 gestrandeten „Eduard Bohlen", die heute düster einige 10 m im Landesinneren liegt, fast vollständig im Sand versunken, ist das Meer erreicht. Es wird endlich kühler.

Knapp an der Nebelwand entlang fliegen wir nach Norden. Sandwich Harbour, die Lagune mit ihrem berühmten Vogelparadies, ist verschwunden, das Meer hat sich die Lagune wiedergeholt, die Vögel sind geflüchtet, nur Pelikane und Möwen

harren aus. Kurz darauf wird Walvis Bay überflogen und wir setzen zur Landung an. Swakopmund hat nur eine Geröllpiste, aber wenigstens kann sie der Laie erkennen. Trinkpause, während getankt und alles überprüft wird. Luft wird aus den Reifen abgelassen, die unschuldige Frage nach dem Warum wird ebenso unschuldig beantwortet: Jetzt käme man zu den richtigen Buschpisten, mit weichen Reifen ist die Landung weniger rau. Aha!

Einsteigen, Start, der nächste Landungspunkt ist Cape Cross mit seinen Robben. 30 Minuten später befinden wir uns wieder auf der Erde, die Nebelwand reißt ein wenig auf, die Sonne blinkt hindurch. Ein Land Rover mit einem Fahrer (aus Henties Bay angereist) wartet schon, drückt jedem von uns sein Permit für den Besuch der Robbenkolonie in die Hand.

Wir ziehen die Jacken an (denn es ist kalt), steigen ein und fahren los. Von weitem kündigen sich die herzigen Tiere mit einem recht strengen Geruch an. Im bleiernen Licht des Spätnachmittags der nebligen Küste grunzen und bellen, kämpfen und drohen, liebkosen und kuscheln die Robben.

Zurück beim Flugzeug freuen wir uns auf die Wärme der Namib. Eine Stunde Flug bis zum Lager, dann wird es auch schon dunkel. Aber davor ist die Sicht auf die Ugab-Formationen atemberaubend. In der Abendsonne blüht das Gestein in den verschiedensten Farbschattierungen auf. Verwunden, verdreht, zerrissen, geknetet, verbogen lässt das Gebirge den Blick auf die Urgewalt bei der Entstehung der Erde frei werden.

Mit dem letzten Licht holpert die Cessna über das Landefeld am Huab auf das bereits wartende Fahrzeug zu. 10 Minuten Fahrt und das Camp Kuidas ist erreicht. An einem Hang gelegen findet sich ein Speisezelt mit Blick über das Tal. Nach Kaffee und Tee erklärt der Reiseleiter auf einem kleinen Rundgang das Lager und weist die Zelte zu. Sie sind komfortabel, haben Stehhöhe und richtige Betten. Dienstbare Geister bereiten die Buschduschen (ein zum Befüllen herablassbares Gefäß mit Duschkopf) mit wohltemperiertem Wasser – Körperpflege nach dem heißen Tag und vor dem Dinner. Aperitif, dreigängiges Menü, Wein, Bier, Fruchtsäfte, Kaffee Tee und Pralinen. So lässt sich's leben. Der Abend klingt in angenehmen Gesprächen aus, bis jeder sein Zelt aufsucht und mit der Fülle der Bilder des Tages in den Schlaf des Gerechten sinkt.

Am nächsten Morgen steht vor dem Zelt schon der Kaffee bereit, wenig später ist auch das Wasser für die Dusche heiß. In Ruhe wird gefrühstückt und dann geht es los zu einer Fahrt auf dem Konzessionsgebiet. Wer will, darf auf dem Dach des Rover sitzen – auf einer bequemen Polsterbank. Durch sandige Riviere, über glatte Granitplatten und steinige Pisten führt der Weg durch eine Mondlandschaft mit schwarzen, braunen, roten und rosa Bergen, vorbei an Oryx-Antilopen und Springböcken und an – Nashörnern, die in der Ferne ihres Weges ziehen. Auf einer Kuppe wird Halt gemacht und die Pflanzenwelt erklärt, bestaunt, befühlt: Buschmannkerze, Talerbusch, Wüstenkohlrabi, die Euphorbien und viele andere. Ein weiterer Haltepunkt sind Felsgravierungen und dort gefundene Werkzeuge aus Stein. Nach 3 Stunden Tour ist im Camp für das Lunch gedeckt. Nach dem Mittagessen startet das Flugzeug, Ziel Terrace Bay.

Nebel steht über der Küste, die Landebahn ist nicht zu sehen. Mehrere Schleifen fliegt die Pilotin Helga, bis zwischen den Nebelfetzen die Piste zu erkennen ist. Wir versuchen zu landen. Die Sicht reicht nicht aus, die Landebahn verschwindet in der Suppe, wir starten durch. Da reißt die Nebelwand auf, die Sonne blinkt, nichts wie runter, bevor der Nebel wieder kommt. Der Applaus der kleinen Gruppe beim Aufsetzen klingt zwar dünn, kommt aber von Herzen. Am Hangar wartet auch hier schon ein Geländewagen. Jacken anziehen und es geht zu den „brummenden Dünen" (roaring dunes), was immer das sein mag. Nach kurzer Fahrt sind wir mitten im Dünenmeer. Wir werden aufgefordert uns der Schuhe und Strümpfe zu entledigen und barfuß durch den Sand zu laufen. Ob wir nicht etwas hörten oder spürten, wenn unsere Füße im Sand versinken? Nein! Einen leisen Ton? Nein! Nichts brummt! Also bleibt nur die Lösung, auf dem Hosenboden die ganze, hohe Düne hinunterzurutschen, mit der Anweisung beim Rutschen mit Armen und Beinen möglichst viel Sand mitzuschaufeln. Einer macht den Anfang, und es ist unglaublich: Ein tiefer Ton steht plötzlich in der Landschaft, die ganze riesige Düne fängt an zu schwingen und die Luft trägt das Brummen zu denen nach oben, die ihre Fahrt abwärts noch nicht begonnen haben. Nun wollen alle und jeder versucht noch mehr Sand mitzunehmen als sein Vordermann, sein Brummen noch lauter werden zu lassen. Profane Wissenschaft: Die Dünen bestehen aus Quarzsand einer bestimmten Korngröße; durch die Bewegung werden die Körner in Schwingung versetzt, die sich immer weiter überträgt.

Die Sonne steht nun schräg und verzaubert mit ihrem Licht das Sandmeer und den Atlantischen Ozean. Wir genießen die weite Welt mit Sand in Hose, Hemd und Haar.

Start nach Purros, dem Dorf im Hoarusib. Landung, Umladung des Gepäcks in einen Land Rover, wir gehen zu Fuß zum Camp. Inzwischen professionelle Safari-Teilnehmer, wissen wir was uns erwartet – als erstes eine heiße Dusche, entsanden.

Am nächsten Morgen nach dem Frühstück klettern wir auf das Dach des Autos und fahren ein Stück im Rivier entlang. Ungeahnt ist das Grün inmitten der Wüstenei. Nur die Elefanten seien vor drei Wochen fortgezogen, wann sie zurückkehren, weiß keiner so genau. Schade, das wäre noch etwas gewesen. Wenn Engel reisen: Einfachstes Mittel, Leon auf Elefanten aufmerksam zu machen, ist mit den Füßen auf das Blechdach zu trommeln. Jeder der im Wagen sitzt, steht dann kurz vor einer Herzattacke. Langsam, immer wieder Laub von den Bäumen zupfend, ziehen 3 der Dickhäuter an uns vorbei. Na also!

Zurück im Camp wird schnell gepackt und ins Flugzeug eingestiegen. In 50 m Höhe geht es über dem Meer an der Küste entlang. Der Wettergott ist uns wohlgesonnen, der Ostwind treibt den Nebel weg und der Blick ist frei auf Cape Frio und seine Robbenkolonie. Bis ins kleinste Detail ist alles zu sehen. Ein Stück abseits der Kolonie liegt eine einzelne Robbe am Strand, umkreist von einem Schakal, das seine Chance wahrnimmt.

Nach einer Stunde Flug sind wir im Hartmann's Valley, das zum Kunene führt – Landung, 40 °C, der Wagen wartet. 2 Stunden Fahrt in der Hitze werden belohnt mit einzigartigen Ausblicken auf den tief unten fließenden Kunene, Wüstenlandschaft und unglaublichen Felsformationen. Eine Elefantenherde, die dem Sand-

Mit dem Flugzeug auf Safari

meer entsteigt, Pavianpascha auf dem Gipfel eines Berges, umgeben von seiner Familie, Löwenköpfe, der Fantasie sind keine Grenzen gesetzt, jeder versucht im Gestein neue Skulpturen zu entdecken. Am größten Felsbogen Namibias, im Schatten, wird schließlich das kalte Büfett aufgebaut: Salate, Sandwiches, Käse- und Wurstplatten, selbstgebackenes, frisches Brot, Kaffee, Tee und viele, viele Kaltgetränke. Satt und zufrieden halten wir Siesta, während Leon und Helga alles zusammenpacken.

Den Wagen besteigen, losfahren in Richtung Camp. Plötzlich sehen wir vor uns den Kunene und davor das Nichts. Eine steile Düne muss in der Direttissima hinabgefahren werden. Festhalten, der Wagen kippt nach vorne ab, der Kunene befindet sich über unseren Köpfen, langsam rutscht das Fahrzeug nach unten, für uns auf dem Dach ist es schlimmer als es aussieht, für die im Auto umgekehrt. Dann sind wir da, tief unten im feuchtheißen Tal, auf der anderen Seite des Flusses Angola, am Ufer eine Terrasse mit Markise, ein kleiner Pool, die Schlafzelte. Ein Windmotor erzeugt Strom für das Funkgerät. Weit weg von der Zivilisation schafft die Möglichkeit der Verbindungsaufnahme mit der Außenwelt eine gewisse Beruhigung. Duschen, Dinner, Diskussionen, wir räkeln uns im lauen Wind, der durch das Tal des Kunene streicht und ein wenig die Tageshitze vertreibt.

Nach dem Frühstück steht der Besuch eines Kraals auf dem Programm. Die Ovahimba leben wie eh und je, Besucher verirren sich selten hierher. Es ist ein Ereignis für die Touristen und für die Bewohner. Wir dürfen fotografieren, im Gegenzug erwerben wir kleine Puppen aus Stoff und ungegerbtem Leder, geölt, rotbraun gefärbt und mit jenem Geruch Afrikas behaftet, der unter freiem Himmel nicht auffällt.

Nach dem Besuch der Ovahimba gehen wir durch ein in das Uferdickicht geschlagenen Tunnel und besteigen das Schlauchboot mit seinen zwei Außenbordmotoren. Mit hoher Geschwindigkeit geht es flussaufwärts. Der Urwald am Ufer mit seinen Bäumen und bunt blühenden Büschen verschwindet, die Felsen treten an den Fluss.

Aber welche Felsen! Nach jeder Biegung führt die Reise durch die geologische Erdgeschichte an einer anderen Gesteinsart und Erosionsform vorbei, Basaltplatten, verglaste Lava, schwarz, grauer Granit, weißer Quarz, roter Sandstein, akkurate Kanten, rundgestreichelte Katzenköpfe, Säulen. Das Boot schießt durch Stromschnellen, die Paviane an den Felsen huschen nach oben, suchen sich einen guten Platz und schauen dem Treiben der Artgenossen auf dem Wasser interessiert zu. Die Bar wird schließlich auf angolanischem Boden eröffnet, nur kurz, weil wir kein Visum haben (aber hier wohnt sowieso kein Mensch) und weil es ohne den kühlenden Fahrtwind zu heiß wird (Baden fällt flach wegen der Krokodile).

Mittagessen im Camp, packen, zum Flugzeug fahren, drei Stunden Flug nach Windhoek stehen uns bevor.

Wir verkürzen uns die Flugzeit, indem wir anhand der Karten unsere Flugroute verfolgen. Über unseren Standort gibt es die unterschiedlichsten Aussagen. Auch die Pilotin hat eine eigene Meinung. Wir schließen Wetten ab. Leider hat dann doch Helga recht und wir landen pünktlich am richtigen Flugplatz.

Heinrich Emmerling, Gauting

Höhlen- | Namibia hat einige interessante Höhlen zu bieten, von denen aber
forschung | die meisten nicht der Öffentlichkeit zugänglich sind, wegen schwieriger Zugangssituation, Privatbesitz etc. Das längste Höhlensystem des Landes – die *Arnhem-Höhlen* – liegt im Khomas-Bergland und wurde für Touristen aufbereitet. Wer an geführten Touren teilnehmen will, wende sich an: Arnhem-Höhlen, P.O. Box 11354, Windhoek, Tel. 062-581885, www.facebook.com/arnhemcavelodge

Kanutouren Im Süden des Landes, am Oranje, werden mehrtägige Kanutouren angeboten. Veranstalter: Felix Unite River Adventures, 100 Capricorn Drive, Capricorn Park, Muizenberg, 7945, Tel. 087-3540578, www.felixunite.com. Über Reisebüros in Windhoek sind die Touren ebenfalls zu buchen. Am Kunene können Kanus und Boote auch bei den Lodges westlich von Ruacana gemietet werden.

Rafting Am Kunene und bei den Victoria-Fällen sind auch Raftingtouren möglich, der Veranstalter am Kunene ist *Felix Unite River Adventures* (s. unter „Kanu"). Am Zambezi wird Rafting durchgeführt von Shearwater Sopers Center, Victoria Falls, Zimbabwe, Tel. 00263-13-44471, www.shearwatervictoriafalls.com.

Reiten Einige Gästefarmen haben Pferde, die verliehen werden. Bedenken Sie, dass das Reiten im Busch an den Reiter höhere Anforderungen stellt, als man dies von heimischen Reitausflügen gewöhnt ist. Zu diesen Gästefarmen gehören zum Beispiel Immenhof, Düsterbrook, Hetaku, Okambara, Kambaku und Eagle Rock Leisure Lodge.

Ein besonderes Erlebnis ist das Reiten auf dem Gebiet der Lodge *Etusis:* man wohnt luxuriös in Bungalows oder rustikaler in Zelten und unternimmt auf dem Rücken der Basotho-Pferde Tagesausflüge. Etusis, Tel. 064-550826, www.etusis.com.

Die Fa. *Namibia Horse Safaris* hat sich auf mehrtägige Reitsafaris spezialisiert. Es gibt unterschiedliche Touren (englischsprachig), auch im Schwierigkeitsgrad. Von der Schnuppertour für die Anfänger über die große Tour in 9 Tagen durch die Namib-Wüste bis zum Damara-Elephant-Skeleton Coast-Trail, für „die erfahrenen Reiter, die notfalls um ihr Leben reiten können". Für eine Woche (5 Tage Ritt, 2 Tage Transfer muss man ohne Flug mit 2000 € rechnen). Anfragen an *Namibia Horse Safari Company*, P.O. Box 21, Aus, Tel. 081-4703384, www.namibiahorsesafari.com.

Spezialisiert auf kleinere Reitausflüge hat sich in Swakopmund: *Okakambe Trails,* P.O. Box 1668, Swakopmund, Tel. 064-402799, www.okakambe.iway.na, auch Reitschule.

Aktivitäten in Namibia

Segel-fliegen, Motorflüge
Auf der Farm Bitterwasser ist **Segelflug** möglich. Die Besitzer der Farm haben eine große Auswahl an Segelflugzeugen. Die fliegerischen Bedingungen sollen ausgezeichnet sein, sogar Weltrekorde werden hier geflogen. In der gleichnamigen Lodge kann man sich einmieten. *Bitterwasser Lodge & Fly Center*, P.O. Box 13003, Windhoek, Tel.081-3030393, www.bitterwasser.com.

Schießen
Einen Tontaubenschießanlage nach olympischen Standards und einen Schießplatz für Gewehre und Pistolen. (und die Möglichkeit mit dem Bogen zu schießen) bietet die Kambaku Farm in typischer Jägeratmosphäre an, Tel. 067-306292, www.kambaku.com.

Trekking
In einigen Nationalparks werden größere Trekkingtouren angeboten (bis zu einer Woche Dauer). Man geht ohne Führer und muss sich selbst versorgen. Da die Gruppengröße und die maximale Anzahl der Gruppen auf einer Strecke genau vorgeschrieben und eine Genehmigung notwendig ist, muss die Tour rechtzeitig angemeldet werden (bei Namibia Wildlife Resorts Ltd., www.nwr.com.na, s. unter „Buchung"). Die Haupttrekkingtouren liegen im Naukluft-Teil des Namib-Naukluft Parks, im Fish River Canyon, dem Waterberg Plateau und dem Skeleton Coast Park.

Wandern
Wandern ist, bis auf bestimmte Nationalparks, wo die Tiere wild und zahlreich sind, überall möglich. Die Gästefarmen (z.B. BüllsPort) haben eigene Wanderwege (teilweise beschildert), in vielen staatlichen Parks gibt es Wanderwege, Rundtouren oder Stichstrecken zu Sehenswürdigkeiten (in den Routenbeschreibungen sind diese jeweils aufgeführt). Tok Tokkie Trails unternimmt mehrtägige, geführte Wanderungen auf dem Gebiet des NamibRand Nature Reserve; Kontakt: Windhoek, P.O. Box 1613, Tel. 061-264521, www.toktokkietrails.com.

Wüsten-erlebnisse
Die Gondwana Desert Collection umfasst mehrerer Lodges und Farmen, die jede für sich eine ganz eigene Wüste dem Besucher näher bringen: Am Fish River die Canyon Lodges des Gondwana Canyon Parks, Klein-Aus Vista im Gondwana Sperrgebiet Park, Anib Kalahari Lodge in der Kalahari, drei Einrichtungen bei Etosha, bei Twyfelfontein die Mopane Lodge und die Namib Desert Lodge unweit von Sossusvlei, dazu noch – weniger wüstenhaft – Hakusembe und Namushasha im Okavango und das Hotel The Delight in Swakopmund, www.gondwana-collection.com.

In der Eisenbahn durch die Wüste

Der *Desert Express* steht schon bereit am Bahnhof in Windhoek. Glitzernd in der Sonne wartet er auf die Reisenden nach Swakopmund. Im Bahnhof gibt es einen eigenen Wartesaal, das livrierte Personal überreicht uns die Reiseunterlagen und befreit uns vom Gepäck. Aufmerksam wird jedes Paar persönlich von einer Stewardess oder einem Steward zum Zug geführt. Wir steigen ein und unsere Betreuerin reicht uns eine kleine Stärkung in Form von Biltong, Chips, Oliven und Champagner.

Danach werden wir zu einer Tour durch den Zug gebeten: die Perle namibischer Waggonbaukunst. Liebevoll sind die einzelnen Waggons benannt: Spitzkoppe Lounge, Welwitschia Restaurant, Stardune Bistro. Wir sind geblendet vom Luxus und der geschmackvollen Einrichtung. Karakul-Teppiche in den Schlafabteilen – jedes mit eigener Nasszelle und Toilette, Verkleidungen aus edlem Holz; wo die Sicht nicht beeinträchtigt werden soll, die Großzügigkeit der Einrichtung betont, befinden sich Glasflächen, aber nicht einfach nur Glas, es wurde geätzt – nun befinden sich kunstvolle Tierfiguren schwebend im Raum, lassen das Licht hindurch und erlauben den Blick in die Ferne. Keiner glaubt, dass der Zug vollständig in Windhoek entstanden ist, aber doch er ist es. Bei unserer Rückkehr nach Windhoek werden die Ungläubigen durch die Werkstatt geführt, in der weitere Waggons im Entstehen sind. Aber so weit ist es noch nicht, vorerst heißt es noch glauben und sich auf die zwei vor uns liegenden Tage freuen.

Um 14.30 Uhr fährt der Zug an, wir schweben durch die Vororte Windhoeks und haben bald den Busch erreicht. Wir sitzen in der Spitzkoppe Lounge, nähren uns von Champagner und Biltong und lassen die Landschaft vorbeiziehen. Nach einer Stunde halten wir, steigen in Geländewagen um und fahren zehn Minuten zu einer Farm, auf der in einem Freigehege Löwen leben – Fütterung. Hinter einer Steinmauer mit Sehschlitzen nehmen wir Deckung. Das Fleisch wurde schon angeliefert, die Tiere tun sich gütlich. Blitzlichter mögen sie aber nicht und immer wieder unternehmen sie Scheinattacken gegen uns. Bis auf einen halben Meter kommen sie heran und brüllen uns an, wir zucken zurück – und blitzen weiter. So nah kommt man Löwen nie wieder. Nervlich zerrüttet kehren wir in einer Lapa ein, direkt davor versöhnen uns zwei spielende Löwenbabys in der Abendsonne mit der ganzen Raubtiergattung – streicheln und knuffeln ist erlaubt.

Aufbruch, zurück zum Zug, das Abendessen steht bereit. Wir ziehen uns um, und begeben uns in das Welwitschia Restaurant. Das vorzüglich geschulte Personal reicht uns Speise- und Getränkekarte. Die Küche und der „Weinkeller" brauchen den Vergleich mit einem Spitzenrestaurant nicht zu scheuen. Nach der Tafel gehen wir satt in den Starview Waggon. Bequeme Ruhesessel lassen sich weit nach hinten neigen, per Knopfdruck öffnet sich eine Jalousie unter dem Glasdach, der Sternenhimmel über der Wüste erscheint, das Kreuz des Südens blinkt. Müde legen wir uns zu Ruhe.

In der Eisenbahn durch die Wüste

Am nächsten Morgen heißt es um 5 Uhr aufstehen, eine Fahrt ins Mondtal steht auf dem Programm, unweit von Swakopmund.

In Autos geht es nach einer heißen Dusche und einem starken Kaffee mit Kuchen in die unwirkliche Landschaft der ältesten Wüste der Welt. Sonnenaufgang über der bizarren und schroffen Steinwelt mit Weitsicht. Der Wind pfeift durch die Kleider und wir denken an die ersten Pioniere, die sich dieser Natur ausgesetzt sahen, ohne dass ein Luxuszug auf sie wartete. Fröstelnd, besonders innerlich, sind wir froh, als wir wieder an unserem Frühstücktisch sitzen, Rühreier mit Boerwors, Getreideflocken, Brötchen und Kuchen auswählen können. Langsam setzt sich der Zug in Bewegung und wir fahren wenig später in Swakopmund ein. Zwei Tage haben wir Zeit in dem Städtchen am Atlantik, der Sommerfrische des Landes, bis wir wieder in den Zug einsteigen und zurück nach Windhoek fahren. Diesmal machen wir einen Ausflug an die Spitzkoppe, Sonnenuntergang an den glattgeschliffenen Felsformationen mit Picknick. Wir wandern durch riesige Felsbögen, über monumentale Steinbuckel und durch den feinen Sand, der sich in Jahrtausenden hier angesammelt hat. Abendessen im Zug, das Personal zuvorkommend wie immer, der Luxus fast schon selbstverständlich, die Abendunterhaltung in der Lounge gewürzt mit Whiskey und Erzählungen der mitreisenden Namibier über die Entstehung der Eisenbahn, die Siedler in den Anfängen von Südwest, deren Großeltern und Urgroßeltern. Man lernt sich kennen und Reisen bildet.

Desert Express, Private Bag 13204, Windhoek, Tel. 061-2982600,
www.transnamib.com.na

Ausflug in der Lagune von Walvis Bay

Abends die Anreise nach Langstrand. Die Zimmer des Levo Guest House sind kühl eingerichtet. Im Gegensatz dazu steht die herzliche Begrüßung durch die Familie Leippert. Ob man etwas benötige, ob Wäsche zu waschen sei, wie es mit dem Essen stünde, wenn wir gut speisen wollen, würden sie einen Tisch bestellen. Gerne, antworten wir. Nachdem wir uns installiert haben, gehen wir an der Uferpromenade zum Restaurant, das an der Küste eine Spitzenstellung einnimmt. Fisch satt, frisch und äußerst köstlich zubereitet. Zufrieden gehen wir zu Bett, in Erwartung des morgigen Tages – es heißt früh aufstehen für die Bootsfahrt in der Lagune von Walvis Bay.

Wecken um 6 Uhr. Das Boot ist schon auf dem Anhänger, der Motor des Land Rover schnurrt, wir fahren die kurze Strecke zum Hafen und unser Führer erzählt über sein Schiff. Es wurde nach ganz speziellen Vorstellungen entworfen und gebaut, ein Katamaran als Bootskörper, darauf der Aufbau, den Notwendigkeiten für kleine Gruppen angepasst, mit zwei starken Motoren wegen der Sicherheit und einem Funkgerät. Im Yachthafen lassen wir das Boot zu Wasser, der Geländewagen steht bis zu den Radnaben im Meer, wühlt sich aus dem Sand, unser Skipper steigt ein, schippert zur Anlegestelle und wir betreten das Boot, losgeht's. Hinaus fahren wir mit hoher Geschwindigkeit und in dichtem Nebel zu den Robben auf eine Sandbank. Grunzen und Brüllen empfängt uns. Ein wildes Gewurrle der Tiere im und über dem Wasser, auf dem Sand, Kämpfe zwischen den männlichen Tieren, verspieltes Fischen der jungen. Wir legen an, verweilen und genießen die unberührte Wasserwildnis.

Es wird 9 Uhr und die Sonne verdrängt langsam den Nebel. Zeit für die Fahrt hinaus zu den russischen Fischtrawlern, die weit ab liegen. Riesige Pötte, rostig, auf Reede, weil die Kosten für eine Hafenliegestelle zu teuer wären. Der Skipper hält an, stellt die Motoren ab, wir dümpeln auf den sanften Wellen, kein Land in Sicht, ab und an das Kreischen einer Winde auf den russischen Schiffen, ganz nah springen Delphine aus dem Wasser, schießen hoch, spritzen Wasser auf uns, wollen spielen. Wir werfen mitgebrachten Fisch ins Wasser. Plötzlich ein Plätschern direkt neben uns, eine Robbe. Der Skipper erzählt, dass einst Netzreste tief in ihren Hals eingewachsen waren, eine einzige eiternde Wunde, zum Tode verurteilt. Man hat sie davon befreit, seitdem kommt sie ans Boot, und über die Jahre schließlich auch aufs Boot. Mit einem kraftvollen Flossenschlag sitzt sie auf Deck, lässt sich streicheln und mit Fisch füttern. Ein Koloss von mehreren hundert Kilo, zahm wie ein Hündchen.

Schließlich haben wir keinen Fisch mehr, um das unersättliche Tier zu verköstigen. Mit einem Grunzen springt es wieder ins Wasser, wir fahren zurück in den Hafen von Walvis Bay. Der Skipper packt Champagner aus, Schnittchen und Austern, die er ganz früh am Morgen von den Austernfarmen besorgt hat. Langsam und leise schnurren wir durch den

Hafen in der gleißenden Sonne, die nur über einem Ozean existiert, an Schiffen mit Heimathäfen Lüderitzbucht und Walvis Bay und Namen wie Edelweiß und Kolmanskoop vorbei, stoßen an, schlürfen Austern und lassen es uns gut gehen. Mittags ist die Tour vorbei – leider. Wir legen an, steigen aus, der Bootstrailer wird ins Wasser gebracht, die Winde zieht das Schiff heraus und der Land Rover bringt uns zurück nach Langstrand zu unserem eigenen Wagen. (*Levo Tours*, s.S. 83).

Jagen

Für und wider das Jagen

Jagen ist sicherlich nicht gleich jagen. Die europäischen Waidmänner, die sich vor der Hasenstrecke produzieren, wurden zum Sinnbild einer – euphemistisch ausgedrückt – eigenartigen Spezies. Auf der anderen Seite wird keiner abstreiten, dass auch in Europa eine Jagd sinnvoll ist, die ein Überborden bestimmter Tiere verhindert (z.B. des Rotwildes). Um so mehr ist dies notwendig in einem Land, das nun einmal ein sehr sensibles Gleichgewicht der Natur besitzt. Von daher ist Jagen im Sinne einer Hege durchaus gerechtfertigt. Ebenfalls gerechtfertigt scheint das Jagen zur Nahrungsbeschaffung. Und gerade dies macht in Namibia den Hauptanteil der Jagd aus. Der Farmer schießt wie eh und je sein Kudu, und das Fleisch findet sich am Abend auf dem Esstisch. Wild ist für ihn kostenlos.

Der namibische Berufsjagdverband hat eine Jagdethik aufgestellt, deren 4 Hauptprinzipien in seinem Büchlein „Jagen In Namibia" festgehalten sind:

1. Das Prinzip der nachhaltigen Nutzung des Wildes.
2. Die Jagd … muss nach fairen Grundsätzen durchgeführt werden.
3. Der Jäger hat ein Recht auf Freude an der Jagd.
4. Die Jagd … soll stets zum Nutzen der … Bevölkerung und … Umwelt sein.

Jagdwaffen Bei der Einreise müssen die Jagdwaffen deklariert werden, und eine befristete Einfuhrgenehmigung wird erteilt. In den Nationalparks müssen die Waffen versiegelt sein.

Information Weitere Informationen sind erhältlich von der *Namibia Professional Hunting Association* (NAPHA), P.O Box 11291, Windhoek, Tel. 061-234455, www.napha-namibia.com.

Unterbringung Es gibt über 200 Jagdfarmen (*Hunting Farms,* weniger direkt auch *Safari Farms genannt*) im Land, teilweise sind dies reine Jagdfarmen, die keine anderen Gäste aufnehmen, zum Teil sind es normale Gästefarmen, die auch Jagdlizenzen besitzen. Das Jagen ist streng reglementiert, soweit es nicht auf den privaten Farmen geschieht, die mit einem wildsicheren Zaun umfriedet sind, was heißt, dass kein Tier hinein oder heraus kann. Eine kurze Liste von Jagdfarmen finden Sie im Anschluss. Sie ist nicht vollständig. Die Jagdfarmen, die auch andere Gäste aufnehmen können, wie zum Beispiel die hochluxuriöse Wabi Lodge oder die Kambaku Safari Lodge, finden Sie auch unter Unterkünften im Routenplaner.

- Kambaku Safari Lodge, P.O. Box 247, Otjiwarongo, Tel. 067-306292, www.kambaku.com
- Wabi Game Lodge, P.O. Box 973, Otjiwarongo, Tel. 067-687102, www.wabi.ch

- Albrechtshöhe, P.O. Box 124, Karibib, Tel. 062-503363, www.safariwest.de
- Corona Gästefarm, P.O. Box 11958, Windhoek,
  Tel. 062-572127, www.natron.net/tour/corona
- Düsternbrook Gästefarm, P.O. Box 870, Windhoek,
  Tel. 061-232572, www.duesternbrook.net
- Immenhof Gästefarm, P.O. Box 250, Omaruru,
  Tel. 067-290192, www.immenhofhunting.com
- Kansimba Gästefarm, P.O. Box 23556, Windhoek,
  Tel. 062-503966, www.kansimbahunting.com
- Leopard Lodge, P.O. Box 90049, Okanjanga,
  Tel. 062-540409, www.leopardlodge.com
- Silversand Gästefarm, Private Bag 13161, Windhoek,
  Tel. 062-560200, www.silversandhunting.com
- Wilhelmstal-Nord Gästefarm, P.O. Box 641, Okahandja, Tel. 062-503977, www.wilhelmstal-haase.com

Trophäenjagd Trophäenjagd ist üblich, die aufbereiteten Trophäen können, soweit sie im Heimatland keiner Importbeschränkung unterliegen, versendet werden. Spezielle Firmen in Windhoek übernehmen die Abwicklung. Jedes Jahr wird eine bestimmte Anzahl an Großtieren zur Trophäenjagd freigegeben (Löwen, Leoparden, Elefanten). Abschussgenehmigungen erteilt das *Ministry of Environment & Tourism*, Government Building, P.O. Box 13346, Windhoek, www.met.gov.na. In der Regel werden die Genehmigungen von den Gastgebern der Jagdfarm eingeholt.

Essen und Trinken

Fleisch & Fisch Namibia ist Fleischland, Namibia ist Fischland. Es ist ein Land für Selbstversorger. Der Farmer schießt sich sein Abendessen, vom Busch in die Pfanne, Springbok, Kudu, Oryx, auch Strauß. Selten wird das Rind verspeist, es ist Kapital der Farm, soll Erlöse bringen.

Wild richtig zubereitet schmeckt köstlich, insbesondere, wenn es über dem offenen Feuer der wildaromatischen Hölzer Namibias gegrillt wurde. Selbst Vegetarier könnten in einem Land wie Namibia zum Fleischesser werden, dessen Tiere von der unbeschädigten Natur und den würzigen und exotischen Pflanzen leben. Es ist mit Fleisch aus deutschen Landen nur entfernt verwandt, und jeder der es probiert hat, wird es bestätigen. So saftiges, würziges und leckeres Fleisch findet er zu Hause gewiss nicht.

Am Ozean wird geangelt, Kabeljau, Brassen, Makrelen, auch Hai- und Tintenfische. Speziell in Lüderitz werden Hummer und Langusten gefangen, dort und in Walvis Bay auch Austern gezüchtet.

Der Farmgarten steuert das Gemüse und die Kräuter bei. Der Tisch ist also reich gedeckt. Damit zeigt sich der Speisezettel aber noch

Essen und Trinken

lange nicht vollständig. Exotischere Gerichte sind durchaus auch erhältlich: Mopanewürmer frittiert, Pilze vom Termitenhügel, Heuschrecken, sogar – dies aber schon sehr selten – Puffotter geschmort.

Biltong Vielleicht das typischste Gericht des südlichen Afrika ist **Biltong** – getrocknetes Fleisch vom Strauß, Kudu, Antilope, Oryx oder auch Rind. Streifen rohen Fleisches werden einige Tage eingelegt und dann getrocknet, teilweise nur an der Luft, teilweise über Feuer und im Rauch – es gibt die unterschiedlichsten Rezepte, die in den Familien weitergegeben werden. Fern der Heimat, im Busch, unter klarem Sternenhimmel schmeckt es köstlich und stellt jeden Energie-Riegel bezüglich Geschmack und Nahrhaftigkeit in den Schatten. Man kann es aber auch geraspelt im Supermarkt kaufen und bei der kleinen Erholungspause vom Autofahren genüsslich kauen oder in Wasser einweichen und wie frisches Fleisch weiterverarbeiten.

Grillen Ist Biltong das typische Gericht, so ist das **Braai** der Nationalsport. Kein Zeltplatz, kein Farmhaus, kein Wochenendausflug ohne Braaiplats, den Grillplatz. Wer sein Haus oder seine Wohnung verlässt, um einige Tage auszuspannen, hat mindestens zwei Dinge dabei – die Kühltasche mit Fleisch und Getränken und einen Rost. Gegrillt wird alles, was die Natur an Fleisch hergibt, zum Wild kommt Hammel und Schwein und die köstliche Boerwors, zur Spirale geformte Bratwurst unterschiedlicher Länge und Ingredienzien.

Gewohntes und Exotisches Wer Experimente scheut, kann sich allerdings in den Gaststätten und Restaurants auch von Schlachtplatte ernähren: Kassler, Blut- und Leberwurst und Sauerkraut unter Palmen, damit wenigstens

etwas exotisch ist. Der Mutigere teilt der Gastfamilie auf der Gästefarm mit, dass er bereit und willens ist, fremdartigere Genüsse zu sich zu nehmen. Es kann ihm sonst passieren, dass nach der Nudelsuppe ein paniertes Schweineschnitzel mit Kartoffelpüree seinen Weg auf den Abendbrottisch findet. Verständlich, da man am Essen der Familie teilnimmt, und welche Hausfrau kocht schon jeden Abend ein Festtags-Diner. Verweilt man aber länger auf einer Farm, wird der Wunsch auf landestypischere Verköstigung sicherlich Gehör finden und man erhält vielleicht ein Krokodilcocktail als Vorspeise, Roastbeef vom Zebra mit Bratkartoffeln und Remouladensauce und einen Salat aus exotischen Früchten zum Dessert.

Soviel zum Fleisch. Der Busch ist reich an Pflanzen, die essbar sind, gesund machen und das Überleben sichern – wenn man weiß, wie sie zubereitet werden und wenn man sie denn überhaupt erst einmal findet.

Getränke Das namibische Bier ist schmackhaft und bekömmlich und wird in Windhoek nach dem deutschen Reinheitsgebot gebraut (eine weitere Brauerei, die traditionsreiche, fast 100 Jahre alte Swakopmunder *Hansa Brauerei* schloss 2005 ihre Pforten). *Windhoek Lager* und das (etwas herbere) *Tafel Lager* finden sich im ganzen Land.

Weine und andere Getränke

Als in Frankreich die Hugenotten verfolgt wurden, verließen viele das Land. Ein Teil wanderte über Berlin nach St. Petersburg aus, ein Teil ging nach Amsterdam und bestieg Schiffe nach Cape Town. Sie brachten die Weinrebe mit sich und initialisierten den Weinanbau. Herzland des Anbaus war damals und ist heute Franschhoek, Paarl und Stellenbosch in Südafrika, wenngleich nun viele Anbaugebiete hinzugekommen sind.

Die Weine sind zum größten Teil von hoher Qualität. Sie werden sicherlich auch in anderen Erdteilen auf ihrem Siegeszug den Markt erobern. Die Hauptsorten, die heute angebaut werden, sind bei den Rotweinen Shiraz, Merlot, Cabernet Sauvignon, Pinot Noir und eine Spezialität des südlichen Afrika, die Pinotage-Traube, eine Kreuzung aus Pinot Noir und Sinsault; bei den weißen Trauben findet vornehmlich Sauvignon Blanc Verwendung.

Rotweine

Shiraz-Merlot wird durch eine geschmacklich optimierte Mischung aus Weinen der Shiraz- und der Merlot-Traube hergestellt.

Fairview liefert einen mittelschweren, trockenen, sehr guten Shiraz-Merlot, der aber nur schwer erhältlich ist.

Roodendal stellt einen sehr trockenen, eher schweren Cabernet Sauvignon, das Gut Kanonenkop einen etwas teureren her, der aber mit zu den besten gezählt wird. Der nicht so schwere vollmundig-fruchtige Pinotage von Nederburg gilt ebenfalls als vorzüglich. Hamilton-Russel keltert einen sehr guten Pinot Noir, trocken, aber nicht so extrem wie der Cabernet Sauvignon.

Rosé

Bei Rosé sei der trockene Blanc de Noir von Boschendal erwähnt. Wer es halbtrocken bevorzugt, ist mit Nederburg gut beraten.

Weißweine

Hauptsächlich wird der trockene Sauvignon Blanc getrunken. Mittlere Preislagen bieten Zonnebloem (Premier grand cru) und Hoopenberg an. Der Sauvignon Blanc von l'Ormarin reicht in der Qualität an die besten französischen Chablis-Weine heran.

Sekt

Trockenen Sekt stellt Nederburg mit seinem Cuvée brut und dem besseren Kap (untere Preisklasse) her. Als bester Sekt gilt der Pongrácz der höheren Preisklasse. Die Herstellungsweise nach der Champagnermethode darf auf Intervention der Franzosen hin nicht mehr auf dem Etikett erwähnt werden (es heißt nun „Classique").

Spezialitäten

Als Spezialität gilt der Vin fumé, in Eichenfässern gereifter Weißwein mit einem rauchigen Geschmack.

Spirituosen

Der *Amarula-Likör*, aus der Marulafrucht gewonnen, wird als Crèmelikör verkauft. Die Frucht gewann Berühmtheit als Rauschmittel der Tiere in dem Film „Die verrückte Welt der Tiere in Namibia". Wer es weniger süß liebt, kann auf die Brandies der Firma KWV ausweichen. Sie sind in verschiedenen Alters- und Preisklassen erhältlich und stehen den besten französischen Cognacs in nichts nach.

Leider ist die Versorgung mit Weinen in Namibia nicht gleichbleibend gut. Südafrikanischer Wein wird seit dem Ende der Apartheid verstärkt vom Weltmarkt nachgefragt, und die dort erzielbaren Preise sind auch höher sind als im südlichen Afrika. So ist es immer ein wenig dem Zufall und der Geschicklichkeit beim Einkauf unterworfen, ob alle Weine auch tatsächlich erhältlich sind.

Dieter Hanns / Swakopmund

„Have a sundowner, please"

An alkoholfreien Getränken wird von Kindern und Erwachsenen der „Appletizer", ein Erfrischungsgetränk auf Apfelsaft-Basis, heiß geliebt. Er kommt aus Südafrika, wie auch die hervorragenden Weine, die in den Läden mit Alkoholverkaufslizenz erhältlich sind, den Bottle Stores.

Nederburg, Stellenbosch, KWV (die auch Brandys gleichen Namens herstellen) und Boschendal sind einige der Weinerzeuger, die seit Jahrhunderten auf europäischen Rebsorten aufbauend ganz vorzügliche Weine keltern. Die Preise sind bei dieser Qualität für Europäer geradezu wohltuend, und auch im Restaurant hat man nicht das Gefühl, für einen guten Wein zweimal in den Geldbeutel schauen zu müssen.

Doch auch Namibia hat Winzer – und diese produzieren nicht den schlechtesten Rebensaft, wenn auch nur in geringen Mengen, so dass nicht jeder, der es gerne hätte, an eine Flasche kommt: Bei Omaruru hat sich die *Kristall Kellerei* der Traubenpflege angenommen, bei Maltahöhe die *Neuras Winery* und bei Otavia Bertus Boshoff mit der Weinkellerei *Thonningii*.

Nebenbei: Ein sehr empfehlenswertes Buch für den Hobbykoch ist das „Südwester Kochbuch", Band I und II (Swakopmund 1985). Hier finden sich die Originalrezepte vieler deutschstämmiger Familien, die als Pioniere sehr bodenständig die Früchte der Natur zu schmackhaften Gerichten verarbeitet haben. Das erste Rezept beginnt: „Voraussetzung für dieses Gericht ist ein Kamplager im Busch, ein Lagerfeuer mit viel Glut, ein Jäger, der mindestens ein Perlhuhn geschossen hat und ein gut schließender Topf …"

Der „Potjie"

Der gut schließende Topf ist übrigens der *Potjie*, gusseisern und mit drei Füßchen. Er wird ins Feuer gestellt und in den Topf alles hineingeworfen, von dem man meint, dass es zueinander passt. Meist ein Familienerbstück, ist es Ehrensache, ihn so zu pflegen, dass er weitere Generationen zu verköstigen imstande ist.

Landesknigge

Ökologisches Verhalten

Tabu ist das Off-road-Fahren. In den Wüstenregionen bleiben Fahrspuren 30 Jahre und länger sichtbar. Was aber noch schlimmer ist: der hochsensible Algen- und Pilzbewuchs der Steine wird vollständig zerstört und regeneriert sich nicht mehr. Prinzipiell und generell ist auf den Wegen zu bleiben, besonders in den Nationalparks und Reservaten, aber nicht nur dort. Auch sonst ist es durchaus angebracht, nicht querfeldein zu brettern. Immer sollte die Regel gelten, die Natur so zu verlassen, wie man sie vorgefunden hat, so dass auch der Nachkommende in den Genuss unberührter Landschaften kommt.

Da durch die geringe Luftfeuchtigkeit in den Wüsten der Verrottungsvorgang merklich verlangsamt abläuft, gehört Toilettenpapier, so man sich nicht an den dafür vorgesehenen Orten befindet, verbrannt und die Exkremente vergraben, also eine kleine Grube ausheben, die mitgebrachten Streichhölzer verwenden und danach zuschütten. Selbstverständlich sollte es sein, Abfall wieder mitzunehmen und an legalen Stellen zu entsorgen.

Wasser ist kostbar. Namibia leidet immer wieder an starkem Wassermangel. Im Hotel sollte man eine kurze Dusche deshalb einem Vollbad vorziehen, die Handtücher müssen nicht nach jedem Abtrocknen in die Schmutzwäsche und beim Zähneputzen und Rasieren kann man den Wasserhahn schließen.

Die großen Wasserbehälter an den Pumpstationen auf kommunalem Land dienen als Trinkwasser-Reservoires für die Menschen. Verschiedentlich ist es vorgekommen, dass Touristen ein Bad darin genommen haben. Entsprechend zügellos war die Antwort derjenigen, die dieses Wasser trinken müssen.

Sozialökologisches Verhalten

Namibia ist ein armes Land, der Großteil der Bevölkerung lebt unter einfachsten Bedingungen. Die Jahre der Apartheid haben das Land geteilt, nur langsam gelingt es, breiteren Schichten einen relativen Wohlstand zu ermöglichen. Deshalb sollte der Besucher seine Besitztümer nicht zur Schau stellen. Wer seinen Reichtum zeigt, weckt Begehrlichkeiten, und Begehrlichkeiten werden befriedigt. Einmal abgesehen davon, dass es Unsinn ist, seinen Goldschmuck auf Safari mitzunehmen.

Auch der Smoking wird äußerst selten zur Geltung kommen. Die Gesellschaft Namibias ist an informelle Kleidung gewöhnt und findet es durchaus angenehm, sich nicht mehrmals am Tage umziehen zu müssen, um Formalien Genüge zu tun.

Begegnen Sie allen Mitgliedern der Gesellschaft, unabhängig von ihrer sozialen Herkunft und unabhängig ob schwarz, weiß oder farbig, mit Höflichkeit. Man wird es Ihnen danken, und vielleicht gewinnen Sie so auch Freunde bei jenen Teilen der Bevölkerung, die es von manchen Weißen nicht gewöhnt sind, nach den Regeln menschlichen Miteinanders behandelt zu werden.

Noch ein extrem heikles Thema: Das deutschstämmige Namibia war in diesem Jahrhundert von seinem Herkunftsland mehr oder weniger durchgängig abgeschnitten. Politische Veränderungen, Revolutionen und Putsche wurden nur vermittelt über die Medien des ehemaligen Heimatlandes erfahren. Es nimmt deshalb nicht Wunder, dass viele Dinge, die in Deutschland dauernder und strenger Diskussion unterlagen und noch unterliegen, in Namibia kein Thema des Disputes waren. Die Schrecklichkeiten des letzten großen Krieges in Europa, seine Wirkungen, seine Horrorszenarien wurden so bei einigen in „Deutsch-Südwest" nie begriffen. So kann man in den Bibliotheken einiger Farmen auf Bücher stoßen wie „Hitler als Maler und Zeichner". An anderer Stelle entdeckt man das Buch „Deutsche U-Boote nach vorn", Seite an Seite mit dem 1934 in der Schweiz verlegten Buch „Die Moorsoldaten".

So widersprüchlich wie solche Funde sind sicherlich auch die Menschen, die diese Bücher gelesen haben. Ruhiges Argumentieren und Darstellung des eigenen Standpunktes ohne den Versuch zu rechten ist wohl der beste Weg, auf eine Einschätzung deutscher Geschichte zu reagieren, die zum großen Teil auf Unkenntnis basiert.

Einkaufen und Souvenirs

Bunte, lebhafte afrikanische Märkte findet man inzwischen in fast allen größeren Städten und natürlich in den Dörfern im Ovamboland und im Caprivi. Souvenirs sind auch in Curio Shops erhältlich. Im Gegensatz zu den Märkten mit Kunsthandwerk wird in den Curio Shops nicht gehandelt. Dafür können Sie mit Kreditkarte bezahlen. Wer Dinge des täglichen Bedarfs einkaufen will besucht einen der zahlreichen gut sortierten Supermärkte oder Take-aways.

Dinge des täglichen Bedarfs

In den Supermärkten der größeren Städte bekommt man so gut wie alles zu kaufen, was es auch bei uns gibt. Von den Grundnahrungsmitteln über frisches Gemüse und Obst bis hin zu Leckereien (wie z.B. Gummibärchen) sind die Regale mit allem gefüllt, was des Reisenden Herz begehrt. Auch Toiletten- und Hygieneartikel der bekannten Markenhersteller sind im Angebot. Softdrinks führt jedes Geschäft, Alkoholika dürfen nur in speziell dafür lizenzierten Läden (bottle stores) oder Abteilungen verkauft werden (die Samstagmittag schließen und erst wieder Montag öffnen).

Die für ein afrikanisches Land überwältigende Auswahl in den Städten sollte allerdings nicht darüber hinwegtäuschen, dass die Versorgungssituation auf dem Lande gänzlich anders aussieht. Zwar gibt es in fast jeder Siedlung eine Art Kramladen, dessen Sortiment

Einkaufen und Souvenirs 103

ist allerdings hauptsächlich auf den Bedarf der Farmer ausgerichtet: landwirtschaftliches Gerät, Saatgut, Konserven, Süßigkeiten, Softdrinks usw. Frisches Brot, Obst und Gemüse wird man aber vergebens suchen, denn das produzieren die Bauern selbst.

Eine ähnlich magere Auswahl von Frischem gibt es in den Läden, die den staatlichen Camps angeschlossen sind: Getränke, tiefgefrorenes Fleisch und Feuerholz in Hülle und Fülle, selten Kartoffeln und Zwiebeln, und nur mit großem Glück ist Obst oder Salat zu ergattern. Möglichst noch am Vormittag einzukaufen empfiehlt sich unbedingt. Wer nachmittags ankommt, wird die Regale häufig leer vorfinden.

Angesichts der sehr unterschiedlichen und oft auch schlecht abschätzbaren Versorgungslage abseits der Hauptstrecken, sollten Selbstversorger vor jeder Tour die Essensvorräte aufstocken und sich mit Brot, Obst und Gemüse eindecken.

Souvenirs Souvenirs werden in Curio Shops und Antiquitäten- und Schmuckläden verkauft. Ein lebhafter Bazar spielt sich täglich in der Windhoeker Post Street Mall ab; hier lässt sich zwischen Herero-Püppchen und Ethno-Kitsch auch manch interessantes und originelles Stück entdecken.

Holzschnitzereien in reichster Auswahl bekommt man auf den beiden Märkten an den Stadtausgängen von Okahandja.

Vorsicht ist beim Kauf von Souvenirs geboten, die aus Tierprodukten hergestellt sind. Elfenbein darf zwar in Namibia in verarbeiteter Form frei verkauft werden, nach Europa importieren können Sie es aber nicht, da das Washingtoner Artenschutzabkommen jeden Handel mit Elfenbein verbietet (s.u.).

Kunsthandwerk Die meisten Völker Zentral- und Südnamibias haben ein Nomadenleben geführt, das der Produktion besonderer Handwerkserzeugnisse nicht förderlich war. So gibt es z.B. keine originär-namibische Tradition der Holzschnitzkunst. Dafür wird viel aus

Die Nuss der Makalani-Palme mit Schnitzereien ist ein beliebtes Souvenir

Leder verarbeitet (Herero und Himba, Damara, San), geschnitzt wird aus Elfenbein, aus Schnecken- und Straußeneierschalen (Ovambo, Himba, San) oder aus Holz und Rohr geflochten (San, Caprivianer).

Berühmt und unter Sammlern geschätzt sind die mit einer großen Muschelschale geschmückten Halsketten verheirateter Himba-Frauen und die filigranen Perlenarbeiten der San. Eine sehr gute Auswahl traditionell-namibischen Kunsthandwerks bieten die Antiquitäten- und Souvenirläden in Windhoek und Swakopmund an, unbedingt empfehlenswert ist ein Besuch im hervorragend sortierten **Bushman Art** in der Windhoeker Independence Avenue (im Gathemann House, www.bushmanart-gallery.com). Eine weitere gute Adresse ist das im ehemaligen Gebäude der Brauerei befindliche **Namibia Craft Center** in der Tal Street (http://namibiacraftcentre.com). Weitere Adressen finden Sie bei den jeweiligen Ortsbeschreibungen.

Beliebte Souvenirs der Gegenwart sind die farbenfrohen **Herero-Püppchen** mit der typischen viktorianischen Tracht der Herero-Frauen und die Holzschnitzereien von Okahandja. Die meisten Schnitzer sind Ovambo oder Flüchtlinge aus Angola und Zimbabwe, wo Holzbearbeitung eine lange Tradition hat. Besonders hübsch sind die zum Teil stark stilisierten Tierfiguren.

Alte Handwerkstraditionen im modernen, dem europäischen Geschmack angepassten Stil präsentieren einige Selbsthilfe-Initiativen, die besonders den vielen arbeitslosen Frauen und Mädchen in den ehemaligen Townships etwas Zubrot bringen sollen. So finden sich für Nama typische Stickereien auf geschmackvoll gestalteten Servietten und Tischdecken, ja sogar auf Quilts wieder, und der Perlen- und Straußeneierschmuck der San wird zu europäisierten, dem Touristengeschmack angepassten Kettchen und Ohrringen umgearbeitet. Diese Souvenirs sind zwar nicht „typisch afrikanisch", dafür aber wesentlich tragbarer als die traditionellen Vorbilder, auf denen sie beruhen. Zudem wird dadurch auch der Ausverkauf des traditionellen Kulturgutes eingeschränkt, der beispielsweise bei den Himba erschreckende Ausmaße angenommen hat.

Mineralien

Mineraliensammler können sich in Namibia so gut wie überall und fast immer mit Erfolg betätigen: Ganze Hänge sind mit Rosenquarz gespickt, Strände mit Achaten gesprenkelt, Schluchten mit den verschiedensten Halbedelsteinen und Quarzen übersät. Wer es bequemer liebt: in den meisten Curio Shops gibt es Mineralien und Halbedelsteine abgepackt zu kaufen; oft kann man sich die Glitzersteine auch aus großen Wühltischen heraussuchen oder sie gleich nach Gewicht kiloweise erwerben. Häufig werden aus Halbedelsteinen kunsthandwerkliche Erzeugnisse gefertigt: Edelsteinbäumchen, Schlüsselanhänger oder Aschenbecher. Sammel- und Verkaufsbeschränkungen gelten nur für die in Namibia seltenen Sandrosen.

Wer die Mineralien in größerem Stil exportieren, oder besonders schöne und teure Stücke über die Grenze bringen will, bedarf einer Genehmigung. Die Ausfuhr nach Ländern der südafrikanischen Zollunion erlaubt das Minenministerium (Ministry of Mines and Energy, P.O. Box 13297, 1 Aviation Road, Geological Survey Building, Windhoek, Tel. 061-2848111, www.mme.gov.na). Wer nach Übersee exportieren will benötigt zusätzlich eine Genehmigung des Handelsministeriums (Ministry of Trade and Industry, P.O. Box 13340, Goethe Street, Windhoek, Tel. 061-2837111, www.mti.gov.na). Die Genehmigungen werden im Allgemeinen unproblematisch erteilt. Es ist jeweils ein Formular auszufüllen, das abgestempelt wird, die Sachbearbeiter helfen bei der Beantwortung der manchmal verwirrenden Fragen.

Schmuck, Pelze

Von afrikanischen Vorbildern inspiriert, haben sich mehrere Goldschmiede auf Schmuckarbeiten spezialisiert, die traditionelle Formen mit kostbaren Materialien und Steinen zu sehr eigenwilligen und ebenso teuren Kreationen vereinigen. Diesen meist sehr wuchtigen und ungemein dekorativen Schmuck können Sie in den Juwelierläden in Windhoek und Swakopmund bewundern; wer ihn kaufen will, muss sehr tief in die Brieftasche greifen. Diamanten sind in ihrem Herkunftsland Namibia übrigens nur minimal günstiger wie in Europa.

Ein ebenfalls kostspieliges Vergnügen ist der Kauf von Kleidung aus Namibias Nationalpelz **Swakara** (**So**uth-**W**est-**A**frika-**Ka**rakulschafe, 1907 von Mittelasien über Leipzig nach Südwestafrika eingeführt). Mit dem bei uns berüchtigten Persianer hat das Fell des Karakul-Lammes wenig gemein. Seine Locke ist nicht dicht, sondern im Gegenteil ganz zart gewellt, die Farben changieren in verschiedenen goldenen Brauntönen sowie in Grau und Schwarz. Oft wird es, nach Innen gekehrt, als elegante, modische Lederkleidung verarbeitet. Wer ein solches Stück tragen will, sollte aber vorher wissen, dass es aus Fellchen neugeborener Lämmer genäht wird, denn schon drei Tage nach der Geburt weicht diese ganz besondere Struktur dem üblichen verfilzten Schafspelz.

Schafwoll-Teppiche Um den Monat Oktober herum werden die Karakul-Muttertiere geschoren. Die Wolle wird nach Farben sortiert, ausgespült, kardiert (gekämmt), gereinigt und gefärbt. Normalerweise werden Anilinfarben benutzt, und zwar nur drei: Rot, Blau und Gelb. Nur wenn die Farben nicht rein sind, kommt als vierte Orange hinzu. Damit lassen sich alle Farbnuancen mischen. Danach wird die Wolle zu den **Webereien** gebracht. Dort werden kleine Knäuel geformt, die man gleichzeitig als Schiffchen für das Weben benutzt.

Vier Leute spinnen bei einer 40-Stunden-Woche etwa einen Monat, um 500 kg Wolle zu verarbeiten. Mit all den anderen Arbeitsgängen zusammen und schließlich das Wichtigste, das Weben, vergeht in mühevoller Handarbeit viel Zeit, bis die Wolle zu kunstvollen, gestalterisch und farblich beeindruckenden Boden- und Wandteppichen verarbeitet ist. Für die Durchlaufzeit von einem Quadratmeter Teppichfläche wird die Stundenzahl von drei Arbeitswochen benötigt! Damit erklären sich auch die relativ hohen Preise (etwa 200–250 € für den Quadratmeter fertigen Teppichs), die Herstellung ist ungeheuer arbeitsintensiv. Es gibt keine Kinderarbeit! Die Teppiche sind sehr dicht und fest gewebt, und jeder ist ein Einzelstück. Die Festigkeit und verbliebenes Wollfett gewährleisten leichte Pflege und Strapazierfähigkeit. Das Produkt wird mit Eulan gegen Motten behandelt und noch einmal ausgespült.

Im **Weberdorf Ibenstein** bei Dordabis werden, geleitet von Berenike und Frank Gebhardt (Frau Gebhardt ist eine Enkelin von August Stauch, der in Namibia die Diamantenindustrie begründete), die *Ibenstein-Teppiche* gewebt. Ibenstein wurde 1952 von Marianne Krafft auf ihrer Farm gegründet. Ursprünglich nur auf Karakulwolle ausgerichtet, hat sich Iben-stein heute verstärkt auf Seidenwebarbeiten konzentriert. Man ist darauf bedacht, den natürlichen Talenten der Weber beim Entwurf in Farbe und Design „freie Hand" zu lassen. *Ibenstein Weavers,* P.O. Box 23, Dordabis, Tel. 062-573524, www.ibenstein-weavers.com.na.

Auf der **Gästefarm Kiripotib** zwischen Dordabis und Uhlenhorst betreibt die Familie von Hase ebenfalls schon lange Jahre eine Weberei. Man wohnt in geschmackvoll eingerichteten Bungalows und erfährt bei den Mahlzeiten mit den Gastgebern viel Wissenswertes über das Land und die Region (Tel. 062-581419, www.kiripotib.com).

Eine der bekanntesten Webereien des Landes war auf der Farm Peperkorrel angesiedelt, auf der Dörte Berner ihre Skulpturen anfertigte und ihr Mann Volker Teppiche entwarf. Sie haben sich aus dem Geschäft zurückgezogen und die ganze Einrichtung an eine Kooperative übergeben, die die Webstühle nach Norden ins Ovamboland verfrachtete und nun dort Teppiche webt und sie über das Internet und Läden in ganz Europa vertreibt. Kontakt über Dorkambo Cooperative Namibia, Tel. 065-248155, www.dorkambo.com.

Kolonial-Souvenirs Das knapp zwanzigjährige deutsche Intermezzo an der Südwestküste Afrikas hat den Antiquitätenläden des Landes eine Fülle historischer Erinnerungsstücke beschert, die immer wieder durch Replikate und Neuproduktionen ergänzt werden. Kenner finden beispielsweise bei **Peter's Antiques** in Swakopmund eine hervorragende Auswahl von Literatur. Daneben gibt es Orden, historische Postkarten, Waffen und allerlei Krimskrams aus der Kolonialzeit (www.peters-antiques.com).

Souvenirs und Artenschutz

Um den Bestand stark gefährdeter Tierarten wie beispielsweise Elefanten und Nashörner zu schützen, wurde 1973 das Washingtoner Artenschutzabkommen beschlossen, das u.a. den Handel mit Erzeugnissen dieser Tiere verbietet. Auch die Länder des südlichen Afrika haben dieses Abkommen paraphiert, drängen nun aber auf eine Änderung bzw. Lockerung der Bestimmungen bezüglich des Elfenbeins. Ihrer Ansicht nach hätte sich die Elefantenpopulation hier ebenso wie in Ostafrika so gut erholt, dass die grauen Riesen inzwischen eine Bedrohung für das Gleichgewicht der Natur darstellten. Folgerichtig wird in Namibia jedes Jahr eine bestimmte Anzahl von Elefanten zum Abschuss freigegeben. **Culling** nennt man diese staatlich reglementierte und unter Aufsicht erfahrener Wildwarte durchgeführte Hege, gegen die Tierschützer heftig protestieren – ein Protest, der bei den meisten Namibiern auf Unverständnis stößt.

Eine Folge des Culling ist, dass Elfenbein ganz legal auf den namibischen Markt kommt, hier verarbeitet und in den Souvenirshops zum Verkauf angeboten wird. Wer aber bei der Einreise im Heimatland mit Elfenbein erwischt wird, macht sich strafbar. Da Flüge aus dem südlichen Afrika meist sehr genau kontrolliert werden, ist die Gefahr der Entdeckung nicht zu unterschätzen.

Namibia-ABC

Brief- und Paket-verkehr

Im Land existiert keine Postzustellung. Jede Adresse hat aus diesem Grund ein Postfach (Post Office Box/P.O. Box, dazu im Unterschied auch Private Bag/Postbus). Der Empfänger muss selbst nachschauen, ob Post für ihn angekommen ist (und kommt – auf dem Lande lebend – vielleicht nur alle zwei Wochen zu seinem Fach). Post mit Straße und Hausnummer-Adresse wird als unzustellbar an den Absender zurückgesandt. Post innerhalb Windhoeks dauert ca. 2 Tage, innerhalb des Landes bis zu einer Woche. Nach Übersee (Deutschland) kann Luftpost zwischen 3 Tagen und 2 Wochen brauchen. Postlagernde Sendungen werden 4 Wochen aufbewahrt und sind zu richten an: Hans Mustermann, Main Post Office, General Delivery/Poste Restante, Windhoek/Namibia

Feiertage und Ferien

Insgesamt gibt es in Namibia 12 nationale Feiertage. Der **Unabhängigkeitstag** erinnert an den 21. März 1990, die Gründung Namibias als souveräner Staat. Am 4. Mai 1978 bombardierten südafrikanische Streit-kräfte auf angolanischem Boden bei Cassinga ein Lager der SWAPO. Fast tausend Zivilisten, auch Frauen und Kinder, kamen zu Tode, einige Hundert wurden nach Südwestafrika entführt. Die namibische Regierung beschloss, an diesen Überfall mit einem **Cassinga-Nationalfeiertag** zu erinnern.

Der **Afrika-Tag** feiert die Gründung der Organisation der afrikanischen Einheit (OAU) in Addis Abeba. Am 26. August 1966 formierte sich die SWAPO zum ersten Mal zum bewaffneten Kampf gegen die Mandatsmacht Südafrika, und der 10. Dezember verweist auf das Jahr 1959, als ein altes, von Schwarzen bewohntes Wohngebiet Windhoeks aufgelöst wurde und die Bewohner nach Katutura zwangsumgesiedelt wurden. Während der Demonstrationen erschoss man ein Dutzend Menschen, viele weitere wurden verletzt

Feiertage

01. Januar	Neujahr
21. März	Unabhängigkeitstag
Karfreitag u. Ostermontag	
01. Mai	Tag der Arbeit
04. Mai	Cassinga-Tag
Christi Himmelfahrt	
25. Mai	Afrika-Tag
26. August	Heldentag
10. Dezember	Tag der Menschenrechte
25. Dezember	1. Weihnachtstag
26. Dezember	2. Weihnachtstag

Schulferien: Im südlichen Afrika gibt es drei Schulferientermine: 1. Ca. 4 Wochen von Ende April bis Ende Mai. 2. Ca. 2 Wochen von Ende August bis Anfang September. 3. Ca. 6 Wochen von Anfang Dezember bis Mitte Januar.

Feste und Festivals
Für die ältere Generation der deutschsprachigen Namibier sind die wichtigsten Feste natürlich der **Karneval** in Windhoek und in Swakopmund und das **Oktoberfest.** Im September findet das von der Bank Windhoek unterstützte **Windhoek Arts Festival** statt, mit Theater, Musik und Ausstellungen aus allen Bereichen der Bildenden Künste.

Herero-Gedenktag in Okahandja

Das **Windhoek Jazz Festival** lädt Oktober/November Jazzgrößen aus dem südliche Afrika ein (www.windhoekjazzfestival.com). Ebenfalls in der Hauptstadt treffen sich einmal im Jahr im Juni der Volkstanzkreis Windhoek mit anderen Gruppen zum **//Ae/Gams Festival** mit traditionellen Tänzen. Januar/Februar wird bei Maltahöhe das **Lilienfest** gefeiert, wenn sich in einem Vlei nahebei die Blütenpracht aus dem Wasser erhebt. Am letzten Wochenende im August treffen sich die Herero zu ihrem **Ahnengedenktag** in Okahandja.

Fernsehen
In Namibia strahlt die NBC ein eigenes Fernsehprogramm aus, es wird in englisch und teilweise in den Sprachen der einzelnen Ethnien gesendet. Mit Satellitenempfangsanlagen können deutschsprachige Sender wie VOX oder RTL u.a. empfangen werden. Das Programm wird in den Zeitungen abgedruckt. Das Fernsehen funktioniert nach der deutschen PAL-Norm.

Öffnungszeiten
Geschäfte öffnen werktags zwischen 8 und 9 Uhr und schließen zwischen 17 und 18 Uhr. Ladenschluss am Samstag ist um 12 Uhr. Einige große Supermärkte haben auch am Sonntagvormittag geöffnet. Alkoholika dürfen von Samstagmittag bis Montagfrüh in Läden nicht verkauft werden. Banken sind werktags geöffnet zwischen 9 und 15.30 Uhr, samstags zwischen 9 und 11 Uhr. Auf dem Land machen einige Banken um 13 Uhr eine Stunde Mittagspause. Postämter öffnen um 8.30 Uhr und schließen um 16.30 Uhr. Vereinzelt wird auf dem Land zwischen 13 und 14 Mittagspause

Ein typischer Spaza-Shop auf dem Land wie hier in Okangwati verkauft das Nötigste

gehalten. Behörden haben zwischen 8 und 13 und zwischen 14 und 16.30 Uhr geöffnet.

In vielen **Nationalparks** kann man zu jeder Tages- und Nachtzeit anreisen, wenn man im Besitz einer Buchung ist. Unter Umständen werden die Schlüssel der Unterkunft am Eingang hinterlegt. Für Tagesbesucher bestehen unterschiedliche Zugangszeiten. Genaue Angaben sind im Routenplaner festgehalten. Im Etosha National Park müssen die Rastlager vor Sonnenuntergang erreicht werden (wegen der Anfahrt innerhalb des Parks schließen die Eingänge deshalb ca. 1 Stunde vorher!). Man darf die Camps nicht vor Sonnenaufgang verlassen.

Die im Land verstreuten **Museen** haben sehr unterschiedliche Öffnungszeiten. Teilweise liegt es daran, dass sie ehrenamtlich geführt werden. Wo Besuche außerhalb der offiziellen Zeiten möglich sind, ist eine Telefonnummer angegeben. Dort kann der Zugang dann erbeten werden.

Wer auf Gästefarmen anreist, sollte die heilige **Mittagsruhe** der Farmer gebührend würdigen und keinesfalls zwischen 13 und 15 Uhr eine herzliche und freudige Begrüßung erwarten.

Rundfunk Seit 1976 gibt es in Namibia deutschsprachige Nachrichtensendungen. Das Programm ist bunt gemischt mit viel Musik (mit einer teils sehr hausbackenen Auswahl Richtung Polka-Dauerberieselung) und Informationssendungen. In Windhoek ist der Sender auf 95,8 FM. Livestream auf http://nbcde.radio.de. Der deutschsprachige Privatsender Hitradio Namibia sendet rund um die Uhr online und in Windhoek auf der Frequenz 99,5 FM, in Swakopmund auf 97,5 FM, Stream auf http://hitradionamibia.radio.de.

Namibia-ABC

Sicherheitsvorkehrungen
Vorsichtige Reisende bewahren nie ihr gesamtes Geld nur an einem einzigen Platz auf. Besser sind verschiedene Stellen und die Verteilung auf mehrere Personen. Zusätzliche Sicherheit geben Reiseschecks. Viele Lodges und Hotels bieten für Wertsachen Safe-Aufbewahrung an (Depositbox). Handtaschen können leicht entrissen werden, deshalb Geld und Dokumente vorzugsweise am Körper tragen. Bei Verwendung von Reiseschecks ist die dazugehörige Liste getrennt aufzubewahren. Befindet sich die Geldbörse in der hinteren Hosentasche, gehört lediglich der Tagesbedarf hinein, sicherer verstaut ist die Geldbörse in den vorderen Taschen.

Kriminalität
Namibia ist ein Land, das im internationalen Vergleich zu den sichereren Ländern der Welt gehört. Die deprimierten Bemerkungen der Einheimischen über die hohe Gewaltkriminalität resultiert einfach daher, dass während der Apartheid praktisch keine Kriminalität in den den Weißen vorbehaltenen Gegenden verzeichnet wurde – der Vorteil, wenn auch der einzige, eines Polizeistaates. Die zunehmende Gelegenheitskriminalität ist von der sozialen Situation der Namibier abhängig. Die Zukunft wird zeigen, wie dieses Problem in den Griff zu bringen ist. Bis dahin müssen Vorsichtsmaßregeln befolgt werden.

Wagen mit Gepäck sollten nicht unbeaufsichtigt, die Fahrzeuge prinzipiell abgeschlossen sein, Geld am Körper getragen werden (nicht in Handtaschen), und nachts sollte man nicht durch unbeleuchtete Straßen in einsamen Gegenden gehen, die man noch dazu nicht kennt.

Diebstähle von Handtaschen, Fotoapparaten etc. finden in Windhoek verstärkt in der Gegend um die Christuskirche, im Bereich des Bahnhofes und beim Hauptpostamt statt. Autoscheiben werden in ganz Windhoek eingeschlagen, sobald sich etwas im Wagen befindet, das entfernt so aussieht, als ob man es „versilbern" könnte. Nehmen Sie den Service der Parkwächter in Anspruch, die versichern, auf Ihren Wagen ein Auge zu haben (zahlen Sie erst nach Rückkehr und lassen Sie dennoch nichts im Wagen). Achten Sie bei Stadtspaziergängen auf Gruppen Jugendlicher, die zur Tarnung Zeitungen verkaufen. Man kann sie recht gut von den regulären Straßenverkäufern unterscheiden, da die ersteren meist nur eine einzelne Zeitung in Händen halten. In Swakopmund besteht während der namibischen Sommerferien (um Weihnachten herum) verstärkte Diebstahlsgefahr.

Magnetische Wirkung auf kriminelle Elemente haben die Kasinos (verständlich, wenn man bedenkt, wieviel Geld dort umgesetzt wird). Auch die besten Sicherheitskräfte der Kasinos haben Schwierigkeiten, dieses Problem in den Griff zu bekommen und die angeschlossenen Hotels leiden darunter.

Überland sollte man an den Rastplätzen nur halten, wenn dort nicht schon ein anderer Wagen steht. An den Rastplätzen nahe der

Städte, die unübersichtlich sind (Buschwerk!), sollte man ebenfalls nicht halten. Verschiedentlich ist es dort zu Überfällen gekommen. Betroffen sind auch Strecken, die vornehmlich nur von Touristen benutzt werden (z.B. die Überlandzufahrt von Süden nach Etosha).

Unter der Kriminalität leidet die farbige und schwarze Bevölkerung am meisten. Sie hat kein Geld für die Sicherheitsvorkehrungen, die sich der weiße Mittelstand leisten kann. So läuft der Löwenanteil der Delikte in den ehemaligen Townships ab, wo auch noch das allerletzte des wenigen Besitztums der Menschen geklaut wird und es häufig zu Vergewaltigungen und Morden kommt. Die Polizei und die Rechtsprechung starten deshalb immer wieder große Kampagnen, um der Zunahme der Kriminalität entgegenzuwirken. Inzwischen können auch schon einige Erfolge verbucht werden.

Sprache

In Namibia ist Englisch die Amtssprache. Afrikaans und Deutsch gelten als Verkehrssprachen. Die Mehrheit der schwarzen Bevölkerung verständigt sich untereinander neben Englisch in Afrikaans und Oshivambo. Im Norden des Landes wird – wegen der gemeinsamen Grenze mit Angola – teilweise auch ein wenig portugiesisch gesprochen.

Telefonieren

Inländisch wurde das Telefonnetz auf automatische Vermittlung umgestellt. Inzwischen gibt es praktisch überall Direktwahltelefone und die sogenannten Farmleitungen gehören der Vergangenheit an. Diese waren von mehreren Teilnehmern gemeinsam genutzte Amtsleitungen, die durch eine Vermittlungsstelle bedient wurden. Jedem Teilnehmer war ein besonderes Klingelzeichen zugeordnet, auf das er hörte. Wenn jedoch von einem Telefon telefoniert wurde, waren die restlichen Anschlüsse blockiert. So war es manchmal ausgesprochen mühselig, einen Teilnehmer zu erreichen. Der Vermittlungsstelle musste der gewünschte Teilnehmer bzw. dessen Nummer mitgeteilt werden, sie stellte dann durch.

Die sehr seltenen öffentlichen Telefonzellen sind zumeist Kartentelefone und für Ferngespräche untauglich, da man die Telefonkarten gar nicht so schnell wechseln kann, wie sie entwertet sind.

Sinnvoller ist es, wenn man nicht vom Hotel aus telefonieren will, in ein Postamt zu gehen oder in einen der Telefonläden, die in den größeren Städten existieren. Unter der Nummer 1199 können Sie ein R-Gespräch („Collect Call") anmelden. Die Nummer der Telefonauskunft ist 1188 (national) und 1193 (international). Einen International Operator erreicht man unter 1190.

Um einen internationalen Anschluss zu erhalten, muss die Doppelnull gewählt werden. Die Vorwahl nach Deutschland ist 0049, nach Österreich 0043 und in die Schweiz 0041. Die internationale Vorwahl von Europa nach Namibia ist die 00264.

Funktelefon Das Funktelefonnetz in Namibia funktioniert wie in Deutschland nach dem GSM-Standard, d.h., dass man sich mit deutschen Karten einklinken kann – vorausgesetzt, der Provider hat eine Roaming-Vereinbarung mit einer der namibischen Gesellschaften getroffen. Das Funknetz ist sehr gut ausgebaut und umfasst weite Teile des Landes, nur die Küstenbereiche abseits der Städte und Kaokoveld/Buschmannland sind nicht versorgt. Eine Netzabdeckungskarte findet man auf www.mtc.com.na.

Wer innerhalb Namibias mit seiner europäischen Karte telefoniert, zahlt die namibischen Gebühren plus die Gebühren des deutschen Providers und kommt schnell auf mehrere Euro für die Gesprächsminute. Das Kostengerüst ist unübersichtlich. In allen Fällen ist es günstiger sich bei einem namibischen Provider eine Prepaid-Karte mit aktiver namibischer Nummer zu kaufen. Sie kostet unter 10 €. Das Gesprächsguthaben kann durch Kartenkauf erweitert werden (in diverser Stückelung). Auf der Erweiterungskarte wird durch Rubbeln ein Code freigelegt, den man nach Anwählen einer vorgegebenen Nummer eingibt.

Mit einem satellitengestützten Funksystem kann man im ganzen Land telefonieren. Das Gerät ist tages-, wochen-, und monatsweise zu mieten und kaum größer als eines der älteren Handys. Die Kosten betragen um 2 US$ die Gesprächsminute und eine Tagesmiete macht etwa 60 N$ aus. Fragen Sie Ihren Autovermieter nach Sonderkonditionen für längere Zeiträume.

Zeitungen In den Schreibwarengeschäften und Buchhandlungen sind in den meisten größeren Städten internationale Zeitungen und Zeitschriften erhältlich. Die wichtigsten nationalen Zeitungen sind der englischsprachige „Namibian", der englischsprachige „Advertiser" und die deutschsprachige „Allgemeine Zeitung". Alle drei und das offizielle Regierungsblatt „New Era" werden in Windhoek über den Straßenverkauf vertrieben.

Zeitverschiebungen

Namibia stellt am ersten Sonntag im September bis zum ersten Sonntag im April (Südhalbkugel!) auf Sommerzeit um. Deutschland stellt am letzten Sonntag im März bis zum letzten Sonntag im Oktober (Nordhalbkugel!) auf Sommerzeit um. Durch die zeitversetzte Umstellung entstehen 4 Zeitperioden mit unterschiedlichen Uhrzeiten. GMT bedeutet Greenwich Mean Time (= mittlere Zeit des Nullmeridians, der durch Greenwich/England verläuft). Im Osten des Caprivi Strips, bei Katima Mulilo, wird teilweise auf die Umstellung auf Sommerzeit verzichtet, da die angrenzenden Staaten auch keine Sommerzeitumstellung vornehmen. Meist wird aber extra darauf hingewiesen.

Vom letzten Sonntag im März bis zum ersten Sonntag im April:
GMT 10 Uhr/Deutschland 12 Uhr (GMT+2)/Namibia 12 Uhr (GMT+2)

Vom ersten Sonntag im April bis zum ersten Sonntag im September:
GMT 10 Uhr/Deutschland 12 Uhr (GMT+2)/Namibia 11 Uhr (GMT+1)

Vom ersten Sonntag im September bis zum letzten Sonntag im Oktober:
GMT 10 Uhr/Deutschland 12 Uhr (GMT+2)/Namibia 12 Uhr (GMT+2)

Vom letzten Sonntag im Oktober bis zum letzten Sonntag im März:
GMT 10 Uhr/Deutschland 11 Uhr (GMT+1)/Namibia 12 Uhr (GMT+2)

Bitte schreiben oder mailen Sie (verlag@rkh-reisefuehrer.de), wenn sich in Namibia Dinge verändert haben oder Sie Neues wissen. Wir beantworten jede Zuschrift. Danke!

TEIL III
Land und Leute

Teil III: Land und Leute

Namibia: Wilde, unberührte Natur

Namibia grenzt im Süden und Südosten an die Republik Südafrika, im Osten an Botswana, im Norden an Angola und im Nordosten an die Republik Zambia und an Zimbabwe (das einzige Vierländereck der Welt). Mit 824.292 qkm ist Namibia etwa doppelt so groß wie Deutschland, und mit 1,8 Einwohnern pro qkm eines der am dünnsten besiedelten Länder der Erde. Etwa 1500 km sind es von Namibias südlichem Grenzfluss, dem Oranje, bis zu seinem nördlichsten Punkt am Kunene. Knapp 600 km liegen zwischen dem Atlantik und dem Grenzzaun zur Nachbarrepublik Botswana, weitere 350 km ragt der Caprivi Strip nach Osten in das zentrale Afrika hinein.

Man kann es in trockenen Zahlen ausdrücken oder mit überschwänglichem Enthusiasmus: Die unendliche Weite und Einsamkeit seiner Landschaften, die bizarre Schönheit seiner unberührten Natur ist Namibias größter Reiz. Es ist sein wichtigstes touristisches Potential, dessen Schutz und Erhaltung sowohl in den Jahrzehnten der südafrikanischen Oberhoheit als auch seit der Unabhängigkeit höchste Priorität eingeräumt wurde und wird.

Gebirge, Wüsten und Riviere

Namibias Herzstück ist die **Hochlandebene** mit einer durchschnittlichen Höhe von 1700 Metern, die von mehreren Gebirgen begrenzt bzw. akzentuiert wird. Im Südosten steht das Massiv der **Karasberge** (2202 m) zwischen Keetmanshoop und Karasburg, bei Windhoek erheben sich im Süden die **Auas-Berge** (2483 m) und im nördlichen Landesteil Namibias erreicht der **Waterberg** 1857 Meter, das **Otavi-Hochland** 2148 Meter.

Namibias höchste Gipfel liegen an der **Großen Randstufe (Escarpment)**, die im Westen vom Hochland hinunter in die Ebene der Namib-Wüste überleitet. An den Rooirand- und Schwarzrandbergen in Südnamibia und im **Kaokoveld im Norden** bildet sie einen schroffen Felsabfall, der von steilen Tälern und Pässen durchschnitten wird. Im mittleren Teil bricht die Randstufe ab und das Hochplateau senkt sich allmählich zur Namib hinunter. Entlang der Randstufe erheben sich der **Gamsberg** (2351 m), das **Erongo-Massiv** (2350 m) und das Massiv des **Brandbergs,** dessen höchster Gipfel, der *Königstein* (2574 m), zugleich auch Namibias höchster Berg ist.

An die Randstufe schließt sich **nach Westen die Wüste** an: **Namib,** „die Barriere", nannten die Nama diese unwirtliche Region, in der es nur wenige Wasserstellen und temporär wasserführende Riviere gibt.

Der zwischen 80 und 120 km breite Wüstenstreifen senkt sich langsam von etwa 600 m Höhe am Fuße der Randstufe auf Meeresniveau und endet am Atlantik. Wie ein Schutzschild bewahrte die Namib jahrhundertelang die Völker Zentralnamibias vor dem Eindringen seefahrender Nationen. Die Portugiesen, die vor dieser Küste ankerten, sahen keinen Weg durch die Sanddünen ins Landesinnere.

Nach **Osten** und **Nordosten** zu flacht das Hochland allmählich ab und geht in das Becken der **Kalahari** über – eine Sandwüste auch dies, allerdings durch häufigere Regenfälle und wasserspeichernde Pfannen nicht so lebensfeindlich wie die westliche Namib.

Im **Norden** schließt an das Hochland eine Salz-Ton-Pfanne an, die den Mittelpunkt des **Etosha National Parks** bildet. Nördlich davon verzweigt sich der Kuvelai-Fluss, von Angola kommend, zu einem weitgefächerten Delta, er versickert in den Sandmassen der Kalahari. Diese Region, **Ovambo,** ist eine der wenigen in Namibia, wo intensiver Ackerbau möglich ist.

Ganzjährig wasserführende Flüsse besitzt Namibia nur mit dem *Oranje* im Süden (Grenzverlauf Südafrika) und dem *Kunene, Kavango, Chobe, Linyanti* und *Zambezi* im Norden (Grenzverlauf Angola/Zambia/Zimbabwe, Botswana). Alle anderen **Flussläufe, in Namibia Riviere genannt,** die das Hochland nach Osten bzw. Westen entwässern, sind den größten Teil des Jahres trocken und führen nur nach Regenfällen für kurze Zeit Wasser. Die wichtigsten Riviere sind im Westen (von Norden nach Süden): der *Hoarusib* (aus dem Kaokoveld), *Hoanib, Huab* und *Ugab* (aus dem ehemaligen Damaraland, der Gegend Kunene-Süd) sowie *Omaruru, Swakop* und *Kuiseb* aus dem zentralen Hochland. Sie alle münden in den Atlantik, doch nicht immer haben sie genug Wasser, um sich ins Meer zu ergießen. Im Osten führen *Schwarzer* und *Weißer Nossob, Elefantenfluss* und *Auob* das Wasser vom Hochland hinunter in das Kalahari-Becken. Der Great Fish River oder Großer Fischfluss entwässert das Hochland nach Süden in den Oranje.

Seltenes Ereignis: Wasser in Sossusvlei

Steppen und Halbwüsten prägen den größten Teil Namibias. Die feinen Unterschiede in der Vegetation erscheinen dem nicht botanisch vorgebildeten Besucher meist marginal: Im Süden herrscht **Dornbuschsavanne** vor, in Zentralnamibia weichen die Büsche dem Baumbewuchs mit vornehmlich Akazienarten. Erst nördlich von Okahandja sorgt dichtere Baumsavanne mit **Mopanebäumen** für eine deutliche Veränderung des Landschaftsbildes, das nach Osten hin in die zum Teil urwaldähnlichen Sumpflandschaften des Ost-Caprivi übergeht.

Der **westliche Gürtel** entlang des Atlantik ist reine Wüste. Die Sanddünen erreichen imposante Höhen bis zu 350 Meter und grenzen an mehreren Stellen ans Meer. Dazwischen liegen Kiesebenen, felsige Canyons und Inselberge. Bewuchs gibt es nur im Einzugsbereich des Küstennebels (Exkurs s.S. 137) und entlang der Riviere.

Klima

Namibia auf der südlichen Hälfte der Erdkugel besitzt einen Europa gegenläufigen Jahreszeitenrhythmus: Während unserer Wintermonate herrscht dort der (Süd-)Sommer, und der europäische Sommer entspricht dem namibischen (Süd-)Winter. **Regen** fällt nur im Südsommer **zwischen Oktober und April.** Intensität und Häufigkeit der Regenfälle nehmen von Nordosten (Caprivi) nach Südwesten (Südnamib) ab. Eine Ausnahme von dieser Regel bildet in guten Jahren der äußerste Süden Namibias, der manchmal vom subtropischen Winterregen des Kaplands profitiert. Somit gehört der größte Teil Namibia zur semi-ariden Klimazone des südlichen Afrika.

Innerhalb Namibias lassen sich **drei Klimabereiche** unterscheiden: Im *Nordosten* herrscht wechselfeuchtes Tropenklima vor, das den Ackerbauern in den Regenmonaten (Oktober bis April) im Jahresmaximum 700 mm Niederschlag beschert. Südlich und westlich anschließend empfängt das *zentrale Hochland* bis etwa Windhoek zwischen 300 und 500 mm Regen (meist zwischen November und März), der südliche Teil des Hochlandes nur noch 100 bis 200 mm. Diese Region ist nur und recht und schlecht für die Viehzucht nutzbar. Der gesamte Westen (Namib) und der Süden zwischen Karasburg und Oranje werden schließlich vom tropischen Halbwüstenklima bestimmt. Niederschläge fallen, wenn überhaupt, bis 100 mm. Eine besondere klimatische Zone bildet der westliche Rand der Namib, dessen Flora und Fauna durch Nebelfeuchtigkeit gespeist wird (Exkurs s.S. 137).

Wie für Wüstenlandschaften typisch, gibt es große Temperaturschwankungen zwischen Tag und Nacht. In Windhoek werden beispielsweise in den Süd-Wintermonaten von Juni bis August mittlere Maxima von 20 °C und mittlere Minima von 7 °C gemessen; im Süd-Sommer sind es 30 und 12 °C. Swakopmund am Atlantik besitzt mit Wintertemperaturen von 18 und 9 °C und Sommerwerten von 20 und 12 °C keine ausgeprägten Temperaturschwankungen, während Keetmanshoop im ariden Süden mit 22 und 6 °C im Winter und 35 und 18 °C im Sommer wieder größere Temperaturunterschiede zwischen Tag und Nacht verzeichnet. Dies sind aber nur mittlere Werte: Im Winter können die Extreme in Senken weit unter den Gefrierpunkt fallen während das Thermometer im Sommer in den Bereich der Vierziger steigt.

Wasserwirtschaft

Die mageren Regenfälle und zumeist trockenen Flüsse erschweren die landwirtschaftliche Nutzung Namibias. Extensiver Ackerbau ist nur im Nordosten und im Otavi-Bergland („Mais-Dreieck") möglich, einer wasserreichen Karstlandschaft, in der u.a. Weizen und Mais angebaut werden.

Doch auch für die im größten Teil Namibias praktizierte Viehzucht (Rinder in Zentralnamibia, im Süden hauptsächlich Schafe und Ziegen) benötigt man Wasserstellen. Die Farmer lösen dieses Problem durch das Bohren von Brunnen und den Bau von Dämmen („Dam" bedeutet in Namibia auch Stausee) in den Rivier-Betten. Mehrere große Wasserreservoirs wurden angelegt, um damit die Städte und agraren Gebiete versorgen zu können: Der größte ist der **Hardap Dam** bei Mariental mit über 300 Mio. Kubikmeter Fassungsvermögen, in dem sich der Fish River staut. Windhoek wird durch den Goreangab Dam (ca 4,7 Mio. Kubikmeter) versorgt.

Wasserförderung auf dem Lande

Trockenflüsse als Wasseradern

Man mag es kaum glauben, wenn man die staubtrockenen Flussbette sieht, die als *riviere*, *oshana* oder *omiramba* bezeichnet werden – dies sollen die wichtigsten Wasseradern des Landes sein …? Auch wer in der Regenzeit erlebt, mit welcher Wucht ein **Rivier abkommen** kann, wird sein Augenmerk wohl mehr auf die Zerstörungen richten, die dadurch angerichtet werden, als auf den positiven Nutzen.

Die meisten Riviere führen nur wenige Wochen im Jahr an der Oberfläche Wasser, manche sogar nur alle paar Jahre einmal und fast alle nur auf bestimmten Teilabschnitten, selten auf der gesamten Länge. So kann der Swakop durchaus die Farmen in seinem Oberlauf mit Wasser beglücken, die Fluten des Atlantik erreicht der nasse Segen nur selten. Je nachdem, wie stark das Wasser fließt, sprechen die Farmer von einem gut oder schlecht abgekommenen Rivier.

So schnell das Wasser gekommen ist, so schnell versickert es auch wieder in den zumeist sandigen Flussbetten. Wie ein Schwamm saugen sich die Flusssande mit der Feuchtigkeit voll und leiten sie an darunterliegende Hohlräume weiter. Dort, wo Felsstufen ein weiteres Absinken des Wassers verhindern, staut sich die Feuchtigkeit im Sand und bildet einen natürlichen Sand-Damm, dessen Speicherfähigkeit sich das Wild zunutze macht, das nur tief genug graben muss, um an stehendes Wasser zu gelangen.

Um die Wasserversorgung der Farm zu sichern, werden Bohrlöcher eingebracht, mit denen man an die tiefen, wasserführenden Schichten gelangt und das Wasser dann meist mittels Windkraft nach oben pumpt (die weißen Windräder zeugen davon). Eine längerfristige Wasserspeicherung macht sich aber aktiv das Abkommen der Riviere zunutze, indem die anströmenden Wasserfluten mit einer Staumauer aufgefangen und gestaut werden. Solche Dämme verlieren allerdings sehr viel Wasser durch die hohe Verdunstung. Manchmal greifen die Farmer deshalb auch auf die natürliche Wasserspeicherfähigkeit des Sandes zurück. Dort, wo die geologischen Gegebenheiten es zulassen, wird Wasser in einem „Sand-Damm" aufgefangen. Dieser wird an Stellen angelegt, wo sich im Flussbett Sandablagerungen aufgehäuft haben. Deren Speicherfähigkeit wird durch den Bau einer Staumauer und Aufschütten von zusätzlichem Sand erhöht. Wenn das Rivier fließt, versickert das Wasser im Sand-Damm, bis es die tieferen, wasserundurchlässigen Gesteinsschichten erreicht. Aus dem Reservoir kann das Wasser dann mit Hilfe von Pumpen an die Oberfläche geholt werden.

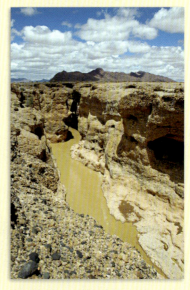

Tsauchab-Fluss während der Regenzeit

Etwa 300 Mio. Kubikmeter Wasser werden jährlich in Namibia verbraucht, allein zwei Drittel in der Landwirtschaft (Bewässerungsprojekte 130 Mio. Kubikmeter, Viehzucht 67 Mio. Kubikmeter), 52 Mio. Kubikmeter von den städtischen Gemeinden und 34 Mio. Kubikmeter in ländlichen Gebieten, 15 Mio. Kubikmeter benötigt die Industrie.

Bedenkt man dabei, dass etwa 83% des Regenwassers durch Verdunstung verlorengehen, bleibt von den ohnehin spärlichen Regenfällen nur ein Siebtel der Landwirtschaft erhalten, und davon wird wiederum ein Großteil von der Vegetation aufgenommen. Nur 1% des Regenwassers gelangt in die grundwasserführenden Erdschichten, etwa 2% tragen zur Auffüllung der Reservoirs bei (Quelle: Allgemeine Zeitung, 13. Oktober 1995).

Da die Wasserprobleme mit den bestehenden Stauseen langfristig nicht in den Griff zu bekommen sind, wurden und werden Pipelines und Kanäle gebaut, um die dichter besiedelten Gebiete wie Zentralnamibia und Ovamboland mit Wasser zu versorgen. Um das Wasser über große Entfernungen zu pumpen, benötigt man allerdings auch Energie, an der es in Namibia fast ebenso sehr mangelt wie an Wasser. Dieses Defizit wollte man bereits unter südafrikanischem Mandat ausgleichen, und zwar durch den Bau eines **Staudamms mit Kraftwerk am Kunene,** das Namibias Energiebedarf decken sollte. Nach lauten und internationalen Protesten der Naturschützer wurde das Projekt schließlich gekippt.

Geologie

Ein Blick in die Entstehungszeit der Erde

Namibias Landschaften sind ein Leckerbissen für jeden, der sich für Geologie interessiert. Während die ältesten Gesteinsschichten aus der Frühzeit der Erde in Europa durch Sedimente (Sand, Kies) überdeckt sind, hat die geologische Entwicklung Namibias eben diese Gesteine an vielen Stellen wieder freigelegt. Die untersten Schichten des Fish River Canyon sind bis zu einer Milliarde Jahren alt! Offenliegende Gesteine findet man aus jeder Epoche der Erdgeschichte, vielerorts sind sie so deutlich erkennbar, dass sich ihre Bedeutung auch geologischen Laien erschließt.

Drei große Landschaftsräume kann man in Namibia unterscheiden: die beiden **Wüstenebenen im Westen** (Namib) **und Osten** (Kalahari) und dazwischen **das zentrale Hochland** mit der Großen Randstufe, die in die Namib überleitet.

Die Namib

Der Wüstenstreifen zwischen Atlantik und Hochland zieht sich entlang der gesamten Westküste Namibias (und weiter nach Südafrika bzw. Angola). Er wird häufig als die geologisch „älteste" Wüste der Welt bezeichnet, das heißt, er ist früher entstanden als andere Wüstengebiete, wie die nordafrikanische Sahara oder die Wüste Gobi in China. Den Beweis haben Wissenschaftler aus Oxford und Zürich 2011 angetreten, als sie Sandkörner aus der Namib untersuchten und feststellten, dass diese mehr als eine Million Jahre alt sind (als Zeitmesser dienten im Quarz eingeschlossene radioaktive Isotope). Die Namib wurde in Trockenperioden ausgeformt, die vor ungefähr drei bis vier Mio. Jahren, abwechselnd mit feuchteren Epochen, das Klima des südlichen Afrikas bestimmten. Zugleich wurden durch die Erosion Gesteine zu Sand geschliffen und durch den Wind als Dünenriegel an der Küste aufgeweht, oder durch Flüsse ins Meer gespült und durch Meeresströmung und Winde an der Küste verteilt. In der namibisch-geologischen Geschichte gehören die Sedimentablagerungen der Namib, ebenso wie die der Kalahari, zu den jüngsten geologischen Erscheinungen.

Während in der Sahara Felsbilder von feuchteren Perioden und vom Hirtenleben der Menschen noch vor etwa 10.000 Jahren berichten, ist die Namib also schon weitaus länger ein unfruchtbares, nicht oder nur temporär bewohnbares Gebiet. Doch archäologische Funde belegen, dass auch in der Namib Menschen gelebt haben. Man hat runde Steinsetzungen und Abfallhaufen vornehmlich entlang der Küste ausgegraben.

Die spektakulärsten Wüstenformationen sind die Dünen, die sich entlang der Küste und am südwestlichen Rand der Großen Randstufe zu einem wahren Sandgebirge (um Sossusvlei) türmen. Die dort vorherrschende Form der Sterndünen entsteht durch Winde, die Sand aus verschiedenen Richtungen anwehen. Sie besitzen mehrere Kämme, die von der Dünenspitze aus sternförmig auslaufen. Westlich von dieser Sterndünen-Region schließt sich ein Streifen in nord-südlicher Richtung gelagerter Längsdünen an, die bis zu 50 km Länge und bis zu 100 Meter Höhe erreichen können. Entlang der Küste gehen sie in **Barchanen,** sichelförmige Dünen, über, die vom Südwind geformt werden und stetig nach Norden wandern.

Im zentralen Teil der Namib, den man auf dem Weg von Windhoek nach Swakopmund und Walvis Bay durchquert, präsentiert sich die Wüste als monotone Kiesebene, in die die Riviere Swakop und Kuiseb Canyons geschnitten haben. Entlang dieser Flussläufe sind an manchen Stellen wahre Oasen der Vegetation entstanden: Büsche, Bäume und Wild nähren sich vom oberflächlichen Wasser der Trockenflüsse (Exkurs s.S. 120). Dazwischen erheben sich Inselberge und vom Sand abgeschliffene Granitkuppen.

Nördlich des zentralen Teils wechseln sich Dünen- und Kieswüste mit den breiten Flussbetten der Riviere ab. Die **„Skelettküste"** und die südlich gelegenen Gebiete (das ehemalige Erholungsgebiet *West Coast Recreation Area* heißt nun **Dorob National Park**) stehen als

Nationalparks unter Naturschutz und sind in ihrem nördlichsten Teil als Konzessionsgebiete von Safariunternehmen nur in organisierten Touren befahrbar. In diesem Gebiet gibt es spektakuläre Lehmformationen, die prähistorischen Burgen ähneln, und das Phänomen der „brüllenden Dünen": wenn Wind oder Besucher beim Abrutschen die feinen Sandkörner auf den Dünen in Bewegung setzen, entsteht ein eigenartig schnarrendes Geräusch!

Die Kalahari

Sie umschließt das namibische Hochland wie ein Halbmond von Osten und Norden. Der Ursprung dieser Wüstenlandschaft liegt 500 Mio. Jahre zurück, als sich aufgrund von Hebungen der umliegenden Länder eine große Senke bildete, die im Verlauf von Jahrmillionen mit Sedimenten aufgefüllt wurde. Die für die Kalahari typischen, von Norden nach Süden verlaufenden Längsdünen wurden schließlich vor etwa drei Mio. Jahren durch die vorherrschenden Winde aufgeworfen; sie verlaufen parallel zueinander und können eine Länge bis zu 50 km erreichen. Ihr Sand besitzt durch den hohen Eisenoxidgehalt des Bodens eine rötliche Färbung. Die Senken (Pfannen) der Kalahari sind ebenfalls eine Folge der Winderosion. Ihr Boden ist nicht so wasserdurchlässig wie der lockere Kalahari-Sand, so dass hier Wasser über längere Zeit stehen kann.

Im Gegensatz zur Namib liegt die Kalahari in einer Klimazone, die für gelegentlichen Regen und damit auch für Pflanzenwachstum sorgt. So ist das typische Kalahari-Erscheinungsbild nicht ein vegetationsloses Dünenmeer, sondern eine von Büschen und Bäumen bewachsene Landschaft, die beispielsweise im **Kaudom-Wildpark** oder in den Tierreservaten Botswanas erstaunlich dichte, urwaldähnliche Form annehmen kann. Sie wird von **Trockenbetten** durchzogen, die hier **Omiramba** heißen. Sie alle verlaufen parallel zur Dünenrichtung und scheinen auf das Delta des Okavango/Kavango in Botswana zuzustreben. Tatsächlich funktionieren die Omiramba

Salzpfanne in der Kalahari

wie Wasseradern, die in der Regenzeit das kostbare Nass zum Okavango hinleiten. Je nach Vegetation werden verschiedene Kalahari-Formen unterschieden, so beispielsweise die **Salz-Ton-Pfannen,** deren größte Etosha ist, und das **Sandveld,** eine mit Dornbüschen bewachsene Wüste, in die die Herero nach den Gefechten am Waterberg flohen und in der sie den Tod fanden **(Omaheke-Wüste).**

Hinweis: Jeder, der mit dem eigenen Fahrzeug in der Kalahari reist, sollte dies mit dem nötigen Respekt tun: der Sand ist fein und unendlich tief. Im Kaudom ist deshalb unbedingt Fahren im Konvoi angeraten!

Das zentrale Hochland

Wie eine von Riesen erbaute Festung überragt es die Wüsten, die es einschließen. Das Hochland ist die Region Namibias, in der seit Menschengedenken Völker als Viehzüchter und Jäger eine Lebensgrundlage fanden, und auch heute noch ist es der wirtschaftliche, politische und administrative Mittelpunkt des Landes, obgleich mehr als die Hälfte der Bevölkerung nicht hier, sondern in dem fruchtbaren Gürtel nördlich von Etosha, in Ovambo, Kavango und Caprivi lebt.

Das zentrale Hochland oder **Hardveld** endet gen Westen abrupt an der **Großen Randstufe (Escarpment)** und dachtt sich nach Osten hin langsam zum Kalahari-Becken hin ab. Es ist durch tektonische Hebungen entstanden, die vor etwa 500 Mio. Jahren den gesamten südafrikanischen Raum aufgeworfen haben. Später wurden durch vulkanische Tätigkeit und Ablagerung von Sedimenten neue Gesteinsschichten aufgebaut und schließlich von der Erosion wieder abgetragen. So formten sich die Gebirgslandschaften und Inselberge des nördlichen Hochlands aus.

Das **südliche Plateau** bildet dagegen eine weitgehend ebene Landschaft, von tiefen Schluchten durchschnitten. Diese Canyons sind ebenfalls durch Erdbewegungen entstanden, die Kraft des Wassers hat sie immer tiefer ausgewaschen.

Die wichtigsten geographischen Begriffe in Namibia

Dam Staumauer und Stausee
Koppje Hügel
Oshana temporär wasserführende Rinne im Ovamboland, die nicht so tief eingeschnitten ist wie ein Rivier und sich auch nicht deutlich von der Umgebung absetzt.
Pad Weg, als „Teerpad" wird die asphaltierte Straße bezeichnet.
Rivier Fluss. Alle Riviere (bis auf die Grenzflüsse) führen nur temporär Wasser (sie „kommen ab"), die meiste Zeit des Jahres sind es Trockenflussbetten, in denen wegen des häufig oberflächennahen Wassers Brunnen gebohrt und Wasserstellen angelegt werden. Im Nordosten Namibias (Buschmannland) werden die Riviere *omiramba* genannt (Sing. *omuramba*).
Veld Weites, offenes Land; spezifiziert als *sandveld* = Sandwüste; *hardveld* = Felsland (Hochland).
Vlei Senke, in der sich nach Regenfällen oder bei gut abkommendem Fluss (wie im Sossusvlei) Wasser sammelt. Durch die schnelle Verdunstung steht auch in den Vleis die meiste Zeit des Jahres kein Wasser. Oft lösen die Regenfälle im Boden gebundene Salze, so dass nach der Verdunstung eine Salzschicht auf dem Boden des Vlei verbleibt, vom Wild als Salzlecke geschätzt. Ein großes Vlei heißt Pfanne (Etosha-Pfanne).

Gesteine und Schätze im Erdinneren

Gesteine sind aufgebaut aus Mineralien, Bruchstücken von Gesteinen, Mineralien oder organischen Resten. Nach ihrer Entstehung unterscheidet man *magmatische, sedimentäre* und *metamorphe* Gesteine. Die meisten Erstarrungsgesteine (Magmatite) stammen in Namibia aus der Frühzeit der Erdgeschichte, als tektonische Bewegungen den halbflüssigen Gesteinsmassen aus dem Erdinneren immer neue Wege an oder bis unter die Erdoberfläche eröffneten. Sedimentgesteine *(Sedimentite)* gehören zu den späteren Phasen, in denen Meeresablagerungen die älteren Schichten überdeckten. Durch den Druck von Auffaltungen, durch chemische Prozesse im Erdinneren oder durch das Gewicht auflagernder Sedimente wurden diese ältesten Schichten zu metamorphen Gesteinen (den Zustand wandelnd) gepresst: aus Tonschiefer entstand Schiefer, aus Sandstein Quarzit und aus Graniten Gneise. Diese Gesteinsschichten sind besonders hart und erosionsresistent und enthalten wertvolle Mineralien. Fünf große gesteinsbildende Perioden lassen sich in Namibia unterscheiden:

- Die in der **Erdfrühzeit**, dem älteren Präkambrium (bis etwa 900 Mio. Jahren vor unserer Zeit) gebildeten Gesteine wurden durch den Druck darauffolgender Schichten in metamorphes Gestein gewandelt. Es enthält Quarzite, Gneis, Lava- und Graniteinschlüsse.

- Im jüngeren **Präkambrium** (bis etwa 570 Mio. Jahren) bildeten sich die sogenannten Damara-Schichten. In ihnen lagern Erze, wie Kupfer, Eisen, Zinn, Uran etc. Die Damara-Schichten bestehen aus

Meeresablagerungen (Schlamm, Sand) und vulkanischem Gestein, das wiederum einer Metamorphose unterlag. Neben Dolomiten entstand so auch Marmor und Gneis. Erhebungen brachten diese Schicht vor etwa 450 Mio. Jahren an die Oberfläche. Alle wichtigen Erzlagerstätten Namibias finden sich in den Damara-Schichten.

- Im **Kambrium** (vor 470 Mio. Jahren), in Namibia als Nama-Periode bezeichnet, waren große Teile des Landes wieder von Meer bedeckt. Aufs Neue lagerten sich Sandstein und Schiefer ab. Sie heißen Post-Damara-Schichten. Eine Lücke von fast 300 Mio. Jahren liegt zwischen ihnen und der darauffolgenden

- **Karoo-Formation,** die vor etwa 180 Mio. Jahren (Mitte des Paläozoikums) durch erneute vulkanische Tätigkeit viele Teile des südlichen Afrika mit Lava bedeckte. Sie überlagerte als Basaltschild die älteren Gesteine und schützte sie dadurch vor weiterer Erosion. So wurden beispielsweise auch die Sandstein-„Hügel" der Nama-Zeit konserviert, der spätere „Unterbau" der Sanddünen. Über das geologische Geschehen zwischen Post-Damara und Karoo-Schichten ist nichts bekannt, die Erosion hat die Gesteine wahrscheinlich wieder zerstört. In dieser Zeit haben auch die Dinosaurier ihre Fußspuren im Schlamm, der später zu Sandstein verbuk, hinterlassen.

- In der **Kreidezeit** begann ein Prozess, der für die wirtschaftliche Entwicklung Namibias größte Bedeutung bekommen sollte: Der Oranje schwemmte, aus Südafrika kommend, Diamanten an die namibische Küste. Sie lagerten sich in seinem Bett und im Sand entlang der Küstenlinie ab.

- **Erdneuzeit** (Tertiär und Quartär) wird der jüngste geologische Zeitraum genannt. Es ist die Phase, in der die aufgebauten Gesteinsformationen von den Kräften der Erosion wieder abgetragen wurden: ausgewaschen durch Flüsse und Regen, abgeschliffen durch Sand und Wind, gespalten oder mit „Wüstenlack" überzogen durch Hitze (und Kälte). So entstanden auf der Grundlage der Urdünen aus der Karoo-Zeit (s.o.) die Wüsten Namib und Kalahari: Auf die Erhebungen wurde erodiertes Gestein, also Sand und Kiesel, geweht. Es bildete im Laufe der Zeit die aus der Namib bekannten Dünenformationen.

Durch Erosionskräfte regelrecht zersprungener Felsblock im Erongo-Gebirge

Gesteine

Magmatite sind das Endprodukt erstarrenden Magmas – ganz gleich, ob sich dieser Prozess im Erdinneren (Plutonite: Granit) oder an der Erdoberfläche (Vulkanite: Basalt) vollzogen hat.

Sedimentite entstehen durch mechanische oder chemische Verwitterung von Gesteinen aller Art und unter Mitwirkung von Organismen. Die Verwitterungsprodukte können im Wasser (z.B. Kalkgestein) abgelagert oder auch durch Windkraft umgelagert werden (Sanddünen). Typisch ist die vielfach geschichtete Struktur.

Metamorphite entstehen, wenn Gestein durch tektonische Veränderungen ins Erdinnere gelangt und durch Einflüsse wie hohe Temperatur oder hohen Druck umgewandelt wird. Auch hier sind Schichtungen (Schieferung) häufig.

Wichtige Gesteine in Namibia

Sandstein aus Ablagerungen von Sand und Bindemitteln (Ton, Kalk, Eisen) entstandenes Gestein, häufig mit pflanzlichen Spuren. Typisch: die horizontale Schichtung. Beispiel: Sandstein-Escarpment am Waterberg (s. Route 7a).

Schiefer Metamorphit. Die darin enthaltenen Mineralien richten sich durch hohen Druck einseitig aus und lassen das Gestein in dünnen, übereinanderliegenden Platten brechen.

Granit körniges Tiefengestein, das sich aus Quarz, Feldspat und Glimmer zusammensetzt. In der Damara-Periode ist der Granit durch Druck, chemische Prozesse oder Hitze (eindringendes Magma) metamorph überprägt worden. Je nach Einfluss der Erosion (Temperatur, Sandstrahlgebläse) verwittert Granit zu unterschiedlichen Formen. In Namibia häufig und schön zu beobachten: die runden **Wollsack-Granite**, z.B. an der Spitzkoppe (s. Route 8) und Granitkuppen mit zwiebelschalenförmig abblätternder Oberfläche, wie beispielsweise an der Blutkuppe (s. Route 6).

Basalt Lava, die an der Luft zu einem sehr harten und widerstandsfähigen, fast schwarzem Gestein erstarrt ist (Karoo-Periode).

Dolomit gegenüber Kalkstein sehr widerstandsfähiges Gestein von gelblichbrauner Farbe, das in Namibia im Kambrium entstand; Hauptbestandteil ist Calcium-Magnesium-Carbonat.

Dolerit grobkörnige Basaltform; häufig als Gänge in anderem Gestein.

Kimberlit diamantenführender Schlot, auch „pipe" genannt. Häufig in Südnamibia, allerdings nicht diamantenhaltig; vor der Küste gibt es auch submarine Kimberlite.

Marmor	metamorph überprägter Kalkstein mit mineralischen Beimengungen und entsprechend unterschiedlicher Färbung und Struktur. Fundort in Namibia: Karibib.

Gesteinsformationen

Damara-Formation	mit die ältesten geologische Schichten aus metamorphem Gestein, besonders mineralienhaltig. Sie wurden durch Meeresablagerungen gebildet und durch Faltung und Erosion vielerorts freigelegt; Beispiel: Kaokoveld.
Nama-Formation	In der Post-Damara-Epoche (auch Kambrium) angelagerte Sandstein- und Schieferschichten, Basis der Karoo-Formation. Durch die klare Schichtung sind sie deutlich zu erkennen. Beispiele: Fish River Canyon und Schichtstufenlandschaft entlang des südlichen Escarpments.
Karoo-Formation	Durch die vulkanischen Aktivitäten in dieser Periode mit erstarrter Lava überdeckte Gesteine u. Lava-Formationen; Gesteinsarten sind Basalte u. Dolorite.

Weitere geologische Begriffe

Urdünen	Hügelähnliche Gesteinsformationen der Nama-Epoche, die durch vulkanische Tätigkeit in der Karoo-Zeit von Basalt überdeckt und dadurch nicht weiter erodiert wurden. Wird darüber Sand angeweht, entstehen die für die Namib und Kalahari typischen Sanddünen.
Karst	Landschaftsform aufgebaut aus Kalkgestein, das durch chemische und mechanische Erosion unterhöhlt wurde. In den unterirdischen „Speichern" sammelt sich Regen und durch Riviere herangeführtes Wasser. Stürzt die Decke einer solchen Karsthöhle ein, bilden sich muldenförmige Vertiefungen (Dolinen) oder Seen. Beispiel: Otjikoto Lake bei Grootfontein (s. Route 7).
Intrusion	Vulkanisches Tiefengestein dringt in Spalten und Klüfte von darüberliegenden Gesteinsschichten ein und erstarrt. Erosion trägt die weicheren Schichten ab und legt schließlich das harte magmatische Gestein frei. Beispiel für ringförmige Intrusion: Brukkaros (s. Route 2).
Alluviale Sedimente	durch Wasser angeschwemmte Ablagerung. Beispiel: diamantenführende Sande an der Oranje-Mündung.
Aeolische Sedimente	Ablagerung durch Winderosion, die Dünen.
Submarine Sedimente	Ablagerung aus Zeiten, in denen das Land von Meer bedeckt war.

Schätze im Erdinneren – Namibias natürliche Ressourcen

Die geologische Entwicklung hat Namibia einen großen Mineralienreichtum beschert, die Entstehungsorte oder ursprünglichen Ablagerungsstätten sind aber im Lauf der Erdgeschichte durch die immer neuen Erdbewegungen teils schwer zu erreichen, teils so verstreut, dass die Förderung der Bodenschätze sehr aufwendig ist. Die bedeutendsten Fundstätten liegen entlang der Randstufe und hier besonders in der Lücke zwischen nördlichem und südlichem Escarpment-Verlauf sowie im Karstgebiet um Otavi/Tsumeb/Grootfontein und in der Südnamib. Gefördert werden **Diamanten** (bei Oranjemund), **Uran** (Rössing-Mine, Langer Heinrich und das neue Erschließungsprojekt „Valencia", alle nahe bei Swakopmund in der Namib-Wüste) und **Kupfer, Zink, Blei** (bedeutendste Minen bei Tsumeb und Grootfontein, für Zink bei Rosh Pinah). **Gold** wurde in der Navachab-Mine bei Karibib gefunden, wo auch **Marmor** abgebaut wird. Der Goldgehalt des Gesteins ist zwar nicht hoch, bringt aber doch beständige Erträge. Salz wird in Namibia dem Meer entzogen. Bei Walvis Bay gibt es eine große Salzgewinnungsanlage, in der man das Mineral mittels Verdunstung dem Meerwasser extrahiert.

Diamanten wurden wahrscheinlich durch den Oranje in die Südnamib geschwemmt. Zwar besitzt auch Namibia Kimberlite, das heißt Schlote vulkanischen Ursprungs, in denen diamantenführendes Gestein aus dem Erdinneren nach oben gedrückt wurde, doch konnten darin bislang keine Diamanten gefunden werden. So beschränkt sich die Förderung auf die Südnamib, wo erst im Tagebau bis zu 20 Meter tief in die Sandmassen hinein gefördert wurde und heute submarin in den Lagerstätten vor der Bergbaustadt Oranjemund nach den Edelsteinen gegraben wird. Die Sortierung der Steine erfolgt im NAMDEB-Center in Windhoek.

Mit **Uran** angereicherter Granit wurde am Rössing-Berg, 65 km nordöstlich von Swakopmund, mitten in der Namib-Wüste, entdeckt. Auch hier wird im Tagebau gearbeitet. Der riesige Krater, den die überdimensionalen Bagger in die Bergflanke gegraben haben, soll noch viele Jahre Uran liefern. Wenn die Mine erschöpft ist, wird er eine Tiefe von 450 Metern, eine Länge von drei Kilometern und eine Breite von zwei Kilometern erreichen! Das gesamte Gelände von Rössing umfasst ein Gebiet von 100 qkm. Neben der Mine sind eine Aufbereitungsanlage und eine Bergbaustadt für die Arbeiter (Arandis) entstanden. Die beim Abbau und der Verarbeitung freigesetzte Radioaktivität und die Abfallprodukte bilden trotz der ergriffenen Vorsorgemaßnahmen eine große Belastung für die Umwelt und für die Gesundheit der Minenarbeiter. Deshalb waren die Genehmigungen zur weiteren Uran-Exploration in der Namib nicht unumstritten. Am Bergzug Langer Heinrich hat ein australisches Unternehmen den Zuschlag für den Uranabbau erhalten. Nicht weit entfernt wird ein „Valencia" genanntes Gebiet 2010 unter kanadischer Leitung in Produktion gehen.

Im Gegensatz zur Rössing-Mine und den NAMDEB-Grabungsstätten, die weitab der Zivilisation mitten in der Wüste liegen, befinden sich die Erzlagerstätten des Kupferdreiecks mitten in Farmgebiet zwischen Tsumeb und Grootfontein, das wegen seines besonderen Wasserhaushalts gleichfalls für den Ackerbau geeignet ist und deshalb auch „Maisdreieck" genannt wird. Die Erzlagerstätten am „Kupferberg" waren den namibischen Völkern seit Jahrhunderten bekannt und wurden von den San ausgebeutet, die die Erze gegen Waren der Ovambo-Händler tauschten. Die **Tsumeb-Mine** galt wegen ihres Mineralienreichtums als vielseitigste der Welt. Etwa 54 km entfernt liegt die ähnliche bedeutende **Kombat-Mine,** ebenfalls mit Kupfer, Zinn, Silber und zahlreichen Nebenprodukten. In der Nähe von Grootfontein, an der dritten Spitze des Dreiecks, wurden neue Erzlagerstätten entdeckt, die den ursprünglichen Gehalt der heute fast ausgebeuteten Minen angeblich noch in den Schatten stellen! Nahe Karibib werden seltene Erden (Pegmatit mit u.a. angereichertem Lithium) abgebaut.

Zur Prospektion möglicher Erdgas- und Ölvorkommen hat die staatliche Gesellschaft *National Petroleum Corporation of Namibia* (NAMCOR) Konzessionsgebiete an mehrere internationale Ölmultis vergeben. Besonders erfolgversprechend ist das **Kudu-Erdgasfeld** vor der südnamibischen Küste, das als eine der größten Lagerstätten der Welt gilt. Noch ergiebiger soll das Gasfeld „Block 1711" vor der Skelett-Küste werden.

Wirtschaftlich unbedeutend, für den Sammler aber geradezu fantastisch, ist der Reichtum an **Mineralien,** über den man in Namibia sozusagen auf Schritt und Tritt stolpert. Bekannte Fundstätten sind beispiels-weise der „Achatstrand" bei Lüderitz und der „Rosenquarzberg" in der Nähe von Ai-Ais. Daneben können auch Amethyste, Pyrite, Turmaline, Malachite, Jaspis und Tigeraugen gefunden werden. Sandrosen sind allerdings nicht so zahlreich wie in der Sahara, sie stehen unter Naturschutz und dürfen nicht entfernt werden.

Tier- und Pflanzenwelt Namibias

Klima und Landschaftsformen erfordern von Pflanzen und Tieren einen hohen Grad an Anpassung an extreme Temperaturunterschiede und Aridität. So herrschen in der südlichen Hälfte Namibias und im westlichen Teil vor allem wüstenangepasste Pflanzen vor, deren herausragende Fähigkeit darin besteht, das seltene Wasser zu speichern oder dank tiefer Wurzeln wasserführende Schichten anzuzapfen. Fast alle Büsche und Bäume schützen sich gegen Wildfraß durch Dornen oder Gift. Ihre Samen können lange Trockenperioden überdauern und treiben bei ausreichender Feuchtigkeit aus.

Ähnlich spezialisiert ist auch die **Fauna:** die Tiere sind in der Lage, längere Trockenperioden zu überstehen und ihren Wasserbedarf durch bestimmte Futterpflanzen und -tiere zu ergänzen. Außerdem besitzen sie einen sicheren Instinkt beim Auffinden von oberflächennahem Wasser, beispielsweise in Rivieren.

Ein deutlicher Vegetationswechsel wird sichtbar, je weiter man von Windhoek nach Norden kommt. Die Buschsavanne weicht immer dichterem Baumbestand, und schon bald begrenzen Baumsavannen und Galeriewälder entlang der Riviere die Straße. Hier kann auch Wild überleben, für das reichlich Grünfutter die Basis der Ernährung bildet und das auf regelmäßige Wasserversorgung angewiesen ist. Früher war diese Region der Lebensraum der „Big Five": Löwen, Elefanten, Nashörner, Büffel und Leoparden. Heute sind sie vornehmlich auf Naturschutzgebiete und private Wildparks beschränkt. Dichte Trockenwälder bedecken den schmalen Landstreifen des Caprivi Strip im Nordosten. Entlang der wasserführenden Flüsse Kavango und Linyanti bilden sich Sümpfe mit ihrer typischen Artenvielfalt der Flora und Fauna.

Giraffe am Wasserloch im Etosha-Nationalpark

Natürlich kann diese Einteilung der Fauna und dem Pflanzenbewuchs Namibias nur oberflächlich gerecht werden. Der namibische Botaniker W. Gieß unterscheidet in seiner 1971 erschienenen „Vegetationskarte Südwestafrikas" drei Vegetationszonen: Wüsten, Savannen, Trockenwälder, mit insgesamt 14 Untertypen. Einen sehr anschaulichen und guten Überblick über die verschiedenen Gewächse, ihre Eigenschaften und Verbreitungsgebiete enthalten die Naturführer von Patricia Craven und Christine Marais, die jedem Interessierten unbedingt zu empfehlen sind. Wichtige Informationen über die Pflanzen- und Tierwelt der Nationalparks enthält auch das 1994 erschienene Handbuch „Nationalparks in Namibia". (Angaben zu den Büchern im „Literaturverzeichnis" im Anhang).

Lebensraum Wüste

Pflanzenwelt

In den Wüstengebieten beschränkt sich die Vegetation, abgesehen von den Rivierbetten, auf bodennahe Büsche und Gräser, die nach den seltenen Regen aus dem Boden sprießen. Ein typischer Wüstenvertreter ist beispielsweise der **Talerbusch** *(Zygophyllum stapffii)*, ein niedriger, bis zu einem Meter hoher Busch, der seinen Wasserhaushalt aus bodennahen Schichten und aus der Nebelfeuchte (Exkurs s.S. 137) bestreitet. Charakteristisch sind seine talerförmigen, fleischigen Blätter, in denen er das Wasser speichert. Ist das Wasserhaushalt reduziert, fallen die Blätter ab. Vor der Verdunstung schützt sich der Talerbusch, indem er in den heißen Stunden des Tages seine Blattflächen von der Sonne abwendet, so dass nur die Blattkanten erwärmt werden. Er wächst auch in sandigen Gebieten entlang der Küste, bevorzugt aber in der Zentralnamib.

Hier ist, auf felsigem Untergrund, häufig auch der **Balsamstrauch** *(Commiphora saxicola)* zu finden, der in begünstigteren Regionen zu einem stattlichen Baum auswachsen kann. In der Namib erreicht dieser Verwandte der arabischen Myrrhe allerdings nur geringe Höhen und gleicht mit seinem gedrungenen Stamm, den wurzelähnlich ausgebreiteten und mit gelber Rinde überzogenen Ästen eher einem mythischen Gnom. Blätter trägt er selten, dafür locken aber seine leuchtend-orangen Früchte die Vögel an.

Leicht zu identifizieren ist auch die **Buschmannkerze** *(Sarcocaulon marlothii)*, die zu den sukkulenten – den wasserspeichernden – Gewächsen gehört. Sie ist oft genauso hoch wie breit (bis zu 1,20 m), ihre Äste tragen Dornen, manchmal nierenförmige Blätter und lila Blüten, deren Früchte vom Wind weitergetragen werden. Das herausragende Merkmal der Buschmannkerze ist aber ihre wachshaltige

Kameldorn

Rinde, die das im Gewebe abgelagerte Wasser vor Verdunstung schützt und wie eine Kerze brennt.

Dort, wo Bodenfeuchtigkeit es zulässt, also meist entlang der Riviere, recken Akazien ihre dornigen Zweige in den Wüstenhimmel. Ihr bekanntester Vertreter ist der im „Südwester-Lied" verewigte **Kameldorn** *(Acacia erioloba),* erkennbar an den bis zu 10 cm langen, an Erbsenschoten erinnernden Samenhüllen, die eine leicht samtige, graue Oberfläche haben. In ariden Regionen – der Kameldorn wächst auch in feuchteren Gebieten Zentralnamibias – bleibt der Baum niedrig und geduckt und verzweigt sich oft in mehrere, umeinander verschlungene Stämme mit einer weiten, schattenspendenden Krone, unter der sich gerne auch Wild aufhält. Gefürchtet sind seine paarweise angeordneten Dornen, die besonders junge Akazien vor dem Verbiss schützen. Sein Holz ist sehr hart und widerstandsfähig, weswegen die frühen Siedler den Kameldorn als Baumaterial schätzten. Heute steht er unter Naturschutz.

Sein großer Bruder ist der **Anabaum** *(Acacia albida),* wegen seines weißlichen Holzes auch „Weißholz" genannt. Der Anabaum ist mit bis zu 30 Metern Höhe die größte Akazienart des südlichen Afrika. Seine Zweige fallen von der weiten Krone bis dicht an den Boden hinunter und bilden so wahre Schattenoasen. Er besitzt eine grünlich-graue Rinde, filigranes, hellgrünes Blattwerk, das er in der Regenzeit abwirft, und bis zu 4 cm lange Dornenpaare.

Sandige, salzhaltige Böden, wie sie viele Rivierbetten besitzen, liebt die besonders zart erscheinende, aber durchaus widerstandsfähige **Tamariske** *(Tamarix usneoides),* die mit ihren fedrigen Blättern und den nach unten gebogenen Zweigen ein wenig aussieht wie eine Zypresse.

Ebenfalls in Rivierbetten sieht man häufig den **Ebenholzbaum** *(Euclea pseudebenus)* mit weit herunterhängenden Ästen, dessen schwarzes Holz an seinen Namensgeber erinnert.

Ein besonders schönes, aber für jeden Wanderer zugleich unangenehmes Geschöpf ist der **Morgenstern** *(Tribulus terrestris)* mit seinen leuchtend gelben Blüten. Die niedrigwachsende Pflanze überzieht mit Vorliebe Land, das durch Erosion oder Verbiss bereits seiner ursprünglichen Pflanzendecke beraubt ist. Ihr afrikaanser Name „Piekers" sagt aus, was die hübschen Blüten und die tiefgrünen, fedrigen Blätter verbergen: heimtückische Dornen, die an Kleidung und vor allem an Schuhen hängenbleiben und sich mit der Zeit immer tiefer bohren.

Zwei berühmte, **endemische Pflanzenarten** wachsen in der Namib: Die **Nara** *(Acanthosicyos horridus)* ist besonders in den Dünengebieten um Walvis Bay beheimatet und bevorzugt die Rivierbetten, von deren Grundwasser sie sich ernährt. Als dichtes, dornenbewehrtes Strauchwerk überzieht sie den sandigen Boden, und da sie keine Blätter besitzt, haben ihre Zweige die Aufgabe der Photosynthese übernommen. Nahrhaft sind ihre großen, runden Früchte mit gelblicher Schale, deren orangefarbenes Fruchtfleisch sehr wasserhaltig ist und deren Kerne wegen ihres Fettgehaltes geschätzt sind (daher auch der afrikaanse Name *butternut*). Sie war eines der Hauptnahrungsmittel der Topnaar-Nama, die das Fruchtfleisch zu Streifen schnitten, es trockneten und das aus den Kernen gewonnene Fett auch zur Gesichts- und Körperpflege nutzten. Noch heute gibt es einige Topnaar-Familien, die Nara-Felder bewirtschaften.

Die **Welwitschia** *(Welwitschia mirabilis,* s. Abb.) ist wohl eine der seltsamsten Pflanzen Namibias. 1860 wurde sie gleichzeitig von dem österreichischen Botaniker Friedrich Welwitsch in Südangola und dem Briten Thomas Baines im Swakoprivier entdeckt. Sie gehört zu den ältesten Pflanzengattungen der Erde.

Weltwitschia (hist. Abb.)

Lebensraum Wüste

Die auf dem **Welwitschia-Trail** (s. Route 6) mit Gittern geschützte Riesen-Welwitschia soll stolze 1500 Jahre alt sein. Die niedrige Pflanze wächst kaum in die Höhe und besitzt zwei breite Blätter, die sich unter dem Einfluss des Windes spalten und reißen. Durch das stetige Nachwachsen entsteht ein wahres Blattknäuel, das weit im Umkreis des eigentlichen Stammes den Boden bedeckt. Dieses Wirrwarr dient einem wichtigen Zweck: der Wassergewinnung. Die Welwitschia wächst nämlich nur dort, wo die Küstennebel (Exkurs s.S. 137) die Namib befeuchten. Die Feuchtigkeit setzt sich an den Blättern ab und tropft auf den Boden. Auf diesem Weg erhalten die knapp unter dem Boden verlaufenden Wurzeln der Pflanze das wertvolle Nass.

Köcherbaum

Ein dritter endemischer Vertreter der Flora arider Gebiete ist der ungemein dekorative **Köcherbaum** *(Aloe dichotoma).* Er liebt felsige, hügelige Regionen, wie er sie in Südnamibia und in der südlichen Kunene-Region vorfindet. Sein gerader Stamm öffnet sich zu einer erstaunlich symmetrischen, kreisrunden Krone von Ästen, an deren Enden spitze, harte Blätter stehen. Stamm und Äste enthalten ein schwammartiges Gewebe, in dem die Aloe Wasser speichert. Die San höhlten sie aus und benutzten sie angeblich als **Pfeilköcher.** Bei Sonnenuntergang erstrahlt die gelbliche, rissige Rinde des Köcherbaums wie flüssiges Gold, und seine filigrane Krone zeichnet bizarre Schattenmuster auf den Felsboden. Eigentlich ist der Köcherbaum ein Einzelgänger, doch in der Nähe von Keetmanshoop haben sich richtige Wälder gebildet, die teils unter Denkmalschutz gestellt wurden (s. Route 2, s.S. 364).

Ein besonderes Kennzeichen der küstennahen Namib-Region sind die vielen **Flechten,** denen in der Stabilisierung des nackten Bodens eine besonders wichtige ökologische Rolle zukommt, denn durch den Bewuchs wird er vor weiterer Erosion geschützt. Flechten sind eine Mischpflanze aus Pilz und Alge, deren Symbiose das gemeinsame Überleben sichert. Sie können, je nach beteiligter Algen- und Pilzart, die unterschiedlichsten Formen annehmen.

Da sie kühle, feuchte und eher dunkle Standorte lieben, finden sie entlang der Atlantikküste ideale Lebensbedingungen vor. Die Feuchtigkeit ziehen sie aus dem Nebel (Exkurs s.S. 137), der sie zugleich für einige Stunden des Tages vor übermäßigem Licht schützt. Sie können längere Trockenzeiten überstehen, um bei erneuter Wasserzufuhr in schönsten Farben aufzublühen. Flechten findet man vielerorts in Namibia, den schönsten Bewuchs aber in der Namib entlang der Küste. Wer mit dem Fahrzeug von den trassierten Pads abweicht, zerstört damit den Flechtenbewuchs und gibt den Wüstenboden der Erosion preis.

Tierwelt

Die Wüste ist der Lebensraum unzähliger Käfer, Spinnen, Schlangen und Skorpionen, die die unterschiedlichsten Formen der Anpassung an ihren ariden Lebensraum vollzogen haben. Vielen Käfer- und Spinnenarten genügt es, in den Stunden der größten Hitze an schattige oder kühlere Orte – unter einen Stein oder in unterirdische Höhlen und Gänge – zu flüchten. Andere halten einen „Sommerschlaf", der sie über die heiße Jahreszeit bringt, wiederum andere leben nur in den kurzen Perioden größerer Feuchtigkeit und legen Eier ab, die einen längeren Trockenzeitraum überstehen können, bevor die Jungen unter günstigen klimatischen Bedingungen ausschlüpfen.

Der spektakulärste Vertreter der Käferpopulation ist eine Unterart des **Tenebrio-Käfers** (afrikaans: Tok-Tokkies), der *Onymacris unguicularis:* Sobald der Nebel in den frühen Morgenstunden landeinwärts zieht, klettert er auf den Dünenkamm und stellt sich mit hochgerecktem „Hinterteil" und gesenktem Kopf dem Nebel entgegen. Der Nebel kondensiert an seinem Körper, und die so gebildeten Wassertropfen rutschen seinen Rücken entlang direkt in den Mund.

Ein anderer Käfer, *Lepidochora kahani,* buddelt Gräben quer zur vorherrschenden Windrichtung. Am Rande dieser Nebelkanäle kondensiert die Feuchtigkeit und sättigt den aufgeworfenen Sand. Der Käfer braucht sie dann nur noch herauszusaugen. Fast alle Käferarten ernähren sich von den winzig kleinen Abfallteilchen, tierischem Kot, Aas und Pflanzenpartikeln, die die Wüstenwinde an Hindernisse wehen – an den Fuß einer Düne, an einen Stein oder an Grasbüschel. Käfer sind Opfer und Nahrung für größere Insekten (Spinnen beispielsweise), von Schlangen, Vögeln oder kleinen Säugetieren wie des Goldmaulwurfs (s.u.), die so indirekt von der aufgenommenen Nebelfeuchtigkeit profitieren.

Nebel als Lebensspender

Morgens in Swakopmund: Ein grauer Nebel hüllt Fachwerk und Jugendstil ein, überzieht mit tausenden glitzernder Wassertröpfchen die Straßen, deren Oberfläche teils noch aus einem Salz-Gips-Gemisch besteht, und verwandelt sie in Rutschbahnen. Und er legt sich auch schwer auf die Brandung des Atlantik. Wenn sich die Nebeldecke bis 11 oder 12 Uhr mittags nicht lichtet, bleibt sie den ganzen Tag. Europäische Novemberstimmung im sonnigen Namibia. Wer vor der nassen Kälte in die Namib flüchtet, hat die Sonne spätestens 15 km landeinwärts wieder – im Rückspiegel steht die Nebelbank wie eine graue Wand über dem gelben Wüstensand.

Der Küstennebel ist ein meteorologisches Phänomen, das in erster Linie dem Benguela-Strom zu verdanken ist, der auf den gesamten 1500 km namibischer Küstenlänge fast parallel zu ihr verläuft. Von der Antarktis kommend führt er nicht nur eiskaltes Wasser mit, sondern ist auch reich an Plankton, weshalb in seinem Gefolge riesige Fischschwärme den Südatlantik durchziehen. Das Küstenklima ist durch diesen antarktischen Strom merklich kühler als das des Landesinneren. Seine Wasser kühlen die Luftschichten über dem Meer ab und schaffen eine stabile, kalte Luftzone über der See. Gleichzeitig wird die Festlandsluft tagsüber erwärmt. Sie steigt nach oben und zieht die kalte Meeresluft an Land. Hier wird auch diese erwärmt, verliert dabei die enthaltene Feuchtigkeit und steigt ebenfalls auf. Dieser Kreislauf sorgt für einen regelmäßigen Austausch der Luftmassen zwischen Meer und Festland, verhindert zugleich aber auch, dass die Meeresluft zu Wolkenbildung (und Regen) führt, da ihr die Feuchtigkeit bei der Erwärmung entzogen wird.

Nachts ist der Temperaturunterschied zwischen dem Festland und dem Meer allerdings geringer. Der ungeschützte Boden kühlt stark aus (jeder Wüstenreisende weiß, wie empfindlich kalt es in der Wüste werden kann), er kann die Meeresluft nicht mehr erwärmen, ihr die Feuchtigkeit nicht mehr entziehen. Wie eine schwere, nasse Decke kondensiert die feuchte kalte Luft zu Nebel, die Wassertropfen setzen sich auf dem Wüstenboden ab und bescheren Pflanzenwie Tierwelt das wertvolle und überlebensnotwendige Nass.

Mehrere Stunden dauert es, bis die Sonnenstrahlen die dicke Nebelschicht durchdringen und den Boden wieder erwärmen können. Der Luftaustausch kommt wieder in Gang, der Nebel lichtet sich.

Von den über 160 **Spinnenarten** der Namib seien zwei besonders spektakuläre Exemplare erwähnt: Die *Carparachne aureoflava* oder **Wheelspider** lebt in einem Gangsystem in den Dünenkämmen, das sie mittels einer „Falltür" vor Eindringlingen sichert. Bei Gefahr legt das Tier seine Beine um den Körper, bildet so eine Kugel und rollt in wilder Flucht die Dünenhänge hinunter. Als **„Weiße Dame"** bezeichnet man in Namibia die *Leucorchestris arenicola,* eine weiße Raubspinne, die sich „tanzend" über den heißen Sand bewegt.

Erdhörnchen

Erdhörnchen gehören zu den putzigsten Vertretern der ariden Landschaften. Zum Schutz vor der Sonne tragen sie ihren buschigen Schwanz steil nach oben gerichtet wie einen Sonnenschirm, in dessen Schatten sie ihrer Jagd nachgehen.

Der schon erwähnte **Goldmaulwurf** bewegt sich dank seiner flossenähnlichen Tatzen wie ein Schwimmer direkt unter der Sandoberfläche durch den lockeren und kühleren Untergrund.

Zu den größeren Räubern der Namib gehört der **Löffelhund** mit seinen kreisrunden Ohren, der **Schabrackenschakal** mit grauschwarzem Rücken und Rute, und die **Hyänen,** die im Rudel auch auf größere Tiere wie Spießböcke (s.u.) Jagd machen.

Die schönste und eindrucksvollste Antilopenart des ariden Namibia ist die **Oryx-Antilope**, auch **Spießbock** (afrikaans **Gemsbok,** *Oryx gazella*), deren Wüstenanpassung in vielem den körperlichen Schutzmechanismen ähnelt, die Kamele und Dromedare zum Überleben entwickelt haben. Die bis zu 140 cm hohe und bis zu 225 kg schwere Antilope trägt graubraunes Fell, das entlang des Rückenrists und am Unterbauch von schwarzen Streifen unterbrochen wird.

Oryx-Antilope

Ihre schwarzweiße Gesichtszeichnung ähnelt einer Theatermaske. Das charakteristischste Merkmal sind die pfeilgeraden, bis zu 120 cm langen Spieße, die vom Kopf schräg nach hinten anstehen und eine tödliche Waffe im Kampf mit angreifenden Raubtieren sind. Oryx-Antilopen besitzen die Fähigkeit, ihre Körpertemperatur über einen längeren Zeitraum den Außentemperaturen anzugleichen und somit Wasserverlust durch Transpiration zu verhindern. Eine Körpertemperatur von 42 Grad, für andere Spezies tödlich, überstehen die Tiere dank eines besonders dicht verzweigten Netzes von Blutadern, das ihr Gehirn kühlt, mehrere Stunden lang. Sie grasen nachts, wenn die Wüstenpflanzen Feuchtigkeit aufgenommen haben, und sind tagsüber oft im Schatten der Kameldornbäume oder hoch oben auf dem Dünenkamm zu finden, wo sie den geringsten Windhauch zur Kühlung nutzen. In den Rivierbetten graben die Tiere bis zu einem Meter tief nach Wasser. Erfahrene Wildhüter können anhand dieser Grabmulden Wasserstellen orten. Wenn sich Oryxe bedroht fühlen, können sie auch Menschen angreifen – also Vorsicht bei Begegnungen, wie sie beispielsweise am Sossusvlei gelegentlich vorkommen!

Ein Wüstenbewohner der felsigen und gebirgigen Regionen ist das **Hartmannsche Bergzebra,** ein geschickter Kletterer, den man an der Zeichnung über dem Schwanzansatz (wo schmale Querstreifen verlaufen) und den etwa gleichbreiten Streifen von seinem Steppen-Artgenossen unterscheiden kann. Nachdem es fast ausgerottet war, haben sich die Bergzebra-Bestände in Namibias Nationalparks wieder gut erholt. Auch das Bergzebra ist in der Lage, längere Trockenperioden zu überstehen, und wie die Oryx-Antilope gräbt es auf der Suche nach Wasser tiefe Löcher in die Riviere.

Ein ähnlich imposanter Vertreter der Wüstenfauna ist der **Vogel Strauß,** der vor jedem näherkommenden Fahrzeug in wilder, doch überaus eleganter Flucht Reißaus nimmt. Dieser weltweit größte Vogel benützt sein schwarzweiß geflecktes (bei Weibchen graues) Federkleid zur Temperaturregulierung. Bei Hitze hält er seine Flügel wie eine Krinoline weitab vom Körper und fächert sich Luft zu. Bei Kälte dient das dichte Federkleid als wärmender Schutz. Strauße werden inzwischen auch von vielen Farmern als Fleisch- und Federlieferanten gehalten. Gefürchtet sind ihre spornbewehrten Klauen, die auch größere Angreifer töten können.

Wüstenlöwen und **Wüstenelefanten**, gelegentlich im nördlichen Teil der Namib anzutreffen (s. Route 10) sowie die berühmten **Namib-Pferde** (s. Route 4) sind keine besonderen endemischen Arten, vielmehr haben sie ihr Verhalten nur der ariden Umgebung angepasst und sind dadurch in der Lage, einige Zeit in der Wüste zu überleben.

Besondere Vorsicht ist vor den **giftigen Schlangen** und **Skorpionen** geboten, die sich bevorzugt unter Steinen oder unter Dünensand vergraben vor der Tageshitze schützen. Die charakteristischen, wellenförmigen Spuren der *Zwergpuffotter* lassen sich häufig auf den Dünenhängen erkennen, ebenso die Schleifspuren anderer Schlangen wie der harmlosen *Hornviper* und der winzigen *Sandviper,* deren Biss tödlich sein kann. Ungiftig ist dagegen das endemische **Namaqua-Chamäleon,** das mit seiner langen, klebrigen Zunge vor allem Insekten jagt (Exkurs „Schlangen" s.S. 79).

Lebensraum Küste

Dort, wo die Namib-Dünen den Atlantik erreichen, leben **Robben** in mehreren Kolonien. Die mit bis zu 100.000 Mitgliedern größte Robbengemeinschaft bei Cape Cross (124 km nördlich von Swakopmund) kann man besichtigen – Nasenklammern wären empfehlenswert, es stinkt bestialisch, und der Geruch bleibt noch stundenlang in den Haaren und der Kleidung hängen! Beim *Culling* wird ein Teil der Tiere erschlagen, damit das wertvolle Fell keine unnötigen Löcher bekommt.

Dieses Culling ist eine der umstrittensten Maßnahmen der namibischen Naturschutzpolitik. Es soll dazu beitragen, den Bestand der Tiere auf einem ökologisch verträglichen Niveau zu halten, denn nicht nur den internationalen Fangflotten, sondern auch den Robben ist zu „danken", dass Namibias Gewässer leergefischt sind. Der Bestand wird auf durchschnittlich etwa 900.000 Pelzrobben geschätzt, davon 220.000 Jungrobben. Die festgesetzten Quoten für das Culling liegen in etwa bei 85.000 Jungtiere und 6000 Bullen. Die explosionsartige Vermehrung der Tiere liegt zum einen an einer Migration von der südlichen Kapküste, zum anderen daran, dass in den letzten Jahren die Culling-Quoten nur etwa zur Hälfte erfüllt worden. Dem wildnisentfremdeten Europäer kommt beim Erschlagen und Häuten der Jungtiere das kalte Grausen, doch eine Lösung alternativer Wachstumskontrollen ist nicht in Sicht. Die meisten Namibier empfinden die „Robbenernte" übrigens als notwendig und durchaus normal.

Entlang der Küste nisten zahlreiche **Vogelarten,** die wie die Robben in den fischreichen Gewässern des Benguela-Stroms ihre Nahrung finden. Zu ihnen gehören Kormorane, Pelikane, Flamingos und, auf mehreren vorgelagerten Inseln, auch Pinguine.

Den Vogelreichtum der Küste nutzten findige Kaufleute bereits vor der deutschen Kolonialzeit. Der vielerorts in dicken Schichten abgelagerte Vogelkot, der **Guano,** der beste natürliche Dünger der Welt (er enthält wegen der Fischnahrung der Vögel und dem damit aufgenommenen Meerwasser die zur Düngung wichtigen Phosphorverbindungen), wurde abgebaut und nach Europa verschifft. Inzwischen hat man die Guano-Gewinnung vereinfacht: große Plattformen, aufgestellt entlang der Küste, locken die Wasservögel zum Brüten an, die dabei ihren Kot hinterlassen.

Pelikan

Lebensraum Savanne

Savannenland ist ebenso wie Wüste keine uniforme Einheit, sondern je nach Lage und Vegetation sehr unterschiedlich: Der Kameldorn-Savanne im Osten steht Mopanebaum-Savanne im Nordwesten und Hochland-Savanne in Zentralnamibia gegenüber. Die Region erhält in der Regenzeit normalerweise Regenfälle zwischen 200 und 450 mm. Neben den oben beschriebenen Dornbüschen und -bäumen, die dank der besseren Wasserverhältnisse hier größer und imposanter heranwachsen können, kommt den Gräsern eine wichtige Bedeutung für die Viehzucht und als Nahrungsgrundlage für das Wild zu. Entsprechend vielfältig ist auch die Fauna der Savanne.

Pflanzenwelt

Im Übergangsgebiet zwischen Wüste und Savanne, im Süden und Westen Zentralnamibias, kann man noch einige besonders dekorative Pflanzen entdecken: beispielsweise die elegante **Kandelaber-Euphorbie** *(Euphorbia virosa),* die felsigen Untergrund liebt und ihre vielen Arme, zu einem überdimensionalen Becher gewölbt, der Sonne entgegenstreckt. Sie gilt als giftigstes aller Wolfsmilchgewächse; ihr weißlicher Saft wird von Himba und San als Pfeilgift verwendet.

Ein Verwandter unserer Weinreben wächst ebenfalls auf felsigem Boden, z.B. an der Spitzkoppe: *Cyphostemma currorii* oder **Botterboom,** wie er in Namibia genannt wird. Ein gedrungener Stamm mit rissiger, gelblich-grauer Rinde läuft in mehrere dicke Äste aus, die in guten Regenjahren große Blattbüschel tragen. Sein Mark gilt als Heilmittel gegen Schädlingsbefall und Hautkrankheiten.

Euphorbie

Moringabaum

Auch der **Moringabaum** *(Moringa ovalifolia)* verankert seine Wurzeln am liebsten im felsigen Boden und an Abhängen. Auf den ersten Blick ähnelt er mit seinen kahlen, verkrüppelten Ästen und der weißgrauen Rinde dem Baobab (s.u.). Nach Regen treibt er filigrane Blätter und goldgelbe Blüten aus. In der Nähe von Okaukuejo wachsen Moringabäume so dicht beieinander, dass diese gespenstisch wirkende Formation den Namen „Märchenwald" erhielt. Noch wenig genutzt ist das eigentliche Potential der Moringabäume: sie besitzen die Fähigkeit, verschmutztes Wasser zu reinigen.

Dem mächtigen Stamm des **Ahnenbaums** *(Combretum imberbe)* sollen die Urahnen der Herero entstiegen sein. Sie nennen ihn Omumborongbonga und verehren ihn als heiligen Baum. Er kann ganz unterschiedliche Wuchsformen annehmen – je nach Untergrund und Regenmenge. Als Busch gehört er zu jedem Herero-Kraal, wo er den Ahnenbaum symbolisiert. Die Blätter hängen an langen Rispen von den knorrigen Ästen herab. Sein Holz ist so hart, dass es als Rohmaterial für Holzkohle verwendet wird. Nützlich sind auch seine Blätter (gegen Erkältung) und die Wurzeln (gegen Magenschmerzen).

Nach Nordwesten zu drängt sich ein anderer eigenwilliger Baum in den Vordergrund: der **Mopanebaum** oder *Colophospermum mopane,* leicht erkennbar an seinen schmetterlingsähnlichen Blättern. Er kann bis zu 20 m hoch werden und richtige „Wälder" bilden. In der Mittagshitze falten sich seine Blätter zusammen, um der Sonne wenig Verdunstungsfläche zu bieten. Auch er findet vielfach Verwendung, und die Ovambo schüren ihr heiliges Feuer mit seinem Holz.

Rote Kontrastpunkte setzt der **Blutfruchtbaum** *(Terminalia prunioides)* mit seinen Früchten. In ariden Gebieten wächst er als Busch, in besseren Lagen als bis zu 15 m hoher Baum, dessen Holz zum Bau ebenso geschätzt wird wie Wurzeln und Rinde als Heilmittel gegen Husten.

Nur im Nordwesten und im Ovamboland sind in Namibia auch Palmen zu finden. Die dort verbreitete **Makalani-Palme** *(Hyphaene petersiana)* mit ihren apfelähnlichen Früchten wird auf unterschiedliche Arten genutzt. Am Stamm kann man Palmwein zapfen und die Keimlinge ergeben ein wohlschmeckendes Gemüse. Ihren größten Nutzen hat die Palme aber als Grundmaterial für Flechtkörbe und Windschirme, die aus den trockenen Palmwedeln gearbeitet werden, und mit ihren Samen als Rohmaterial für Schnitzereien.

Rinde und Blattwerk der hier beschriebenen und vielen anderen Savannen-Bäume werden auch vom Wild gefressen. Bedeutender für die Viehwirtschaft ist allerdings das Savannengras, von dem es unzählige Arten gibt. Nach den Regenfällen überzieht es das Land mit silbrig glänzenden Büscheln; die weiten Ebenen gleichen dann einer unwirklichen, glitzernden Feenlandschaft.

Tierwelt

Fast das gesamte Savannengebiet ist heute Farmland. Dadurch (und durch unkontrollierte Jagd) wurden die einstmals hier lebenden Tiere abgedrängt, teils fast ausgerottet. Traditionell ist die Savanne der Lebensraum von Elefanten, Nashörnern und Giraffen, von verschiedenen Raub-tieren und mehreren Antilopenarten.

Das **Kudu,** eine der größten Antilopen, benützt seine schraubenförmig gedrehten Hörner zum Herabziehen der Zweige und kommt so in den Genuss des zarten Blattgrüns. Dank seiner dunkelgrauen Fellfarbe und der tief herunterhängenden Wamme ist es leicht von anderen Antilopen zu unterscheiden.

Zahlreich sind auch die nervösen **Springböcke** mit hellbraunem Rücken, weißer Bauchzeichnung und leierförmig gebogenen Hörnern. Sie leben in größeren Herden in der Savanne und in der Salzwüste der Etosha-Pfanne. Wittern sie etwas Ungewöhnliches, setzen sie zu den charakteristischen Sprüngen an (die den Angreifer verwirren sollen), die sich in der Herde fortpflanzen, bis die Böckchen wie Jo-Jos hüpfend davonstieben. In der Brunftzeit ist ihr röchelndes Röhren zu hören.

Gnus *(Wildebeests)* gehören zu den seltsamsten Paarhufern der Region. Die bulligen, dunkelbraunen Tiere mit der Zottelmähne am Kopf und den gebogenen Hörnern sehen aus wie ein prähistorisches Fabelwesen. Sie sind kurzsichtig und fast ebenso schwerhörig und

Springböcke

Warzenschweine

halten sich deshalb am liebsten in der Nähe der Steppenzebras auf, deren geschärften Sinne sie sich zunutze machen. Fliehen die Zebras beim Anzeichen einer Gefahr, galoppieren ihnen die Gnus blind hinterher.

Vor der Begegnung mit **Warzenschweinen** sollten sich vor allem Autofahrer hüten, denn eine Kollision mit den im Rudel wandernden Tieren kann nicht nur bei ihnen, sondern auch dem unachtsamen Fahrer (oder seinem Fahrzeug) Schaden anrichten. Unvermittelt bricht ein Keiler aus dem hohen Gras, gefolgt von den Jungen und den Sauen, die für die Rückendeckung sorgen. Das senkrecht aufgestellte Schweineschwänzchen dient als Signalflagge, an der sich die Jungen orientieren. Warzenschweine können mit ihren messerscharfen, nach oben gebogenen Hauern angreifende Raubtiere und auch Menschen verletzen.

Geparden

Die weiten Grasflächen bieten dem **Geparden** einen idealen Jagdraum. Als eine der wenigen Großkatzen kann dieser flinke Jäger seine Krallen nicht einziehen. Er besitzt ein goldgelbes, mit dunklen Tupfen gezeichnetes Fell und einen im Verhältnis zum Körper relativ kleinen Kopf. Geparden können Spitzengeschwindigkeiten bis zu 100 km/h entwickeln, halten dieses Tempo aber nur auf kurzen Strecken durch. Anderen Großkatzen gehen sie lieber aus dem Weg. Namibia besitzt übrigens mit etwa 2500 Tieren die weltweit größte Geparden-Population, die zu 90% wild auf Farmland lebt.

Ihre größeren Artverwandten, die **Leoparden,** sind zwar keine so guten Läufer, können dafür aber umso besser klettern und bevorzugen deshalb gebirgiges oder baumbestandenes Gelände. Die nachtaktiven Tiere ziehen sich tagsüber in Höhlen oder auf Bäume zurück. Man wird einen Leoparden deshalb in freier Wildbahn kaum zu Gesicht bekommen. Da sie zu den gefährlichsten Raubtieren der Savanne gehören, werden sie auch von erfahrenen Jägern gefürchtet.

Zu den Grundregeln für **Wanderungen** gehört für wildniserprobte Menschen deshalb nicht nur die Spuren am Boden zu lesen, sondern den Blick auch nach oben – in die Krone des Baumes, den man unterquert – zu richten. Dies macht man nicht nur wegen Leoparden, sondern auch wegen der **Schwarzen Mamba,** die sich ab und an aus dem Geäst auf ihre Opfer fallen lässt, während andere unangenehme Artverwandte, wie **Puffottern** und **Kobras,** ebenerdig vorgehen.

Löwen sind sehr träge, faule Räuber, die den Tag am liebsten dösend verbringen. Nur die Weibchen jagen und ernähren damit ihre Jungen und die männlichen Tiere des Rudels. Löwenrudel lassen sich am besten in den frühen Morgenstunden beobachten, wenn sie sich auf die Jagd vorbereiten. Oft lagern Löwen in der Nähe von Wasserstellen, träge das Wild beobachtend wie angespannt und sprungbereit. Das nächtliche Gebrüll der Großkatzen kann man in den offenen Landschaften oft kilometerweit hören.

Löwen sind ein Höhepunkt der Tierbeobachtung in Namibia, der andere sind zweifelsohne **Elefanten.** Auch sie sieht man alleine oder in Gruppen in der Etosha-Pfanne, mit etwas Glück aber auch in den Rivieren des Skelettküstenparks, im ehemaligen Damaraland abseits der Hauptwege und in größeren Herden im Caprivi. Elefanten auf Schritt und Tritt begegnen dem Besucher in den Nationalparks Chobe und Moremi (Botswana). Etwa 2500 Elefanten leben im Etosha National Park, von dem aus sie nach Westen ins Kaokoveld und manchmal bis an die Skelettküste wandern. Sie gelten als die größten Elefanten Afrikas. Sie haben einen täglichen Futterbedarf von über 200 kg Pflanzennahrung, eine enorme Menge, die erklärt, warum von den Herden heimgesuchte Landstriche einer zerbombten Landschaft mit ausgerissenen und kahlgefressenen Bäumen ähneln. Weibchen und Junge ziehen in kleinen Verbänden umher, die von einer Leitkuh angeführt werden. Männliche Tiere werden im Alter von etwa 12 Jahren aus dem Rudel ausgeschlossen und leben dann als Einzelgänger oder in Bullenherden. Begegnungen mit Elefanten sind sicher eines der eindrucksvollsten Erlebnisse, doch sollte man sich besonnen verhalten und bei Drohgehabe – ausgeklappten Ohren – lieber den Rückzug antreten. Vorsicht ist vor allem beim Zusammentreffen mit älteren Einzelgängern oder mit Herden, die Junge dabeihaben, geraten. Tipp: Keine Zitrusfrüchte im Auto bei Anwesenheit der

Dickhäuter – Orangen, Zitronen etc. sind ihr Leibgericht, und sie haben dafür schon Autos zerlegt wie Konservenbüchsen, um an die Köstlichkeit zu gelangen!

Nashörner sind, im Gegensatz zu ihrem martialischen Aussehen, eher friedliebende Tiere, zumindest das „Weiße" oder **Breitmaul-Nashorn,** das wegen seiner Sanftheit in Namibia fast ausgerottet wurde („weiß" hat mit der Farbe des Tieres nichts zu tun, *weidmond* heißt auf Afrikaans „Breitmaul"). Sein Artgenosse, das **Spitzmaulnashorn,** gilt dagegen als aggressiv, greift gelegentlich auch Fahrzeuge an und konnte sich dank dieser Eigenschaft etwas besser gegen Wilderer verteidigen, so dass heute etwa 700 Exemplare dieser Art in Etosha leben, während Breitmaulnashörner vor allem auf Wildfarmen wieder gezüchtet und gehegt werden. 1994 setzte man auch die ersten Breitmaulnashörner wieder in Etosha aus. Das Verhängnis dieser Tiere ist ihr Horn, das in Asien als potenzförderndes Mittel, in den Ländern der Arabischen Halbinsel als Dolchgriff begehrt ist. Namibias Wildhüter haben viele Nashörner zu ihrem Schutz „enthornt", eine Maßnahme, die allerdings nur kurzfristig Erfolg zeigte, denn das Horn wächst nach, und schon ein kleiner Stumpf verspricht den Wilderern so hohen Gewinn, dass sie das Tier töten.

In den Vormittagsstunden lässt sich mit etwas Glück auch eine große Echse beim „Sonnenbad" auf einem Stein beobachten: der **Waran.** Normalerweise flüchten die oft über einen Meter langen Tiere beim ersten Anzeichen einer Gefahr, manchmal stellen sie sich aber auch einfach tot. Wer zu nahe an sie herangeht, riskiert einen schmerzhaften und leicht entzündlichen Biss!

Auch unzählige Vögel bevölkern die Savanne: Unübersehbar die **Webervögel,** die mit ihren Nestern die Bäume überziehen und sie häufig richtiggehend ersticken. **Trappen** fliegen in Schwärmen auf oder flüchten schutzsuchend ins hohe Gras, **Frankoline** sonnen sich auf Felsen oder Hügelkuppen, und in den Baumkronen sorgen die vielfarbigen **Tokos** für bunte Tupfer im Gezweig.

Webervogel beim Nestbau

Lebensraum Trockenwald

Wo ausreichend (um 500 mm) Regen fällt, sind die sandigen Böden des Kalahari-Beckens mit dichtem Wald bestanden. Die meisten hier beschriebenen Baumarten wird man auch im Buschmannland und nordöstlich angrenzend im Caprivi finden, allerdings häufig größer und imposanter gewachsen. Viele Bäume dieser Region wechseln im Herbst ihr Laub, dessen bunte Färbung der Landschaft einen ganz eigenen, fast mitteleuropäischen Charakter verleiht. Galeriewälder säumen die wasserführenden Flüsse. Es sind vornehmlich Akazienarten, die den lehmhaltigeren Boden entlang der Rivieren dem lockeren Sand der Kalahari-Dünen vorziehen. Im Überschwemmungsgebiet des Linyanti verwandeln sich die Sandböden nach Regen in schweren Morast. Flüsse und Sümpfe bilden Biotope, in denen sich Sumpfantilopen, Flusspferde und vor allem zahlreiche Vogelarten wohlfühlen.

Pflanzenwelt

Je näher man dem Buschmannland kommt, desto häufiger werden die Affenbrotbäume oder **Baobabs** *(Adansonia digitata),* deren meist unbelaubte, krakenartige Äste wie die Arme urzeitlicher Riesen das Buschveld überragen. Um Tsumkwe herum stehen einige besonders mächtige Exemplare dieser Spezies (s. Route 13b); auch nördlich von Grootfontein können Baobabs besichtigt werden.

Unweit von Tsumkwe liegt der **Kaudom-Wildpark,** ein fast völlig unberührter Nationalpark mit der für die Savannen typischen Fauna und einem sehr hohen Baumwuchs. Ahnenbäume, Dolfholz- und Blutfruchtbäume wurzeln tief im sandigen Boden und können imposante Höhen, bis zu 20 m, erreichen. Entlang der beiden

Baobab

Trockenflüsse des Kaudom stehen Akazien, darunter auch die **Schirmakazie** *(Akazia tortilis)* mit ihrer schönen flachen Krone, die eine malerische Silhouette vor dem Sonnenuntergangshimmel abgibt, und der **„Wart-ein-bisschen"-Baum,** *(Wag'n bietjie, Ziziphus mucronata),* der seinen freundlichen Namen seinen gar nicht so freundlichen, hakenförmigen Dornen verdankt. Man bleibt leicht an ihnen hängen und kann sich nur mit Mühe befreien.

Richtung Nordosten gedeihen im Sumpfsystem des Linyanti **Riedgras** und **Papyrus.** Im südöstlichen Abschnitt der Trockenbaumsavanne wächst ein beliebtes Allheilmittel gegen Erkrankungen verschiedener innerer Organe und gegen Schmerzen: die **Teufelskralle** *(Harpagophytum procumbens)*. Die flachwachsende Pflanze besitzt tiefe Wurzeln, an denen kartoffelförmige Früchte heranreifen. Diese werden getrocknet, gemahlen und zu einem Tee aufgebrüht.

Tierwelt

Die Tierwelt ähnelt der Savannenfauna, doch je feuchter das Habitat wird, desto häufiger findet sich auch anderes Wild ein. **Flusspferde** bevölkern die Wasserläufe und -tümpel; tagsüber ruhen sie für den Besucher fast unsichtbar unter der Wasseroberfläche, nur nachts verlassen sie ihre feuchte Heimstatt, um zu grasen. Dann sind die scheinbar so trägen Tiere gefährlich, denn sie greifen alles an, was sich zwischen ihnen und ihrem Wasserloch befindet, und mit messerscharfen Hauern können die Pflanzenfresser mühelos auch Menschen töten.

Ein anderer gefährlicher Bewohner der Flusswelt ist das **Krokodil**; die meisten Echsen leben im Kavango, doch auch in den anderen Gewässern sind sie zu Hause. Vom Baden in den Flüssen ist deshalb dringend abzuraten – außer Einheimische geben Tipps für Badestellen.

Scheue und selten gesehene Tiere sind die **Sitatungas,** mittelgroße Antilopen mit graubraunem, zottigem Fell, das weiße Streifen aufweist. Sie sind hervorragend an ihren Lebensraum angepasst, können beispielsweise die Hufe spreizen, um ein Einsinken zu verhindern, und sehr gut schwimmen. Im Caprivi (sonst nur noch geschützt auf dem Waterberg Plateau) leben auch die letzten afrikanischen **Büffel** Namibias, die ebenfalls mit Vorsicht zu genießen sind: die intelligenten Tiere umgehen ihre Feinde und starten ihren Angriff in dessen Rücken.

Die baumbestandene, feuchte Landschaft lockt zahlreiche Vogelarten an: die schönsten Stelzvögel wie der **Klunkerkranich** und der **Rotbauchreiher** sind hier beheimatet, dazwischen stolzieren **Sekretäre** mit ernster Miene auf der Suche nach Futter durchs Gras. Aus den Baumkronen dringen die heiseren Rufe der **Lärmgrauvögel, Tokos, Adler,** Falken und Geier zeichnen elegante Kreise und Schleifen in den blauen Himmel.

Namibias artenreiche Fauna

Affen und Paviane

Zu unterscheiden sind die Arten **Bärenpavian** *(Chacma Baboon)* und **Grüne Meerkatze,** *Vervet Monkey.* Grüne Meerkatzen sind kleine, hellgraue Affen mit schwarzem Gesicht und einem langen Schwanz, die in Gruppen mit meist vielen Weibchen und ihren Jungen zusammenleben. Unter ihnen gibt es ständig wilde Kämpfe um die Rangordnung. Tauchen Fressfeinde wie Leopard oder Adler auf, warnen sie sich gegenseitig. Lebensbereiche sind Baumsavanne, Buschland und Flussufergebiete. Sie sind Allesfresser.

Typisch für **Paviane,** die in nahezu allen Ökosystemen heimisch sind, ist ihr hundeartiges Maul mit gefährlichem Raubtiergebiss. Sie können bis anderthalb Meter groß werden und leben unter einem dominanten Pascha in Rudeln von teils über 50 Tieren. Die Rangordnung wird ständig neu ausgekämpft.

Antilopen

Am häufigsten sehen Wildpark-Besucher die horntragenden Vertreter der vielen Klein- und Großantilopenarten. Grazile Kleinantilopen mit einer Schulterhöhe bis etwa 70 cm sind der *Blau- und Rotducker* (Blue/Red Duiker; „Ducker" deshalb, weil sie bei Gefahr ins Unterholz „abtauchen"), *Kronenducker* (Grey/Common Duiker), *Moschusbock* (Suni), *Greisbock* (Grysbok, nur die Böcke haben Hörner), *Dikdik* (Dikdik), *Bleichböckchen* (Oribi), *Steinböckchen* (Steenbok) und **Klippspringer** (Klipspringer). Gedrungen gebaut, ist er ein hervorragender Hüpfer über Klippen und Felsen in allen Bergregionen Namibias und des südlichen Afrikas.

Kleinantilopen leben eher einzeln oder paarweise, während Großantilopen Familienverbände von wenigen Köpfen bilden, die sich wiederum zu größeren Herden von bis zu 100 Tieren und mehr zusammenschließen.

Streifengnus

Kirk-Dikdik

Männlicher und weiblicher Kudu

Stolzer Hornträger: Waterbuck

Springbock

Zu den größten Antilopenarten zählen die seltene, schwarze **Rappenantilope** (Sable Antelope, Schulterhöhe bis 140 cm, erkennbar an säbelähnlichen, quergerillten Hörnern) und die **Pferdeantilope** (Roan Antelope, 145 cm). Bei den Gnus mit ihren unförmigen Monsterschädeln und struppigen Haarkämmen gibt es zwei Arten: **Streifengnu** (Blue Wildebeest, mit dunklen, senkrechten Streifen an Hals und Brust) und das an seinem weißen Schweif erkennbare **Weißschwanzgnu** (Black Wildebeest; das afrikaanse Wort „beest" meint nicht „Biest", sondern „wildes Rind"). Die seltenen Weißschwanzgnus leben im offenen Grasland und benötigen genügend Wasser. Die **Rote Kuhantilope** (Red Hartebeest) ist mit ihren hohen Schultern und spitzer Kopfform eine eher unbeholfene Erscheinung, eine Verwandte ist die *Leier-* oder *Halbmondantilope* (Tsessebe).

Der majestätische und schraubengehörnte **Große Kudu** (Greater Kudu, 160 cm, nur die Bullen tragen Hörner) ist berühmt für seine Sprungkraft. Noch mächtiger ist die rindsähnliche **Elenantilope** (Eland, 180 cm).

Weitere Antilopenarten sind *Rehantilope* (Grey Rhebok), *Riedbock* (Reedbuck), *Buschbock* (Bushbock), **Nyala** (ca. 115 cm, Hals-, Rücken- und Bauchmähne, vertikale Körperstreifen, braune „Strümpfe", nur die Bullen tragen geschraubte Hörner), *Sitatunga* sowie der *Blesbock* (Blesbok). Der **Buntbock** (Bontebok, Schulterhöhe ca. 90 cm) zählt zu den seltensten Antilopenarten.

Der untersetzt-kräftige **Ellipsen-Wasserbock** (Waterbuck) lebt vorzugsweise in wasserreichen Gebieten, sein typisches Merkmal ist ein weißes Oval an seinen Hinterbacken.

Namibias artenreiche Fauna

Der **Springbock** (Springbok) ist identifizierbar an seinem weißen Kopf mit braunen Streifen vom Auge bis zur Schnauze und an seinen bockartigen, weiten Prellsprüngen. Beide Geschlechter tragen Hörner. Der Springbock ist bevorzugter Fleischlieferant für delikate Springbock-Gerichte, die in Restaurants sehr oft auf der Speisekarte stehen.

Oryx-Antilope oder *Spießbock* (Gemsbok) ist leicht an ihren spitzen und endlos langen Doppelflorett-Hörnern erkennbar, in Kämpfen, selbst gegen Löwen, eine tödliche Waffe. Lebensraum der Oryx-Antilope sind die ariden Gebiete.

Das **Impala** ist die am häufigsten vorkommende Antilopenart, die eleganten Tiere formieren sich meist zu Großherden. Wegen ihrer schwarzen Haarbüschel an den Fersen ist ihr deutscher Name **Schwarzfersenantilope.** Als typische Savannenbewohner sind sie die Hauptnahrung von Raubtieren. Nur die Männchen tragen Hörner.

Gazellen sind gleichfalls Hornträger *(Bovidae)* und Savannentiere. Diese Gruppe umfasst über ein Dutzend Arten, eine der bekanntesten ist die Thomson-Gazelle, deren Hinterbacken ein „M" zeigt.

Flusspferd (Nilpferd)

Als Wassertiere mit sehr sonnenempfindlicher und haarloser Haut benötigen Flusspferde (Hippos) keine Flachgewässer, sondern solche, die tief genug sind, um untertauchen zu können. Sie kommen erst nach Sonnenuntergang zum Grasen an Land. Die tonnenschweren Kolosse wirken recht harmlos, können aber erstaunlich schnell laufen und sie zögern bei Bedrohung ihrer selbst oder ihres Nachwuchses nicht, auf

Schwarzfersenantilopen am Wasserloch

Oryx-Antilopen

Impala

Giraffe im Etosha National Park

Menschen loszustürmen. Deshalb nicht zwischen sie und ihr Gewässer geraten. Beim Abtauchen können sie ihre Nasenlöcher verschließen und bis zu zehn Minuten unter Wasser bleiben. Meist sieht man nur ihre hoch angebrachten Äuglein aus dem Wasser ragen. Imposant ist ihr lautes Röhren mit weitaufgerissenem Maul.

Giraffe

Die Giraffe, das höchste Landsäugetier Afrikas, ist in der Tierwelt absolut unverwechselbar. Männchen können sechs Meter aufragen. Lebensraum ist offene Busch- und Trockensavanne, in der die Giraffe Baumkronen abweidet, (bevorzugt Schirmakazien). Mit ihrer beinahe halbmeterlangen, blaugrauen und greiffähigen Zunge kann sie ungeachtet der spitzen Dornen die Blätter

Happy Hippos

abstreifen, von denen sie sich fast ausschließlich ernährt.

Will sie trinken, was relativ selten erforderlich ist, muss sie die Vorderbeine weit spreizen und den Kopf niedersenken. Diesen Augenblick warten manchmal Löwen ab, um sie zu attackieren. Dank ihrer Höhe hat sie aber ständig Übersicht über das Gelände. Die extreme Länge des Halses rührt von stark verlängerten Halswirbeln. Eine einzige starke und durchgehende Sehne vom Kopf bis zum Schwanz hält ihn in leicht schräger Position. Die Fellflecken sind ein Mittel zu ihrer Tarnung. Beide Geschlechter haben zwei zapfenartige Hörnchen auf dem Kopf. Um ihn mit Blut zu versorgen, ist ihr Blutdruck mehr als doppelt so hoch wie beim Menschen. Bei Kämpfen untereinander schlagen Giraffen ihre Hälse und Köpfe gegeneinander. Giraffen sind tag- und nachtaktiv und Wiederkäuer. Sie bilden Klein- oder Großherden bis zu 30 Tieren und können erstaunlich schnell galoppieren.

Hyäne

Die Tüpfel- oder Fleckenhyäne (Spotted Hyaena) charakterisiert ein flach abfallendes Hinterteil, zotteliges Fell, muskulöser Nacken und aufstehende Ohren. Ihre gut entwickelten Sinnesorgane befähigen sie, Aas oder den Riss eines anderen Tieres meist als erste auszumachen. Zusammen mit den Schakalen und Geiern sind sie „Abräumdienst" und „Gesundheitspolizei" in der afrikanischen Natur. Hyänen sind ausgezeichnete Jäger, die ihre Opfer zu Tode hetzen und keinen Kampf scheuen. Der Kiefer ist so stark, dass auch dickste Knochen zermalmt werden können. Hyänen bilden Clans von 10 bis 30 Tieren, berühmt ist ihr heißeres „Gelächter" in den Nachtstunden. Eine verwandte Art ist die etwas kleinere **Schabracken-** oder **Braune Hyäne** (Brown Hyaena). Hyänenhund ist ein anderer Name für den schäferhundgroßen Afrikanischen Wildhund, Hunting Dog.

Klippschliefer

Klippschliefer (Rock Dassie) sind kaninchengroße Säugetiere ohne Schwanz mit kompaktem Kopf ohne Halsansatz. Sie leben gesellig in Kolonien in felsigen Gebieten die Deckung bieten und stellen wie Erdmännchen Wachposten auf, die bei drohender Gefahr einen scharfen Pfeifton abgeben.

Tüpfelhyäne

Klippschliefer

Schabrackenschakal

Warzenschwein

Schakal

Der **Schabrackenschakal** *(Black-backed Jackal)* hat die Größe eines Fuchses. Den Zusatz „Schabracke" (=Satteldecke) bekam der Schakal wegen der gesprenkelten Rückenfärbung seines braunen oder schwarzen Fells. Schakale leben einzeln, in Paaren oder in Kleingruppen. Die Redensart „abgeschlagen wie ein Schakal" weist auf ihre Schläue, einen ausgeprägten Geruchssinn und listiges Jagdverhalten hin. Sie ernähren sich von kleineren Säugern, Aas, kleinen Antilopen und von Pflanzlichem und sie sind in nahezu allen Ökosystemen heimisch. Weitere Vertreter: Streifenschakale.

Warzenschwein

Warzenschweine *(Warthogs)* sieht man in nahezu allen Wildparks des südlichen Afrikas. Neben den weißen Hauern, die rechts und links der Schnauze in einem Bogen hochwachsen und eine respekteinflößende und für andere Tiere gefährliche Länge erreichen können, ist vor allem der bei flüchtenden Tieren wie eine Autoantenne senkrecht hochstehende Schwanz charakteristisch. Ihr Name kommt von den beiden Höckerwarzen neben ihren Augen, Keiler haben zusätzlich zwei weitere unterhalb. Zum Äsen und Graben knien sie auf ihren Vorderläufen, wühlen nach Knollen und Wurzeln. Mit Borstenhaaren, Mähne und Hängebauchansatz ist das ungestalte Tier bestimmt kein Kandidat für einen Schönheitspreis – und dennoch irgendwie faszinierend.

Zebra

Das schöne **Steppenzebra** *(Common Zebra)* hat seinen Lebensraum in offener Grassavanne mit genügendem Wasserangebot. Zebras bilden Familienverbände, die auf der Suche nach frischem Gras große Entfernungen zurücklegen. Von einer Leitstute angeführt wird die Herde hinten von einem Hengst bewacht. Ihr schwarzweißes Streifenmuster dient nicht als Dekoration, sondern ist Tarnung und Identifizierungsmerkmal für den Nachwuchs, der auf das Muster der Mutter geprägt wird. Die Mähne ist gleichfalls gestreift. Die Kopfrumpf-Länge beträgt zwei bis drei Meter, die Schulterhöhe bis 1,60 Meter, das Gewicht variiert zwischen

Zebras

180 und 450 kg. Steppenzebras gesellen sich gerne zu Antilopen und verteidigen sich gegen Angreifer durch Kicktritte und Beißen. Gegen die zebraliebenden Löwen haben sie aber nur selten eine Chance. Zebras sind nur sehr schwer zähmbar. Im kolonialen Namibia gab es allerdings erfolgreiche Versuche, sie als Zug- und auch als Reittier zu nutzen.

Außer dem Steppenzebra gibt es im südlichen Afrika noch das wesentlich seltenere **Bergzebra** *(Hartmann's Mountain Zebra)*, erkennbar an seinen bis runter zu den Hufen gestreiften Beinen.

Buntes Vogelparadies

Vogelfreunde finden in Namibia und im südlichen Afrika paradiesische Verhältnisse vor, in der Natur wimmelt es von fast zahllosen Spezies. Überall gibt es Chancen zur Beobachtung, nicht nur in den National- und Naturparks, sondern auch in größeren Gärten von Gästehäusern oder von Lodges. Charakteristisch für Namibia sind z.B. die fleißig nesterbauenden kleinen **Webervögel** (Weavers). Während der europäischen Wintermonate kann man auf Zugvögel stoßen, die im südlichen Afrika überwintern. Der 1,20 m hohe **Sekretär** ist

Zebras und Springböcke im Etosha-Nationalpark

ein Raubvogel, der den Körper eines Adlers und die Beine eines hochbeinigen Kranichs hat. Die rotschnablige Schlangenadler-Art **Bateleur wird** wegen ihres akrobatischen und kunstvollen Flugs „Gaukler" genannt. Die größte Vogelart der Welt ist der über 2,5 m hohe und bis zu 70 km/h schnelle, flugunfähige **Strauß** (Ostrich).

Küsten und Feuchtgebiete sind die Habitate von **Möwe, Watvögeln, Albatross, Löffler** (Spoonbill), **Pelikan, Kormoran, Austernfischer** (Oystercatcher), **Seeschwalbe, Fischadler** (Osprey), **Schreiseeadler** (Fish Eagle), **Ibis, Reiher** (Heron), Brillen- oder **Afrikanischer Pinguin** (Jackass-Pinguin.) Schöne Fotomotive sind **Hornbill** (Nashornvogel, sehr artenreich, ein Verwandter ist der rotaugige *Southern Ground Hornbill* mit langem, geschwungenem Schnabel, manchmal mit aufgesetztem „Horn", der Hornrabe), der farbenprächtige **Kingfisher** (Eisvogel) oder der lila-, rot- und blauleuchtende **Lilac-Breasted Roller** (Gabelracke, im Flug lässt sie sich von Seite zu Seite rollen). Rosarote **Flamingos** sieht man an Salzpfannen, während der **Oxpecker** (Madenhacker) in Symbiose mit Büffeln und Nashörnern lebt. Er sitzt auf dem Rücken der Tiere und pickt mit seinem gelbroten Schnabel Parasiten aus der Haut.

Helmut Hermann

Strauß (Ostrich)

Schreiseeadler (Fish Eagle)

Lilac-Breasted Roller (Gabelracke)

Nashornvogel (Hornbill)

Die großen Fünf – The Big Five
Löwe, Leopard, Büffel, Elefant und Nashorn

Mit den „Big Five" sind nicht jene Wildtiere Afrikas gemeint, die von der Statur her am größten sind, sondern die früher bei Großwildjagden am schwierigsten und gefährlichsten zu jagen waren: **Löwe, Leopard, Büffel, Elefant** und **Nashorn.** Die Chance, „alle Fünfe" in nur einem Wildpark oder bei einem einzigen Game Drive zu Gesicht zu bekommen, ist selten und noch am ehesten möglich in einem privaten Game Reserve. Obwohl der **Gepard** nicht zu den nachfolgenden „Big Five" gehört, verdient er gleichfalls eine etwas ausführlichere Beschreibung.

Gepard

Der elegant-schlanke Gepard (Acononyx jubatus, Cheetah) ist das Lieblingstier vieler Touristen, auch deshalb, weil man in privaten Parks mit halbzahmen Tieren hautnahe (Foto-)Begegnungen haben kann.

Geparde sind nach Löwe und Leopard die drittgrößte Katzenart und die schnellsten Säugetiere der Erde. Im Unterschied zum Leopard sind sie erheblich länger als dieser, ihr Fell ist nur mit schwarzen Flecken, keinen Rosetten versehen und der Kopf im Verhältnis zum Körper eher klein. Vom inneren Augenwinkel zieht sich ein deutlich schwarzer Streifen zur Maulecke.

Als tagaktiver Jäger pirscht sich der Gepard – er jagt meist einzeln – so nah wie möglich an seine Beute heran, schreckt sie auf und hetzt sie dann nieder. Dabei kann der hochspezialisierte Sprinter auf kurzen Strecken eine Geschwindigkeit von über 110 km/h erreichen. Unterstützung leisten ihm seine nicht einziehbaren Krallen, die wie Spikes wirken, und als Steuerungsinstrument der lange Schwanz. Mit einem Prankenhieb schlägt er sein Opfer – meist kleinere Antilopenarten – zu Boden und erwürgt es, was dauern kann, denn für einen einmaligen tödlichen Biss ist das Gepardengebiss nicht ausgelegt. Gelingt ihm die Niederwerfung der Beute nach ein paar hundert Metern Verfolgungsrennen nicht, muss er erschöpft und geschwächt aufpassen nicht selbst Beute von Löwe, Leopard oder von Hyänen zu werden. Frisch gerissene Tiere verspeist der Gepard sofort, Vorratshaltung kennt er nicht.

Seine Verbreitung reicht von Namibia über Botswana bis ins nördliche Südafrika und Zimbabwe. Er benötigt ein großräumiges Jagdrevier. Geparden sind in der Wildnis stark gefährdet und selten aggressiv, weshalb sie sich leicht zähmen und sogar schon für die Jagd mit dem Menschen haben abrichten lassen.

Geparde

Löwe

Innerhalb der Familie der Katzen *(felidae)* gibt es von den 37 Arten 8 Großkatzen, wobei der Liebling der Touristen natürlich der **Löwe** ist *(Panthera leo)*. Wie seine anderen Artverwandten ist er dank seiner ausgeprägten Sinnesorgane ein perfekter Jäger, steht an Spitze der Nahrungskette und benötigt, weil überwiegend standortgebunden, ein großes Revier.

Der „König der Wildnis" ist ein Symbol von Mut und Kraft, die einzige Wildkatze, die in Gruppen bis zu 30 Tieren – meist sind die Rudel jedoch kleiner – lebt und gemeinschaftlich auf Jagd geht. Hoher Bevölkerungsdruck raubte ihnen in ganz Afrika Lebensraum.

Löwen leben in den offenen Weiten von Steppen- und Grassavannen, ihre Hauptnahrungsquellen sind Zebras, Antilopen, Gnus und Warzenschweine, aber sie wagen sich auch an Giraffen und an die gefährlichen Büffel als Beute. Die Jagd nach Nahrung übernehmen in der Regel die Löwinnen in kooperativem Vorgehen, ein einmaliges Verhalten im Reich der Katzen. Sie schleichen sich an das Opfer heran, es wird eingekreist, aufgescheucht und in Richtung ihrer lauernder Mitjägerinnen getrieben, die versteckt im Gras liegen. Ein Biss in die Flanke oder in die Halsschlagader besiegelt das Leben des Opfers. Auch kann bereits ein einziger Hieb mit außergewöhnlich kraftvollen Pranken einem Tier das Genick brechen. Das Opfer („the catch") wird dann von der Meute unter heißerem Gefauche meist in den Schatten eines Baumes gezogen und gemeinsam gefressen – und wer dabei den größten Fleischbrocken erwischt, hat dann den „Löwenanteil" …

Männliche Löwen erkennt man leicht an ihrer ausgeprägten Mähne. Ausgewachsen können sie es leicht auf über 200 kg Gewicht und auf eine Gesamtlänge von über 3 m bringen. Die Weibchen sind zierlicher. Die maximale Laufgeschwindigkeit beträgt ungefähr 60 km/h, die sie aber nur auf kurze Distanzen durchhalten können. Weibchen sind das ganze Jahr über paarungsbereit und gebären nach einer Tragzeit von 3,5–4 Monaten 2–5 Jungen.

Chancen Löwen zu sehen bestehen frühmorgens oder abends in der Nähe von Wasserlöchern. Den Tag verdösen sie meist im Schatten eines Baumes. Ihr kilometerweit röhrendes Gebrüll, das bei den Männchen der Revierverteidigung dient und das Sie vielleicht während einer abendlichen Pirschfahrt in nächster Nähe zu hören bekommen, gehört zu den aufregendsten Erlebnissen in Afrika.

Leopard

Die schönste Großkatze Afrikas mit wunderbar gezeichnetem Fell ist der **Leopard** *(Panthera pardus)*. Als der gewandteste Kletterer und als gewitzter Einzelgänger ist er nur schwer zu erspähen. Andererseits sind in manchen (kleineren) Schutzgebieten den Tieren die immer wiederkehrenden Geländewagen der Safaritouristen so vertraut geworden, dass sie sich von ihnen nicht weiter stören lassen.

Männliche Tiere werden 40–90 kg schwer, weibliche 30–60 kg. Die Fellfarbe variiert von weiß bis goldbraun, unregelmäßig gefleckt mit schwarzen Punkten und unterbrochenen Rosetten, deren Zentrum etwas dunkler ist als die Fellgrundfarbe. Es existieren über 25 Unterarten und alle Spezies sind überaus anpassungsfähig.

Löwe

Löwin

Lepoard

Das Lebens- und Jagdgebiet dieses territorial gebundenen Tieres sind Steppen- und Graslandschaften, Dornendickichte und Halbwüsten. Auf die Jagd geht der muskulöse Schleichjäger am späten Nachmittag oder am frühen Abend, und als typischer Ansitzjäger sucht er von Bäumen herab zuerst die Umgebung ab. Mit Ansturm wirft er seine Beute um und tötet sie durch einen Biss in die Kehle. Er schlägt auch Tiere, die weitaus größer sind als er selbst. Nach dem ersten Fressen wird die Beute mit viel Kraft und im Genick verbissen auf einen Baum gezerrt, um sie vor anderen Tieren in Sicherheit zu bringen. Das Nahrungsspektrum reicht von Kleintieren bis schwersten Antilopen. Auch Aas verschmähen Leoparden nicht. Feinde haben sie nur wenige und wenn, dann Löwen.

Büffel

Der Afrikanische Büffel (*Syncerus caffer*, Steppen- oder Kaffernbüffel) ist als Rinderart ein typischer Grasfresser. Büffel leben in Herden von ein paar Dutzend bis Hunderten von Tieren und bevorzugen beschattete Graslandschaften und Flusstäler mit ganzjährig gutem Wasserangebot, weil sie jeden Tag ein- bis zweimal trinken müssen. Das Revier, das sie auf Trampelrouten zu den Wasserstellen durchwandern, wird selten gewechselt.

Charakteristisch bei diesen schwarzen Giganten mit ihren melancholischen Augen sind die bis zu 1,5 Meter ausladenden, geschwungenen Hörner. Ausgewachsene Bullen können eine Schulterhöhe von knapp zwei Metern, eine Kopf-Rumpf-Länge von über 3 Metern und ein Gewicht von 1000 Kilogramm erreichen. Um diese Last zu tragen, sind

Büffelherde im Anmarsch

die Läufe und Hufe überaus kräftig ausgebildet.

Die Herden bestehen meistens aus Kühen und ihren Jungen, nur während der Paarungszeiten schließen sich auch die Bullen den Herden an, und dabei kommt es dann immer wieder zu Hierarchiekämpfen. Der weibliche Nachwuchs bleibt gewöhnlich ein Leben lang in der Herde, in der er geboren wurde. In der Wildnis erreichen Büffel ein Alter von 15–20 Jahren.

Wie bei den Nashörnern sitzen auf dem Rücken der Büffel oft Madenhacker, die ihr Wirtstier von Haut- und Fellschmarotzern befreien. Zu den Feinden der Büffel zählen Löwen und Leoparden und auch Krokodile, wenn sie auf einer Wanderung einen Fluss durchqueren müssen. Als „Big Five"-Mitglied wurde der Afrikanische Büffel früher auf Großwildjagden bejagt und stark dezimiert, dass es fast zur Ausrottung kam. Heute haben sich die Populationen wieder erholt.

Büffel haben den Ruf, nicht ungefährlich zu sein. Menschen, die in Afrika von Tieren getötet wurden, kommen nach Statistiken an erster Stelle durch wild geworden Flusspferde und danach durch Büffel zu Tode, vor allem durch verwundete oder ältere Einzelgänger, die in die Enge getrieben werden. Bei einem Game Drive in privaten Schutzgebieten wird an grasende Büffelherden meist relativ nahe herangefahren. Doch einmal in Rage lostrampelnd – ihr nächstes Verhalten ist nicht vorhersehbar –, ist eine Büffelherde nicht mehr zu stoppen.

Elefant

Der größte und beeindruckendste Vertreter der afrikanischen Landsäugetiere aus der Familie der Rüsseltiere ist der Afrikanische Elefant *(Loxodonta africana)*. Außer dem Steppenelefant gibt es die Wald- und Wüstenelefanten. Unterscheidungsmerkmal zum asiatischen Elefant (Arbeitselefanten gibt es in Afrika keine) sind seine größeren Ohren, mit denen er überschüssige Körperwärme abfächelt. Vor einem Angriff spreizen Elefanten ihre Ohren weit ab und wittern mit erhobenem Rüssel.

Die großen Fünf – The Big Five

Ursprünglich auf dem gesamten Kontinent beheimatet, haben Elefanten im südlichen Afrika vor allem in den Nationalparks und noch vereinzelt in der Wildnis ihr Rückzugsgebiet gefunden. Eine Elefantenkuh ist etwa 22 Monate lang trächtig – länger als jedes andere Tier.

Das Seh- und Hörvermögen der Elefanten ist weniger stark ausgeprägt, dagegen gut ihr Geruchssinn. Es sind sehr intelligente Herdentiere – ihr Gedächtnis ist sprichwörtlich – mit hohem Sozialverhalten, z.B. werden jüngere, ältere oder verletzte Artgenossen beschützt und bei einer Wanderung nicht zurückgelassen.

Typisch ist ihr fast lautloser Gang, die Sohlen der stämmigen Beine polstert dickes, elastisches Bindegewebe. Bei ihren Wanderungen legen sie in der Stunde etwa 5 km zurück, sie können aber auch unvermittelt losstürmen. Männliche Elefanten können Körperhöhen von bis zu 3,50 m (höchster Punkt ist nicht der mächtige Kopf, sondern der Rücken) und ein Gewicht von 5000 bis 7000 kg erreichen. In freier Wildbahn können die Rüsseltiere ein Alter von über 60 Jahren erreichen.

Am faszinierendsten am Elefanten ist sein muskelreicher und knochenloser langer Rüssel. Das Organ entstand in der Elefanten-Entwicklungsgeschichte aus Oberlippe und verlängerter Nase und ist ein äußerst feinfühliges, bewegliches „Multifunktionswerkzeug": Es dient als Riech-, Tast- und Greiforgan, als „Hand" und „5. Bein", Signaltrompete- und Kommunikationsinstrument, Saug- und Druckpumpe, Staubdusche, Grabstock, Schnorchel beim Baden, Schlagwaffe und natürlich zur Aufnahme der Nahrung. Ohne einen Rüssel wäre ein Elefant sofort verloren, denn mit dem Maul allein kann er weder direkt fressen noch trinken. Die Wassermenge, die der Rüssel nach dem Ansaugen in den Schlund bläst, kann in kurzer Zeit über 100 Liter betragen, – die er durchschnittlich jeden Tag benötigt.

Elefanten fressen vor allem Gras, aber auch Früchte, Wurzeln, Zweige und

Etosha-Elefanten

Auf Pirsch mit dem Ranger – Breitmaulnashörner fast zum Greifen nah

Rinde, insgesamt kommen da täglich bis zu 200 kg zusammen. Interessant ist die Sache mit den Backenzähnen: Davon hat ein Elefant drei Sätze in seinem Leben, und ist der dritte heruntergekaut, verhungert er. Unermüdlich sind die Herden den ganzen Tag auf Futtersuche, und wo Elefanten einmal durchgezogen sind und alles Pflanzliche weggeräumt oder über Nacht ganze Ernten von Dorfbewohnern vernichtet haben, bietet sich ein trauriger Anblick. Überpopulationen sind in Wildparks ein ökologisches Problem. Deshalb wird durch Umsiedlungsaktionen oder sogenanntes *culling* der Bestand von Zeit zu Zeit verringert. Doch Elefanten zerstören nicht nur, sie säen auch: wenn sie die Früchte eines Baums verdaut haben, hinterlassen sie mit ihrer Losung keimfähige Samen, aus denen neue Bäume heranwachsen.

Wegen seiner begehrten, meterlangen Stoßzähne, die früher zu Elfenbeinschmuck, Messergriffen oder Klaviertasten verarbeitet wurden, jagte und tötete der Mensch Elefanten leider schon immer. Die heutigen internationalen Artenschutzabkommen sichern die Bestände, aber den Wilderern, die die grauen Riesen wegen ihres Elfenbeins noch immer abschlachten, ist kaum beizukommen.

Nashorn

Afrika ist die Heimat für zwei der fünf Nashorn-Arten (Rhinozerosse) auf der Welt. Auf dem Schwarzen Kontinent leben geschätzt 25.000 Nashörner, davon mehr als 80% im südlichen Afrika.

Es gibt zwei Hauptarten von Nashörnern und es ist relativ leicht, sie zu unterscheiden: Erkennungsmerkmal des selteneren **Spitzmaulnashorns** *(Diceros bicornis)* ist seine vorstreckbare Oberlippe, mit der es Blätter von Sträuchern und niedrigen Bäumen zupfen kann. Es ist kleiner als sein Vetter,

Die großen Fünf – The Big Five

das Breitlippen- oder **Breitmaulnashorn** *(Ceratotherium simum)*. Spitzmaulnashörner leben im Gegensatz zu den in Kleingruppen auftretenden Breitmaulnashörnern eher als Einzelgänger. Breitmaulnashörner haben breite, kantige Lippen, die es ihnen ermöglichen, mit niedergesenktem Haupt das Gras gut ausreißen zu können. Seine englische Bezeichnung „White Rhino" beruht auf einer Falschübersetzung des afrikaansen „wyd mond neushoorn", einem Nashorn mit „weitem" oder „breitem" Maul. Mit „witten" – „weißen Nashörnern" – hat das nichts zu tun, auch nicht mit „schwarzen" als anderer Name für Spitzmaulnashörner. Anhand der Farbe ihres Panzers sind die Arten nicht unterscheidbar.

Nach den Elefanten sind Nashörner die gewaltigsten Landsäugetiere. Das Erscheinungsbild dieser überlebenden Urviecher ist von prähistorischer Schönheit. Die Bullen können ein Gewicht von über 2000 kg und eine Körperhöhe von 1,5 m erreichen. Die grauen Kolosse wirken schwerfällig und plump, aber einmal in Fahrt gekommen, bringen sie auf über 40 km/h. Mit ihren zwei hintereinander stehenden, charakteristischen Hörnern – mal ist das vordere das größere, mal das hintere – vermögen Sie eventuell angreifende Artgenossen in die Flucht zu schlagen. Sie haben keine natürlichen Feinde – außer dem Menschen. Ihre Existenz und Population war immer bedroht, wegen der Jagd auf das Horn und weil ihre Vermehrungsrate sehr gering ist.

Nashörner leben bevorzugt in feuchten Graslandschaften an offenen Wasserstellen, denn sie wälzen sich gerne im Schlamm, um Hautparasiten abzustreifen. Auf ihren Rücken setzen sich Madenhacker und picken die Maden aus der dicken Haut, die keine Schweißdrüsen hat. Die Schlammbäder dienen deshalb auch zur Abkühlung.

Die Panzertiere sehen schlecht, hören und riechen dafür aber umso besser und können sehr alt werden. Charakteristisch sind die Reviermarkierungen aus riesigen, breitgetretenen Dunghaufen.

Helmut Hermann

Kleines Safari-Brevier

Allgemeine Tipps

- Immer die Vorschriften des Tierschutzgebiets beachten
- Fahren Sie so zeitig wie möglich los, je früher es ist, desto mehr Chancen bestehen, Tiere zu sehen (Frühstück z.B. auf einem Picknickplatz einnehmen). Auch der Spätnachmittag ist eine gute Zeit. Elefanten suchen in der Zeit der größten Hitze oft Wasserlöcher oder Flüsse auf.
- Fenster offen lassen, mit allen Sinnen die Natur aufnehmen. Kamera und Fernglas bereithalten. Ein Tuch oder dünner Schal schützt vor Zugluft und Staub auf Kamera und Objektiven.
- Mit Ihrem Fahrzeug langsam fahren, am besten nicht mehr als 20–30 km/h. Bleiben Sie auf dem Wegenetz. Die Autohupe nicht benutzen.
- Verlassen Sie den Wagen nie bzw. unterwegs nur an den Punkten wo es erlaubt ist, z.B. an Toiletten- oder Picknickplätzen.
- Werfen Sie keinen Müll aus dem Wagen.
- Stehen Sie in einem offenen Pirschwagen nicht auf, Tiere nehmen ein Fahrzeug als ganze Silhouette war. Nicht nach Zweigen greifen und ducken, wenn der Wagen herunterhängende Äste streift, es können spitze Dornen dran sein.
- Denken Sie an Andere, ziehen Sie Ihren Wagen an Beobachtungsplätzen zur Seite, damit Sie niemanden die Sicht versperren und diese vorbeifahren können.
- Fragen oder teilen Sie es Entgegenkommenden mit, wenn Sie Außergewöhnliches gesehen haben. Immer vor Dunkelheit im Camp zurück sein.
- Last, but not least: Toilettenpapier verrottet nicht, es sollte zumindest eingegraben werden. Besser ist es, es zu verbrennen.

Game Drive im Caprivi

Kleines Safari-Brevier

Verhaltens-regeln
- Nicht zu nahe an Tiere heranfahren, speziell an Elefanten, Nashörner, Hippos und Büffel.
- Nicht in Flüssen baden oder schwimmen – dort können Krokodile und Hippos leben.
- Auf Fuß-Safaris niemals wegrennen, dies animiert Raubkatzen zum Nachstellen. Immer auf dem markierten Weg bleiben, bei Annäherung von Tieren strikt den Anweisungen des Guides folgen.

Elefanten: Nicht zwischen eine Herde fahren, besonders nicht zwischen Elefantenkühe und deren Junge. Keine Zitrusfrüchte im Wagen mitführen.

Büffel: Im Fahrzeug besteht keine Gefahr.

Flusspferde: Nicht zwischen Tiere und Wasser geraten. Keine Gefahr, wenn ein Flusspferd nachts vor dem Safari-Zelt grast. Keinen Fotoblitz, nicht aus dem Zelt gehen.

Affen: Können an Picknickplätzen angriffslustig werden, weil sie Essenreste gefunden haben oder gefüttert wurden.

Krokodile: Vorsicht an seichten Gewässern und flachen Ufern. Nachts bleiben Krokodile im Wasser, sie marschieren nicht durch ein Camp.

Schlangen: Achten wo man hintritt. Nicht unhörbar durchs Gelände schleichen, Schlangen registrieren Erschütterungen und verziehen sich (Ausnahme: Puffottern). Vorsicht bei und unter Felsen und Steinen.

Helmut Hermann

Game Drive	Tierbeobachtungsfahrt/Pirschfahrt
Night Drive	Pirschfahrt bei Dunkelheit mit Suchscheinwerfern
Sundowner	tagesabschließender Drink; in privaten Parks und Lodges zum Abschluss eines nachmittäglichen Game Drives
Ranger	Wildhüter
Staff	Bedienstete in einem Camp
Tip-box	Trinkgeld-Kasten
Early morning tea	nach alter englischer Sitte der Aufsteh-Tee
Tracker	purenleser, der bei einem offenen Safari-Wagen auf einem Sitz an der Stoßstange sitzt und bei einer Fuß-Safari vorangeht
Droppings	Losung
Kill	der Riss oder Beuteschlag eines Raubtiers
Pad	Bezeichnung für Piste, Weg
Carnivor	Tiere, die sich überwiegend von Fleisch ernähren
Herbivor	Pflanzenfresser
Predator	Tiere, die andere Tiere jagen (Raubtiere)

Geschichte und Geschichten

Etwa 13 Millionen Jahre alt sind die Kieferfragmente eines Hominiden, die in der Nähe der stillgelegten Aukas-Mine in den Otavi-Bergen gefunden wurden.

25.000–5000 v. Chr. haben die namibischen Urbewohner (wahrscheinlich Vorfahren der heutigen San) Steinplättchen mit Darstellungen von Giraffen bemalt. Diese ältesten auf afrikanischem Boden entdeckten Kunstwerke wurden in einer Höhle in den Huns-Bergen gefunden. Im Gegensatz zu den Felsgravuren, die sich nur schwer datieren lassen, konnte man das Alter der Malereien mit der C14-Methode ziemlich genau bestimmen.

2000 v. Chr. sollen Herodot zufolge phönizische Seefahrer den afrikanischen Kontinent umrundet haben. Dabei könnten sie auch an der namibischen Küste gelandet sein. Diese Vermutung ist die Grundlage all jener – etwas verschrobenen – Theorien, nach denen die grandiosen Zeugnisse der südwestafrikanischen Felsbildkunst – die „Weiße Dame" vom Brandberg beispielsweise – auf phönizischen Einfluss zurückzuführen seien.

Bis ins 15. Jahrhundert fehlen jegliche historische Quellen; es gibt keine Funde, und die oralen Traditionen der namibischen Völker erfassen diese Periode bestenfalls in Form von mythologischen Erzählungen. **1486** ist das **erste historisch verbriefte Ereignis** namibischer Geschichte zu verzeichnen. In diesem Jahr gelang dem Portugiesen Diogo Cão die Landung am Kreuzkap, wo er eine Steinsäule mit aufgesetztem Kreuz (*padrão*, s. Abb.) errichtete und damit die unwirtliche Küste für Portugal markierte. Ein Jahr später fuhr sein Landsmann Bartolomeu Diaz die namibische Küste ab und stellte **1488** einen weiteren Padrão in **Angra Pequena**, dem heutigen Lüderitz, auf. Ab 1700 drängten burische Siedler vom Kap die Nama-Viehzüchter von ihren angestammten Plätzen nach Norden über den Oranje. Auf heutigem namibischem Territorium trafen die Nama auf die ebenfalls viehzüchtenden Herero und Ovambo, die von Norden den Kunene überquerten und allmählich gen Süden zogen.

Portugiesischer Padrão

Im 18. Jh. begann die Erforschung Namibias durch Jäger, Reisende und fahrende Kaufleute aus der britischen Kap-Kolonie. Gerüchte über große Viehherden und Wild in Überfluss lockten die Abenteuerlustigen über den Oranje nach Norden. Erste Handelskontakte mit Herero und Nama entstanden. Zugleich nützten Walfänger die geschützte Bucht von Walvis Bay als sicheren Hafen. Ein Handelsweg durch die Namib verband die Niederlassungen an der Küste mit dem Binnenland, wo die Weißen mit den Nama und Herero einen Tauschhandel etablierten.

Um 1800	zogen die ersten Gruppen der Orlaam-Nama aus der Kap-Kolonie über den Oranje nach Norden. Durch den Kontakt mit Weißen besser ausgerüstet und bewaffnet waren sie ihren Nama-Volksbrüdern in Namibia überlegen. Schon bald kontrollierten die verschiedenen Clans der Orlaam-Nama – die Witboois, Swartboois und Afrikaaner – das südliche und das zentrale Namibia. Immer wieder kam es zu Fehden zwischen ihnen und den Herero, bis die Nama die waffentechnisch unterlegenen Herero weit nach Norden abdrängten.
1806	gründeten Missionare der London Missionary Society die erste christliche Niederlassung in Warmbad. Acht Jahre später brach der deutsche Missionar Heinrich Schmelen nach Bethanien auf und baute dort eine Missionsstation. Vierzig Jahre später gelang es auch der Rheinischen Mission, sich im Namaland zu etablieren; 1842 erreichte Carl Hugo Hahn die Afrikaaner-Nama in der Nähe des heutigen Windhoek, 1844 legte er den Grundstein für die Mission Gross Barmen.
Um 1840	ließen sich Orlaam-Nama unter ihrem Führer Jonker Afrikaaner nahe der heutigen Hauptstadt Windhoek nieder. In einem beispiellosen Einsatz von Arbeitskräften bauten die Nama unter Jonker Afrikaaner eine Straße von seinem Stützpunkt an die Küste nach Walvis Bay. Der „Alte Baaiweg" wurde zur bedeutenden Handelsstraße.
1854	erhielt ein britisches Unternehmen die Schürfrechte für die Kupfermine Matchless südwestlich von Windhoek. Das Erz wurde auf dem Baaiweg nach Walvis Bay transportiert. Fehden zwischen Herero und Nama sowie sich häufende Überfälle auf die Warentransporte von und zur Küste schufen zunehmende Unsicherheit für die Kaufleute und Siedler. Der Ruf nach einer Schutzmacht wurde lauter.
1876	erklärte die Kap-Kolonie das Gebiet der Nama und Herero zum Protektorat, zwei Jahre später annektierte Großbritannien Walvis Bay. Damit begann der deutsch-britische Wettlauf um Südwestafrika.
1883	Heinrich Vogelsang schloss am 12. Mai im Namen des deutschen Kaufmanns Adolf Lüderitz die ersten Verträge über Landverkäufe mit den Orlaam-Nama. Sofort erbat Lüderitz bei Reichskanzler Bismarck den Schutz seines Eigentums. Die Kap-Administration erkannte eventuelle Schutzrechte des Deutschen Reiches nicht an.
1884	erklärte Bismarck Lüderitzland daraufhin zum **deutschen Protektorat**. Weitere Landkäufe und Verträge mit Nama und Herero vergrößerten das Gebiet. 1886 legte ein Vertrag mit Portugal die Nordgrenze des Landes fest.

1889	traf der künftige **Gouverneur Curt von François** mit seiner 21 Mann zählenden Schutztruppe in Walvis Bay ein und gründete Fort Wilhelmsfeste in Tsaobis. 1891 wählte er Jonker Afrikaaners aufgegebene Niederlassung Windhoek als Stützpunkt.
1890	Im **Helgoland-Sansibar-Vertrag** erhielt das Deutsche Reich im Austausch gegen Wituland im heutigen Kenia und den Verzicht auf eine mögliche Kolonisierung Sansibars, das zu dieser Zeit noch unabhängig war, Helgoland sowie den **„Caprivi-Zipfel"**, benannt nach Reichskanzler Leo von Caprivi (1890–94) und damit Zugang zum Zambezi und zu den Märkten Ostafrikas. 1891 übersiedelte die Verwaltung des Protektorats von Otjimbingwe nach Windhoek. Nama und Herero schlossen sich zur Abwehr der Deutschen zusammen, die die ersten Aufstände niederkämpften.
Zwischen 1904–1907	schlug die deutsche Schutztruppe Aufstände der Nama und Herero in blutigen Kriegszügen nieder. Am 11. August 1904 fand die **Schlacht am Waterberg** statt. Bei der darauffolgenden Flucht der Herero in die Omaheke-Wüste starben Abertausende.
1914	Der Ausbruch des I. Weltkriegs warf seinen Schatten auch auf die deutschen Kolonien in Afrika. Südafrikanische Truppen marschierten gegen Deutsch-Südwestafrika. Ein Jahr später kapitulierte die Schutztruppe. Im Versailler Vertrag wurde das Gebiet dem Völkerbund unterstellt und Südafrika zur Verwaltung überlassen.
1939	Auch der Beginn des Zweiten Weltkriegs hatte im ehemaligen Südwest Konsequenzen: Um dem in Nazideutschland wieder erstarkten Kolonialgedanken entgegenzutreten, internierte die Administration Teile der deutschen Bevölkerung Namibias in südafrikanischen Lagern oder stellten sie auf ihren Farmen unter Arrest.
1945	übernahm die UNO als Nachfolgeorganisation des Völkerbundes das Mandat für Namibia, was Südafrika nicht anerkannte und das Territorium trotz internationaler Proteste weiter als Provinz verwaltete. Dazu gehörte: Ausweisung von Reservaten für die schwarze Bevölkerung, Einführung der Apartheidgesetze und die Einrichtung von schwarzen „Homelands" ab 1964 nach Gebietsvorschlägen der Odendaal-Kommission.
1966	entdeckten südafrikanische Truppen ein Ausbildungslager der PLAN (People's Liberation Army of Namibia) im Ovamboland und bombardierten es. Dies war der Auftakt des bewaffneten Widerstandes unter Ägide der SWAPO (South West African People's Organization). Die Operationsbasen der PLAN lagen im benachbarten Angola, Zambia und im Caprivi.

1973	erkannten die UN die SWAPO als einzigen rechtmäßigen Vertreter des namibischen Volkes an. Fünf Jahre später hielt man, aufgrund des internationalen Druckes, in Namibia Wahlen ab, die die SWAPO allerdings boykottierte. Ein Zusammenschluss verschiedener politischen Gruppierungen, nach seinem Tagungsort in Windhoek „Turnhallen-Allianz" (DTA) genannt, ging als Sieger hervor und durfte das Land mit eingeschränkter Autonomie „regieren". Unter der DTA-Regierung wurden 1978 die Apartheidgesetze abgeschafft. 1983 trat die DTA wegen der immer schärferen Kontrolle durch den südafrikanischen Generaladministrator zurück.
1989	Der entschärfte Ost-West-Konflikt setzte endlich auch in Namibia einen Friedensprozess in Gang. Unter UN-Aufsicht fanden die ersten demokratischen Wahlen statt: Die SWAPO erhielt 41 Sitze, DTA 21, UDF (United Democratic Front) 4 und ACN (Action Christian National) 3.
Am 21. März 1990 ...	wurde Namibia in die **Unabhängigkeit** entlassen, Staatspräsident der SWAPO-Führer Sam Nujoma. Vier Jahre später erreichte er mit seiner SWAPO bei den zweiten demokratischen Parlamentswahlen die Zweidrittel-Mehrheit, die der Regierung nun theoretisch absolute Handlungsfreiheit ohne Rücksicht auf Interessen oppositioneller Gruppen eröffnete.
1994	nahm Namibia die südafrikanische Enklave *Walvis Bay* in sein Staatsgebiet auf.
1997	Starke Regenfälle beendeten die langjährige Trockenheit und führten zu Überschwemmungen und sogar zur Überflutung von Sossusvlei – zu diesem Zeitpunkt noch fast ein Jahrhundertereignis. Die Staudämme waren nun alle wieder wohl gefüllt. Beim Besuch von Bundespräsident Herzog in Windhoek trugen die Herero ihren Wunsch auf Wiedergutmachung für die vielen Toten ihres Volkes beim Hererokrieg vor. Die deutsche Delegation wies dieses Ansinnen mit dem Hinweis auf die großzügige Hilfe an Namibia ab, die der gesamten Bevölkerung zugute gekommen ist.
1998	engagierte sich Namibia mit u.a. Zimbabwe und Zambia militärisch im Kongo. Die für das kleine Land immensen Kosten für den Unterhalt und die Ausrüstung seiner Soldaten führten zu Protesten in der Bevölkerung. Der Streit um einige kleine Inseln im Grenzgebiet Namibia/Botswana im Caprivi Strip am Chobe-Fluss eskalierte (nicht zum ersten Mal). Dabei ging es wohl auch um zukünftige Verfügungsrechte über die Wasserversorgung, welches Land letztlich vom Chobe-Wasser profitieren wird. Leidtragende waren Bauern aus Namibia, die die Inseln für Anpflanzungen verwendeten, sie wurden von botswanischer Polizei verjagt. Die schlechten Beziehungen zu Botswana nutzten im November 320 Namibier, die sich als Sezessionisten (Ziel

ist die Unabhängigkeit des Caprivi Strip von Namibia) nach Botswana absetzten und dort politisches Asyl erhielten. Darunter befanden sich bekannte Persönlichkeiten, wie Mishake Muyongo, ehemaliger Vorsitzender der Demokratischen Turnhallenallianz DTA.

1999 Unter dem ehemaligen SWAPO-Mitstreiter Ulenga bildete sich eine neue Partei, die sich als Protestbewegung gegen das Engagement im Kongo und die dritte Amtszeit Nujomas verstand.

2000 Mit dem Krieg in Angola und Separationsbestrebungen im Caprivi schwappten Truppen aus dem Nachbarland in den Caprivi und sorgten für große Unruhe, nicht nur die einheimische Bevölkerung litt darunter, auch Touristen wurden erschossen. Die namibische Armee und Polizei ging gegen die Separatisten und die fremden Truppen vor.

2002 Die Situation im Caprivi beruhigte sich, die Fahrt durch den schmalen Landstreifen, zwei Jahre nur mit Konvoi und Militärbegleitung möglich, war nunmehr wieder problemlos. Die Grenzen nach Angola öffnen sich nach Beendigung des dortigen Bürgerkrieges, Namibia erwartete einen großen wirtschaftlichen Aufschwung durch den Handel mit Angola. Wider Erwarten erklärte Sam Nujoma, dass er für eine vierte Amtszeit nicht mehr zu Verfügung steht. Das Engagement Namibias im Kongo wurde beendet.

2004 Zum 100. Mal jährte sich die *Schlacht am Waterberg,* Anlass für die Herero, den Krieg mit den Deutschen 1904–1907 erneut ins Gedächtnis zu rufen und die Politik der deutschen Kolonialregierung als geplanten Genozid an den Herero zu brandmarken. Parallel dazu wurden in den USA Zivilklagen auf Schadensersatz/Wiedergutmachung gegen Deutschland eingereicht. Bei einem Besuch der Feierlichkeiten zum Jahrestag der Schlacht am Waterberg entschuldigte sich die deutsche Entwicklungshilfeministerin Wiczorek-Zeul – entgegen der expliziten Empfehlung des Außenamtes – für das, „was heute als Völkermord bezeichnet würde". Die Diskussion um die Zwangsverkäufe weißen Landbesitzes verschärft sich, da es der Regierung bislang nicht gelang, nennenswerte Ländereien der schwarzen Bevölkerung zur Verfügung zu stellen – Wahlkampfgetöse? Im November stehen die Wahlen an, und immer ist noch nicht klar, wer für die SWAPO kandidieren wird; auch Sam Nujoma ist plötzlich wieder für eine weitere Amtsperiode im Gespräch.

2005 **Hifikepunye Pohamba** übernahm von Sam Nujoma, der aus alters- und verfassungsrechtlichen Gründen nicht mehr kandidieren wollte, das Amt des Staatspräsidenten. Seine Politik hatte ausgleichenden Charakter, Beobachter aller Bevölkerungskreise stuften sie als sehr moderat ein. Ganz vereinzelt kam es zu Enteignungen (mit

Geschichte und Geschichten

finanziellem Ausgleich) von Farmen – meist auf dem Hintergrund, dass diese nicht wirtschaftlich genutzt werden oder auch nach Problemen mit der Gewerkschaft der Farmarbeiter.

2006 Extrem ergiebige Regenfälle im zweiten Jahr ließen die Dämme überlaufen und das ganze Land grün erblühen.

2009 Mit der Weltwirtschaftskrise brach der Diamantenmarkt ein und die Konzerne sahen sich gezwungen, den Abbau zumindest partiell in einigen Abbaugebieten vorübergehend einzustellen – auch in Namibia. Die **Wahlen** im November 2009 sahen erneut Hifikepunye Pohamba und die SWAPO mit jeweils einer Zweidrittelmehrheit als Sieger.

2011 Die Regierungschefs von Namibia, Zambia, Botswana, Angola und Zimbabwe unterzeichneten den Vertrag für den KAZA-Park (Kavango-Zambezi-Park), der zukünftig mit 300.000 km² eines der größten Schutzgebiete der Erde ist und als *Transfrontier-Park* unter gemeinsamer Verwaltung der fünf Länder steht.

2012 Deutsche Hydrologen fanden ein Grundwasserreservoir in 200 m Tiefe im Cuvelai-Etosha-Becken. Es soll eine Größe von 5 Milliarden Kubikmeter haben und könnte die Versorgung des Nordens des Landes über mehrere Jahrhunderte sicherstellen.

2013 Kurz vor Weihnachten wurde in einer Nacht- und Nebelaktion in Windhoek das Standbild des Deutschen Reiters als Symbol der Kolonialunterdrückung abgebaut, der historische Sockel geschleift und die ungeliebte Bronzefigur in den Innenhof der Alten Feste gebracht.

2015 Nach den für die SWAPO wieder siegreiche Wahlen von 2014 übernahm im März Hage Geingob mit einem überwältigenden Wahlergebnis von 86,7% anstelle des (nach zwei Amtsperioden) nicht mehr antretenden Pohamba die Position des Präsidenten. Die Wahlen wurden von Beobachtern als „transparent, friedlich, frei und fair" eingestuft.

Sommer 2015/16 Namibia erlebte einen der trockensten Sommer der letzten Jahre und musste den Wasserverbrauch drastisch senken. Strenge Rationierungen mussten erlassen werden, Tausende Tiere verdursteten und viele Kleinbauern verarmten, da ihre Ernten ausfielen.

Geschichtsquellen

Mythen und Tradition

Die südwestafrikanischen Völker, die nach und nach in ihr heutiges Territorium einwanderten, haben ihre Geschichte in Mythen überliefert. Es sind Erzählungen, die zwar tatsächliche Begebenheiten reflektieren, sie zugleich aber so verfremden, dass sie in das religiöse Weltbild passen und als Begründung für das heutige Dasein dienen können – z.B. für die Sozialstruktur, die Wirtschaftsform oder für den Herrschaftsanspruch einer bestimmten Familie. Deshalb kann die Geschichtsforschung aus der Mythologie nur in groben Grundzügen rekonstruieren, welche Wanderungen, Kriege, Auseinandersetzungen stattgefunden haben, bevor die ersten Weißen namibischen Boden betraten. Als Hilfsmittel dienen dabei andere Forschungszweige wie beispielsweise die Linguistik: aus Sprachverwandtschaften kann man ebenfalls Rückschlüsse auf die Geschichte eines Volkes ziehen.

Auch die Untersuchung von Sozialstruktur und Wirtschaftsform kann Klarheit bringen, z.B. über die Wanderungen einer Volksgruppe. Man kann so nachweisen, dass bestimmte Phänomene, wie Erbfolge oder ein besonderer Ritus, der aus dem homogenen Muster der Gemeinschaft heraussticht, von anderen Völkern bei der Wanderschaft übernommen wurden. Eine weitere „Eselsbrücke" für die Kenntnis der Geschichte können besondere Traditionen sein, so der Brauch der Herero, die Jahre nach bestimmten, herausragenden Ereignissen zu benennen – etwa nach einem besonders starken Regen oder nach dem Tod eines Oberhauptes. Insgesamt basiert das Wissen über die vorkoloniale Geschichte Namibias aber auf vagen Schlussfolgerungen und Vermutungen. Klarheit in dieses Dunkel könnten die Felsbilder bringen, die so zahlreich an vielen Orten in Namibia entdeckt wurden. Doch auch sie haben sich bislang einer wissenschaftlichen Deutung verschlossen.

Was die Felsbilder erzählen:
Vor- und Frühgeschichte

Das Felsrund von Twyfelfontein und der Brandberg sind Namibias bedeutendste Fundstellen von Felsbildern, Twyfelfontein gilt sogar als die größte Afrikas. Felsbilder finden sich aber auch fast überall entlang der Randstufe und in den anderen Gebirgen, dem Erongo, dem Khomas-Hochland und in der Naukluft. Geschützt unter Überhängen oder in Höhlen haben sie Tausende von Jahren überdauert

und Alltag und magische Symbolik eines prähistorischen Lebens für die Nachwelt übermittelt.

Die **Deutung der Felsbilder** stellt Wissenschaftler seit Generationen vor ein schier unlösbares Rätsel: Die Motive sind fast immer eindeutig zu identifizieren: Wild, das es auch heute in Namibia gibt, wie Nashörner, Giraffen, Strauße, Gazellen und Löwen; Menschen mit Pfeil und Bogen bewaffnet auf der Jagd, beim Tanz, an der Kochstelle. Unklar ist aber, in welchem Kontext diese Darstellungen stehen: Haben die Künstler an den Wänden ihrer Höhlen und entlang ihrer Schweifpfade „nur" ihren Alltag abgebildet oder kommt den Tieren und Menschengestalten magische Bedeutung zu und sind so auch Rückschlüsse auf die religiösen Vorstellungen der prähistorischen Völker möglich?

Der zweite Interpretationsansatz wird vor allem durch jene Felsmalereien gestützt, die schwer zu deuten sind, wie beispielsweise die „Weiße Dame vom Brandberg" (Exkurs s.S. 519) oder die Gravierung des Löwen mit dem eigenartig abgeknickten Schwanz (Twyfelfontein, s.S. 535). Ganz im Gegensatz zu der sonst sehr naturalistischen Darstellung von Tieren und Menschen scheinen diese „verfremdeten" Bilder einen magischen Gehalt zu besitzen. Aufschluss über die Religion und die ethnische Identität der Felsbildner haben aber beide Interpretationsansätze bislang nicht liefern können. Sicher ist wohl nur, dass die Felsbilder von einem (oder mehreren) nomadisierenden Jägervolk stammen.

Gravuren und Malereien

Dass nicht nur eine Volksgruppe als „Ureinwohner" durch die namibischen Steppen und Wüsten wanderte, legt eine Beobachtung nahe, die der südafrikanische Felsbildspezialist David Lewis-Williams machte. Er hat in den namibischen Felsbildern eine Besonderheit entdeckt: Während im benachbarten Südafrika Felsmalereien und Felsgravierungen nie gleichzeitig auftreten und räumlich sehr isoliert voneinander vorkommen, gibt es in Namibia Fundstellen, an denen man beide Stilrichtungen nebeneinander findet. Lewis-Williams deutet dies als Hinweis auf enge Verflechtungen zwischen „Graveuren" und „Malern". Aber wie so vieles im Umfeld der Felsbilder steht auch diese Theorie auf wackligen Füßen, denn Gravierungen und Malereien müssen nicht unbedingt aus der gleichen Epoche stammen. Ihr Alter zu bestimmen ist aber nahezu unmöglich, denn um Materialproben von Gestein oder Farbe zu gewinnen müssten die Bilder beschädigt werden. Werkzeuge, Überreste von Feuerstellen oder andere Relikte der „Felsbild"-Kultur, die die Datierung erleichtern würden, wurden bislang aber nur bei den wenigsten Felsbildern entdeckt. Auch ist es schwierig, die einzelnen Grabungsschichten den jeweiligen Felsbildern zuzuordnen.

Apollo-11-Höhle

Namibias sensationellstes Felsbild-Kunstwerk sind kleine Steinplättchen, die man Ende der sechziger Jahre in einer Höhle in den südnamibischen Huns-Bergen fand. Sie wurden vor etwa 26.000 Jahren mit Tieren und Menschen bemalt und gelten als ältester bislang entdeckter Ausdruck des Kunstschaffens in Afrika (ihren Name verdankt die Höhle im Übrigen der zur selben Zeit auf dem Mond erfolgreichen Apollo-11-Mission). Dass weite Teile der Namib noch bis 2000 Jahre vor unserer Zeit bewohnbar waren, beweisen Skelett- und Kochstellenfunde im Umkreis von Quellen und Rivieren. Lange Zeit meinte man, die Felsbilder seien alle von San/Buschleuten erschaffen worden, denn die weißen Forscher und Abenteurer, die ab dem 18. Jh. von Süden nach Namibia eindrangen, berichteten übereinstimmend, dass die San ihre temporären Wohnstätten auch mit Felsbildern schmückten. Damit galten die kleinwüchsigen Jäger und Sammler als Urbevölkerung Namibias. Dass vermutlich viele der jüngeren Felsbilder von San angefertigt wurden, legen Ähnlichkeiten in der Symbolik und in der Art der Menschendarstellungen nahe. Lewis-Williams interpretiert die vielen anthropomorphen Bilder – Löwen mit Menschenfüßen, Tänzer mit dem Kopf eines Gemsboks etc. – als Darstellungen der Trance-Tänze, mit denen San-Heiler Krankheiten kurieren. Dass aber auch die älteren, vermutlich bis zu 5000 Jahre zurückreichenden Bilder von San stammen, gilt heute als unwahrscheinlich.

San, Nama und Damara

Zwischen den prähistorischen Völkern Namibias und dem Auftreten der ältesten, Europäern bekannten Bewohnern dieses Landstrichs klafft eine Zeitlücke von etwa 3000 Jahren, die sich vorläufig nicht schließen lässt. Um das 10. Jh. lebten San im südlichen Afrika. Möglicherweise zogen damals auch bereits Nama-Gruppen viehzüchtend durch die namibische Steppe. Man weiß, dass sie um das Jahr 1000 begannen, Rinder zu halten. Mit Sicherheit lebten auch Damara in der Region.

Historische Abbildung von Angra Pequeña

1486 landete der portugiesische Seefahrer Diogo Cão an der südwestafrikanischen Küste und errichtete ein Steinkreuz. Er sollte eigentlich (im Auftrag Königs Philipp II.) die Südspitze Afrikas umrunden, scheiterte aber an den ungünstigen Windverhältnissen und besonders am Mangel an Frischwasser, das er an der unwirtlichen Küste Südwestafrikas nicht fand. 1488 versuchte es sein Landsmann Bartolomeu Diaz; er landete in der Bucht vor dem späteren Lüderitz, die er **Angra Pequena** („Kleine Bucht") nannte und ebenfalls durch ein Steinkreuz für Portugal markierte. „Eingeborene" bekamen beide Portugiesen jedoch nicht zu Gesicht.

Einwanderung der Ovambo, Herero und der Orlaam

Erste Trekker

Etwa zu dieser Zeit befanden sich San, Nama und Damara auf dem Rückzug vor mehreren bantusprachigen Völkern, die aus ihren Siedlungsgebieten im zentralen und östlichen Afrika allmählich nach Süden drängten. Zu ihnen gehörten die Ovambo, die sich schließlich im relativ fruchtbaren Norden niederließen, um hier Ackerbau und Viehzucht zu betreiben, und die Herero, die, von Nordosten kommend, mit ihren Rinderherden tief nach Zentralnamibia vorstießen. Die alten Völker Südwest-Afrikas wurden von den Eindringlingen in die ariden Regionen des Südens und Westens abgedrängt.

Ende des 18. Jahrhunderts überschritten immer häufiger Abenteurer und Händler den Oranje auf der Suche nach Wild und den sagenhaften Rinderherden der Herero. Was sie vorfanden, war unattraktives, unfruchtbares Land, in dem **„Hottentotten" (Nama)** und **„Buschleute" (San)** ein ärmliches Leben führten. Mehrere Versuche fanden statt, einen Tauschhandel mit den Eingeborenen aufzubauen, doch waren die Handelswege zu weit und zu beschwerlich für den mageren Ertrag, den der Tausch erbrachte. Von Anbeginn an galt das Interesse auch eventuellen Bodenschätzen, und immer wieder sorgten Gerüchte über Goldfunde jenseits des Oranje für Aufregung unter den abenteuerlustigen Unternehmern am Kap. Lukrativ wurden die Handelsbeziehungen aber erst, als es gelang, Kontakt zu den reichen Herero aufzunehmen. Von Zentralnamibia führte in der ersten Hälfte des 19. Jahrhunderts ein erster Handelsweg an die Küste zur Walfischbucht.

Der Zug der Orlaam

Ungefähr zur selben Zeit setzte eine neue Wanderbewegung von Viehzüchtern ein, diesmal von Süden, vom Kap. Dort lebten ebenfalls Nama, die durch den Kontakt mit weißen Siedlern ihre traditionelle Lebensweise weitgehend aufgegeben hatten, teils zum Christentum übergetreten waren und vor allem über europäische Feuerwaffen verfügten. Sie selbst nannten sich die **Orlaam,** ein Name, der möglicherweise malaiischen Ursprungs ist und „weiser Mensch" bedeutet. Wahrscheinlich wurden sie durch die weiße Landnahme am Kap abgedrängt – anderen Überlieferungen zufolge flohen sie vor der drohenden Rache für einen begangenen Mord – jedenfalls überquerten sie den Oranje, den nördlichen Grenzfluss der Kapprovinz, und drangen in das unbekannte und unfruchtbare Land ein, in dem Nama und San vor den Herero Schutz gesucht hatten. Nama und San waren den technisch besser ausgerüsteten und in paramilitärischen Verbänden operierenden Orlaam hoffnungslos unterlegen. Der Orlaam-Führer Jager Afrikaaner beherrschte binnen kurzem den südlichen Teil Namibias, sein Sohn und Nachfolger **Jan Jonker Afrikaaner** drang tief ins Herero-Gebiet vor. Konkurrenz erwuchs dem Clan der „Afrikaaner" durch den Nachzug weiterer Orlaam-Gruppen wie den „Swartboois" und den „Witboois".

Jan Jonker Afrikaaner

1830 kam es in der Nähe des heutigen Mariental zum ersten größeren Kampf zwischen Herero und den Orlaam-Nama. Dies prägte, abgesehen von einer kurzen durch Missionare vermittelten Friedensperiode (Exkurs s.S. 179), die Rivalität zwischen den beiden mächtigen Volksgruppen und das historische Geschehen in Südwestafrika bis zur Flucht der Herero nach der Schlacht am Waterberg im Jahre 1904.

Orlaam contra Herero

Dass die Herero nach anfänglichen Niederlagen den Orlaam Gegenwehr bieten konnten, lag nicht nur an ihrer zahlenmäßigen Überlegenheit, sondern auch an ihren mittlerweile intensiven Handelskontakten. Sie tauschten Straußenfedern, Elfenbein und Vieh gegen Waffen. Der schwedische Naturforscher und Händler Andersson wähnte sich eine kurze Zeitlang gar als Alleinherrscher des südwestafrikanischen Territoriums und bildete die Herero an den Waffen aus. So ermöglichte der Handel, an dem auch die Missionare regen Anteil hatten, den Nama und Herero die Hochrüstung, führte aber auch zur Entfremdung von ihren kulturellen Wurzeln, denn als

Handelswaren kamen neben Waffen vor allem Alkohol ins Land. Die Auseinandersetzungen zwischen den Völkern, die früher im traditionellen Viehraub gipfelten, gerieten durch das europäische Waffenarsenal zunehmend blutiger.

Während sich die Unterschiede zwischen den alteingesessenen Nama-Verbänden und ihren neu zugewanderten Orlaam-Brüdern verwischten, zogen sich San und Damara immer weiter in unwirtlichere Gebiete zurück: die San in die Kalahari, die Damara in die Gebirgsstöcke, weshalb sie die ersten Weißen, die mit ihnen Kontakt hatten, als „Berg-Damara" oder „Klipp-Kaffer" beschrieben.

Die Träume eines Kaufmanns

Der Bremer Kaufmann **Adolf Lüderitz** war nicht der erste, der in Südwestafrika Fuß fassen und es seinem Heimatland als Kolonie andienen wollte. Im Gegensatz zu seinen Vorgängern war er allerdings erfolgreich, wenngleich erst nach zähem Ringen.

Adolf Lüderitz

Als „erster" Kolonisierungsversuch mag die Privatinitiative des Schweden Andersson gelten, der sich als Händler zunächst unter den Orlaam und später unter den Herero etabliert hatte und schließlich die Kupferminengesellschaft übernahm, die ab 1855 mit mäßigem Erfolg bei Matchless im Khomas-Hochland Kupfer förderte. Er trug eine Zeitlang gar den Titel eines Oberbefehlshabers der Herero. Andersson fehlte allerdings das nötige händlerische Geschick, und als es mit seinem Vermögen bergab ging, ließ ihn der Herero-Chief Kamaherero fallen wie eine heiße Kartoffel.

Einen zweiten Versuch, Namibia zu kolonisieren, unternahm die 1868 gegründete Missionshandelsgesellschaft, auf deren Initiative sich erste Handwerker und Landwirte aus Europa in Südwest niederließen. Die Missionsstationen wurden zum wirtschaftlichen Mittelpunkt, denn hier konnten die „Eingeborenen" alle Waren bekommen, die sie brauchten. Aber so lukrativ sich der Handel im Lande selbst angelassen hatte, so defizitär waren die Geschäfte mit dem Vieh, das man im Tausch erhielt und nach Südafrika verkaufte. Schon nach fünf Jahren war die Missionshandelsgesellschaft pleite.

Einen dritten Versuch, Südwestafrika zu kolonisieren, startete Großbritannien, als es 1878 Walvis Bay unter seinen Schutz stellte und damit dem Deutschen Reich gegenüber symbolisch Anspruch auf das Territorium Südwestafrikas erhob. Doch weder Briten noch Deutsche waren bereit, für die als weitgehend wertlos geltende Kolonie einen größeren Einsatz von Mitteln und Menschen zu wagen. Die Schutzgesuche der etwa 150 Weißen, die sich durch den eskalierenden Konflikt zwischen Herero und Orlaam bedroht fühlten, verhallten in beider Mutterländer ungehört.

Joseph Fredericks

Die Wende brachte der zielstrebige und ebenso rücksichtslose wie risikofreudige Bremer Kaufmann Adolf Lüderitz, in dessen Namen der Kaufmannsgehilfe Heinrich Vogelsang am 1. Mai 1883 die Bucht von Angra Pequena von dem Oberhaupt **Joseph Fredericks** erwarb, dessen Nama-Fraktion das südwestliche Namibia als Weidegrund nutzte. Dieser und der folgende Kaufvertrag vom 25. August 1883, der Lüderitz den gesamten Küstenabschnitt zwischen Oranje und dem 26. Breitengrad in knapp 150 km Breite sicherte, provozierte die Briten. Mit Hinweis auf die Bedrohung seines „Eigentums" durch englische Kolonialgelüste erreichte Lüderitz am 24. April 1884 eine Schutzerklärung für sein Land durch Reichskanzler Bismarck.

Vom Handelsstützpunkt zur Kolonie

Lüderitz' Handelsposten erhob zwischenzeitlich Zoll auf Waren, die die Station passierten. Den Nama, die den Kaufvertrag anzuerkennen gar nicht in der Lage waren, weil sie Privatbesitz an Land nicht kannten, verwehrte Lüderitz sein Land als Weide. Doch so energisch er zunächst agiert hatte, so erfolglos blieb sein weiteres Engagement in Namibia. Die Bodenschätze, auf die er spekulierte, wurden nicht gefunden. Auf der Suche nach potenten Kapitalgebern gründete er die Deutsche Kolonialgesellschaft, die sein Land und seine Handelsstützpunkte übernahm. Der Kaufmann mit den hochfliegenden Plänen kam 1886 auf See in der Nähe der Oranje-Mündung ums Leben – dort, wo heute Diamanten geschürft werden.

Curt von François

1889 ging der ersehnte „Schutz" des Deutschen Reiches in Gestalt von Leutnant **Curt von François** und einer 21 Mann starken Truppe in Walvis Bay an Land. Dass mit diesem Aufgebot weder eine Befriedung der sich ständig bekämpfenden Völker (Herero und Nama) geschweige denn der Schutz für Händler, Siedler und der gegründeten Minengesellschaften möglich sein konnte, erkannte der Leutnant sehr schnell. Die ersten Jahre seiner Anwesenheit in Deutsch-Südwest verbrachte er mit Taktieren und Abwarten. Seinen Truppensitz schlug er im Tal von Klein-Windhoek auf, wo vor ihm der Orlaam-Führer Jonker Afrikaaner eine Zeitlang Quartier hatte.

Major Leutwein

Bis 1894 schloss man Schutzverträge mit den verschiedenen, in der neuen Kolonie lebenden Fraktionen, womit immer größere Teile des Landes als Konzessionen an Entwicklungsgesellschaften verpachtbar wurden. François entwickelte die ersten Reservats-Pläne, die den Völkern Siedlungsbereiche zuwiesen. Das übrige Land galt als „herrenlos" und war zur Ansiedlung von Farmern vorgesehen. In Deutschland kostete nun ein Morgen namibisches Land eine Mark. Nur der Orlaam-Führer Hendrik Witbooi widersetzte sich dem „Schutzangebot" des Deutschen Reiches. Er verwickelte die Schutztruppe in mehrere Scharmützel, bis ihn **Major Leutwein** 1894 in der Naukluft besiegte.

Die Christliche Mission

Die christliche Bekehrungsarbeit in Namibia begann Anfang des 19. Jahrhunderts unter den Nama im südlichen Teil des Landes; die ersten Missionare der *Wesleyanischen Kirche* zogen mit den Viehzüchtern nomadisierend durch das Land.

1814 errichtete der deutsche Missionar *Heinrich Schmelen* schließlich in Bethanien die erste, fest installierte Missionsstation Namibias. Diesem Beispiel folgten *Carl Hugo Hahn* und *Franz-Heinrich Kleinschmidt* 1844 im Auftrag der Rheinischen Mission mit einer Niederlassung im zentralnamibischen Herrschaftsbereich von Jonker Afrikaaner, dem heutigen Groß Barmen. Von hier aus konnten die Missionare ihren christlichen Einfluss auch auf die Herero ausdehnen, die sich, im Gegensatz zu den Nama, allerdings lange Zeit dagegen sperrten.

1870 begann die Bekehrungsarbeit unter den nordnamibischen Völkern mit Gründung der *Finnischen Mission* in Ovamboland; erst 1896 gelang es auch katholischen Missionaren, im protestantischen Namibia Fuß zu fassen.

Die meisten Missionare begnügten sich nicht mit der Verbreitung der christlichen Lehre. Um den Glauben erklären und die Bibel verständlich machen zu können, mussten sie zunächst die jeweiligen Sprachen erlernen und sie transkribieren. Viele Gleichnisse aus dem Alten und Neuen Testament ließen sich nicht übersetzen, weil sie von Dingen handelten, die den neuen Gläubigen unbekannt waren, und manche Elemente der traditionellen Religionen wie Geisterglaube und Totenfurcht vertrugen sich schlecht mit den Lehren der christlichen Kirche. Als Nebenprodukte der Missionstätigkeit entstanden Wörterbücher der wichtigen Sprachen, Aufzeichnungen über die Lebensgewohnheiten und das Brauchtum der Völker sowie Tagebücher mit peniblen Eintragungen über die historischen Ereignisse. Die Kenntnis der traditionellen Kulturen Namibias ist in Vielem diesen Arbeiten zu danken.

Wirtschaftlich waren die Missionare Selbstversorger. Ihre Stationen waren schon bald nicht nur spiritueller, sondern auch ökonomischer Mittelpunkt der jeweiligen Region. Zu den meisten Niederlassungen gehörte ein Laden, in dem im Namen der Mission mit allem gehandelt wurde, was die Eingeborenen von der weißen Zivilisation zu brauchen glaubten, und dies waren vorrangig Waffen. Man rechtfertigte dies mit dem Hinweis, dass die Stämme sich ja gegen feindliche Übergriffe schützen müssten. Mit strengem Verkaufsverbot war nur der Alkohol belegt.

Durch den Zuzug weißer Siedler zunächst aus Deutschland und später aus Südafrika kamen weitere Kirchengemeinden ins Land, so dass Namibia heute eine unübersichtliche Vielfalt verschiedenster protestantischer Gemeinden besitzt. Hinzu kommen die synkretistischen Bewegungen (Vermischung verschiedener Religionen) unter den Herero und Nama, die zu eigenen Kirchengründungen geführt haben, in denen nun auch wieder die traditionellen Glaubenselemente wie das heilige Feuer und die Ahnenverehrung eine wichtige Rolle spielen. Mit 82% der Bevölkerung besitzt Namibia den höchsten christlichen Anteil in Afrika. 62% gehören den verschiedenen protestantischen Kirchen an, etwa 20% sind Katholiken.

Hist. Abb. der Rheinischen Herero-Missionsstation Otjikango (Gross-Barmen) 1870

Kriegszüge: Schutztruppe kontra Orlaam und Herero

Jakob Morenga

Unter dem Eindruck der immer massiveren deutschen Präsenz in ihrem Land und in der Gefahr, gänzlich an den Rand gedrängt zu werden, hatten Herero und Orlaam 1892 Frieden geschlossen. Der gemeinsame Widerstand gegen die Kolonialmacht gipfelte in mehreren regional begrenzten Aufständen, konnte aber dem Vordringen der deutschen Siedler und Industrie-Interessen kaum Widerstand entgegensetzen. Nach der Niederwerfung Witboois sorgte sein zeitweiliger Verbündeter **Jakob Morenga** mit einer Nama-Fraktion weiter für Unruhe im Süden Namibias. Chief **Samuel Maharero** führte seine Herero 1904 in einen Aufstand gegen die Schutztruppe, der am 11. August zur **„Schlacht am Waterberg"** führte.

Samuel Maharero

Die zunächst zahlenmäßig wie militärisch überlegenen Herero entschieden sich schließlich aus nicht vollständig geklärten Gründen zur Flucht; ihr einziger Fluchtweg führte in die Omaheke, einen wasserlosen Teil der Kalahari, in der sehr viele vor Durst und Hunger starben. Wer zurückkehrte, wurde in Internierungslager gesteckt, wo nochmals zahlreiche Herero verhungerten bzw. an Seuchen starben. Wie viele Herero bei Flucht und Internierung umkamen liegt im Dunklen, sicherlich ging die Zahl in die Zehntausende, Schätzungen sprechen von 40.000 bis 100.000 Männern, Frauen und Kindern.

1904 wagte der Nama-Kapitän **Hendrik Witbooi** mit Jakob Morenga einen neuen Versuch, die deutsche Landnahme zu beenden. Dieser Aufstand scheiterte schließlich mit dem Tod Morengas 1908, doch wirkliche Ruhe sollte in der deutschen Kolonie auch danach nicht einkehren.

Hendrik Witbooi

Diamanten und Internierung: Der Erste Weltkrieg

Im Sommer 1908 brachte Zacharias Lewala, der schwarze Gehilfe des Bahnbeamten **August Stauch,** seinem Chef einen glitzernden Stein. Lewala hatte als Streckenarbeiter die Aufgabe, Gleisabschnitte der Bahn nach Lüderitzbucht von Wanderdünen freizuhalten. Dabei entdeckte er den ersten Diamanten.

Der Fund markierte den Beginn einer atemlosen und kurzen Prosperität der deutschen Kolonie, und zwar genau dort, wo ihr Begründer, Adolf Lüderitz, an Land gegangen war. Sofort wies man unzählige Claims aus, Abenteurer aus aller Herren Länder suchten ihr Glück in der namibischen Wüste. 1910 befanden sich die ausge-

August Stauch

dehnten Diamantenfelder zwischen Lüderitzbucht und Oranje-Mündung im Besitz mehrerer Gesellschaften. Die jährliche Produktion allein auf den Feldern bei Lüderitzbucht betrug mehr als 800.000 Karat (ca. 160 kg!). Die Technik der Gewinnung war im ersten Stadium höchst einfach: Die Diamanten wurden einfach aus dem Sand gelesen oder mit Schüttelsieben zutage gefördert. Später kamen auch Waschmaschinen zum Einsatz.

Nach der Kapitulation der Schutztruppe im Ersten Weltkrieg gingen die Schürfrechte an die **CDM** (Consolidated Diamonds Mines of South West Africa) über, deren Nachfolgerin NAMDEB (ein Joint Venture von De Beers und dem namibischen Staat) heute die ausschließlichen Rechte in den Sperrgebieten besitzt.

1914 brach in Europa der Erste Weltkrieg aus, und die Kriegsgegner trugen ihre Kämpfe auch ins südliche Afrika. Südafrikanische Truppen marschierten nach Norden in das deutsche Kolonialgebiet, ein knappes Jahr später kapitulierte die Schutztruppe unter ihrem Kommandanten Franke am 9. Juli 1915 vor der großen Übermacht. Offiziere und Polizeibeamte kamen bis zum Ende des Krieges in ein Internierungslager bei Aus, die befürchtete Vertreibung oder Enteignung der deutschen Siedler blieb den Verlierern aber vorläufig erspart. Nur hochrangige Militär- und Polizeirepräsentanten wurden ausgewiesen, viele von ihnen kehrten bereits wenige Jahre später wieder nach Südwest zurück.

Südafrikas Schatten über Namibia

Seit 1919 war das ehemalige Deutsch-Südwest dem Völkerbund unterstellt und Südafrika zur Verwaltung überlassen. Als der Zweite Weltkrieg ausbrach, standen sich Deutsche einerseits und Buren und Engländer andererseits plötzlich als „Kriegsgegner" im gleichen Land gegenüber. Um faschistischer Agitation im ehemaligen Südwest vorzubeugen, wies man einige Deutschstämmige aus der Südafrikanischen Union; viele Männer verbrachten die Kriegsjahre in einem südafrikanischen Internierungslager.

Die südafrikanische **Politik der Segregation** schloss an die Reservatpolitik des Deutschen Reiches an. Für die schwarze Bevölkerung von Südwest galten die gleichen Einschränkungen wie für die Schwarzen Südafrikas: strenge Passgesetze verhinderten, dass Arbeiter sich ohne Genehmigung ihres Arbeitgebers im Lande bewegten; der Schulbesuch gemeinsam mit weißen Kindern war verboten.

Ab 1945 übernahm die UNO die Rolle des Völkerbundes; sie forderte von der Südafrikanischen Union die Wahrung der Menschenrechte im eigenen Land und im Mandatsgebiet. Ab 1946 wurde

Südafrika mehrmals aufgefordert, Namibia wieder der UNO-Verwaltung zu übergeben. Stattdessen führte Südafrika ab 1948 auch in seiner „fünften" Provinz die Apartheidgesetze ein und begann Anfang der 1960er Jahre nach den Vorschlägen der „Odendaal-Kommission", pseudo-autonome „Heimatländer" (homelands) für die verschiedenen Bevölkerungsgruppen auszuweisen, die wesentlich kleiner waren, als die noch von der deutschen Kolonialverwaltung angelegten Reservate.

Widerstand: Von der OPO zur SWAPO

Sam Nujoma

1957 gründeten einige politisch engagierten Ovambo, die als Arbeiter im benachbarten Südafrika lebten, unter *Toivo ya Toivo* den **Ovamboland People's Congress – OPO.** Ziel der Bewegung war die Befreiung der Schwarzen Südafrikas und Namibias vom Joch der Apartheid. Zwei Jahre später spaltete sich der OPO von seiner südafrikanischen Bruderorganisation und schrieb den Unabhängigkeitskampf Namibias auf seine Fahnen. Gründer dieser neuen Organisation, der **SWAPO** (South West Africa People's Organisation) war der Ovambo *Sam Nujoma*.

Ganz im Gegensatz zu den immer lauter erhobenen Ermahnungen und Forderungen der UNO, wurde in Namibia die Apartheid systematisch in allen Lebensbereichen durchgesetzt. 1959 hatte die südafrikanische Administration Windhoeks traditionelles Schwarzenviertel, die „Old Location", räumen und abreißen lassen. Ihre Bewohner wurden in die Retortenstadt Katutura umgesiedelt. In den Auseinandersetzungen um die Old Location erschoss die Polizei 13 Menschen. Mitte bis Ende der sechziger Jahre setzte man die Vorschläge der **Odendaal-Kommission** um: Das erste Homeland, Ovamboland, erhielt noch eine Teilautonomie in lokalen Belangen. In den 1970er Jahren folgten Homelands für die Herero, Damara, Nama und San.

Der bewaffnete Kampf

1966 entzog die UNO Südafrika das Mandat über Namibia, doch gelang es ihr nicht, diese Entscheidung auch durchzusetzen. Währenddessen hatte der bewaffnete „Arm" der SWAPO, die **PLAN** (People's Liberation Army of Namibia), mit militärischen Vorstößen von südangolanischen Basen den Südafrikanern Nadelstiche an empfindlichen Stellen versetzt. Am 26. August 1966 bombardierten im Gegenzug südafrikanische Piloten ein Lager der SWAPO bei Omgulambashe in Ovamboland, der bewaffnete Kampf um die Unabhängigkeit war eröffnet. Namibias Norden – Kaokoveld, Ovamboland und Caprivi – erhielt den Status einer Polizeizone und diente fortan als Aufmarschgebiet gegen die Kämpfer der PLAN. Die dort lebenden Menschen zwangsverpflichtete das südafrikanische Militär oder sie fanden, wie viele Himba und San, als Scouts der Truppen ein gutes Auskommen. 1973 erkannte die UNO die SWAPO als alleinigen und rechtmäßigen Vertreter Namibias an.

Wer hält zu wem

Der (bewaffnete) Kampf um die Unabhängigkeit und gegen die Apartheid spaltete die namibische Bevölkerung in Befürworter und Gegner. Naturgemäß waren unter den Gegnern vor allem die weißen Namibier zu finden, wenngleich die Resolutionen der UNO und die offensichtlichen Ungerechtigkeiten der Apartheidgesetze auch unter ihnen kontrovers diskutiert wurden. Zu groß war die Angst vor Vergeltung und der von der SWAPO angekündigten Enteignung der Weißen, zu drastisch auch die Schreckensmeldungen, die nach dem Rückzug Portugals aus Angola 1974 über Mord und Totschlag im Nachbarland kursierten. Vom Krieg der SWAPO gegen die Truppen der RSA war ansonsten im übrigen Namibia bis dahin nur wenig zu spüren. Doch am 30. Dezember 1978 erschütterte ein Bombenanschlag auf das beliebte Swakopmunder (Weißen)-Café „Treff" die Gemüter und machte den nahen Kriegsschauplatz deutlich.

SWAPO und DTA
Unter den weißen Befürwortern von Veränderungen und der Abschaffung der Apartheidgesetze waren auch einige Mitglieder der **SWAPO.** Der Großteil der Reformkräfte, in der alle Hautfarben vertreten waren, vereinte sich unter dem Kürzel **DTA** (Democratic Turnhalle Alliance), benannt nach der 1975 abgehaltenen „Turnhallenkonferenz", die unter südafrikanischer Ägide einen Verfassungsentwurf für ein unabhängiges Namibia ausgearbeitet hatte, der ab 1978 eine teilweise „Unabhängigkeit" vorsah. Die bei dieser Konferenz anwesenden politischen Gruppen – die SWAPO hatte die Veranstaltung boykottiert – gewannen als DTA die im Dezember 1978 abgehaltenen ersten namibischen Wahlen, deren Ergebnis von der UNO allerdings nicht anerkannt wurde, da die SWAPO nicht teilgenommen hatte. Der weiße Farmer und DTA-Vorsitzende Dirk Mudge wurde zum Präsidenten ernannt, seine Entscheidungen wurden aber weiterhin von einem südafrikanischen Generaladministrator kontrolliert. Der DTA-Regierung gelang als herausragende Leistung die Abschaffung der Apartheid. 1983 gab Mudge schließlich wegen seiner eingeschränkten Befugnisse resigniert auf, Namibia wurde wieder vom Generaladministrator geführt.

Eine zweite, vielleicht noch tiefere Kluft spaltete die schwarze und farbige Bevölkerungsmehrheit Namibias. Zum einen wurde die SWAPO als ehemalige Ovambo-Organisation nicht von allen Angehörigen der anderen Volksgruppen als rechtmäßige Vertretung ihrer

Interessen anerkannt (die Herero schlossen sich in ihrer eigenen Parteiorganisation zusammen und die Rehobother Baster unterstützten sogar offen Südafrika). Zum anderen kämpften viele Himba, San oder Capriviander mehr oder minder freiwillig auf Seiten der RSA-Armee und hatten im Falle eines SWAPO-Sieges Vergeltung zu befürchten. So erwarteten die Weißen wie auch viele Farbige und Schwarze einen Sieg der SWAPO mit gemischten Gefühlen.

Der Weg in die Unabhängigkeit

Erst als die Ost-West-Entspannungsbemühungen auf internationaler Ebene erste Erfolge zeigten, kam auch wieder Bewegung in den namibischen Unabhängigkeitsprozess. Südafrika verknüpfte eine Entlassung Namibias in die Unabhängigkeit mit dem Abzug kubanischer Truppen aus Angola, und am 3. August 1988 unterzeichneten in Genf Südafrika, Kuba und Angola die erste Vereinbarung, die den Friedensprozess einleiten sollte. Dass zur selben Zeit Namibias berühmtes Wahrzeichen „Mukorob", eine Felsnadel im Südosten des Landes, in einem Sturm umstürzte, wurde von vielen Nama und Herero als übles Vorzeichen für die Zukunft unter der SWAPO-(Ovambo)-Regierung gewertet. 1989 konnte schließlich die UN die ersten freien Wahlen in Namibia beaufsichtigen. Die SWAPO gewann und am 21. März 1990 wurde Namibia unter seinem neuen Präsidenten Dr. Sam Nujoma unabhängig.

Namibische Politik heute

Was viele Namibier befürchteten, blieb aus: Das Motto der SWAPO-Regierung hieß nicht Vergeltung, sondern *Reconciliation*. Ihre Wirtschafts- und Sozialpolitik bestand nicht aus Enteignung und Umverteilung, sondern setzte in den ersten Jahren auf Alphabetisierung (Rate 2008: 85%) und den Ausbau medizinischer Infrastruktur. Mitglieder anderer Volksgruppen wurden in die Ministerien berufen, und auch auf die Hilfe der weißen, erfahrenen Beamten griff Nujoma zurück. 1994 wurde zum zweiten Mal gewählt, diesmal erhielt die SWAPO die Zweidrittel-Mehrheit, mit der die Regierung nun auch die Verfassung ändern konnte. Erneut gab es Spekulationen über Enteignungen, und als Reaktion auf die „Übermacht" der Ovambo Gerede über Günstlingswirtschaft und Korruption. Die besonnene Politik Sam Nujomas in den ersten Jahren der Unabhängigkeit steht aber über seine Regierungszeit hinaus bis heute für den Versöhnungsprozess, der die namibischen Völker nach einem Jahrhundert einseitiger Unterdrückung und Ausbeutung einander näherbringt.

Als Garant für die Verständigungspolitik sah sich auch Sam Nujoma selbst. Aus diesem Grund hatte er am Ende seiner zweiten Amtszeit erklärt, dass die in der Verfassung maximalen zwei Amtsperioden für jeden Präsidenten noch nicht ausgeschöpft seien – schließlich war die erste Amtsperiode nicht das Ergebnis einer regulären Wahl, sondern auf der Basis der Unabhängigwerdung zustande gekommen. Ergo würde die zweite Wahlperiode erst mit den Wahlen 1999 beginnen. Gesagt, getan, gewählt. 2004 aber stand er schließlich nicht mehr zur Verfügung – auch wenn dies viele innerhalb der SWAPO gerne gesehen hätten. Als sein Nachfolger übernahm *Hifikepunye Pohamba* 2005 (und 2009) die Präsidentschaft. Seine Regierung ist ebenfalls von Verständigung geprägt, wobei hinzukommt, dass er unabhängig von Rasse und Klasse seine Vorstellung eines modernen Staates durchzusetzen versucht und Namibia für den modernen Wettbewerb fitmachen will. Auch greift er Themen auf, die sein Vorgänger um des lieben Friedens willen nicht mit der Feuerzange angepackt hätte. 2006 machte Pohamba Front gegen die nach Hunderten zählenden, kleinen, letztlich illegalen Ausschankbuden – *Shebeens* –, die seiner Meinung nach weder hygienischen noch steuerlichen noch ordnungspolitischen Vorschriften genügen, im sozialen Gefüge der einfachen Bevölkerung aber einen wichtigen Teil des täglichen Lebens ausmachen.

Der junge Staat

Namibias Fahne zeigt diagonal gestreift die Farben der SWAPO Blau, Rot, Grün mit einer zwölfstrahligen Sonne, die für die Ethnien des Landes steht. Im Wappen sind die verschiedenen Facetten des Landes symbolisch vertreten: Die Flagge in Form eines Schildes wird von zwei Spießböcken gestützt; ein Fischadler hat sich auf ihm niedergelassen, und unter dem Schild breitet die Welwitschia im gelben Wüstensand ihre Blattranken aus. Den unteren Abschluss bilden die Worte Unity, Liberty, Justice.

Die Verfassung Durch die 1990 verabschiedete Verfassung ist Namibia ein säkularer, demokratischer Staat mit Mehrparteiensystem. Den Namibiern verspricht die Verfassung alle bürgerlichen Freiheiten und die Einhaltung der Menschenrechte. Der Präsident der Republik Namibia wird in direkter Wahl bestimmt, seine Amtszeit ist auf zweimal fünf Jahre beschränkt. Die ersten drei Amtsperioden seit 1989 war dies Samuel (Sam) Daniel Nujoma, ein Ovambo und ehemaliger Eisenbahnarbeiter, der seine Partei im Exil durch die Jahre der Apartheid und des von ihm geleiteten Widerstands gegen Südafrika geführt hat. Bis 1995 hatte er auch den Innenministerposten und damit die Kontrolle über die Polizeikräfte inne. Ihm folgte 2005 Hifikepunye

Poahamba. Nach dessen zwei Amtsperioden trat Hage Geingob 2015 an seine Stelle. Premier war zwischen 2002 und 2005 Theo-Ben Gurirab, dann Nahas Angula und seit 2015 ist Saara Kuugongelwa-Amadhila Premierministerin. Dem Präsidenten beigeordnet ist ein Kabinett von derzeit zwanzig Ministern. Eine Nationalversammlung mit 66 gewählten und sechs vom Präsidenten bestimmten Abgeordneten ist Beschlussorgan der Legislative. Parallel dazu vertritt ein Nationalrat aus 26 gewählten Mitgliedern die Interessen der 13 geographischen Regionen und prüft die Beschlüsse der Nationalversammlung. Bei den Wahlen im November 2014 (893643 Wähler) erhielt die SWAPO 80% der Stimmen, der amtierende Präsident wurde mit 87% der Stimmen gewählt. Die stärkste Oppositionskraft im neuen Parlament ist die DTA mit 4,8%, gefolgt von der 2007 neu gegründete Rally for Democracy and Progress (RDP) mit 3,5% und der APP (2,3%). Die Nudo (National Unity Democratic Organization, von den, ursprünglich in der DTA organisierten, Herero unterstützte Partei) erhielt 2% und lag damit fast gleich auf mit der UDF (2,1%, United Democratic Front, von den Damara unterstützt). Damit konnte die SWAPO 77 der 104 Parlamentssitze für sich reklamieren

Parteien Das Spektrum politischer Interessen ist in Namibia – wie in den meisten anderen afrikanischen Ländern – auch nicht von den einzelnen Volksgruppen zu trennen. Die **SWAPO** sieht sich zwar als überethnische Partei, wird in der Mehrzahl aber von Ovambo gewählt, die die Partei entsprechend auch dominieren. Das Programm der SWAPO wandelte sich im Lauf der Jahre von seinem revolutionären Ansatz zu einem sozialistischen, auf den Ausgleich der Besitzverhältnisse gerichteten Konzept, dessen Ziel letztendlich die Umverteilung des (weißen) Besitzes ist.

Ihre einzige ernstzunehmende Konkurrenz war bis 1994 die **DTA** (Democratic Turnhalle Alliance), die als Zusammenschluss liberal-konservativer Kräfte aus den ersten Unabhängigkeitsgesprächen in der historischen Windhoeker „Turnhalle" 1977 hervorgegangen ist und sich kurz darauf als Parteienallianz unter Vorsitz des weißen Farmers Dirk Mudge konstituierte. Der DTA in ihrer heutigen Form gehören konservative Politiker der verschiedenen Volksgruppen an. In ihr waren, im Gegensatz zur SWAPO, auch zahlreiche Herero vertreten, bis die Nudo gegründet wurde, die die Herero heute als ihre Interessensvertretung sehen. Mit den dritten Wahlen 1999 hat der Einfluss der DTA kontinuierlich abgenommen.

Mit der **RDP** (Rally for Democracy and Progress) ist der SWAPO 2007 ein neuer Konkurrent entstanden, ihr Parteiführer ist ein ehemaliger Informationsminister der SWAPO, als sie noch im Untergrund kämpfte. Die Partei gewann 2009 auf Anhieb über 11% der Wählerstimmen. Die RDP galt als Sammelbewegung all jener meist schwarzen Wähler, die sich in der Politik der SWAPO nicht mehr wiederfinden und besonders Fortschritte in der wirtschaftlichen Entwicklung und kulturelle Impulse erwarten.

Verwaltung Die Verwaltung auf regionaler Ebene besteht aus dort gewählten Regionalräten. Durch die Einsetzung eines „Rates traditioneller Führer" versucht man, die traditionellen Oberhäupter der einzelnen Volksgruppen in die politischen Entscheidungsprozesse einzubinden. Ihre Mitsprache wird vor allem bei der Umverteilung von Kommunalland, den ehemaligen Homelands, für wichtig erachtet.

Nach der Unabhängigkeit wurde in Namibia eine Verwaltungsreform vorgenommen, die das Land in **13 Regionen** aufteilt: Das ehemalige Ovamboland, die bevölkerungsstärkste Verwaltungseinheit, wurde in vier Regionen unterteilt: *Omusati, Oshana, Ohangwena* und *Otjikoto*. Östlich schließen sich *Okavango* und *Caprivi* an, im Westen *Kunene*. Südlich davon liegen *Erongo, Otjozondjupa, Khomas* und *Omaheke*. Der Süden besteht aus zwei großen Verwaltungsbezirken, *Hardap* und *Karas*.

Reconciliation: Politik gegen die innere Apartheid

Sprache Eine anfangs stark umstrittene, im Rückblick aber weise Entscheidung der jungen Republik Namibia war es, Englisch zur offiziellen Landessprache zu bestimmen, die Verkehrssprache des südlichen Afrika. Englisch wurde bis dahin jedoch in Namibia relativ wenig gesprochen. Doch die Entscheidung steht für den Weg der inneren Versöhnung, wenn man bedenkt, mit welcher ideologischen Fracht die anderen namibischen Sprachen belastet sind: Deutsch als Sprache der Kolonisatoren und einer seitdem wirtschaftlich sehr erfolgreichen Minderheit; Afrikaans als Sprache der Apartheid und Oshivambo als Sprache der Partei- und Regierungsmehrheit, die doch nur eine Volksgruppe repräsentiert.

Buch „Namibische Passion" Noch wichtiger aber war der Verzicht auf „Rache" der SWAPO. Für die während des Krieges begangenen Verbrechen erließ die Regierung eine allgemeine Amnestie. Vergangenes sollte vergessen und der Blick auf eine gemeinsame Zukunft gerichtet werden. Dass dies nicht so einfach ist, bewies beispielsweise die heftige Kontroverse um das 1996 erschienene Buch „Namibische Passion". Darin geht es um Folter und Mord an vermeintlichen Spionen und Kollaborateuren in den Guerillalagern der SWAPO. Der Autor, Pater Siegfried Groth, hatte als SWAPO-Anhänger in den Lagern christlichen Beistand geleistet und die Opfer betreut. Verbittert darüber, dass in den namibischen Medien zwar über Gräueltaten der Südafrikanischen Armee, nicht aber über die der SWAPO berichtet wurde, hatte er in der „Namibischen Passion" seine Erlebnisse aus dem Unabhängigkeitskampf niedergeschrieben und damit nicht nur einige bekannte SWAPO-Politiker als „Folterer" bloßgestellt, sondern auch die alten, kaum verheilten Wunden des Krieges wieder aufgerissen.

Bevorzugung und Korruption

Auch zahlreiche Klagen über die Bevorzugung von Ovambo bei der Vergabe von Posten oder bei Ausschreibungen, über die Zurücksetzung (weißen) Fachpersonals gegenüber schlechter ausgebildeten (schwarzen) Bewerbern (juristisch mit dem „Affirmative Act" legalisiert) und über Korruption innerhalb der Regierung werden in der Presse immer wieder als Beispiele für die latente Ungleichbehandlung anderer Bevölkerungsgruppen moniert. Trotz aller Kritik ist es der SWAPO-Regierung bislang erstaunlich gut gelungen, die Politik der nationalen Versöhnung in die Tat umzusetzen.

Politik gegen die äußere Apartheid

Bereits 1978 waren von der durch die UNO nicht anerkannte DTA-Regierung die Apartheidgesetze außer Kraft gesetzt worden. Ausdrücklich war damit der gemeinsame Schulbesuch farbiger und weißer Kinder, die gemeinsame medizinische Behandlung, die Möglichkeit gemeinsamer Freizeitaktivitäten und nicht zuletzt auch gemischtrassiger Ehen erlaubt. Dass sich die innere Struktur der aparten Entwicklung der Rassen allerdings nicht per Dekret ändern konnte, lag auf der Hand.

Überwindung der Mandatsstruktur

Ein weiteres Problem war die Verwaltungsstruktur der Mandatszeit, die die soziale Kluft zwischen Weißen und Nicht-Weißen zementierte. So im Erziehungs- und Gesundheitswesen: Südafrika hatte Sorge und Kosten sozialer Institutionen und des Erziehungswesens den jeweiligen Lokalverwaltungen überlassen. Diese mussten die Finanzierung von Schulen und Lehrern aus den Steuereinnahmen ihrer Region bestreiten. Zwar stockte die Zentralverwaltung die Einnahmen der unterschiedlich begüterten Gemeinden durch Zuschüsse auf, dies aber wiederum proportional zu deren Steueraufkommen, was die Gräben zwischen arm und reich weiter vertiefte. Außerdem konnten reiche Gemeinden die zur Verfügung stehenden Mittel zum Großteil in den Ausbau ihrer Infrastruktur stecken, während das Geld ärmerer Kommunen zumeist in den Töpfen der noch dringender benötigten Sozialhilfe versickerte. Die Bevölkerung der Homelands hatte durch diese Regelung kaum Möglichkeiten, eine auch nur einigermaßen ausreichende soziale Infrastruktur aufzubauen. Zur Unabhängigkeit waren 65% der Menschen Analphabeten, und ein Großteil der medizinischen Einrichtungen befand sich im weißen Farmland.

Schüler und Schule in Swakopmund

Schulen Die vorrangige Aufgabe der Wirtschafts- und Sozialpolitik der SWAPO-Regierung war und ist es, die Bedingungen dafür zu schaffen, dass diese Strukturen überwunden werden. Dazu gehört der Bau von mehr Schulen, Aus- und Fortbildung von Lehrern und Einführung und Durchsetzung der Schulpflicht für schwarze Schüler, ein Novum im unabhängigen Namibia. Besonders in den dünn besiedelten Farmgebieten Zentral- und Südnamibias konnte diese Aufgabe nur mit der Unterstützung durch die zumeist weißen Farmer realisiert werden. Wegen der großen Entfernungen zu den nächsten städtischen Zentren müssen die Kinder in Internatsschulen lernen und leben. Einige Weiße haben in Eigeninitiative auch Farmschulen für die Kinder der eigenen und der Nachbarfarmen aufgebaut. In ihnen wird häufig auch Unterricht für ältere Analphabeten angeboten.

Auch nach Abschaffung der getrennten Schulbildung blieben einige Institutionen der schwarzen Bevölkerungsmehrheit verwehrt: So nahm die *Deutsche Höhere Privatschule* in Windhoek, eine der renommiertesten Ausbildungsanstalten Namibias, noch bis 1992 keine „fremdsprachigen" Schüler auf, also auch keine Engländer und Buren. Erst zwei Jahre nach der Unabhängigkeit wurde ein eigener Zweig für Kinder eingerichtet, deren Muttersprache nicht Deutsch ist. Inzwischen haben auch zahlreiche schwarze und farbige namibische Kinder hier das Abitur abgelegt. Die Deutsch-Namibische Gesellschaft vermittelt immer wieder Stipendien für die zumeist bedürftigen „Fremdsprachigen" an der DHPS.

Bis 2014 konnte die Zahl der Lese- und Schreibunkundigen auf geschätzte 20% der erwachsenen Bevölkerung reduziert werden. Bei der Jugend (15–24 Jahre) beträgt der Anteil etwa 15% (männlich) und 10% (weiblich).

Namibias einzige Universität befindet sich in Windhoek. Zu den Fakultäten gehören u.a. Rechtswissenschaft, Erziehungswissenschaft, Medizin und Landwirtschaft.

Gesundheitswesen

Die strukturellen Probleme des Erziehungswesens treffen ähnlich auch auf die medizinische Versorgung zu. In einem Land mit riesigen Entfernungen, in dem nur Privilegierte ein eigenes Fahrzeug besitzen und öffentliche Verkehrsmittel fast gänzlich fehlen, können Kranke nur schwer den nächsten Arzt, ein Krankenhaus oder die nächsten Ambulanz erreichen. An der Situation, wie sie in den vielen Farmerbiografien immer wieder beschrieben wird, hat sich bis heute wenig geändert: der Baas (Herr) ist nicht nur Arbeitgeber, sondern so gut es geht auch Notfall-Doktor. Häufig suchen die Menschen auch Hilfe beim traditionellen Heiler.

Ein Jahr nach Erlangung der Unabhängigkeit zählte man in Namibia 70 Krankenhäuser und 300 zugelassene Ärzte; auf einen Arzt kamen 4500 Einwohner – eine durchaus positive Zahl, vergleicht man sie mit anderen afrikanischen Ländern. In der Realität sah das Verhältnis allerdings anders aus, denn die meisten medizinischen Einrichtungen befanden sich im weißen Farmland. Durch vermehrten Einsatz fahrbarer Ambulatorien und Aufbau von Erste-Hilfe-Stationen konnte man die medizinische Versorgung in den ehemaligen Homelands und in kleinen Orten verbessern. Dass vieles, aber noch nicht alles erreicht wurde, zeigen die immer noch hohen Zahlen der Säuglings- und Kindersterblichkeit. Sie belegen aber nicht nur Defizite medizinischer Versorgung, sondern auch deren einseitige Ausrichtung auf Behandlung bereits bestehender Erkrankungen.

Die größte Herausforderung für das Gesundheitssystem stellt aber heute **Aids** dar. Die Lebenserwartung ist von knapp 60 Jahren Anfang der 1990er Jahre deswegen auf unter 50 Jahre gesunken. Seitdem sind die Neuinfektionsraten zurückgegangen und die Lebenserwartung stieg wieder an. Sie lag 2012 bei etwa 60 Jahren, bezogen auf die Gesamtbevölkerung. Dennoch verbraucht der Gesundheitssektor inzwischen einen nicht unbeträchtlichen Teil des Staatshaushaltes, und Folgebelastungen des Sozialsystems, wie Mangel an qualifizierten Arbeitskräften, Aids-Waisen etc. sind dabei noch nicht mal erfasst.

Namibias wirtschaftliches Potential

Namibias Wirtschaft ist stark von den Strukturen der Mandatszeit belastet. Da es als „fünfte Provinz" in den Wirtschaftskreislauf Südafrikas integriert war, fehlt es nun an Betrieben der verarbeitenden Industrie. Die Rohstoffe – Diamanten, Erze, Uran, Vieh – wurden nach Südafrika zur Veredelung gebracht. Namibia ist dadurch auch heute noch wirtschaftlich fast ganz auf Südafrika angewiesen. Landwirtschaft, Fischerei und Bodenschätze sind die Hauptstützen der Ökonomie. Etwa zwei Drittel der Exporteinnahmen werden durch die Ausfuhr von

Bodenschätzen, 15% durch Fisch und 10% durch landwirtschaftliche Produkte, vorrangig Rinder, erzielt. Für die Zukunft verspricht sich der namibische Staat vom weiteren Ausbau der touristischen Infrastruktur eine Steigerung der Deviseneinnahmen.

Arbeit

Wanderarbeit

Das Gros der arbeitsfähigen Bevölkerung lebt im nördlichsten Landesteil, Industrie und der Hauptarbeitgeber Landwirtschaft (mit etwa 50% der Beschäftigten) sind aber in Zentral- und Südnamibia angesiedelt. So bedeutet „arbeiten" für die schwarzen Beschäftigten zugleich „die Familie verlassen": Jeden Freitag transportieren Karawanen von Sammeltaxen und Pickups die Ovambo-Arbeiter nach Hause in den Norden und am Sonntag wieder zurück zu ihrem Arbeitsplatz.

Anfang der neunziger Jahre lag die Arbeitslosenrate um 30%, und daran hat sich faktisch wenig geändert, wenn auch die offizielle Zahl sich unter 10% bewegt. Schätzungen gehen von einer tatsächlichen Arbeitslosenrate von 30–40% aus. Namibia ist wirtschaftlich fast gänzlich von den Rohstoffpreisen der internationalen Märkte und von den Launen der Natur abhängig. Ganz gleich, ob in London, Amsterdam oder Brüssel die Diamantenpreise fallen oder in der Republik Südafrika der Regen wegbleibt – es gefährdet namibische Arbeitsplätze.

Das System der „Kontraktarbeit" beherrscht, bedingt durch die große Entfernung von Siedlungsraum und Arbeitsplatz, auch heute noch das Leben der schwarzen Beschäftigten. Sie leben in Retortenstädten bei den Uranminen in der Namib und den Bergbaustädten Tsumeb, Otavi und Grootfontein, oder sie suchen in den städtischen Zentren nach einem Job. Die Familie im heimatlichen Dorf im Ovamboland oder Caprivi sehen sie oft monatelang nicht.

Neue Märkte, alte Probleme

Seit der Unabhängigkeit wird verstärkt der Aufbau der verarbeitenden Industrie vorangetrieben und nach neuen Märkten gesucht. Weitere Hoffnungen macht man sich auch auf den Tourismus, wo Hotelpersonal, Fahrer, Reiseleiter etc. benötigt werden. Die Heerscharen der Arbeitslosen und Landflüchtigen können diese ersten Schritte allerdings nicht auffangen. Verstärkt wird das Arbeitslosenproblem durch die vielen Flüchtlinge, die dem Hunger in Angola und Zambia und der Situation in Zimbabwe zu entkommen suchen.

Landwirtschaftliche Nutzungsmöglichkeiten

Der Landwirtschaftssektor trägt mit etwa 7,5% zum Bruttoinlandsprodukt bei, etwa 50% aller Beschäftigten haben hier ihren Arbeitsplatz. Der Schwerpunkt liegt auf der Viehzucht – in Zentralnamibia Rinder, im Süden Schafe (Karakul- und Fleischschafe). 95% der landwirtschaftlich nutzbaren Fläche dienen als Weideland. Getreideanbau spielt nur im Nordosten und im sogenannten „Kupfer-Dreieck" Tsumeb-Otavi-Grootfontein eine Rolle.

Ökologie und Landwirtschaft

Dass die Viehzucht das wichtigste Standbein der Farmer ist, liegt sowohl am Klima als auch an der schwierigen Wasserversorgung. Namibia besteht zum Großteil aus Wüsten und Halbwüsten, und die einzigen, ganzjährig wasserführenden Flüsse sind die Grenzflüsse Oranje im Süden und im Norden Kunene, Kavango und Kuando/Linyanti. Die ohnehin meist spärlichen Regenfälle nehmen von Nordosten nach Südwesten ab. Sie kommen unregelmäßig, und ihr Ausbleiben verursacht Dürren, die sich für die stationäre Viehwirtschaft zur Katastrophe auswachsen können. So kommt es, dass auch heute noch (oder wieder) viele Farmer „trekken" und ihr Vieh auf Pachtgrund treiben, das in der Regenzeit besser abgeschnitten hat. Anfang der 1990er Jahre war der Süden von der Dürre betroffen, ein paar Jahre später klagten dann die Farmer in der Kalahari, im Sommer 2015/16 war gar das gesamte Land betroffen.

Dass der Halb- oder Ganznomadismus der Herero und Nama die richtige Antwort auf die schwierigen Weidebedingungen war, liegt auf der Hand. Heute begegnen die Farmer ihrer kargen Umwelt mit einer sehr niedrigen Bestockungsrate (bis zu 30 ha pro Rind im Süden und 15 ha in Zentralnamibia) und dem häufigem Umstellen des Viehs. Die Farmen haben Ausmaße, von denen deutsche Bauern nur alpträumen können: die durchschnittliche namibische Farm im Süden ist 8000 bis 10.000 ha groß!

Krisen

Natürlich sind auch die Preise für den „Rohstoff Vieh" Schwankungen unterworfen. Als eine Dürre in den 1980er Jahren die südafrikanischen Farmer zu Notschlachtungen zwang, blieben die Namibier auf ihrem Rindfleisch sitzen. Als die Protestaktionen der Tierschützer gegen das Tragen von Pelzmänteln den Absatz von Karakulfellchen (Persianer) reduzierten, trieb der Preisverfall viele Karakul-Farmer auf Jobsuche in die Städte. Es wäre falsch, die Farmer für betuchte „Großgrundbesitzer" zu halten. Viele „krebsen", so gut es geht, am Existenzminimum dahin; manche Farmersfamilie kann nur durch die Einnahmen überleben, die ihr der Gästefarm-Tourismus einbringt. Zahlreiche Farmer setzen auch wieder auf die Bestockung mit Wild, das beispielsweise das Land von den Dornengewächsen freihält, die Rinder nicht fressen, das sich als Fleischlieferant großer Beliebtheit erfreut.

Den kommerziellen Viehfarmen im Süden und in Zentralnamibia, die fast alle von Weißen, besonders von Deutschstämmigen geführt werden, stehen die auf die Subsistenz ausgerichteten kleinen Bauernhöfe der schwarzen Bevölkerung in den kommunalen Gebieten (ehemalige Homelands) gegenüber.

Landreform – Pläne, Ziele, Möglichkeiten

Dreiviertel der landwirtschaftlichen Nutzfläche werden von Großfarmern genutzt, das restliche Viertel fällt auf Kommunalland (ehemalige Homelands) und kleinbäuerliche Betriebe. Die Großfarmen liegen fast alle in Süd- und Zentralnamibia und gehören zum großen Teil Weißen. Die SWAPO hatte ihren Unabhängigkeitskampf unter anderem auch mit dem Versprechen geführt, diese ungerechten Besitzverhältnisse zu ändern.

1991 wurden schließlich bei einer nationalen Landkonferenz, zu der von traditionellen Oberhäuptern über Agrar- und Wirtschaftsexperten und Politikern bis hin zu Vertretern der weißen Farmerschaft über 500 Teilnehmer kamen, folgende Beschlüsse gefasst: Farmland, auf dem oder in dessen Nähe der Besitzer nicht lebt, sollte gegen Entschädigung enteignet werden. Auch wer mehrere Farmen besitzt, müsste davon abgeben. Die Entscheidung über die „erlaubte" Größe sollte in die Hände einer Landkommission gelegt werden, bei Eigentümerwechsel der Staat ein automatisches Vorkaufsrecht zu Marktpreisen erhalten. Ausländer dürften keinen Grundbesitz erwerben, sondern nur noch pachten (eine Forderung, die nicht ins Gesetz übernommen wurde, weil man sie als investitionshemmend betrachtet).

Die staatliche Förderung der Farmbetriebe sollte eingeschränkt, die finanzielle Hilfe für Bauern in den Kommunalländern aufgestockt werden. 1994 wurden diese Beschlüsse im „Landreformgesetz" dann verbindlich formuliert.

Dennoch stecken Namibias Politiker mit den Plänen zur Landreform in einem Dilemma. Die Mehrheit der Wähler erwartet von ihrer Regierung, dass sie den versprochenen Besitzausgleich nun auch baldmöglichst realisiert. Dies scheitert aber alleine schon an den ökologischen Gegebenheiten: Bei der niedrigen Bestockung muss eine Farm eine bestimmte Mindestgröße haben, um überhaupt wirtschaftlich arbeiten zu können (s.S. 191f). Der Farmer braucht eine fundierte Kenntnis der Böden, um auf lange Sicht erfolgreich Vieh zu züchten. Durch den Ausschluss der schwarzen Bevölkerung vom Arbeits- und Ausbildungsprozess unter südafrikanischem Mandat fehlt es vielen an dafür nötigen Knowhow. Und die Tradition der Viehzüchter wie der Herero und Nama (für die die Größe der Herde ein wichtiges Statussymbol war), ist ein weiterer Hemmschuh bei der ökologisch angepassten Nutzung der Böden: Denn wer seinem Farmgrund zu viele Tiere zumutet, zerstört ihn langfristig.

So ist die versprochene Landreform einer Politik kleiner Schritte gewichen. Farmland, das an die Kommunalländer grenzt, wird vom Staat aufgekauft und an die Kommunen günstig abgegeben; die Kleinbauern werden in den Grundzügen der ökologisch angepassten Landnutzung unterrichtet.

Die Verteilung des staatlichen Landbesitzes an schwarze Farmer soll durch eine unabhängige Kommission überwacht werden. Deren Überparteilichkeit wird aber von der Opposition häufig angezweifelt.

Schafherde in in karger Landschaft

Umweltschutz

Wüsten und Halbwüsten gehören zu den sensibelsten Ökosystemen der Erde. Umwelt- und Naturschutz gehen in Namibia deshalb Hand in Hand. Dort, wo unkontrollierter Raubbau an der Natur betrieben wird – wo Land überweidet, Wild ausgerottet, Wasser unkontrolliert vergeudet wird –, verliert das empfindliche Gleichgewicht der Natur seine Balance. Ist die schützende Pflanzendecke durch Viehfraß zerstört, haben die Kräfte der Erosion freies Spiel. Verbannt man Wild von den wertvollen Weiden, beschwört man die Gefahr der Verbuschung herauf, die das Wachstum von Futterpflanzen einschränkt. Werden die Wasserreserven zu intensiv ausgebeutet, fehlt das Grundwasser in mageren Jahren, und Vieh wie Wild verenden. Verlässt ein Geländewagen die trassierten Pisten, zerstört er Flechten, die den Boden vor der Abtragung bewahren und zugleich als Nahrung für viele Tiere dienen.

Die vielen Regeln und Vorsichtsmaßnahmen, die das Reisen in Namibias Nationalparks oft zu einem Hindernisrennen um Genehmigungen und Papiere gestalten, machen durchaus ihren Sinn. Nur wenn der Staat der Umwelt- und Naturzerstörung vorab einen Riegel vorschiebt, kann er seine faszinierende und ökonomisch wie ökologisch wichtige Natur für die Zukunft erhalten. Der Schutz von Natur und Umwelt ist deshalb auch – einmalig für Afrika – in Namibias Verfassung verankert.

Doch wie marginal erscheinen die von extensiver Viehhaltung und zu viel Tourismus verursachten Schäden im Vergleich zu den tiefen Wunden, die der Bergbau in die Urlandschaft reißt. Rössing zum Beispiel: Abgesehen von dem immensen Loch, das der Uran-Abbau in die Namib-Wüste gegraben hat (s.S. 530), weiß wohl noch niemand so recht wohin mit den Abfallprodukten der Aufbereitungsanlage. Im Augenblick strahlen Schlacken und Gestein in einem künstlichen See vor sich hin. Dem mit radioaktiven Partikeln durchsetzten Staub, der beim Abbruch des Gesteins freigesetzt wird, rückt man mit Wasserkanonen zu Leibe. Der Grundwasserverbrauch von Rössing ist so hoch, dass sich der Pegel der gesamten Region merklich gesenkt hat – mit entsprechenden Folgen für Pflanzen und Wild.

Dass Wasser allein das Verwehen von radioaktivem Staub nicht verhindern kann, liegt auf der Hand. In der Weite der Namib sind der Verteilung radioaktiver Partikel ohnehin keine Grenzen gesetzt. Und nicht zuletzt leiden nicht nur die Umwelt, sondern ganz besonders die in der Mine beschäftigten Arbeiter unter den gesundheitlichen Folgen des Uranabbaus. Dass Namibias menschenleere Landschaften auch einen idealen Standort für Gift- oder Atommülldeponien hergeben könnten, wird immer wieder in der Bevölkerung diskutiert. Die namibische Gesetzgebung hat solchen Plänen per Gesetz einen Riegel vorgeschoben, doch werden regelmäßig Gerüchte über „schmutzige" Atommüll-Geschäfte der Regierung laut.

Fischereiflotte in der Lüderitzbucht

Fischerei

Der Benguela-Strom vor Namibias Küste sorgt nicht nur für das typisch nebelige Atlantikklima, er führt auch von Fischen geschätzte Nährstoffe mit. Die Gewässer sind daher besonders fischreich. Die Fischerei leistet einen wichtigen Anteil zur Wirtschaft, ihre tatsächlichen Kapazitäten hinken aber wegen der Überfischung des Meeres vor Namibia durch internationale Fangflotten weit hinter dem möglichen Ertrag her.

Bis zur Unabhängigkeit waren nicht nur Fangschiffe Südafrikas, sondern auch die der anderen Mitglieder der ICSEAF (ein Zusammenschluss von im Südatlantik fischenden Nationen) vor Namibias Küste aktiv.

Überfischung

Die Folgen der systematischen Überfischung sind noch heute zu spüren, doch hat sich die Situation schon merklich gebessert, insbesondere durch die Ausweitung der Schutzzone auf 200 Meilen und die damit verbundene Beendigung des Raubfanges nicht zuletzt spanischer, russischer und portugiesischer Flotten (durchgesetzt durch die Konfiszierung der Schiffe in Walvis Bay mit Militärgewalt).

Zentrum der Fischereiwirtschaft ist Walvis Bay. Auch im Städtchen Lüderitz versucht man, mit dem Aufbau von fischverarbeitender Industrie dem kränkelnden Ort eine Zukunftsperspektive zu verpassen.

Bergbau und Industrie

Als 1908 bei Lüderitzbucht die ersten Diamanten gefunden wurden, hatte sich endlich erfüllt, was Mutterland, Kolonisten und Händler gehofft hatten: wertvolle Bodenschätze in Südwestafrika, die den Kampf um das aride Land lohnten.

Auch heute noch sind es die Mineralien und Erze, die Namibias Exportwirtschaft am Laufen halten, wenngleich mit großen Krisen und Schwankungen: über die Hälfte der Ausfuhren sind Erze und Steine; etwa 20% des Bruttoinlandsproduktes werden in den Minen erwirtschaftet. 20–30.000 Menschen finden hier Arbeit.

Minengesellschaften

Die drei wichtigsten Minen sind *Rössing* in der Namib (Uran), *NAMDEB* in den Diamantensperrgebieten bzw. im Küstenvorland bei Oranjemund und die Skorpion Zinkmine im Sperrgebiet von Anglo Base Metals bei Rosh Pinah. Sie gehören multinationalen Unternehmen: Die größten Anteile an NAMDEB bzw. deren Vorläufer CDM hielt bis 1994 der südafrikanische Diamantenkonzern De Beers. Dann wurde der namibische Staat mit 50% daran beteiligt und CDM in NAMDEB Diamond Corporation umbenannt. Bei Rössing Uranium Ltd. sind Großbritannien, Südafrika, Kanada und Frankreich beteiligt. Der namibische Staat profitiert durch Abgaben, Steuergelder und Arbeitsplätze von seinem Reichtum.

Wie alle Rohstoffe sind auch die in Namibia geförderten Erze stark von den Schwankungen auf dem Weltmarkt abhängig. Der Preisverfall für Diamanten in der zweiten Hälfte der 1980er Jahre und bei Weltwirtschaftskrise 2009 wirkte sich direkt auf die Wirtschaft und vor allem die Arbeitsplätze aus; ebenso der sinkende Uranpreis, der Rössing ab Mitte der 1980er Jahre immer wieder zwang, die Förderung zu drosseln und Arbeiter zu entlassen. Die Produktionskapazität der Mine war jahrelang nur zu knapp 50% ausgelastet. Eine Besserung kam 1995 mit neuen Abnahmeverträgen durch Frankreich in Sicht. Der seit 2000 stetig steigende Uranpreis (von 7 auf 35 US$ pro Einheit in 2015) hat das Geschäft belebt und weitere Wettbewerber auf den Plan gerufen, die nun neue Uranminen in Namibia explorieren. Im Kupferdreieck Tsumeb/Otavi/Grootfontein wurde die einst so reichhaltige Mine von Tsumeb über die Jahre schrittweise geschlossen (neue Erzfunde der Ongopolo Mines und der Einstieg chinesischer, halbstaatlicher Investoren 2009 sollen aber auch hier in der zweiten Dekade des 21. Jahrhunderts für Erleichterung sorgen). Sogar das abgelegene Lüderitz ist durch die Zinklagerstätten bei Rosh Pinah, deren hochwertiges Erz über den Hafen von Lüderitz ausgeführt wird, ein bisschen zur Boomtown geworden.

Energiequellen

Ungeachtet großer Erdgasfunde (Kudu-Feld) vor der Küste herrscht in Namibia Energiemangel. Die Energiewirtschaft des Landes ist trotz Stromerzeugung mit Wasserkraftanlagen (Ruacana, Projekt Popa-Falls-Kraftwerk) und Windrädern (im ganzen Land dezentral zur Selbstversorgung) immer noch auf Energie-Importe aus Südafrika angewiesen. Galt dessen Stromkapazität lange Jahre aber als ausreichend auch für das Nachbarland, hat sich im neuen Jahrtausend herausgestellt, dass es zukünftig zu Engpässen kommen kann und die Stromlieferungen kontingentiert werden könnten. Kraftwerke unter Ausnutzung des Erdgases sollen zukünftig Abhilfe schaffen.

Tourismus

Seit es um Namibia ruhiger geworden ist und weder militärische Aktionen noch Boykottmaßnahmen seine touristische Entwicklung beeinträchtigen, hat sich das Land zum Senkrechtstarter unter den afrikanischen Reisezielen entwickelt. Nach der Unabhängigkeit begann die Zahl der Touristen kontinuierlich um 10% pro Jahr zu steigen, heute beträgt die Steigerungsrate um 7% jährlich. Die deutschsprachigen Gäste sind aus Europa diejenigen, die die höchsten Steigerungsraten zu verzeichnen haben und stellten 2014 mit 86.000 Einreisen die größte Gruppe europäischer Touristen (UK 25.000, Frankreich 19.500).

Tourismus schafft Arbeitsplätze

Die Deviseneinnahmen aus dem Tourismus tragen etwa 15% zum Bruttoinlandsprodukt bei, die Tourismusindustrie ist der am stärksten wachsende Zweig der namibischen Wirtschaft und für die Beschäftigungssituation im Land eminent wichtig (etwa 20% der Beschäftigten arbeiten im Tourismus, der den 3. Platz in der Wirtschaft belegt).

Presse und Rundfunk

Namibia ist eines der wenigen afrikanischen Länder mit weitgehender Freiheit der Presse. Es gibt eine relativ breitgefächerte Zeitungslandschaft, doch kämpfen alle regierungsunabhängigen Zeitungen um ihre Existenz, denn bei der geringen Bevölkerung Namibias sind hohe Auflagen nicht zu verkaufen.

New Era (www.newera.com.na) ist eine englischsprachige Zeitung, die der Regierung nahesteht (mit Berichten auch in Afrikaans u. Oshivambo).

Regierungsfreundlich, aber durchaus kritisch, ist **Namibian** (www.namibian.com.na), der ebenfalls mehrsprachig erscheint und bereits seit 1985 für Unruhe und Verärgerung bei der südafrikanischen Administration sorgte.

Einzige deutsch-sprachige Tageszeitung ist die früher deutschnationale und heute wohl als distanziert-konservativ bis neutral zu bezeichnende **Allgemeine Zeitung** (www.az.com.na), die zu Dirk Mudges Presse-Imperium gehört. Einmal im Monat erscheint sie mit einer umfangreichen Tourismus-Beilage, die so manche interessante Neuigkeit enthält. Dirk Mudge gibt außerdem die afrikaanse Zeitung **Die Republikein** (www.republikein.com.na) und das wöchentlich erscheinende, ebenfalls mehrsprachige Magazin **Tempo** heraus. Mit einer Gesamtauflage von 30.000 Exemplaren kontrolliert Mudge weitgehend die regierungsunabhängige Presselandschaft.

Rundfunk Der Rundfunk sendet in allen wichtigen Landessprachen. Es gibt einen staatlichen Sender, NBC, sowie mehrere private Sender, einer davon mit vorrangig religiösem Programm (Channel Seven), sowie das Katutura Community Radio mit Musik und Beiträgen aus dem Stadtteil. NBC sendet auch in deutscher Sprache (s.S. 110). Das Fernsehen, vorrangig in englischer Sprache, gibt es in Namibia erst seit 1991; viele Lodges und Farmen besitzen Satellitenschüsseln und können damit internationale Satellitensender empfangen.

Bitte schreiben oder mailen Sie (verlag@rkh-reisefuehrer.de), wenn sich in Namibia Dinge verändert haben oder Sie Neues wissen. Wir beantworten jede Zuschrift. Danke!

Namibias Menschen und ihre Kulturen

„Schwarz-Weiß-Malerei" ist in Namibia sicher fehl am Platze, auch wenn die Bevölkerung, mit den flüchtigen Augen des Besuchers betrachtet, nur aus zwei Polen zu bestehen scheint: den Weißen, mit denen er vermutlich häufiger in Kontakt kommen wird, und den Schwarzen und Farbigen, die die Apartheidpolitik an die Peripherie der Städte gedrängt hat. Entsprechend ist man leicht geneigt, Kultur und Wesensmerkmale des Landes auf „europäische" und „afrikanische" Einflüsse zu reduzieren. Dabei sind die Namibier ein sehr heterogenes, ethnisches Konglomerat mit sehr unterschiedlichen Traditionen, Sprachen und Lebensformen. Die wichtigsten Völker werden im Folgenden näher vorgestellt. Die Reihenfolge entspricht nicht deren Größe oder der Bedeutung, sondern ergibt sich aus der linguistischen Verwandtschaft und der Einwanderungsgeschichte von Khoisan-Sprachigen einerseits und den Bantu-Sprachigen andererseits.

Kulturwandel Traditionelle Siedlungsformen, Sozial- und Wirtschaftsstruktur lassen sich zwar beschreiben, doch in unverfälschter Form sind die Wesensmerkmale der jeweiligen Völker heute meist nicht mehr präsent. Missionierung, Kolonialzeit, Apartheidpolitik und der Einfluss der Moderne haben die traditionellen Strukturen der namibischen Völker weitgehend verwischt. Spuren ihres herkömmlichen Lebens sind aber noch vorhanden und prägen Leben und Verhaltensmuster bis heute.

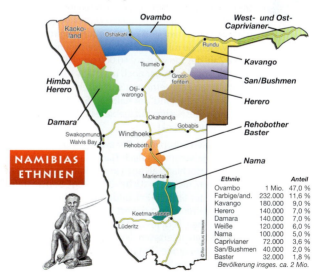

Ethnie		Anteil
Ovambo	1 Mio.	47,0 %
Farbige/and.	232.000	11,6 %
Kavango	180.000	9,0 %
Herero	140.000	7,0 %
Damara	140.000	7,0 %
Weiße	120.000	6,0 %
Nama	100.000	5,0 %
Caprivianer	72.000	3,6 %
San/Bushmen	40.000	2,0 %
Baster	32.000	1,8 %

Bevölkerung insges. ca. 2 Mio.

Matrilinear / Patrilinear

Im Folgenden ist immer wieder von mutter- und vaterrechtlicher Abstammung, von *Matri-* und *Patrilinearität* die Rede. Hier nun eine kurze, etwas vereinfachte Definition:

Patrilinear: Das Erbe (Besitz, Titel, Ämter) wird in der väterlichen Verwandtschaftsgruppe weitergegeben, meist vom Vater an den ältesten Sohn. Ist auch die Wohnregelung patrilokal, lebt das Paar nach der Heirat in der Familie des Mannes.

Matrilinear: Erbe und Ämter werden in der Verwandtschaftslinie der Mutter weitergegeben, und zwar an den Mutterbruder oder Schwestersohn. Ist die Wohnsitzregelung *matrilokal*, leben Mann und Frau nach der Heirat im mütterlichen Verband. Die matrilineare Erbregelung beinhaltet nicht automatisch, dass den Frauen eine größere Macht zukommt (Matriarchat) als in patrilinearen Gruppen; traditionell besitzt die Mutter aber eine starke gesellschaftliche Stellung.

Die San (Buschmänner)

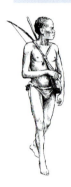

Einer der ersten Weißen, der mit ihnen in Kontakt kam, der Forschungsreisende Peter Kolb, nannte sie *buschjes mannes,* ein Name, der schon bald als Synonym für „Strauchdiebe" Verwendung fand, denn die San machten nicht nur Jagd auf das Wild, sie holten sich auch fremdes Vieh von den Weiden. Ihre Nama-Nachbarn, mit denen die San auch sprachlich verwandt sind, gaben ihnen ihren heute gebräuchlichen Namen: *San*. Sie selbst benützen keinen gemeinsamen Namen, der über den einzelnen Volksverband hinausginge. So sind wir darauf angewiesen, sie mit einer Fremdbezeichnung zu benennen.

Die Zahl der San wird auf 40.000 geschätzt (2% der Gesamtbevölkerung), von denen nur noch ungefähr 10% als Jäger und Sammler leben. Deren Zahl verringert sich zusehends, denn ihr Lebensraum, das „Buschmannland" im Kalahari-Sandveld, wird durch die Einrichtung neuer Naturschutzgebiete und die agrare Expansion immer weiter eingeschränkt.

Herkunft

Als die ersten Europäer in der zweiten Hälfte des 18. Jahrhunderts vom Oranje kommend nach Namibia vordrangen, lebten die San sowohl im Hochland als auch in den Randgebieten der Kalahari. Sie gelten zwar nicht als „Urbevölkerung" Südwestafrikas, also als Schöpfer der älteren Felsbilder, die auf bis zu 25.000 Jahre vor unserer Zeitrechnung datiert werden, doch woher und wann sie hierher kamen, liegt im Dunkeln.

Ethnologen unterteilen die San nach ihrem traditionellen Schweifgebiet in drei große Gruppen, die Kung in Nordnamibia (Ovamboland, Kavango bis hinein ins westliche Botswana und Südangola), die

Die San

Nama-San, die südlich davon zwischen Etosha und Kalahari lebten, und die Kap-San in Südwest-Namibia und im Norden der Republik Südafrika. Jede Gruppe besteht wiederum aus mehreren Linien, von denen beispielsweise die *Heikom* zu den bekannteren zählen. Ihr angestammtes Siedlungsgebiet wurde zum Etosha National Park erklärt.

Sprache Sprachlich sind die San mit den Nama verwandt. Beide benützen Dialekte des *Khoisan*, einer Sprachgruppe, die wahrscheinlich zu den ältesten Afrikas zählt und durch verschiedene Klick- und Schnalzlaute charakterisiert ist. Ob man aus den gemeinsamen Sprachwurzeln von San und Nama auf einen gemeinsamen Ursprung schließen kann, ist immer noch umstritten. Die meisten Wissenschaftler sind sich aber inzwischen darin einig, dass Nama und San früher ein Volk waren und dass sich die Nama später durch Annahme einer anderen Wirtschaftsform (s.u.) zu einer eigenständigen Ethnie entwickelt hätten.

Dank ihrem charakteristischen Äußeren fällt es leicht, die San zu erkennen. Die meisten besitzen einen sehr feingliedrigen Körperbau, sie sind kleiner als die anderen namibischen Völker und von sehr heller, leicht gelblicher Hautfarbe. Bei älteren San überzieht sich das Gesicht mit tausenden freundlichen Runzeln, und die hohen Wangenknochen geben ihnen ein asiatisches Aussehen. Ihre Haare werden oft als „Pfefferkorn" bezeichnet, weil sie nicht gleichmäßig, sondern in kleinen Büscheln wachsen.

Wirtschafts- und Sozialstruktur Traditionell führten die San ein Leben als nomadische Wildbeuter. In kleinen Familienverbänden ziehen sie durch das Veld, ernähren sich von gesammelten Früchten und Wurzeln oder von erlegtem Wild. Die Gruppen unterstehen der Autorität eines erfahrenen Jägers, und eine übergreifendere Führerschaft durch einen Oberkommandeur oder König gibt es nur dort, wo die San unter dem Einfluss anderer Völker eine zentralisiertere Struktur aufgebaut haben. Die Eheleute sind zumeist monogam und üben eine starke Geburtenkontrolle aus, denn ungehemmtes Bevölkerungswachstum würde die fragile wirtschaftliche Basis der Gemeinschaft bedrohen. Ein empfängnisverhütender Kräutertrank und verschiedene abortive Methoden sind bekannt. Dramatische Lebens- oder Nahrungsumstände zwangen die San früher gelegentlich auch zur Tötung eines Neugeborenen.

Entsprechend ihrer nomadischen Lebensweise besitzen sie nur wenig Hausrat. Den Schlafplatz schützt ein geflochtener Windschutz. Der Schmuck besteht aus Leder- und Perlenketten, die man traditionell aus der Schale eines Straußeneis fertigt: Sie wird zu sehr kleinen, runden Scheibchen geschnitten, die dann mit einem Loch versehen auf Lederschnüre aufgezogen werden. Perlstickereien – heutzutage meist aus Plastikperlen – dienen auch als dekorative Zierde von Lederbeuteln und anderen Behältern. Die Kleidung bestand früher aus einem Lendenschurz, bei Männern ergänzt durch ein Penisfutteral.

Sowohl im Alltag als auch im rituellen Bereich dreht sich ein Großteil des Lebens um die Jagd. Angefangen bei verschiedenen magischen Handlungen, die das Jagdglück heraufbeschwören sollen, über Narben, die an Schultern und zwischen den Augen angebracht, die jägerischen Fähigkeiten der jungen Männer erhöhen, bis hin zu bestimmten Tänzen, die Tiere bannen, ist die Jagd der Männer in einen umfassenden magischen Komplex eingebunden.

Nicht minder differenziert ist auch die praktische Seite der Jagd entwickelt: Die San kennen allerlei Methoden, Wild in Fallen zu fangen oder an Stellen zu locken, wo sie es erlegen können. Dabei werden vornehmlich Bogen und mit Schlangen- oder Pflanzengift präparierte Pfeile benützt.

San-Legende

Kwi beschloss eines Tages, jagen zu gehen. Er ging fort, tief in den Busch hinein, nahm seinen Bogen und die neuen Pfeile mit und ließ seine Frau und das Baby zurück. N/a, seine Frau, dachte, wie schön es wäre, Trüffel zum Fleisch zu haben. Sie nahm ihr Baby auf und ging zu der Stelle mit den drei Baobabs und den sieben Termitenhügeln.

„Ah", dachte sie, „keiner war vor mir hier an diesem Platz, wo die besten Trüffel wachsen. Heute Abend werden wir ein Fest feiern." Sie legte das Baby unter einen Baum und begann, mit einem spitzen Stock zu graben. Dabei sang sie:

„Trüffel, Trüffel, tief in der Erde,
ich muss den ganzen Tag graben,
ich muss den ganzen Tag arbeiten!"

Die Erde war hart und trocken, doch N/a grub, bis ihr Beutel voller Trüffel war. Endlich konnte sie sich ausruhen und ihr Baby stillen. Aber als sie zum Baum kam, war das Kind verschwunden! Hyänenspuren führten von der Stelle in dichtes Gebüsch. Sie schrie vor Schreck auf und mit erhobenem Grabstock rannte sie in die Büsche, bereit zum Angriff.

Doch anstelle einer Hyäne fand sie einen Löwen. Das Baby lag ruhig schlafend zwischen seinen Vordertatzen. Nicht weit entfernt sah sie die Überreste zweier Hyänen.

„Du warst unvorsichtig und hast dein Baby unbewacht zurückgelassen", grollte der Löwe. „Hier gibt es viele hungrige Hyänen und Schakale. Das nächste Mal wirst du nicht mehr so viel Glück haben."

N/a fiel auf die Knie: „Oh Löwe, du hast mein Kind gerettet. Wie kann ich dir danken?"

„Gib mir ein paar Trüffel", sprach der Löwe und leckte sich die Lippen. N/a lief los, holte die Trüffel und gab dem Löwen davon ab. Der Löwe war erfreut: „Ah, sie schmecken so süß", sagte er und zerkaute genussvoll die Pilze. „Ich könnte auf die Jagd verzichten, und nur von Trüffeln leben, aber wie du siehst, kann ich nicht graben."

Etwas Saft tropfte aus seinem Mund auf das Baby und weckte es. N/a nahm das Kind an sich und band es sich auf den Rücken. „So werde ich in Zukunft mein Baby tragen", sagte sie, „ich danke dir, Löwe."

Von diesem Tag an hat N/a nie wieder ihr Baby alleingelassen. Sie trug es immer auf ihrem Rücken oder an der Seite, auch bei der Arbeit. Und jedesmal, wenn sie nach Trüffeln grub, ließ sie heimlich auch einige für den Löwen zurück.

(aus: „The stolen water and other stories", retold by Jennifer Davvis, New Namibia Books, Windhoek 1993, aus dem Englischen übersetzt von Daniela Schetar)

Hinweis: Die Linguisten und Ethnologen verwenden zur Umschreibung der Klick- und Schnalzlaute der Khoisan-Sprachen Sonderzeichen wie !, / oder //. Wir haben auf diese wissenschaftlich korrekte Schreibweise verzichtet, weil sie im täglichen Gebrauch unbequem und verwirrend ist.

Aufgabe der Frauen ist das Sammeln essbarer Pflanzen, Wurzeln und Insekten. Dazu benützen sie einen einfachen Grabstock. Je stärker die Jagdmöglichkeiten eingeschränkt werden – sei es durch klimatische Veränderungen, sei es durch die Einrichtung von Tierreservaten – desto wichtiger wird diese Veldkost, wie man sie in Namibia nennt.

Magie und Religion

Rätsel gibt auch heute noch die Religion der Wildbeuter auf. Die meisten Gruppen scheinen ein höchstes Wesen zu verehren, allerdings kaum zu ihm zu beten. Bei den südlichen San-Verbänden genießt *Mantis*, die Gottesanbeterin, einen gottähnlichen Status. Andere Gruppen wiederum sollen den Mond oder die Sonne als höchste Gottheit verehren. Gefürchtet sind die Geister der Toten, die den Lebenden übel mitspielen können, weshalb man einen Verstorbenen möglichst schnell bestattet und an diesen Platz nie wieder zurückkehrt. Zahlreiche Naturphänomene werden dem Wirken von Geistern zugeschrieben, die gut oder böse sein können und den Menschen auch gerne Streiche spielen.

Eine besondere Rolle kommt den Medizinmännern zu, die als Heiler eine wichtige therapeutische Funktion in der Gruppe wahrnehmen: In tranceartigen Tänzen treten sie in Kontakt mit den Geistern, die vom Kranken Besitz ergriffen haben, und versuchen sie zu vertreiben. Nutzten die Heiler früher die halluzinogene Kraft bestimmter Pflanzen, ist heute meist Alkohol das Mittel der Wahl. Häufig schlüpfen die Tänzer in die Gestalt wilder Tiere, und so wurden diese magischen Zeremonien in vielen Felsbildern verewigt: Die Tänzer sind halb Mensch, halb Tier. Auch schwarze Magie ist bekannt. Man fürchtet beispielsweise Hexen, die in Tiergestalt, oft als Hyänen, Menschen Übles tun.

Die San heute

Die agrare Expansion der Weißen, vor allem aber der Einfluss der südafrikanischen Militärpräsenz im angestammten Territorium, konfrontierte die San mit den „Segnungen" der Zivilisation: Um Namibias Norden als Operationsbasis gegen die SWAPO auszubauen, legten die Südafrikaner Straßen an; Soldaten und Händler kamen in das vormals unwegsame Gebiet und verkauften den Wildbeutern Konsumgüter, allen voran Alkohol.

Durch den Verlust ihres Schweifraums und der Jagd als Lebensform verloren die San auch ihre Kultur. Viele führen nun ein orientierungsloses Leben. Alkoholismus stellt ein großes Problem in den Siedlungen des Buschmannlandes dar. Heute leben die meisten San als Arbeiter auf Farmen. Wegen ihrer hervorragenden Angepasstheit an die Natur und ihren phänomenal geschärften Sinnen werden sie gerne zum Aufspüren von Wild eingesetzt. Die südafrikanische Armee bediente sich der San auch als Späher und Spurensucher im Krieg gegen die SWAPO-Guerilla.

Die Nama

Über den Unterschied zwischen „Buschje Mannes" und den „Hottentotten" waren sich die ersten Forscher und Abenteurer einig: Die einen waren Strauchdiebe, die anderen besaßen große Viehherden und eine Sprache, die an Stottern (Holländisch: „hüttentüt") erinnerte. Bis Mitte des 20. Jahrhunderts wurden die Nama als „Hottentotten" bezeichnet, und auch heute rutscht so manchem Farmer noch dieser inzwischen verpönte Begriff heraus. Die Nama selbst nennen sich Khoikhoin, „die wahren Menschen" (in Abgrenzung vor allem zu den San). Ihre traditionell mächtigen Clans besitzen nach wie vor großen Einfluss.

Herkunft und Sprache Wie die mit ihnen verwandten San lebten die Nama bei Ankunft der Europäer im gesamten südlichen und südwestlichen Afrika. Die Nama-Sprache Khoikhoi besitzt die gleichen Wurzeln wie die Sprachen der San, deshalb werden alle Dialekte dieser beiden Völker zu einer großen Sprachgruppe, dem Khoisan, zusammengefasst. Neben den südlichen Bantu-Sprachen, zu denen beispielsweise Herero und das Kwanyama der Ovambo gehört, ist Khoisan die zweite bedeutende Sprachgruppe des südlichen Afrika. Woraus und wie sich das Khoisan entwickelt hat, liegt aber ebenso im Dunkeln wie die Herkunft der San und Nama.

Zwei Hypothesen versuchen diesem Rätsel auf die Spur zu kommen: die Hypothese von einem gemeinsamen Ursprung der beiden Völker und die von einer Einwanderung und Vermischung fremder Gruppen mit den San. Wenn man davon ausgeht, dass Nama und San ursprünglich eine ähnliche Wirtschaftsform besaßen, dass also auch die Nama ein Leben als Wildbeuter führten, muss es

Nama-Siedlung (hist. Abb. 19. Jh.)

irgendwann in der historischen Entwicklung einen Bruch gegeben haben, denn ab Ende des 16. Jahrhunderts werden die Nama von Seeleuten und Reisenden als viehzüchtende Nomaden beschrieben, die riesige Herden von Langhornrindern und Fettschwanzschafen besaßen. Wodurch diese Veränderung in der Wirtschaftsform zustande kam und wie die Nama an die von ihnen gezüchteten Rinder und Schafe kamen, wird durch diese These allerdings nicht erhellt.

Einige Ethnologen interpretieren die mögliche Entwicklung deshalb umgekehrt: Danach seien Viehzüchter hamitischen Ursprungs aus Ostafrika nach Süden gewandert, hätten sich hier mit San vermischt und so eine neue Volksgruppe, die Khoikhoi, begründet. Die kombinierte Wirtschaftsform der Nama – Viehzucht und Jagd – und der Besitz von Rindern und Schafen scheinen dieser Theorie Recht zu geben. Nicht nur sprachlich, auch äußerlich gibt es starke Ähnlichkeiten zu den San. Die Nama sind zwar im Durchschnitt etwas größer, besitzen aber ebenfalls eine sehr helle Haut, hohe Wangenknochen und Pfefferkornhaar.

Wirtschaft- und Sozialstruktur

Die Nama gliedern sich in zwei große Volksgruppen: die Klein-Nama, die südlich des Oranje in der Kapprovinz beheimatet waren und heute weitestgehend in anderen Völkerschaften aufgegangen sind, und die Groß-Nama, deren fünf Stämme fast alle jenseits des Oranje, im heutigen Namibia, nomadisierten. Zu ihnen gehören beispielsweise die Bondelswarts (in der Region Warmbad) und die Topnaar (bei Walvis Bay). Namibias dominante Nama-Ethnie, die Orlaam, die erst in der zweiten Hälfte des 19. Jahrhunderts als letzte den Oranje überqueren und nach Namibia eindrangen, sind eine Restgruppe der Klein-Nama. Bei ihnen haben die Nama-Traditionen durch die intensiven Kontakte mit holländischen Siedlern und durch die frühe Missionierung kaum noch Bestand.

Die fünf Linien, die gemeinsam die Groß-Nama bilden, stammen von fünf mythischen Brüdern ab. Der älteste Bruder war der Urahn der „Roten Nation", einer Nama-Gruppe, die als „älteste" und vornehmste angesehen wird. Fast alle Nama-Gruppen tragen heute holländische Namen; es sind zumeist wortgetreue Übersetzungen der ursprünglichen Khoi-Khoi-Bezeichnung: So hießen die Swartboois (Region Rehoboth) ursprünglich Gami Nun, was soviel wie „schwarzes Bündel" bedeutet.

Jede Nama-Gruppe besteht aus mehreren patrilinearen Clans, die sich alle auf den gemeinsamen (mythischen) Gründervater des Volkes berufen. Die Clans selbst wurden nach ihrem Oberhaupt benannt: Die bekanntesten Nama-Clans sind die Afrikaaner und Witboois, deren Anführer Jager und Jonker Afrikaaner sowie Hendrik Witbooi in den Auseinandersetzungen mit der deutschen Kolonialmacht zu kriegerischem und politischem Ruhm kamen.

Die verlorene Unsterblichkeit (Nama-Legende)

In den alten Zeiten, als die Menschen über das Sterben ihrer Freunde trauerten, sandte Tsukoab, der gute Mann, einen Hasen zu ihnen. Der sollte ihnen verkündigen, dass sie mit dem Trauern aufhören müssten. Denn wenn die Menschen zunächst auch stürben, so würden sie doch nach einiger Zeit wieder aufleben, so wie der Neumond.

Der Hase versprach, diese Botschaft zu überbringen. Doch stattdessen lief er zur Buschlaus und bat sie, an seiner Stelle die Botschaft auszurichten. Er sagte sie ihr auch ganz verkehrt. Doch die Buschlaus wollte nicht, sie weigerte sich zu gehen.

„Nein", sagte sie, „es ist noch viel zu früh, und ich bin nicht fertig angezogen, ich habe mein Vorkaross noch nicht an. Und du, Hase, kannst viel schneller laufen. Lauf nur selbst!"

Da musste der Hase selbst gehen und die Botschaft überbringen. Als er zu den Menschen kam, log er, dass er ihnen bestellen sollte: „Wer tot ist, soll tot bleiben und soll nicht wieder aufleben wie der neue Mond."

Wegen dieser Lüge hassen die Nama den Hasen. Sie haben die größte Abneigung, Hasenfleisch zu essen. Selbst dem, der bei starkem Hunger davon isst, hält man das sein Leben lang vor. Er zählt nicht mehr als Mann und darf bei keinen öffentlichen Anlässen mehr mitsprechen. Und wenn sie Gelegenheit haben, einen Hasen zu töten, dann sollen sie ihm keinesfalls das Leben schenken.

(Aus: Sigrid Schmidt, Märchen aus Namibia, Köln, 1980)

Die Nama besitzen, im Gegensatz zu ihren bantusprachigen Nachbarn (s.u.), eine eindeutig patrilineare Gesellschaftsorganisation: Rang und Besitz vererben sich vom Vater auf den ältesten Sohn, und die Frau folgt ihrem Ehemann in seinen Verwandtschaftsverband. Theoretisch war bei den Nama Polygamie möglich, praktisch führten die meisten eine monogame Ehe; möglicherweise kam hier der starke Einfluss der christlichen Missionierung zum Tragen.

Die gemeinsame Herkunft von einem Urahn hinderte die Nama nicht daran, sich heftig gegenseitig zu bekriegen. Direkte Loyalität schuldete man dem eigenen Clan (Afrikaner), bestenfalls noch dem Volk (Orlaam), keinesfalls aber dem Verband (Klein-Nama). Meist eskalierten die Konflikte wegen Viehdiebstahls. Die Nama hatten zwar durchaus kommunale territoriale Ansprüche – bestimmte Regionen standen bestimmten Clans als traditionelles Weidegebiet zu – sie verwehrten anderen Viehzüchtern aber nicht den Zutritt zu ihrem Land, höchstens wurden Abgaben für die Benützung der Wasserstellen verlangt. Eine Art von „Grundbesitz" gibt es nur bei den Topnaar-Nama, deren Familien in den Dünenfeldern um Walvis Bay Nara-Felder (eine Kürbisart, s.S. 134) ihr Eigen nennen. Dies erklärt auch, warum die Nama „ihr" Land so bereitwillig an Händler und

Farmer abtraten – für sie bedeuteten die Land-„Verkäufe", dass sie den Europäern bedingte Nutzungsrechte in ihrem Territorium überließen, die sie beliebig wieder rückgängig machen konnten. Von den Weißen wurden sie deshalb als wankelmütig und vertragsbrüchig beschimpft.

In einem traditionellen Nama-Kraal standen die bienenkorbförmigen Hütten im Kreis um ein besonders abgegrenztes Gehege der Kälber. Das übrige Vieh konnte sich frei im Kraal bewegen. Ein Zaun aus Dornbüschen schützte die Siedlung vor Raubtieren. Hütten und Hausrat waren leicht auf- und abzubauen bzw. zu transportieren und wurden bei den Nama-Wanderungen auf Tragochsen geladen. Die gezüchteten Fettschwanzschafe und Rinder waren für die Nama eher Prestigeobjekte, die man nur selten schlachtete. Basis der Ernährung war Wild, gesammelte Veldkost, die Milch der Kühe und bei einigen Gruppen an der Atlantikküste der Fischfang. Seit den ersten Kontakten mit Europäern besitzen die Nama auch Pferde.

Religion Die Nama wurden bereits früh missioniert und haben den christlichen Glauben auch bereitwillig aufgenommen. Die ersten Missionare ließen sich bei Warmbad und Bethanien, im Nama-Gebiet, nieder. Daher ist über die traditionelle Religion der Nama nur wenig bekannt. Im Gegensatz zu den San scheinen sie eine intensive Vorstellung von einem „höchsten Wesen" besessen zu haben, oft wird diese Gottheit auch mit dem Mond gleichgesetzt, den die Nama verehrten.

Ausgeprägt ist die Angst vor den Geistern der Toten. Wie die San verließen die Nama nach einem Todesfall die Siedlung und zogen an einen anderen Ort. Die Hütte des Toten blieb stehen.

Ein gefürchteter, in vielen Gestalten auftretender Gott war Gaunab, der heute in die Rolle des christlichen Teufels geschlüpft ist. Heldenlegenden ranken sich um die Gottheit *Heitsi Eibib,* die der mythische Urahn des Nama-Volkes gewesen sein soll. Bei diversen Abenteuern wurde er verwundet und getötet und kehrte doch immer wieder lebend auf die Erde zurück. Seine „Gräber", große Steinhaufen, verehren die Nama im Gegensatz zur sonstigen Toten-Furcht. Wer an einem Heitsi-Eibib-Grab vorbeikommt, legt als Zeichen der Ehrfurcht Zweige oder einen Stein darauf.

Lebensraum Auch heute ist Südnamibia das traditionelle Siedlungsgebiet der Nama. Man schätzt ihre Zahl auf 100.000, ca. 5% der namibischen Bevölkerung. Die meisten Nama leben und arbeiten auf den Farmen als Viehhirten.

Die Damara

Die Damara oder *Berg-Damara*, wie sie auch häufig genannt werden (richtig müsste es eigentlich „Dama" heißen, die Bezeichnung „Damara" ist falsch, dennoch wird sie in diesem Buch verwendet, da sie seit hundert Jahren eingebürgert ist), ist eine der rätselhaftesten Volksgruppen Namibias. Vom Erscheinungsbild her eindeutig eher den dunkelhäutigen Bantu zuzurechnen, besitzt ihre Sprache und Kultur so viele Wesensmerkmale der Khoisan-Völker, dass man sie dieser Gruppe zuordnet.

Berg-Damara (hist. Abb. 19. Jh.)

Auch „Dama" ist ein Fremdname, den die Damara den Nama verdanken. Sie selbst bezeichnen sich als Nu-khoin, schwarze Menschen, und das mit Stolz, wie der namibische Ethnologe K. F. R. Budack feststellt. In Abgrenzung zu den hellhäutigen Nama und San gilt bei den Damara die dunkle Hautfarbe als Schönheitsideal. Ihre politische Vertretung haben die Damara in der UDF (United Democratic Front).

Herkunft und Sprache

Die Damara gehören, wie die San, mit Sicherheit zu den ältesten Völkern Namibias. Ob sie allerdings Relikte einer „Urbevölkerung" sind, die von den später eingewanderten Nama verdrängt und möglicherweise versklavt wurden (und daher auch deren Sprache sprechen), oder ob sie als Abhängige der Nama mit ihnen aus Ostafrika kommend nach Namibia eingewandert sind, lässt sich heute nicht mehr beantworten. Die Damara sprechen einen Dialekt der zentralen Khoisan-Sprachen und haben linguistisch viel von den Nama übernommen. Als die ersten Europäer nach Südwestafrika kamen, lebten die Damara im gesamten Territorium, viele auch als Abhängige der Nama. Sie wurden als „Sklaven" bezeichnet, waren aber wohl eher in die Familie der „Herrschaft" aufgenommen und hatten für diese bestimmte Dienste zu verrichten.

Wirtschafts- und Sozialstruktur

In der Kultur der Damara begegnen sich die Wirtschaftsform und Religion der Khoisan- und der Bantu-Völker. Ob die Damara-Kultur tatsächlich aus einer Mischung entstanden ist, oder ob ihre Wesensmerkmale eigenständige Entwicklungen darstellen, lässt sich heute nicht mehr beantworten.

Die Herkunft der Damara

Die Dama des Erongogebirges berichten, dass ihre eigentliche Heimat in Okanjande im Bezirk Otjiwarongo ist. Dort, so erzählen sie, hat sich in der Zeit, als noch kein anderes Volk in Südwestafrika war, ein Fels geöffnet, und aus der Felsspalte kamen die ersten Dama hervor. Sie sprachen alle nur einerlei Sprache, und sie lebten in Frieden und Eintracht beieinander. Dann aber kam ein Gerücht zu ihnen, dass der Tod im Lande umgehe. Da flohen die Familien auseinander in die Berge. Die einen flüchteten zum Erongo, die anderen zu den Waterbergen, und wieder andere in die Auasberge. Und seitdem lebten die Dama in diesen verschiedenen Bergregionen.

(aus: Sigrid Schmidt, Märchen aus Namibia, Köln 1980)

Im Gegensatz zu San und Nama sind die Damara ein sesshaftes Volk, das überall, wo es die Wasserverhältnisse möglich machen, auch Gartenbau betreibt. Sie haben wohl schon immer Kleinvieh (Ziegen) gezüchtet, später kamen auch Rinder und Schafe dazu. Ähnlich wie San ernährten sie sich von der Jagd und von der Veldkost, die die Frauen sammeln. Begehrt waren die Produkte der Damara-Schmiede, wie Waffen oder Töpfe. Zwar kannten auch die San die Kunst der Metallverarbeitung, mit der Meisterschaft der Damara konnten sie aber nicht konkurrieren.

Die größte soziale wie politisch prägende Einheit ist die Großfamilie. Es gibt eine familienübergreifende Struktur mit mehreren Untergruppen, die im Alltag aber ohne praktische Bedeutung bleibt. Die Damara siedeln in zum Kreis aufgestellten, mit Dornenverhau umzäunten Familienkraals. Den Mittelpunkt des Dorfes bilden das heilige Feuer und der heilige Baum – beides ist auch aus der Herero-Kultur bekannt (s.u.).

Bei den Damara gibt es eine Sozialordnung, in der die männliche wie die weibliche Linie gleichberechtigt nebeneinanderstehen. Frauen vererben an ihre Töchter, Männer an ihre Söhne. Wer es sich leisten konnte, besaß mehrere Frauen. Oberhaupt des Familienverbandes war der Älteste, seine Erstfrau übernahm die wichtige Funktion des Feuerhütens.

Religion   Totenfurcht, bis hin zur Aufgabe einer Siedlung, wenn es mehrere Todesfälle gegeben hat, kennzeichnet die Religion der Damara. Daneben spielt die zentrale Gottheit *Gamab* eine ähnliche Rolle wie der christliche Schöpfergott. Bei Initiationsfeiern werden die jungen Männer in einem Buschlager auf ihr Leben als Jäger vorbereitet. Erst dann dürfen sie an der Jagd teilnehmen und mit den Alten des Dorfes am heiligen Feuer sitzen. Das Feuer wird von der Erstfrau des Kraal-Ältesten bewacht; abends wird es gelöscht, und die Hüterin nimmt einen glimmenden Scheit zu sich in die Hütte, um ihn für den nächsten Tag zu bewahren. Ähnlich wie bei den San kommt dem Heiler große Bedeutung zu. Er wird von Ganeb besessen und kann im tranceähnlichen Zustand Krankheiten kurieren. Eine besondere Rolle hat der „Speisemeister", der von jeder Nahrung kosten muss, bevor er sie für die Allgemeinheit freigibt.

Lebensraum Mit 140.000 Menschen, knapp 7% der Namibier, bilden sie eine etwa gleichgroße Bevölkerungsgruppe wie die Herero (s.u.). 1973 wurde das knapp 5000 Hektar große Reservat Damaraland im Gebirgsland zwischen Erongo im Süden und Kaokoveld im Norden mit dem Hauptort Khorixas eingerichtet. Hier lebt ein Teil der Damara unter zumeist ärmlichen Verhältnissen von Gartenbau und Viehzucht. Viele Damara haben eine Stelle als Minenarbeiter bei Rössing (s.S. 530) oder im Kupferdreieck gefunden.

Die Herero

Mit 140.000 Menschen stellen die Herero mit den Damara heute die beiden drittgrößten Bevölkerungsgruppen Namibias (7%). Noch 1951 zählt der deutsche Ethnologe Hermann Baumann nur knapp 25.000 Herero in Südwestafrika. Es war der Rest eines Volkes, das bei der Flucht in die Omaheke-Wüste nach der Schlacht am Waterberg stark dezimiert wurde.

Im 19. Jh. prägte die Konkurrenz zwischen Herero und Nama die Ereignisse in Südwestafrika. Die Herero, traditionell im nördlichen Landesteil angesiedelt, drängten immer wieder tief in den von Nama bewohnten Süden. Viehdiebstahl und Kämpfe um Weidegrund und

Gefangene Herero und deutsche Schutztruppler 1904

Quellen waren die Folge, und erst die waffentechnische Überlegenheit der Orlaam unter ihrem Oberhaupt Jonker Afrikaaner setzte diesen Auseinandersetzungen ein vorläufiges Ende. Bis zur Schlacht am Waterberg 1904 schafften es Herero und Nama immer wieder nur kurzzeitig, ihre Differenzen beizulegen und zu einer gemeinsamen Verteidigungslinie gegenüber der Schutztruppe zu finden. Heute zeigen die Herero stolz die Symbole ihrer Tradition und ihrer kriegerischen Vergangenheit bei den *Ahnengedenktagen* an den Gräbern der Oberhäupter (s. Route 7). Ihre politische Vertretung sind ein traditioneller Rat und die im Parteienspektrum repräsentierte Partei Nudo.

Herkunft und Sprache

Der ursprüngliche Lebensraum der Herero lag, glaubt man den Mythen, im Osten Afrikas, der Region, in der auch heute noch zahlreiche Gemeinschaften von Viehzucht und Ackerbau leben. Zwischen dem 15. und dem 18. Jahrhundert wanderten die Herero durch das zentrale Afrika nach Südwesten; wahrscheinlich lebten sie längere Zeit im südlichen Angola, also nördlich des Kunene, bevor sie schließlich den Fluss überschritten und in Namibia Weideland für ihre Rinder fanden. Ein Teil der Herero wandte sich von Angola aus nach Südosten und blieb schließlich im heutigen westlichen Botswana und dem daran angrenzenden Namibia. Diese Ost-Herero heißen auch Mbanderu.

Die Herero gehören zu den bantusprachigen Völkern, haben aber durch den Kontakt mit den Khoisan in Namibia auch einige Schnalz- und Klicklaute in ihre Sprache übernommen. Einflüsse südangolischer Dialekte sind im Otjiherero nachgewiesen.

Wirtschaft- und Sozialstruktur

Die Herero haben früher als Viehzüchter mit ihren Herden im nördlichen und zentralen Teil Namibias ein Nomadenleben geführt, ähnlich wie es die mit ihnen verwandten Himba noch heute tun. Die Tiere sind ihnen nicht nur wirtschaftlich, sondern auch sakral von Bedeutung, der Besitz möglichst vieler Rinder verschafft zugleich ein hohes gesellschaftliches Ansehen. Einige Rinder gelten als heilig („Ahnenbulle") und dürfen nicht geschlachtet oder verkauft werden.

Die Herero-Gesellschaft besitzt ein doppeltes Abstammungssystem: Titel, Ämter und alles Sakrale wird in männlicher Linie vererbt, der Besitz, also auch die Herden, in der mütterlichen. Meist leben die Mitglieder der väterlichen Sippe und deren eingeheiratete Frauen in einem Dorf, das aus den für die Herero typischen *pontoks* besteht. Es sind bienenkorbförmige Hütten aus mit Lehm und Dung verputztem Rohrgeflecht. Sie stehen im Kreis um den Kälberkraal. Religiöser Mittelpunkt der Siedlung ist ein Busch, der den heiligen *Omumborongbonga* (Ahnenbaum) symbolisiert, dem die Urahnen der Herero entstiegen sein sollen, und das heilige Feuer, das von einer unverheirateten Tochter des Clanchefs bewacht wird.

Die Herero

Ahnengedenktag in Okahandja – der Fantasie bei der Uniformgestaltung sind keine Grenzen gesetzt

Früher gab es zwischen den Herero-Sippen nur einen lockeren politischen Zusammenhalt. Dies änderte sich in der deutschen Kolonialzeit. Da man einen Verhandlungsführer bei den Gesprächen über Landkäufe, Handelsverträge etc. benötigte, wurden einflussreiche Sippenälteste zum Oberhaupt aufgebaut. Erster Herero-Chief war bis 1890 Maharero; sein Sohn Samuel führte die Herero 1904 in den Aufstand, der mit der Schlacht am Waterberg und der Flucht in die Omakehe-Wüste endete. Er selbst konnte die Wüste unbeschadet durchqueren, erreichte Botswana und starb dort 1923 im Exil. Mit dieser Katastrophe verlosch auch das heilige Feuer. Es wurde erst wieder entfacht, als der Leichnam Mahareros nach Okahandja überführt und dort bestattet wurde.

Die traditionelle Lebensweise und Kleidung der Herero ist heute noch an den Himba, ihren „armen" Verwandten im abgeschiedenen Kaokoveld, schön zu beobachten.

Herero-Frau in Tracht

Außerhalb des Kaokoveld konnten die Herero nur wenige Traditionen bewahren. **Auffallend an den Herero-Frauen** ist heute ihre von den Missionarsfrauen inspirierte **viktorianische Tracht**, bestehend aus mehreren Lagen übereinander gezogener Röcke und einem zu einer **dreieckigen Haube** gebundenen Kopftuch. Dies ist eines der wenigen an den Rinderkult erinnernden Merkmale moderner Herero-Kultur: die beiden abstehenden Spitzen des Tuchs symbolisieren Hörner.

Nach wie vor ist der Besitz möglichst vieler Rinder für das Prestige wichtig. Immer wieder hört man in Namibia Klagen über die Herero-Farmer, die ihren Grund und Boden mit zu viel Vieh bestocken und ihn damit unweigerlich der Erosion preisgeben würden.

Religion Im Gegensatz zur Totenfurcht der Khoisan-Völker besitzen die Herero einen ausgeprägten Ahnenkult. Heilige Rinder symbolisieren die Urahnen der Sippe; im heiligen Feuer lebt die Kraft und Einheit der Gemeinschaft weiter, deshalb darf es keinesfalls verlöschen. Obwohl durch die Arbeit der Missionare der Rheinischen Mission schon früh zum Christentum bekehrt, haben die Herero ihre Verbundenheit mit den Ahnen, allen kulturellen Brüchen zum Trotz, in ihr modernes Leben hinübergerettet. In den 1950er Jahren gründeten sie eine eigene Herero-Kirche, in der der Ahnenkult einen festen Platz in der christlichen Liturgie gefunden hat. Bei den Ahnengedenktagen in Okahandja und Omaruru kommt diese gelungene Verbindung traditioneller und christlicher Religionselemente ebenfalls zum Ausdruck (s. Route 7).

Lebens- Auch die Herero erhielten in den 1970er Jahren ein Reservat zu-
raum gewiesen, das Hereroland mit dem Hauptort Okakarara. Eingezwängt zwischen weißem Farmland und dem Homeland der San bot es keineswegs ausreichend Platz für die saisonalen Wanderungen der Viehzüchter. Abgesehen von den Himba im Kaokoveld unterscheidet man drei große Herero-Gruppen: die West- oder Zeraoua-Herero mit Verwaltungszentrum Omaruru, die Maharero-Leute aus Okahandja und die Ost-Herero oder Mbanderu um Gobabis.

Heute leben und arbeiten die meisten Herero in den städtischen Zentren oder bewirtschaften Farmen, unter denen auch einige kommerzielle Großfarmen sind.

Die Ovambo

Mit rund einer Million stellen die Ovambo die Hälfte der namibischen Bevölkerung. Dass sie heute außerhalb ihres traditionellen Siedlungsgebietes zwischen Etosha-Pfanne und Kunene fast überall in Namibia anzutreffen sind, liegt unter anderem daran, dass sie das größte Kontingent an Kontraktarbeitern in den Minen und der Industrie Namibias bilden. Die unbefriedigende Arbeits- und Lebenssituation als Pendler zwischen Ovamboland und Arbeitsstelle mündete schon in den 1950er Jahren in der Gründung einer politischen Interessensvertretung, dem Ovamboland People's Congress, der später in der SWAPO aufging.

Herkunft Anmerkung: *Ovambo* sollte übrigens korrekt **Vambo** heißen, die
und Sprache Form „Ovambo" bezeichnet eigentlich die Frauen der Vambo. Da sich das Wort Ovambo aber für das Volk eingebürgert hat, wurde es

Die Ovambo

hier beibehalten. „Ovambo" ist ein Begriff aus dem Otjiherero, der unterschiedlich interpretiert wird: er soll entweder „die Sesshaften" bedeuten oder „die Reichen". Sie selbst nennen sich nach ihren sieben Gruppen, deren bedeutendsten die *OvaKwanyama* (Kwanyama) und die *AaNdonga* (Ndonga) sind. Die weiteren Gruppen sind *Kwambi, Mbalanty, Kolonkhadi, Kwalundi* und *Ngandjela*. Auch die Ovambo sind im 16./17. Jahrhundert vom östlichen durch das zentrale Afrika in ihr heutiges Siedlungsgebiet gewandert, und wie die Herero sprechen auch sie eine Bantusprache, die in mehrere Idiome unterteilt wird.

Wirtschafts- und Sozialstruktur

Die Ovambo sind eine der wenigen traditionell sesshaften Bevölkerungsgruppen Namibias. Sie siedeln in einem relativ kleinen Gebiet (s.o., Bevölkerungsdichte dort 13 Menschen pro qkm, in Südnamibia 1 Mensch pro qkm), das der aus Angola kommende Kuvelai-Fluss saisonal überschwemmt und so fruchtbar macht. Ackerbau und Viehzucht sind die wichtigen Wirtschaftszweige der Ovambo, Hirse und Sorghum die bedeutendsten Anbaugüter. Wenn nach der Überschwemmung in den sonst trockenen Flussbetten, die hier *oshana* genannt werden, Wasser steht, bereichern die darin gefangenen Fische die Speisekarte.

Die Siedlungen aus Rundhütten liegen auf Anhöhen und damit geschützt vor den Fluten des Kuvelai. Sie sind von den Feldern der Familie umgeben, auf denen die Frauen arbeiten, während sich die Männer um das Vieh kümmern. Ähnlich wie bei den Herero und Nama sind auch bei den Ovambo Rinder ein Prestigeobjekt, sie werden selten geschlachtet.

Die Ovambo leben in einer traditionell mutterrechtlichen Gesellschaft, die sich aber durch den Einfluss der Missionen immer mehr zur patrilinearen Ordnung hin orientierte. Im Gegensatz zu ihren südlichen Nachbarn besaßen die Ovambo eine hierarchische Gesellschaftsstruktur mit institutionalisiertem Königtum. Der König hatte auch eine wichtige sakrale Funktion als Regenmacher, seine Mutter war nach ihm der wichtigste Würdenträger am Hofe. Da es auch bei den Ovambo keinen Grundbesitz gab und das Land nominell dem König gehörte, wurde es den Bauern auf Lebenszeit zur Pacht überlassen.

Die meisten namibischen Völker besitzen keine handwerkliche Tradition in der Holzschnitzkunst. Bei den Ovambo wird Holz zwar zu figürlichen Darstellungen verarbeitet, diese haben aber kaum etwas mit den Schnitzereien gemein, die auf den Touristenmärkten Zentralnamibias verkauft werden. Eine ganz besondere, heute in Vergessenheit geratene Kunst ist die Herstellung von Elfenbeinknöpfen. Eine große Auswahl dieser wertvollen Schmuckscheiben ist im Swakopmunder Museum zu sehen.

In der Kolonialzeit lag Ovamboland zwar innerhalb der deutschen Grenzen, aber jenseits der sogenannten Polizeizone, dem befriedeten Gebiet mit Militärpräsenz. Sie blieben weitgehend unbehelligt von den Entwicklungen im Kernland, und nur dank der intensiven Missionstätigkeit der Finnischen Mission hatten sie Anschluss an einige „Segnungen" der Zivilisation. Die meisten Ovambo sind heute Christen, darunter auch zahlreiche, von Missionaren aus Südangola bekehrte Katholiken.

Unter südafrikanischer Verwaltung erhielt die Region als Homeland 1968 eine relativ große Autonomie mit einer in inneren Angelegenheiten weitgehend unabhängigen Regierung durch teils gewählte, teils von Südafrika bestimmte Ratsmitglieder und Minister.

Religion Der Einfluss der Missionen ist im Ovamboland allgegenwärtig, und dennoch sind Relikte traditioneller Religion erhalten und werden zum Teil neu belebt. Zentrales Thema ist auch hier der Ahnenkult, fest verknüpft mit dem Kult um sakrale Rinder.

Eine herausragende Bedeutung hatte der König, der zugleich auch spirituelles Oberhaupt der Gemeinschaft war und in dessen Gehöft ein heiliges Feuer das Wohlergehen des Volkes symbolisierte. Als Regenmacher war er für die Fruchtbarkeit der Felder verantwortlich. Er wurde als gottähnlich verehrt, als Mittler zwischen der Welt der Lebenden und dem Schöpfergott *Kalunga,* mit dessen Namen man den König oft auch ansprach. Starb der Herrscher (oft wurde er in einem rituellen Akt erdrosselt, wenn er zu alt und zu schwach war), bestattete man ihn im Rinderkraal in einer pyramidenähnlichen Holzkonstruktion aus Mopanepfählen. Der Platz galt als heilig und diente Verfolgten als Asyl. Eine komplexe Welt der Geister und Lebend-Toten umgab die Lebenden. Sie bedrohten die Menschen mit Krankheit oder gar Tod. Sie konnten von den Menschen Besitz nehmen und durch sie sprechen. Der Gott Kalunga wurde als höchstes Wesen, ähnlich dem christlichen Schöpfergott, verehrt.

Lebensraum Ovamboland mit seinen traditionellen Dörfern und lebhaften Märkten ist eine der wenigen Regionen Namibias, wo das Land dem Klischee vom bunten, schwarzen Afrika entspricht. Dass es eine krisengeplagte Region ist, sieht man erst auf den zweiten Blick an den Wellblechsiedlungen und Elendslagern im Umkreis der beiden wichtigsten Städte Oshakati und Ondangwa.

Durch starkes Bevölkerungswachstum und den Zuzug von Flüchtlingen aus dem benachbarten Angola, die ebenfalls zur größten Ovambo-Gruppe, den Kwanyama, gehören, reichen die Erträge des Landes schon lange nicht mehr aus, um alle Menschen zu ernähren. Kontraktarbeit, Armut und Landflucht sind die Folgen.

Die Himba

Die letzten Nomaden Namibias haben in den vergangenen Jahrzehnten so viele Katastrophen und Einflussnahmen von außen erlebt, dass es fast einem Wunder gleicht, wie verbunden sie trotz allem ihrer Tradition geblieben sind. Bei einer Dürrekatastrophe zu Beginn der 1980er Jahre haben sie beinahe ihren gesamten Viehbesitz verloren, und der Krieg der SWAPO gegen Südafrika verwandelte ihr karges Weideland in ein militärisches Aufmarschgebiet.

Viele Himba-Familien sind damals aus dem **Kaokoveld** geflohen, weil sie Angst hatten, zum Kampf für eine der beiden Kriegsparteien gezwungen zu werden. Der heutige Verwaltungsort *Opuwo* wurde zur Militärbasis der südafrikanischen Verbände ausgebaut, und die großzügig im Veld verteilten Waffen der Südafrikaner haben die althergebrachten Jagdmethoden verändert.

Schließlich wurde das nach den Kämpfen noch verbliebene Wild – die seltenen Wüstenlöwen und Wüstenelefanten, Nashörner und Leoparden – unter strengen Schutz gestellt, was wiederum die langsam erstarkenden Viehherden der Himba bedrohte.

Die Einflüsse der modernen Zivilisation haben auch vor dem Kaokoveld nicht haltgemacht, doch viele Traditionen prägen das Leben der Nomaden heute noch ähnlich stark wie im letzten Jahrhundert. Dazu gehören die bei den Herero bereits beschriebenen rituellen Aspekte, wie die doppelte Abstammungslinie, das heilige Feuer und die heiligen Rinder.

Die auffälligsten Merkmale der Himba sind ihre *Kleidung* und der reiche Schmuck, die nicht nur ästhetischen Zwecken genügen, sondern auch den gesellschaftlichen Status des Trägers bezeichnen. Das Schönheitsideal imitiert die heiligen Tiere der Himba, die Rinder. Die beiden vom Hinterkopf nach vorne über die Stirn geflochtenen Zöpfe junger Mädchen symbolisieren Rinderhörner, ebenso

Himbamädchen im Schmuck

wie später die zwei abstehenden Zipfel der Fellhaube einer verheirateten Frau. Der Körper soll glatt und glänzend sein wie das Fell eines Kalbes. Deshalb wird er mit einer Paste aus Rotholzpulver und Butter eingerieben.

Die *Kleidung* besteht aus Leder und Fell. Männer und Frauen tragen einen Lendenschutz aus Kalbfell, die Lederumhänge von früher werden heute häufig durch Wolldecken oder ausgediente Armeemäntel ersetzt. Die Haare frisiert man je nach Status: zu einem einzelnen dicken Zopf geflochten (junge Männer); in langen, mit Perlenschnüren verzierten Fransen, die ins Gesicht hängen (Mädchen vor der Pubertät); zu zwei Zöpfen geflochten und unter einem Lederkopftuch verborgen (verheiratete Männer); in überschulterlangen, gedrehten und mit Ocker eingeriebenen Flechten aus dem Gesicht gekämmt und mit Fellhaube geschmückt (verheiratete Frauen); offen und ungekämmt (Trauernde).

Der *Körper* wird mit dekorativen Messingringen geschmückt. Dreieckige Lederanhänger, mit einem Muster aus Drahtperlen oder mit Knöpfen und Eisenperlen verzierte Lederstreifen hängen über Rücken und Brust.

Ein auffallendes Schmuckstück ist die *ohumba*, das Gehäuse der Ngoma-Schnecke (Tritonshorn), die als Anhänger die Lederhalskette vieler Frauen ziert. Als Schönheitsideal werden Jungen und Mädchen im Alter von etwa neun Jahren die unteren Schneidezähne ausgeschlagen.

Schmuck und Kleidung der Himba sind begehrte Souvenirs. Bereits viele traditionelle Stücke, die seit Generationen innerhalb der Familie weitergegeben wurden, haben die Himba aus wirtschaftlicher Not an durchreisende Touristen verkauft. Heute bemühen sich kunstgewerbliche Initiativen, die Vermarktung des traditionellen Besitzes zu stoppen. Man hält die Himba dazu an, Schmuck nicht nur für den Eigenbedarf, sondern auch für den Verkauf herzustellen.

Kavango- und Caprivi-Volksgruppen

Wie ihre Ovambo-Nachbarn gehören auch die Menschen, die entlang des Kavango und im Caprivi Strip leben, zur großen Bantu-Familie. In ihrem Lebensraum abseits der Hauptrouten und städtischen Zentren Namibias haben sie sich ihre bäuerliche Lebensweise und ihre prächristlichen Traditionen bewahrt. Kleine, im Busch versteckte Rundhüttendörfer und Ochsenschlitten prägen die Landschaft. Trockene Flussbette, *omiramba* genannt, durchziehen die Region, die der vorherrschende weiche Sand für normale Fahrzeuge unpassierbar macht.

Herkunft und Sprache Auch die Kavango und Caprivianer gehören zu den bantusprachigen Bewohnern Namibias. Sprachlich haben die Kavango engere Bindungen zu den Ovambo, während die östlichen Caprivianer eher zu den Volksgruppen des benachbarten Zambia tendieren und sich des Lozi als Umgangssprache bedienen. Ethnisch sind die Caprivianer nicht so homogen wie die Kavango, und immer wieder führen Differenzen zwischen Mafwe und Basubya, den beiden Hauptgruppen, zu gewaltsamen Konflikten um Stammesgrenzen.

Hier im östlichen Zipfel Namibias diente, im Gegensatz zu den restlichen Landesteilen, seit dem Ersten Weltkrieg auch das Englische als Verkehrssprache.

Wirtschafts- und Sozialstruktur Die Kavango wie Caprivianer sind Ackerbauern und betreiben daneben Viehzucht (Rinder, Ziegen). Fische aus den zahlreichen Wasserarmen ergänzen die Nahrung. Das Sozialsystem weist viele Ähnlichkeiten mit der bei den anderen Bantu-Gruppen beschriebenen Struktur auf. Vorherrschend ist die mutterrechtliche Linie, und die Chiefs sind zugleich auch sakrale Oberhäupter ihrer Gemeinde und vergeben das Gemeinschaftsland zur Pacht. Ihnen zur Seite steht meist ein Rat der Ältesten, ohne dessen Zustimmung der König kaum Handlungsvollmacht hat. Könige, Ratsvertreter und gewählte Abgeordnete bilden auch die Regionalregierung in Kavango und Ost-Caprivi, die in den 1970er Jahren für die Selbstverwaltung der beiden Homelands eingerichtet wurde.

Lebensraum Beide Volksgruppen leben im ehemaligen „Aufmarschgebiet" der südafrikanischen Armee gegen die SWAPO. Der Krieg hat viele Familien ernährt, „nagte" aber auch an ihrer traditionellen Lebensweise. Nach Abzug der Südafrikaner herrscht nun ein Vakuum, das die Regierung durch verstärkte Entwicklungsmaßnahmen zu beheben versucht. Trotzdem bestehen Bestrebungen der Bewohner, den Caprivi aus der namibischen Nation herauszulösen und unabhängig zu führen. Viele Kavango sind als Wanderarbeiter in die städtischen und industriellen Zentren des Landes gezogen. Einige versuchen als Holzschnitzer mit Touristenandenken ihr Glück.

Das gestohlene Wasser

Simketa ist nun ein alter Mann, der in Frieden am Ufer des Okavango lebt. Aber als er jung war, hatte er einen Traum, der ihn unruhig machte.

„Ich habe genug vom Fischen", sagte er eines Tages, „ich will Jäger sein! Wir müssen in den Wald ziehen! Im Traum wurde mir befohlen, das zu tun."

Muremi, die ehrwürdige Alte der Familie, erschrak: „Unsere Heimat ist hier, am Ufer des Flusses. Die Ahnen werden uns bestrafen, wenn wir von hier fortgehen", warnte sie.

Aber Simketa hatte sich entschieden. Die Familie lud ihre Habseligkeiten auf einen Schlitten und zog in den Wald. Den ganzen Weg lang kaute Muremi Kräuter, die ihr die *nganga* gegeben hatten, um böse Geister fernzuhalten.

Nach einigen Tagen erreichten sie den Platz der Großen Baobabs.

„Hier werden wir unser neues Heim errichten." Simketa entlud den Schlitten.

„Aber es gibt nur ein schmales Rinnsal mit wenig Wasser", widersprach seine Frau. Simketa beachtete sie nicht und begann mit dem Bau der Hütte.

Einige Zeit später trocknete aber der Fluss aus.

„Wir werden sterben", weinte seine Frau. „Das einzige Wasserloch in unserer Nähe gehört Makisi, dem Gefürchteten, und er wird uns nichts abgeben. Er sagt, dass wir nicht hierhergehören."

Muremi beruhigte sie. „Ich habe einen guten Plan. Binde ein paar Wassergefäße um meine Hüfte unter dem Rock. Ich werde Wasser holen."

Als die Gefäße versteckt waren, ging sie zu Makisis frischer, kühler Quelle. Das Wasser sah so köstlich aus, dass sie sich bückte, um davon zu trinken. Plötzlich hörte sie einen Donnerschlag. Muremi sah auf, und sah Makisi, den Gefürchteten, vor sich stehen.

„Du wagst, von meinem Wasser zu trinken", donnerte seine Stimme durch den Wald.

„Oh, bitte, tue mir nichts, Makisi", bat sie. „Meine Knochen sind schwach. Die Menschen erzählen, dass deine Trommeln Zauberkräfte besitzen und jeden stark machen können. Bitte, schlage die Trommel für mich! Ich will dazu tanzen."

Makisi war so geschmeichelt, dass er seine Trommel holte. Während er trommelte, schloss er die Augen und sang dazu wie im Traum. Muremi tanzte immer tiefer in das Wasser hinein, bis die Gefäße aufgefüllt waren.

Als sie wieder heraustanzte, rief sie Makisi zu: „Oh Makisi, du hast mich mit deiner magischen Trommel geheilt. Ich danke dir, du Erhabener. Ich kehre nun zu meinem Volk zurück." Und schnell eilte sie zu ihrer Familie.

Die Leute in Makisis Dorf waren erzürnt, als sie hörten, wie er die alte Frau geheilt hatte. „Wie konntest du ihr nur glauben? Sie hat dich betrogen", warnten sie ihn. „Sie stiehlt unser Wasser, und sie wird gewiss wiederkommen."

Am nächsten Tag erwartete Makisi Muremi an der Quelle. Selbstsicher kam Muremi wieder, um Wasser zu holen. Diesmal hatte man große Wassergefäße unter den Rock der alten Frau gebunden. Als sie Makisi sah, bat sie ihn, wieder für sie die Trommel zu schlagen. Makisi begann zu trommeln, und Muremi tanzte ins Wasser.

Da sprang Makisi plötzlich auf und enthüllte die Wassergefäße, die um ihre Hüfte gebunden waren.

„Du hast mich betrogen. Du hast mein Wasser gestohlen!" donnerte er. „Nun wirst du und deine Familie sterben!"

„Oh bitte, Makisi, trinke das Wasser aus diesem Gefäß. Es hat magische Kräfte, wie deine Trommel."

Sie band ein Wassergefäß ab, warf einige Zauberkräuter hinein und gab Makisi zu trinken. Dieser war so neugierig, dass er davon trank. Sofort fiel er in einen tiefen Schlaf, und die Quelle versiegte.

Muremi eilte heim. „Wir müssen sofort weg von hier", befahl sie. „Es wird bald kein Wasser mehr geben."

Schnell packte die Familie ihre Habseligkeiten zusammen und kehrte zum alten Dorf am Ufer des Flusses zurück. Simketa sprach nie wieder davon wegzuziehen. Er lebt nun in Frieden dort, wo er hingehört.

Jeden Abend raucht Muremi am Ufer des Flusses ihre Pfeife und träumt von Makisis Trommel. Sie hört ihre Schläge, die über das Wasser hallen. Sie lächelt und tanzt.

(aus: „The stolen Water and other Stories", retold by Jennifer Davvis, New Namibia Books, Windhoek 1993. Aus dem Englischen übersetzt von Daniela Schetar)

Die Rehobother Baster

Allein die Tatsache, dass sich diese Bevölkerungsgruppe selbst als „Basters" – „Bastard" – bezeichnet, spricht für den großen Stolz, den sie auf ihre gemischtrassige Abstammung hat. Die Baster führen ihre Herkunft auf Verbindungen zwischen Weißen und Nama-Frauen zurück und tragen die Familiennamen ihrer Väter. Diejenigen, die einer legalen Ehe entstammen, gelten als die angesehensten Baster-Familien. Man spricht von 37 Stammvätern, teils burischer, teils deutscher Nationalität; es gibt sogar mehrere Basterfamilien malaiischer Herkunft. Gemeinsame Sprache der Baster ist das Afrikaans.

Untereinander nennen sich die Baster *Burger,* Bürger. Bastergemeinden gibt es in verschiedenen Gegenden Namibias, ihre prominenteste und größte Gruppe lebt aber in und um das Städtchen Rehoboth, etwa 80 km südlich von Windhoek. Mit 32.000 Menschen stellen sie knapp 2% der Namibier.

Herkunft In der zweiten Hälfte des 19. Jahrhunderts wanderten die Baster aus der Kapprovinz nach Namibia ein. Wahrscheinlich wurden auch sie, ähnlich wie die Orlaam, durch die zunehmende Expansion der weißen Farmer immer weiter abgedrängt und sahen sich schließlich gezwungen, ihr Heimatland zu verlassen. Diesem Fortzug einer ganzen Gemeinschaft waren Sondierungen nach Land vorausgegangen, das die Baster-Abgesandten dann schließlich von den

Swartbooi-Nama pachten konnten. 1870 gründeten die Baster an der Stelle einer verlassenen Missionsstation der Rheinischen Gesellschaft den Ort Rehoboth.

Wirtschaft- und Sozialstrukur Die meisten Baster leben als Farmer von der Viehzucht (Schafe und Rinder). Ihre Region um Rehoboth gilt als besonders gutes Weideland, doch behindert kompliziertes Erbrecht und die daraus folgende Zersplitterung der Farmen eine extensive Nutzung des Bodens.

Bemerkenswert ist die streng patriarchale Sozialordnung der Baster, die wohl dem frühen christlichen Einfluss entstammt. Traditionell stellte die angesehenste Familie van Wyk den *Captain* der Gemeinde. Seit 1976 wird der Kapitän gewählt. Ein Ministerrat und ein Parlament aus Volksvertretern beraten ihn.

Religion Die Baster sind – sozusagen seit ihrer Genese – protestantische Christen. Missionare begleiteten sie auch bei ihrer Auswanderung von Südafrika.

Lebensraum Wichtigstes Gut der Baster war und ist ihre politische Autonomie. Diese erhielten sie sich bereits 1885 durch einen Schutzvertrag mit dem Deutschen Reich, unter dessen Fahne sie auch die Aufstände der Nama und Herero mitbekämpften. 1915, kurz vor dem Aus für die deutsche Kolonie, zettelten die Baster schließlich selbst eine Erhebung an, die misslang. Die südafrikanische Mandatsmacht ersetzte ihren traditionellen Rat durch ein weißes Verwaltungsgremium und erst Mitte der 1970er Jahre, mit der Einrichtung des Homelands, konnte der Rat wieder agieren. Die Unabhängigkeit Namibias bereitete den Baster einiges Unbehagen, weil sie nun erneut fürchten mussten, ihre Autonomie zu verlieren. Bislang beherrscht der zähe Kampf der Baster um ihre Autonomie die politischen Kontakte zwischen der Gemeinde und der SWAPO-Regierung.

Die Farbigen

Der namibische Ethnologe K.F.R. Budack fasst die farbigen Namibier unterschiedlicher Herkunft zu einer eigenen Volksgruppe zusammen (s. Budack, 1989). Sie selbst nennen sich *bruin mense,* braune Menschen, und besitzen heute eine eigene politische Interessensvertretung.

Das Zusammengehörigkeitsgefühl der Farbigen wird in erster Linie dadurch bestimmt, dass sie weder zur weißen Volksgruppe ihrer Väter, noch zu den schwarzen Gemeinschaften ihrer Mütter (zumeist Nama, Herero und Damara) so richtig dazugehören. Kulturelle oder historische Bindungen gibt es naturgemäß nicht, und auch ihr Siedlungsraum ist nicht homogen. Die meisten Farbigen leben heute in den Städten beziehungs-weise in den Farbigen-Vororten (Khomasdal in Windhoek, Tamariska in Swakopmund, Krönlein in Keetmanshoop) und arbeiten in der Administration. Als Farmer haben sich nur wenige Farbige niedergelassen.

Die Buren

Anfang des 17. Jahrhunderts kamen die ersten Holländer an die Südspitze Afrikas, wo sie eine Versorgungsstation für den Schiffsverkehr nach Indien einrichteten. Schon bald entdeckte man das Kap auch als ideales Siedlungsgebiet, und Ende des 18. Jahrhunderts bestand bereits eine ansehnliche holländische Kolonie.

Doch auch Großbritannien wollte sein Einflussgebiet in Afrika ausdehnen und annektierte schließlich 1814 die Kapkolonie. Vor dem wachsenden englischen Einfluss zogen sich viele Buren („Bauern"), wie die in Afrika lebenden Holländer sich nannten, immer weiter ins Landesinnere zurück. So gelangten die ersten Siedlerfamilien auch in das Territorium nördlich des Oranje, das heutige Namibia. Die meisten zogen nomadisierend (trekkend) mit ihrem Vieh durch den Süden Namibias, einige Familien trekkten sogar bis nach Angola (Exkurs s. Route 13, „Die Durstlandtrekker").

Als Ende des 19. Jahrhunderts Deutschland seinen Einfluss in Südwestafrika geltend machte, mussten sich die Buren erneut mit einer neuen Kolonialmacht arrangieren. Curt von François, der erste Gouverneur, bezeichnete die Buren als „gutes Siedlermaterial". Im Gegensatz zu manchem deutschen Aussiedler seien sie zäh und galten als geschickte Farmer und gottesfürchtige Menschen. Ihre unnachgiebige Haltung gegenüber den Eingeborenen erschien ihm allerdings als unproduktiv für die weitere Entwicklung der Kolonie.

Sprache Die **Sprache der Buren, das Afrikaans,** entwickelte sich aus dem Niederländischen zu einer eigenständigen Sprache mit zahlreichen Lehnwörtern aus allen anderen Sprachen, die am Kap verbreitet waren: von Englisch über die Sprachen der schwarzen Bevölkerung bis hin zu Portugiesisch, Deutsch und Malaiisch. Es gibt verschiedene regionale Afrikaans-Ausprägungen, wobei das Afrikaans der Namibier auch von den Herero und Nama beeinflusst wurde. Bis zur Unabhängigkeit 1990 war Afrikaans nicht nur die Umgangs- sondern auch die Amtssprache Namibias. Wegen ihrer Verbindung mit der Apartheid wurde sie in dieser Funktion von der SWAPO-Regierung, auch im Einvernehmen mit der DTA, durch das Englische ersetzt.

Wirtschafts- und Sozialstrukur und Religion Die meisten Buren der älteren Generation kamen um 1915, nach der deutschen Kapitulation, als Viehzüchter ins Land. Viele nomadisierten, einige ließen sich auf Farmen nieder. Die meisten Burenfamilien waren arm und besaßen keinerlei schulische Bildung – ein Schulbesuch war bei ihrem Nomadenleben nicht möglich. Lange Zeit standen sie auf der untersten Stufe der weißen Hierarchie und die wohlhabenden, zumeist deutschen Farmer, verachteten sie entsprechend.

Eine zweite Einwanderungswelle in den 1950er und 1960er Jahren brachte im britischen Schulsystem geschulte Beamte, Lehrer und Regierungspersonal ins Land. Damit hat sich auch das Bild vom „armen, dummen Buren" gewandelt, wenngleich Burenwitze, ähnlich unseren Ostfriesenwitzen, in Namibia immer noch gerne erzählt werden.

Die Buren leben traditionell in patriarchal strukturierten Großfamilien. Entsprechend ihrer kalvinistischen Auslegung des protestantischen Glaubens sind das Schicksal und die Position eines Jeden in der Gesellschaft gottgewollt und nicht beeinflussbar. So legitimieren sie auch ihre Haltung gegenüber den andersfarbigen Volksgruppen. Von ihnen getrennt, apart, zu leben, galt als religiöse Pflicht.

Lebensraum Die Afrikaans-Sprachigen stellen über die Hälfte der etwa 120.000 (6%) Weißen Namibias. Wenn heute noch zwischen Buren, Deutschen oder anderen europäischen Bevölkerungsgruppen in Namibia unterschieden wird, dann hat dies nichts Herabsetzendes mehr. Ihre politische Heimat haben die meisten Buren bei der MAG gefunden.

Die Deutschen

Die ersten Deutschen in Südwestafrika waren Missionare: 1805 ließ sich der Missionar Schmelen in Warmbad nieder, ihm folgten ab der Mitte des 19. Jahrhunderts Hahn und Kleinschmidt mit Missionsgründungen in Zentralnamibia (u.a. Gross Barmen). Die Einwanderung deutscher Siedler begann aber erst 1885, als Südwestafrika deutsches Schutzgebiet war.

Herkunft Die meisten der heute etwa 20.000 Menschen mit deutschen Wurzeln leben seit mehreren Generationen in Namibia. Sie sind die Nachkommen der ersten Siedlerfamilien, die in Südwestafrika auf extreme Lebensbedingungen stießen und hier nur durch ihre außerordentliche Zähigkeit überleben konnten. Die Bindung an ihre neue, unwirtliche Heimat kommt im beliebten „Südwester"-Lied zum Ausdruck: „Hart wie Kameldorn ist unser Land", heißt es da schwermütig. An diesem harten Land, das man sich mit viel Blut und

Mühe erkämpft hatte, hielten die meisten dann trotz Ausweisungen und Internierung unbeirrbar fest.

Trotz ihrer relativen Isolierung war die deutsche Gemeinde stets bemüht, ihre kulturellen Wurzeln zu pflegen und zu bewahren. Dies führte einerseits zu bizarren Blüten wie dem Bau wilhelminischer Villen und romantischer Ritterburgen, andererseits zu einem erstaunlich guten Erhalt der deutschen Hochsprache. Zwar hat das Südwester-Deutsch viele Lehnwörter aus dem Afrikaans und dem Englischen, und auch die grammatikalische Struktur der Umgangssprache wurde vereinfacht, aber die meisten deutschstämmigen Namibier beherrschen immer noch eine fehlerfreie Schriftsprache.

Als einzige weiße Volksgruppe haben die Deutsch-Namibier in mehreren Orten deutsche Schulen eingerichtet, und in Windhoek führt die DHPS (inzwischen mit einem gesonderten Zweig für Nicht-Muttersprachler) bis zum Abitur. Sie gilt als beste Lehranstalt Namibias und wird von Deutschland finanziell, personell und ideell unterstützt.

Wirtschaft und Lebensraum Viele Deutschstämmige betreiben Viehzucht, daneben haben sie sich auch in allen anderen Wirtschaftsbereichen etabliert. So erfolgreich und dominant die Deutsch-Namibier auf diesem Sektor sind und so intensiv sie sich um den Erhalt der deutschen Kultur bemühen – im Politischen sind sie eher unterrepräsentiert.

Eine eigenständige politische Initiative ist die Interessensgemeinschaft der Deutsch-Namibier (IG).

Deutsche Traditionen Die aus Deutschland Eingewanderten führten in Namibia zumeist ein Leben als Farmer weitab von Nachbarn, geschweige denn vom kulturellen Geschehen einer Stadt. In der Isolation wurden Brauchtum und Traditionen bewahrt und an nachfolgende Generationen weitergegeben. Die Kolonialliteratur in den Bücherschränken, der röhrende Hirsch an der Wand und manchmal sogar ein Bild Kaiser Wilhelms II. – sie gehören noch heute zur Standardausstattung vieler Farmen und verleihen ihnen einen nostalgischen Flair, der dem modernen Besucher manchmal ganz schön miefig erscheinen mag.

Anschaulich ist diese Atmosphäre und die oft damit verbundene konservative Gesinnung in Christine von Garniers Lebensbericht beschrieben: „Ich habe einen der letzten Kolonialherren Afrikas geheiratet". Die Schweizerin hatte in den 1960er Jahren einen deutschstämmigen Farmer geheiratet und mit ihm und seiner kaisertreuen Familie die Wirren und politischen Auseinandersetzungen auf den Weg in die Unabhängigkeit erlebt.

Die wertkonservative Grundhaltung hat aber auch dazu geführt, dass deutsche Sprache und Kultur erstaunlich rein bewahrt blieben. Während sich die Sprache der Kapholländer mit allen anderen Dialekten der Region zum übergreifenden Afrikaans entwickelte, blieb das Deutsche als unverfälschte Schriftsprache erhalten.

Der Sprachpflege galt auch ein Großteil des politisch-kulturellen Bemühens der Deutschen unter südafrikanischem Mandat. Man setzte Deutsch als Verkehrs- und Schulunterrichtssprache durch, organisierte kulturelle Veranstaltungen wie Theateraufführungen oder Lesungen deutscher Autoren, und noch heute ist die deutsche Gemeinde die kulturell aktivste Namibias. Es gibt deutsche Schulen, eine deutschsprachige Tageszeitung (Allgemeine Zeitung), deutsche Sendungen in Rundfunk und Fernsehen, deutschsprachige Verlage und regelmäßig auch Theater- und Filmvorführungen.

Literatur und Kunst der deutschsprachigen Namibier sind geprägt vom Leben in der ariden Umwelt, von den kargen Landschaften, der Tierwelt und dem Kampf mit den Naturgewalten.

Zahlreiche Autobiographien haben das Überleben unter südafrikanischem Mandat in den beiden Weltkriegen zum Thema: Über den Kampf der Frauen, deren Männer den Krieg in Internierungslagern verbringen mussten, die auf sich alleine gestellt die Farm durch die schwierigen Zeiten brachten, oder die Flucht vor der drohenden Internierung in die Wildnis (H. Martin: „Wenn es Krieg gibt, gehen wir in die Wüste"). Romane kreisen um das Abenteuer Wildnis und das Gleichgewicht zwischen Mensch und Natur (Giselher Hoffmann: „Im Bunde der Dritte"), persönliche Aufzeichnungen erhellen die Vorstellungswelt der „Eingeborenen", allen voran der San, deren faszinierende Kultur Wissenschaftler wie Hobby-Ethnologen aufgezeichnet haben (Ilse Schatz: „Unter Buschleuten").

In Vereinen widmet man sich der Brauchtumspflege und organisiert Feste wie den Karneval, traditionsgemäß mit Prinzenpaar und Garde, und das Oktoberfest. So unterscheidet sich das kulturelle Geschehen in den städtischen Zentren Namibias nur wenig von dem in der ehemaligen Heimat, wirkt auf Außenstehende vielleicht nur etwas biederer.

Die DDR-Namibier – Wanderer zwischen den Welten

Während des Befreiungskampfes wurden mehrere hundert namibische Kinder, zumeist aus Ovamboland, auf Schulen in der DDR geschickt. Die DDR hatte die Unabhängigkeitsbestrebungen der SWAPO ideell wie materiell unterstützt und wollte mit der Ausbildung der Kinder einen Beitrag zu deren aufrechter Gesinnung leisten. Sie wurden auf mehrere Internate aufgeteilt, wo sie, begleitet von einem namibischen Kontaktmann, deutsche Erziehung und Unterricht genossen.

Im Zuge der deutschen Einheit schickte man die Schüler in ihre Heimat zurück. Die Bundesregierung stellte finanzielle Hilfe zur Wiedereingliederung der Kinder zur Verfügung.

Da standen sie nun, nach teils über zehn Jahren DDR wieder in ihren heimatlichen Dörfern und sollten, verwöhnt durch die Zivilisation, das einfache Leben ihrer Verwandten teilen, die sie gar nicht mehr kannten und deren Sprache viele auch nicht mehr verstanden. Aus den Flüchtlingskindern waren deutsche Jugendliche geworden, deren schwarze Haut das einzige Merkmal ihrer Herkunft war. So manches Kind landete bei einer völlig fremden Familie, die es nur wegen der finanziellen Zuwendungen aufnahm und entsprechend schlecht behandelte.

Umgekehrt waren viele „DDR-Namibier" schockiert von den primitiven Lebensumständen, in denen ihre Familien lebten, und konnten ein gewisses Überlegenheitsgefühl nicht verhelen. Die Kluft zwischen den Ex-DDRlern und den Daheimgebliebenen sorgte für immer neue, brisante Konflikte.

Die Kirche und einige engagierte Deutsch-Namibier nahmen sich schließlich der ungeliebten Rückkehrer an und besorgten Gastfamilien, organisierten die Unterbringung in Schülerheimen und kümmerten sich darum, dass sie ihren Schulabschluss machen konnten.

Kunst und Traditionen

Welten liegen zwischen den Jugendstilvillen in Swakopmund und einer Himba-Siedlung im Kaokoveld, zwischen den Swakara-Kreationen junger Pelzdesigner und dem Perlenschmuck der San. Namibia vereint sehr unterschiedliche kulturelle Traditionen, die der deutschen Kolonialisten, der christlichen Missionare, der burischen Trekker, der viehzüchtenden Nomaden und der Hirsebauern. Dass diese Kulturen nicht isoliert nebeneinanderstehen, sondern sich kreativ durchdringen, sieht man sowohl im Kunstschaffen als auch im modernen Kunsthandwerk, wie beispielsweise der Teppichwebkunst und dem Goldschmuck – beides inspiriert von schwarzafrikanischer Ornamentik – und umgekehrt natürlich auch an den Schnitz- und Lederarbeiten der schwarzen Künstler, die europäische Kunststile integrieren.

Traditionelles Kunsthandwerk

Die Bandbreite des traditionellen Kunsthandwerks der namibischen Völker war eingeschränkt durch ihren nomadischen Lebensstil, denn nur das Notwendigste konnte man auf den langen Wanderungen mitführen. So sind nur persönlicher Schmuck und Kleidung, Transportgefäße, gewebte Matten und anderer Hausrat die bedeutendsten handwerklichen Erzeugnisse dieser Völker. Wichtigste Werkstoffe waren Leder und Fell von erlegtem Wild oder geschlachtetem Vieh. Die Himba besitzen reichen Arm- und Beinschmuck aus Eisen und Kupfer. Zur Dekoration verwendete man Elfenbein, Horn, Leder, Muscheln, Schnecken und die Schale des Straußeneis. Aus dem Ei werden auch Wassergefäße gefertigt und mit zarten Gravuren geschmückt.

Bei den sesshaften Bewohnern von Ovambo und Caprivi haben Schnitzarbeiten, aus den vielen Hölzern der Region, größere Bedeutung. Es werden Vorratsgefäße und Schemel hergestellt, aus Lehm formt man Götter-, Tier- und Menschenstatuen, und auch die Töpferei besitzt eine lange Tradition. Ein charakteristischer und heute sehr teuer verkaufter Schmuck der Ovambo sind sorgfältig polierte Elfenbeinknöpfe. Figürliche Holzarbeiten sind in der Region unter dem Einfluss benachbarter Völker aus Angola oder Zimbabwe entstanden. Sie haben sich aber dem Touristengeschmack unterworfen und ihren besonderen Charme verloren. Heute werden fast ausschließlich einfache Kopien gängiger Massenware, die als „typisch afrikanisch" gilt, geschnitzt.

Das Fehlen eines repräsentativen, „beständigen" Kunstschaffens in dieser Region spiegelt sich auch in den Katalogen der heute so geschätzten afrikanischen Kunst wider. Namibia ist ein „weißer Fleck" auf der Afrikakarte von Museen und Sammlern.

Kunsthandwerk heute Wie bereits oben beschrieben, sind die Erzeugnisse des modernen Kunsthandwerks – soweit es die Holzschnitzerei betrifft – eher enttäuschend. Nichtsdestotrotz stellen sie den Löwenanteil im Angebot der Souvenirshops und Straßenmärkte – vom Schachspiel bis zur afrikanisierten Marienstatue wird alles geschnitzt, Hauptsache, es gefällt dem Käufer. Natürlich gibt es auch schöne oder originelle Stücke darunter, die zu finden erfordert aber ein scharfes Auge und viel Geduld.

Traditionellen Vorbildern abgeguckt ist der vielerorts angebotene **Perlenschmuck**, teils im eleganten schwarz-weiß-Dekor aus Straußeneierschalen, teils fröhlich bunt aus Glas- oder Plastikperlen. Beliebte Motive der Nama schmücken farbenfrohe Quilts, Kissenbezüge, Servietten und Tischdecken. Viele dieser kunstgewerblichen Arbeiten entstehen unter Federführung engagierter Initiativen, die sich um die arbeitslosen Frauen in den städtischen Zentren kümmern und ihnen mit Näh-, Flecht- oder Stickarbeiten zu einem wirtschaftlichen Auskommen verhelfen wollen.

Namibias **Goldschmiedearbeiten** sind aufs deutlichste von afrikanischen Ornamenten und Formen geprägt. Neben Gold und Edelsteinen werden auch Materialien wie Vogelfedern, Elefantenhaar oder Elfenbein verarbeitet, das in Namibia legal verkauft werden darf. Die fantasievollen und außerordentlich dekorativen Stücke sind teuer, denn obwohl Gold und Diamanten hier zu Hause sind, weicht ihr Preis kaum von den in Mitteleuropa üblichen Preislagen ab.

Mode Eine sehr umstrittene Branche ist die **Kürschnerei,** denn ihr Rohmaterial, die Felle von Karakullämmern, ist nur dann von wirklich hoher Qualität, wenn das Lamm unmittelbar nach der Geburt getötet

wurde. Karakul, bei uns auch als „Persianer" bekannt, hat aber mit diesem kaum etwas gemein. Die Fellstruktur ist nicht so dichtgelockt, sondern fällt flach in großen Wirbeln. Es besitzt einen wunderschönen Glanz und wird von den Windhoeker Pelzdesignern zu hochmodischen Jacken und Mänteln verarbeitet, die auf internationalen Messen immer wieder Preise gewinnen. Pelz zu tragen ist Geschmacks- und Gesinnungssache, nicht zuletzt aber eine Frage des prall gefüllten Geldbeutels, auch im Land des Karakuls.

Fantasievolle, **bunte Mode,** die afrikanische und amerikanische Trends verbindet, wird von jungen schwarzen Modemachern kreiert und in Läden in Katutura, aber auch in der Post Street Mall und im Namibia Craft Center (s. Windhoek) verkauft. Die Entwicklung geht hin zu Modellen, die sich eher an zentral- und westafrikanischen Vorbildern orientieren: knallenge Kostüme werden aus den überall in Afrika (außer bislang in Namibia) beliebten buntbedruckten Stoffen geschneidert und mit überdimensionalen Schößchen versehen, bunte, folkloristische Borten säumen strenggeschnittene Mao-Anzüge, und auch die Rastafarian-Einflüsse sind unübersehbar (mehr zum Kunsthandwerk s.S. 102ff, „Einkaufen und Souvenirs").

Architektur – von der Kolonialzeit zur Postmoderne

Zu den faszinierendsten Relikten der Kolonialzeit gehört ihre Architektur. Man wollte etwas vom Glanz der Heimat hinüber in die unwirtliche Kolonie retten. Dieses Bedürfnis manifestierte sich vor allem in den Repräsentativbauten im Stil des wilhelminischen Deutschland, deren Zinnen, Erker und Fachwerkgiebel die Stürme der Zeit überstanden haben und den namibischen Städten ein sehr eigenwilliges Gesicht geben.

Bauen und Klima — Neben allen dekorativen Erwägungen waren bei den Bauten aber auch landesspezifische und klimatische Gegebenheiten zu berücksichtigen. Die Holzhäuser der ersten Siedlergeneration – Fertighäuser gab es im Versand aus dem heimatlichen Kolonialwaren-Katalog – erwiesen sich als untauglich, denn sie isolierten schlecht

Architektur

und hielten den Angriffen der gefräßigen Termiten nicht lange stand. Besondere Fundamente aus Bruchsteinen sorgten dann dafür, dass die Bauten nicht Opfer der Insekten wurden. Später wurde sogar ein besonders resistenter Kunstsandstein entwickelt, mit dessen Hilfe man es sich erlauben konnte, mehrstöckig zu bauen, und der das Innere angenehm kühl hielt.

Als wirksamster Schutz vor der Sonneneinstrahlung entstanden verandaähnliche Vorbauten, deren Schatten die Mauern und der daran vorbeistreichenden Winde auch die Räume kühlten. An älteren Farmhäusern, wie beispielsweise der Gästefarm Ababis (s.S. 358), kann man diese Veranda auch heute noch sehen und ihren Kühle genießen. Ein Trick war auch die Ausrichtung der Gebäude mit ihrer Schmalseite zum Mittagsstand der Sonne, was die Einstrahlung auf das Dach reduzierte.

Zinnen und Wehrtürme waren das charakteristische Merkmal der Festungsanlagen, die zur Unterbringung der Soldaten und im Angriffsfall zum Schutz von Zivilpersonen dienen sollten. Typische Beispiele sind die Alte Feste in Windhoek und Fort Namutoni am Ostrand der Etosha-Pfanne. Viele Siedlungen erhielten Wach- und Wehrtürme (u.a. Omaruru, Otjimbingwe), in denen Munition lagerte und die Zuflucht bei Angriffen bieten sollten.

Namibias prägender Architekt war der in Südwest geborene Gottlieb Redecker, der den „südwestafrikanischen Verandenstil" zur Vollkommenheit entwickelte. Sein prachtvollster Bau ist der Windhoeker Tintenpalast von 1913, an dem man diese besondere afrikanische Variante des deutschen Baustils anschaulich studieren kann. Es ist mit einer umlaufenden Veranda umgeben, die die dahinterliegenden Räume der Beamten vor der Tageshitze schützt.

Kapps in Lüderitz

Romantik und Jugendstil

Mit der wirtschaftlichen Blüte der Kolonie hielt eine gewisse Zügellosigkeit Einzug. Jeder baute, wozu er Lust hatte. Der vielbeschäftigte Windhoeker Architekt Wilhelm Sander errichtete mittelalterliche Ritterburgen (Windhoek, Swakopmund) und Fachwerkhäuschen (Gathemann-Ensemble), sein Kollege Otto Busch konzipierte in Windhoeks Stubel Street eine Villenkolonie „in Cottage-Architektur im Sinne kleiner englischer Landhäuser" mit Fachwerkgiebeln. In Swakopmund entstand 1905 ein originalgetreues Abbild eines Berliner Mietshauses im neobarocken Stil, das von Atlas mit der Weltkugel gekrönt wird. Wie ein Fremdkörper aus einer anderen Welt überragt dieses stuckverzierte, zweistöckige „Hohenzollernhaus" auf zeitgenössischen Fotografien die angrenzenden Flachbauten in der Wüstenlandschaft der Namib.

Auch die Sakralarchitektur orientierte sich am deutschen Vorbild. Herausragendes Beispiel ist die von Gottlieb Redecker entworfene Christuskirche, das Wahrzeichen Windhoeks. Neogotische und -romanische Bauelemente prägen den Bau aus rötlichem Sandstein, weiß setzen sich seine gotischen Fensterbögen dagegen ab (Fertigstellung 1910). Ein ähnlicher Kirchenbau entstand in Karibib, während sich die Swakopmunder Gemeinde für die Evangelisch-Lutherische Kirche zum neobarocken Entwurf des Architekten Otto Ertl entschloss (1910).

Townships

Die Jahre zwischen dem Ende der deutschen Oberhoheit 1915 und dem Beginn einer zukunftsweisenden städtebaulichen Planung in den 1960er und 1970er Jahren verliefen in Namibia ungeordnet und ohne erkennbares städtebauliches Konzept. Gezielte Eingriffe in die städtebaulichen Strukturen fanden ab Mitte der 1960er Jahre statt,

Das Hohenzollernhaus in Swakopmund

Architektur

Buntes in Katutura – mit Farbe und Pinsel wird jede Wand verschönert

als man mit der Errichtung von Satellitenstädten begann, die Schwarzen und Farbigen vorbehalten sein sollten. Dafür wurden ganze Wohnviertel (in Windhoek beispielsweise „Alte Werft", heute „Hochlandpark") planiert, die Einwohner an den Stadtrand umgesiedelt. Katutura (Schwarze) und Khomasdal (Farbige) entstanden an der Peripherie Windhoeks, und eine ähnliche Entwicklung vollzog sich in den meisten anderen Städten Namibias. Der in den Zentren freigewordene Raum wurde vor allem für Bürobauten und Villenviertel genutzt. Weiteren Platz schuf der Abriss vieler Kolonialbauten.

Wer durch die gepflegten und gepflasterten Straßen Windhoeks flaniert, sollte sich bewusst machen, dass die Straßen in Katutura bis heute nicht alle asphaltiert sind. Obwohl die Pflicht, in den Satellitenstädten zu wohnen, aufgehoben ist, können es sich die wenigsten leisten, in die teuren weißen Wohngebiete umzuziehen. Und noch eine gravierende Folge hat dieses Produkt der Apartheid: Die Stadtzentren wirken außerhalb der Büro- und Öffnungszeiten der Geschäfte meist wie ausgestorben. Das eigentliche Leben spielt sich in den Vororten ab.

Architektur heute Schon bald nach der Unabhängigkeit setzte sich die neue namibische Regierung ein erstes städtebauliches Denkmal in Windhoek, ein postmodernes Einkaufszentrum mit Fußgängerzone, das mit fröhlichen Pastellfarben gegen die Tristesse der umliegenden Büro-Hochbauten aus den 1970ern anstrahlt. Die Post Street Mall kann wohl als gelungenes architektonisches Ensemble bezeichnet werden, das sich nicht nur erstaunlich harmonisch eingliedert, sondern sich mit Flohmarkt, Kneipen und Cafés zu einem lebhaften Mittelpunkt des jungen Windhoek gemausert hat. Zwischenzeitlich sind weitere Einkaufszentren hinzugekommen, als wichtigstes

Maerua-Park – mit allem, was das konsumierende alte und junge Herz sich wünscht. Allerdings könnte der Park in der ganzen Welt stehen, er hat nichts Originäres an sich, eine Entwicklung, die Namibia den Anschluss an die internationale Architektur – in ihrem ganzen Mittelmaß – verschafft.

Malerei – Moderne in Schwarz-Weiß

Das aktuelle Kunstschaffen der Malerei folgt zwei Trends – dem ästhetisierend reflektierten Naturerlebnis und der sozialkritischen Auseinandersetzung mit Geschichte und Kultur. In die erste Sparte fallen mehrere talentierte Landschaftsmaler, die Namibias Wildnis, die vielen Farben des Himmels und der Wüste, die Begegnung mit Wild und das Erlebnis der völligen Einsamkeit in zarten Aquarelltönen wiedergeben. In der Swakopmunder „Muschel" (www.muschel.iway.na) sieht man eine beispielhafte Auswahl vor allem dieser Kunst, die hauptsächlich von weißen Malern stammt; man kann dort auch Drucke erwerben.

„Lonley Man" von John N. Muafangejo

Die andere Seite repräsentiert beispielhaft der auch international bekannt gewordene Ovambo-Künstler **John Ndevasia Muafangejo,** dessen expressionistische Linolschnitte sich mit dem Einfluss von Mission und der weißen Oberhoheit auf die traditionelle Kultur seines Volkes auseinandersetzen. Seine künstlerische Ausbildung erhielt er bei der Lutherischen Mission in Durban (Rorke's Drift Arts and Craft Centre) von schwedischen Lehrern. Später arbeitete er als Kunstlehrer in Oshikango. Der Künstler starb 1987 überraschend früh im Alter von 44 Jahren.

Er hat inzwischen zahlreiche Nachahmer gefunden, die mit ähnlichen Techniken arbeiten, darunter **John Madisia,** der 2005–13 die angesehene Windhoeker Nationalgalerie leitete. Auch bei den Straßenverkäufern in der Windhoeker Post Street Mall kann man mit etwas Glück interessante Arbeiten aufstrebender schwarzer und weißer Künstler entdecken. Außerdem stellen auch die Windhoeker Galerien und die Nationalgalerie Arbeiten zeitgenössischer Künstler aus dem südlichen Afrika aus (s. Windhoek, s.S. 321).

Eine Sonderrolle kommt einer deutschstämmigen Bildhauerin zu, die mit eigenwilligen Tier- und Menschenplastiken einen ganz besonderen künstlerischen Stil entwickelt hat, der europäische wie

*Fassaden-
malerei*

afrikanische Einflüsse erkennen lässt: **Dörte Berner.** Ihr wohl bekanntestes Werk ist der Bronzebrunnen in der Hepworth Arcade, der von den in Namibia so beliebten Perlhühnern (Guinea fowls) gekrönt wird. Ihr Atelier auf der Farm Peperkorell (s.S. 619) teilte sich Dörte Berner mit ihrem Mann Volker, der die Wolle der Karakulschafe zu vielfarbigen, von afrikanischer Ornamentik inspirierten Wandteppichen verweben ließ.

Musik – zwischen Bach und Kwela-Beat

„Der weiche Ton der Rohrflöten in einer mondhellen Nacht wird jedem Zuhörer unvergesslich bleiben", berichtet der namibische Ethnologe K. F. R. Budack über die Musikalität der Nama (Budack, 1989), das für ihn künstlerisch begabteste Volk Namibias. Seine musikalischen und lyrischen Talente werden von Forschern wie auch von Siedlern besonders hervorgehoben. Über die Grenzen Namibias bekannte Namen gibt es in der namibischen Musikszene nicht, dafür aber viele im Land beliebte Künstler, die sich bemühen, in ihrem musikalischen Schaffen traditionelles Liedgut der einheimischen Völker und die klassischen Musiktraditionen Europas und Amerikas zu verschmelzen. Mitglieder mehrerer Volksgruppen musizieren gemeinsam in dem Chor Cantare Audire, der neben klassischem Repertoire auch Gospelsongs zum Vortrag bringt.

Afrikanisches „Fingerklavier"

Namibias „Bob Dylan" hieß **Jackson Kaujeua** (1953-2010). Angefangen hatte er mit Protestsongs gegen die Apartheid, bis 1989 lebte er im Exil. In seinen Songs verband er die im südafrikanischen

Raum beliebten Pop-Rhythmen des Kwela-Beat mit traditionellem Liedern der Herero und Nama.

Kwela (lit. „jump up") ist die moderne Variante traditioneller Flötenmusik, ein Musikstil aus afrikanischen Rhythmen und amerikanischem Swing, nur wird er nicht mit der Rohrflöte, sondern mit (meist aus Deutschland – von der Fa. Hohner – stammenden) den metallenen *penny whistles* gespielt. Als Pennywhistle-Jive (gelegentlich auch von einer Mundharmonika begleitet), avancierte diese Musik in den 1960er Jahren zur beliebtesten Musikrichtung im ganzen südlichen Afrika. Beim Kwela-Jazz ersetzt das Saxophon die Penny Whistle.

Neben diesen beiden bekanntesten Vertretern der modernen namibischen Musikszene gibt es auch die vielfältigsten Aktivitäten auf dem Gebiet klassischer Musik. Windhoek besitzt ein Musikkonservatorium und ein Philharmonisches Orchester.

Rap und **Hip-Hop** haben auch Namibia erobert; unter den zahllosen Gruppen und Interpreten sind Shikolo, Gazza und The Dogg die Superstars. Shikolo rapt in Oshivambo, der Sprache der Ovambo.

TEIL IV
Routenplanung

Teil IV: Routenplanung

Routenplanung und Hinweise zur Benutzung

Je genauer Ihre Route ausgearbeitet ist, desto sicherer können Sie sein, einen perfekten Urlaub zu erleben und nicht in ungute Situationen zu kommen. Das Hauptproblem ist sicherlich der Engpass an Unterkünften während der Hauptreisezeiten und auch deren Verfügbarkeit in den geographisch günstig gelegenen staatlichen Rastlager.

Um eine Routenplanung mit Vorausbuchungen kommt man also nicht herum, zumindest was die wichtigsten Ziele der Reise angeht. Das Material des namibischen Verkehrsbüros in Frankfurt ist sehr exakt, aber leider nicht vollständig, da einige Beherbergungsstätten keine Werbung machen oder sich bewusst nicht in den offiziellen „Accommodation Guide" aufnehmen lassen.

Das **Kartenmaterial** bietet recht ungenaue Zufahrtsangaben zu den privaten Betrieben, und 20 oder gar 30 Kilometer nach Einbruch der Dunkelheit auf schlechter Piste können überaus unangenehm werden.

Im Folgenden finden Sie eine alphabetisch geordnete Liste der Hauptsehenswürdigkeiten (A) mit einer Kurzbeschreibung. Daran schließt eine **Liste der Beherbergungsbetriebe (B)** an. Im **Routenteil** ist jeder Streckenbeschreibung eine Tabelle vorangestellt. In dieser **Tabelle (C)** finden Sie noch einmal die Hauptsehenswürdigkeiten und die Übernachtungsmöglichkeiten in der Reihenfolge, wie Sie diese auf Ihrer Fahrt passieren. **In der vorderen Umschlagklappe ist die Landkarte Namibias mit farbig eingetragenen Streckenführungen (D)** eingedruckt.

Sie haben nun **3 Möglichkeiten,** sich einen maßgeschneiderten Urlaub zusammenzustellen:

Reise zusammenstellen

1. Sie suchen sich die Sehenswürdigkeit **(Liste A)** aus, die Sie besuchen wollen. Über die **Tabelle C** finden Sie die nahebei gelegenen Übernachtungsmöglichkeiten und in der **Liste B** die Preise und die Adresse, bei der Sie die Übernachtung buchen können. Auf der **Karte D** sehen Sie, wie die einzelnen Routen am besten zu kombinieren sind.

2. Sie suchen sich den Beherbergungsbetrieb (Liste B) aus, in dem Sie übernachten wollen. Über die Tabelle C finden Sie die nahebei gelegenen Sehenswürdigkeiten (deren Kurzbeschreibung Sie in Liste A lesen können). Auf der Karte D finden Sie die optimalen Kombinationsmöglichkeiten.

3. Sie kombinieren die von Ihnen gewünschten Routen anhand der Landkarte mit Streckenführung (D) und finden mittels der Tabellen C die Sehenswürdigkeiten (Liste A) und Übernachtungsmöglichkeiten (Liste B) auf den von Ihnen ausgewählten Routen.

Routenvorschläge

Die Routenvorschläge wurden in zwei Kategorien eingeteilt: **Hauptrouten** und **Neben-(Verbindungs-)Routen.** Auf den Hauptrouten erreichen Sie praktisch alle wesentlichen Sehenswürdigkeiten. Die Neben-(Verbindungs-)Routen dienen der Kombination, der Abkürzung oder der Erweiterung der Hauptrouten und sind diesen geographisch zugeordnet.

Hauptrouten haben eine numerische Ordnungszahl (01–16), Nebenrouten eine numerische in Verbindung mit einer alphanumerischen Ordnungszahl: **10a und 10b sind damit Nebenrouten,** die von der Hauptroute 10 abgehen bzw. mit ihr in Verbindung stehen.

Auf den Routen **01–04 bereist man den Süden,** die Routen **05–08** liegen in der **nördlichen Landesmitte,** die Routen **09–12** führen in den **Nordwesten** und auf den **Routen 13 und 14** entdecken Sie den **Nordosten.** Auf den **Routen 15 und 16** verlassen Sie Namibia und fahren nach **Botswana** und zu den **Victoria-Fällen** in **Zimbabwe** und Zambia.

Die Routen wurden so konzipiert, dass Sie – bis auf wenige Ausnahmen – nie die gleiche Strecke zurückfahren müssen, sondern das Land in Rundtouren erleben. Jede der Routen ist in der Karte in der vorderen Umschlagklappe farbig eingezeichnet.

Zeitbedarf und Km/Tag

Kalkulieren Sie mit einer **täglichen Fahrleistung von ca. 250 km.** Im **Kaudom (Route 13b)** und im **Kaokoland (1. Teil der Route 10)** kalkulieren Sie **150 km am Tag.**

Auf den **Routen 10a und 10 b** sollten Sie mit **nicht mehr als 100 km am Tag** rechnen (ebenso auf der **Route 12b**).

Die zu fahrenden Kilometer finden Sie in den Tabellen am Anfang jeder Routenbeschreibung. Etwaige **Abzweigstrecken** sind hinzuzuzählen, ebenfalls die **Verweildauer** bei den Sehenswürdigkeiten.

Tabellenhinweis und Abkürzungen

In den Tabellen vor jeder Route bedeuten in der Spalte „Übernachtung" die Abkürzungen folgendes:

Ht. = Hotel   **Gf.** = Gästefarm   **Rl.** = Rastlager   **Ldg.** = Lodge

G.R. = Game Ranch   **B&B** = Bed & Breakfast

Bei den Ortsangaben:

T = Tankstelle   **V** = Nahrungsmittel/Verpflegung

Die Routen

In den Süden

Route 1:	Windhoek – Rehoboth – Mariental – Maltahöhe – Sesriem – Kuiseb – Windhoek
Route 2:	Mariental – Keetmanshoop – Seeheim – Goageb – Bethanie – Helmeringhausen – Duwisib – Sesriem
Route 2a:	Mariental – Gochas – Koës – Mata Mata – Twee Rivieren – Aroab – Keetmanshoop
Route 3:	Keetmanshoop – Grünau – Ai-Ais – Hobas – Holoog – Seeheim
Route 3a:	Holoog – Grünau – Karasburg – Noordoewer – Grünau
Route 3b:	Karasburg – Ariamsvlei – Nakop
Route 3c:	Am Oranje entlang nach Rosh Pinah
Route 4:	Goageb – Aus – Lüderitz
Route 4a:	Aus – Helmeringhausen

In der Landesmitte

Route 5:	Kuiseb – Walvis Bay – Swakopmund
Route 6:	Swakopmund – Bosua-Pass – Windhoek
Route 7:	Windhoek – Okahandja – Otjiwarongo – Outjo – Okaukuejo – Namutoni – Tsumeb – Otavi – Otjiwarongo
Route 7a:	Otjiwarongo – Waterberg-Plateau – Grootfontein
Route 8:	Okahandja – Karibib – Usakos – Uis – Khorixas – Outjo
Route 8a:	Karibib – Omaruru – Otjiwarongo
Route 8b:	Karibib – Bosua Pass
Route 8c:	Swakopmund – Usakos
Route 9:	Khorixas – Palmwag – Kamanjab – Outjo

In den Norden

Rute 10:	Palmwag – Sesfontein – Opuwo – Otjiveze – Swartbooisdrift – Ruacana – Kamanjab
Route 10a:	Otjiveze – Okongwati – Omuramba – Epupa
Route 10b:	Okongwati – Van Zyl's Pass – Marienfluss – Red Drum – Hartmann's Valley – Orupembe – Purros – Sesfontein
Route 11:	Ruacana – Oshakati – Ondangwa – Namutoni
Route 12:	Swakopmund – Henties Bay – Torra Bay – Terrace Bay – Torra Bay – Palmwag
Route 12a:	Ugab-Mündung – Uis
Route 12b:	Durch den Messum Krater

In den Nordosten

Route 13: Otavi – Grootfontein – Rundu – Katere – Bagani – Kongola – Katima Mulilo – Ngoma
Route 13a: Grootfontein – Tsintabis – Tsumeb
Route 13b: Grootfontein – Tsumkwe – Kaudom – Katere
Route 14: Buitepos – Gobabis – Windhoek

Nach Botswana, Zambia und Zimbabwe

Route 15: Ngoma – Kasane – Kazungula – Victoria Falls – Livingstone – Kazungula
Route 16: Kazungula – Chobe – Moremi – Maun – Ghanzi – Buitepos
Route 16a: Westlich des Okavango-Deltas

Liste der Hauptsehenswürdigkeiten

A

Ai-Ais — Route 3
Thermalquelle im Fish River Canyon, fantastische Gebirgslandschaft, die man in einem großzügigen Pool genießen kann.

Ai-Ais/Richtersveld Transfrontier Park — Route 3
Seit 2003 bestehendes, länderübergreifendes 6235 km² großes Schutzgebiet zwischen Namibia und Südafrika, großteils unwegsam und nur mit Geländewagen zu besuchen.

B

Baobab — Route 13a
Riesiger Affenbrotbaum auf privatem Farmgelände mit Zugangsmöglichkeit bei Grootfontein.

Brandberg — Route 8
Größte Ansammlung von Gravierungen und Felsmalereien (angeblich 60.000). Die wenigsten wird man finden, wenn man sich nicht sehr viel Zeit nimmt und genügend Kraft zum Bergsteigen mitbringt. Einfach zu finden ist nur die „Weiße Frau".

Bull's Party — Route 8
Eine riesige Felsarena mit verblüffenden Formationen auf einem Farmgelände.

Burnt Mountain — Route 8
Hügel aus schwarzem Gestein ohne jeglichen Bewuchs.

Buschmannland — Route 13b
Nicht mehr viele San leben so wie früher. Die Urbevölkerung wird von der Zivilisation eingeholt. Schwer zugängliches Gebiet mit dichter Buschsavanne.

Bwabwata National Park — Route 13
Der ehemalige Caprivi Game Park, zusammengefasst mit den kleinen Parks Mahango, Mudumu und Mamili (Nkasa Lupala), zu denen der Zugang beschränkt ist. Große Teile des mit dichter Baumsavanne bestandenen Nationalparks sind mit Menschen besiedelt ist, so dass die Tierbeobachtung limitiert ist.

Liste der Sehenswürdigkeiten

C

Chobe National Park — Route 16
In Botswana gelegen, macht in Bezug auf Wildreichtum dem Moremi-Wildreservat Konkurrenz. Früh am Morgen bereiten sich die Löwen auf die Jagd vor, nachts kommen die Elefanten ins Camp.

Curt-v.-François-Feste — Route 6
Eine halb verfallene Polizeistation auf dem alten Weg von Windhoek zur Küste.

D

Daan-Viljoen-Wildpark — Route 6
Tierreservat an einem kleinen Stausee in der Nähe von Windhoek mit Wandermöglichkeiten und Autorundstrecken.

Damaraland — Route 9
Unwirtliches, unwirkliches Gebiet, sehr ursprünglich und dünn besiedelt, mit fantastischer Gebirgslandschaft! Heute wird die Gegend, politisch korrekter, mit „Kunene-Süd" bezeichnet.

Diamanten-Sperrgebiet — Route 4
Verbotenes Gebiet, da die Diamanten zu wertvoll waren. Seit neuestem gibt es geführte Touren von Lüderitz aus und es bestehen Überlegungen, das Sperrgebiet zum Nationalpark umzuwidmen.

Diaz-Kreuz — Route 4
Nachbildung des am 25. Juli 1488 vom portugiesischen Seefahrer Diaz, dem ersten europäischen Besucher dieses Landstriches, errichteten Steinkreuzes bei Lüderitz.

Dinosaurier-Fußspuren — Route 8a
Vor Millionen Jahren in Schlamm erstarrte Fußspuren von Dinosauriern (Jurassic Park lässt grüßen).

Duwisib — Route 2
Schlösschen im Nirgendwo, von Adligem als deutsche Ritterburg eingerichtet, ein seltsamer Bau an einem seltsamen Ort.

E

Epupa-Fälle — Route 10
Wasserfälle im Kaokoveld an der angolanischen Grenze. Reizvoll, da immer noch recht wenig Touristen hierherkommen.

Etosha National Park — Route 7
Bekanntester und tierreichster Park Namibias um eine Salzpfanne, bestens aufbereitet mit Pisten, so dass man mehrere Tage dort verbringen kann.

F

Fish River Canyon — Route 3
Trekkingmöglichkeit durch den Canyon (nur im namibischen Winter, da es sonst zu heiß ist). Einzigartiger Ausblick in die Erdgeschichte.

Franke-Turm — Route 8a
Ein nie benutzter Verteidigungsturm neben einem Schlachtfeld in Omaruru.

G

Gondwana Desert Collection — Rte. 2,3,4
Zusammenschluss von privaten Naturschutzgebieten und Farmen, die alle Wüstenformen Namibias in ihrem Portefeuille haben (Namib, Kalahari, Sperrgebiet und Gebirgswüste); s. unter Canyon Lodges, Klein-Aus Vista, Sperrgebiet Park, Anib Kalahari Lodge, Namib Desert Lodge.

Groß-Barmen — Route 7
Thermalbad, gut geeignet, um einige Tage auszuspannen.

Liste der Sehenswürdigkeiten 243

H

Hardap-Erholungsgeb.   Route 1
Großer Stausee mit bekanntem Hotel, Restcamp und zahlreichen Wasservögeln und Antilopen.

Hoba-Meteorit   Rte. 13
Größter gefundener Meteorit der Welt.

K

Kaokoland   Route 10
Die Himba leben im Norden zur angolanischen Grenze wie vor Hunderten von Jahren als Nomaden. Schwer zugängliches Gebiet, volle Ausrüstung notwendig, Führer werden empfohlen.

Kaudom-Wildreservat   Route 13b
Ursprünglichstes Reservat Namibias. Der Zugang ist tief versandet und schwierig, deshalb sehr einsam. Außerhalb der Regenzeit an den Tränken viele Tiere.

KAZA Transfrontier Park   Rte. 13/16
Der grenzüberschreitende Kavango/Zambezi Park wurde 2011 endgültig auf den Weg gebracht und umfasst ein 300.000 km² großes Gebiet zwischen den fünf Ländern Namibia, Zambia, Zimbabwe, Botswana und Angola. Es ist eines der größten Schutzgebiete der Erde und vielleicht das mit dem größten Wildbestand.

Khomas Hochland   Route 1, 6
Eindrucksvolle Gebirgslandschaft zwischen Windhoek und Küste mit dem bekannten Gamsberg Pass.

Khorab Gedenkzeichen   Route 7
Zur Erinnerung der Übergabe des Landes an Südafrika im I. Weltkrieg.

Köcherbaumwälder   Route 2
Große Ansammlung an Köcherbäumen, die es sonst vorziehen, alleine zu stehen (sehr fotogen).

Kolmanskop   Route 4
Versandete Geisterstadt aus der Diamantgräberzeit der Jahrhundertwende mit Gebäuden im deutschen Jugendstil. Wegen der trockenen Luft ist alles sehr gut erhalten.

Kreuzkap   Route 12
Erste Landungsstelle der Portugiesen im 15. Jahrhundert, große Robbenkolonie mit Zehntausenden Tieren.

Krokodilfarm von Otjiwarongo   Route 7
Interessante Zuchteinrichtung zur Lederbeschaffung, alles legal und sauber; mit Führungen.

Kuiseb-Canyon   Route 5
Lange Schlucht in der Namib, berühmt gewordener Rückzugsort deutschstämmiger Geologen auf der Flucht vor dem II. Weltkrieg.

L

Langstrand   Route 5
Erholungsgebiet am Atlantik mit Wassererlebniswelt und Unterkünften.

Liebighaus   Route 6
Einsames und verlassenen Herrenhaus im Nirgendwo.

Lizauli Traditional Village   Route 13
Kleines Demonstrationsdorf traditionellen ländlichen Lebens mit Vorführungen von Tänzen, Medizinmännern, etc.

Lüderitz Route 4
Gründungsort Deutsch-Südwestafrikas (Lüderitzbucht). Fast gänzlich unzerstörte Bausubstanz, liebevoll restauriert.

M

Mahango-Wildreservat Route 13
Kleines Reservat am Okavango, Sumpflandschaft, Pirschfahrten.

Mamili (Nkasa Lupala) National Park Route 13
Am Linyanti gelegen. Es werden herrliche Bootsfahrten zwischen den Flusspferden durch und an Elefanten vorbei unternommen.

Moremi-Wildreservat Route 16
In Botswana gelegen, viel Wild.

Mudumu Nat. Park Route 13
Boots- und Pirschfahrten, viel Wild.

N

NamibRand Nature Reserve Route 2
Privates Wildreservat mit wunderschönen und abwechslungsreichen, für die Namib typischen Landschaften und zahlreichem Wild. Die Unterkünfte sind ausgesprochen luxuriös, das Naturschutzregime äußerst streng.

Namib-Teil des Namib- Nauklauft Parks Route 5, 6
In der Namib-Wüste gelegener, nicht abgeschlossener Park mit relativ wenig Tieren, aber grandioser und abwechslungsreicher Wüstenlandschaft.

Naukluft-Teil des Namib-Naukluft Parks Route 1
Gebirgslandschaft, anspruchsvolle Trekkingtouren und zweitägige Autorundfahrt (großer Reichtum an Reptilien).

O

Okavango-Delta Route 16a
In Botswana. Der Okavango verliert sich in einem riesigen Sumpfgebiet mit vielen Tieren. Seit Ende Juni 2014 ist das weltweit größte Binnendelta Unesco-Weltnaturerbe.

Omuhonga-Demonstrationsdorf Route 10
Traditionelles Dorf der Himba, dessen Bewohner teilweise vom Obolus den Besuchern leben. Besser als Eintritt zu bezahlen ist es, Gastgeschenke mitzubringen, z.B. in Form von Essen, wie Reis oder Nudeln.

Orgelpfeifen Route 8
Bis zu 5 m hohe Basaltsäulen in einer kleinen Schlucht in der Nähe des Verbrannten Berges.

Otjikoto-See Route 7
Kleiner, brunnenartiger, sehr tiefer See.

Ovamboland Route 11
Während und nach der Regenzeit wird der gerade in den Kanälen und Seen gefangene Fisch am Straßenrand verkauft. Hier lebt die Hälfte der namibischen Bevölkerung, eine der wenigen Regionen, in denen Namibia „afrikanisch" wirkt.

P

Phillip's Cave Route 8
Felsmalereien auf privatem, gegen Eintritt zugänglichem Farmgelände.

Popa-Fälle Route 13
Eigentlich eher Stromschnellen. Klein und nett mit Übernachtungsmöglichkeit und der Chance, den Flusspferden des Nachts, wenn sie zum Grasen aus dem Wasser kommen, aus dem Weg gehen zu können.

Pulverturm Otjimbingwe Route 8b
Ein kleiner Schutzturm in der ehemaligen Hauptstadt Deutsch-Südwestafrikas.

Liste der Sehenswürdigkeiten

R **Rehoboth Thermalbad** — Route 1
Heiße Quellen im Hauptort der Baster.

Richtersveld Park — Route 3
Mit dem Ai-Ais Park als Transfrontier Park verbundenes Schutzgebiet auf südafrikanischem Boden (mit der Fähre wird über den Oranje gesetzt). Unwegsames Gelände, das einen Geländewagen erfordert.

Ruacana-Fälle — Route 10
Nur wenn sie nach der Regenzeit viel Wasser führen, zeigen sie ein grandioses Bild, ansonsten fließt das Wasser unterirdisch zur Stromerzeugung (deren Maschinen man in den Katakomben besichtigen darf).

S **Sandwich Harbour** — Route 5
Extrem schwer zu erreichender Küstenpunkt, fast am Wendekreis des Steinbocks, Nistplatz für Seevögel.

Schmelenhaus — Route 2
Kleines Missionarshaus, gebaut zu Beginn des 19. Jahrhunderts.

Sesriem-Canyon — Route 1
Kleiner Canyon am Eingang zu den Sossusvlei-Dünen, der sich am Rand bis auf zwei Meter verengt; für Spaziergänge im Kühlen.

Skeleton Coast Park — Route 12
Küstenpark zwischen Atlantik und hoher Sanddünung gelegen; es gibt viele Fischer.

Sossusvlei — Route 1
Mit die höchsten Sternsanddünen der Welt zum Beklettern und wieder Runterrutschen sie sind am schönsten bei Sonnenauf- und -untergang.

Spitzkoppe — Route 8c
Inselberge aus 120 Mio. Jahre altem Granit. Zugangsmöglichkeit zu „Bushman's Paradise" mit seinen Felsmalereien. Schöne Landschaft mit vielen Campmöglichkeiten in der freien Natur.

Swakopmund — Route 5
Ist das Herzstück der deutschen Kultur in Namibia. Beliebte Sommerfrische der Einheimischen.

T **Terrace Bay** — Route 12
Nördlichster, frei zugänglicher Ort der Skelettküste, wegen seines Fischreichtums beliebter Ort für Angler.

Twyfelfontein — Route 8
Große Ansammlung leicht zugänglicher Felsgravierungen.

U **Uranbergbau** — Route 5
Von Swakopmund aus organisiert die Rössing-Mine Besichtigungstouren durch ihr Gebiet.

V **Versteinerter Wald** — Route 9
Mitten im Busch finden sich ausgegrabene und zu Stein gewordene, noch fast intakte Baumstämme.

Victoria-Fälle — Route 15
An der Grenze zwischen Zambia und Zimbabwe gelegen. Aus hundert Metern Tiefe wallt die Gischt herauf und durchnässt jeden Besucher. Allerdings kann die Wassermenge Oktober bis Dezember so gering sein, dass Besucher enttäuscht sind (und bei zu viel Wasser sieht man auch nichts).

Vingerklip — Route 8
Zur Nadel erodierter Tafelberg in einem weiten Flusstal.

Von-Bach-Damm — Route 7
Kleines Erholungsgebiet an einem Stausee, die Windhoeker „jeunesse dorée" fährt Wasserski.

W

Walvis Bay — Route 5
Hafenstadt unter ehemals südafrikanischer Ägide mit vielen Flamingos und Pelikanen.

Waterberg-Plateau-Park — Route 7a
Großer Tafelberg mit vielen ausgewiesenen Wanderwegen, ideal für Beobachtungen der Flora. Auch Wildbeobachtungsfahrten werden durchgeführt. Nicht weit entfernt liegen die Schlachtfelder, wo der Todesmarsch der Herero in die Omaheke begann.

Welwitschia mirabilis I — Route 6
Botanische Rundtour nächst Swakopmund, hier findet sich die größte bekannte Pflanze. Viele andere Wüstengewächse sind gleichfalls zu studieren.

Welwitschia mirabilis II — Route 12b
Zwischen Brandberg und Küste gelegen ist man mit diesen endemischen Pflanzen Namibias so gut wie ganz alleine, kaum ein Tourist verirrt sich hierher.

Windhoek — Route 1
Hauptstadt und Einfallstor. Moderne, supersaubere Stadt, wo es alles gibt, was das Herz begehrt.

Wondergat — Route 8
Im Querschnitt kleines, aber ausgesprochen tiefes und unerforschtes Loch bei Twyfelfontein.

Liste der Unterkünfte

In dieser Liste sind (fast) alle Unterkünfte in Namibia aufgenommen, auch die, die vielleicht nicht oder noch nicht offiziell registriert sind. Die offiziell anerkannten Betriebe sind auf gewisse Dinge verpflichtet. Unter anderem müssen sie eine bestimmte Größe und Einrichtungsstandards aufweisen. Eine Privatpension in Windhoek mit 3 Zimmern, ist sie auch noch so luxuriös, kann z.B. offiziell nur als Bed&Breakfast-Betrieb klassifiziert werden. Die Anzahl der Sterne mag nur eine ungefähre Einstufung aus-drücken. Ein fehlender Krawattenhalter und Marmorfliesen statt Teppichboden zum Beispiel können dazu führen, dass ein Hotel einen Stern aberkannt bekommt.

In der folgenden Liste sind die Übernachtungsmöglichkeiten der Nachbarländer nicht enthalten. Diese finden Sie bei den jeweiligen Routenbeschreibungen (Südafrika 2a, Botswana, Zambia, Zimbabwe 15 und Botswana 16).

Die Liste verzeichnet eine Reihe von **„B&B"-Gästehäusern** und Pensionen. Nicht immer sind es die billigsten, aber durchschnittlich deutlich unter dem Preisniveau der Hotels und Lodges.

In neuerer Zeit sind eine große Anzahl an **Backpacker-Unterkünften** hinzugekommen. Die Reise mit dem Rucksack gewinnt in Namibia zunehmend an Bedeutung, dem wurde Rechnung getragen und – so weit eruierbar – wurden diese Hostels ebenfalls aufgenommen, wobei hier eine sehr starke Fluktuation zu verzeichnen ist.

Die Preise wurden 2016 erhoben und in Euro umgerechnet, wobei ein **Wechselkurs von 1 € = 15 N$ zugrunde gelegt wurde.** Die Angaben sind nicht mehr als eine Richtlinie und Entscheidungshilfe und können keinesfalls genau die Übernachtungskosten ausdrücken!

Aabadi Mountain Camp — Route 8
P.O. Box 252/Khorixas, Tel. 00264-813 412 875, www.aabadi-mountaincamp.com. Anfahrt: Uis – C5 nach Norden (70 km) – D2612 (60 km). Luxuszelt mit Bad 50 €/Person mit Frühstück, Abendessen 12 €, Camping 5 €/Person. Camp am Aba Huab Rivier, die Zelte sind so verteilt, dass jeder seine Ruhe hat und den Sonnenuntergang genießen kann, englisch/deutsch.

Aameny Restcamp — Route 10
Tel. 065-273572. Anfahrt: Opuwo. Ordentliche Bungalows und Zimmer im Ort, schattige Stellflächen, saubere Sanitäreinrichtungen; DZ/F ab 20 €/Person, Camping ab 5 €/Person, Möglichkeit fürs Abendessen.

Ababis Gästefarm — Route 1
P.O. Box 1004/Maltahöhe, Tel. 00264-(0)63-293362, Fax 293364, www.ababis-gaestefarm.de. Anfahrt: Maltahöhe – C14 (146 km). Ü/HP im DZ ab 70 € p.P./Tag, 10 Zimmer, Fahrertraining im Gelände nach Standards des ADAC, deutsch, Landebahn: 23°59'S, 16°04'E.

Aba Huab Zeltplatz — Route 9
Ehemaliges NACOBTA-Projekt, Tel. 067-697981/2. Anfahrt: Khorixas – C39 (73 km) – D3254 (17 km). Camping um 10 € p.P., Hütten ab 20 € p.P., Duschen, Toiletten, Feuerplätze, Tische, etwas heruntergekommen, kleiner Kiosk mit Getränken, Restaurant, englisch.

Abba Guesthouse — Route 10
Tel. 065-273155, www.abbaguesthouse.com. Anfahrt: Main Street, Opuwo (gegenüber der Polizeistation). Entwicklungshilfeprojekt mit 14 Zimmern (ab 15 €/Person) und Zeltmöglichkeit (5 €/Person), englisch.

Abiqua River Camp/Amanzi Trails — Route 3a
Tel. 063-297255, Fax 297259, www.amanzitrails.co.za. Anfahrt: Noordoewer – C13 nach Westen (12 km) – Stichstraße (4 km). Schöner Campingplatz am Ufer, sehr sauber, Camping ab 10 €/Person, englisch.

Acacia RC
s.u. Otjiwarongo Acacia

Aces Guesthouse — Route 1
P.O. Box 2413/Windhoek, Tel. 061-230130, . Anfahrt: Windhoek, Olaf Palme St 139. Kleines B&B, DZ/F ab 45 €, englisch.

African Kwela — Route 1
B&B, P.O. Box 9398/Windhoek, Tel. 061-227029, www.africankwela.com. Anfahrt: 18 Palm Street, Windhoek. DZ 60 €, 5 Zimmer, englisch.

Agama River Camp — Route 1
Tel. 061-293262, www.agamarivercamp.com. Anfahrt: Solitaire – C19 nach Süden (30 km). 10 große Chalets und Zeltmöglichkeit auf 8 Stellplätzen, DZ 150 € mit Frühstück und Abendessen, Camping ab 10 €/Person.

A Home Away — Rte 5+6+8c+12
B&B, P.O. Box 781/ Swakopmund, Tel./Fax 064-402402, wojtas@swk.namib.com. Anfahrt: 4 Windhoeker Street, Swakopmund. Ferienwohnung ab 30 € plus 15 € p.P., deutsch.

A Little Sossus Lodge — Route 1
Buchungen über: Logufa, P.O. Box 8061/Swakopmund, Tel. 064-464144, www.logufa.com, www.littlesossus.com. Anfahrt: Maltahöhe – C14 nach S (20 km) – C19 nach N (199 km). DZ/F 70 € p.P. 16 Chalets, Schwimmbad, Camping 10 €/Person, englisch.

Ai Aiba Lodge — Route 8a
Tel. 064-570330, Fax 570557, www.aiaiba.com. Anfahrt: Omaruru – D2315 (46 km) - Farmpad (2 km). DZ/F ab 70 € p.P. 20 Zimmer, Schwimmbad, deutsch.

Ai-Ais Rastlager — Rte 3+3a
Buchung über Namibia Wildlife Resorts Ltd. in Windhoek, www.nwr.com.na. Anfahrt: Ai-Ais. Bungalow ab 40 € p.P. inkl. Frühstück, Camping 10 €/Person (max. 8 Personen), Eintritt 6 € p.P. und 1 €/Kfz (gilt für den ganzen Tag und für die Einfahrt bei Hobas), mehrtägige Wanderung im Fish River Canyon (von Hobas aus, Mai bis September), Thermalbad mit Innen- und Außenbecken, Restaurant, Tankstelle, englisch.

Airport Lodge — Route 14
P.O. Box 5913/Windhoek, Tel. 061-231491, www.airportlodgenamibia.com. Anfahrt: Windhoek – B6 (22 km) – MR53 (600 m). DZ 45 €, 10 Zimmer, Zeltplatz 7 €/Person, Pool, englisch, Transfer zum Flughafen (22 km, 20 € für max. 4 Pers.).

A La Mer Hotel — Route 5
P.O. Box 478/Swakopmund, Tel. 064-404130, Fax 404170, www.pension-a-la-mer.com. Anfahrt: 4 Libertina Amathila Avenue, Swakopmund. DZ/F ab 70 €, 23 Zimmer, deutsch.

Albrechtshöhe Gästefarm — Route 8
P.O. Box 124/Karibib, Tel./Fax 062-503363, www.safariwest.de. Anfahrt: Karibib – B2 nach O (25 km) – D1988 (2 km). 60 € p.P. inkl. HP, 5 Zimmer, Schwimmbad, in einem ehemaligen Schutztruppengebäude, auch Jagdfarm, Leopardenbeobachtung, deutsch.

Liste der Unterkünfte

Aleen's — Route 1
B&B, Rehoboth, Tel. 062-523018, http://rehobothaccommodation.weebly.com. Anfahrt: an der B1 in Rehoboth von Windhoek kommend rechts. Einfaches B&B, DZ/F 30 €, 6 Zimmer, englisch.

Alexander Pension — Route 1
P.O. Box 1911/Windhoek, Tel. 061-240775. Anfahrt: Windhoek, 10 Beethoven Street. DZ/F 45 €, 5 Zimmer, sehr einfache Pension.

Aloegrove Safari Lodge — Route 7
P.O. Box 1135/Otjiwarongo, Tel./Fax 067-306231, www.aloegrove.com. Anfahrt: Otjiwarongo – B1 nach N (18 km) – Farmpiste nach O (18 km). DZ/F 120 €, 5 Zimmer, Schwimmbad, behindertengerecht, sehr familiär, Wildbeobachtung von Löwen, Leoparden und Geparden, ein wenig deutschspr.

Alte Brücke Rastlager — Rte 5+6+8c+12
P.O. Box 3360/Swakopmund, Tel. 064-404918, www.altebrucke.com. Anfahrt: Swakopmund, Strand Street. DZ/F 30 € p.P. 16 Luxuswohnungen, deutsch. Campingmöglichkeit, ab 15 €/Stellplatz.

Alte Kalköfen Lodge — Route 2
P.O. Box 1439/Keetmanshoop, Tel. 063-683415, www.altekalkofen.com. A nfahrt: Keetmanshoop – B4 nach Westen (90 km) – D462 (3 km). 10 Bungalows in typischer Namib-Landschaft, DZ/F 60 €/Person, Restaurant, Pool, englisch.

Alternative Space — Rte 5+6+8c+12
B&B, P.O. Box 1388/Swakopmund, www.thealternativespace.com. Anfahrt: 167 Anton Lubowski Ave, Swakopmund. Fünf geschmackvoll eingerichtete Zimmer, DZ/F 60 €, deutsch.

Amanzi River Camp — Route 3a
Tel. 063-297255, http://amanzitrails.co.za. Anfahrt: Noordoewer – C13 nach Westen (12 km) – Stichstraße (4 km). Schöner Campingplatz am Ufer, sehr sauber, Camping ab 6 €/Person, Chalet 35 €, englisch.

Ameib Ranch Gästefarm — Route 8+8c
P.O. Box 266/Usakos, Tel. (0) 81 857 4639, www.ameib.com. Anfahrt: Usakos – D1935 (11 km) – D1937 (16 km). Cottage für 2 Pers. inkl. Frühstück 60 €, Camping 10 €/Person, private Farm mit einigen Sehenswürdigkeiten (The Bull Parties, Elephant Head, Phillip's Cave), Wanderungen und einem einstündigen Klettersteig durch die Felslandschaft. Eintritt für Tagesbesucher 2,50 € p.P.

Amica Guest House — Route 3c
P.O. Box 174/Rosh Pinah, Tel. 063-274043. Anfahrt: 306 Mukarob Close, Rosh Pinah. DZ/F 60 €, 10 Zimmer, Coffee Shop, Bar, englisch.

Anandi Guesthouse — Rte 1+2+2a
B&B, P.O. Box 345/Mariental, Tel. 063-242220, www.anandiguesthouse.com. Anfahrt: Michael van Niekerk Street, Mariental. DZ/F ab 45 €. 12 Apartments und Zimmer, Schwimmbad, englisch.

Anandi Ocean View — Rte 5+6+8c+12
P.O. Box 2992/Swakopmund, Tel. 064-406553, www.anandiguesthouse.com. Anfahrt: Swakopmund, 14 Nelken Street. DZ/F 60 €, Zimmer und Apartments im Norden der Stadt.

Angi's Self Catering — Route 8
Tel. 064-55012, www.facebook.com/angis.pretorius. Anfahrt: 316 Fracht Street, Karibib. Lodge zur Selbstversorgung im Ort mit 10 Einheiten, sehr sauber, DZ ab 20 €/Person, Schwimmbad.

Anib Kalahari Lodge   Route 1
Tel. 061-230066, www.gondwana-collection.com. Anfahrt: Mariental – B1 nach N (10 km) – C20 (20 km) – Stichstraße (3,5 km). DZ/F ab 60 € p.P. Lodgehotel mit 36 Zimmern in den sanften Dünen der Kalahari, angelegt um einen großzügigen Pool, Restaurant-Lapa, Wanderwege und romantisch organisierte Game Drives mit Sundowner auf den Dünen und Oryx-Gesellschaft, 2016 komplett renoviert. Gehört zur Gondwana Collection mit den Canyon Lodges am Fish River, Klein Aus Vista im Sperrgebiet und der Namib Desert Lodge; deutsch.

Anib Kalahari Campsite   Route 1
Tel. 061-230066, , www.gondwana-collection.com. Anfahrt: Mariental – B1 nach N (10 km) – C20 (20 km) – Stichstraße (3,5 km). Exklusives Camping 10 € p.P., Wanderwege und romantisch organisierte Game Drives mit Sundowner auf den Dünen und Oryx-Gesellschaft. Gehört zur Gondwana Collection mit den Canyon Lodges am Fish River, Klein Aus Vista im Sperrgebiet und der Namib Desert Lodge; deutsch.

Anjo Villas   Route 1
B&B, P.O. Box 2948/Windhoek, Tel. 061-252027, www.anjogroup.com. Anfahrt: 16 Tjitendero Street, Windhoek. DZ 65 €, 7 Zimmer, hauptsächlich Geschäftsleute, englisch.

Archer Rock Zeltplatz   Route 6
Buchung über das Ministry of Environment & Tourism in Swakopmund (Alte Ritterburg, Sam Nujoma Drive/Ecke Bismarck St, Tel. 064-404576, Mo–Sa zu den Geschäftszeiten, So 8–13 Uhr) oder in Walvis Bay (Heinrich Baumann St, Tel. 064-205971) und im Tourism Centre in Henties Bay. Anfahrt: Namib-Naukluft-Park, Namib-Teil, Stellplatz 10 € (max. 8 Pers.) zzgl. 10 € p.P., zzgl. Permit 6 € p.P. und Kfz 1 €, kein Wasser und kein Feuerholz verfügbar; die gekennzeichneten Wege dürfen nicht verlassen werden.

Arebbusch Travel Lodge   Route 1
P.O. Box 80160/Windhoek, Tel. 061-252255, www.arebbusch.com. Anfahrt: Windhoek – B1 nach S (6 km). DZ ab 50 €, Camping 10 €/Person, 20 Zimmer, Schwimmbad, Restaurant, Laden, bewacht; riesige, begrünte Campingfläche, sehr sauber, englisch.

Arnhem Rastlager   Route 14
P.O. Box 11354/Windhoek, Tel./Fax 062-581855, www.facebook.com/arnhemcavelodge. Anfahrt: Windhoek – B6 (38 km) – D1458 (66 km) – D1506 (11 km) – D1808 nach S (6 km). Stellplatz 10 € p.P., Übernachtung inkl. Frühstück und Abendessen 50 € p.P., Bungalow für Selbstversorger 50 € (max. 4 Personen), Wanderungen, geführte Höhlenwanderung durch eine 5 km lange Höhle mit Fledermäusen (um 8 €), Pool, englisch.

Aruvlei Zeltplatz   Route 6
Buchung über das Ministry of Environment & Tourism in Swakopmund (Alte Ritterburg, Sam Nujoma Drive/Ecke Bismarck St, Tel. 064-404576, Mo–Sa zu den Geschäftszeiten, So 8–13 Uhr) oder in Walvis Bay (Heinrich Baumann St, Tel. 064-205971) und im Tourism Centre in Henties Bay. Anfahrt: Namib-Naukluft-Park, Namib-Teil, Stellplatz 10 € (max. 8 Pers.) zzgl. 10 € p.P., zzgl. Permit 6 € p.P. und Kfz 1 €, kein Wasser und kein Feuerholz verfügbar, gekennzeichnete Wege dürfen nicht verlassen werden.

At Home   Route 2
P.O. Box 37/Keetmanshoop, Tel. 063-222305, athome@iway.na. Anfahrt: San Nujoma Drive, Keetmanshoop. DZ 40 €, im Zentrum, Grillplatz, großzügige Zimmer, Selbstversorgung, Ausflüge in die Umgebung, Pickup-Service, englisch.

Liste der Unterkünfte

Auas City Hotel — Route 1
Postfach 97496/Windhoek, Tel. 061-239768, www.auas-safarilodge.com. Anfahrt: Windhoek, Centaurus Road/Maerua Mall. DZ/F 70 €, 24 Zimmer, modernes Hotel, meist Geschäftsleute, englisch.

Auas Safari Lodge — Route 1
P.O. Box 80887/Windhoek, Tel. 061-228104, www.auas-lodge.com. Anfahrt: Windhoek – B1 (22 km) – D1463 (22 km). DZ/F 100 €, 15 Zimmer, deutsch, Schwimmbad; auch Jagdfarm.

Auob Country Lodge — Route 2a
Zentrale Reservierung in Windhoek, Tel. 061-304716, www.namibiareservations.com/auobe.html. Anfahrt: Gochas – C15 (6 km). DZ 100 €, 25 Zimmer, Schwimmbad, Squashplatz, Zeltplatz (10 €/P.), englisch, Landepiste 24°18'S, 18°47'E, Gravel, Landebahn 1,6 km.

Avani Hotel & Casino — Route 1
P.O. Box 2254/Windhoek, Tel. 061-2800000, www.avanihotels.com. Anfahrt: 129 Independence Avenue, Windhoek. DZ/F ab 85 €, 173 Zimmer, Schwimmbad auf dem Dach, Parkplatz. Luxushotel mit Kasino, englisch, die 1. Wahl für luxuriöses Wohnen im Zentrum, sehr gutes Restaurant, englisch.

d'Avignon Hotel — Route 5
P.O. Box 1222, Brückenstraße, Swakopmund, Tel. 064-405821, www.hoteldavignon.com. DZ/F 45 €, 10 Zimmer, Schwimmbad, Parkplätze, deutsch.

Autabib Safari Lodge — Route 14
Tel. 062-581853, www.autabiblodge.com. Anfahrt: Dordabis – C15 nach Norden (10 km). DZ 50 €/Person, nur Selbstversorgung, drei Chalets und ein Familienzimmer, hübsch eingerichtet, keine Kreditkarten, englisch.

Backpacker Unite — Route 1
P.O. Box 23658/Windhoek, Tel. 061-259485, www.backpackerunite.com. Anfahrt: 5 Grieg Street, Windhoek. DZ/F um 30 €, Camping ab 6 €, Schwimmbad, Safaris, deutsch.

Backpacker's Lodge — Route 4
B&B, P.O. Box 152/Lüderitz, Tel. 063-202000, luderitzbackpackers@hotmail.com. Anfahrt: 2 Ring Street, Lüderitz. 5 Zimmer, Bett ab 10 €, DZ ab 30 €, englisch.

Bagatelle Kalahari Game Ranch — Route 1
P.O. Box 212/Mariental, Tel. 063-240982, www.bagatelle-kalahari-gameranch.com. Anfahrt: Mariental – B1 nach Norden (6 km) – C20 nach Osten (12 km) – D1268 nach Norden (25 km). DZ ab 85 € p.P. mit Halbpension, Bungalows in schöner Lage auf einer Düne und im Tal, die günstigeren Zimmer sind beim Hauptgebäude, Schwimmbad, englisch.

Bahay Susan — Route 11
B&B, P.O. Box 1021/Oshakati, Tel. 065-221075, bahaysusan@yahoo.com Anfahrt: Jakkalsbessie Street, Oshakati. DZ/F 40 €, 10 Zimmer, englisch.

Bahnhof Hotel — Rte 4+4a
P.O. Box 89/Aus, Tel. 063-258091, www.hotel-aus.com. Anfahrt: Aus. DZ/F 50 € p.P., 26 Zimmer, auch wegen seiner Küche sehr gelobte Unterkunft, englisch.

Bahnhof Hotel — Rte 8+8c
P.O. Box 43/Usakos, Tel. 064-530444, www.usakos.biz. Anfahrt: 72 Theo-Ben Gurirab Street, Usakos. 2016 wg. Renovierung geschlossen.

Bambatsi Gästefarm   Route 8
P.O. Box 120/Outjo, Tel. 081-2458803, www.bambatsi.com. Anfahrt: Outjo – C39 nach W (75 km) – Stichstraße (6 km). DZ 65 € p.P. inkl. Halbpension, 9 Zimmer, Schwimmbad, Camping ab 10 € p.P. (zwei sehr schöne Stellplätze), deutsch, ausgesprochen angenehme Lodge mit Tradition und vorzüglicher Betreuung der Gäste.

Barchan Dunes Lodge   Route 1
P.O. Box 9679/Eros, Tel. 062-682031, www.barchandunes.com. Anfahrt: Solitaire – C14 nach N (9 km) – D1275 nach O (ca. 25 km). DZ 90 € p.P. inkl. Vollpension, 5 Zimmer, Wanderungen, sehr persönlich geführte und angenehme Lodge, deutsch.

Bastion Farmyard   Route 1
P.O. Box 63/Mariental, Tel. 063-240827, www.bastionfarmyard.com. Anfahrt: Mariental – B1 nach Norden (10 km) – C20 nach Osten (2 km). DZ/F 50 €, 5 Zimmer mit allem Komfort, englisch.

Bavaria GH
s.u. Haus Bavaria

Bay View Hotel   Route 4
P.O. Box 387/Lüderitz, Tel. 063-202288, www.luderitzhotels.com. DZ/F 75 €, 30 Zimmern, Schwimmbad, englisch.

Bay Selfcatering   Route 5
Tel. 081-1277783, www.selfcatering.com.na. Anfahrt: 1st Street und Esplanade/Walvis Bay. Ferienwohnungen zur Selbstversorgung in unterschiedlicher Größe ab 40 € pro Tag, englisch.

Beach Lodge   Route 5
B&B, P.O. Box 79/Swakopmund, Tel. 064-414500,www.beachlodge.com.na. Anfahrt: 1 Stint Street, Swakopmund. DZ/F ab 110 €, 15 Zimmer, direkt am Strand, deutsch.

Bennies Lodge   Route 11
Tel. 065-231100, www.benniespark.net. Anfahrt: Oshakati – B1 nach O (7 km), Auguste Taanyanda Street/Ongwediva. DZ/F 40 €, 91 Zimmer, riesige Anlage („Bennies Entertainment Park & Lodge") mit der beliebten Disco „Club Ivory" (mit Sicherheitsvorkehrungen, so dass man auch als Tourist mal ein Ohr reinhängen kann), englisch.

Bergheim Guesths   Route 1
P.O. Box 80249/Windhoek, Tel. 067-304716, http://www.namibiareservations.com/bergheim.html. Anfahrt: Windhoek – B1 nach S (14 km). DZ/F 70 €, 3 Zimmer mit Bad, englisch.

Bergplaas Safari Lodge   Route 7
P.O. Box 60/Outjo, Tel. 067-313842, www.bergplaas.cc. Anfahrt: Outjo – Straße 63 (16 km) – Farmpad (12 km). DZ ab 40 € p.P. mit Halbpension, Camping 5 €/Person, deutsch.

Bernabé-de- la-Bat-Rastlager   Route 7a
Buchung über Namibia Wildlife Resorts Ltd. in Windhoek. Anfahrt: Otjiwarongo – C22 (40 km) – D2512 (16 km). Bungalow ab 35 €/Person mit Frühstück (2 Betten), Camping 5 €/P., Einlass 6 € p.P. und 1 €/Kfz, Versorgungsmöglichkeit, Tankstelle, Öffnungszeiten: Einlass nur bis Sonnenuntergang (bei Übernachtung bis 21 Uhr).

Bernice   Route 2+2a+3
B&B. Anfahrt: 129 10th Avenue, Westdene/Keetmanshoop, Tel. 063-224851, keetmanshoop@go.namibiabookings.com. DZ/F 30 €.

Liste der Unterkünfte

Betesda Rest Camp   **Route 1**
P.O. Box 9385/Eros, Tel. 063-693253, www.betesda.iway.na. Anfahrt: Maltahöhe – C14 nach S (20 km) – C19 nach N (199 km) – D854 (5 km). DZ 125 € inkl. Frühstück und Abendessen, Stellplatz 8 € p.P., 10 Zimmer, Schwimmbad, englisch/deutsch.

Bethanie Guesthouse   **Route 2**
P.O. Box 13/Bethanie, Tel. 063-283013. Anfahrt: Bethanie, Main Street. DZ/F 40 €, 9 Zimmer, renoviertes Haus und das erste Hotel von SWA überhaupt, englisch.

Betta Camp   **Route 1**
Tel. 081-4773992, www.bettacamp.net, Kreuzung C27/D826. Chalets und Stellplätze, Tankstelle, Kiosk, Camping 8 €/Person, Chalet 35 €/Person mit Halbpension, englisch.

Big 5 Mini Lodge   **Route 1**
Tel. 081-2914445, hardie@mweb.com.na. Anfahrt: von Windhoek auf der B1 nach Norden bis Brakwater (4 km), dann 1,5 km nach Westen. Auf einer Klippe gelegen, Schwimmbad, 6 Chalets und Zimmer, DZ 35 €, Zeltplatz 8 €/Person, englisch.

Bird's Mansion Hotel   **Route 2+2a+3**
P.O. Box 460/Keetmanshoop, Tel. 063-221711 www.birdsaccommodation.com. Anfahrt: 6th Avenue, Keetmanshoop. DZ/F 80 €, 23 Zimmer, Schwimmbad, Internet-Café, Restaurant, englisch.

Bird's Nest   **Route 2+2a+3**
B&B, P.O. Box 460/Keetmanshoop, Tel. 063-222906, www.birdsaccommodation.com. Anfahrt: 16 Pastorie Street, Keetmanshoop. DZ/F 75 €, 10 Zimmer.

Bitterwasser Gästefarm und Segelflug   **Route 1**
P.O. Box 13003/Windhoek, Tel. 063-265300, www.bitterwasser.com. Anfahrt: Windhoek – B1 nach S (182 km) – Kalkrand – C21 (54 km) – C15 nach N (8 km). Rondavel für 2 (ohne Bad), aber mit Vollpension 110 €, DZ mit Bad u. VP 130 €, 40 Einheiten, Pool, Segelflug-Zentrum mit eigenen Maschinen, schweizerisch. Landepiste 23°51'53''S, 17°59'48''E

Blutkuppe Zeltplatz   **Route 6**
Buchung über das Ministry of Environment & Tourism in Swakopmund (Alte Ritterburg, Sam Nujoma Drive/Ecke Bismarck St, Tel. 064-404576, Mo–Sa zu den Geschäftszeiten, So 8–13 Uhr) oder in Walvis Bay (Heinrich Baumann St, Tel. 064-205971) und im Tourism Centre in Henties Bay. Anfahrt: Namib-Naukluft-Park, Namib-Teil, Stellplatz 10 € (max. 8 Pers.) zzgl. 10 € p.P., zzgl. Permit 6 € p.P. und Kfz 1 €, kein Wasser und kein Feuerholz verfügbar, gekennzeichnete Wege dürfen nicht verlassen werden.

Boiteko Camp   **Route 14**
Ehemaliges NACOBTA-Projekt, Kontakt: Ms Euphrosine Mbuende, Tel. 081-2184266. Anfahrt: Gobabis – C22 (90 km) – D1635 nach Osten (6 km). Kommunales Camp, Unterkunft in Hütten 10 €/Person, Camping 5 €/Person, englisch.

Bougain Villa Pension/Utopia   **Route 1**
B&B, P.O. Box 9131/Windhoek, Tel. 061-211299, http://utopiaboutique.com. Anfahrt: 66 Barella Street, Windhoek. DZ/F ab 80 €, sehr empfehlenswerte, luxuriös und mit viel Geschmack hergerichtete Unterkunft der N/a'an ku sê-Unternehmung, 11 Standardzimmer und 6 Luxussuiten, englisch.

Brandberg Rastlager   **Route 8**
P.O. Box 35/Uis, Tel. 064-504038, www.brandbergrestcamp.com. Anfahrt: Uis. DZ/F 60 €, 4 Zimmer, 5 Chalets für Selbstversorger, Schwimmbad, Tennisplatz, Golfplatz, Camping 8 €/Person, englisch.

Brandberg White Lady Lodge   **Route 8**
P.O. Box 35/Uis, Tel. 064-684004, www.brandbergwllodge.com. Anfahrt: Uis – C35 nach Osten (11 km) – D2359 (15 km) – Farmpad (12 km). DZ 120 € inkl. Halbpension, Chalets, Safarizelte, einfache Zelte und Camping (ab 10 €/Person), englisch.

Brigadoon   **Rte 5+6+8c+12**
P.O. Box 1930/Swakopmund, Tel. 064-406064, www.brigadoonswakopmund.com. Anfahrt: 16 Ludwig Koch St, Swakopmund. DZ/F ab 50 €/Person, 7 Zimmer und 3 Apartments zur Selbstversorgung, englisch.

Brukkaros Campsite   **Route 2**
Ehemaliges NACOBTA-Projekt. Anfahrt: 5 km vor dem Brukkaros-Krater. Anfahrt nur mit 4x4, verfallener Platz, keinerlei Infrastruktur, dafür Einsamkeit, kein Wasser, kein Feuerholz, keine Betreuung, alles ist mitzubringen, dennoch schöne Campier-Möglichkeit.

Buck's Camping Lodge   **Route 12**
P.O. Box 519/Henties Bay, Tel. 064-501039, buckcamp@mweb.com.na. Anfahrt: Henties Bay. Stellplatz ab 20 € (4 Personen), sehr sauber, ausgezeichnete Infrastruktur (jeder Platz mit eigenem Ablutionblock), auch Chalets, englisch.

BüllsPort Gästefarm   **Route 1**
P.O. Box 1003/Maltahöhe, Tel. 063-693371, www.buellsport.com. Anfahrt: Maltahöhe – C14 nach N (104 km). DZ 75 € p.P. inkl. Halbpension, 6 Zimmer, Schwimmbad, Fahrten durch die Naukluft-Berge, tolle Wanderungen auf ausgezeichnet markierten Pfaden in der Naukluft, sehr persönliche Betreuung durch die Gastgeber Familie Sauber, Reitpferde, Reitunterricht, deutsch.

Buitepos Zeltplatz East Gate   **Route 14**
P.O. Box 422/Gobabis, Tel. 062-560405, www.eastgate-namibia.com. Anfahrt: Buitepos. Stellplatz 8 € p.P., Bungalow 40 € (2 Pers.), Anmeldung bei der Total-Tankstelle, dort auch Duschen, WC, Restaurant und kleiner Laden, Pool, englisch.

Bundu N See Hotel   **Route 5**
P.O. Box 456/Swakopmund, Tel. 064-402360, www.facebook.com/hotelbundunsee. Anfahrt: 6 Hendrik Witbooi Street, Swakopmund. DZ/F 50 €, 10 Zimmer, englisch.

Burg Gusinde   **Route 14**
P.O. Box 90252/Windhoek, Tel. 061-257107, www.safaricorp.com. Anfahrt: Windhoek – B6 nach O (19 km) – M53 nach N (12 km) – D2102 (36 km). DZ 125 €/Person, alles inklusive, wie Essen, Wäscherei, Wildfahrten, Reiten, Sauna, Fischen usw. Im neu errichteten Haupthaus im Stil einer Burg 6 Betten, im Osema-Farmhaus ebenfalls 6 Betten, das Restaurant gilt als eines der besten des Landes, deutsch.

Burgsdorf Gästefarm   **Route 1**
P.O. Box 211/Maltahöhe, Tel. 081-1286772, www.burgsdorf.org. Anfahrt: Maltahöhe – C14 nach S (15 km) – Stichstraße (10 km). DZ 90 €. inkl. Halbpension, 8 Zimmer, englisch.

The Burning Shore Protea Hotel   **Route 5+6**
Tel. 064-207568, www.proteahotels.com. Anfahrt: Langstrand. 12 Luxusunterkünfte mit 4 Sternen am Strand, bekannt geworden durch den Schwangerschaftsaufenthalt von Brangelina Pitt-Jolie, DZ/F ab 160 €, englisch.

Buschberg Gästefarm   **Route 7**
P.O. Box 465/Outjo, Tel. 067-312143, www.buschberg.com. Anfahrt: Outjo – C38 nach N (60 km) – D2710 nach W (19 km). DZ ab 50 € p.P. inkl. Halbpension, Camping 10 €/Person, deutsch.

Liste der Unterkünfte 255

Buschfeld Park Resort — Route 7+8+9
P.O. Box 380/Outjo, Tel. 067-313665. Anfahrt: Outjo – C38 nach N (2 km). DZ 25 € p.P., Stellplatz 8 € p.P., auf einem Hügel mit einzigartiger Vegetation, Restaurant, Pool, englisch.

Bush Pillow — Route 7+7a+8a
B&B, P.O. Box 801/Otjiwarongo, Tel. 067-303885, www.bushpillow.com.. Anfahrt: 47 Son Road, Otjiwarongo. DZ ab 60 €, 6 Zimmer, sehr saubere, nett eingerichtete Zimmer, kleiner Pool, auch Abendessen nach Vorbestellung, englisch.

Camelthorne Lodge
s.u. Intu Afrika Game Reserve

Canyon Lodge — Route 3
P.O. Box 80205/Windhoek, Tel. 061-230066, www.gondwana-collection.com. Anfahrt: Seeheim – B4 (1 km) – C12 (74 km) – C37 (37 km) – Farmstr. (2 km). Kommt man von Keetmanshoop in der Regenzeit, könnte die C12 beim Löwenfluss geflutet sein, meist kann man aber auf der D545 Holoog über die Brücke am Naute Dam ohne Probleme erreichen. DZ/F 100 € p.P., 25 Bungalows mit je 2 Betten, einer mit 4 Betten, Pool. Eine der schönsten Lodges in Namibia unter sehr persönlicher Leitung, herrliche Terrasse, die Gebäude sind perfekt an die Landschaft angepasst, ausgezeichnete Küche, Flüge über den Fish River, Ausflugsfahrten, Reitausflüge, deutsch.

Canyon Mountain Camp — Route 3
P.O. Box 80205/Windhoek, Tel. 061-230066, www.gondwana-collection.com. Anfahrt: Seeheim – B4 (1 km) – C12 (74 km) – C37 (37 km) – Farmstr. (2 km), von der Canyon Lodge 6 km entfernt. Anfahrt von Keetmanshoop s. Canyon Lodge. 8 DZ für Selbstversorger, ab 35 € p.P., deutsch.

Canyon Roadhouse — Route 3
P.O. Box 80205/Windhoek, Tel. 061-230066, www.gondwana-collection.com. Anfahrt: Grünau – C12 (51 km) – C37 (20 km). Anfahrt von Keetmanshoop s. Canyon Lodge. DZ/F 75 €/Person, 9 Zimmer, Schwimmbad, Restaurant, Flüge über den Fish River, Ausflugsfahrten, Reitausflüge, Tankstelle, Camping 12 €/Person, deutsch.

Canyon Village — Route 3
P.O. Box 80205/Windhoek, Tel. 061-230066, www.gondwana-collection.com. Anfahrt: Grünau – C12 (51 km) – C37 (20 km). Anfahrt von Keetmanshoop s. Canyon Lodge. Große Hotelanlage, die aber ästhetisch in die Natur eingefügt wurde. DZ/F 75 €/Person, Schwimmbad, deutsch.

Canyon Nest Hotel — Route 2+2a+3
P.O. Box 950/Keetmanshoop, Tel. 063- 204000, www.nesthotel.com. Anfahrt: Keetmanshoop. DZ/F 130 €, 45 Zimmer, Schwimmbad, Fitnesscenter, deutsch.

Cape Cross Lodge — Route 12
P.O. Box 259/Hentjes Bay, Tel. 064-694012, www.capecross.org. Anfahrt: Hentjes Bay – C34 nach Norden (53 km), 4 km nördlich des Robbenreservates. DZ ab 90 € p.P. inkl. Halbpension, 20 edle Suiten, direkt am Strand und weit genug von den Robben, so dass es nicht riecht, schöne und großzügige 21 Stellplätze ab 10 €/Person, englisch.

Capricorn Restcamp — Route 1
P.O. Box 200/Klein Aub, Tel. 081-3642931, http://capricorn-naukluft.weebly.com. Anfahrt: Buellspoort – C14 nach Osten (15 km) – Straße 47 nach Norden (15 km). Chalets/F für 2 Personen 55 €, Camping 6 €/Person, Mahlzeiten bei Vorausbuchung, deutsch.

Caprivi River Lodge — Route 13
P.O. Box 2029/Katima Mulilo, Tel. 066- 252 288, www.capririverlodge.com. Anfahrt: Katima Mulilo – B8 nach O (3 km). DZ/F ab 100 €, 15 Zimmer, Schwimmbad, englisch.

Caprivi Traveller's — Route 13
B&B, P.O. Box 633/Ngweze, Tel. 066-252788. Anfahrt: Lewis Build Together/Katima Mulilo. DZ 25 €, Schlafsaal 10 €, englisch.

The Cardboard Box — Route 1
P.O. Box 5142/Windhoek, Tel. 061-228994, www.cardboardbox.com.na. Anfahrt: 15 Johann Albrecht St, Windhoek. DZ/F 30 €, 10 € im Schlafsaal, Restaurant, Pool, Backpackerunterkunft, Zelten 6 €, englisch.

Casa Blanca — Route 1
P.O. Box 30547/Windhoek, Tel. 061-249623, www.casablancahotelnamibia.com. Anfahrt: 2 Gous St, Windhoek. DZ/F 95 €, 16 luxuriöse Zimmer, spanisch inspiriert, Schwimmbad, englisch.

Casa Forno — Route 7
Tel. 067-304504, www.casaforno.com. Anfahrt: 21 Ramblers Road, Otjiwarongo. Landhotel mit Restaurant und gediegener Ausstattung mit viel Holz im kapholländischen Stil, gute Küche, 15 Zimmer, DZ/F ab 60 €.

Casa Mia Hotel — Route 5
P.O. Box 1786/Walvis Bay, Tel. 064-205975, www.casamiahotel.com. Anfahrt: 238 Sam Nujoma Avenue, Walvis Bay. DZ/F 60 €, 23 Zimmer, Parkplätze, englisch.

Casa Yeovella — Route 5
B&B, P.O. Box 1880/Walvis Bay, Tel. 081-2426713, http://www.walvisbay.org/casa-yeovella-guest-house. Anfahrt: 15 Riebeeck Circle, Walvis Bay. DZ/F 50 €, 6 Zimmer, englisch.

Cela Hotel-Pension — Route 1
P.O. Box 1947/Windhoek, Tel. 061-223322, www.natron.net/tour/cela. Anfahrt: 82 Frans Indongo Street, Windhoek. DZ/F 50 €, 12 Zimmer, Schwimmbad, Parkplatz, englisch.

Central Guest House — Route 5
P.O. Box 672/Swakopmund, Tel. 064407189, www.guesthouseswakopmund.com. Anfahrt: Leutwein Street, Swakopmund. DZ/F 50 €/Person, 7 Doppelzimmer, zentrumsnah, deutsch.

Central Hotel Omaruru — Route 8a
P.O. Box 29/Omaruru, Tel. 064-570030, www.facebook.com. Anfahrt: Wilhelm Zeraua Road, Omaruru. DZ/F 50 €, sehr schöne Zimmer um einen Innenhof, Biergarten unter Palmen, Schwimmbad mit Liegewiese, englisch.

Central Lodge — Rotue 2+2a+3
P.O. Box 661/Keetmanshoop, Tel. 063-225850, www.central-lodge.com. Anfahrt: Middle Street, Keetmanshoop. DZ/F 60 €, 19 Zimmer, gutes Restaurant, Pool, englisch.

C'est si bon Hotel — Route 7+7a+8a
P.O. Box 2060/Otjiwarongo, Tel. 067-301240, www.cestsibonhotel.com. Anfahrt: Swembad Road, Otjiwarongo. DZ/F ab 55 € €, 56 Zimmer, englisch/ deutsch

Chameleon Backpackers — Route 1
B&B, P.O. Box 6107/Windhoek, Tel. 061-244347, www.chameleonbackpackers.com. Anfahrt: 5/7 Voight Street, Windhoek. DZ mit Bad ab 35 €, Bett im Schlafsaal ab 11 €, englisch.

Charlotte's Guesthouse — Rte 5+6+8c+12
B&B, P.O. Box 943/Swakopmund, Tel. 064-405454, charlottesb&b@iway.na. Anfahrt: 121 Brücken Street, Swakopmund. DZ 50 €, 5 Zimmer, englisch.

Liste der Unterkünfte

Chobe Savanna Lodge — Route 14
Tel. +267-6861559, www.desertdelta.com. Anfahrt: Kasane (Botswana), dort wird man beim Kasane Immigration Office mit dem Boot abgeholt und nach Impalila Island gebracht. DZ ab 250 €/Person, alles inklusive, Luxusunterkunft mit 12 Chalets, englisch.

Christoph Hotel-Pension — Route 1
P.O. Box 6116/Windhoek, Tel. 061-240777, www.natron.net/tour/christoph. Anfahrt: 33 Heinitzburg Street, Windhoek. DZ/F 70 €, 8 Zimmer, Schwimmbad, Parkplatz, deutsch.

Cori Guesthouse — Route 1
P.O. Box 80698/Windhoek, Tel. 061-228840, www.pension-cori-namibia.com. Anfahrt: 8 Puccini Street, Windhoek. DZ/F 60 €, 14 Zimmer, Schwimmbad, englisch.

Corona Gästefarm — Route 1
P.O. Box 11958/Windhoek, Tel. 061-681045, www.natron.net/tour/corona. Anfahrt: Windhoek – C26 (165 km) – D1438 (18 km). DZ 70 €/Person inkl. Halbpension, 14 Zimmer, Suiten und Luxussafarizelte, Pool, deutsch, auch Jagdfarm.

The Courtyard Hotel — Route 5
P.O. Box 3493/Walvis Bay, Tel. 064-213600, www.thecourtyardhotelwb.com. Anfahrt: No 4, 2nd and 3rd Road, Walvis Bay. DZ/F 60 €, 19 Zimmer, Hallenbad, österreichische Leitung, unweit der Lagune.

Courtyard Guest House — Route 13+13a+13b
P.O. Box 356/Grootfontein, Tel. 067-240027. Anfahrt: 2 Gauss Street, Grootfontein. DZ/F 60 €, 15 Zimmer, Schwimmbad, englisch.

Crayfish Creek — Route 5
Selbstversorger P.O. Box 4095/Swakopmund, Tel. 064-221440, www.crayfishcreek.com, crayfishcreek@iway.na. Anfahrt: 98, Kuiseb Avenue, Langstrand. Ferienwohnung ab 35 €/Person, englisch.

Daan Viljoen Rastlager — Route 6
Sun Karros Resort, Tel. 061-232393, www.sunkarros.com. Vollsaniertes Rastlager, Chalet ab 90 €/Person, Zeltplatz 15 €/Person, 19 modern gestaltete Chalets mit Afrikaatmosphäre, Restaurant, 12 luxuriöse Stellplätze, englisch.

Dabis Gästefarm — Route 2
P.O. Box 7/Helmeringhausen, Tel. 081-3108902, www.farmdabis.com. Anfahrt: Helmeringhausen – C14 nach N (10 km) – Farmstraße (7 km). DZ 85 €/Person inkl. Halbpension, 11 Zimmer, Farmbassin, deutsch.

Damaraland Camp — Route 9
P.O. Box 6850/Windhoek, Tel. 061-274500, www.wilderness-safaris.com. Anfahrt: Khorixas C39 nach W (100 km) – Farmpiste nach S (20 km). 350–550 €/Person, alles inklusive, 8 Zimmer, Pool, englisch. Landepiste: Höhe 1460 ft, Länge 1100 m, S 20°25'42,8'' E 14°07'47,0'', Rwy 05/23, Gravel.

Damara Mopane Lodge — Route 8
Tel. 061-230066, www.gondwana-collection.com. Anfahrt: Khorixas – C39 nach Osten (20 km). DZ/F ab 70 €/Person. Lodgehotel am Eingang zum Damaraland, mit 60 Chalets, fast Dorfcharakter, Schwimmbad, Restaurant; deutsch.

Liste der Unterkünfte

Daniel's Guesthouse — Route 1
B&B, P.O. Box 40385/Windhoek, Tel. 061-236644, www.danielsguesthouse.com. Anfahrt: Windhoek, Haydn Street 7. DZ 40 € (Selbstversorgung), 6 Zimmer, Pool, deutsch.

Danubé Gästefarm — Route 9
P.O. Box 255/Outjo, Tel. 067-312916, www.danube.iway.na. Anfahrt: Outjo – C38 nach N (10 km) – C40 nach W (40 km) – D3236 (50 km) – Farmpiste (5 km). DZ/F 50 € p.P., 5 Zimmer, auch Jagdfarm, dt.

The Delight — Route 5
Tel. 067-687004, www.gondwana-collection.com. Anfahrt: Theo Ben-Gurirab Avenue, Swakopmund. Hotel der Luxusklasse mit 54 Zimmern und Garten direkt in der Stadt, DZ/F 130 €.

Desert Breeze — Route 5
Tel. 064-406236, www.desertbreezeswakopmund.com. Anfahrt: Swakop Rivier, Swakopmund. 12 Chalets für 2 Personen, um 110 € inkl. Frühstück. Jedes Chalet mit einem atemberaubenden Blick hinein in die Dünenwelt am Swakop Rivier; Kunstgalerie und immer wieder werden Künstler für einen mehrmonatigen Aufenthalt eingeladen.

Desert Camp — Route 1
Tel. 063-683205, www.desertcamp.com. Anfahrt: Sesriem – Farmpad 4 km. Luxus-„Zelte" (für 2 Personen inkl. Frühstück um 110 €) mit allem Komfort für Selbstversorger 4 km vom Eingangstor nach Sossusvlei, Bar, Pool, englisch.

Desert Homestead — Route 1
P.O. Box 24/Maltahöhe, Tel. 063-683103, www.deserthomestead-namibia.com. Anfahrt: Sesriem – D826 nach O (11 km) – C19 nach S (22 km). Chalet für 2 Personen um 140 € inkl. Halbpension, Schwimmbad, Reitausflüge, englisch.

Desert Rhino Camp — Rte 10+12
P.O. Box 6850/Windhoek, Tel. 061-274500, www.wilderness-safaris.com. Anfahrt: Khorixas – C39 (112 km) – C43 (44 km). Unterkunft im Zelt ab 300 €/Person, alles inklusive, 10 Zelte, englisch. Landebahn: 19°52'S, 13°56'E

Desert Rose — Route 12
Ferienwohnungen. P.O. Box 190, Elf Street, Henties Bay, Tel. +27-82-8250138, www.linx.co.za/desertrose. Wohnung 90 € (max. 5 Pers.), deutsch.

Desert Sky Backpacker's Lodge — Route 5
B&B, P.O. Box 2830/Swakopmund, Tel. 064-402339, www.desertskylodging.com. Anfahrt: 35 Anton Lubowski Street, Swakopmund. Backpackerunterkunft zur Selbstversorgung, Bett im Schlafsaal 13 €, DZ mit Bad 40 €, Internetcafé, Küche, auch Einzelzimmer, Camping 10 €, englisch.

Deu≠ha Campsite — Route 13b
Keine Buchung möglich, Wildniscamping im Buschmannland nahe Tsumkwe. Anfahrt: s. Karte bei Tsumkwe. Keine Infrastruktur, , englisch.

Deutsches Haus Hotel — Route 5
P.O. Box 13/Swakopmund, http://hotel.na, Tel. 064-404896. Anfahrt: 13 Lüderitz Street, Swakopmund. DZ/F 95 €, 16 Zimmer, gutes Restaurant, englisch.

Die Oord RL — Route 12
P.O. Box 82/Henties Bay, Tel. 064-500239, dieoord@iway.na. Anfahrt: Rob Street, Henties Bay. Bungalow 40 € (max. 4 Personen), 15 Einheiten, englisch.

Liste der Unterkünfte

Dinosaurs Tracks Zeltplatz — Route 8a
P.O. Box 5/Kalkfeld, Tel. 067-290153, www.dinosaurstracks.com. Anfahrt: Dinosaurier-Fußspuren. 10 € p.P. auf dem Zeltplatz, Bungalow für 2 Pers. mit Frühstück 70 €, angenehme und belesene Gastgeber, deutsch.

Dithmarschen Gh.
s.u. Kamaku Guesthouse

Divava Okavango Lodge & Spa — Route 13
Tel. 066 259 005, www.divava.com. Anfahrt: Rundu – B8 nach O (198 km) – Bagani – D3403 (6 km) – Piste (1 km). DZ 250 € inkl. Halbpension, Luxus-Chalets, Schwimmbad, Wellness-Bereich, englisch, Fahrten in das Mahango Wildreservat, Bootstouren zu den Popafällen.

Dolomite Camp — Route 7
Buchung über Namibia Wildlife Resorts Ltd. in Windhoek. Anfahrt: Etosha-Nationalpark. Exklusives Camp in Etosha, 180 km Fahrt von Okaukuejo (wegen Speedlimit dauert die Anfahrt mindestens 4 Stunden) im Westteil, DZ 90–170 € p.P. mit Frühstück, englisch. Das Lager muss vor Sonnenuntergang erreicht sein und darf vor Sonnenaufgang nicht verlassen werden.

Dolphin Park Chalets — Route 5
P.O. Box 86/Walvis Bay, Tel. 064-204343. Anfahrt: Walvis Bay – B2 (18 km). Bungalow ab 22 €, 20 Einheiten, Schwimmbad, im Sommer wegen des Pools zahlreiche Tagesbesucher (Erw. 2 €, Kinder 1 € Eintritt), englisch.

Donkerhoek Guestfarm — Route 2a
P.O. Box 2145/Mariental, Tel. 063-252004. Anfahrt: Mariental – Straße 29 (71 km) – C18 nach O (43 km) – Gochas – C15 nach S (154 km). DZ 110 € inkl. Halbpension, 6 Zimmer, Schwimmbad, englisch.

Drifter's Inn/Greenfire Lodge — Route 5
www.greenfire.co.za. Anfahrt: 6 Werft Street, Swakopmund. Eher einfach gehaltene Unterkunft mit Preisen, die über normalen Budget-Angeboten liegen. DZ/F 75 €

Dornhügel Gästefarm — Route 13+13b
P.O. Box 173/Grootfontein, Tel. 067-240439, www.dornhuegel.de. Anfahrt: Grootfontein – B8 nach N (15 km) – D2844 (22 km). DZ um 85 € p.P. inkl. Halbpension, 5 gemütlich und individuell eingerichtete, helle Zimmer, Schwimmbad, Gästefarm pur mit sehr angenehmen Gastgebern, die viel über das Farmleben erzählen können, der Tipp auf dem Weg nach Norden, deutsch.

Düsternbrook Gästefarm — Route 7
P.O. Box 870/Windhoek, Tel. 061-232572, www.duesternbrook.net. Anfahrt: Windhoek – B1 nach N (27 km) – D1499 (10 km) – Stichstraße nach NW (9 km). Preise: DZ/F 40–90 € p.P., Leoparden-Fütterung und Wildfahrt, 6 Zimmer, auch Jagdfarm, Leopardengehege, Reitausflüge, deutsch.

Dunedin Star Guest House — Route 5
Tel. 064 407105, www.dunedinstar.com. Anfahrt: Swakopmund, Daniel Tjongarero Street. DZ/F ab 45 €, englisch.

Dune Lodge
s. „Intu Afrika Game Reserve"

Duwisib Restcamp — Route 2
Buchung über Namibia Wildlife Resorts Ltd. in Windhoek. Anfahrt: Maltahöhe – C14 nach S (38 km) – D824 (12 km) – D831 nach S (16 km) – D826/C27 (26 km). DZ/F ab 110 €, Camping 10 €/Person, Kiosk, englisch, Öffnungszeiten bei Reservierung zwischen Sonnenauf- und -untergang, Schlosseintritt 70 N$.

Duwisib Farm Rastlager Route 2
P.O. Box 21/Maltahöhe, Tel. 063-293344, www.farmduwisib.com. Maltahöhe – C14 nach S (38 km) – D824 (12 km) – D831 nach S (16 km) – D826/C27 (27 km). DZ 115 € inkl. Halbpension, Bungalows, Laden, Reitmöglichkeit, Rundfahrten, 6 Zimmer, Camping 8 €/Person, deutsch.

Eagle Holiday Bungalows Route 12
P.O. Box 20/Henties Bay, Tel. 064-500032, www.eagleholiday.com. Anfahrt: 175 Jakkalsputz Road, Henties Bay. Bungalow für 4 Personen 60 €, 5 Einheiten, englisch.

Eagle Rock Leisure Lodge Route 6
P.O. Box 6176/Windhoek, Tel. 081-6220162, www.eaglerock.de. Anfahrt: Windhoek – C28 (30 km) – D1958 (3 km) – Farmstraße (2 km). DZ/F 80 €, 11 Zimmer, Schwimmbad, Reiten, Wanderungen, Felszeichnungen, Konferenzeinrichtungen, Entwicklungshilfeprojekte (s.a. www.buergersinnstiftung.de), deutsch.

Eagles Tented Camp & Spa Route 7
P.O. Box 362/Outjo, Tel. 061-375300, www.epacha-lodge.com. Anfahrt: Outjo – C38 nach N (70 km) – D2695 (27 km) – Farmstraße (4 km). Luxuszelt für 2 Personen 210 € inkl. Halbpension und noch einigen anderen Annehmlichkeiten. Camp mit 8 Zelten auf der 27.000 ha großen Epacha-Farm, Schwimmbad, Wellnessbereich, englisch.

Eberwein Hotel garni Route 5
P.O. Box 2594/Swakopmund, Tel. 064-414450, www.eberwein.com.na. Anfahrt: Sam Nujoma Ave, Swakopmund. DZ/F 105 €, Hotel in Traditionshaus (Villa Wille), 16 DZ, Tiefgarage, deutsch.

Eha Lodge Route 10+11
P.O. Box 62/Ruacana, Tel. 065-271500, www.ruacanaehalodge.com.na. Anfahrt: Ruacana Dorf. DZ/F 100 €, 21 Zimmer, Schwimmbad, Restaurant, Wellness, 15 Stellplätze, Camping 5 € (Hütte 15 €/Person), englisch.

Eileen Farm Route 8a
P.O. Box 393/Omaruru, Tel. 064-570837, www.erongo.iway.na/eileen. Anfahrt: Omaruru – C33 nach S (2km) – D2315 nach W (24 km) – D2316 nach S (9 km) – Farmstraße (7 km). DZ 55 € p.P. inkl. Halbpens., Stellplatz beim sehr schönen Erongo Plateau Camp (1 km von der Farmpad) mit Warmwasser, Holzverkauf etc. 8 € p.P., keine Kreditkt., deutsch.

Ekundu Guesthouse Route 1
B&B, P.O. Box 40786/Ausspannplatz, Tel. 061-253440, ekundu@mweb.com.na. Anfahrt: 10 Johann Albrecht Street, Windhoek. DZ/F 60 €, englisch.

Elegant Route 1
Tel. 061-301934, www.the-elegant-collection.com. Anfahrt: Ziegler Street, Windhoek. Im B&B DZ 125 € inkl. Frühstück, 5 Zimmer, Garten mit Pool, im Guest House (6 luxuriöse Zimmer) DZ/F 105 €, dreimal am Tag Shuttle ins Zentrum, deutsch.

Elegant Farmstead Route 7
Tel. 062-500872, www.the-elegant-collection.com. Anfahrt: Okahandja – D2102 (27 km). Angenehme Farm mit 11 eleganten Zimmern, Schwimmbad, Wandermöglichkeiten, Wildfahrten, DZ 135 € mit Halbpension, deutsch.

Elisenheim Gästefarm Route 7
P.O. Box 3016/Windhoek, Tel. 061-264429, www.natron.net/tour/Elisenheim. Anfahrt: Windhoek – B1 (10 km) – D1463 (5 km). DZ/F 60 €, 9 Zimmer, Camping 8 €/Person, deutsch, Schwimmbad.

El Jada Rastlager Route 8c
P.O. Box 1155/Swakopmund, Tel. 064-400348, dragon@iway.na,. Anfahrt: Swakopmund – B2 (9 km) – D1901 (2 km). DZ 50 €, Selbstversorgung (Frühstück möglich), 5 Zimmer, deutsch.

Eluwa/Rochas Hotel Route 11
P.O. Box 1040/Oshakati, Tel. 065-222038, www.rochashotel.com . Anfahrt: Main Street, am Sendemast von Oshakati. Hotel mit schmuckem Innenhof, Pool, Rasen und Restaurant. DZ/F 50 €, 40 Zimmer, englisch.

Emanya/Etosha Route 7
Tel. 061-222954, www.emanya.com. Anfahrt: Etosha Lindequist-Gate – C38 nach Osten (20 km). Lodge mit 20 luxuriösen Chalets, Pool, und Restaurant. DZ 100 €/Person inkl. Halbpension, deutsch.

Eningu Clayhouse Lodge Route 14
Buchungen über: Logufa, P.O. Box 8061/Swakopmund, Tel. 064-464144, www.eningu lodge.com. Anfahrt: Windhoek – B6 (48 km) – DR51 (64 km) – D1471 (1 km). DZ 85 € p.P. inkl. Halbpension (Dreigangmenü), 10 Zimmer, wunderschön eingerichtete Zimmer, unweit der Künstlerfarm Peperkorrel, ausgezeichnetes Restaurant mit Köstlichkeiten wie „Namibian Suchi" und als Betthupferl Cognactrüffel, Schwimmbad.

Epacha Game Lodge & Spa Route 7
P.O. Box 362/Outjo, Tel. 067-697047, www.epacha-lodge.com. Anfahrt: Outjo – C38 nach N (70 km) – D2695 (27 km) – Farmstraße (4 km). DZ 290 € inkl. Halbpension und noch einigen anderen Annehmlichkeiten. Super-Luxus-Lodge mit fünf Sternen auf 27.000 ha großer Farm, Schwimmbad, Wellnessbereich, englisch.

Epako Game Lodge Route 8a
P.O. Box 108/Omaruru, Tel. 064-570551, www.epako.com. Anfahrt: Omaruru – C33 nach N (21 km). DZ ab 600 € inkl. Halbpension und Game Drive, 12 Zimmer, Schwimmbad, sehr luxuriöse und angenehme Lodge, viel Großwild, deutsch/englisch, französisch.

Epupa Camp Route 10a
P.O. Box 26078/Windhoek, Tel. 061-232740, www.epupa.com.na. Anfahrt: Epupa-Fälle (1 km östlich). DZ 120 € p.P. inkl. aller Mahlzeiten, 9 Luxuszelte, Stellplatz 12 €/Person (5 Stellflächen), englisch.

Epupa Campsite Route 10a
Keine Postadresse verfügbar, keine Reservierung notwendig. Anfahrt: Epupa- Fälle. 5 € p.P., direkt an den Fällen gelegener Zeltplatz unter der Leitung der dortigen Einheimischen, Curio-Verkauf.

Erindi Onganga Gästefarm Route 8a
P.O. Box 20/Omaruru, Tel. 067-290112, www.natron.net/erindi-onganga. Anfahrt: Omaruru – D2344 (32 km) – D2351 (27 km) – Farmstraße (6 km). DZ 115 € inkl. Halbpension, 5 Zimmer, Zelten 8 €/Person, Schwimmbad, deutsch.

Erni's Bistro Route 14
B&B, P.O. Box 883/Gobabis, Tel. 062-565222. Anfahrt: 29 Quito Canavale Avenue, Gobabis. DZ/F 40 €.

Erongo Lodge Route 8a
P.O. Box 291/Omaruru, Tel. 081-2525583, www.erongo-lodge.de. Anfahrt: Omaruru – D2315 (24 km) – D2316 (19 km). DZ 160 € inkl. Halbpension, 5 Zimmer, Ausflüge zu Felsmalereien im Erongogebirge, hauptsächlich Jagdfarm, deutsch.

Erongo Plateau Camp
s.u. Eileen Farm

Erongo Wilderness Lodge Route 8a
P.O. Box 581/Omaruru, Tel. 064-570537, www.erongowilderness-namibia.com. Anfahrt: Omaruru – D2315 (11 km). DZ 270 € inkl. Halbpension, wunderschön in die felsige Landschaft gelegte Lodge mit Fernsicht, englisch.

Eros Hotel Pension Route 1
P.O. Box 9607/Windhoek, Tel. 061-227020, www.facebook.com/pension.eros. Anfahrt: 21 Gen M. R. Muhamed Avenue, Windhoek. DZ/F 50 €, 21 Zimmer, nahe Joe's Beerhouse, englisch.

Esplanade Park Cottages Route 5
P.O. Box 8/Walvis Bay, Tel. 064-206145. Anfahrt: Kuvambo Nujoma Drive. Ferienwohnungen zur Selbstversorgung ab 45 € (3 Personen), englisch.

Etambi Hotel Pension Route 1
P.O. Box 30547/Windhoek, Tel. 061-241763, www.etambi.com. Anfahrt: 6 Gous Street, Windhoek. DZ/F 65 €, 11 Zimmer, Schwimmbad, deutsch.

Etendeka Mountain Camp Route 9
Buchungen über: Big Sky Lodges, Tel. 061-239199 www.etendeka-namibia.com. Anfahrt: Khorixas – C39 nach W (155 km) – C43 nach W (5 km) – Disease Control Tor (hier wird man abgeholt). DZ 170–210 € p.P. inkl. Vollpension u. Wildfahrten, 8 Zimmer, Schwimmbad, englisch.

Etendero Gästefarm Route 8a
P.O. Box 352/Omaruru, Tel. 064-570927, www.etendero.de. Anfahrt: Omaruru – C36 (6 km) – D2344 (20 km) – D2337 (10 km). DZ/F ab 50 € p.P., 8 Zimmer, Schwimmbad, Reiten pro Stunde 15 €, deutsch.

Etosha Café Route 7+13a
P.O. Box 189/Tsumeb, Tel. 067-221207. Anfahrt: 21 Main Road, Tsumeb. DZ ab 15 € p.P., 5 einfach eingerichtete Zimmer, deutsch.

Etosha Garden Hotel Route 7+8+9
P.O. Box 31/Outjo, Tel. 067-313130, www.etosha-garden-hotel.com. Anfahrt: Outjo. DZ/F 60 €, 20 Zimmer, Schwimmbad, tropischer Biergarten, Parkplatz, Restaurant, englisch.

Etosha Gateway Lodge Route 7
P.O. Box 164/Outjo, Tel. 067-333440, www.etoshagateway-toshari.com. Anfahrt: Etosha Andersson Gate – C38 nach S (23 km). DZ/F 85 €, Camping (10 €/Person), ehemals als „Toshari Inn" bekannt, 38 Zimmer, englisch.

Etosha Safari Camp Route 7
Tel. 067-687004, www.gondwana-collection.com. Anfahrt: Etosha Andersson Gate – C38 nach S (10 km). DZ/F 120 €, Rastlager mit 50 Bungalows, Restaurant, deutsch.

Etosha Safari Campsite Route 7
Tel. 067-687004, www.gondwana-collection.com. Anfahrt: Etosha Andersson Gate – C38 nach S (10 km). Zeltplatz 11 €/Person, die Einrichtungen des benachbarten Safari Camps dürfen benutzt werden, englisch/deutsch.

Etosha Safari Lodge Route 7
Tel. 067-687004, www.gondwana-collection.com. Anfahrt: Etosha Andersson Gate – C38 nach S (10 km). DZ/F 90 €/Person, 66 Bungalows, Restaurant, drei Pools, englisch/deutsch.

Liste der Unterkünfte

Etotongwe Lodge **Route 7+8+9**
P.O. Box 312/Outjo, Tel. 067-313333, www.etotongwelodge.com. Anfahrt: Outjo (Ortsausgang Richtung Etosha). DZ/F 60 €, 27 Zimmer, Restaurant, Lapa, englisch.

Etuna Gh. **Route 11**
P.O. Box 90022/Ongwediva, Tel. 065-231177, www.etunaguesthouse.iway.na. Anfahrt: Oshakati – B1 nach O (7 km) – hinter der Messe 500 m nach rechts (Valley of Leopard St, 500 m). 21 Zimmer, DZ/F 30 €, Luxusflat 40 €, aus einem Nacobta-Projekt entstanden, vorzügliche Einrichtung, Personal freundlich und hilfsbereit, empfehlenswert, englisch.

Etusis Lodge **Route 8b**
P.O. Box 5/Karibib, Tel. 064-550826, 088-648893, www.etusis.de. Anfahrt: Karibib C32 nach S (16 km) – Farmstraße (17 km). DZ um 85 € p.P. mit Halbpension, 13 Zimmer, Schwimmbad, Reitausflüge auf Basotho-Pferden, die ursprünglich aus Lesotho stammen und auf der Farm Dornhügel (s. dort) gezüchtet werden, deutsch. Landebahn: 22°11'S, 15°45'E.

Europa Hof Hotel **Route 5+6**
P.O. Box 1333/Swakopmund, Tel. 064-405061/2, www.europahof.com. Anfahrt: Bismarck Street, Swakopmund. DZ/F ab 70 €, 40 Zimmer, deutsch.

Eva's Guesthouse **Route 8a**
B&B, P.O. Box 621/Omaruru, Tel. 064-570338, andsim@iway.na. Anfahrt: Dr. Sheeper's Drive, Omaruru. DZ 30 € mit Frühstück, 10 Zimmer, deutsch.

Evening Shade **Route 8a**
Tel. 064-570303, www.evening-shade.com. Anfahrt: 116 Wilhelm Zeraua Road, Omaruru. 5 Selbstversorger-Einheiten (2–6 Personen) hinter dem Main Street Coffeeshop, einfach und modern eingerichtet, DZ ab 60 €.

Fantasia Flats **Route 11**
B&B, P.O. Box 429/Ondangwa, Tel. 065-240528, fantasia@mweb.com.na. Anfahrt: Plot 1481, Ondangwa. DZ 40 €, 4 Zimmer, englisch.

Felix Unite Restcamp **Route 3a**
P.O. Box 3/Noordoewer, Tel. 087-3540578, www.felixunite.com. Anfahrt: Noordoewer – C13 nach Westen (10 km). 17 hübsch eingerichtete Hütten für 2 Personen (ab 75 € inkl. Frühstück), Lager für Kanufahrten auf dem Oranje, sehr grün, Restaurant, Zelten ist nur den Teilnehmern an einer Tour erlaubt, englisch.

Felsenblick **Route 1**
B&B, P.O. Box 6000/Windhoek, Tel. 061-232739, www.namibiastay.com. Anfahrt: 8 Gutsche Street, Windhoek. 2 Apartments, ab 45 €, deutsch.

Finke's Sicht **Route 14**
B&B, P.O. Box 90671/Klein Windhoek, Tel. 061-225025, www.finkes-sicht.de. Anfahrt: Windhoek – B6 nach O (17 km). DZ/F 50 €/Person, sehr, sehr einfach, deutsch.

Fisherman's Guesthouse **Route 12**
P.O. Box 200/Henties Bay, Tel. 081-3032694, http://huntandfishnamibia.com. Anfahrt: Henties Bay. DZ/F ab 60 €, 9 angenehme Zimmer, 200 m vom Strand, Dinner möglich, englisch.

Fischreiher **Route 5**
B&B, P.O. Box 2351/Swakopmund, Tel. 064-462930, www.fischreiher.net. Anfahrt: Fischreiher Street, Swakopmund. 7 Zimmer, DZ/F ab 55 €, englisch.

Fish Eagle's Nest B&B — **Route 13**
Tel. 066-254287. Anfahrt: Katima Mulilo. An der Ngoma Road im Ort, 12 Zimmer und zwei Apartments zur Selbstversorgung, DZ/F ab 35 €/Person.

Fish River Lodge — **Route 3**
P.O. Box 97448/Maerua Park Windhoek, Tel. 061-228104, www.fishriverlodge-namibia.com. Anfahrt: Keetmanshoop – B4 nach W (70 km) – D463 (90 km) –Farmpiste (20 km). Auf dem Gelände des Canyon Nature Park auf der Westseite des Fish River Canyon. Luxuslodge mit spektakulärem Blick in den Canyon, DZ 200 € inkl. Halbpension, Wanderungen, Ausflüge zum Canyon, englisch.

Fiume Lodge — **Route 13**
P.O. Box 195/Grootfontein, Tel. 067-240486, http://fiume-lodge.com. Anfahrt: Grootfontein – B8 nach Norden (35 km) – Farmstraße (3 km). DZ/F 120, 9 luxuriöse Chalets, der Lodgeinhaber spricht die Sprache der San fließend und macht interessante Ausflüge zu den Ureinwohnern, deutsch.

Footprints — **Route 5**
B&B, P.O. Box 3126/Vineta, Tel. 064-403042, www.footprints2swakop.com. Anfahrt: Turmalin Street, Swakopmund. 12 Zimmer und Apartments, DZ ab 60 €, B&B oder Selbstversorgung, englisch.

Fort Sesfontein Lodge — **Route 10+10b**
P.O. Box 7/Kamanjab, Tel. 065-685034, www.fort-sesfontein.com. Anfahrt: Sesfontein. DZ/F ab 160 € (teils Sonderangebote mit 70 € p.P. inkl. Halbpension), keine Campingmöglichkeit, 22 Zimmer und Suiten, Restaurant, Pool, in einem Schutztruppenfort unter Palmen, Tankstelle, Reifendienst, deutsch.

Frans Indongo Lodge — **Route 7**
P.O. Box 1093/Otjiwarongo, Tel. 067-307946, www.indongolodge.com. Anfahrt: Otjiwarongo – B1 nach N (26 km) – D2433 (18 km). DZ/F ab 65 €/Person, 12 Zimmer und Chalets, Schwimmbad, in Besitz des Politikers Dr. Frans Indongo.

Fürstenhof Hotel — **Route 1**
P.O. Box 2330/Windhoek, Tel. 061-237380, www.proteahotels.com. Anfahrt: Frans Indongo Street, Windhoek. DZ/F ab 120 €, 33 Zimmer, Parkplatz, Schwimmbad, englisch.

Gabus Game Ranch — Route 7
P.O. Box 52/Otavi, Tel. 067-234291, www.gabusnamibia.com. Anfahrt: Otavi – D3031 (10 km). DZ/F 120 €, 5 Zimmer, Schwimmbad, Camping 10 €/Person, deutsch.

Ganab Zeltplatz — **Route 6**
Buchung über das Ministry of Environment & Tourism in Swakopmund (Alte Ritterburg, Sam Nujoma Drive/Ecke Bismarck St, Tel. 064-404576, Mo–Sa zu Geschäftszeiten, So 8–13 Uhr) oder in Walvis Bay (Heinrich Baumann St, Tel. 064-205971) und im Tourism Centre in Henties Bay. Anfahrt: Namib-Naukluft-Park, Namib-Teil, Stellplatz 10 € (max. 8 Pers.) zzgl. 10 € p.P., zzgl. Permit 6 € p.P. und Kfz 1 €, kein Wasser und kein Feuerholz verfügbar, gekennzeichnete Wege dürfen nicht verlassen werden.

Garas Park Restcamp — **Route 2**
P.O. Box 106/Keetmanshoop, Tel. 081-4913863. Anfahrt: Keetmannshoop – B1 nach N (22 km) – Stichstraße (4 km). Preise: Zelten p.P. 10 €, Eintritt 2 €, Zeltplatz mitten in einem Köcherbaumwald gelegen, keine Reservierung notwendig, bei Vorbestellung wird gekocht.

Liste der Unterkünfte

Garies Restcamp — Route 1
Tel. 062-539393, www.garies.iway.na/main.html. Anfahrt: Gochas. Ehemals von Nacobta unterstütztes Projekt, das von Bastern geführt wird. 5 Rundhütten für je zwei Personen (25 €/Person inkl. Frühstück, zentrale Sanitäreinrichtung), 6 Bungalows (25 € p.P. inkl. Frühstück), mit eigenem Bad (kaltes und warmes Wasser), Restaurant, Bar, Schwimmbad. Zahlreiche Aktivitäten, darunter Besuch von Felsmalereien. Camping 5 €/Person, englisch.

Gecko Camp — Route 1
P.O. Box 31277/Windhoek, Tel. 062-572017, www.campgecko.net. Anfahrt: Solitaire – C14 nach N (9 km) – D1275 nach O (11 km). Luxuszelt 75 € p.P. inkl. Halbpension, Stellplatz 10 € p.P., Reiten, Schwimmbad, 5 Luxuszelte mit eigenem Bad, deutsch.

Gelukspoort Gästefarm — Route 9
P.O. Box 158/Outjo, Tel. 067-312025, www.gelukspoort.com. Anfahrt: Outjo – C39 nach W (53 km) – P2723 (10 km), teils rauhe Piste. DZ 85 € p.P. inkl. Halbpension, 6 Luxusbungalows, Schwimmbad, deutsch.

Gessert's Pension — Route 2+2a+3
B&B, P.O. Box 690/Keetmanshoop, Tel. 063-223892, www.natron.net/gessert. Anfahrt: 138 13th Street, Keetmanshoop. DZ/F 75–90 €, 7 Zimmer, Schwimmbad, englisch.

Ghaub Gästefarm — Route 13
P.O. Box 579/Tsumeb, Tel. 067-240188, www.ghaub.com. Anfahrt: Otavi – B8 (42 km) – D2863 (34 km) – D3022 nach W (3 km). DZ/F 100–145 €, Schwimmbad, als Missionsstation 1895 gegründet, Wanderungen, Höhlenbesuch, Betten, englisch. (In der Regenzeit ist die D2863 sehr schlecht, dann besser von der anderen Seite anfahren).

Goanikontes Zeltplatz — Route 6
Buchung übers Ministry of Environment & Tourism in Swakopmund (Alte Ritterburg, Sam Nujoma Drive/Ecke Bismarck St, Tel. 064-404576, Mo–Sa zu den Geschäftszeiten, So 8–13 Uhr) oder in Walvis Bay (Heinrich Baumann St, Tel. 064-205971) und im Tourism Centre in Henties Bay. Anfahrt: Namib-Naukluft-Park, Namib-Teil, Stellplatz 10 € (max. 8 Pers.) zzgl. 10 € p.P., zzgl. Permit 6 € p.P. und Kfz 1 €, kein Wasser und kein Feuerholz verfügbar, gekennzeichnete Wege dürfen nicht verlassen werden.

Gobabeb Restcamp — Route 5
P.O. Box 91045/Windhoek, Tel. 061-228104, http://www2.journeysnamibia.com/portfolio_items/gobabeb-accommodation-campsite. Wüstenforschungsstation in der Namib mit Zeltplatz, Bungalows und tollen informativen Führungen durch die Wüste und Erklärungen zur Forschungsarbeit, nur nach Voranmeldung und nur für Selbstversorger; Zimmer mit Küche und Bad für 2 Personen 40 €, Camping 8 €/Person, Führungen ab 15 €, Führung durch die Station frei.

Gobabis Guesthouse — Route 14
B&B, P.O. Box 123/Gobabis, Tel. 062-563189, gghnam@mtcmobile.com.na. Anfahrt: 8 Lazarette Street, Gobabis. DZ/F 50 €, Pool, englisch.

Goba Lodge and Restcamp — Route 14
P.O. Box 599/Gobabis, Tel. 062-564499, www.goba.iway.na. Anfahrt: Nossob Rivier, Gobabis. Luxuszimmer in der Lodge (12 Zimmer) ab 70 €, 10 Zimmer im Restcamp ab 30 €, jeweils inkl. Frühstück, Zeltmöglichkeit (ab 8 € p.P.), Tennisplatz, Schwimmbad, englisch.

Gocheganas — Route 1
P.O. Box 40770/Windhoek, Tel. 061-224909, www.gocheganas.com. Anfahrt: Windhoek – B1 nach S (20 km) – D1463 (9 km). DZ um 300 € inkl. Vollpension und Wellnessprogramm, 16 Chalets in einem Naturreservat, Wellnesseinrichtungen, Hallenbad, englisch.

Gras Game Lodge   Route 1
P.O. Box 54/Kalkrand, Tel. 063-264141, grasgame@iway.na. Anfahrt: Kalkrand – C21 nach SW (37 km) – Farmstraße (17 km). DZ 70 € p.P. inkl. Halbpension, Wanderungen, Game Drives, Haupthaus von 1906, schöne Landschaft am Fischfluss, englisch.

Grashoek Trad. Village   Route 13b
Keine Vorausbuchung möglich (www.lcfn.info), von Ju/Hoansi San geführtes, ausgezeichnetes Camp mit zahlreichen Aktivitäten: Tageswanderung 20 €/Person, 2-Tageswanderung mit Essen 50 €/Person, 2-stündiger Workshop für Kunsthandwerk 10 €/Person, Camping 3 €/Person, englisch.

Green House   Route 13
P.O. Box 67/Rundu, Tel. 066-256356. DZ 40 € inkl. Frühstück, 11 Zimmer, öffentliche Bar, kein sicheres Parken, englisch.

Grootberg Lodge   Route 9
P.O. Box 97448/Windhoek, Tel. 061-228104, www.grootberg.com. DZ 100 € p.P. inkl. Halbpension. Aus Naturstein, Holz und Reet gebaute Lodge mit 16 Chalets, gehört zu einem Community-Programm mit Kunsthandwerkladen, ehemals von Nacobta gefördert, Schwimmbad, Camping im Luxus (Hoada Campsite) mit eigenem Klo und Dusche und Braaieinrichtungen (13 €/Person), englisch.

Groot Tinkas Zeltplatz   Route 6
Buchung übers Ministry of Environment & Tourism in Swakopmund (Alte Ritterburg, Sam Nujoma Drive/Ecke Bismarck St, Tel. 064-404576, Mo–Sa zu den Geschäftszeiten, So 8–13 Uhr) oder in Walvis Bay (Heinrich Baumann St, Tel. 064-205971) und im Tourism Centre in Henties Bay. Anfahrt: Namib-Naukluft-Park, Namib-Teil, Stellplatz 10 € (max. 8 Pers.) zzgl. 10 € p.P., zzgl. Permit 6 € p.P. und Kfz 1 €, kein Wasser und kein Feuerholz verfügbar, gekennzeichnete Wege dürfen nicht verlassen werden.

Gross Barmen Rastlager   Route 7
Buchung über Namibia Wildlife Resorts Ltd. in Windhoek. Anfahrt: Okahandja – Straße 87 (25 km). Ab Mitte 2014 nach einer vollständigen Sanierung neu eröffnet. Luxuschalets 100–150 €/Person mit Frühstück, Hütten 55 €/Person, Camping 10 €/Person.

Grünau Country   Route 3+3a
P.O. Box 2/Grünau, Tel. 063-262001, www.grunauch.iway.na. Anfahrt: National Road, Grünau. DZ 25 € p.P., 20 Zimmer und Suiten, sauber und zweckmäßig, gutes Restaurant, Camping 6 €/Person, englisch.

Grünau Chalets   Route 3+3a
P.O. Box 3/Grünau, Tel. 063-262026, www.grunaulodge.com. Anfahrt: National Road, Grünau. 6 Chalets zur Selbstversorgung, DZ ab 50 €, Stellplatz 8 € (plus 2 €/Person), englisch.

Gunsbewys Rastlager   Route 4a
P.O. Box 30566/Windhoek, Tel. 063-683053, www.tirasmountains.com. Anfahrt: Aus – B4 nach O (4 km) – C13 nach N (51 km) – D707 (29 km). 2 Zimmer und 2 Stellplätze, DZ 20 €/Person (nur Selbstverpflegung), Stellplatz 8 €/Person, 4x4-Fahrten, Tierbeobachtung, deutsch.

Gut Richthofen   Route 8c
B&B, P.O. Box 796/Swakopmund, Tel. 064-404309, www.natron.net/gut-richthofen. Anfahrt: Swakopmund – B2 (12 km) – D1901 (8 km). DZ ab 40 €, 4 Gästeapartments, deutsch.

Liste der Unterkünfte

Haasenhof Gästefarm — Route 7
P.O. Box 72/Okahandja, Tel. 062-503827, www.haasenhof.com. Anfahrt: Okahandja – D2110 (62 km) – Farmstraße (6 km). DZ 50 € p.P. inkl. Vollpension, 5 Zimmer, Schwimmbad, deutsch.

Hadassa Gh. — Route 7
P.O. Box 1348/Otjiwarongo, Tel. 067-307505, www.hadassaguesthouse.com. Anfahrt: 36 Lang Street, Otjiwarongo. DZ/F 60 €, 9 Zimmer, Pool, Mahlzeiten auf Nachfrage, englisch.

Hakos Gästefarm — Route 1
P.O. Box 5056/Windhoek, Tel. 061-572111, www.hakos-astrofarm.com. Anfahrt: Windhoek – B1 nach S (7 km) – C26 nach W (123 km). DZ 70 € p.P. inkl. Halbpension, 15 Zimmer, Camping 8 €/Person, drei Sternwarten, Säulen zur Montage, Sitz der „Internationalen Amateur Sternwarte" (IAS), Pool, Hallenschwimmbad, deutsch.

Hakusembe Lodge — Route 13
P.O. Box 1327/Rundu, Tel. 061-230066, www.gondwana-collection.com. Anfahrt: Rundu – B8 nach S (4 km) – C45 nach W (10 km) – Straße zum Okavango nach N (5 km). DZ/F 90 € p.P., 22 luxuriöse Chalets am Wasser, Camping 11 €/Person, Pool, englisch/deutsch.

Halali Rastlager — Route 7
Buchung über Namibia Wildlife Resorts Ltd. in Windhoek. Anfahrt: Etosha-Nationalpark. DZ/F 65 € p.P., Bush-Chalets 90 € p.P. mit Frühstück, Camping 20 €/Stellplatz (8 Personen) und 10 €/Person, Eintritt in den Etosha-Nationalpark 6 € p.P., 1 €/Fahrzeug, Schwimmbad, Restaurant mit festen Öffnungszeiten Kiosk mit Light Meals, Laden und Tankstelle, englisch. Das Lager muss vor Sonnenuntergang erreicht sein und darf vor Sonnenaufgang nicht verlassen werden.

Hamakari Gästefarm — Route 7a
Private Bag 2101/Otjiwarongo, Tel. 067-306633, www.hamakari.com. Anfahrt: Otjiwarongo – B1 nach Süden (26 km) – C22 nach Osten (61 km). DZ 80 € p.P. mit Halbpension, 6 Doppelzimmer, Schwimmbad, Pirschfahrten auf der voll funktionierenden Rinderfarm der Familie Diekmann, Spaziergänge, Besuche von Okakarara, traditionsreicher Ort, in der Umgebung fand die Schlacht am Waterberg statt, man kann die Stelle besuchen, wo die Herero sich für die Flucht in die Omaheke-Wüste entschieden, Camping 10 €/Person, deutsch.

Hammerstein Lodge & Camp — Route 1
P.O. Box 250/Maltahöhe, Tel. 063-693111, www.hammerstein.com.na. Anfahrt: Maltahöhe – C14 nach S (20 km) – C19 (81 km) – Stichstraße (5 km). DZ/F 50 € p.P., Zeltplatz 10 € p.P., 20 Zimmer und Bungalows, Schwimmbad, auch Selbstverpflegung möglich, englisch.

Handke Hotel-Pension — Route 1
P.O. Box 20881/Windhoek, Tel. 061-234904, pensionhandke@iafrica.com.na. Anfahrt: 3 Rossini Street, Windhoek. Preise: DZ/F 60 €, 12 Zimmer, Parkplatz, englisch.

Hansa Hotel — Route 5
P.O. Box 44/Swakopmund, Tel. 064-414200, www.hansahotel.com.na. Anfahrt: 3 Hendrik Witbooi St, Swakopmund. DZ/F ab 75 € p.P., 58 Zimmer und Suiten, traditionsreichstes und bestes Hotel am Platz, ausgezeichnetes Restaurant, Parkplätze, deutsch.

Hardap Dam Rastlager — Route 1
Buchung über Namibia Wildlife Resorts Ltd. in Windhoek. Anfahrt: Mariental – B1 (14 km) – Stichstraße (9 km). Bush Chalet ab 30 €/Person mit Frühstück, VIP Chalet ab 55 €/Person, Camping 8 €/Person, 50 Chalets, Pool, Restaurant, Laden, 2014 komplett neu gebaut wieder eröffnet.

Harnas Gästefarm — Route 14
P.O. Box 548/Gobabis, Tel 081-1403322, http://harnas.org. Anfahrt: Gobabis – C22 (40 km) – Drimiopsis – D1668 (45 km). 11 Einheiten von hochluxuriös bis Budget, DZ 100–135 € p.P. inkl. Halbpension, Camping 10 € p.P., Schwimmbad, Leoparden- und Geparden-Gehege. Sitz der Harnas Wildlife Foundation, die Tierwaisen aufnimmt, Stellplätze, deutsch.

Haruchas Gästefarm — Route 1
P.O. Box 80127/Olympia-Windhoek, Tel. 063-683071, www.haruchas-namibia.de. Anfahrt: Maltahöhe – C14 nach N (97 km) – D855 (19 km). DZ 50 € p.P. inkl. Vollpension, 6 Zimmer, Schwimmbad, deutsch.

Hauchab Fontein Camp — Route 1
Tel. 063-293433, www.hauchabfontein.com. Anfahrt: BüllsPort – D854 nach Süden (52 km). Camping 10 €/Person, schöne Lage, riesiger Köcherbaumwald, Wanderwege, Bademöglichkeit in Quellen, Ausflüge, gute Infrastruktur, deutsch.

Haus Bavaria — Route 13
P.O. Box 353/Rundu, Tel./Fax 066-255377, www.facebook.com. DZ/F 45 €, 10 Zimmer, Schwimmbad in exotischem Garten, sehr zentral, aber doch ruhig, englisch.

Haus Estnic — Route 12
B&B, P.O. Box 281/Henties Bay, Tel. 064-501902, www.hausestnic.com. Anfahrt: 1417 Omatako Street, Henties Bay. 3 Zimmer, DZ/F 65 €, englisch.

Haus Garnison Pension Route 5
P.O. Box 128/Swakopmund, Tel. 064-403340. Anfahrt: 4 Garnison Street, Swakopmund. DZ/F ab 50 €, 12 Zimmer, Garage 2 € pro Tag, deutsch.

Haus OLGA — Route 1
B&B, P.O. Box 20926/Windhoek, Tel. 061-235853, www.olga-namibia.de. Anfahrt: 91 Bach Street, Windhoek. DZ/F ab 50 €, nur nach Voranmeldung, deutsch.

Haus Sandrose — Route 4
P.O. Box 109/Lüderitz, Tel. 063-202630, www.haussandrose.com. Anfahrt: 15 Bismarck Street, Lüderitz. 5 Zimmer mit kleiner Küche, DZ 55 €, nur Selbstversorgung.

Heimat Gästefarm — Route 14
P.O. Box 11186/Klein Windhoek, Tel. 062-581650, www.farm-heimat.com. Anfahrt: Windhoek – B6 (48 km) – Straße 51 (64 km) – D1471 (19 km). DZ 55 € p.P. inkl. Vollpension, Camping 6 €/Person (Stellfläche max. 4 Personen), 4 Zimmer (12 Betten), sehr persönlich geführter Gästebetrieb, der die Besucher am Farmleben teilhaben lässt, begeisterte Leserzuschriften, Farmbassin, Rundfahrten, deutsch.

Heinitzburg Hotel — Route 1
P.O. Box 458/Windhoek, Tel. 061-249597, www.heinitzburg.com. Anfahrt: Heinitzburg Street, Windhoek. 16 Zimmer, Schwimmbad, kleines Luxushotel, DZ/F 125–230 €, gutes Restaurant, Terrasse mit Blick auf die Stadt und den Sonnenuntergang, Quartier von Politikern, Schauspielern und Adabeis aus Deutschland, deutsch.

Heja Game Lodge — Route 14
P.O. Box 588/Windhoek, Tel. 061-257151, www.hejalodge.com. Anfahrt: Windhoek – B6 nach O (15 km) – Farmpiste (2 km). Preise: DZ/F ab 60 €, 5 Zimmer, Schwimmbad, privater Wildpark, Selbstversorger-Bungalows, Restaurant, englisch.

Liste der Unterkünfte

Helmeringhausen Hotel — Route 2
P.O. Box 21, Helmeringhausen, Tel. 063-283307, www.helmeringhausennamibia.com. DZ/F ab 60 €, 22 geschmackvoll eingerichtete Zimmer, Pool, gutes Restaurant, angenehmer Zeltplatz 10 €/Stellplatz (max. 4 Personen), englisch.

Hetaku Gästefarm — Route 14
P.O. Box 1092/Gobabis, Tel. 062-561441, www.hetaku.de. Anfahrt: Gobabis – B6 nach W (55 km) – D1658 (51 km). DZ 100 € p.P. Vollpension, 5 Zimmer, Schwimmbad, Reitpferde, hauptsächlich Jagdfarm, deutsch.

Hilton — Route 1
P.O. Box 70/Windhoek, Tel. 061-2962929, www.hilton.com. Anfahrt: Rev. Michael Scott Street, Windhoek. Zentral gelegene, US-amerikanische Standardgroßunterkunft, DZ ab 180 €, englisch.

Hippo Pools
s.u. Otjipahuriro Campsite

Hoada Campsite
s.u. Grootberg Lodge

Hobas Zeltplatz — Route 3
Buchung über Namibia Wildlife Resorts Ltd. in Windhoek. Anfahrt: Keetmanshoop – B4 (45 km) – C12 (75 km) – C37 (32 km). Camping 10 €/Person, Eintritt (6 € p.P. und 1 €/Kfz, gilt für den ganzen Tag und für die Einfahrt bei Ai-Ais), Pool, mehrtägige Wanderung im Fish River Canyon (Mai–Sept), englisch.

Hobasen Montana Lodge — Route 1
2 km südlich von Rehoboth an der B1, Tel. 062-252704, www.natron.net/hobasen. 4 Bungalows an einem Hang über der Straße, Bungalow für zwei inkl. Frühstück um 40 €, Restaurant mit Lunch und Dinner (Steaks, Salate, Huhn); von Bastern betriebene, angenehme und freundliche Unterkunft, zwei kleine Pools, englisch.

Hohenstein Lodge — Route 8+8c
P.O. Box 251/Usakos, Tel 064-530900, www.hohensteinlodge.de. Anfahrt: Usakos – D1935 (28 km) – Farmstraße (1 km). DZ/F um 60 € p.P., direkt zu Füßen des Erongo 14 Zimmer in Chalet-Komplexen, Schwimmbad, deutsch; Möglichkeit im angeschlossenen Etemba-Wildniss-Camp zwei Tage zu verbringen (mit Besuch des Erongo Mountain Rhino Sanctuary Trusts und Wanderungen zu Buschmannzeichnungen).

Hohewarte Gästefarm — Route 14
P.O. Box 90899/Windhoek, Tel. 081-4261893, www.hohewarte.com. Anfahrt: B6 nach O (28 km) – C23 nach S (15 km). DZ/F 65 € p.P., 7 Zimmer, Schwimmbad, deutsch.

Holiday Apartments — Route 1
P.O. Box 4998/Windhoek, Tel. 061-224852, www.natron.net/baumgartner. Anfahrt: 21 Hahnemann Street, Windhoek. Apartments für 2 Personen 40 €, auch Auto zu vermieten und Rabatte bei längeren Aufenthalten.

Holstein Gästefarm — Route 9
P.O. Box 422/Outjo, Tel. 067-312103, www.holstein-namibia.com. Anfahrt: Outjo – C38 (10 km) – C40 (80 km) – Farmstraße (20 km). DZ/F um 80 € p.P., 6 Zimmer, Pool, auch Jagdfarmdeutsch.

Homeb Zeltplatz — Route 5
Buchung über das Ministry of Environment & Tourism in Swakopmund (Alte Ritterburg, Sam Nujoma Drive/Ecke Bismarck St, Tel. 064-404576, Mo–Sa zu den Geschäftszeiten, So 8-13 Uhr) oder in Walvis Bay (Heinrich Baumann St, Tel. 064-205971) und im Tourism Centre in Henties Bay. Anfahrt: Namib-Naukluft-Park, Namib-Teil, Stellplatz 10 € (max. 8 Pers.) zzgl. 10 € p.P., zzgl. Permit 6 € p.P. und Kfz 1 €, kein Wasser und kein Feuerholz verfügbar, die gekennzeichneten Wege dürfen nicht verlassen werden.

Home Sweet Home — Rte 2+2a+3
B&B, P.O. Box 1164/Keetmanshoop, Tel. 081-1275397, marica@iway.na. Anfahrt: 19 Luchtenstein Street, Keetmanshoop. Apartments für Selbstversorger, ab 25 € p.P. inkl. Frühstück.

Hoodia Desert Lodge — Route 1
P.O. Box 250/Maltahöhe, Tel. 061-237294, www.hoodiadesertlodge.com. Anfahrt: Sesriem – C19 nach Süden (22 km). 11 Luxusbungalows am Rivier des Tsauchab in nächster Nähe zu Sesriem, DZ ab 100 €/Person mit Halbpension, deutsch.

Hoon's — Route 3a
Selbstversorgung, P.O. Box 428/Karasburg, Tel. 063-270200. Anfahrt: 8 19th Avenue, Karasburg. Apartments ab 40 €.

Hot Spring Camp — Route 10a
Keine Vorausbuchung möglich. Anfahrt: Epupa. Einfacher Community-Zeltplatz am Kunene, bei niedrigem Wasserstand kann man im Fluss bei einer heißen Quelle baden, unter Umständen verlassen, englisch.

Huab Lodge — Route 8+9
P.O. Box 21783/Windhoek, Tel. 067-312070, www.huab.com. Anfahrt: Khorixas – C39 (8 km) – C35 nach N (46 km) – D2670 (35 km). 140 €/Person, alles inkl. (Mahlzeiten, Getränke, Touren etc.), 8 Bungalows Thermalquelle, Schwimmbad, englisch.

Hunter's Inn — Route 2a
Tel. 063-280582. Anfahrt: Aroab. DZ/F 40 €. Einfache, sympathische Unterkunft beim Cross Border Charge Office, englisch.

Ichingo Chobe River Lodge — Route 14
Buchung nur über Veranstalter oder Buchungsportale: www.africanreservations.com. Anfahrt: Kasane (Botswana), dort wird man beim Kasane Immigration Office mit dem Boot abgeholt und nach Impalila Island gebracht. Exklusive Zeltlodge mit 8 Zelten, DZ 300–500 €, alles inklusive, englisch.

Ichobezi House Boat — Route 14
P.O. Box 69630/Bryanston–Südafrika, Tel. +27-21-7152412, www.ichobezi.co.za. Anfahrt: Kasane (Botswana), dort wird man beim Kasane Immigration Office mit dem Boot abgeholt und nach Impalila Island zum Liegeplatz der Chobe Princess und der Zambezi Queen gebracht. Vier/10 Doppelkabinen mit Bad, Chobe Princess DZ 260–390 €/Person, Zambezi Queen 750–900 €/Person für zwei Nächte, alles inklusive, Luxusunterkunft, englisch.

iGowati Lodge — Route 8+9
P.O. Box 104/Khorixas, Tel. 067-331593, www.igowatilodge.com. Anfahrt: Khorixas. DZ/F 40 €/Person, 30 Zimmer, Stellplatz 8 €/Person, großzügige Anlage im Ort, Schwimmbad, sicheres Parken, auf einer Safari mit Übernachtung im Aandgloed Bushcamp sieht man Wüstenelefanten, englisch.

Liste der Unterkünfte

Immanuel Wilderness Lodge — Route 7
P.O. Box 3305/Windhoek, Tel. 061-260901, www.immanuel-lodge.de. Anfahrt: Windhoek – B1 nach N (25 km) – D1474 (1,5 km). Preise: DZ/F 75 €, 8 Zimmer, deutsch.

Immenhof Gästefarm — Route 8a
P.O. Box 250/Omaruru, Tel 61-234342, www.immenhofnamibia.com. Anfahrt: Omaruru – C33 nach N (39 km) – D2337 (21 km). DZ/F ab 100 €, 10 Zimmer, Schwimmbad, Reitmöglichkeit, auch Jagdfarm, eigene Flugzeuge, Touren nach Botswana und Zambia, deutsch. Landebahn: Höhe 4300 ft, Länge 1500 m, S21°06'87'' E15°53'63'', Rwy 06/24.

Impalila Island Lodge — Route 14
Buchung nur über Veranstalter oder Buchungsportale: www.kayak.com.. Anfahrt: Kasane (Botswana), dort wird man mit dem Boot abgeholt und zur Insel am Zusammenfluss von Chobe und Zambezi gebracht. DZ ab 350 €/Person, alles inklusive, 8 Chalets mit je 2 Betten, englisch.

Indongo Guesthouse — Route 5
Tel. 064-414750, www.proteahotels.com. Anfahrt: 12 Moses Garoeb Street, Swakopmund. 6 Zimmer in einem Gästehaus, DZ ab 70 €, englisch.

Intermezzo Guesthouse — Rte 5+6+8c+12
P.O. Box 2782/Swakopmund, Tel. 064-464114, www.swakop.com/intermezzo. Anfahrt: 9 Dolphin Street, Swakopmund. DZ ab 65 €, 9 Zimmer, deutsch (Rainer & Christa Bertram).

Intu Afrika Game Reserve — Route 1
P.O. Box 40047/Windhoek, Tel. 063-240855, www.intu-afrika.com. Anfahrt: Kalkrand – C21 (42 km) – D1268 (20 km) – Farmstraße (5 km). DZ/F 120–150 € p.P., geführte Wanderungen, Game Drives, Hauptcamp (Zebra Lodge), Nebencamps (Suricate Tented Camp, Camelthorne), Schwimmbad, luxuriöse Lodges in schöner Kalahari Landschaft, Löwenfütterung, englisch.

Isabis Camp — Route 1
P.O. Box 40350/Windhoek, Tel. 061-248682 oder 081-1245588, www.isabis4x4.com. Anfahrt: Windhoek – B1 nach S (7 km) – C26 (98 km) – D1265 (15 km). Am Gaub River wurde auf den Farmen Hornkranz und Isabis ein 4x4 Trail angelegt mit diversen Campingplätzen, per Fahrzeug einmalig 8 €, p.P. und Tag 5 €, Zelt, Essen und Ausrüstung muss mitgebracht werden, Toiletten und Duschen sind vorhanden, nur nach Voranmeldung, dt./englisch.

Island Cottage — Route 4
Selbstversorgung, Tel. 063-203626. Anfahrt: Shark Island, Lüderitz. DZ 40 €, drei hübsche Doppelzimmer in schöner Lage auf der Haifischinsel, englisch.

Jakkalsputz Zeltplatz Route 12
Buchung über Tungeni Serenity Experience in Windhoek, Tel. 061-400205, http://tungeni serenity.com/jakkalsputz/index.htm. Anfahrt: Swakopmund – C34 (59 km). Camping 8 €/Person, 5 €/Fahrzeug, alle Ausrüstung ist mitzubringen.

Jan Jonker Swakopmund — Route 1
Selbstversorgung, P.O. Box 21511/Windhoek, Tel. 081-2819298, www.selfcatering-namibia.com. Anfahrt: Turmalin Road, Swakopmund. Ferienwohnungen, ab 85 € (für max. 4 Personen), deutsch.

Jodos B&B — Route 8
Tel. 064-530578, 530379, www.jodotours.com. Anfahrt: Usakos, 93 Victoria Street. Safariunternehmen und Bed-&-Breakfast-Betrieb mit 3 Zimmern und einem Selbstversorger-Bungalow, DZ/F 40 €, deutsch.

Jordani   **Route 1**
B&B, P.O. Box 80448/Windhoek, Tel. 061-220141, www.jordanibb.com. Anfahrt: 55 Reginald Walker Street, Windhoek. DZ/F 65 €, 5 Zimmer.

Kai-Oms Backpacker   **Route 7+8a+9**
Tel. 067-313597, www.kai-oms.com. Anfahrt: 2 Neester Street, Outjo. 8 Zimmer, Doppelzimmer und Schlafsaal, Camping. DZ/F 40 €, Camping 5 €/Person, Küchenbenutzung, Internet und Pool, englisch.

Kaisosi River Lodge   **Route 13**
P.O. Box 599/Rundu, Tel. 066-267125, www.kaisosiriverlodge.com. Anfahrt: Rundu – D3402 (6 km) – Stichstraße (2 km). DZ/F ab 75 €, 12 Zimmer, Stellplätze 10 €/Person, englisch.

Kalahari Anib Lodge/Campsite/Farmhouse
s.u. Anib Kalahari Lodge

Kalahari Bush Breaks   **Route 14**
Buchungen über: Logufa, P.O. Box 8061/Swakopmund, Tel. 064-464144, www.kalaharibushbreaks.com. Anfahrt: Buitepos – B6 nach W (26 km). Gästehaus, Safarizelte und Stellplätze, DZ/F 110 €, Stellplatz ab 7 €/Person. Auf den Game Drives sieht man große Antilopenherden, die Felszeichnungen auf der Farm gelten als sehr alt und werden Vorfahren der San zugeschrieben; englisch.

Kalahari Farmhouse   **Route 1**
Tel. 061-230066, Fax 251863, www.gondwana-desert-collection.com. Anfahrt: Mariental – B1 nach N (10 km) – C20 (20 km). DZ/F ab 70 € p.P., Camping 10 € p.P. Gehört zur Gondwana Desert Collection mit den Canyon Lodges am Fish River, Klein Aus Vista im Sperrgebiet und der Namib Desert Lodge; deutsch.

Kalahari Game Lodge   **Route 2a**
P.O. Box 22/Koës, Tel. 063-693105, www.kalaharigamelodge.com. Anfahrt: Gochas – C15 (170 km). DZ/F 65 €, Stellplatz 6 € p.P., 14 Chalets und Zimmer, 10 Stellplätze, Schwimmbad, Restaurant, englisch. Landebahn: 25°38'S, 19°52'E

Kalahari Convention Center   **Route 14**
P.O. Box 942/Gobabis, Tel. 062-564878, http://kalahariconvention.com. DZ/F 30 €, 20 Zimmer, englisch.

Kalahari Farmhouse   **Route 2**
Tel. 061-230066, www.gondwana-collection.com. Anfahrt: Stampriet. DZ/F ab 75 € p.P., gehört zur Gondwana Collection mit den Canyon Lodges am Fish River, Klein Aus Vista im Sperrgebiet und der Namib Desert Lodge; deutsch.

Kalahari Campsite   **Route 2**
Tel. 061-230066, www.gondwana-collection.com. Anfahrt: Stampriet. Stellplatz 10 € p.P., 8 Zeltplätze mit Stromanschluss und Grillplatz, Schwimmbad darf benutzt werden; gehört zur Gondwana Collection mit den Canyon Lodges am Fish River, Klein Aus Vista im Sperrgebiet und der Namib Desert Lodge; deutsch.

Kalahari Red Dunes Lodge   **Route 1**
P.O. Box 113/Kalkrand, Tel. 063-264003, www.redduneslodge.com. Sehr schöne Lodge mit 12 Chalets inmitten der Kalaharilandschaft, Restaurant, Pool, DZ 100–130 €/Person mit Halbpension, deutsch.

Kalahari Sands Hotel
s.u. Avani Hotel & Casino

Liste der Unterkünfte

Kaliombo Safari Lodge — Route 8
P.O. Box 442/Swakopmund, Tel. 064-404561, www.sunrisetours.com.na. Anfahrt: Wilhelmstal – B2 nach W (5 km) – Farmstraße (4 km). Luxuszelte 100 €/Person inkl. Vollpension, permanentes Luxuszeltcamp mit 4 Einheiten und en-suite-Bädern, Campingsafaris, deutsch.

Kalizo Lodge — Route 13
P.O. Box 1854/Katima Mulilo, Tel. 066-686802, www.kalizolodge.com. Anfahrt: Katima Mulilo – B8 nach SO (15 km) – Piste nach NO Richtung Kalimbeza (25 km) – Piste nach links (5 km). DZ um 120 € inkl. Halbpension, Stellplatz 10 € p.P., 10 Zimmer, Stellplätze, Luxuslodge am Ufer des Zambezi, englisch.

Kalkfontein Gästefarm — Route 13+13b
P.O. Box 686/Gootfontein, Tel. 067-243731, www.kalkfonteinfarm.com. Anfahrt: Grootfontein B8 nach N (13 km). DZ/F 60 €, 10 Zimmer, deutsch/englisch.

Kalkfontein Hotel — Route 3a+3b
P.O. Box 205/Karasburg, Tel. 081-1299754, www.kalkfonteinhotel.co.za. Anfahrt: 86 Kalkfontein Street, Karasburg. DZ/F 50 €, 14 Zimmer, Restaurant, englisch.

Kamab Gästefarm — Route 14
P.O. Box 9818/Windhoek, Tel. 062-503732, www.makadi-safaris.com. Anfahrt: Windhoek – B6 (75 km) – Seeis – D1502 (13 km) – MR53 (50 km) – Farmstraße. DZ 95 € p.P. inkl. Vollpension, 5 Zimmer, Pool, hauptsächlich Jagdfarm, deutsch.

Kamaku Guest House — Route 7
P.O. Box 1590/Otjiwarongo, Tel. 081-2745449, www.facebook.com/KaMaKuGuesthouse. Anfahrt: 11 Anderson Street, Otjiwarongo. DZ/F 60 €, 5 nett eingerichtete Doppelzimmer am südlichen Ortsrand, Pool, englisch, steht zum Verkauf, kann sich also ändern.

Kamanjab Rastlager — Route 9+10
P.O. Box 167/Kamanjab, Tel. 067-330290, www.kamanjab-camp-namibia.com. Anfahrt: Kamanjab – C40 (2 km). DZ/F 40 €, 4 Bungalows, Camping 6 €/Person, hübsch an Rivier gelegen, heiße Duschen, Strom, englisch.

Kambaku Lodge & Camp — Route 7
P.O. Box 247, Otjiwarongo, Tel. 067-306292, www.kambaku.com. Anfahrt: Otavi – B1 nach S (45 km) – D2808 (17 km) – Farmstraße (1 km). DZ 140 € inkl. Halbpension, im Kambaku-Camp in Bungalowzelten 3 Nächte alles inklusive 480 €/Person, intensive Jäger-Atmosphäre, deutsch.

Kamelruhe Guesthouse — Route 2a
P.O. Box 50/Gochas, Tel. 063-250224, www.kamelruheguesthousenamibia.com. Anfahrt: Gochas. DZ/F ab 50 € p.P., 5 Zimmer, Gästehaus mit Dinner-Möglichkeit, englisch.

Kamrav — Route 13
P.O. Box 237/Grootfontein, Tel. 067-231564, kamrav@iway.na. Anfahrt: Kombat – B8 nach O (15 km) – D2804 (16 km) – D2512 (15 km). DZ/F 45 € p.P., 4 Zimmer, Stellplatz 10 € p.P., deutsch.

Kansimba Gästefarm — Route 8
P.O. Box 23556/Windhoek, Tel. 062-503966, www.kansimba.com. Anfahrt: Wilhelmstal – B2 nach W (9 km) – Farmstraße (13 km). DZ/F 60 € p.P., 10 Zimmer, Schwimmbad, auch Jagdfarm, Fotosafaris, englisch. Landebahn: 22°02'S, 16°10'E

Kapika Waterfall Lodge — Route 10
Tel. 065-685111, www.kapikafalls.com. Anfahrt: Epupa Falls (2 km östlich). 10 Chalets mit eigenem Bad am Flussufer und 10 Zeltplätzen, DZ/F 140 €, sehr luxuriös, englisch.

Kapps Hotel   **Route 4**
P.O Box 100/Lüderitz, Tel. 063-202345, www.kappshotel.com. Anfahrt: Bay Road, Lüderitz. DZ/F 40 €, einfaches, aber nett gemachtes Hotel, 20 Zimmer, englisch.

Karas Cottages   **Route 3a**
B&B, P.O. Box 411/Karasburg, Tel. 081-1497819. Anfahrt: 88 Kalkfontein Street, Karasburg. 4 Zimmer und ein Cottage, DZ/F ab 45 € p.P., englisch.

Kashana   **Route 8**
P.O. Box 583/Omaruru, Tel. 064-571434, www.kashana-namibia.com. Anfahrt: Dr. I. Scheepers Drive, Omaruru. Hauptgebäude aus dem Jahr 1907, mehrere luxuriöse Bungalows mitten in der Stadt am Ufer des Omaruru, Handwerks- und Kunstzentrum, sehr gutes Restaurant, DZ/F ab 80 €.

Kaudom Rastlager   **Route 13b**
Luxus-Campingplatz in der Einsamkeit. Vor Abfahrt aus dem Süden kommend sollte man sich in Tsumkwe über die aktuelle Situation informieren. Anfahrt: Tsumkwe – Kaudom-Tierreservat. Mindestens zwei geländegängige Fahrzeuge (o. Anhänger!) sind notwendig, Proviant und Wasser für mindestens 3 Tage, Stellplatz 20 €/Person zzgl. 10 €/Fahrzeug, Eintritt Nationalpark 5 €/Person, englisch.

Kavango River Lodge   **Route 13**
P.O. Box 634/Rundu, Tel. 066-255244, www.natron.net/kavango-river-lodge. DZ/F 110 €, Lodge mit herrlichem Blick über den Fluss, ausgezeichnetes Restaurant mit beliebter Terrasse, englisch.

Keetmanshoop Zeltplatz   **Route 2+2a+3**
P.O. Box 2125/Keetmanshoop, Tel. 063-221265. Anfahrt: Kaiser Street/Ecke 8th Avenue, Keetmanshoop. 5 €/Person und 2 €/Fahrzeug, städtischer Zeltplatz im Zentrum, kann nachts laut werden, englisch.

Khagarib Rus   **Route 14**
B&B, Tel. 062-563072, ohnapret@mweb.com.na. Anfahrt: Gobabis – B6 nach Osten (10 km) – Farmpad (1 km). DZ/F 70 €, 1 Familienzimmer, auch Jagdfarm, englisch.

Khaya Guesthouse   **Route 7+8**
Tel. 062-500429, www.khayaguesthouse.com. Anfahrt: Okahandja, 507 Vortrekker Road. 7 Zimmer, Garten, DZ/F 50 €, Restaurant, englisch.

Khan Rivier Lodge   **Route 8**
P.O. Box 278/Okahandja, Tel. 062-503883, Fax 682333, www.khanriverlodge.com. Anfahrt: Wilhelmstal – Piste nach N/NO (4 km) – Piste nach NW (5 km) – Piste (11 km). DZ 60 €, 5 Zimmer, nur Selbstversorgung, Schwimmbad, englisch, hauptsächlich Jagdfarm.

Khorab Lodge   **Route 7**
P.O. Box 186/Otavi, Tel. 067-234352, www.khorablodge.com. Anfahrt: Otavi – B1 nach S (3 km). DZ/F 95 €, 10 Zimmer, Schwimmbad, grüne Oase, Camping 8 €/Person, deutsch. Landebahn: 19°38'S, 17°18'E

Khorixas Lodge   **oute 8+9**
P.O. Box 2/Khorixas, Tel. 067-331196, www.nwr.com.na. Anfahrt: Khorixas – C39 nach W (2 km). DZ/F 35–45 € p.P., Camping 5 €/Person und 10 €/Stellplatz, 40 Zimmer, 50 Stellplätze, Schwimmbad, etwas heruntergekommen, englisch.

Liste der Unterkünfte

Khowarib Lodge — Route 10
P.O. Box 1648/Swakopmund, Tel. 064-402779, www.khowarib.com. Anfahrt: Sesfontein – C43 nach Süden (20 km) – in die Khowarib-Schlucht (1 km). Camplodge mit großen Hauptgebäude, 14 Zelte mit Bad, DZ 85–95 €/Person mit Halbpension, englisch.

Khowarib Camp — Route 10
Ehemaliges NACOBTA-Projekt, Kontakt über Tel. 065-275341 (Anabeb Conservancy). Anfahrt: Sesfontein – C43 nach Süden (20 km) – in die Khowarib-Schlucht (4 km). Kommunales Camp, unter Umständen ohne Bewirtschaftung.

Kipwe Camp — Route 9
P.O. Box 40788/Windhoek, Tel. 061-232009, www.kipwe.com. Anfahrt: Twyfelfontein – D3214/D3254/D2612 (1 km). DZ mit Halbpension 150–175 €/Person, im Schutzgebiet von Twyfelfontein, Luxuscamp, 9 luxuriöse Bungalows, 1 Suite, englisch.

Kiripotib Gästefarm — Route 14
P/Bag 13036/Windhoek, Tel. 062-581419, www.kiripotib.com. Anfahrt: Windhoek – B6 (24 km) – C23 64 km – C15 (60 km) – D1448 (10 km). DZ/F 85 € p.P., äußerst geschmackvoll eingerichtete Chalets, Safarizelte, ausgezeichnete Küche, Essen im Familienkreis, Weberei, Goldschmiede, Sternenobservatorium, Kunsthandwerk, deutsch.

Klein-Aus Vista — Route 4
P.O. Box 80205/Windhoek, Tel. 061-230066, www.gondwana-collection.com. Anfahrt: Aus – B4 nach W (2 km). DZ im Desert Horse Inn (30 Bungalows und Zimmer) ab 65 € p.P. inkl. Frühstück, Stellplatz 9 € p.P., Unterbringung im Eagles's Nest (8 Bungalows) am Fuße einer Granitwand mit unglaublich schöner Aussicht ab 90 € p.P. mit Frühstück, Reitausflüge, Ausflüge in den Gondwana Sperrgebiet Park, englisch.

Kleinbegin Lodge — Route 3b
P.O. Box 25/Karasburg, Tel. 063-269315, http://kleinbeginlodge.tripod.com. Anfahrt: Karasburg – B3 nach O (25 km). DZ/F ab 100 € p.P., Schwimmbad, hauptsächlich Jagdfarm, englisch.

Kleines Heim Pension — Route 1
P.O. Box 22605/Windhoek, Tel. 061-248200, www.kleinesheim.com. Anfahrt: 10 Volan Street, Windhoek. Anfahrt: Windhoek, Volans Street. DZ/F ab 50 € p.P., 12 um einen netten Innenhof gelegene Zimmer, das Hauptgebäude wurde 1911 vom Architekten Sander entworfen, viele südafrikanische Geschäftsleute, englisch.

Kleines Nest Walvis Bay — Route 5
B&B, P.O. Box 730/Walvis Bay, Tel. 064-203203, Fax 206907. Anfahrt: 76 Esplanade, Walvis Bay, www.natron.net/tour/kleines-nest. DZ 50 €, 4 Zimmer, deutsch.

Klein Windhoek Guesthouse — Route 1
P.O. Box 11681/Windhoek, Tel. 061-239401, www.kleinwindhoekguesthouse.com. Anfahrt: 2 Hofmeyr Street, Windhoek. DZ/F ab 70 €, kleines Schwimmbad, deutsch.

Klipdrift Huis — Route 12
Selbstversorgung, P.O. Box 40481/Windhoek, Tel. 064-501329, www.facebook.com/HuisKLipdriftSelfCateringAccommodation. Anfahrt: Henties Bay. DZ/F ab 25 € p.P., vollausgestattete Ferienwohnungen, englisch.

Koës Hotel — Route 2a
P.O. Box 1401/Koës, Tel. 063-252716. Anfahrt: Koes. DZ/F 25 € p.P., 5 Zimmer, charmant-einfaches Hotel, Camping 10 €/Person (Platz gegenüber dem Hotel), englisch.

Koha Guesthouse and Camping — Route 1
Tel. 063-242915, www.kohaguesthouse.com. Anfahrt: Mariental – B1 nach Norden (3 km) – D1080 nach Westen (3 km). 6 Chalets (ab 60 €) und Zeltplätze (ab 10 €), freundliche Besitzer, englisch.

Koiimasis Chalets & Zeltplatz — Route 4a
P.O. Box 14/Helmeringhausen, Tel. 063-683052, www.namibia-farm-lodge.com. Anfahrt: Aus – B4 nach O (4 km) – C13 nach N (51 km) – D707 (78 km), P409 (20 km). Vier Chalets (DZ/F 90 €/Person), Luxuszeltplatz, 10 € p.P. im geräumigen Zelt, Selbstverpfleger-Chalet mit 2 Betten 40 €, Straußenfarmbesuch, deutsch.

Krabbenhöft & Lampe — Route 4
Selbstversorgung, P.O. Box 275/Lüderitz, Tel. 063-202674, www.namibweb.com/krabbenhoft. Anfahrt: 25 Bismarck Street, Lüderitz. DZ 40 €, Ferienwohnung, englisch.

Kratzplatz — Route 4
B&B, P.O. Box 885/Lüderitz, Tel. 063-202458. Anfahrt: 5 Nachtigall Street, Lüderitz. DZ/F 40 €, Restaurant Barrel angeschlossen, englisch.

Kriess-se-rus Zeltplatz — Route 5
Buchung über das Ministry of Environment & Tourism in Swakopmund (Alte Ritterburg, Sam Nujoma Drive/Ecke Bismarck St, Tel. 064-404576, Mo–Sa zu den Geschäftszeiten, So 8–13 Uhr) oder in Walvis Bay (Heinrich Baumann St, Tel. 064-205971) und im Tourism Centre in Henties Bay. Anfahrt: Namib-Naukluft-Park, Namib-Teil, Stellplatz 10 € (max. 8 Pers.) zzgl. 10 € p.P., zzgl. Permit 6 € p.P. und Kfz 1 €, kein Wasser und Feuerholz verfügbar, gekennzeichnete Wege dürfen nicht verlassen werden.

Kubata City Hotel — Route 1
P.O. Box 6824/Windhoek, Tel. 061-224608, www.kubata.com.na. Anfahrt: 151 Nelson Mandela Avenue. DZ/F ab 50 €, 20 um einen Innenhof mit Pool angeordnete Zimmer, englisch.

Kudubos Campsite — Route 8a
Tel. 067-302501, http://kuduboscamp.com. Anfahrt: Otjiwarongo – C38 nach Norden (2 km) – C33 (10 km) – Farmpad (3 km). Camping 5 €/Person/Stellplatz, 8 Stellpätze für je max. 11 Personen, englisch.

Kuiseb Brücke Zeltplatz — Route 1+5
Buchung über das Ministry of Environment & Tourism in Swakopmund (Alte Ritterburg, Sam Nujoma Drive/Ecke Bismarck St, Tel. 064-404576, Mo–Sa zu den Geschäftszeiten, So 8–13 Uhr) oder in Walvis Bay (Heinrich Baumann St, Tel. 064-205971) und im Tourism Centre in Henties Bay. Anfahrt: Namib-Naukluft-Park, Namib-Teil, Stellplatz 10 € (max. 8 Pers.) zzgl. 10 € p.P., zzgl. Permit 6 € p.P. und Kfz 1 €, kein Wasser und Feuerholz verfügbar, gekennzeichnete Wege dürfen nicht verlassen werden.

Kulala Desert Lodge — Route 2
P.O. Box 6850/Windhoek, Tel. 061-74500, www.wilderness-safaris.com. Anfahrt: Sesriem – D826/C27 (20 km) – Farmstraße (14 km). DZ 140–200 € p.P. inkl. Halbpension, 23 Chalets, schöne Lage, englisch.

Little Kulala — Route 2
P.O. Box 6850/Windhoek, Tel. 061-74500, www.wilderness-safaris.com. Anfahrt: Sesriem – D826/C27 (19 km) – Farmstraße (7 km). DZ 400–600 €/Person, alles inklusive, 11 Design-Bungalows, engl.

Liste der Unterkünfte

Kunene Islands Campsite — Route 10
Tel. 081-1293931, www.facebook.com/kuneneislands. Anfahrt: 10 km östlich Ruacana-Ort. 20 schöne und schattige Stellplätze zur Selbstversorgung am Ufer, 6 €/Person, 2 €/Fahrzeug, Mietzelt 100€/Person, Pool.

Kunene River Lodge — Route 10
P.O. Box 643/Ondangwa, Tel. 065-274300, www.kuneneriverlodge.com. Anfahrt: Ruacana – D3700 nach W (60 km). Bungalow ab 60 €/Person, Chalet ab 45 €/Person, jeweils mit Halbpension, Stellplatz 10 € p.P., Restaurant. Direkt am Kunene, Wildwasserfahrten über mehrere Tage oder auch nur stundenweise (halber Tag von Ruacana zur Ondorussu-Schlucht ca. 30 € p.P.), Möglichkeit des Besuches eines Himba-Dorfes, englisch.

Kupferquelle Resort — Route 7+13a
P.O. Box 1497/Tsumeb, Tel. 067-220139, www.kupferquelle.com. Anfahrt: am südlichen Stadtausgang (1 km). 40 Chalets und Zeltplatz, Chalet für 2 60 €, Stellfläche 8 € und 6 €Person, abgezäuntes, bewachtes Gelände, Restaurant, englisch.

Kutako Guesthouse — Route 1
Windhoek, Tel. 061-259804, www.kutakoguesthouse.com. Anfahrt: 143 Hosea Kutako Drive, Windhoek. DZ 12–20 €, Schlafsaal 6 €, englisch.

Kuzikus Game Farm — Route 14
P/Bag 13112/Windhoek, Tel. 061-253076, www.kuzikus.de. Anfahrt: Dordabis – C23 (55 km) – D1423 (19 km) – Farmstraße (18 km). DZ 125 € p.P. inkl. Vollpension, 5 Zimmer, Schwimmbad, besitzt den Status eines privaten Wildschutzgebietes und Genehmigung, Spitzmaulnashörner auf dem Farmgelände zu halten; persönliche Betreuung der Gäste, gute Küche, deutsch.

Kwando Camp — Route 13
P.O. Box 22226/Windhoek, Tel. 066-686021, www.campkwando.com. Anfahrt: Kongola – C49 nach S (22 km) – Stichstraße 3 km. Bungalows und Zeltplatz am Ufer, Bungalow ab 90 € p.P. mit Halbpension, Camping ab 10 €/Person, englisch.

Lafenis Lodge
s. Maritz Lodge

Lagoon Chalets — Route 5
P.O. Box 2318/Walvis Bay, Tel. 064-217900, www.lagoonchaletswb.com. Anfahrt: 8th Road West, Walvis Bay. 20 € (4 Personen), Camping 5 €, 40 eingerichtete Chalets, Restaurant, englisch.

Lagoon Lodge — Route 5
P.O. Box 3964/Walvis Bay, 2 Kowambo Nujoma Drive, Walvis Bay, Tel. 064-200850, www.lagoonlodge.com.na. DZ/F 550 € p.P., 8 Zimmer, französisch/englisch.

Lala Panzi — Route 13
s.u. Peace Garden Lodge

The Langholm Hotel Garni — Route 5
P.O. Box 2631, 24 Second Street West, Walvis Bay, Tel. 064-209230, www.langholmhotel.com. DZ/F um 60 €, 12 Zimmer, englisch.

Langstrand Leisure Park — Route 5
P/Bag 1796/Walvis Bay, Tel. 064-200163. Anfahrt: Walvis Bay – B2 (21 km). Stellplatz 8 € plus 2 €/Person, 105 Stellplätze, in kommunalem Besitz, englisch.

Lapalange Lodge — Route 2a
Tel. 063-241801, www.lapalange.com. Anfahrt: Mariental – Straße 29 (35 km). DZ ab 150 €/Person mit Frühstück, Camping 5 €/Person, 23 Chalets, Zimmer und Luxusvillen, englisch.

La Rochelle   **Route 2+2a+3**
B&B, P.O. Box 582/Keetmanshoop, Tel. 063-223845, www.keetmans.com. Anfahrt: 6th Avenue, Keetmanshoop. DZ 35–45 € inkl. Frühstück, englisch.

Lauberville Camp   **Route 5**
Tel. 064-694199, emilym@gobabeb.org. Anfahrt: Walvis Bay Nach Rooisand (34 km). Ehemaliges Erholungslager der namibischen Polizei (heute kommunales Camp) mit voll eingerichteten und relativ gut unterhaltenen Chalets, auch Basiscamp für Reiseveranstalter auf Touren entlang der Küste, englisch.

La Vida Inn   **Route 1**
B&B, P.O. Box 366/Mariental, Tel. 063-242121, lavidainn@iway.na. Anfahrt: River Street, Mariental. DZ/F 55 €, 5 Zimmer, englisch.

Le Mirage Desert Lodge & Spa   **Route 1**
P.O. Box 40735/Windhoek, Tel. 063-683019, www.mirage-lodge.com. Anfahrt: Sesriem – D826/C27 nach S (20 km). DZ 230 € inkl. Halbpension, 26 Luxuszimmer, Wellness-Zentrum, Schwimmbad unter Palmen, Angstarchitektur gegen die Wüste, englisch.

Leopard Lodge   **Route 14**
P.O. Box 5590/Windhoek, Tel. 062-540409, www.leopardlodge.com. Anfahrt: Windhoek – B6 (22 km) – Straße 53 (13 km) – D2102 (35 km) – Farmstraße (2 km). DZ/F 50 € p.P., 5 Einheiten, Schwimmbad, auch Jagdfarm, Tennis, englisch.

Levo Chalets   **Route 5**
P.O. Box 1860/Walvis Bay, Tel. 064-207555, www.levotours.com. Anfahrt: Walvis Bay – B2 (21 km)/Langstrand. 30–80 € pro Chalet, 3 Apartments, die Besitzer machen äußerst schöne und erlebnisreiche, empfehlenswerte Kreuzfahrten in der Bucht, deutsch.

Lianshulu Lodge   **Route 13**
P.O. Box 3720, Swakopmund, Tel. 061-224420, www.lianshulu.com. Anfahrt: Katima Mulilo – B8 nach W (110 km) – D3511 (37 km). Hochluxuriöse Lodge am Fluss, ab 160 € p.P. im DZ mit Halbpension, im Nationalpark gelegen, Schwimmbad, Touren mit Wagen und Boot (kostenpflichtig), 11 Chalets.

The Lion's Den   **Route 7**
B&B, P.O. Box 1497/Otjiwarongo, Tel. 067-304205, https://panthera8.wix.com. Anfahrt: Otjiwarongo, 5 km außerhalb an der C38 Richtung Outjo. 4 Zimmer, DZ/F 45 €, englisch.

Little Kulala
s.u. Kulala

Little Ongava
s.u. Ongava

Londiningi Guesthouse   **Route 1**
B&B, P.O. Box 9354/Eros Park, Tel. 061-242378, www.londiningi.com. Anfahrt: 11 Winterberg Street, Windhoek. 9 Zimmer, DZ/F ab 65 €, englisch/französisch.

Long Beach Lodge   **Route 5**
P.O. Box 3357/Walvis Bay, Tel. 064-207568, www.proteahotels.com. Anfahrt: Walvis Bay – B2 (21 km)/Langstrand (152 4th Street). DZ/F ab 50 € p.P., 17 Zimmer, englisch.

Lovedale Farm Holidays   **Route 4a**
B&B, P.O. Box 11/Helmeringhausen, Tel. 081-2819074, www.lovedale.iway.na. Anfahrt: Helmeringhausen – C27 nach N (19 km). 3 Häuschen ab 40 € (nur für Selbstversorger), die Farm ist seit 1854 in Familienbesitz, englisch.

Liste der Unterkünfte

Loubser's   Route 5
B&B, Tel. 064-203034, www.loubseraccommodation.com. Anfahrt: 3rd Street West, Walvis Bay. DZ/F 30 €, Schlafsaal 10 €, Apartment für Selbstversorger, englisch.

Lüderitz Rastlager   Route 4
Shark Island, Buchung über Namibia Wildlife Resorts Ltd. in Windhoek oder vor Ort. Anfahrt: Lüderitz (Haifischinsel). Zeltplatz 10 €/Person, Bungalow 40 € (2 Personen), Unterkunft im Leuchtturm 50 € (2 Personen), Eintritt 4 € p.P. und 1 € Fahrzeug, saubere Sanitäreinrichtungen, keine Einkaufsmöglichkeit, englisch.

Madisa Camp   Route 8
P.O. Box 8316/Swakopmund, Tel./Fax 064-202134, https://madisacamp.com. Anfahrt: Uis – C35 nach Norden (70 km) – D2612 nach Westen (18 km). 10 Zeltplätze (10 €/Person) in einem Wald am Ufer des Riviers des Gauntegab, hübsch und angenehm, englisch.

Mafwe Camping   Route 13
Tel. 061-220563, www.lcfn.info. Anfahrt: Kongola – D3502 nach Norden (19 km). Kommunales Camp und Living Museum des Mafwe-Volkes, Zelten um 8 €/Person, auch Hütten, Curio-Shop, englisch.

Mahangu Safari Lodge   Route 13
Tel. 066-259037, www.mahangu.com.na. Anfahrt: Rundu – B8 nach O (198 km) – Bagani – D3403 (22 km). Bungalows und Zelte (ab 70 €/p.P. inkl. Frühstück und Abendessen) direkt am Wasser, aufmerksames Personal und Management, ausgezeichnetes Essen, Stellplatz 10 € p.P., Game Drives, Bootsfahrten, deutsch.

Maison Ambre   Route 1
B&B, P.O. Box 86480/Windhoek, Tel. 061-233834, www.maisonambre.de. Anfahrt: 5 Irle Street, Windhoek. DZ/F 60 €, Schwimmbad, englisch.

Makalani Hotel   Route 7+13a
P.O. Box 27/Tsumeb, Tel. 067-221051, www.makalanihotel.com. Anfahrt: 4th Road, Tsumeb. DZ 55 € inkl. Frühstück, 15 Zimmer, englisch.

Makuri Campsite   Route 13b
Keine Buchung möglich, Wildniscamping im Buschmannland nahe Tsumkwe. Anfahrt: s. Karte bei Tsumkwe. Keine Infrastruktur, nur Wasser und Holz, Camping etwa 6 €/Person, englisch.

Maori Camp   Route 13
P.O. Box 234/Grootfontein, Tel. 060-8038689, www.wix.com/maoricamp/grootfonteinde. Anfahrt: Grootfontein – B8 nach Norden (4 km). Rondavel ab 20 €/Person, Camping 10 €, Südhessen machen eben günstige Preise, das Camp liegt auf der Zitrusfarm Andorra, deutsch.

Maltahöhe Hotel   Route 1
P.O. Box 20/Maltahöhe, Tel. 063-293013, www.maltahoehe-hotel.com. Anfahrt: Maltahöhe. DZ/F 50 €, Schlafsaal 10 €/Bett, 27 Zimmer, Schwimmbad, deutsch.

Mamselle Camping   Route 7
Tel. 067-303752. Anfahrt: Outjo – C38 nach Norden 14 km. Camping 8 €/Person, Bungalow (Selfcatering) ab 25 €, deutsch.

Mariental Hotel   Route 1+2+2a
P.O. Box 619/Mariental, Tel. 063-242466, www.marientalhotel.com. Anfahrt: Mariental. DZ/F 35 €, 10 Zimmer, Schwimmbad, englisch.

Maritz Lodge   Route 3
P.O. Box 827/Keetmanshoop, Tel. 063-224316, www.maritzcountrylodge.com.na. Anfahrt: Keetmanshoop – B1 nach S (3 km). 20 Bungalows, DZ/F 60 €, Zeltplatz 6 € p.P., hinter einer Tankstelle mit relativ viel Lkw-Verkehr, englisch.

Martins Backpackers   Route 7+13a
P.O. Box 436/Tsumeb, Tel. 067-222040, www.marmotrs.iway.na. Anfahrt: Linekela Kalenga Street, Tsumeb. Bett ab 15 €, 2–3-Bett-Zimmer, Pool, Braai Area, sicheres Parken, Zimmer mit Kühlschrank und TV, Restaurant, englisch.

Matunda Gästefarm   Route 7+9
Outjo, Tel. 067-313863, www.natron.net/matunda. Anfahrt: Outjo – C38 nach N (10 km). DZ 60 € p.P. inkl. Halbpension, 5 Zimmer, Pool, hübsche Anlage in einer Zitrusplantage, ausgezeichnete Farmküche mit Gemüse, Kräuter Milchprodukte etc. stammen aus Eigenproduktion, deutsch.

Mazambala Island Camp   Route 13
P.O. Box 1935/Ngwezi, Katima Mulilo, Tel. 066-686041, www.mazambala.com. Anfahrt: Kongola – B8 nach O (3 km), Stichstraße (4 km). Lodge auf einer Insel, DZ/F ab 70 € p.P., 11 Chalets, Zeltplatz 8 €/Person (2 km vom Highway, mit Ablution Blocks und der Möglichkeit, in der Lodge zu essen); englisch.

Mbakondja River Camp   Route 10
Keine Vorausbuchung möglich. Anfahrt: Palmwag – C43 nach Norden (50 km) – Piste nach Westen (6 km). Einfacher Platz einer herzlichen Damara-Familie mit einigen Souvenirs im Angebot, Eselkarrenfahrten, Reitausflüge, Zelten ab 5 €/Person, englisch.

Mbamba Camping   Route 13
Keine Vorausbuchung möglich. Anfahrt: Rundu – B8 nach Osten (30 km) – Richtung Shumbya (4 km) – D3402 nach Osten (4 km) – Stichpad (5 km). Community Campsite „Joseph Mbambangandu", Camping 6 €/Person, englisch.

Meike's Gästehaus   Rte 5+6+8c+13
B&B, P.O. Box 2858/Swakopmund, Tel. 064-405863, www.meikes-guesthouse.net. Anfahrt: 23 Windhoeker Street, Swakopmund. 5 Doppelzimmer, 2 Familienzimmer, 1 Selbstversorger-Apartment, DZ/F ab 85 €, toll und geschmackvoll eingerichtet, sehr angenehme und äußerst empfehlenswerte Adresse der ehemaligen Pächter der Farm Ababis, deutsch.

Melrose Game Farm   Route 1
P.O. Box 90355/Klein Windhoek, Tel. 049-8910532, www.melrosegamefarm.com. Anfahrt: Windhoek – C26 nach Süden (35 km), Farmstraße (8 km). DZ/F ab 100 €, Camping 10 €/Person, 6 Zimmer, englisch.

Mesosaurus Park   Route 2
P.O. Box 270/Keetmanshoop, Tel. 063-683641, www.mesosaurus.com. Anfahrt: Keetmanshoop – C16 (1 km) – C17 (39 km). Chalet zur Selbstversorgung 30 €/Person (Abendessen nach Voranmeldung möglich), Camping 10 €/Person, geführte Touren zu Versteinerungen und Schutztruppengräber, Wandermöglichkeit, 4 Chalets, 6 Stellplätze, keine Kreditkarten, englisch.

Meteor Travel Inn   Rte 13+13a+b
Tel. 067-242078, meteor@iway.na. Anfahrt: 33 Kavango Road, Grootfontein. Einfaches Hotel in der Stadt mit 17 Zimmern, DZ/F 35 €, englisch.

Meteorit Camping   Rte 13+13a+b
Tel. 067-242094, www.natron.net/meteorite-camping/index.html. Anfahrt: Grootfontein – D2860/2859 (20 km). Campingplatz auf der Farm Venus mit 6 Stellplätzen (7 €/Person), englisch.

Liste der Unterkünfte

Midgard Country Estate   **Route 14**
P.O. Box 16/Windhoek, Tel. 061-2075360, www.midgardcountryestate.com. Anfahrt: Windhoek – B6 (20 km) – Straße 53 (15 km) – D2102 (55 km) – Farmstraße (500 m). 2009 komplett sanierte Anlage, DZ/F ab 120 €, 46 Zimmer, Schwimmbad, englisch.

Mile 4 Zeltplatz
s. „Swakopmund Rastlager Mile 4"

Mile 72 Zeltplatz   **Route 12**
Buchung über Tungeni Serenity Experience in Windhoek, Tel. 061-400205, http://tungeni serenity.com/mile72/index.htm. Anfahrt: Swakopmund – C34 (59 km). Camping 10 €/Person, 3 €/Fahrzeug, alle Ausrüstung ist mitzubringen.

Mile 108 Zeltplatz   **Route 12**
Buchung über Tungeni Serenity Experience in Windhoek, Tel. 061-400205, http://tungeni serenity.com/mile108/index.htm. Anfahrt: Swakopmund – C34 (156 km). Camping 10 €/Person, 3 €/Fahrzeug, alle Ausrüstung ist mitzubringen.

Minen Hotel   **Route 7+13a**
P.O. Box 244/Tsumeb, Tel. 067-221071, www.minen-hotel.com. Anfahrt: Post Street, Tsumeb. DZ/F ab 60 €, 35 Zimmer, Parkplatz, deutsche Küche (Schlachtplatte mit Sauerkraut), angenehme Terrasse, Treffpunkt des Ortes, deutsch.

Mirabib Zeltplatz   **Route 5**
Buchung über das Ministry of Environment & Tourism in Swakopmund (Alte Ritterburg, Sam Nujoma Drive/Ecke Bismarck St, Tel. 064-402172, Mo–Sa zu den Geschäftszeiten, So 8–13 Uhr) oder in Walvis Bay (Heinrich Baumann St, Tel. 064-205971) und im Tourism Centre in Henties Bay. Anfahrt: Namib-Naukluft-Park, Namib-Teil, Stellplatz 10 € (max. 8 Pers.) zzgl. 10 € p.P., zzgl. Permit 6 € p.P. und Kfz 1 €, kein Wasser und Feuerholz verfügbar, gekennzeichnete Wege dürfen nicht verlassen werden.

Mobolo Lodge   **Route 13**
P.O. Box 1627/Rundu, Tel. 081-2303281, www.mobola-lodge.com. Anfahrt: Divundu nach Westen 25 km – Richtung Norden/Shadikongoro (4 km). Kleine, charmante Lodge direkt am Ufer des Kavango mit nur 4 Bungalows (60 €/2 Personen) und 6 Stellplätzen (6 €/Person), nur Selbstversorgung, deutsch.

Mokuti Lodge   **Route 7**
P.O. Box 403, Tsumeb, Tel. 067-229084, www.mokutietoshalodge.com. Anfahrt: Etosha National Park Osttor – C38 nach O (0,5 km). DZ ab 140 € inkl. Frühstück, 106 Zimmer, etwas abgewohnter Luxus, Schwimmbad, englisch.

Mondjila Safari Camp   **Route 7**
Tel. 067-333446, www.mondjilasafaricamp.com. Anfahrt: Outjo – C38 nach Norden (70 km) – D2779 (3 km). DZ/F ab 60 €/Person, 11 Luxuszelte mit Bad, Camping 10 €/Person, englisch.

Moni Hotel-Pension   **Route 1**
P.O. Box 2805/Windhoek, Tel. 061-228350, www.monihotel.com. Anfahrt: 7 Rieks van der Walt Street, Windhoek. DZ/F 65 €, 17 Zimmer, Schwimmbad, Parkplatz, deutsch.

Monteiro Camping und Chalets   **Route 1**
Tel. 81-1291172, www.monteironamibia.com. Anfahrt: Windhoek - B1 nach S (15 km). Zwei Chalets für je max. 4 Personen (2 P. 50 €) und Zeltplätze mit jeglicher Infrastruktur für 10 € p.P., nur Selbstversorgung, Schwimmbad, Wandermöglichkeit, Ponyreiten und herrliche Aussicht auf die Auas Berge, englisch.

Moon Mountain Lodge — Route 1
Tel. 061-228104, . Anfahrt: Sossusvlei – 40 km. 11 Luxus-Chalets, 4 Standardzimmer und 6 Suiten sind mit Abstand voneinander in die Gebirgslandschaft gebaut; sehr luxuriös DZ ab 120 €/Person mit Halbpension.

Mopane Camp — Route 10
P.O. Box 8/Opuwo, Tel. 065-273031, www.natron.net/mopane-camp. Anfahrt: Opuwo – C41 (2,5 km) – Stichpad (2,5 km). 15 Zelte mit Bad en-suite unter Bäumen, DZ um 40 €/Person, Restaurant, englisch.

Moringa Gästefarm — Route 8
P.O. Box 65/Okahandja, Tel. 062-501106, www.moringasafaris.com. Anfahrt: Okahandja – B2 (44 km) – Farmstraße (20 km). DZ ab 120 € Vollpension, 6 Zimmer, Schwimmbad, Tierbeobachtungsfahrten, deutsch.

Mount Etjo Safari Lodge — Route 7+8a
P.O. Box 81/Kalkfeld, Tel. 067-290174, www.mount-etjo.com. Anfahrt: Otjiwarongo – B1 nach S (64 km) – D2483 (43 km). DZ ab 115 € p.P. inkl. Halbpension, 25 Zimmer, Schwimmbad, hauptsächlich auf große Reisegruppen ausgerichtet (Individualbuchungen schwierig), Camping 30 €/Stellplatz (max. 4 Personen), englisch.

Mousebird Backpackers — Route 7
P.O. Box 1712/Tsumeb, Tel. 067-221777, . Anfahrt: 533 4th Street, Tsumeb. DZ 35 €, Bett 10 €, Zeltplatz 6 € p.P., alles, was ein Backpacker so braucht (Waschmaschine, Küche etc.), deutsch.

Mowani Mountain Camp — Route 9
P.O. Box 40788/Windhoek, Tel. 061-232009, www.mowani.com. Anfahrt: Twyfelfontein – D3214/D3254/D2612 (12 km). DZ/Halbpension ab 160–200 € p.P., im Schutzgebiet von Twyfelfontein, Luxuslodge, Camp Kipwe mit 8 luxuriösen Rundhütten (DZ/Halpension 150–170 €/Person), englisch.

Mukusi Cabins — Route 13
P.O. Box 1194/Ngweze, Tel. 066-253255, www.mukusi.com. Anfahrt: Katima Mulio bei der Engen-Tankstelle. Zimmer mit Bad und AC inkl. Frühstück ab 30 €, Restaurant (Lunch nur wochentags), englisch.

Muramba Bushman Trails — Route 7
P.O. Box 689/Tsumeb, Tel. 067-222789 oder 220659, vonnie@iway.na. Anfahrt: Tsumeb – C75 (64 km) – Tsintsabis – D3016 (6 km). Traditionelle Buschmann-Hütte mit 2 Betten 30 € p.P., Camping 10 €/Stellplatz zzgl. 4 €/Person, 5 Hütten, 6 Stellplätze, Selbstversorgung, Mahlzeiten können angemeldet werden, geführte Tageswanderung (40 € inkl. Mittagessen) durch den Busch mit San, von etwa Mitte Oktober bis etwa Mitte März geschlossen, deutsch.

Mushara Lodge — Route 7+11
P.O. Box 1814, Tsumeb, Tel. 061-240020, www.mushara-lodge.com. Anfahrt: Von Lindequist Gate (Osttor Etosha) – C38 nach O (10 m) – Farmpiste (1 km). DZ ab 100 € p.P. inkl. Halbpension, 10 Zimmer in der Hauptlodge, weitere im Outpost-Lager, in der Mushara-Villa und im Bush-Camp, Schwimmbad, englisch.

Nakambale Museum Rastlager — Route 11
Ehemaliges NACOBTA-Projekt, Kontakt über Tel. 065-245668. Anfahrt: Cresta Lodge/Ondangwa – B1 nach O (8 km), Piste (5 km). Hütte 8 € p.P., im Missionshaus 10 € p.P., Stellplatz 6 € p.P., einfache Hütten, englisch.

Liste der Unterkünfte

Namapan Campsite — Route 13b
Keine Buchung möglich, Wildniscamping im Buschmannland nahe Tsumkwe. Anfahrt: s. Karte bei Tsumkwe. Keine Infrastruktur, nur -Wasser und Holz, Camping 4 €/Person, englisch.

Namatubis Gästefarm — Route 7
Buchungen über: Logufa, P.O. Box 8061/Swakopmund, Tel. 067-313061, www.namatubis-hunting-safari.com. Anfahrt: Outjo – C38 nach N (15 km). 150 € p.P., alles inklusive, 10 Zimmer, Schwimmbad, hauptsächlich Jagdfarm, englisch.

Nambwa Lodge — Route 13
Ehemaliges NACOBTA-Projekt, Kontakt über African Monarch, Tel. 061-400510, www.africanmonarchlodges.com. Anfahrt: von Rundu kommend 500 m vor der Kongola Bridge nach rechts, dann noch 14 km sandige Piste (30 Min.), nur 4x4. Die 10 Komfortzelte bieten lässige Safariatmosphäre in einzigartiger Landschaft, gelegen auf einer Waldinsel im Schwemmland des Kwando, ab 270 €/Person im DZ, englisch.

Namib Desert Campsite — Route 1
P.O. Box 80205/Windhoek, Tel. 061-230066, www.gondwana-collection.com. Anfahrt: Solitaire – C19 nach S (27 km) – Farmpad (5 km). Zeltplatz 10 € p.P., am Fuße einer versteinerten Düne, 2 Schwimmbäder (einer mit Salzwasser), 70 km nördlich von Sesriem; englisch/deutsch.

Namib Desert Lodge — Route 1
P.O. Box 80205/Windhoek, Tel. 061-230066, www.gondwana-collection.com. Anfahrt: Solitaire – C19 nach S (27 km) – Farmpad (5 km). DZ/F ab 75 € p.P., große Hotelanlage mit 65 Zimmern am Fuße einer versteinerten Düne, 2 Schwimmbäder (einer mit Salzwasser), 70 km nördlich von Sesriem; englisch/deutsch.

Namib Dune Star Camp — Route 1
P.O. Box 80205/Windhoek, Tel. 061-230066, www.gondwana-collection.com. Anfahrt: Solitaire – C19 nach S (27 km) – Farmpad (5 km). 9 Luxushäuschen auf einer versteinerten Düne, 70 km nördlich von Sesriem, Preise nur auf Anfrage; englisch/deutsch.

Namib Empire Guesthouse — Route 11
An der Kreuzung in Tsandi, Tel. 081-2435051 oder 065-258112, www.facebook.com/NamibEmpireGuestHouse. 12 Zimmer (DZ mit Bad 25 €, verhandelbar), Kontakt im Laden Namib Empire, englisch.

Namib Garage — Rte 4+4a+3c
P.O. Box 27/Aus, Tel. 063-258029, www.ausnamibia.com. Stellplatz 7 € p.P., DZ 30 € p.P., Selbstversorgung, im Ort, Laden, Tankstelle, englisch.

Namibgrens Rastlager — Route 1
Postfach 21587/Windhoek, Tel. 061-304051, www.namibgrens.com. Anfahrt: Solitaire – C14 nach NW (9 km) – D1275 (37 km). DZ ab 60 € inkl. Frühstück, Stellplatz 12 € p.P., 5 Zimmer und mehrere Luxusvillas, mehrtägige schöne Wanderungen möglich, englisch. Landepiste: Höhe 6000 ft, Länge 900 m, S23-35 E16-16, Rwy 07/25, Gravel.

Namibia Coast — Route 5
B&B, P.O. Box 2631/Walvis Bay, Tel. 064-205505, www.namibiacoast.com.na. Anfahrt: 18 1st Street, Walvis Bay. DZ/F ab 35 € p.P., 3 Zimmer, englisch.

Namibia Holiday Flats — Rte 5+6+8c+12
B&B, P.O. Box 276/Swakopmund, Tel. 064-405442, www.namibiaholidayservices.com. DZ ab 40 €, Vermittlung von 20 Ferienwohnungen, englisch.

Namib Naukluft Lodge Route 1
P.O. Box 22028/Windhoek, Tel. 061-372100, www.namib-naukluft-lodge.com. Anfahrt: Solitaire – C19 (20 km). DZ ab 70 € p.P. inkl. Halbpension, 16 Zimmer, Soft Adventure Camp mit 15 Chalets (35 €/Person), Schwimmbad, englisch.

Namib-Rand Family Hideout Route 2
P.O. Box 9950/Windhoek, Tel. 061-226803, www.hideout.iway.na. Anfahrt: Maltahöhe – C14 nach S (20 km) – C19 (112 km) – D845 (15 km) – Farmstraße. Ehemaliges Farmhaus, das komplett gemietet wird, nur für Selbstversorger, im Notfall hat man ein Funkgerät, viele Aktivitäten in Selbstregie zu unternehmen, maximal 10 Personen, ab 85 €/Person, zzgl. 25 € pro Nacht Parkgebühren für das NamibRand Nature Reserve, deutsch.

Namib Shore Route 12
B&B, P.O. Box 518/Henties Bay, Tel. 064-500182, www.namshore.iway.na. Anfahrt: Henties Bay. DZ/F ab 45 €, 4 Zimmer, Lunch/Dinner möglich, englisch.

Namseb Game Lodge Route 1
P.O. Box 76/Maltahöhe, Tel. 063-683578, www.namseb.com. Anfahrt: Maltahöhe – Farmstraße (17 km). DZ 55 € p.P. inkl. Halbpension, 16 Zimmer und 10 Selbstversorger-Chalets (20 €/Person), Schwimmbad, deutsch.

Namtib Biosphärenreservat Route 4a
P.O. Box 19, Aus, Tel. 063-683055, www.namtib.net. Anfahrt: Aus – B4 nach O (3 km) – C13 nach N (55 km) – D707 (45 km) – Stichstraße (15 km). DZ/F 65 € p.P., 5 Zimmer, keine Kreditkarten, ausgesprochen angenehme und familiäre Betreuung der Gäste, deutsch.

Namushasha River Lodge Route 13
Zentrale Reservierung in Windhoek, Tel. 061-230066, www.gondwana-collection.com. Anfahrt: Katima Mulilo – B8 nach W (110 km) – D3511 (18 km). DZ/F ab 90 € p.P., 27 Bungalows, Zeltplatz 10 €/Person, englisch/deutsch.

Namutoni Rastlager Route 7
Buchung über Namibia Wildlife Resorts Ltd. in Windhoek. Anfahrt: Etosha-Nationalpark. DZ/F ab 65 €/Person, Bush-Chalets ab 80 €/Person mit Frühstück, Camping 20 €/Stellplatz (8 Personen) und 10 €/Person, Eintritt in den Etosha-Nationalpark 6 € p.P., 1 €/Fahrzeug, Schwimmbad, Restaurant mit festen Öffnungszeiten (7–9, 12–14 u. 18–22 Uhr), Kiosk mit Light Meals (9–12 u. 14–18 Uhr), Laden und Tankstelle (8–13 u. 14–16.30 Uhr), englisch. Das Lager muss vor Sonnenuntergang erreicht sein und darf vor Sonnenaufgang nicht verlassen werden.

Naukluft Rastlager Route 1
Buchung über Namibia Wildlife Resorts Ltd. in Windhoek. Anfahrt: Namib- Naukluft-Park, Naukluft-Teil. Camping 10 €/Person, (maximale Verweildauer 3 Tage), Tageswanderung möglich (Eintritt 4 €/Person, 1 €/Fahrzeug), keine Versorgungsmöglichkeit, Naukluft 120 km Hiking-Trail 30 € (min. 3, max. 12 Personen), Naukluft 73 km 4x4 Trail 30 € p.P. (max. 4 Wagen/16 Personen), englisch.

Naute Dam Camping Route 2
Tel. 063-250524. Camping (ab 5 €/Person) mit Buschduschen; Kaffee, Softdrinks und Sandwiches gibt es am Kiosk und gebadet wird im „big, big pool", dem Naute Dam, englisch.

Naute DamRec. Park Camping Route 2
Keine Buchung möglich. Anfahrt: Naute Dam nach Süden (2 km) – Stichpiste nach Osten (5 km). Seeufer ohne Infrastruktur, nur für Selbstversorger, viele Wassersportler am Wochenende.

Liste der Unterkünfte

Ndhovu Safari Lodge   **Route 13**
Tel. 066-259901, www.ndhovu.com. Anfahrt: Rundu – B8 nach O (198 km) – Bagani – D3403 (18 km) – Farmstraße (2 km). Unterbringung im Luxuszelt 80 € p.P. inkl. Halbpension, 10 Einheiten, Schwimmbad, Luxuszeltplatz 10 €/Person, deutsch.

Nest Hotel   **Route 4**
P.O. Box 690, Lüderitz, Tel. 063-204000, www.nesthotel.com. Preise: DZ/F ab 65 € p.P., 70 Zimmer und Suiten, Luxushotel direkt am Meer, windgeschütztes Schwimmbad, deutsch/englisch.

New/Nouveau Pension   **Route 1**
P.O. Box 8047/Windhoek, Tel. 061-264319, www.natron.net/nouveau. Anfahrt: 1 Heliodor Street, Windhoek. DZ/F 50 €/Person, 10 Zimmer, englisch.

Ngandu at Sea   **Route 5**
P.O. Box 3192/Walvis Bay, Tel. 064-207327, theart@mweb.com.na. Anfahrt: 12 1st Road, Walvis Bay. DZ/F 40 €, 15 Zimmer, deutsch.

Ngandu Safari Lodge   **Route 13**
P.O. Box 19/Rundu, Tel. 066-256723, ngandu@mweb.com.na. Anfahrt: Usivi Road, Rundu. DZ/F 60 €, 6 Einheiten, Camping 8 €/Person, am Hang mit Blick auf den Fluss, englisch.

Ngatutunge Pamwe Campsite
s.u. Purros Campsite

Ngepi Camp   **Route 13**
P.O. Box 5140/Divundu, Tel. 066-259903, www.ngepicamp.com. Anfahrt: Divundu – nach S (14 km) – Stichpiste (4 km). Hütte 50 €/Person, Baumhäuser, Stellplatz 8 € p.P., am Okavango, Kanufahrten, Restaurant.

N//Goabaca Campsite   **Route 13**
Ehemaliges NACOBTA-Projekt, derzeit sind keine Kontaktdaten verfügbar. Anfahrt: Brücke bei Divundu – B8 nach O (1 km) – Stichstraße (4 km). Vier am Ufer verteilte Stellplätze, Stellplatz um 6 € p.P., englisch.

Nhoma Camp   **Route 13b**
P.O. Box 1899/Tsumeb, Tel. 081-2734606, www.tsumkwel.iway.na. Anfahrtsbeschreibung bei Buchung (außerhalb Tsumkwe). Luxussafarizelt mit Bad, 175 € p.P., alles inklusive. Aktivitäten, wie mit San auf die Jagd gehen, Teilnahme an Heiltänzen, Tagestouren in den Khaudom, intensive Einblicke in die Kultur der San, englisch.

Niedersachsen Gästefarm   **Route 5**
P.O. Box 3636/Windhoek, Tel. 062-572200, www.farmniedersachsen.com. Anfahrt: Windhoek – B1 nach S (7 km) – C26 (36 km) – D1982 (118 km). DZ 50 € p.P. inkl. Halbpension, 5 Zimmer, deutsch.

Nkasa Lupala Lodge   **Route 13**
Tel. 081-1477798 www.nkasalupalalodge.com. Anfahrt: 11 km südlich von Sanewali an der Grenze des Mamili Nationalparks. Lodge mit luxuriösen Zelten am Flussufer, Bootsfahrten, 110 €/Person im DZ mit Halbpension, englisch.

N'kwazi Lodge and Camping   **Route 13**
P.O. Box 1623/Rundu, Tel. 081-2424897, www.nkwazilodge.com. Anfahrt: Rundu – D3402 (13 km) – Stichstraße (4 km). DZ/F 100 €, 5 Einheiten, Reitmöglichkeit, Kanufahrten, Schwimmbad, Camping 10 €/Person, englisch.

Nomtsas Gästefarm — Route 1
P.O. Box 12/Maltahöhe, Tel. 063-293521, www.farm-nomtsas.com. Anfahrt: Maltahöhe – C14 nach N (50 km). DZ 80 € inkl. Halbpension, 5 Zimmer, Schwimmbad, hauptsächlich Jagdfarm, deutsch.

Noordoewer — Route 3a
B&B, Tel. 063-297108 oder 084-5019529, www.noordoewerguesthouse.com. Anfahrt: Noordoewer. Ab 30 €/Person, 8 angenehme Gästezimmer, englisch.

Norotshama River Resort — Route 3c
P.O. Box 703/Aussenkehr, Tel. 063-297215, www.norotshamaresort.com. Anfahrt: Noordoewer – C13 nach W (50 km). Luxus-Chalets am Oranje und Ponton-Bungalows auf dem Wasser, 40 € p.P. inkl. Frühstück, Zeltplatz 10 € p.P., Kanufahrten, Reiten, à-la-carte-Restaurant, englisch.

N'twala Island Lodge — Route 14
Nur auf Buchungsportalen zu buchen: www.portfoliocollection.com. Anfahrt: Kasane (Botswana), dort wird man mit dem Boot abgeholt und zur Insel am Zusammenfluss von Chobe und Zambezi gebracht. DZ 350 €/Person, alles inklusive, Luxusunterkunft mit nur 4 Bungalows, die mit „großzügig" nur äußerst vage beschrieben sind, jeder Bungalowkomplex ist mit Wert auf pure Diskretion und Ruhe angelegt und aufs edelste eingerichtet (das Bad hat die Größe einer deutschen 2-Zimmer-Wohnung). Stege führen zu lauschigen Plätzen am Wasser, eigener Pool selbstverständlich, Ultraluxus-Chalet 280 €/Person, alles inklusive, englisch.

Nubib Gästefarm — Route 2
P.O. Box 1196/Windhoek, Tel. 061-245818, www.nubib.com. Anfahrt: Maltahöhe – C19 nach Süden (80 km), D827 nach Süden (20 km). DZ 40 € p.P. inkl. Halbpension, 5 Zimmer, deutsch.

Nubib Mountain Guestfarm — Route 1
P.O. Box 3578/Swakopmund, Tel. 063-293240, Cell 081-1293573, www.nubibmountain.com, GPS 24 45 2/15 58 52. Anfahrt: Mariental – C19 – Sesriem. Von der C19 in die D845, 4 km. DZ 70 €/Person inkl. Halbpension. Gäste- und Jagdfarm in herrlicher Lage mit Blick auf die Tsaris- und Naukluftberge, hochwertige Zimmerausstattung, frische landwirtschaftliche Küche, Schwimmbad, diverse Aktivitäten, Game Drive, deutsch.

Nubib Nature Camp — Route 2
P.O. Box 25/Maltahöhe, Tel. 063-683007, www.nublodge.iway.na. Anfahrt: Maltahöhe – C19 nach Süden (80 km), D827 (26 km). DZ 60 € p.P. inkl. Halbpension, Zelt mit privatem Bad. Diverse Wanderungen, Dünen- und Wildfahrten, englisch.

Numis Gästefarm — Route 4a
www.tirasberge.de. Auf der Farm Weissenborn gibt es die Möglichkeit in der wilden Natur zu campen (4 €/Person), ideal für den, der seine Ruhe will – alles ist mitzubringen.

Nunda Lodge — Route 13
P.O. Box 5271/Divundu, Tel. 066-259093, www.nundaonline.com. Anfahrt: Divundu – C48 nach S (8 km). 60 €/Person mit Halbpension, 10 luxuriöse Chalets und Zelte am Fluss, englisch.

Oahera Craft — Route 1
P.O. Box 70/Maltahöhe, Tel. 063-293028. Bett ab 12 €, Camping 6 €, Backpacker-Unterkunft des Craft Centre, Restaurant, englisch.

Oanob Resort — Route 1
P.O. Box 3381, Rehoboth, Tel. 062-522370, www.oanob.com.na. Anfahrt: Rehoboth – B1 nach N (3 km) – D1237 (6 km) – Farmstraße (2 km). DZ/F 100 €, Chalet für zwei 120 € (Selbstversorgung), Stellplatz ab 8 €/Person. Restaurant, Sportmöglichkeiten, englisch.

Liste der Unterkünfte

Oas Rastlager — Route 3a+b
P.O. Box 4/Karasburg, Tel. 063-683171, oas@iway.na. Anfahrt: Karasburg – C11 (82 km) – Farmstraße (2 km). Camping 8 €/Person, englisch.

Oase Guesthouse — Route 9
P.O. Box 86/Kamanjab, Tel. 067-330032. Anfahrt: Gemsbok Road, Kamanjab. DZ/F 50 €, 5 Zimmer, Safaris ins Kaokoveld mit Otjiherero sprechendem Führer, englisch.

Oase Gästefarm — Route 7
P.O. Box 1661/Otjiwarongo, Tel. 067-309010, www.farm-oase.com. Anfahrt: Otjiwarongo – B1 nach N (50 km) – D2804 (41 km) – Farmstraße (6 km). DZ ab 75 €/Person mit Halbpension, 5 Zimmer, Pool, deutsch.

Obelix Village — Route 4
P.O. Box 721/Lüderitz, Tel. 063-203456,. Anfahrt: Lüderitz. 15 Zimmer unterschiedlicher Größe um einen Hof (DZ/F 45 €), Lapa, Grillmöglichkeit, sicheres Parken, englisch.

Ohakane Guesthouse — Route 10
P.O. Box 8/Opuwo, Tel. 065-273031, ohakane@iafrica.com.na. Anfahrt: Opuwo. DZ/F 80 €, 10 Zimmer, Schwimmbad, Restaurant, Klimaanlage, englisch.

Okahandja Lodge — Route 7
P.O. Box 1524/Okahandja, Tel. 062-504299, www.okahandjalodge.com. Anfahrt: Osmann Road, Okahandja. DZ/F 110 €, 30 Zimmer, Lodgehotel im Ort auf großem, ruhigen Gelände, Schwimmbad, englisch.

Okahirongo Lodge — Route 10b
Tel. 065-685018, www.okahirongolodge.com. Anfahrt: Purros. Luxuslodge mit allem was Leib und Seele des Fly-In-Touristen bei einem Kurzaufenthalt in der Wildnis vermissen würden, DZ mit allem (auch mit Cooldrinks, Waschen der verschwitzten Hemden und Aktivitäten) weit über 300 € p.P., 7 Zimmer und eine „Residencial Suite", englisch/italienisch.

Okahirongo River Camp — Route 10a
Tel. 065-685018, www.okahirongolodge.com. Anfahrt: Marienfluss (Koordinaten S171515 E122551). Luxuslodge mit allem, was Leib und Seele des Fly-in-Touristen bei einem Kurzaufenthalt in der Wildnis vermissen würden, Luxuszelte mit allen Annehmlichkeiten (auch mit Cooldrinks, Waschen der verschwitzten Hemden und Aktivitäten), weit über 300 € p.P., 5 Zelte im Outback, englisch/italienisch.

Okakambe Trails — Route 8c
B&B, P.O. Box 1668/Swakopmund, Tel. 064-402799, www.okakambe.iway.na. Anfahrt: Swakopmund – B2 (9 km). DZ/F 30 € p.P., 3 Zimmer. Schöne Reitausflüge (1 Stunde bis mehrtägig), Reitkurse, auch Fußwanderungen, deutsch.

Okambara Elephant Lodge — Route 14
P.O. Box 11864/Windhoek, Tel. 062-560264, www.okambara.de. Anfahrt: Windhoek – B6 (100 km) – D1808 (15 km) – D1800 (6 km) – Farmstraße (8 km). DZ 75 € p.P. inkl. Halbpension, Tierbeobachtung, Reiten etc., 5 Apartments und 2 Rodavels, Schwimmbad, Reiten, Wanderungen, Wasserloch mit vielen Antilopen, deutsch.

Okambishi's Rest — Route 8
P.O. Box 310/Usakos, Tel. 064-530230, www.okambishi.com. Anfahrt: Usakos B2 nach Westen (6 km). Ferienbungalow mit 2 Wohnungen, DZ 60 €, deutsch.

Okapuka Ranch **Route 7**
P.O. Box 5955/Windhoek, Tel. 061-257175, www.okapuka-ranch.com. Anfahrt: Windhoek – B1 nach N (27 km) – Farmstraße (1 km). DZ/F ab 60 € p.P., 18 Zimmer, Luxuslodge mit Löwenfütterung, ein variabler, bis zu 120 km langer 4x4 Trail mit Zeltcamps (Dune Camp, Leopard Camp, Black Eagle Camp) westlich der B1 wurde angelegt, Schwimmbad, Tennisplatz, deutsch.

Okapunja Gästefarm **Route 7**
P.O. Box 376/Otavi, Tel. 067-234378, Deutschland 0157-35227788, www.okapunja.com. Anfahrt: Otavi – D3031 nach N (30 km). DZ ab 80 € p.P. inkl. Vollpension, Zimmer und Felsenchalets, hauptsächlich Jagdfarm, deutsch.

Okarohombo Camp Site **Route 10b**
Ehemaliges NACOBTA-Projekt, Kontakt über Tel. 065-685993. Anfahrt: Okongwati – schwierige Piste (169 km), am Kunene beim Marienfluss. Stellplatz 5 € p.P., Wasser, Toiletten und Duschen, von Himba geführt, hier können auch Führer angeheuert werden, englisch.

Okarusuvo **Route 1**
B&B, P.O. Box 96337/Windhoek, Tel. 061-232252, www.natron.net/tour/okarusuvo. Anfahrt: 17 Beethoven Street, Windhoek. DZ 30 €.

Okaukuejo Rastlager **Route 7**
Buchung über Namibia Wildlife Resorts Ltd. in Windhoek. Anfahrt: Etosha-Nationalpark. DZ/F 75 €/Person, Luxus-Chalets/F 190 €/Person, Camping 20 €/Stellplatz (8 Personen) und 10 €/Person, Eintritt in den Etosha-Nationalpark 6 € p.P., 1 €/Fahrzeug, Schwimmbad, Restaurant mit festen Öffnungszeiten, Kiosk mit Light Meals, Laden und Tankstelle, englisch. Das Lager muss vor Sonnenuntergang erreicht sein und darf vor Sonnenaufgang nicht verlassen werden.

Okatore Lodge **Route 6**
P.O. Box 2868/Windhoek, Tel. 061-232840, www.okatore.com. Anfahrt: Windhoek – C28 (30 km) – D1958 (16 km) – D1420 (19 km). DZ 85 € p.P. inkl. Halbpension, 11 Zimmer, Schwimmbad, Tennis, hauptsächlich Jagdfarm, dt.

Okomitundu Gästefarm **Route 8**
P.O. Box 285/Okahandja, Tel. 062-503901, www.okomitundu.com. Anfahrt: Okahandja – B2 (51 km) – D1967 (35 km). DZ ab 35 € p.P., 5 Zimmer, Schwimmbad, Sternwarte, Käserei mit ausgezeichneten Sorten (40 verschiedene), Kinderspielplatz, Streichelzoo, deutsch.

Okondura Nord Gästefarm **Route 8**
P.O. Box 186/Karibib, Tel. 062-503968, www.okonduraguestfarm.com. Anfahrt: Wilhelmstal – D1967 nach S (500 m) – Farmstraße nach W (19 km). DZ 70 € p.P. inkl. Vollpension, 6 Zimmer, Schwimmbad, deutsch.

Okonjima Lodge **Route 7**
P.O. Box 793/Otjiwarong Tel. 067-687032, www.okonjima.com. Anfahrt: Otjiwarongo – B1 nach S (47 km) – D2515 (6 km) – Stichstraße (19 km). DZ 170–960 € p.P., 10 Zimmer und Luxus-Buschcamp, Schwimmbad, englisch, keine Kinder unter 12 Jahren erlaubt.

Okosongoro Safari Ranch **Route 8a**
P.O. Box 324/Omaruru, Tel. 067-290161, www.okosongoro.com.na. Anfahrt: Omaruru – C33 nach N (36 km). DZ 100 € p.P. inkl. Vollpension, 5 Zimmer, hauptsächlich Jagdfarm, deutsch.

Olive Grove **Route 1**
B&B, P.O. Box 90590/Klein Windhoek, Tel. 061-239199, http://olivegrove-namibia.com. Anfahrt: 20 Promenaden Road, Windhoek. 11 Zimmer, DZ/F 50 € p.P., englisch.

Liste der Unterkünfte

Olivenhain Guesthouse   **Route 7+8**
P.O. Box 24162/Windhoek, Tel. 062-549073, www.heiserolives.com. Anfahrt: Okahandja – C31 nach Osten (113 km) – C30 nach Norden (10 km). DZ/F 60 € p.P., 3 Zimmer, deutsch.

Omaha Guestfarm   **Route 7**
B&B, P.O. Box 461/Otjiwarongo, Tel. 067-306556, www.namibia-farm-accommodation.com. Anfahrt: Okahandja – B1 nach Norden (93 km) – D2404 nach Westen (35 km). DZ 40 €/Person, nur Selbstversorgung, 4 Zimmer, keine Kreditkarten, deutsch.

Omandumba GF   **Route 8a**
P.O. Box 129/Omaruru, Tel. 064-571086, www.omandumba.de. Anfahrt: Omaruru – D2315 nach Westen (39 km) – Farmpad (1 km). 8 Zimmer (DZ/Vollpension 65 €/Person), Camping 8 €/Person, Felsmalereien und Gravuren zur Besichtigung, deutsch.

Omarunga Camp   **Route 10a**
P.O. Box 2528/Swakopmund, Tel. 064-403096, www.omarungalodge.com. Anfahrt: Epupa. 175 € p.P. im Luxuszelt inkl. Vollpension, 10 Zelte, direkt am Kunene und bei den Fällen unter Palmen gelegen, Luxuscamp, auch Zeltplatz (10 € p.P., 8 Stellplätze, Essmöglichkeit im Restaurant nur mit Ankündigung), englisch.

Omaruru Game Lodge   **Route 8a**
P.O. Box 208/Omaruru, Tel. 064-570044, www.omaruru-game-lodge.com. Anfahrt: Omaruru – C33 nach N (1 km) – D2329 (15 km). DZ ab 175 € inkl. Halbpension, 13 Bungalows (auch Selbstversorgung), Schwimmbad, englisch.

Omaruru Guesthouse   **Route 8a**
P.O. Box 92/Omaruru, Tel. 064-570035, www.omaruru-guesthouse.com. Anfahrt: Dr. Ian Scheepers Ave, Omaruru. DZ/F 45 €, Stellplatz mit warmem Wasser, Schwimmbad und Grillplatz 7 € p.P., 20 Zimmer, Schwimmbad, deutsch.

Omashare River Lodge   **Route 13**
P.O. Box 617/Rundu, Tel. 066-266600, www.omasharehotel.com. Anfahrt: Rundu. DZ/F ab 80 €, 15 Zimmer, Geschäftsleute und Offizielle der internationalen Hilfsorganisationen, englisch.

Omatako Valley Rest Camp   **Route 13b**
Ehemaliges NACOBTA-Projekt, www.omatakovalley.com, Kontakt nur über cb@indigo safaris.com. . Anfahrt: Grootfontein – B8 nach N (56 km) – C44 nach O (96 km). Camping 5 €/Person, von lokalen Leuten betrieben, Spaziergänge im Busch (6 €), Village Tour (5 €), Traditional Dancing (30 €/Gruppe), englisch.

Omatozu Camp   **Route 8**
Tel. 081-6437100, www.omatozu.com. Camp mit Luxuszelten (DZ 55 €/Person mit Halbpension) und Stellflächen (11 €/Person); schön gelegenes und vorzüglich unterhaltenes Camp, sehr aufmerksame Gastgeber, Schwimmbad, deutsch.

Ombalantu Baobab Tree Campsite   **Route 7**
Ehemaliges NACOBTA-Projekt, Kontakt über Tel. 065-251005. Anfahrt: Oshakati – C46 nach Norden (86 km). Stellplatz um 6 € p.P., Eintritt 2 €, Kunsthandwerk und Aktivitäten bei hohlem Baobab mit Geschichte mitten im Ovamboland, geführt von Einheimischen, die gerne über ihre Kultur berichten, englisch.

Ombinda Country Lodge   **Route 7**
P.O. Box 326/Outjo, Tel. 067-313181, . Anfahrt: Outjo – C38 nach S (1 km). DZ/F 65 €, Zeltplatz 8 € p.P., 20 Zimmer, Schwimmbad, englisch. Landebahn: 20°05'S, 16°08'E, Höhe 4344 ft, Länge 1800 m.

Ombo Restcamp — Route 7
P.O. Box 368/Okahandja, Tel. 062-502003, www.ombo-rest-camp.com. Anfahrt: Okahandja – B1 nach Norden (10 km). DZ ab 40 € mit Selbstversorgung, 4 Bungalows unterschiedlicher Größe, 3 Backpacker-Zimmer (ab 15 €/Person), Camping ab 8 €/Person, Straußenfarm, auch Krokodile sind zu sehen, Restaurent, deutsch.

Omburo-Ost Gästefarm — Route 8
P.O. Box 271/Outjo, Tel. 081-2404719, www.omburo-ost.com. Anfahrt: Outjo – C39 (80 km) – D2743 (25 km) – D2351 (2 km) – Farmstraße (2 km). DZ/F 40 €/Person, 3 schön eingerichtete Gästezimmer, Felsmalereien auf dem Farmgrund, deutsch.

OMEG Allee Pension — Route 7+13a
B&B, P.O. Box 284/Tsumeb, Tel. 067-220844, omegallee@iway.na. Anfahrt: 859 OMEG Alee, Tsumeb. DZ 50 €, 5 Zimmer, englisch.

Ondangwa Hotel — Route 11
P.O. Box 2827/Ondangwa, Tel. 065-241900, www.proteahotels.com. Anfahrt: Main Street, Ondangwa. DZ/F ab 70 €, 90 Zimmer, Schwimmbad, viele Geschäftsleute und Konferenzen, englisch.

Ondangwa Restcamp — Route 11
P.O. Box 15049/Oluno, Tel. 065-240351, www.iwayosh.iway.na/restcamp. Anfahrt: hinter dem rosa Einkaufszentrum von Ondangwa, Freedom Square Street. Camping 5 € p.P., Mietzelt 10 €/Person, Restaurant, kleiner Weiher, englisch.

Ondangwa Town Lodge — Route 11
P.O. Box 292/Ondangwa, Tel. 065-241715, ondangwatl@iway.na. Anfahrt: beim Ministry of Education. DZ/F 45 €, englisch.

Ondekaremba Gästefarm — Route 14
P.O. Box 5468/Windhoek, Tel. 061-247951, www.ondekaremba.de. Anfahrt: Windhoek – B6 (36 km) – Farmstraße (4 km). DZ/F 70 € p.P., 10 Einheiten, günstige Unterkunft im Erioloba Village (5 Bungalows, 30 €/Person mit Selbstversorgung), Schwimmbad, Camping 12 €/Person (schön am Fluss gelegen), deutsch. Ondekaremba bietet die Möglichkeit, sein Fahrzeug langfristig in Hallen unterzubringen (ab 30 €/Monat).

Ondjondjo — Route 7
B&B, P.O. Box 1/Otavi, Tel. 081-2421146, www.ondjondjo.iway.na. Anfahrt: Otavi – B8 nach O (4 km) – D2807 (11 km). DZ 100 €, hauptsächlich Jagdfarm, deutsch.

Ondombo — Route 8a
B&B, P.O. Box 19/Kalkfeld, Tel. 067-290009, www.namibia-jagdfarm.com. Anfahrt: Omaruru – C33 nach N (45 km) – D2338 (1 km). DZ/F 40 € p.P., 3 Zimmer, Schwimmbad, auch Jagdfarm, deutsch.

Onduruquea Gästefarm — Route 8a
P.O. Box 38/Omaruru, Tel. 064-570832, www.namib-guestfarm.com. Anfahrt: Omaruru – C33 nach S (22 km). DZ 80 € p.P. inkl. Frühstück und Abendessen, riedgedeckte Bungalows, Pool, Camping ab 10 €/Person, deutsch.

One Stop Namib Garage
s.u. Namib Garage

Onganga Hotel-Pension — Route 1
P.O. Box 90668/Windhoek, Tel. 061-241701, www.onganga.com. Anfahrt: 11 Schuckmann Street, Windhoek. DZ/F ab 60 €, 10 Chalets, Schwimmbad, schöne Bar für den Sonnenuntergang, an einem Hang in Avis gelegen, sehr angenehme Gastgeber, deutsch.

Liste der Unterkünfte

Ongava Lodge   **Route 7**
P.O. Box 6850/Windhoek, Tel. 067-229603, www.wilderness-safaris.com. Anfahrt: Outjo – C38 nach N (88 km) – Farmstraße (7 km). DZ ab 300 € p.P. inkl. Mahlzeiten und Wildführung, 10 Zimmer, Pool, englisch.

Ongava Tented Camp   **Route 7**
P.O. Box 6850/Windhoek, Tel. 067-229603, www.wilderness-safaris.com. Anfahrt: Outjo – C38 nach N (88 km) – Farmstraße (7 km). Zelt ab 300 € p.P. inkl. Mahlzeiten und Wildführung, Schwimmbad, englisch.

Ongava (Little)   **Route 7**
P.O. Box 6850/Windhoek, Tel. 067-229603, www.wilderness-safaris.com. Anfahrt: Outjo – C38 nach N (88 km) – Farmstraße (7 km). Luxussuite ab 550 €/Person, alles inklusive, 3 Suiten, englisch

Onguma Etosha Aoba Lodge   **Route 7**
P.O. Box 24046/Windhoek, Tel. 061-237055, www.etosha-aoba-lodge.com. Anfahrt: Etosha National Park Osttor – C38 Nach O (10 km) – Stichstraße (13 km). Direkt an Etosha angrenzend (Anfahrt vom Eingangstor nach Norden) im 34.000 ha großen Onguma Game Reserve. DZ mit Dinner, Bed & Breakfast ab 100 €. 11 DZ in Bungalows unterschiedlicher Ausgestaltung, Schwimmbad, empfehlenswerte Ruhe im Busch, kleines Wasserloch, gute Küche, Aktivitätenprogramm. Stimmungsvoll sind besonders die Abende mit einem ausgezeichneten Essen.. Das private Onguma Game Reserve bietet noch vier weitere Lodges, s. www.onguma.com.

Onguma Game Reserve & Lodges   **Route 7+11**
P.O. Box 24046/Windhoek, Tel. 061-237055, www.onguma.com. Direkt an Etosha angrenzend, Anfahrt vom Eingangstor nach Norden, 34.000 ha großes Reservat; Aoba Lodge (DZ/F 85 €/Person, 11 Zimmer), Bush Camp (DZ/F 90 €, 19 Zimmer), Campsite 12 €/Person, Aktivitäten wie Game- und Sundowner Drives, Walking Safaris, aufmerksames Personal, englisch.

Onjala Lodge   **Route 14**
P.O. Box 90938/Windhoek, Tel. 061-259432, www.onjala.com. Anfahrt: Seeis – D1502 nach Norden (11 km) – M53 nach Osten (14 km). 15 Bungalows und Panorama-Suiten auf privatem Wildparkgelände (DZ ab 65 €/Person mit Halbpension), Schwimmbad, deutsch.

Onkoshi Camp   **Route 7**
Buchung über Namibia Wildlife Resorts Ltd. in Windhoek. Anfahrt: Etosha-Nationalpark. Luxuscamp von Namibia Wildlife Resorts im Osten des Parkes, exklusive Lage, exklusive Aktivitäten und exklusive Bedienung, das hat aber seinen Preis: Chalet/Frühstück ab 140 €/Person.

Onze Rust Guesthouse   **Route 14**
B&B, P.O. Box 2212/Gobabis, Tel. 062-562214, www.natron.net/tour/onzerust. Anfahrt: Rugby Street, Gobabis. DZ/F ab 40 €, englisch.

Oppiklippe Guest House   **Route 7**
P.O. Box 160/Outjo, Tel. 067-313836, Cell 081-2802010, gogabi11@gmail.com. Anfahrt: Outjo – C38 nach Süden (4 km) – Straße 63 nach Westen (2 km). Camping 5 €/Pers., Cabins ab 30 €, Chalet ab 65 €, englisch.

Opuwo Country Hotel   **Route 10**
Zentrale Reservierung in Windhoek, Tel. 064-418661, www.opuwolodge.com. Anfahrt: Opuwo im Zentrum hinauf auf den Hügel. DZ/F ab 160 €. 40 luxuriöse Zimmer abseits des Trubels des Städtchens in exklusiver Lage mit herrlicher Weitsicht über das Kaokoveld, Pool, großzügige Terrasse, Restaurant, separat liegender Zeltplatz (10 €/Person), englisch.

Orange House   **Route 5**
P.O. Box 895/Swakopmund, Tel. 064-405157, www.orange-house.de. Anfahrt: 22 Richthofen Street, Swakopmund. DZ/F 36 € p.P., 5 Zimmer, Blick auf den Atlantik, Garten, deutsch.

Orange River Lodge   **Route 3a**
Tel. 063-297012, www.orlodge.iway.na. Anfahrt: Noordoewer (an der Shell-Tankstelle). DZ/F 40 €, Stellplätze 6 € p.P., 7 Zimmer, englisch.

Organic Square Guesthouse   **Route 5**
Tel. 064-463979, www.guesthouse-swakopmund.com. Anfahrt: 29 Rhode Allee Street, Swakopmund. DZ/F 105 €, 7 Zimmer, gesundes Frühstück, englisch.

Oropoko Lodge   **Route 8**
P.O. Box 726/Okahandja, Tel. 062-503871, www.oropoko.com.na. Anfahrt: Okahandja – B2 (42 km) – Stichstraße (18 km). DZ/F ab 120 €, 33 Zimmer und Suiten, auf einem Hügel, Pool, Schießplatz, oft von Reiseveranstaltern gebucht, deutsch.

Oshakati Country Hotel   **Route 11**
Tel. 065-222380Anfahrt: Robert Mugabe Ave, Oshakati. Zentral gelegen, 48 Zimmer in den um den Pool angelegten Gebäuden, viele Geschäftsleute und beliebtes Restaurant, englisch.

Oshakati Guest House   **Route 11**
P.O. Box 15585/Oshakati, Tel. 065-224659, www.oshakatiguesthouse.com. Anfahrt: bei der NBC, Oshakati. 12 Zimmer, DZ ab 40 €/Person, einfaches B&B, englisch.

Oshandira Lodge   **Route 11**
P.O. Box 958/Oshakati, Tel. 065-220443, oshandira@iway.na. Anfahrt: den Schildern beim Hospital folgen, Oshakati. DZ/F 55 €, 20 Zimmer, Schwimmbad, Restaurant mit lokalen Spezialitäten wie Mopane Worms und Oshivambo Chicken, englisch (GPS 17 47 34/15 41 52).

Otavi Gardens Hotel   **Route 7+13**
P.O. Box 11/Otavi, Tel. 067-234334. Anfahrt: Otavi. DZ/F 35 €, Chalets/F 40 €, 14 Zimmer, einfaches Hotel mit keiner weiteren Komforteinrichtung, englisch.

Otjandaue Gästefarm   **Route 8a**
P.O. Box 44/Omaruru, Tel. 064-570821, http://otjandauehuntingsafaris.com. Anfahrt: Omaruru – D2328 zwischen der Dampfbäckerei und dem Souvenirladen (19 km). Preise: DZ 75 € p.P. inkl. Vollpension, 6 Zimmer, Schwimmbad, hauptsächlich Jagdfarm, deutsch.

Otjihaenamaparero Campsite
s.u. Dinosaurus Tracks Campsite

Otjikoko Gästefarm   **Route 8a**
P.O. Box 404/Omaruru, Tel. 064-570364, www.otjikoko.com. Anfahrt: Omaruru – C33 (2 km) – D2329 (45 km). DZ 60 € p.P. inkl. Vollpension, 6 Zimmer, Schwimmbad, deutsch, hauptsächlich Jagdfarm.

Otjimbuku Gästefarm   **Route 7**
P.O. Box 765/Okahandja, Tel. 062-549060, http://promou.wix.com/otjimbuku. Anfahrt: Okahandja – B1 nach N (10 km) – C31 nach O (68 km) – Straße 59 nach NO (38 km) – D2128 (5 km). DZ 100 € p.P. inkl. Halbpension, 3 Zimmer, hauptsächlich Jagdfarm, deutsch.

Otjipahuriro Campsite   **Route 10+11**
Ehemaliges NACOBTA-Projekt. Anfahrt: Ruacana Kraftwerk nach W (2 km)/bei den Hippo Pools. Toiletten, Duschen, Führer, Möglichkeit das Innenleben des Kraftwerks zu besichtigen und es sich erklären zu lassen, Stellplatz 4 € p.P., schönster Platz ist an der Flussschleife, englisch.

Liste der Unterkünfte

Otjiruze Gästefarm   Route 7
P.O. Box 297/Okahandja, Tel. 062-503719, www.otjiruze.com. Anfahrt: Okahandja – D2101 (27 km) – Farmstraße nach links (13 km). DZ 90 € p.P. inkl. Halbpension, Stellplatz 10 € p.P., 10 Zimmer, Schwimmbad, Tennisplatz, hauptsächlich Jagdfarm, deutsch.

Otjitotongwe Lodge   Route 9
P.O. Box 60/Kamanjab, Tel. 067-687056, www.cheetahparknamibia.com. Anfahrt: Kamanjab – C40 nach O (24 km) – Farmpiste (8 km). DZ 60 € p.P. inkl. Halbpension, Camping 8 €/Person, 8 Bungalows, Geparden, englisch.

Otjiwarongo Acacia   Route 7+7a
P.O. Box 2209/Otjiwarongo, Tel. 067-303100acaciapa@mweb.com.na. Anfahrt: Otjiwarongo. Chalet für 2 ab 30 €, Mietzelt für 2 Personen 15 €, Stellplatz 5 € p.P., englisch.

Outapi Town Lodge   Route 11
Tel. 065-251029, www.outapith.iway.na. Anfahrt: Uutapi/Ombalantu. DZ/F 45 €, modernes Hotel im Ort an der Hauptstraße, Schwimmbad, englisch.

Out of Africa   Route 7+7a
B&B, P.O. Box 182/Otjiwarongo, Tel. 067-303397, www.out-of-afrika.com. Anfahrt: 94 Tuin Street, Otjiwarongo. DZ/F 20 € p.P., englisch

Out of Africa Town Lodge   Route 7+7a
P.O. Box 182/Otjiwarongo, Tel. 067-302230, www.out-of-afrika.com. Anfahrt: 94 Tuin Street, Otjiwarongo. DZ/F 25 €, Neubau am Stadteingang mit Säulen und Springbrunnen, englisch.

Oyster Box   Route 5
P.O. Box 4299/Walvis Bay, Tel. 064-202247, www.oysterboxguesthouse.com. Anfahrt: 56 Esplanade, Walvis Bay. DZ/F 80 €, 12 Zimmer an der Uferpromenade, englisch.

Palmenecke   Route 7+13
B&B, P.O. Box 392/Otavi, Tel. 067-234199, www.palmenecke.co.za. Anfahrt: 96 Herzog Avenue, Otavi. DZ 40 €, 5 Zimmer, Mittag- und Abendessen möglich, englisch.

Palmquell Hotel-Pension   Route 1
P.O. Box 6143/Windhoek, Tel. 061-234374, www.palmquell.com. Anfahrt: 60 Jan Jonker Road, Windhoek. DZ/F 90 €, 10 Zimmer, deutsch.

Palmwag Lodge   Route 10+12
P.O. Box 339/Swakopmund, Tel. +27+27-11-2575111, www.palmwaglodge.com. Anfahrt: Khorixas – C39 (112 km) – C43 (44 km). DZ ab 100 € p.P. inkl. Halbpension, Stellplatz 12 € p.P., 15 Zimmer und 5 Luxuszelte, 8 Stellplätze, Schwimmbad, englisch. Manchmal kommen die Elefanten bis ans Camp. Landebahn: 19°52′S, 13°56′E

Panorama Rock Lodge   Route 14
P.O. Box 11323/Windhoek, Tel. 061-251313, www.panoramarock.com. Anfahrt: Windhoek – B2 nach O (45 km) – MR51 nach S (38 km) – Farmstraße (2 km). 2 Bungalow für 2 Personen, vier Doppelzimmer, ab 90 € p.P. inkl. Halbpension, Game Drives (seltenes Wild wie Säbelantilopen, Giraffen), Wanderungen, hauptsächlich Jagdfarm, deutsch.

Pappot Rastlager   Route 1
P.O. Box 34/Maltahöhe, Tel. 063-293397, pappot@mweb.com.na. Anfahrt: Main Street, Maltahöhe. DZ/F 45 €, Stellplatz 8 €, gutes Restaurant, 5 Zimmer, So geschlossen, auch Informationsstelle, englisch.

Paradise Garden   Route 1
Tel. 061-303494, www.paradisegarden.iway.na. Anfahrt: Rontgen Street, Windhoek. DZ 30 €, Schlafsaal 11 €, Internet, Mahlzeiten möglich, 10 Fußminuten vom Zentrum, Pool, Braaiplatz, englisch.

Peace Garden Lodge   Route 13
P.O. Box 229/Grootfontein, Tel. 067-304176, www.peacegardenlodge.info. Anfahrt: Grootfontein, B8 nach S (5 km). 49 Chalets und Bungalows unterschiedlicher Ausstattung, DZ/F ab 55 €, Stellplatz 5 € p.P., gepflegte Anlage, liegt nahe der Straße, Restaurant, Pool, Spielplatz, englisch.

Pebble Stone House   Route 5
Tel. 061-252100. Anfahrt: 9 Namib Street, Swakopmund. Etwas abseits in Kramersdorf, dafür günstige Preise, 6 Zimmer, DZ/F ab 50 €, deutsch.

Pelican Bay Hotel   Route 5
P.O. Box 713/Walvis Bay, Tel. 064-214000, www.proteahotels.com. Anfahrt: Esplanade, Walvis Bay. DZ/F ab 50 € p.P., 50 Zimmer, englisch.

Penduka „Wake up"   Route 1
P.O. Box 7635/Katutura, Tel. 061-257210, . Anfahrt:Goreangab Damm, Katutura (Shuttle-Service). Bett ab 10 €, Bungalow 50 € (2 Personen), Flughafen -Shuttle 20 €/Person, geleitet von einem Frauenprojekt gegen Arbeitslosigkeit, Restaurant, englisch.

Planet Africa   Route 7
P.O. Box 182/Otjiwarongo, Tel. 067-307177. Anfahrt: 94 Rikumbi Katanga Street, Otjowarongo. Zimmer für Selbstversorger 35 €, englisch.

Popa-Fälle Rastlager   Route 13
Buchung über Namibia Wildlife Resorts Ltd. in Windhoek. Anfahrt: Rundu – B8 nach O (198 km) – D3403 (5 km). Hütten/Frühstück 90 €/Person, Camping 10 €/Stellplatz (max. 8 Personen) und 5 €/Person, Einlass von Sonnenauf- bis Sonnenuntergang, kleiner Laden, Restaurant, englisch.

Prinzessin-Rupprecht-Heim Hotel- Pension   Route 5
P.O. Box 124/Swakopmund, http://de.hotel-prinzessin-rupprecht.com, Tel. 064-412540. Anfahrt: 15 Lazarett Street, Swakopmund. DZ/F 36€/Person, 20 Zimmer, deutsch.

Protea Hotel   Route 5
P.O. Box 30/Walvis Bay, Tel. 064-213700, www.proteahotels.com/walvisbay. Anfahrt: 10th Road/Ecke Sam Nujoma Drive, Walvis Bay. DZ/F ab 85 €, 25 Zimmer, englisch.

Puccini House   Route 1
B&B, P.O. Box 31396/Windhoek, Tel. 061-236355, www.puccini-namibia.com. Anfahrt: 4 Puccini Street, Windhoek. DZ/F um 50, Schwimmbad, Küche, englisch.

Punyu International Hotel   Route 11
P.O. Box 247/Ondangwa, Tel. 065-240660,. Anfahrt: Main Road (500 m auf die D3622 Richtung Eenhana), Ondangwa. DZ/F 35 €, 40 Zimmer, Parkplatz, englisch.

Purros Zeltplatz   Route 10b
Ehemaliges NACOBTA-Projekt, Kontakt über 081-7162066. Anfahrt: Purros. Camping 5 €/Person, Toiletten und Duschen mit warmem Wasser für jeden Stellplatz, im Uferwald, schön und sauber, lokale Führer, Bar mit kalten Getränken, Besuch des Traditional Village, von Himba geführt.

Liste der Unterkünfte

Purros Bush Lodge — Route 10b
Kommunale Lodge, Kontakt über 081-7162066. Anfahrt: Purros 4 km nach Norden am Hoarusib-Rivier. 7 Zimmer, Bar, sauber, 30 €/Person, englisch.

Quivertree Forest Rastlager — Route 2
P.O. Box 262/Keetmanshoop, Tel. 063-683421, www.quivertreeforest.com. Anfahrt: Straße 29 (15 km). DZ ab 90 € inkl. Halbpension, Stellplatz 10 € p.P., 8 Zimmer, Restaurant, Eintritt in den Wald und zu Giant's Playground 5 €/Person, englisch.

Rainbow River Lodge — Route 5
P.O. Box 5111/Divundu, Tel. 066-686002, www.rainbowriverlodgenamibia.com. Anfahrt: Divundu – D3403 (7 km) – Piste (1 km). DZ/F 60 €, 20 Chalets, 10 Hütten, 20 Stellplätze (8 €/Person), Restaurant, Curioshop, Laden, englisch.

Rachel Backpacker — Route 2
P.O. Box 1381/Keetmanshoop, Tel. 063-225177. Sehr einfache Unterkunft, Bett ab 15 €, englisch.

Rapmund Hotel-Pension — Route 5
P.O. Box 425/Swakopmund, Tel. 064-402035, www.hotelpensionrapmund.com. Anfahrt: 6–8 Bismarck Street, Swakopmund. DZ/F ab 40 € p.P., 50 Betten, deutsch.

Red Dune Camping — Route 2a
P.O. Box 73/Gochas, Tel. 063-250164, www.reddunecamp.com. Anfahrt: Gochas – C15 nach SÜden (38 km). Auf der Farm Tarendal liegt einer der schönsten Zeltplätze des Landes, hoch oben auf einer Kalahari-Düne (nur mit 4x4 zu befahren). Camping ab 8 €/Person, Zimmer mit eigenem Bad (35 €, Selbstversorgung), Luxuszelte mit Buschdusche und Toilette, Restaurant, Farmshop mit Grillfleisch, sehr begehrter Platz, deshalb in der Saison vorausbuchen, englisch.

Reho Spa Rastlager — Route 1
Wurde 2009 privatisiert und ist seither geschlossen, voraussichtliche Wiedereröffnung 2016. Anfahrt: Rehoboth.

Reit-Club — Route 7
P.O. Box 425/Okahandja, Tel. 081-8582994, www.facebook.com/reitclubokahandja. Anfahrt: Okahandja, Zimmer 20 € p.P., Stellplatz 8 € p.P., 3 Zimmer mit Gemeinschaftsbad, einfach, aber sauber, Restaurant Horseshoe, deutsch.

Rivendell — Route 1
P.O. Box 5142/Windhoek, Tel. 061-250006, www.rivendellnamibia.com. Anfahrt: 40 Beethoven Street, Windhoek. DZ/F ab 35 € (eigenes Bad), 10 Zimmer, englisch.

River Chalets — Route 1+2+2a
P.O. Box 262/Mariental, Tel. 063-240515, www.riverchalets.com. Anfahrt: National Road, Mariental. Selbstversorger-Bungalows, 50 € (2 Personen), 80 € (5 Personen), Frühstück 5 € auf Vorbestellung, englisch. Von Gästen hochgelobt.

River Crossing Lodge — Route 14
P.O. Box 97448/Windhoek, Tel. 061-246788, www.rivercrossing.com.na. Anfahrt: Windhoek, Avis Staudamm. Lodge mit 20 Chalets zu Füßen der Auas-Berge, DZ/F 155 €, Pool, elegante Atmosphäre, Restaurant, englisch.

R&L Gästefarm — Route 8a
P.O. Box 170/Omaruru, Tel. 064-570657, www.rl-farm.de. Anfahrt: Karibib – C33 (42 km). Ab 85 € p.P. inkl. Vollpension, 5 Zimmer, Schwimmbad, hauptsächlich Jagdfarm, deutsch.

The Rock Lodge — Route 8
P.O. Box 1297/Okahandja, Tel. 062-506000, www.rocklodge.com.na. Anfahrt: Okahandja – B2 nach W (12 km). DZ/F 50 € p.P., 31 Zimmer, Restaurant, Schwimmbad. Die Lodge ist hübsch in eine felsige Landschaft eingepasst, Konferenzräume, englisch.

Rochas Hotel
s.u. Eluwa Hotel

Roidina Safari Lodge — Route 8a
P.O. Box 259/Omaruru, Tel. 064-571188, www.roidina-centaurus.com. Anfahrt: Omaruru – C33 nach N (20 km). 9 Zimmer, DZ/F ab 100 €, Wandern, Fotosafaris, englisch.

Roof of Africa — Route 1
P.O. Box 11745/Windhoek, Tel. 061-254708, www.roofofafrica.com. Anfahrt: 124/126 Nelson Mandela Avenue, Windhoek. 27 Zimmer, DZ/F ab 70 €, Restaurant, Bar, Autovermietung, englisch

Rooiklip Gästefarm — Route 1
P.O. Box 40522/Windhoek, Tel. 061 - 681031, www.rooiklip.iway.na. Anfahrt: Windhoek – C26 (158 km) – D1438 (9 km) – Farmpad (9 km). 2 Gästehäuser mit insgesamt 6 Zimmern , 30 € p.P. (nur Selbstversorgung, Fleisch und weitere Lebensmittel sind auf der Farm erhältlich – Grillholz ist selbst mitzubringen), Camping 10 €/Person, zu Füßen des Gamsberg-Passes, Pool, Bar, Geocache, Wanderwege, deutsch.

Rooisand Desert Ranch — Route 1
P.O. Box 2106/Windhoek, Tel. 062-572119, www.rooisand.com. Anfahrt: Windhoek – B1 nach S (7km) – C26 (158 km). DZ/F 70 €/Person, 5 Zimmer und ein Ferienhaus mit 4 Einzelzimmern, Schwimmbad, Sternobservatorium, Camping 15 €/Person, deutsch. Landebahn: 23°17'S, 16°06'E

Rossmund Lodge — Route 5
P.O. Box 86/Swakopmund, Tel. 064-414600, www.rossmund.com. Anfahrt: Swakopmund – B2 (8 km). DZ/F ab 60 € p.P., 24 Chalets, Luxusunterkunft am Golfplatz von Swakopmund, englisch.

Rostock Ritz Lodge — Route 1
P.O. Box 536/Swakopmund, Tel. 081-2585722, www.rostock-ritz-desert-lodge.com. Anfahrt: Solitaire – C14 nach N (46 km) – Farmpiste (5 km). 21 Zimmer und Suiten, DZ/F ab 90 € p.P., Camping ab 10 €/Person, deutsch.

Royal Benguela Gh. — Route 5
P.O. Box 8188/Swakopmund, Tel. 064-402193, www.royalbenguela.com. Anfahrt: 16 Tsavorite St, Swakopmund (Vineta). DZ/F 40 €/Person, 7 schön eingerichtete Zimmer unweit der Waterfront, englisch.

Roy's Camp — Route 13
P.O. Box 755/Grootfontein, Tel. 067-240302, http://roysrestcamp.com. Anfahrt: Grootfontein – B8 nach N (56 km). Bungalow 50 € p.P. inkl. Frühstück, rustikal eingerichtet, Stellfläche 7 € p.P., Pool, zahlreiche Aktivitäten, nettes Rastlager auf dem Weg nach Rundu, eintägige San-Tour 120 € (max. 7 Personen), englisch.

Ruacana Eha Lodge
s.u. Eha Lodge

Rustig Toko Lodge — Route 10
P.O. Box 25/Kamanjab, Tel. 067-687095, www.tokolodgesafaris.com. Anfahrt: Kamanjab – C35 nach N (7 km) – D2763 (13 km) – D2695 (6 km). DZ/F 70 € p.P., 9 Zimmer, Schwimmbad, Stellplatz 6 € pro Person, Wildfahrten, Touren, deutsch.

Liste der Unterkünfte

Sachsenheim Gästefarm — Route 11
P.O. Box 1713/Tsumeb, Tel. 067-230011, www.sachsenheim-wild.de. Anfahrt: Tsumeb – B1 nach N (80 km) – Farmstraße (1,5 km). DZ 80 € p.P. inkl. Vollpension, 10 Zimmer, 3 Stellplätze, hauptsächlich Jagdfarm, deutsch.

Safari Hotel — Route 1
P.O. Box 3900/Windhoek, Tel. 061-2968000, www.safarihotelsnamibia.com. Anfahrt: Windhoek, Eros-Flughafen. Preise: DZ/F ab 70 €, Hotelkomplex mit 900 Betten der 3- und 4-Sterne-Kategorie, Schwimmbad, Parkplatz, viele Reisegruppen, englisch.

Salambala Campsite — Route 13
Ehemaliges NACOBTA-Projekt, Kontakt über Tel. 066-252108 (Salambala Conservancy). Anfahrt: Katima Mulilo– B8 nach Osten (58 km) – Stichstraße (5 km). Stellplatz 5 € p.P., englisch.

Sams Giardino House — Route 5
P.O. Box 1401/Swakopmund, Tel. 064-403210, www.giardinonamibia.com. Anfahrt: 89 Anton Lubowski Avenue, Swakopmund. DZ/F ab 100 €, 10 Zimmer, deutsch.

Samsitu Riverside Camp — Route
Tel. 066-257023. Anfahrt: bei der Hakusembe River Lodge. Zeltplatz am Fluss, Kiosk, Pool mit Bar, Bootstouren, ab 6 €/Person

Sandfields Guest House — Route 5
P.O. Box 2044/Swakopmund, Tel. 064463136, www.sandfieldsguesthouse.com. Anfahrt: 11 Sphinx Stret, Swakopmund (Vineta). DZ/F 90 €, 5 Zimmer, englisch.

Sandfontein Lodge — Route 3a
P.O. Box 627, Karasburg, Tel. 063-683160, www.sandfontein.com. Anfahrt: Warmbad – D210 nach Westen (25 km) – D208 nach Süden (25 km) – Farmpiste (30 km). Wüstenlodge im Nirgendwo, sehr luxuriös und mit Pool, DZ um 120 €/Person mit Vollpension, 4 4-Bett-Bungalows und eine Suite.

SanDüne Lodge — Route 14
P.O. Box 426/Gobabis, Tel. 062-563559. Anfahrt: Gobabis – B6 nach Osten (3 km) – C22 nach Süden (13 km). DZ/F ab 50 € p.P., 8 Zimmer und 6 Luxuszelte, englisch.

Sasa Safari Camp — Routen 7+8+9
P.O. Box 547/Outjo, Tel. 081-1290658, www.sasasafaricamp.com. Anfahrt: Outjo – C38 nach Süden (4 km) – MR63 (3 km). 7 Chalets und Zeltplazu an den Ugab-Terrassen, DZ ab 50 €/Person mit Halbpension, Camping 8 €/Person, Wanderungen, Schwimmbad, englisch.

Sarasungu Lodge — Route 13
P.O. Box 414/Rundu, Tel. 067-255161, www.sarasunguriverlodge.com. Anfahrt: Rundu – D3402 (500 m) – Stichstraße (2 km). DZ/F ab 40 €, Camping mit Feuerstelle 10 €/Person, 20 Zimmer, Schwimmbad, Konferenz- und Tagestourismus, englisch.

Savanna Guestfarm — Route 3
P.O. Box 14/Grünau, Tel. 063-683127, www.savanna-guestfarm.com. Anfahrt: Keetmanshoop – B1 nach S (120 km), 40 km vor Grünau. DZ/F ab 50 €, 5 Zimmer, deutsch.

Schöne Aussicht, Camp — Route 10
P.O. Box 81, Outjo, Tel. 061-234342, www.campaussicht.com. Anfahrt: Sesfontaine nach O (5 km) – C 43 nach N (65 km) – ausgeschilderter Bergpfad nach O (5 km, auch mit Pkw machbar). Zeltplatz ab 10 € p.P., Zimmer mit Halbpension p.P. um 50 €. Möglichkeit, selbst nach einem Dioptas im Bergwerk zu suchen (Mineralientour 20 €), sehr angenehmes Camp, überaus empfehlenswert, fantastische Sicht, deutsch.

Schönfeld Gästefarm — Route 8a
P.O. Box 382/Omaruru, Tel. 081-1298999, www.schoenfeldsafaris.com. Anfahrt: Omaruru – C33 nach N (40 km) – D2337 (14 km). DZ 90 € p.P. inkl. Halbpension, 8 Zimmer, Schwimmbad, hauptsächlich Jagdfarm, deutsch.

Schützenhaus Pension — Route 2+2a+3
P.O. Box 3549/Keetmanshoop, Tel. 063-223400, www.schuetzenhaus-namibia.com. Anfahrt: Pastorie Street, Keetmanshoop. DZ/F ab 40 € p.P., 13 luxuriöse Zimmer mit allem Komfort in dem Gebäude des einst ersten deutschen Klubs in Namibia, der 1907 gegründet wurde, Küche mit deutschen Spezialitäten (aber nicht nur), englisch.

Schweizerhaus Hotel — Route 5
P.O. Box 445/Swakopmund, Tel. 064-400331, www.schweizerhaus.net. Anfahrt: 1 Bismarck Street, Swakopmund. DZ/F ab 45 € p.P., 25 Zimmer, deutsch, angeschlossen ist bekanntes Café.

Sea Breeze Guesthouse — Route 5
P.O. Box 2601/Swakopmund, Tel. 064-463348, www.seabreeze.com.na. Anfahrt: 48 Turmalin Street, Swakopmund. DZ/F ab 85 €, elegant eingerichtetes Haus mit 12 Zimmern und Wohnungen, englisch.

Seagull's Inn Guesthouse — Route 5
B&B, P.O. Box 98/Walvis Bay, Tel. 064-202775. Anfahrt: 215 Sam Nujoma Avenue, Walvis Bay. 5 Zimmer, DZ ab 40 €, englisch.

Seahorse Holiday Flats — Route 5
Tel. 064-462743, www.natron.net/seahorse. Anfahrt: Bernstein Street, Swakopmund. Ferienapartments mit 1-4 Betten, Frühstück möglich, 2-Bett-Apartment ab 50 €, deutsch.

Seaview Hotel Zum Sperrgebiet
s.u. Zum Sperrgebiet Hotel

The Secret Garden Guesthouse — Route 5
P.O. Box 2609/Swakopmund, Tel. 064-404037, www.secretgarden.com.na. Anfahrt: 36 Bismarck Street, Swakopmund. DZ/F 40 € p.P., 14 Betten, schöne Gartenanlage, englisch

Seeheim Hotel — Route 2+3
P.O. Box 1338/Keetmanshoop, Tel. 063-250503, www.seeheim.co.za. Anfahrt: Seeheim. DZ/F 65 € p.P., 30 Zimmer in einem alten Fort der Schutztruppe, Schwimmbad, Treibstoff (nicht immer), Laden, englisch.

Seidarap Gästehaus — Route 4
Tel. 067-242817, www.seidarap.com. Anfahrt: Grootfontein – C42 nach Norden (4 km). DZ/F ab 35 € p.P., 6 Zimmer, Schwimmbecken, auch Abendessen möglich, deutsch.

Sérénité Namibia
s.u. Gocheganas

Serra Cafema Camp — Route 10b
P.O. Box 6850/Windhoek, Tel. 061-274500, www.wilderness-safaris.com. Anfahrt: Nur bei Voranmeldung, üblich ist die Ankunft mit dem Flugzeug, am Kunene 65 km von der Mündung entfernt. 500–750 €/Person, alles inklusive, was man sich nur vorstellen kann; 6 Luxuszelte am Kunene, Voranmeldung obligatorisch, deutsch.

Sesfontein Lodge
s.u. Fort Sesfontein Lodge

Liste der Unterkünfte

Sesriem Zeltplatz   **Route 1**
Buchung über Namibia Wildlife Resorts Ltd. in Windhoek. Anfahrt: Namib- Naukluft-Park, Sesriem/Sossusvlei-Teil. Stellplatz 12 €/Person, geringe Versorgungsmöglichkeit, für Camper werden die Tore nach Sossusvlei eine Stunde früher geöffnet, Tankstelle, renoviertes Restaurant, guter Laden. Tore in die Außenwelt öffnen von Sonnenauf- bis Sonnenuntergang (Richtung Sossusvlei meist eine Stunde früher bzw. später), englisch.

Seven Valleys   **Route 11**
B&B, P.O. Box 1430/Oshakati, Tel. 065-231049, www.sevenvalleys.info. Anfahrt: Main Road Ongwediva – Oshakati, Oshakati. DZ/F um 60 €, 8 Zimmer, englisch.

Shametu River Lodge   **Route 13**
Tel. 066-259035, http://shameturiverlodge.com. Anfahrt: Divundu – C38 nach Süden (5 km). Zeltcamp am Ufer des Okavango mit Blick auf die Popa-Fälle, Stellplatz ab 8 €/Person, englisch.

Shamvura Restcamp   **Route 13**
Tel. 066-264007, www.shamvura.com. Anfahrt: Divundu/Bagani – B8 nach W (100 km) – am Shamvura Turn-off nach Norden zum Kavango (12 km). 5 Hütten, Chalets, 50 € p.P. zur Selbstversorgung, 5 Stellflächen 10 € p.P., englisch.

Shankara Farm Lodge   **Route 13**
Tel. 066-256616. Anfahrt: Rundu – B8 nach Osten (81 km) – Stichstraße (4 km). Bungalow 40 € (max. 5 Personen), Camping 6 €/Person, Hot Spot für Birder und Angler, Selbstversorgung, englisch.

Shark Island   **Route 4**
s.u. Lüderitz Rastlager

Sikereti Rastlager   **Route 13b**
Luxus-Campingplatz in der Einsamkeit. Vor Abfahrt aus dem Süden kommend sollte man sich in Tsumkwe über die aktuelle Situation informieren. Anfahrt: Tsumkwe – Kaudom-Tierreservat. Mindestens zwei geländegängige Fahrzeuge (o. Anhänger!) sind notwendig, Proviant und Wasser für mindestens 3 Tage, Stellplatz 20 €/Person zzgl. 10 €/Fahrzeug, Eintritt Nationalpark 5 €/Person, englisch.

Silversand Gästefarm   **Route 14**
P/Bag 13161/Windhoek, Tel. 062-560200, www.silversandhunting.com. Anfahrt: Windhoek – B6 (69 km) – D1535 (18 km). DZ 80 € p.P. inkl. Vollpension, 5 Zimmer, Schwimmbad, hauptsächlich Jagdfarm, deutsch.

Sitzas Camp   **Route 2a**
Tel. 063-252019. Anfahrt: Mata Mata. Selbstversorger-Camp am Grenzzaun mit Rondavels (für 30 €) und Zeltplatz (6 €/Person), Kiosk mit Fleisch, Biltong und Getränken, englisch.

Skeleton Coast Camp   **Route 10**
P.O. Box 6850/Windhoek, Tel. +27/27-11-8071800, www.wilderness-safaris.com. Keine Anfahrt möglich, reines Fly-in-Camp am Hoanib, pro Tag ab 500 € p.P., alles inklusive, 12 Betten in 6 Luxuszelten, englisch.

Soft Adventure Camp
s. Namib Naukluft Lodge

Solitaire Country Lodge   **Route 1**
Tel. 067-240901, www.solitairecountrylodge.com. Anfahrt: Solitaire. DZ/F ab 40 € p.P., 23 Zimmer um einen Pool, Stellplatz 6 € p.P., Restaurant, englisch.

Solitaire Guestfarm   **Route 1**
P.O. Box 4119/Walvis Bay, Tel. 061-305173, www.solitaireguestfarm.com. Anfahrt: Solitaire – C14 nach O (6km). DZ/Halbpension ab 120 €, 5 Zimmer, Camping 6 €/Person, englisch.

Sophia Dale Restcamp   **Route 6**
P.O. Box 2248/Swakopmund, Tel. 064-403264, www.sophiadale.de. Anfahrt: Swakopmund – B2 (9 km) – D1901 (2 km). Rondavel (2–4 Personen) 35–50 €, Stellplatz 8 € p.P., keine Kreditkarten, deutsch.

Haus Sonneneck   **Route 1**
P.O. Box 86234/Windhoek, Tel. 061-225020, www.haussonneneck.com. Anfahrt: 1 Robyn Street, Windhoek. DZ/F 60 €, Schwimmbad, 5 Zimmer, deutsch.

Sossus Dune Lodge   **Route 1**
Buchung über Namibia Wildlife Resorts in Windhoek. Anfahrt: Sesriem. 2007 fertiggestellte Luxuslodge mit 25 2-Bett-Chalets, ein Chalet mit zwei Gästen, Halbpension. Chalet/F 180 €/Person; wer hier nächtigt, kann zu jeder Tages- und Nachtzeit ins Vlei fahren.

Sossus Oasis Campsite   **Route 1**
Sesriem, Tel. 063–293632, www.sossus-oasis.com. Luxuszeltplatz, jeder Stellplatz mit eigenem WC und Dusche, Solar-Warmwasserzubereitung, Strom, Braaaiplatz, Laden, Tankstelle und einen Pool. Stellplatz ab 12 € p.P.

Sossusvlei Lodge   **Route 1**
P.O. Box 6900/Ausspannplatz, Windhoek, Tel. 063-293636, www.sossusvlei lodge.com. Anfahrt: Sesriem. DZ 100–150 €/Person inkl. Halbpension, 45 Eiheiten, Schwimmbad, direkt am Eingang nach Sossusvlei, englisch.

Sossusvlei Desert Camp
s.u. Desert Camp

Sossusvlei Desert Lodge   **Route 1**
Tel. 063-693307, www.andbeyond.com. Anfahrt: Sesriem – D826/C27 nach W (12 km) – C19 nach S (18 km) – Farmstraße (2 km). 350–600 € p.P., alles inklusive, 18 Betten, Luxuslodge, kleine private Schwimmbäder, englisch.

Spitzkoppe Zeltplatz   **Route 8+8c**
P.O. Box 357/Usakos, Tel. 061-464144, www.spitzkoppe.com. Anfahrt: Usakos – B2 nach W (23 km) – D1918 (18 km) – D3716 (11 km) – Piste (1 km). Kommunales Camp, Stellplatz 8 € p.P., 3 Bungalow 15 € p.P., Trinkwasser mitbringen. Bar mit kalten Getränken, kleines Restaurant, Feuerholz ist da, sehr sauber, aber Problem wegen fehlender Toiletten. Freundliche, lokale Leute, Führungen möglich, englisch.

Stampriet Historical Guesthouse   **Route 2**
P.O. Box 61/Stampriet, Tel. 063-260013, http://stamprietguesthouse.com. Anfahrt: Stampriet. DZ/F 55 € p.P., 10 Zimmer in einem alten Handelsposten aus Deutschsüdwest, englisch.

Steiner Hotel-Pension   **Route 1**
P.O. Box 20481/Wecke Street, Windhoek, Tel. 061-414400, www.hotelpensionsteiner.com. DZ/F ab 65 €., 16 Zimmer, Schwimmbad, mittags leichte Mahlzeiten, Parkplatz, deutsch.

Steps for Children Guesthouse Gobabis   **Route 14**
www.stepsforchildren.de. Anfahrt: Gobabis. Deutsches Entwicklungshilfeprojekt, u.a. mit Vorschule, Suppenküche und Gästehaus; bei einem Besuch und Übernachtung tut man Gutes und lernt das Land einmal auf ganz andere Art und sehr direkt kennen. DZ mit Bad ab 20 €, Stadtführung 10 €, englisch/deutsch.

Steps for Children Guesthouse Okakarara — Route 7a
www.stepsforchildren.de. Anfahrt: Okakarara. Deutsches Entwicklungshilfeprojekt, u.a. mit Kinderbetreuung, Fahrradreparatur und -verkauf, Hühnerstallprojekt und Gästehaus; bei einem Besuch und Übernachtung tut man Gutes und lernt das Land einmal auf ganz andere Art und sehr direkt kennen. DZ mit Bad ab 30 €, die sehr empfehlenswerte Stadtführung kostet 10 €/Person, englisch/deutsch.

Stoney's Country Hotel — Route 2a
P.O. Box 80/Gochas, Tel. 063-250237, www.gochashotel.com. Anfahrt: Gochas. DZ/F 60 €, Schwimmbad, Restaurant, das ehemalige Gochas Hotel, englisch.

The Stonehouse — Route 4
B&B, Tel. 067-242842, www.stonehouse.iway.na. Anfahrt: Grootfontein, Okavango Road. 6 Zimmer, DZ/F ab 50 €, Schwimmbad, englisch.

Strand Hotel — Route 5
Tel. 064-4114308, www.strandhotelswakopmund.com. Anfahrt: Mole, Swakopmund. Luxushotel in der ersten Reihe mit 125 Zimmern und Suiten und allen Annehmlichkeiten, DZ/F ab 110 €/Person.

Strauss Holiday Flats — R 5+6+8c+12
B&B, P.O. Box 2542/Swakopmund, Tel. 064-412350, www.straussholidays.com. Anfahrt: 10 Feld Street, Swakopmund. DZ/F 60 €, deutsch.

Suricate Tented Camp
s.u. Intu Afrika Game Reserve

Susuwe Island Lodge — Route 13
Tel. 061-224420, www.caprivicollection.com. Anfahrt: Katima Mulilo – B8 nach W (115 km) – bei Kongola D3511/C49 nach S (6 km) – beim Kubunyana Camp turn off nach rechts (4 km) – hier wird man mit dem Boot abgeholt und zur Insel im Kwando-Fluss gebracht. Wiedereröffnung Juli 2016, DZ ab 340 € p.P., alles inklusive, Luxusunterkunft, 10 Betten, englisch.

Swakopfluss Zeltplatz — Route 6
Buchung über das Ministry of Environment & Tourism in Swakopmund (Alte Ritterburg, Sam Nujoma Drive/Ecke Bismarck St, Tel. 064-404576, Mo–Sa zu den Geschäftszeiten, So 8–13 Uhr) oder in Walvis Bay (Heinrich Baumann St, Tel. 064-205971) und im Tourism Centre in Henties Bay. Anfahrt: Namib-Naukluft-Park, Namib-Teil, Stellplatz 10 € (max. 8 Pers.) zzgl. 10 € p.P., zzgl. Permit 6 € p.P. und Kfz 1 €, kein Wasser und Feuerholz verfügbar, gekennzeichnete Wege dürfen nicht verlassen werden.

Swakopmund Guesthouse — Route 5
Tel. 064-462008, www.swakopmundguesthouse.com. Anfahrt: 35 Hendrik Witbooi Street, Swakopmund. DZ/F ab 120 €, 12 Zimmer und Suiten, deutsch.

Swakopmund Rastlager — Route 5
Stadtverwaltung Swakopmund- Anfahrt: Swakopmund, Tel. 064-4104618, www.swakopmund-restcamp.com. Bungalow ab 25 € (2 Personen), städt. Ferienhaussiedlung, deutsch.

Swakopmund Hotel & Entertainment Center — Route 5
P.O. Box 616/Swakopmund. Anfahrt: 2 Bahnhof Street, Swakopmund, Tel. 064-4105200, www.legacyhotels.co.za. DZ/F ab 185 €, 100 Zimmer, Schwimmbad, Luxushotel im umgebauten ehemaligen Bahnhof, das dem traditionsreichen Hansa Hotel jedoch nicht den Rang ablaufen kann, englisch.

Swakopmund Jugendherberge — Route 5
P.O. Box 4332, Bismarck Street, Swakopmund, Tel. 064-404164. 5 € p.P. im Mehrbettzimmer, Jugendherberge in den historischen Gemäuern der Alten Kaserne, ziemlich heruntergekommen, englisch.

Swakopmund Rastlager Mile 4 — Route 5
P.O. Box 3452, Swakopmund, Tel. 064-461781, www.mile4swkp.com. Anfahrt: Swakopmund – C34 (6 km). Zeltplatz ab 10/Stellplatz plus 5 €/Person, Bungalow ab 80 € (6 Personen), englisch.

Swakopmund Sands Hotel — Route 5
P.O. Box 1497/Swakopmund, Tel. 064-404505, http://swakopmundsandshotel.com.. Anfahrt: Swakopmund. Luxuriöses Hotel mit 21 Zimmern, DZ/F ab 110 €.

Sylvanette Guesthouse — Route 7+8
B&B, P.O. Box 529/Okahandja, Tel. 062-505550, www.sylvanette.com. Anfahrt: 311 Hoogenhout Street, Okahandja. DZ/F 40 €, 14 Betten, englisch.

Tahiti Guesthouse — Route 1
66 Niekerk Street, Mariental, Tel. 063-240636. 17 kleine Zimmer, kein Pool, A/C und TV, einfache Einrichtung und gutes Restaurant, DZ/F 30 € p.P.

Taleni Etosha Village — Route 7
P.O. Box 6900/Ausspannplatz, Tel. 067-687190, www.etosha-village.com. Anfahrt: Okaukuejo – C38 nach Süden (20 km). 40 wirklich großräumige Luxuszelte mit großzügigem Bad und Küche mit eigener Sitzgelegenheit, Braaimöglichkeit, DZ/F ab 50 €/Person (Selbstversorgung), Camping 10 €/Person, 3 Restaurants, Bar, 2 Pools, 3 km vom Andersson Gate, englisch.

Tamboti Guest House — Route 1
B&B, P.O. Box 40377/Windhoek, Tel. 061-235515, www.guesthouse-tamboti.com. Anfahrt: 9 Kerby Street, Windhoek. DZ ab 55 €, 15 Zimmer, deutsch.

Tambuti Lodge — Route 13
P.O. Box 2343/Rundu, Tel. 066-255711, www.tambuti.com.na. DZ/F ab 60 €, 8 Bungalows, über Rundu Beach gelegene Lodge unter Schweizer Leitung, sicheres Parken, englisch.

Tandala Ridge Wildlife Lodge — Route 7
P.O. Box 22/Okaukuejo via Outjo, Tel. 081-1245202, www.tandalaridge.com. Anfahrt: Outjo – C38 (66 km) – D2695 (33 km). DZ 50 € p.P. inkl. Vollpension und Aktivitäten, 10 Betten, Camping 8 €/Person, englisch.

Taranga Safari Lodge — Route 13
Tel. 066-257236, www.taranganamibia.com. Anfahrt: Rundi C45 nach Westen (35 km). Elegante Lodge am Fluss mit sechs Luxuszelten direkt am Fluss, Bootsafaris, DZ/Halbpension ab 80 €/Person.

Terra Africa Gästehaus — Route 1
P.O. Box 97164/Windhoek, Tel. 061-252100, www.terra-africa.com. Anfahrt: 6 Kenneth McArthur Street, Windhoek. 10 Zimmer, DZ/F ab 50 € p.P., kein Restaurant, aber die Besitzer betreiben Catering, so dass die Gäste die Möglichkeit haben auch dort zu essen, englisch.

Terra Rouge Camp — Route 2a
P.O. Box 895/Keetmanshoop, Tel. 063252031, www.terrarougefarm.com. Anfahrt: Mata Mata – C15 nach W (45 km). Schöner Zeltplatz 10 €/Person, 3 Chalets ab 25 €/Person. Gute Basis, wenn das Lager Mata Mata ausgebucht ist; Selbstversorgung (Fleisch- und Holzverkauf), englisch.

Liste der Unterkünfte

Terrace Bay Rastlager   **Route 12**
Buchung über Namibia Wildlife Resorts Ltd. in Windhoek. Anfahrt: Swakopmund – C34 (353 km). Bungalow ab 70 € p.P. mit Halbpension, Versorgungsmöglichkeit, Tankstelle, Einlass am Südtor des Skelettküsten-Parkes (Ugab-Tor) nur bis 15 Uhr, am Osttor (Springbokwasser) nur bis 17 Uhr, Einfahrt in den Park mit Ziel Terrace Bay nur mit Reservierung.

Teufelskrallen Tented Lodge   **Route 1**
P.O. Box 113/Kalkrand, Tel. 063-254003, www.teufelskrallenlodge.com. Anfahrt: In Kalkrand an der C21 (Stichstraße vom Rezeptionsgebäude 3 km). DZ/F 50–60 €/Person, 6 komfortable Hauszelte auf Stelzen, deutsch.

The Guesthouse   **Route 1**
B&B, P.O. Box 11948/Windhoek, Tel. 061-225500, www.theguesthouse-namibia.com. Anfahrt: 29-31 Stein Street, Windhoek. DZ/F 50 €, 8 Zimmer, 2 Bungalows.

The Shifting Whispering Sands   **Route 5**
Tel. 064-205348, www.walvisbay.org/the-shifting-whispering-sands. Anfahrt: 82 Sam Nujoma Avenue, Walvis Bay. DZ/F ab 30 €/Person, 5 Zimmer mitten im Zentrum, englisch.

The Stiltz   **Route 5**
Tel. 064-400771, www.thestiltz.com. Anfahrt: Strand Street, Swakopmund. DZ/F ab 85 €, 8 mit Stegen verbundene Bungalows auf Stelzen am Strand, äußerst extravagante Lage und Bauausführung vom Schöpfer von architektonischen Kuriositäten wie The Raft, The Tug und Erongo Wilderness Lodge, englisch.

Three Palms B&B   **Route 13**
Tel. 066-252850, www.3palms.com.na. Anfahrt: Katima Mulilo. Mit viel Herzblut und Geschick eingerichtete sechs Zimmer, sehr angenehm, DZ/F 75 €.

Thule Hotel Pension   **Route 1**
P.O. Box 166/Windhoek, Tel. 061-371950, www.hotelthule.com. Anfahrt: 1 Gorges Street, Windhoek. Eine der ersten Adressen des Landes in dem ehemaligen Wohnhaus des Baukönigs des Landes Lafrenz im Stil der 1960er Jahre, großer Garten von 4 ha mit Antilopen und Wasserloch, Blick über die Stadt vom Restaurant. DZ/F ab 240 €, englisch.

Thüringer Hof Hotel   **Route 1**
P.O. Box 112/Windhoek, Tel. 061-226031, www.proteahotels.com. Anfahrt: Windhoek, Independence Avenue. DZ/F 100 €, 80 Betten, Biergarten, renoviertes Traditionshotel, englisch.

Tiger Reef Campsite   **Route 5**
Am Strand, Tel. 064-400935, www.facebook.com/TigerReefCampsite. Zeltplatz mit 23 Stellflächen direkt am Strand nördlich der Swakop-Mündung, 15 €/Stellplatz zzgl. 6 €/Person.

Tiras Gästefarm   **Route 4a**
P.O. Box 30566/Windhoek, Tel. 061-243827, www.kidogo-safaris.com. Anfahrt: Aus – C13 nach N (65 km) – Farmpiste (800 m). Chalet/Selbstversorgung 30 €/Person, sehr schöne Stellplätze 10 € p.P., geführte Farmrundfahrten mit geheimnisvollen Felszeichnungen, Artefakten und lehrreichen Pflanzenbeschreibungen, deutsch.

Toko Lodge
s.u. Rustig Toko Lodge

Tok Tokkie Trails   **Route 2**
P.O. Box 162/Maltahöhe, Tel. 063-264521/264389, www.toktokkietrails.com. Anfahrt: Sesriem – D826/C27 nach S (106 km) – Farmpiste (11 km). DZ 200 € p.P. inkl. Vollpension (für zwei Nächte/Tage), maximal 6 Teilnehmer, Fußwanderungen durch das Namib Rand Reservat, deutsch.

Tolou's Lodge — Route 1
P.O. Box 20080/Windhoek, Tel. 061-234342, eden@mweb.com.na. Anfahrt: Sesriem – D826/C27 nach S (100 km). DZ 40 € p.P. inkl. Halbpension, 15 Zimmer, englisch.

Tommy's Lodge — Route 8
Tel. 064-550081, http://tommyslodge.com. Anfahrt: 185 Hidipo Hamutenya Road, Karibib. Stadtlodge, eher einfach, aber modern und sauber eingerichtet, 8 Zimmer (DZ/F 40 €) und ein Dutzend Betten im Schlafsaal (10 €).

Torra Bay Zeltplatz — Route 12
Buchung über Namibia Wildlife Resorts Ltd. in Windhoek. Anfahrt: Swakopmund – C34 (304 km). Stellplatz 13 €/Person, Versorgungsmöglichkeit, Tankstelle, Torra Bay ist im Jahr nur 2 Monate geöffnet (Dezember und Januar), Einlass am Südtor des Skelettküsten-Parkes (Ugab Tor) nur bis 15 Uhr, am Osttor (Springbokwasser) nur bis 17 Uhr.

Toshari Inn
s.u. Etosha Gateway Lodge

Tourmaline Guesth. — Route 1
B&B, P.O. Box 224, 10 Tourmalyne Street, Windhoek, Tel. 061-228922, www.facebook.com/TourmalineGuesthousebbWindhoek. DZ 60 € mit Frühstück, 5 Zimmmer, deutsch.

Trans Kalahari End Resort — Route 14
P.O. Box 1021/Gobabis, Tel. 062-565656, www.transkalahariendresort.com. Anfahrt: Gobabis. DZ 50 € ohne Frühstück, 10 Chalets, Stellplatz 6 € p.P., englisch.

Trans Kalahari Inn und Caravan Park — Route 14
P.O. Box 11084/Windhoek, Tel. 061-222877, www.transkalahari-inn.com. Anfahrt: Windhoek B6 nach Osten (22 km). DZ ab 60 €, 12 Betten, Camping 8 €/Stellplatz/Person, Autolagerung ab 30 €/Monat in der Halle, deutsch.

Travel North — Route 7+13a
P.O. Box 779/Tsumeb, Tel. 067-220728, www.travelnorthguesthouse.com. Anfahrt: 1551 Omeg Allee, Tsumeb. 7 Zimmer mit eigenem Bad ab 40 €, Transfers, Taxiservice, Informationsstelle, Intercape Mainliner, englisch.

Treesleeper Camp — Route 13a
Tel. 067-221752, www.treesleeper.org. Anfahrt: Tsintsabis. Kommunales Camp der San mit allerlei Aktivitäten wie Bushwalks, Vorführungen etc. Zeltplatz (auch Mietzelte) ab 5 €/Person (mit eigenem Ablution Block 10 €). Zelten auf dem Boden oder den Baumplattformen, englisch.

Tsauchab River Camping — Route 1
Buchungen über: Logufa, P.O. Box 8061/Swakopmund, Tel. 064-464144, www.tsauchab.com. Anfahrt: Südlich des Naukluft-Teiles des Namib-Naukluft-Parkes an der D850 und 1 km von der Kreuzung der D850 mit der D854. Zimmer ab 45 €/Person mit Frühstück, Zeltplätze für 2x4 und 4x4, 4x4-Trails, Wanderungen, für Selbstversorger, Stellplatz ab 8 € p.P. und 6 € Platz, englisch.

Tsondab Valley Resort — Route 1
P.O. Box 1751/Windhoek, Tel. 063-293383, www.tsondab.com. Anfahrt: Solitaire nach Norden (10 km) – Farmstraße (18 km). Sehr nette und angenehme Lodge in einem privaten Schutzgebiet, sehr gepflegte Einrichtung und herzliche Gastgeber, 5 Bungalows, DZ/Halbpension 130 €/Person.

Tsumeb Caravan Park
s.u. Kupferquelle Resort

Tsumeb Cultural Village — Route 7+13a
Tel. 067-220787. Anfahrt: 2 km außerhalb von Tsumeb Richtung Otavi. 3 Hütten mit je 2 Betten und gemeinsamem Ablution Block (7,50 €/Perons), englisch.

Tsumkwe Lodge — Route 13b
P.O. Box 1899/Tsumeb, Tel. 081-2734606. Anfahrt: Tsumkwe. DZ 60 € p.P. inkl. Vollpension, 25 Zimmer, Camping 7,50 €/Person (Duschen und Toiletten), die Lodge steht zum Verkauf und ist nicht in bestem Zustand, englisch.

Twyfelfontein Country Lodge — Route 9
Tel. 067-697021, www.twyfelfonteinlodge.com. Anfahrt: 5 km von den Felszeichnungen von Twyfelfontein, gleiche Anfahrtsstrecke. DZ/F ab 90 € p.P., 56 Zimmer, die erste Lapa Namibias, die den zugigen Charme einer Bahnhofshalle alten Stils verströmt, englisch.

Ugab Wilderness Camp — Route 8
Tel. 062-504110. Anfahrt: Uis – C35 nach N (12 km), D2359 (15 km) – Stichstraße (9 km). Stellplatz 6 € p.P., Tented Camp 16 € p.P. inkl. Frühstück, Eintritt 2 € pro Fahrzeug, 15 km vom Brandberg entfernt, wo man Führer zu den Felsmalereien anheuern kann (Brandberg Montain Guides, auch mehrtägige Exkursionen), sehr schön gelegen, englisch.

Ugab Rhino Trust Base Camp — Route 12a
Auch Ugab River Camp genannt, Tel. 064-403829, www.savetherhinotrust.org. Anfahrt: Uis – C35 nach Süden (14 km) – D2342 nach Westen (80 km) – D2330 nach Norden (10 km). Basislager des Trusts, von dem aus die Rhino-Tracker starten, einfacher Zeltplatz mit Plumpsklo und Buschdusche, alles ist mitzubringen.

Ugab Terrace Lodge — Route 8
P.O. Box 3366/Swakopmund, Tel. 081-1400179, www.ugabterracelodge.com. Anfahrt: Khorixas – C39 nach O (52 km) – D2743 nach S (10 km). DZ 80 €/Person mit Halbpension, Tented Camp 200 €/Person mit Halbpension, Camping 10 €/Person und 10 €/Fahrzeug (mit Feuerholz), je 10 Bungalows u. Luxuszelte, englisch.

Uhland Hotel-Pension — Route 1
P.O. Box 20738/Windhoek, Tel. 061-389700, www.hoteluhland.com. Anfahrt: 147 K. Kaunda Street (Uhland), Windhoek. DZ/F ab 55 €, 10 Zimmer, Schwimmbad, Parkplatz, deutsch.

Umti Lodge — Route 7
Tel. 061-303977, www.umtinam.com. Anfahrt: Windhoek – B1 nach Norden (20 km), bei Brakwater. Lodge und Konferenzzentrum, 18 Zimmer und Chalets, DZ/F 50 €, Camping 8 €/Person, Pool, Restaurant, englisch.

!Uris Safari Lodge — Route 7
P.O. Box 1321/Tsumeb, Tel. 067-221818, www.urissafarilodge.com. Anfahrt: Tsumeb – B1 nach NW (10 km) – bei Punyu Crushers nach links abbiegen und 8 km bis zum Security Gate – von dort noch 6 km zur Lodge. Chalet für 2 Personen 130 € mit Frühstück, ehemalige Mine mit Besichtigungsmöglichkeit, englisch. Campingmöglichkeit (10 €/Person).

Utopia
s. Bougain Villa Pension

Van Zyl's Pass Campsite — Route 10b
Ehemaliges NACOBTA-Projekt, Tel. 081-2116291. Anfahrt: Van Zyl's Pass – 20 km nach Osten. Kommunales Camp mit 3 Zeltplätzen, jeweils mit eigenen Sanitäreinrichtungen (warmes Wasser) und Kochmöglichkeit, Stellplatz 10 €/Person, englisch.

Vastrap Guestfarm — Route 3+3a
P.O. Box 26/Grünau, Tel. 063-262063, www.vastrapguestfarm.com. Anfahrt: Grünau – B3 nach S (5 km). DZ ab 55 €, 10 Zimmer und 4 Chalets, Schwimmbad, englisch.

Veronika — Route 5
B&B, Tel. 064-404915, www.veronika-bed-and-breakfast.com. Anfahrt: 5 Dolphin Street, Swakopmund. DZ/F ab 40 € (keine Kartenzahlung), 5 Zimmer, deutsch.

Villa Margherita & Villa Tulipano — Route 5
P.O. Box 4392/Swakopmund, Tel. 064-400131, www.villamargherita.com.na. Anfahrt: 34 Daniel Tjongarero St, Swakopmund. DZ/F 60 €/Person, 8 edel und im Kolonialstil individuell eingerichtete Zimmer in historischer Villa, englisch/italienisch. Weiteres Haus: Villa Oleandra in Omaruru.

Villa Nina — Route 7
P.O. Box 1497/Okahandja, Tel. 062-502497, www.facebook.com/VillaNinaNamibia. Anfahrt: 327 Peter Brandweg, Okahandja. DZ/F ab 50 €, Wohnung 60 €, Schwimmbad, deutsch.

Villa Oleandra
s.u. Villa Margherita, Villa, die nur gesamt vermietet wird (nur Selbstversorgung).

Villa Tulipano
s.u. Villa Margherita

Villa Verdi Hotel-Pension — Route 1
P.O. Box 6784/Windhoek, Tel. 061-221994,. Anfahrt: Verdi Street, Windhoek. DZ/F ab 60 €/Person, 15 Zimmer, Schwimmbad, Parkplatz, englisch.

Villa Violet — Route 1
Tel. 061-256141, www.villaviolet.net. Anfahrt: 48 Ziegler Street, Windhoek. Nette Anlage mit 8 Zimmern rund um einen kleinen Pool, DZ/F 100 €, englisch/deutsch.

Villa Wiese Backpacker's Lodge — Rte 5+6+8c+12
Tel. 064-407105, www.villawiese.com. Anfahrt: Windhoek Street, Swakopmund. DZ/F 45 €, Bett im Schlafsaal ab 12 € inkl. Frühstück, englisch.

Vingerklip Lodge — Route 8
P.O. Box 11550/Windhoek, Tel. 067-290318, www.vingerklip.com.na. Anfahrt: Khorixas – C39 (46 km) – D2743 (19 km). DZ 80 € p.P. inkl. Halbpension, 20 Chalets und ein Luxus-Bungalow, wunderschön gelegen mit Blick auf die Vingerklip und die Ugab-Terrassen, Schwimmbad, deutsch.

Vogelfederberg Zeltplatz — Route 5
Buchung über das Ministry of Environment & Tourism in Swakopmund (Alte Ritterburg, Sam Nujoma Drive/Ecke Bismarck St, Tel. 064-404576, Mo-Sa zu den Geschäftszeiten, So 8–13 Uhr) oder in Walvis Bay (Heinrich Baumann St, Tel. 064-205971) und im Tourism Centre in Henties Bay. Anfahrt: Namib-Naukluft-Park, Namib-Teil, Stellplatz 10 € (max. 8 Pers.) zzgl. 10 € p.P., zzgl. Permit 6 € p.P. und Kfz 1 €, kein Wasser und Feuerholz verfügbar, gekennzeichnete Wege dürfen nicht verlassen werden.

Von Bach Rastlager / Tugeni Dam Resort — Route 7
Tel. 062-501475, http://tungeniserenity.com/vonbach/index.htm, www.tungeni.com, DZ ab 60 B&B, Tagesbesucher 4 €/Person, 1 €/Fahrzeug. Anfahrt: Okahandja – B1 nach S (2 km) – D2102 nach O (3 km).

Vondelhof Guesthouse — Route 1
B&B, Tel. 061-248320, www.vondelhof.com. Anfahrt: Windhoek, Puccini Street 2. 5 Zimmer, DZ/F 75 € p.P., Pool, Abendessen auf Vorbestellung, englisch.

Liste der Unterkünfte

Vreugde Guestfarm   **Route 7**
P.O. Box 124/Outjo, Tel. 067-687132, www.vreugdeguestfarm.com. Anfahrt: Outjo – C38 (60 km) – D2710 (9 km). DZ 60–70 € p.P. inkl. Halbpension, 4 Zimmern, deutsch.

Wabi Wildfarm   **Route 7a**
P.O. Box 973/Otjiwarongo, Tel. 067-687102, www.wabi.ch. Anfahrt: Otjiwarongo – B1 nach S (29 km) – C22 (41 km) – D2512 (52 km). DZ/F um 70 €, 8 Bungalows, Schwimmbad, deutsch.

Waterberg Guestfarm   **Route 7a**
Tel. 061-237294, www.waterbergnamibia.com. Anfahrt: Otjiwarongo – B1 nach S (29 km) – C22 nach O (34 km). DZ/F 140 €, 4 Zimmer, 2 Buschbungalows (100 € p.P. mit Frühstück), englisch.

Waterberg Mountain Camp   **Route 7a**
P.O. Box 69/Otjiwarongo, Tel. 067-306702, coets@mweb.com.na. Anfahrt: Otjiwarongo – B1 nach S (29 km) – C22 nach O (19 km) – D2512 (30 km). Bungalow 30 €/Person, Camping 10 €/Person, schöne Lage, englisch.

Waterberg Wilderness Lodge   **Route 7a**
P.O. Box 76/Otjiwarongo, Tel. 067-687018, www.waterberg-wilderness.com. Anfahrt: Otjiwarongo – B1 nach S (29 km) – C22 nach O (19 km), D2512 (30 km), Abfahrt 8 km hinter dem Waterberg-Rastlager. DZ ab 80 € p.P. inkl. Halbpension, 12 Zimmer, jeweils mit Veranda in der Lodge, in der Valley Lodge 5 Budget-Chalets (50 €/Person), Wanderungen auf dem Waterberg, eine grüne Oase, ausgezeichnete Küche, Camping 15 €/Person, deutsch.

Waterberg Plateau Lodge   **Route 7a**
P.O. Box 767/Otjiwarongo, Tel. 067-687018, www.waterberg-wilderness.com. Anfahrt: Otjiwarongo – B1 nach S (29 km) – C22 nach O (19 km), D2512 (30 km), Abfahrt 8 km hinter dem Waterberg-Rastlager. DZ ab 80 € p.P. inkl. Halbpension, 8 wunderschön gelegene, luxuriöse Chalets, Tauchbecken, Wanderungen auf dem Waterberg, exklusive Lage, deutsch.

Waterberg-Plateau-Park
s.u. Bernabé-de-la Bat-Rastlager

Weaver's Rock Gästefarm   **Route 7+7a**
P.O. Box 1091/Otjiwarongo, Tel. 067-304885, www.weaversrock.com. Anfahrt: Otjiwarongo – B1 nach S (29 km) – C22 (5,4 km) – Farmstraße (3,1 km). Ehemals der Hohenfels-Zeltplatz, der sich zur Gästefarm gemausert hat. DZ/F 80 €, Stellplatz 10 € p.P., Schwimmbad, Wanderungen, deutsch.

Weissenborn
s.u. Numis

Weissenfels Gästefarm   **Route 1**
P.O. Box 2907/Windhoek, Tel. 062-572112, www.weissenfelsnamibia.com. Anfahrt: Windhoek – B1 nach S (7 km) – C26 (109 km). DZ um 70 € p.P. inkl. Halbpension, 5 Zimmer, Schwimmbad, deutsch.

Weltevrede Gästefarm   **Route 1**
P.O. Box 4119/Walvis Bay, Tel. 063-683073, www.weltevredeguestfarm.com. Anfahrt: Solitaire – C19 (37 km) – Farmstraße (1 km). DZ ab 50 € p.P. inkl. Halbpension, Camping 8 €/Person, 4 Zimmer, Schwimmbad, Stellplätze, englisch.

Welwitschia Zeltplatz — Route 5
Buchung über das Ministry of Environment & Tourism in Swakopmund (Alte Ritterburg, Sam Nujoma Drive/Ecke Bismarck St, Tel. 064-404576, Mo–Sa zu den Geschäftszeiten, So 8–13 Uhr) oder in Walvis Bay (Heinrich Baumann St, Tel. 064-205971) und im Tourism Centre in Henties Bay. Anfahrt: Namib-Naukluft-Park, Namib-Teil, Stellplatz 10 € (max. 8 Pers.) zzgl. 10 € p.P., zzgl. Permit 6 € p.P. und Kfz 1 €, kein Wasser und Feuerholz verfügbar, gekennzeichnete Wege dürfen nicht verlassen werden.

Wesrand Farm Camping — Route 8a
P.O. Box 730/Otjiwarongo, Tel. 067-304108. Anfahrt: Otjiiwarongo – C33 (10 km), Farmstraße (6 km). Camping 7 €/Person, sehr empfohlener Platz, englisch.

West Nest Lodge — Route 14
Tel. 062-570343, www.westnestlodge.com. Anfahrt: Witvlei – B6 nach Osten (15 km) – Farmstraße (7 km). 35 km westlich Gobabis stehen die 4 Chalets und 12 Tented-Chalets (DZ/F ab 30 €/Person), Restaurant, Schwimmbad, Camping 10 €/Person, deutsch.

Wewelsburg Zeltplatz — Route 7
P.O. Box 951/Otjiwarongo, Tel. 067-306646, bahrcamp@mweb.com.na. Anfahrt: Okahandja – B1 nach N (90 km), Farmstraße (1 km). Stellplätze im Schatten beim Farmhaus, 5 € p.P., deutsch.

White House — Route 3
P.O. Box 9/Grünau, Tel. 063-262061, www.withuis.iway.na. Anfahrt: Grünau – B1 nach N (11 km) – Farmpiste (2 km). DZ ab 40 €, 5 Zimmer, 3 Chalets, englisch.

The White Lady B&B/Camping — Route 8+12a
B&B, P.O. Box 66/Uis Myn, Tel. 064-504102, whitelady@iway.na. Anfahrt: 2 Third Avenue, Uis Myn. DZ 55 € inkl. Frühstück, 13 Zimmer, Schwimmbad, Camping 8 €/Person, englisch.

White Lady Lodge
s.u. Brandberg White Lady Lodge

Wilhelmstal-Nord Gästefarm — Route 8
P.O. Box 641/Okahandja, Tel. 062-503977, www.wilhelmstal-haase.com. Anfahrt: Wilhelmstal – C36 (200 m) – Farmstraße nach O (500 m). DZ um 80 € p.P. inkl. Vollpension, 10 Betten, Schwimmbad, hauptsächlich Jagdfarm, deutsch.

Windhoek Country Club Resort — Route 1
P.O. Box 30777/Windhoek, Tel. 061-2055911, www.legacyhotels.co.za. Anfahrt: Pioneers Park, Windhoek. 152 Zimmer, DZ/F ab 120 €, Schwimmbadlandschaft, Kasino, Golfplatz, englisch.

Windhoek Mountain Lodge — Route 1
P.O. Box 40768/Windhoek, Tel. 061-257053, www.windhoek-mountain-lodge.com.Anfahrt: B1 nach S (15 km) – D1504 (4 km) – Farmstraße (1 km). DZ/F ab 40 € p.P., 18 Betten, Schwimmbad, deutsch.

Windhoek Town Lodge — Route 1
B&B, P.O. Box 6586/Windhoek, Tel. 061-252536, www.windhoeklodge.com. Anfahrt: 3 Ballot Street, Windhoek. DZ ab 40 €, Parken, englisch.

Wolwedans Boulders Safari Camp — Route 2
P.O. Box 5048/Windhoek, Tel. 061-230616, www.wolwedans.com. Anfahrt: Maltahöhe – C14 nach S (20 km) – C19 (58 km) – D827 (38 km) – C27 nach Norden (30 km) – Farmstraße (20 km). Satellitencamp für max. 8 Personen, 420 € p.P., alles inklusive, zzgl. 15 € Parkgebühren/Tag, am südlichen Ausläufer des 2000 qkm umfassenden NamibRand Privatreservates, englisch.

Liste der Unterkünfte

Wolwedans Dune Camp   **Route 2**
P.O. Box 5048/Windhoek, Tel. 061-230616, reservations@wolwedans.com.na, www.wolwedans.com. Anfahrt: Maltahöhe – C14 nach S (20 km) – C19 (58 km) – D827 (38 km) – C27 nach Norden (30 km) – Farmstraße (20 km). DZ 350 € p.P. inkl. Vollpension und Rundfahrten, zzgl. 15 € Parkgebühren/Tag, 12 Betten (Luxuszelte mit Bad), in den Dünen des 2000 qkm umfassenden NamibRand Privatreservates, englisch.

Wolwedans Dunes Lodge   **Route 2**
P.O. Box 5048/Windhoek, Tel. 061-230616, www.wolwedans.com. Anfahrt: Maltahöhe – C14 nach S (20 km) – C19 (58 km) – D827 (38 km) – C27 nach Norden (30 km) – Farmstraße (20 km). DZ 330 € p.P. inkl. Vollpension und Rundfahrten, zzgl. 15 € Parkgebühren/Tag, 20 Betten, in den Dünen des 2000 qkm umfassenden NamibRand Privatreservates, englisch.

Wolwedans Mountain View Suite   **Route 2**
P.O. Box 5048/Windhoek, Tel. 061-230616, www.wolwedans.com. Anfahrt: Maltahöhe – C14 nach S (20 km) – C19 (58 km) – D827 (38 km) – C27 nach Norden (30 km) – Farmstraße (20 km). Suite für 2 Personen 500 €/Person, alles inklusive, zzgl. 15 € Parkgebühren/Tag, für die, die auf Privacy stehen, in den Dünen des 2000 qkm umfassenden NamibRand Privatreservates, englisch.

Wolwedans Private Camp   **Route 2**
P.O. Box 5048/Windhoek, Tel. 061-230616, www.wolwedans.com. Anfahrt: Maltahöhe – C14 nach S (20 km) – C19 (58 km) – D827 (38 km) – C27 nach Norden (30 km) – Farmstraße (20 km). Essen wird gebracht und selbst warmgemacht, ab 3 Personen 390 € p.P. inkl. Essen (ohne Rundfahrten, die man aber auch buchen kann), zzgl. 15 € Parkgebühren/Tag, max. bis zu 6 Personen, in den Dünen des 2000 qkm umfassenden NamibRand Privatreservates, englisch..

Wüstenquell Desert Lodge   **Route 8**
P.O. Box 8377/Swakopmund, Tel. 061-234342, www.wustenquell.com. Anfahrt: Karibib – C32 (11 km) – D1952 (42 km) – D1914 (33 km) – Farmpiste (18 km). DZ/F 50 € p.P., 7 Zimmer, Stellplätze (10 €/Person), Schwimmbad, deutsch.

Xain Quaz Camp   **Route 14**
P.O. Box 1249/Gobabis, Tel. 062-562688, www.facebook.com/XainQuazCamp. Anfahrt: Gobabis – B6 nach W (10 km). Kommunales Camp, DZ 20 € p.P., Stellplatz 7 € p.P., 22 Betten in Bungalows und Zimmern, englisch.

Yakandonga Lodge   **Route 8a**
P.O. Box 1804/Otjiwarongo, Tel. 067-306512, www.yakandonga-lodge.com. Anfahrt: Otjiwarongo – C33 nach SW (45 km). Chalet 55 €, Stellplatz 8 € p.P., auch Jagdfarm, englisch.

Zambezi River Lodge   **Route 13**
P.O. Box 98/Katima Mulilo, Tel. 066-251500, www.proteahotels.com. DZ/F ab 75 € p.P., bewachter und gesicherter Stellplatz 10 € p.P., 27 Zimmer, Schwimmbad, englisch.

Zambezi Queen
s. bei Ichobezi House Boat

Zebra Lodge
s.u. Intu Afrika Game Reserve

Zebra River Lodge   **Route 1**
P.O. Box 30547/Windhoek, Tel. 063-693265, Fawww.zebra-river-lodge.com. Anfahrt: Rehoboth – B1 nach S (4 km) – C24 (93 km) – D1206 (28 km) – BüllsPort – D854 (42 km) – D850 (19 km) – Farmstraße (5 km). DZ/F 55 €/Person, 13 Zimmer und Chalets, Schwimmbad, deutsch.

Zelda Guestfarm   **Route 14**
P.O. Box 75/Gobabis, Tel. 062-560427, www.zeldaguestfarm.com. Anfahrt: Buitepos – B6 nach W (20 km). DZ/F ab 30 € p.P., Stellplatz 6 € p.P., 10 Zimmer. Auf dem Gelände leben Familien der Naro-San, deren Dorf man im Rahmen einer geführten Tour besichtigen kann; englisch.

Ziegie's Accommodation   **Route 14**
P.O. Box 24/Witvlei, Tel. 062-570079, www.ziegies.iway.na. Anfahrt: Main Street, Witvlei. DZ/F 25 €, Zeltplatz 6 € p.P., Chalets, Mietzelte, Restaurant, Eselkarrenfahrten, deutsch/englisch.

Zovu Elephant Lodge   **Route 13**
Tel. 081-1291646, www.zovuelephantlodge.com. Anfahrt: Katima Mulilo – Kasane, dort wird man mit dem Boot abgeholt. 10 Chalets für Selbstversorger oder mit Vollpension am Ufer des Chobe (DZ/Vollpension ab 140 €/Person), Bootsausflüge, Birding, englisch.

Zum Kaiser   **Route 5**
P.O. Box 8449/Swakopmund, Tel. 064-417100, www.hotelzumkaiser.com. Anfahrt: 2 Sam Nujoma Avenue, Swakopmund. DZ/F ab 140 €, 21 Zimmer, teils mit Meerblick, luxuriöse Einrichtung, englisch.

Zum Potjie Rastlager   **Route 7+13**
P.O. Box 202/Otavi, Tel. 067-234300, www.zumpotjie.com. Anfahrt: Otavi – B1 nach N (8 km) – Farmstraße (3 km). DZ/F 60 €, 10 Betten in 5 Bungalows, Camping 6 €/Person, Höhlenbesichtigung, deutsch.

Zum Sperrgebiet Hotel, Seaview   **Route 4**
P.O. Box 373/Lüderitz, Tel. 063-203411, www.proteahotels.com. Anfahrt: Stettin Street, Lüderitz. DZ/F ab 80 €, mit Sicht über Lüderitz, gutes Restaurant, 19 Zimmer und Schwimmbad/Sauna, englisch.

Zur Waterkant   **Route 4**
P.O. Box 1055/Lüderitz, Tel. 063-203145, www.raubkatzen.de. Anfahrt: Bremer St, Lüderitz. DZ/F 50 €, auch Apartments, deutsch.

Bitte schreiben oder mailen Sie (verlag@rkh-reisefuehrer.de), wenn sich in Namibia Dinge verändert haben oder Sie Neues wissen. Wir beantworten jede Zuschrift. Danke!

In den Süden

Route 1: Roter Sand und rote Sonne – zu den Sossusvlei-Dünen

Windhoek – Rehoboth – Mariental – Maltahöhe – Sesriem und Sossusvlei – Naukluft Park – Windhoek

Wichtiger Hinweis: Falls Sie noch keine Unterkünfte in den Nationalparks gebucht haben, ist es nun an der Zeit ins Büro von Namibia Wildlife Resorts in der Independence Avenue zu gehen und sich darum zu kümmern.

Km	Abzweig	Ort	Sehenswert	Übernachtung	GPS
Km 0 B1 Asphalt n. S		Windhoek, T+V	s. Windhoek	s. Windhoek	
Km 6			Holzmarkt mit Schnitzereien	Arrebusch Travel Ldg.	
Km 10			Heroe's Acre		
Km 12				Monteiro Lodge (1 km)	22 41 59 17 05 02
Km 14				Bergheim Gh.	
Km 15	Km 0 D1504 Km 4 Farmstr. Km 5			Windhoek Mountain Ldg.	
Km 20	Auas Game Ldg. Km 0 D1463 Km 9 Km 22	Aris		Aris Ht. Gochegane L. Auas Game Ldg.	22 45 19 17 08 00
Km 35	Farmstr.			Melrose Game Farm (8 km)	
Km 80	Oanob Rl. Km 0 Piste Km 6 Km 8	Tor	Oanob Dam	Oanob Rl.	23 17 06 17 04 24 23 19 20 17 00 58
Km 83		Rehoboth, T+V	Thermalbad Museum	Reho Spa Rl. Hobasen Montana Lodge Aleen's B&B	23 19 07 17 04 18
Km 103			Wendekr. d. Steinbocks		23 26 45 17 07 13
Km 182	Intu Afrika Ldg. Km 0 C21 Piste Km 37 Km 42 D1268 Piste	Kalkrand, T+V	Teufelskrallen	Tented Lodge Gras Game Lodge (17 km)	24 04 07 17 35 18 23 57 39 17 58 07

Route 1: Roter Sand und rote Sonne

Km	Abzweig	Ort	Sehenswert	Übernachtung	GPS
	Km 62 Farmstr.		Intu Afrika Game Reserve (5 km)		24 07 40 17 57 53
	Km 67 Bitterwasser Km 0 C21 Piste Km 54 C15 Piste Km 62		Bagatelle Ranch Bitterwasser		
Km 190			Kalahari Red Dunes Lodge		
Km 241	Hardap Dam Km 0 Km 5 Km 9	Eingangstor	Hardap Dam, T+V	Hardap Dam Rl.	24 29 46 17 52 00 24 29 18 17 50 50
Km 245	Aranos Km 0 C20 Piste Km 2 Km 24 Km 135	Aranos, T+V		Bastion Farmyard Anib Lodge Kalahari Farmhouse Aranos Hotel	24 32 09 17 56 49
Km 252				Koha GH + Camp (3 km)	
Km 255		Mariental, T+V		s. bei Mariental	24 37 45 17 57 18
Km 259 C19 Teer					
Km 365 C14 Piste nach S	Namseb Ldg. Km 0 Farmstr. Km 17	Maltahöhe, T+V		s. bei Maltahöhe Namseb Ldg.	24 50 42 16 58 21
	Nomtsas Gf. Km 0 C14 Piste nach N Km 50			Nomtsas Gf.	
Km 380	Burgsdorf Gf. Km 0 Farmstr. Km 10			Burgsdorf Gf.	
Km 385 C19	Betesda Rl. (205 km)				24 53 55 16 49 59
Km 466	Hammerstein Rl. Km 0 Farmstr. Km 5			Hammerstein Rl.	24 52 22 16 10 42
Km 497 D845 Piste	Km 0 C19 nach N Km 5			Hoodia Desert Camps	24 41 55 16 01 14
Km 512 C27 Piste nach N	Tolou's Lodge Km 0 D826 n. S Km 70	T		Betta Camp Tolou's Lodge	24 42 27 15 52 54 25 19 20 16 10 38

Route 1: Roter Sand und rote Sonne

Km	Abzweig	Ort	Sehenswert	Übernachtung	GPS
Km 522	Kulala Ldg.				
	Km 0 Farmstr.				
	Km 14			Kulala Lodges	
Km 542					
C27 Piste	Nach Sossusvlei	Sesriem, T	Canyon	Sesriem Rl,	24 29 16
				Sossusvlei L,	15 48 04
				Desert Camp,	
				Sossus Dune Lodge,	
				Sossus Oasis Camp	
	Km 28		Sossusport		24 43 17
	Km 45		Düne 45		15 28 15
	Km 60	Sossusvlei	Parkpl. 2x4		24 44 27
	Km 65		Parkpl. 4x4		15 17 15
	Zum Sossusvlei Wilderness Camp				
	Km 0 Piste C27 nach Osten				
	Km 12 C19 nach Süden				
	Km 30 Farmpad				
	km 32			Sossusvlei	
				Wilderness Camp	
Km 572				Sossusvlei	24 42 27
D845 Piste				Desert Ldg.	15 52 54
Km 586					24 41 55
C19, Piste					16 01 14
nach NW					
Km 591	Solitaire			A Little Sossus Lodge	24 39 36
D854 Piste	Km 0 C19				15 59 09
	Piste nach N				
	Km 4			Desert Homest.	
	Km 69			Weltevrede Rl. (1 km)	
	Km 74			Agama Camp	
	Km 79			Namib Des. L+C	
	Km 86			Namib Naukl. L.	
	Km 106	Solitaire, T+V		Solitaire	23 53 26
				Country Lodge	16 00 29
Km 609				Hauchab	24 30 50
				Fontein Camp	16 04 30
Km 614					24 28 55
					16 06 35
Km 622	Km 0 D850				24 26 29
	Piste				16 09 485
				Tsauchab River	
	Km 1			Camp	24 27 53
			Neuras Winery		16 14 13
	Km 10				
	Km 19 Farmstr.			Zebra Ldg.	
	Km 24				
Km 654	Naukluft Park				24 13 34
	Km 0 Piste				16 20 16
	Km 12	Tor + Büro	Naukluft Park	Naukluft Rl.	24 15 41
					16 14 42

Route 1: Roter Sand und rote Sonne

Km	Abzweig	Ort	Sehenswert	Übernachtung	GPS
Km 663 C14 n. NW	Haruchas Gf. Km 0 D855 Piste Km 19	BüllsPort		BüllsPort Gf. Haruchas Gf.	24 08 56 16 21 47
	Km 0 C14 n. O Km 15 Str. 47 Km 30	Km 19		Capricorn Restc.	
Km 668	Km 0 D1206 Piste Km 34			Garies Restc.	
Km 702	Km 0 D1261 Piste			Ababis Gf.	23 58 55 16 05 52
Km 709				Solitaire Gf.	
Km 715 C14 n. NW		Solitaire, T+V		Solitaire Counry Lodge	23 53 26 16 00 29
Km 724	Km 0 D1275 Piste Km 11 Km 25 Km 37			Tsondab Valley Resort (18 km) Gecko Camp Barchan Dunes L. Namibgrens Rl.	235330 155202
Km 761	Km 0 Piste Km 5			 Rostock Ritz L.	23 32 53 15 47 54
Km 774			Wendekreis d. Steinbocks		
Km 789 C26 n. O					23 21 09 15 51 24
Km 817	Corona Gf. Km 0 D1438 Piste Km 9 Km 18		Gamsberg-Pass	 Rooiklip Gästefarm (9 km) Corona Gf.	23 17 28 16 06 04
Km 818				Rooisand Desert Ranch	
Km 853				Hakos Gästefarm	
Km 860	Km 0 D1265 Km 15			 Isabis Camp	
Km 867				Weissenfels Gf	23 19 08 16 26 57
Km 920					
Km 953 C26 n. NO					22 48 10 16 52 25
Km 957			Kupferberg Pass		
Km 971 C26 Teer					22 36 59 17 03 25
Km 976 B1 n. N					
Km 983		Windhoek, T+V	s. oben	s. oben	

Windhoek

liegt 1650 m hoch, hat um die 350.000 Einwohner (so genau weiß es keiner), ist die Metropole eines jungen Staates, Zentrum der Verwaltung einer Landesbevölkerung von etwas über zwei Millionen, An- und Abreiseort der Touristen aus Übersee, Einkaufsstadt für die weit übers Land verstreuten Farmer, Nachrichtenbörse der Wissenden und Unwissenden. Windhoek ist also vieles – doch sicherlich keine von hektischem Leben durchpulste Großstadt. Alles geschieht ruhig, geradezu betulich, Verkehrsstaus sind so gut wie unbekannt, die Geschäfte schließen um 17 Uhr, Stille kehrt ein auf der Hauptstraße, es treffen sich noch Straßenfeger und Polizisten, bis die Geschäfte wieder öffnen – um 9 Uhr morgens.

Geschichte

Windhoek erhielt seinen Namen von dem Nama-Kapitän Jonker Afrikaaner, der sich gegen Ende 1840 mit seiner Gruppe, den Afrikaaner-Oorlam, hier bei einer heißen Quelle mit Namen Ai-Gams („Feuerwasser", oder in Herero auch *Otjomuise*, „Rauchplatz" genannt) auf dem Gebiet des heutigen Stadtteils Klein-Windhoek östlich des Stadtzentrums niederließ.

Er nannte den Platz Winterhoek, nach seiner Heimat in der Kapkolonie, den Winterbergen, aus der seine Familie flüchten musste (die Legende erzählt, dass weiße Farmer den Clan der Afrikaaner erst von seinem angestammten Platz verdrängt und dann in ihre Dienste aufgenommen und schlecht bezahlt hätten. Irgendwann kam es schließlich zu Streit, und in diesem wurde ein Weißer vom Onkel Jonker Afrikaaners erschossen).

Mehrmals wechselte der Name, bis schließlich Curt von François 1890 den Grundstein der Stadt legte und den früheren Namen Winterhoek zu Windhuk eindeutschte. Ein Jahr später wurde der 100 km nordöstlich liegende erste deutsche Verwaltungsort Otjimbingwe als Zentrum aufgegeben und Windhuk Sitz der Verwaltung.

Es erlebt ab Mitte der 1890er Jahre seine Gründerzeit: Hendrik Witbooi ist besiegt (s.S. 357), die Ansiedelung wird von der deutschen

Regierung gefördert, die Verwaltung aufgestockt und es wird überall gebaut.

Während der Herero- und Nama-Aufstände in den Jahren 1904 bis 1907 leidet die Landwirtschaft Südwestafrikas. Der militärische Nachschub aber, der Krieg, macht Windhuk zur Boom-Stadt, laufen doch viele Nachschubwege über dieses Zentrum. Wenn einer vom Krieg profitiert, dann der Handel. Gebaut wird allerdings nicht viel, die Investitionsgelder des Handels werden zurückgehalten, bis dann schließlich, nach Ende des Krieges 1907, die eigentliche Blütezeit von Deutsch-Südwest und Windhuks beginnt.

Die Rahmenbedingungen für die Landwirtschaft werden verbessert, die Karakul-Zucht eingeführt und – Diamanten gefunden! Mag auch der Gewinn aus den Diamantengebieten nur peripher sein, die deutsche Öffentlichkeit ist damit für die Kolonie gewonnen.

Es wird wieder gebaut, die Siedlung entwickelt sich nun wirklich zu einer Stadt. Mit Beginn des I. Weltkrieges und der südafrikanischen Mandatsübernahme ist der Bau-Boom vorbei. Die Jahre des Krieges und der Depression verändern Windhoek nicht allzu sehr. Mit Ende des II. Weltkrieges und den folgenden Jahren der Apartheid wird die Basis für die jetzige Stadtstruktur geschaffen.

Die Stadt ist entlang einer Nord-Süd-Achse angelegt, die durch das Zentrum führt. Im und um das Zentrum leben vornehmlich die weißen Windhoeker. Im Norden und im Süden schließt jeweils ein Industriegebiet an. Östlich liegen Berge, westlich das Hochland. Dort gruppieren sich die traditionellen Wohnviertel der Farbigen (Khomasdal), der Schwarzen (Katutura) und, noch weiter nordwestlich, die Slums der Landflüchtigen und der Flüchtlinge aus Angola (beim Goreangab-Damm).

Äußerst langsam löst sich die einst strikte Trennung der Wohngebiete, es kommt selten vor, dass sich ein Farbiger oder Schwarzer – gehört er nicht gerade zum diplomatischen Korps eines afrikanischen Staates – in einem weißen Wohngebiet niederlässt. Es ist nun nicht mehr ein Problem der Apartheid, es ist ein Problem des Geldes.

Wohn-gebiete **Katutura** wurde 1959 fertiggestellt, und alle schwarzen Bewohner Windhoeks, die hauptsächlich im Viertel „Old Location" lebten, hatte

man aufgefordert, in das aus dem Boden gestampfte neue Township zu ziehen. „Katutura", wie seine Bewohner es sogleich tauften, heißt in Herero „ein Ort, wo wir uns nie zu Hause fühlen". Die ursprünglich aus rohen Zementsteinen gebauten Häuschen, Reihe neben Reihe, hatten eine Außentoilette, Wasser und Kanalisation. Das war's aber dann auch schon. Zwei bis vier Räume, keine Innentüren, kein Verputz, und der Dachstuhl lag frei.

Für die vielen in Windhoek tätigen Vertragsarbeiter, die ja kein Niederlassungsrecht hatten, baute man in Katutura eine Anzahl „Arbeiterunterkünfte", euphemistisch als „Gehöfte" (compounds) bezeichnet. Sie waren von einer hohen Mauer umgeben und standen unter ständiger Polizeiaufsicht. Wer rein und raus wollte, musste seinen Pass vorlegen. 1987 wurde das letzte „Gehöft" abgerissen.

Seit Ende der 1980er Jahre erlebt Windhoek seine bislang letzte städtebauliche Metamorphose. Viele der alten Gebäude verschwinden, darunter auch nicht wenige aus der kolonialen Vergangenheit, um Platz zu schaffen für die Hochhäuser, die nun das Stadtbild im Zentrum bestimmen.

Der Besucher von Katutura oder auch **Khomasdal** stellt fest, dass das Leben dort eine Idee bunter ist, lauter, fröhlicher und lebhafter als im Stadtzentrum, man hat das Gefühl, es passiert mehr. Auch sonntags ist dort auf den Straßen Betrieb. Das Zentrum Windhoeks dagegen scheint zwischen den Hochhäusern wie ausgestorben, wären da nicht die Kirchenbesucher, die in ihren Autos zu den Gottesdiensten fahren, und einige vereinzelte schwarze Windhoeker, die durch die einsamen Fußgängerzonen schlendern.

Was macht man als Tourist am Wochenende in Windhoek? Freizeiteinrichtungen, bis auf ein Schwimmbad, gibt es nicht. Hinaus in die freie Natur? Dort war man gerade drei Wochen oder man hat am nächsten Tag vor, dorthin hinauszufahren. Man könnte sich nun auf dem Hotelzimmer oder am Pool der Pension langweilen – Zeit für einen Spaziergang durch Windhoek und eine Reise in seine Vergangenheit.

Stadtansicht aus den 1990er-Jahren mit Christuskirche und Südwester-Reiter

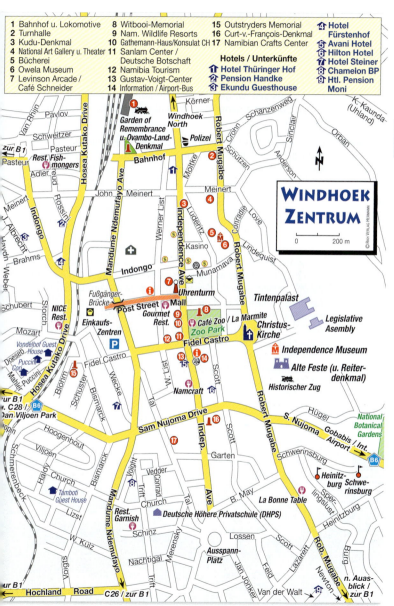

Spaziergang durch Windhoek

Kalkulieren Sie für den gesamten Spaziergang einen vollen Tag, wenn sie auch einmal an einem Fleck verweilen oder ein Mittagessen bzw. Kaffee und Kuchen zu sich nehmen wollen. Wenn es sehr heiß ist, vielleicht besser eine Ruhepause im Hotel oder auf dem Rasen eines Parks einplanen. Vergessen Sie nicht Ihren Hut, Sonnenbrille und Fotoapparat und geben Sie Ihr Geld und die Dokumente in den Hotelsafe.

Bahnhof Beginnen wir dort, wo auch früher die Reisenden mit Windhoek ihre erste Begegnung hatten – am Bahnhof. Erbaut bis 1912, ist er heute Denkmal, Museum und natürlich auch Bahnhof. Der kleine Kiosk, vom Bahnsteig aus erreichbar, ist am Wochenende geschlossen, ebenfalls das Museum.

Werfen wir stattdessen einen Blick auf die Fassade und die Lokomotive und Waggons an der Straßenseite. Die Lok ist nur die Hälfte des eigentlichen Gespanns, denn auf den Strecken in Deutsch-Südwest wurde immer ein Paar zusammen, Rücken an Rücken, vor den Zug gespannt. Durch den langen und kostenintensiven Schiffsweg von der Heimat war man bemüht, die Geräte für die Kolonie möglichst klein und handlich zu halten, deshalb entschied man sich für die Schmalspur und die putzig wirkenden Waggons. Wer fotografieren will, sollte dies in den Morgenstunden tun, sonst knallt die Sonne in den Sucher. Ein eigener Bereich im Bahnhof ist dem Desert Express vorbehalten, hier kann man sich über den Wüstenzug informieren und buchen

Das **Museum** (Tel. 061-2982186, Öffnungszeiten Mo–Fr 8–13 und 14–17 Uhr, Eintritt 5 N$) bietet einen kleinen Überblick über die

Ovamboland-Denkmal

Verlassen wir nun den Bahnhof und gehen über den Platz zur Bahnhof Street hinüber. Der Platz ist als kleine Gartenanlage konzipiert, als Garden of Remembrance. In ihm befindet sich das Ovamboland-Denkmal, ein kleiner Obelisk mit Gedenktafel. Es erinnert an den **Ovamboland-Feldzug** der Südafrikaner in den Jahren 1916/17. Der Ovambo-Führer Mandume hatte einen Aufstand gegen die südafrikanische Mandatsmacht im Ovamboland angestrengt, den diese mit Panzerfahrzeugen unterdrückte. Mandume fand dabei den Tod. Heute ist eine der Hauptstraßen Windhoeks nach ihm benannt (Mandume Ndemufayo Avenue).

Kaiserliches Vermessungsamt

Die Bahnhof Street nach Osten gehend stoßen wir auf die Independence Avenue, früher die Kaiser-Wilhelm-Straße. Ein Stück nach Süden, am Hotel Thüringer Hof vorbei bis zur nächsten Kreuzung, sieht man linker Hand das Kaiserliche Vermessungsamt – so heißt es und so steht es draußen an der Front. Der **bronzene Kudu** an dieser Kreuzung wurde zur Erinnerung an die große Rinderpest im Jahr 1896 aufgestellt, die auch viel Wild dahingerafft hat. Das sympathische Standbild ist eines der wenigen nichtkriegerischen Denkmäler in Windhoek und wurde 1960 von Prof. Behn aus München geschaffen.

Turnhalle

Nordöstlich geht die Moltke Street ab. Folgt man ihr, erreicht man die Turnhalle, ein 1909 errichtetes Gebäude. Am 1. September 1975 tagte hier eine Konferenz, der das Gebäude auch den Namen verlieh, die Turnhallen-Konferenz, die den Grundstein für die Verfassung des unabhängigen Namibia legte. Genau östlich verlassen wir mit der John Meinert Street die Kreuzung, gehen die nächste Möglichkeit nach rechts und gelangen so zur „Kulturmeile" der Stadt.

Owelamuseum

In der Robert Mugabe Avenue, die ihren Namen vom heutigen Premierminister Zimbabwes erhielt, steht die **Nationalgalerie** (Tel. 061-231160, www.nagn.org.na, Öffnungszeiten Mo–Fr 8–13 u. 14–17 Uhr), das **Nationaltheater** (Tel. 061-374400), die **Bücherei** (Tel. 061-224163) der Stadt Windhoek (Öffnungszeiten Mo–Fr 9–17 und Sa 9–12 Uhr), das **Nationalarchiv** (Tel. 061-2935211) und das **Owelamuseum** (Tel. 061-276822, Öffnungszeiten 9–17 Uhr, Wochenende 10–12.30 u. 15–17 Uhr).

Die Kunstgalerie bietet in mehreren Sälen zeitgenössische Kunst aus Namibia und Südafrika und organisiert auch Ausstellungen moderner europäischer Maler und Bildhauer. Die Bücherei hat eine sehr große Präsenzbibliothek, in der der geschichtlich, ethnologisch oder naturwissenschaftlich Interessierte auf Vieles stößt, was seinen Wissensdurst bezüglich des Landes stillt. Das Staatsmuseum präsentiert Ausstellungen der Naturgeschichte und Völkerkunde. Die kleinen Panoramen sind liebevoll gemacht und bieten Einblicke in das traditionelle Leben namibischer Ethnien. Vor dem Museum spielen manchmal in der Mittagspause Angestellte das Spiel Owela (das dem Museum auch seinen Namen gab). Es ist eine Art Backgammon, die Utensilien sind denkbar einfach: kleine Vertiefungen, egal in welchem Material, ob Stein, Holz oder auch Sand, und als Spielsteine Kiesel oder Kerne. In ganz Afrika, von Norden bis Süden, findet sich dieses Spiel.

Gibeon-Meteorit

Kehren wir aber zum Denkmal des Kudu zurück und folgen der Independence Avenue weiter südlich. Die Geschäfte werden zahlreicher, nach Westen gehen Passagen und Arkaden ab. Die frühere Post Street heißt nun **Post Street Mall** und ist eine moderne Fußgängerzone mit vielen Läden und einer künstlerischen Installation aus den nicht verglühten Resten eines Meteoriten-Regens der im Süden Namibias, in der Gegend um Gibeon, niederging und der ihr den Namen gab – **Gibeon-Meteorit**. Werktags und teils auch am Wochenende verkaufen die Kunsthandwerker ihre Arbeiten auf Tischen und am Boden ausgebreiteten Decken.

Am Eingang zur Mall steht der markante **Uhrenturm,** dessen Silhouette von einem der neuen Gebäude der Fußgängerzone aufgenommen wurde. Kurz vor der Fußgängerüberführung sieht man nun rechts unterhalb die Synagoge Windhoeks. Am Ende der Mall betritt man ein großes Ladenzentrum mit diversen Lokalen, Cafés und Eisdielen.

Zoo-Park

Zurück an der Independence Avenue breitet sich schräg gegenüber der Zoo-Park aus, eine grüne Oase mit Spazierwegen und einem kleinen Spielplatz. Angestellte verbringen hier ihre Mittagspause, Studenten halten ein Schläfchen im Gras, Schulmädchen verzehren kichernd ihre Pausebrote und dazwischen fahren Nannys die ihrer

Clock Tower

Obhut anvertrauten Sprösslinge spazieren – ein freundlicher Ort für eine schattige Rast. Früher war die Anlage größer und wurde als Zoo genutzt – daher der Name. Das *La Marmite im Café Zoo* lädt am Rand zu einer Verschnaufpause, mitten drin im Park wurde ein Amphitheater errichtet, in dem abends Veranstaltungen stattfinden, tagsüber kann man im schattigen Café kleinere Mahlzeiten zu sich nehmen.

Das **Witbooi-Memorial,** ein breiter, von einem Adler gekrönter Obelisk, wurde 1897 hier enthüllt, um zu erinnern an – natürlich, die Opfer, die die Kaiserliche Schutztruppe dargebracht hat, als es „gegen Hendrik Witbooi ging". Die Namen der gefallenen Reiter sind am Denkmal angebracht.

Gathemann-Haus Vom Park aus hat man einen guten Blick auf das Gathemann-Haus gegenüber. Viele historische Gebäude wurden in den Zeiten des Baubooms der Abrissbirne überlassen, das jetzige moderne Stadtbild Windhoeks entstand. Das Ensemble aus dem Genossenschaftshaus (von rechts nach links), dem Gathemann-Haus und dem ehemaligen Hotel Kronprinz, das das Restaurant Gathemann beherbergt (ein beliebter Treff für den Nachmittagstee auf der Terrasse) wurde von Wilhelm Sander, dem Leib- und Magenarchitekten von Südwest, entworfen und ist letztes koloniales Bauwerk an der Independence Avenue. Um den Erhalt des Ensembles wurde in den letzten Jahren viel gerangelt, denn auch hier sollte ein futuristischer Hochhauskomplex entstehen, die denkmalgeschützte Gathemann-Arcade als „Erinnerungsstück" in diese Anlage eingebunden werden – Kapriolen einer modernisierungssüchtigen Stadtplanung. In dem Ensemble befinden sich u.a. das Büro von Namibia Wildlife Resorts und die Luisenapotheke. Die Restidylle wird allerdings über die nächsten Jahre massiv beeinträchtig. Die Freifläche gegenüber ist eine Großbaustelle und wird als Freedom Plaza ab 2019 Wohnungen und Büros beherbergen. Zudem legt sich Hilton noch eine Selbstversorger-Residenz zu.

Am Ende des Parks mündet die Fidel Castro Street, die ehemalige Peter Muller Street, ein. Über die Straße hinüber, weiter nach Süden, steht das **Avani Hotel** (das ehemalige **Kalahari Sands),** jedem Besucher schon von weitem sichtbar und bekannt als die traditionelle Luxusunterkunft betuchter Touristen und auf Staatskosten reisender Politiker. Im Untergeschoss lässt sich im Einkaufszentrum **Gustav Voigt Centre** günstig und lecker ein kleiner Imbiss einnehmen, z.B. belegte Brötchen mit Milchmixgetränken. Im Eingangsbereich sitzen immer ein paar Herero-Frauen, umgeben von einem bunten Heer verschieden großer Puppen in traditionellem Herero-Gewand, in viktorianischen Bausch-Röcken und der dreizipfligen, Rinderhörnern nachempfundenen Haube.

Curt von François Memorial

Gehen Sie jetzt weiter nach Süden und biegen Sie an der nächsten Möglichkeit nach links, nach Osten. Jetzt kommt Geschichte satt! Direkt an der Kreuzung vor dem Rathaus steht das Curt von François Memorial, Denkmal desjenigen, dem Windhoek seine Entstehung verdankt. Entgegen mancher Vorstellung wurde es erst 1965 geschaffen und aufgestellt, anlässlich der 75-Jahr-Feier der Gründung Windhoeks. Künstler war der Südafrikaner Hennie Potgieter, die Kosten wurden durch Spenden aufgebracht. Bei der Enthüllung erfolgte die Stadtproklamation Windhoeks.

Reiterdenkmal

Unabhängigkeitsmuseum

Die Straße bergan und die Robert Mugabe Avenue nach links und Norden (die Straße, die wir als „Kulturmeile" schon einmal betreten hatten) sehen wir dann die **Festung,** den **Tintenpalast,** die **Christuskirche** und als neues Mitglied im Ensemble das hochgebaute und mit Fahrstühlen flankierte **Independence Museum,** das im März 2014 eröffnet wurde (tgl. 9–17, im Sommer bis 18 Uhr, Eintritt frei).

Zu bombastisch, zu modern, zu unpassend und das Ensemble störend – und zu teuer. Als Ende 2009 eine erste Skizze auftauchte, waren nicht nur die Traditionalisten nervös geworden, auch breite Teile der schwarzen Bevölkerung sahen keinen Sinn darin, ein weiteres Mal koreanische Firmen mit Planung und Bau eines Symbolbauwerkes im Stil realsozialistisch-monumentaler Politerotik zu beauftragen – ihnen genügte bereits der Heldenacker vor den Toren der Stadt. Die Ausstellung widmet sich hauptsächlich dem über 100-jährigen Befreiungskampf und gliedert sich in drei Abteilungen. Die erste Etage zeigt die präkoloniale Vergangenheit und die koloniale Repression. In der zweiten Etage ist der Befreiungskrieg dargestellt und in der dritten die Unabhängigkeit Namibias.

Das Unabhängigkeitsmuseum mit Alter Feste und Südwest-Reiter im Hintergrund

Der Innenhof der Alten Feste

Die Beschriftungen in Deutsch strotzen leider vor Schreibfehlern. Vor dem Museum steht ein Denkmal, das eine Frau und einen Mann mit gesprengten Ketten zeigt; beide recken ihre Fäuste in die Luft und sind Symbol für den Freiheitskampf des namibischen Volkes.

Alte Feste

Der Südwest-Reiter auf seinem alten Sockel

Wie eh und je aber dräut die Alte Feste auf ihrem Hügel – in gleißendem Weiß. Curt von François zeichnete die Pläne der Festung 1890, wenige Monate später wurde das Gebäude bezogen. Das Atrium-Prinzip mit den vier Wehrtürmen diente der Verteidigungsverbesserung. Die Außenmauern hatten ursprünglich nur Schießscharten. Erst später wurden die Veranden angebaut und der kriegerische Charakter etwas gemildert.

Die Alte Feste hat nie Kämpfe gesehen. Im Innenhof stehen einige hohe und schlanke Palmen, schweißiges Soldatenleben kann und mag man sich an diesem friedlichen Ort nicht vorstellen. 1915 benutzten die Unionstruppen, Sieger des I. Weltkrieges in Südwest, die Feste als Hauptquartier. In den 1920er Jahren wurde sie ein Schülerheim, 1957 fand die Erklärung zum „Historischen Monument" statt. 1962 wurde dann das Museum in den ehemaligen Kasernen des Forts eingerichtet.

Nach der Eröffnung des Unabhängigkeitsmuseums nebenan wurden nach und nach Ausstellungsobjekte dorthin verbracht. Schließlich wurde entschieden, das „Museum Alte Feste" zu schließen und zu renovieren. Offiziell ist derzeit der Zugang deshalb nicht möglich. Doch Besucher haben in letzter Zeit immer noch die Möglichkeit erhalten, einen Blick in das Gebäude zu werfen.

Im Hof sitzt martialisch der Südwest-Reiter auf seinem Pferd, das Gewehr wachsam auf das Bein gestützt, die Krempe seines Hutes tief in die Stirn gezogen. An Kaisers Geburtstag, am 27. Januar 1912, wurde er enthüllt, angeregt vom Kommandanten Oberst von Estorff und ausgeführt von Adolf Kürle aus Berlin. Hier sind die Schutztruppler und „deutschen Bürger" gewürdigt, die in den Jahren 1903 bis 1907 bei den Feldzügen im Laufe der Herero- und Nama-Aufstände „gefallen, verschollen, verunglückt, ihren Wunden erlegen und an Krankheiten gestorben" sind. Ursprünglich stand der Reiter an der Stelle vor dem Independence Museum, an der sich heute das Denkmal für Sam Nujoma befindet; für einige Jahre musste der Reiter sein Leben noch vor der Feste fristen, wo er schließlich Ende 2013 abgebrochen und in deren Hof gebracht wurde.

Christuskirche

Verlässt man den Innenhof, nachdem man noch den **Historischen Zug** begutachtet hat, liegt rechts unterhalb die **Christuskirche**. Nach drei Jahren Bauzeit wurde am 15. Oktober 1910 der Einsegnungsgottesdienst gehalten. Die Schwesternkirchen – mit gleichem Namen – standen in Tsing-Tao und in Dar es Saalam (!), geweiht wurden alle drei dem Frieden (!).

Die Windhoeker Kirche entwarf Gottlieb Redecker. Nach einigem hin und her, auch Berlin ist mit Bauplänen involviert, wird schließlich der vierte Entwurf genehmigt und am 11. August 1907 der Grundstein gelegt. Man entschied sich für einen neuromanischen Stil mit gotischen Einflüssen. Die Baukosten fallen mit 360.000 Mark doppelt so hoch aus wie geplant (alleine die Transportkosten betrugen 70.000 Mark, obwohl die Woermann-Linie bereits 25% Sakralrabatt gewährt hatte).

Tintenpalast

Ein Stück weiter bergan betritt man einen herrlich grünen und mit Blumen erfüllten Park und steht schließlich vor der Fassade des Tintenpalastes (nur werktags bis 13 Uhr geöffnet), des ehemaligen

Die Christuskirche

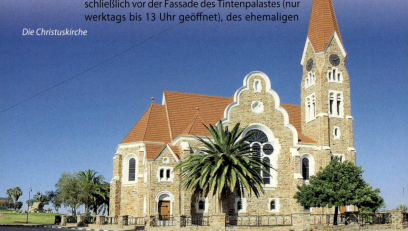

Verwaltungsgebäudes des Schutzgebietes und heutigem Sitz des Parlamentes. Der vom Volksmund verliehene Name spricht für sich. Ein weiteres Mal wurde der Architekt Gottlieb Redecker tätig. Von August 1909 bis Ende 1911 kämpfte die deutsche Bauordnung mit sich und der Zunft, bis schließlich Einigung über Entwurf und Standort erzielt werden konnte. Das Gebäude wurde im November 1913 bezogen und gilt als typisches Beispiel eigenständiger deutscher Kolonialarchitektur, die sich nur entfernt an europäischen Vorbildern orientiert und praktische Notwendigkeiten, wie exzellente Durchlüftung der Räumlichkeiten, in den Vordergrund stellt.

Östlich des Tintenpalastes schließen sich moderne Regierungsgebäude an. Der Park wird belebt von Schulklassen, die hier picknicken und Ball spielen, und von streng weiß gewandeten Damen und Herren, die ihr sonntagvormittägliches Rasen-Bowlingspiel stilvoll inmitten der Blumenpracht und unbehelligt von der Politik absolvieren.

Alter Friedhof Zurück auf der Robert Mugabe Avenue (die vor der Umbenennung übrigens Leutwein Straße) hieß, gehen wir diese weiter nach Süden und stoßen auf den Alten Friedhof und das **Gefallenendenkmal.** Hier wurden viele südafrikanische Soldaten begraben, die während des I. Weltkrieges fielen. Das Denkmal enthüllte man 1931.

Schaut man nach oben, sieht man auf den Hügeln der Umgegend drei weitere geschichtsträchtige Gebäude, die Heinitzburg, die Schwerinsburg und die Sanderburg. Letztere beiden sind nicht öffentlich zugänglich. Die Sanderburg ist privat genutzt, sie beherbergte einmal die italienische Botschaft. Die Schwerinsburg entstand aus der erhöht gebauten Signal- und Aussichtsstation Sperlingslust, die nach Beendigung der Kriegshandlungen 1908 der Staat als nicht mehr notwendig erachtete und zur privaten Nutzung verkauft wurde. Der Architekt Sander nutzte die Grundkonzeption der Station und umbaute und erweiterte diese im Stil einer mittelalterlichen Burg. Nicht weit davon entfernt entstand für ihn selbst 1914 und 1915 eine weitere Burg, Heinitzburg genannt, heute ein bekanntes Hotel. Die Sanderburg konnte noch 1917 errichtet werden, da Wilhelm Sander nicht, wie so viele seiner deutschen männlichen Landesbewohner, interniert war.

Outstryders Memorial Um zum wirklich letzten kriegerischen Denkmal der Stadt zu gelangen, müssen wir ein Stückchen zurück, bis zum Sam Nujoma Drive (der früheren Curt von François Straße) gehen und in diese links nach Westen einbiegen. Nach einem Fußmarsch von ca. 1 km biegt man rechts in die Bismarck Street ein (die wohl bald Simeon Shixungileni Street heißen wird) und gelangt nach ca. 300 m zum Buren-Kriegerdenkmal, dem Outstryders Memorial. Es erinnert an die „Bittereinders" („die bis zum bitteren Ende gehen"), die nach Beendigung des Krieges zwischen Engländern und Buren nach Südwestafrika zogen, um nicht unter den neuen Herrschern leben zu müssen.

Nun kann man die Fidel Castro Street direkt wieder zur Independence Avenue zurückkehren. Kurz vor ihr findet sich rechter Hand das **Konservatorium,** manchmal werden hier Tanzaufführungen oder Konzerte veranstaltet. Die Independence Avenue nach rechts, nach Süden gehend erreicht man schließlich den Ausspannplatz, einen nicht begrünten, sondern der Einfachheit halber grün gestrichenen Platz. Seinen Namen hat er nicht als Flanierplatz erhalten, sondern als **Abladeplatz** der Ochsengespanne, die hier ihr Joch lassen durften, ausgespannt wurden.

Marura-Park Verließe man den Platz Richtung Südost, gelangte man zum Maerua-Park, einem großen Geschäftszentrum mit Bars, Restaurants, Kino-Center und vielen Läden.

Warehouse Wir gehen aber die Talstraße zurück und passieren das rote Ziegelgebäude der ehemaligen Bierbrauerei, heute das Warehouse, ein Zentrum mit Diskothek (das auch Live-Auftritte bekannter namibischer und südafrikanischer Gruppen wie Jackson Kaujeua oder Jonny Clegg organisiert), einem Theater und einem Kunsthandwerks-Zentrum, dem Namibian Craft Centre, das Selbsthilfe-Gruppen unterstützt. Hier gibt es viele originelle Souvenirs zu erstehen, einiges zwar etwas teurer als auf den Straßenmärkten, dafür aber schöner gearbeitet. Auch einige junge Modemacher sind mit Afro-Fashion vertreten. Wer hier kauft, unterstützt die Selbsthilfe-Projekte und weiß, dass sein Geld nicht einem findigen Großhändler, sondern vor allem arbeitslosen Frauen zugute kommt.

National Botanical Garden Der **National Botanical Garden** (Mo–Fr 8–17 Uhr, jeden 1. Sa/Monat 8–11 Uhr) geht auf 1990 zurück, als ein Naturreservat in Stadtnähe der Universität zur Schaffung eines Botanischen Gartens übergeben wurde. Heute zeigt er schön gepflegt die ganze Bandbreite der Pflanzenwelt Namibias. Viele Gewächse sind mit Schildern versehen (am Eingang gibt es eine Pflanzen- und eine Vogelliste) und die Wege führen u.a. an Köcher- und Flaschenbäumen vorbei. Im Desert House wachsen Pflanzen aus der Namib.

Avis Staudam Im Osten, an den Ausläufern Klein Windhoeks, schließt der Avis-Stausee an, Ziel vieler Einwohner für den sonntäglichen Spaziergang. Man kann den See einmal umrunden und ist dafür etwa zwei Stunden unterwegs. Eine reiche Vogelwelt begeistert die Besucher und die sie begleitenden Hunde. Gespeist wird der See von einem Rivier, das seinen Ursprung 30 km weiter auf der Farm Hoffnung hat, als Klein Windhoek Rivier fließt das Wasser wieder aus Avis heraus. Wenn wegen guten Regens der Damm geöffnet wird, kommt ganz Windhoek zu diesem Ereignis, inklusive der Kanuten.

Heroe's Acre 10 km außerhalb im Süden, direkt an der B1, erhebt sich seitlich der Straße auf einem Hügel ein Obelisk. Er kämpft mit einem 8 m hohen Soldaten um die Vorherrschaft über das Auge des Betrachters. Die ganze Anlage wurde 2003 eingeweiht, und seitdem brennt die ewige Flamme zu Ehren der Krieger des Unabhängigkeitskampfes. Koreanische Firmen haben den Acker errichtet, den man nur nach einer Kontrolle am vom Militär bewachten Tor betreten darf. Bis zu 5000 Besucher können die Feierlichkeiten hier sitzend erleben.

Xwama Cultural Village In Katutura lässt sich das *Xwama Cultural Village* besuchen. Die Gäste werden mit traditionellen Riten, Gesangs- und Tanzvorführungen unterhalten. Natürlich gibt es auch etwas zu essen. Frittierte Mopane-Würmer, Ziegenkopf gegrillt und als Beilage wilder Spinat und Millipap – nicht jedem läuft dabei das Wasser im Mund zusammen! Doch ausprobieren sollte man es schon mal (alternativ vielleicht das Curry-Huhn?). Wer es partout nicht schafft, kann sich derweil im Souvenirladen versorgen. Independence Avenue/Ecke Omongo Street, Tel. 061-210270, www.xwama.com.

Windhoek Reiseinfos

Einkaufen in Windhoek

Verpflegung In der Schlachterei *Trans Kalahari Meat & Biltong Supplies,* 94 Sam Nujoma Drive, Klein Windhoek, Tel. 061-234509, kann man frisches Wildfleisch erwerben und für die Reise vakuumverpacken lassen. Eine deutsche Metzgerei – *Namib Butchery,* Robert Seibold – gibt es auch in ganz im Süden hinter dem Eros-Flugplatz in Prosperita, Palladium Street, Tel. 061-401940.

Bücher *Windhoeker Buchhandlung,* P.O. Box 1327, 69 Independence Avenue, Tel. 061-225216, www.wbuch.iway.na; deutsch- und englischsprachige Bücher.

Souvenirs *Namibia Craft Centre,* 40 Tal Street, Tel. 061-222236; alles was das Land hergibt wird in den kleinen Nischen privatim verkauft, Café mit leichten Mahlzeiten zum Verschnaufen.

Penduka „Wake up", am Gorangab Damm, P.O. Box 62601, Windhoek, Tel. 061-257210, www.penduka.com (s. Kasten oben).

Bushman Art, P.O. Box 20165, 187 Independence Avenue, Tel. 061-228828, www.bushmanart-gallery.com ; schöne Auswahl an afrikanischem Kunsthandwerk, viele hochqualitative Holzschnitzereien.

Rogl Souvenirs, Independence Avenue, Tel. 061-225481, Schnitzereien aus ganz Afrika, Felle, Lederwaren.

Bei *Leather Connection* (16 Andimba Toivo ya Toivo Street, Tel. 061-269075, www.facebook.com/Leather Connection) gibt es alles aus Leder, auch fürs Pferd.

Namcraft, 117 Independence Av., Tel. 061-250342, www.namcrafts.com, Mo–Fr 8–19 Uhr, Sa/So 8.30–17 Uhr. Auch *light meals* und regelmäßig einen *traditional day,* an dem sich das Personal in die Kostüme einer der namibischen Volksgruppen wirft und deren Speisen serviert; dazu gibt es Musik.

Nutzvolle „Droppings"

Wer käme schon auf die Idee, als Geschenk Elefantendung mit nach Hause zu bringen. Keiner? Erst einmal: Papier aus getrocknetem Elefantendung fehlt jeglicher Geruch. Die Tiere nehmen sehr grobe Nahrung zu sich, die sehr viel Zellulose enthält – nicht besonders nahrhaft. Hinzu kommt, dass die Elefanten schlechte Futterverwerter sind, deshalb müssen sie die Hälfte jeden Tages fressen, 150–200 kg. Sie äsen gleichmäßig und rhythmisch, indem sie ihren Rüssel um einen Baum wickeln und diesen abschälen bzw. ausreißen. Busch- und Grasfasern, Rinde, Samen, Zweige und Mineralien und vieles andere finden so ihren Weg durch den Magen wieder auf den Boden. Die Zähne: Sie werden in einer Scherbewegung dazu verwendet, die Pflanzen zu zermahlen: 16 Backenzähne, 10 cm breit und 30 cm lang. Nach und nach nutzen diese sich ab, werden aber durch neue ersetzt, die nicht wie beim Menschen von unten kommen, sondern sich von hinten nach vorne schieben. Der Magen: Er dient der Fermentierung, Mikroorganismen verdauen dort die Zellulose, aber eben nicht vollständig. Der Dung enthält damit genügend Zellulose zur Papierherstellung.

Juweliere	*Horst Knop*, Kaiserkrone, Post Street Mall, Tel. 061-228657. *Herrle & Herma*, Sanlam Centre, Independence Avenue, Tel. 061-224578. *Adrian*, Levinson Arcade, Tel. 061-225501, www.adrian-meyer.com. *Jürgen Canto*, Mutual Towers, Tel. 061-222894.
Kleidung	*Wecke & Voigts*, im Gebäude des Kalahari Sands Hotel, www.weckevoigts.com, Kaufhaus, in dem die deutschsprachigen Namibier traditionell einkaufen. *Nakara*, 165 Independence Avenue, Tel. 061-222049, www.nakara-namibia.com. *Seelbinder*, Mutual & Federal Building, Independence Avenue, Tel. 061-224230.
Campingausrüstung	*Cymot*, 60 Mandume Ndemufayo Avenue, Tel. 061-2956000, www.cymot.com, hier auch Gaskartuschen der Fa. Campinggaz, die sonst nicht immer zu bekommen sind. Safari Den, Auas Valley Shopping Mall, Tel. 061-2909293, Fax 61-233060.
Vermietung Campingausrüstung	*Camping Hire Namibia*, 78 Mose Tjitendero Street, P.O. Box 80029, Tel. 061-252995. *Adventure Camping Hire*, 33 Tacoma Street/Suiderhof, P.O. Box 6675/Ausspannplatz, Tel./Fax 061-242478, http://adventure-camping-hire.com
Malls	*Maerua Park*, Jan Jonker Road, ältestes Einkaufszentrum Windhoeks mit zahlreichen Läden, Kinos, Cafés und Restaurants (www.maeruamall.com). *The Grove Mall of Namibia*, Frankie Fredericks Drive, größte Mall des Landes mit allem was das Herz begehrt und einen ganzen Tag lang unterhält (www.thegrovemallofnamibia.com).

Unterhaltung in Windhoek

Wie gesagt, Windhoek ist eine ruhige Metropole. Die „große Sause" kann man mit Sicherheit nicht erleben, ein Rotlicht-Viertel existiert nicht, ebenfalls kein Stadtteil, in dem sich die Studenten die Nacht um die Ohren schlagen. Die weißen Namibier ziehen es vor, sich gegenseitig zu Hause zu besuchen oder nach einem guten Abendessen noch auf einen Sprung in einer der drei oder vier Nachtbars den Gutenacht-Schluck zu sich zu nehmen. Windhoek hat ein Kinozentrum im Maerua-Park. Das Nationaltheater führt eher selten Stücke auf, und auswärtige Ensembles sind auch nicht allzuoft eingeladen. Das *Warehouse Theatre,* das zweite Theater in Windhoek, hat da schon häufiger Aufführungen (www.warehousetheatre.com.na). Die Spielpläne in den Zeitungen.

Die deutschstämmigen Namibier treffen sich gerne in *Joe's Beer House* und im *Dylan's*. Die Jugend zieht es in die Entertainment-(Fußgänger-)Zone des Maerua-Parks. Cafés, Pizzeria, Steakhouse, Hamburger-Buden, Läden, Takeaways und Yoghurt-World sorgen für Entspannung. Touristen auf dem Gesundheitstrip können in dem riesigen und wahrlich perfekt ausgestatteten Fitness-Studio etwas für ihren Körper tun.

Theater *National Theatre of Namibia,* John Meinert Street, Tel. 061-374400, www.ntn.org.na, Spielplan in den Zeitungen. Das Theater, unterstützt von „Brot für die Welt", hat eigene Spielgruppen arbeitsloser Jugendlicher, die immer wieder ihre Situation dramatisch aufarbeiten und zur Aufführung bringen.

Warehouse-Theatre, Tal Street, Tel. 061-244671, www.warehousetheatre.com.na, Spielplan in den Zeitungen. Weitere Termine erfährt man z.B. im The Namibian oder auf der Website www.whatsonwindhoek.com.

Feste und Festivals Wichtige Termine sind der **Karneval** und das **Oktoberfest.** Im September findet das **Windhoek Arts Festival** (www.bankwindhoekarts.com.na) statt mit Theater, Musik und Ausstellungen aus allen Bereichen der Bildenden Künste. Einmal im Jahr trifft sich im September der Volkstanzkreis Windhoek mit anderen Gruppen zum **//Ae/Gams Festival** mit traditionellen Tänzen. Im Januar/Februar findet bei Maltahöhe das **Lilienfestival** statt (Details s. dort). Das **Cultural Festival** des Polytechnikums zeigt im August Tänze und Folkloretrachten, dazu gibt es an Ständen Essen und Trinken. Im September feiert die Universität mit der **Cultural Week** ein ähnliches Ereignis.

Kinos *Maerua Park Cinema,* Klein Windhoek Road, Eros Shopping Center. Kinozentrum mit 3 Vorführräumen, Programm in den Zeitungen.

Konzerte Live-Auftritte finden unter anderem in *Zenso's Lounge* am Gutenberg Platz (www.facebook.com/ZensoLounge) und im *Boiler Room* (48 Tal Street, im Warehouse) statt. Im *Zoo Park* werden Freiluftkonzerte gegeben.

Joe's Beerhouse

Essen und Trinken in Windhoek

Die Lokale und Restaurants, die schon in der Früh geöffnet haben, bieten zumeist auch Frühstück an. Praktisch alle Hotels besitzen ein Restaurant, bei den kleineren ist für Nicht-Hotelgäste unter Umständen eine Voranmeldung erforderlich.

NICE Die Hochburg für exklusives Essen in exklusivem Ambiente mit exklusiver Bedienung – zu durchaus wettbewerbsfähigen Preisen. Als Baumaterialien wurde alles verwendet was gut und teuer ist und mit Möbeln und Accessoires kombiniert, die keinen Augenwunsch mehr offen lassen. Ob Bar, Sushi-Abteilung oder Restaurant, die mit viel Glasflächen weitläufig, hell und doch separiert gestaltete Anlage des **N**amibian **I**nstitute of **C**ulinary **E**ducation (NICE eben) ist *die* Adresse des Landes für den Abend, der etwas herausragen soll. Wer will, schaut den Köchen bei der Ausbildung und dem Kochen zu – keine Angst, wer hier den letzten Schliff erhält, muss, ebenso wie das Service-Personal, schon einiges auf dem Kasten haben. Mozart Street/Ecke Hoseo Kutako Street, Tel. 061-230616, www.nice.com.na (Küche Mi–So 12–14 u. 18–22 Uhr, Bar 16–24 Uhr).

Dunes Restaurant im Avani Hotel. Sehr gutes (und günstiges) Büfett, neben asiatischen und italienischen Gerichten auch Wild bis zum Abwinken (Strauß, Oryx, Kudu etc.). Ansonsten ist die Karte eher klein und teuer. Independence Avenue, Gustav Voigts Center, Tel. 061-222300, www.avanihotels.com. Mo–So 7–22 Uhr.

Leo's at the Castle Restaurant des Hotel Heinitzburg mit eleganter Einrichtung und gutem Weinkeller. Ein Erlebnis ist das Dinner im historischen Ritter-Raum, spektakulär die Sicht bei Kaffee oder Abendessen auf der Terrasse über Stadt und Sonnenuntergang. Heinitzburg St, Tel. 061-249597, www.heinitzburg.com, täglich Lunch, Kaffee und Dinner.

Am Weinberg Edel-Restaurant mit perfekt arrangierten Speisen, von denen man gern mehr auf dem Teller hätte; ausgesuchtes Weinsortiment. 12 Jan Jonker Road, Tel. 061-236050, www.amweinberg.com, täglich 9–22.30 Uhr.

Windhoek Essen und Trinken

Luigi and the Fish — Großes Restaurant mit Biergarten, gern besucht, im ersten Stock Drinks zum Absacken, 342 Sam Nujoma Drive, Klein Windhoek, Tel. 061-256399, mittlere Preiskategorie, Di–So 12–14 und 18.30–22 Uhr.

O'Portuga — 312 Sam Nujoma Avenue, Tel. 061-272900, angolanisch-portugiesisch angehauchte Küche. Täglich 12–23 Uhr.

Café Schneider — Kaffee und Kuchen oder kleine Gerichte im ältesten Café der Stadt. Levinson Arcade, Tel. 061-226304. Mo–Fr 7–18 Uhr, Sa 7–14 Uhr.

Balalaika — Einer der schönsten Plätze zum Sitzen, Blick auf den Zoo-Park, kühle Windbrise und feine Gerichte (leider nur tagsüber) – und natürlich Kuchen; Zoo Park, Independence Avenue, Tel. 061-223479; Mo–Sa 8–18 Uhr.

Zoo Park Restaurant — kleine Gerichte beim Amphitheater im Park. Zoo Park, Tel. 061-258484.

Wilde Eend Bistro — Tagescafé mit leichten und ausgezeichneten Mahlzeiten in einer Gärtnerei; man sitzt im Freien unter Bäumen und verspeist frische Salate; nach dem Essen kann man in einem kleinen Laden Produkte frisch von den Farmersfrauen kaufen: Brot, Käse, Marmelade, Kräuter und Oliven; Wilde Eend Nursery, 10 K. Kaunda (Uhland) Street, Klein Windhoek, Tel. 061-272632, Mo–Fr 8–17 Uhr, Sa 8–13 Uhr, So 9–13 Uhr.

Craft Café — Mitten zwischen Kunsthandwerk oder draußen auf dem Balkon gibt es mittags *light meals* aus der Schnellküche. Tal Street (im Namibian Craft Center), Tel. 061-242222, www.craftcafe-namibia.com, Mo/Di 9–18 Uhr, Mi–Fr 9 bis Sonnenuntergang, Sa/So 9–15.30 Uhr.

Fürstenhof — Hotel-Restaurant mit feinem Ambiente, 4 Frans Indongo Street, Tel. 061-237380. Mo–So 19–23 Uhr.

Gathemann — Deutschsprachiges Restaurant der gehobenen Preis- und Qualitätskategorie mit vielen namibischen Spezialitäten (Fisch- und Wild, Austern und selten die berühmten Termitenpilze). Manchmal werden auch Mopanewürmer serviert, fritiert schmecken sie wie gewürzte Chips. Besonderer Wert wird auf die Weinkarte gelegt. Große Terrasse mitten im Herzen der Stadt. Independence Avenue, Gathemann Haus, Tel. 061-223853. Mo–Sa 10–14.30 u. 18–23 Uhr.

Gourmet — Ausgezeichnete Küche in dem kleinen Speiseraum im Kaiserkrone-Areal, gehobene Preise; man kann im Garten aber auch Snacks zu sich nehmen oder an der Theke eine Pizza bestellen; Post Street Mall, Tel. 061-232360, www.thegourmet-restaurant.com, Mo–Fr 12–14 u. 19–22.30 Uhr, Sa 8–14 Uhr, So Ruhetag.

The Stellenbosch — Winebar und Restaurant in Klein Windhoek mit einer guten Karte für leichte Gerichte und für viele Fleischspeisen, 78 Sam Nujoma Drive, Bougain Villas, Tel. 061-309141, www.thestellenboschwinebar.com, Mo–Sa 12–22 Uhr.

Grand Canyon Spur — Bei jungen Leuten populäres Steakhouse, gegenüber der Post Street Mall, mit Frühstückskarte. Wenn es warm ist, kann man auf dem Balkon sitzen und den Leuten beim Flanieren und Einkaufen zuschauen, der einzige Grund hierher zu gehen – das Essen ist nämlich ein Graus; Independence Avenue, gegenüber der Post Street Mall, Tel. 061-231003, Mo–So 7.30–24 Uhr.

In's Wiener — Café im Wernhil Park Einkaufszentrum. 33 Wernhil Park/Tal Street, Tel. 061-231082; Mo–Fr 9–18 Uhr, Sa 9–14 Uhr.

Joe's Beerhouse	Unterhaltungsmaschine für über 400 Gäste mit Musik und Küche. 160 Nelson Mandela Avenue, Tel. 061-232457, www.joesbeerhouse.com. Mo–Do 17–24 Uhr, Fr–So 11 bis spät.
La Marmite/ Café Zoo	Für europäische Gaumen abgeschwächte afrikanische Küche mit einer Reise über den gesamten Kontinent, schmackhaft und in netter Cafè-Atmosphäre, 129 Independence Avenue, Tel. 061-235647, 7–23 Uhr.
Otjikaendu	Authentische namibische Küche in Katutura mit geschmorten Schafs- und Ziegenköpfen, Currys und weiteren Gerichten der Saison, wie Mopane-Würmer, mitten unter den Bewohnern des Stadtteils, Ceaser Street, Katutura, Tel. 081-2454075, täglich ab 19 Uhr.
Penduka „Wake up"	Green Mountain Dam Road (Katutura), Tel. 061-257210, afrikanisches Restaurant am *Goreangab-Damm*, Shuttle-Service, auch Backpacker-Übernachtungen und Bungalows, Teil eines Projektes zur Unterstützung namibischer Frauen.

Penduka „Wake up" unterstützt namibische Frauen

Direkt am Goreangab-Damm gelegen, in den ehemaligen Räumen des Yacht-Klubs, befindet sich ein Projekt, das sich zum Ziel gesetzt hat, namibischen Frauen in Selbstverwaltung zu Arbeit zu verhelfen. Es werden traditionelle Kleider und Haushaltsgegenstände hergestellt, die man in einem Laden erwerben kann. Ein Restaurant ist angeschlossen und Windhoeker kommen gerne auch zum Nachmittagskaffee am Wochenende herausgefahren oder halten Kindergeburtstage ab. Kleine Bungalows unterschiedlicher Kategorie werden an Backpacker und zahlungskräftigere Gäste vermietet. Ein Shuttle-Service holt Besucher im Zentrum ab (anrufen!) und bringt sie wieder zurück. Die Anfahrt geschieht etwas kompliziert quer durch Katutura und die Bidonville der Angolaflüchtlinge. Deshalb sollte man dorthin nachts nicht unbedingt mit dem eigenen Wagen hinfahren, sondern den Shuttle nutzen.

Sardinia Blue Olive	Italienische Fleisch- und Fischgerichte und hausgemachte Pasta, für die die Zutaten direkt aus Italien eingeflogen werden. Nach der Pizza ist die selbstgemachte Eiscreme zu empfehlen. Jugendliche kommen auch, um nur das Eis zu delektieren. Preise niedrig bis mittel. Sam Nujoma Drive/Ecke Nelson Mandela, Schoeman's Building, Klein Windhoek, Tel. 061-258183. Di–So 9–23 Uhr.
Thüringer Hof	Steakhouse im Hotel Thüringer Hof, das mittags gerne von den Geschäftsleuten und Regierungsbeamten aufgesucht wird. Reelles Essen für Fleischliebhaber. Independence Avenue, Tel. 232824.
La Bonne Table	Unprätentiöse gute Küche mit besten Zutaten beim franko-namibischem Kulturzentrum, mediterran angehaucht, auch vegetarische Gerichte, 118 Robert Mugabe Avenue, Tel. 061-253976, www.facebook.com/Restaurantlabonnetable, Mo–Fr 12–22 Uhr, Sa bis 15 Uhr.
Paquel	Angolanisch-portugiesische Küche, gute Fischgerichte (scharf!) und auch Typisches wie Mopanewürmer gegrillt oder Kaldaunen, dazu auf die Schnelle in einem eigenen Bereich Burgers und Hühnchenteile, 416 Independence Avenue, Tel. 061-240786, 12–22 Uhr, Wochenende bis 23 Uhr.

Garnish	Indisches Lokal mit sehr leckeren Currys, große Karte, effizientes Personal und eine sehr vernünftige Preisgestaltung, Trift Towers, Trift Street, Tel. 061-258119, 11.30–21 Uhr.
Fishmongers	Steakhouse im Hotel Thüringer Hof, das mittags gerne von den Geschäftsleuten und Regierungsbeamten aufgesucht wird. Reelles Essen für Fleischliebhaber. Independence Avenue, Tel. 232824.
The Social	Portugiesische Inhaber, die sowohl auf Fisch als auch auf Wild schwören; Carpaccio vom Oktopus, ebenso ausgezeichnet das Lamm mit Pfefferminz-Jelly oder die Stockfischgerichte, gute Weinauswahl und etwas gehobene Preise, sympathische Adresse, Liliencron Street, Tel. 061-252946, 12–15 u. 17–22.30 Uhr.

Diskotheken/Pubs

Diskotheken haben im Allgemeinen nur mittwochs, freitags und samstags geöffnet. Einige bieten an den anderen Wochentagen einen Barbetrieb an. Viele der Diskotheken sind mit einem Restaurant oder Takeaway verbunden, wo auch spät nachts noch gegessen werden kann. Strenge Eingangskontrollen und die Abnahme von allem, was auch nur annähernd als Waffe benutzt werden könnte, gestalten Diskobesuche überaus friedlich. Seien Sie aber vorbereitet, dass Sie unter Umständen der einzige andersfarbige Gast sind, da die Szene in einem Lokal zumeist konsistent ist. Sie werden sich aber dennoch sehr angenehm fühlen und geraten so auch leicht in interessante Gespräche. Teilweise wird Eintritt verlangt, dessen Höhe, abhängig von der Veranstaltung, variiert.

Joe's Beerhouse	Bei den Deutschsprachigen der Favorit. Biergarten mit Restaurant, am Wochenende Disco, teilweise Livemusik. 160 Nelson Mandela Avenue, Tel. 061-232457. Mo–Do 17–24 Uhr, Fr–So 11 bis sehr spät …; bis zu 400 Leute passen in die verwinkelte Anlage und man sollte sich nicht drinnen verabreden – man würde sich schlicht verfehlen.
Dylan's	17 Joule Street; um 17 Uhr geht es mit einem Drink los und wer was als Unterlage braucht, bekommt Pommes, Bratwurst und weitere kleine Gerichte, meist ab 21 Uhr fängt es mit der Livemusik an und dann fängt die Stimmung richtig an zu toben, Tel. 081-1287664.
Qué Tapas	In-Treff mit Cocktails, supertollen Tapas, gemischtes Publikum. Maerua Park, Di–Fr ab 17 Uhr, Sa ab 12 Uhr, Tel. 081-6573959.
The Warehouse	Häufig Veranstaltungen, Life-Auftritte von Gruppen, Tanz. In den Tageszeitungen und auf Plakaten wird das Programm angekündigt. 48 Tal Street, Tel. 061-225059.
Fashion Bar	43 Bahnhof Street, Tel. 061-304708; Lounge und Disko, vornehmlich für die jungen Windhoeker, gute Whiskey-Karte und hervorragende Longdrinks.
Kiepies	52 Marconi Street, Southern Industrial Area, Tel. 061-256957; Buren unter sich bei Billard, Bier und *beautiful babes* („white, for sure"); Mo–Sa, eigentlich immer drangvolle Enge.

Roof Top Bar	Die Dachbar des Hilton ist wegen der Aussicht für einen Sundowner durchaus empfehlenswert, auch spätabends ist ein hier genossener Cocktail ein Erlebnis.
Wine Bar	Garten Street, Tel. 061-226514; große Weinauswahl (auch Flaschenverkauf), gutes Essen, schöner Blick über Windhoek – hier treffen sich Intellektuelle und die, die es werden oder sein wollen, Tel. 061-226514.
Zoo Park Theatre	Zoo Park; Veranstaltungen und am Wochenende regelmäßig Konzerte angesagter Bands.
Club London	Das ehemalige La Dee Da's ist Party-Location für ein bunt gemischtes Publikum mit wechselnden Themen, nur am Wochenende, ab 20.30 Uhr bis früh, 4 Nasmith Street, Southern Industrial Area.
El Cubano	Nachtclub im Keller des Hilton mit viel Salsa, ab 21 Uhr, Reverend Michael Scott Street/Independence Avenue.

Unterkunft

Luxus	Afriserenity Wellnessfarm, Hilton, Avani Hotel, Windhoek Country Club Resort, Thule Hotel Pension, Heinitzburg Hotel.
Touristenklasse	Alexander Hotel-Pension, Auas City Hotel, BougainVilla Pension, Casa Blanca, Cela Hotel- Pension, Charlotte's Guesthouse, Christoph Hotel-Pension, Cori Guesthouse, Etambi Hotel Pension, Felsenblick, Fürstenhof Hotel, Handke Hotel-Pension, Haus Bodensee, Hilltop House, Kleines Heim Pension, Kubata City Hotel, Okarusuvo, Olive Grove Guesthouse, Onganga Hotel-Pension, Palmquell Hotel-Pension, Roof of Africa, Safari Hotel, Haus Sonnenecke, Steiner Pension, Terra Africa House Gästehaus, Thüringer Hof Hotel, Uhland Hotel-Pension, Villa Verdi Hotel-Pension.
Günstig	Aces Guesthouse, African Kwela Guesthouse, Anjo Villas, Arebbusch Travel Lodge, Backpacker Unite, Bougain Villas, The Cardboard Box, Chameleon Backpackers, Ekundu Guesthouse, Elegant B&B, Gisela Vente's Guesthouse, Klein Windhoek Guesthouse, Kutako Guesthouse, Haus OLGA, Holiday Apartments, Jordani B&B, Londiningi Guesthouse, Maison Ambre, Marie's Place, Moni Hotel-Pension, Mountain View Apartments, New/Nouveau Pension, Paradise Garden Backpackers, Penduka „Wake up", Puccini House, Rivendell, Tamboti Guesthouse, Tourmaline Guesthouse, Utopia, Windhoek Town Lodge.
Außerhalb	Burg Gusinde, Airport Lodge, Windhoek Mountain Lodge, Dan-Viljoen-Rastlager, Trans Kalahari Inn, Big 5 Mini Lodge.
Zelten	Dan-Viljoen-Rastlager, Backpacker Unite, Arebbusch Travel Lodge, Big 5 Mini Lodge.

> **Unterkunftstipp**
>
> Im Luxusbereich ist **Heinitzburg** und **Avani Windhoek** (das ehemalige Kalahari Sands) nach wie vor empfehlenswert. Letzteres sah ein Uplifting, um sich der neu erstandenen Konkurrenz des Hilton zu erwehren. Immer noch ausgezeichnet ist das Abendbüfett im Restaurant des Avani. Im mittleren Preissegment ist Onganga eine der empfehlenswertesten Adressen: großzügige Zimmer, ruhige Lage, Pool und ein kleines Restaurant.

Adressen & Service Windhoek

Information	**Windhoek Tourism Information Office,** Post Street Mall, Tel. 061--2902690, www.windhoekcc.org.na und City Bus Terminal (gegenüber dem Kalahari Sands), P.O. Box 59/Windhoek. **Namibia Tourism,** Channel Life Towers, 39 Post Street Mall, Tel. 061-2906000, www.namibiatourism.com.na. **Namibia Wildlife Resorts Ltd.,** Head Office, Private Bag 13378/Windhoek, Independence Avenue, Tel. 061-2857200, Fax 224900, reservations@nwr.com.na, www.nwr.com.na. Öffnungszeiten der Kasse: Mo–Fr 8–15 Uhr; 15–17 Uhr nur Reservierungen und Informationen.
Stadtführungen	*Face To Face Tours* ist ein ehemaliges NACOBTA-Projekt, in dem farbige Führer den Besuchern die meist stiefmütterlich abgehandelten Townships nahebringen, man kann Kunsthandwerk erwerben, teils an traditionellen Festen teilnehmen und lernt eine ganze Menge über das einfache Leben des Großteils der namibischen Bevölkerung (eine Tour dauert üblicherweise drei Stunden, Tel. 061-265446, www.face2facenamibia.com). Das Projekt besitzt kein Auto, so dass man mit dem eigenen fährt oder ein Taxi heuert.
Goethe-Zentrum	Estorff-Gebäude, Fidel Castro Street, Tel. 061-225700, www.goethe.de/windhoek, Informationsveranstaltungen, Sprachkurse, ab und zu deutsches Kino.
Post	Hauptpostamt, Independence Avenue zwischen Frans Indongo Street und Post Street Mall. Öffnungszeiten Mo–Fr 8.30–16.30 Uhr, Sa 8.30–12 Uhr.
Gesundheit	In Notfällen wird das *Katholisches Krankenhaus,* Stübel Street, Tel. 061-2702004, www.rcchurch.na, empfohlen, für längere Aufenthalte Medi Clinic, Heliodoor Street, Eros Park, Tel. 061-222687, www.mediclinic.co.za.
Apotheken	*Luisen-Apotheke* (Zentrum), 181 Independence Avenue, Tel. 061-236302, luisen@iway.na
Ärzte	In Windhoek sind alle nur erdenklichen Fachrichtungen von Ärzten vertreten. Wenden Sie sich an die Rezeption Ihres Hotels. Man wird Ihnen sicherlich einen deutschsprachigen Arzt empfehlen.
Notruf	Notrufnummern s. Teil II, „Als Selbstfahrer unterwegs" (s.S. 71).
Sicherheit	Polizei: Independence Avenue/Ecke Bahnhof Street.
Botschaften	s. in Teil I unter „Diplomatische Vertretungen".
Verkehr	**Mietwagen:** *Caprivi Car Hire,* P.O. Box 1837, Windhoek, Sam Nujoma Drive, Tel. 061-256323, Fax 256333, info@caprivicarhire.de, www.caprivicarhire.de; unter deutschsprachiger Leitung und mit deutschsprechendem Personal– siehe auch im Allgemeinen Teil. **Bahnhof:** Bahnhof Street **Bus:** Busterminal, Independence Avenue/Fidel Castro Street, Abfahrtsort des Flughafenbusses. Der Intercape Mainliner hält in der Bahnhof Street. **Taxi:** Man frage im Hotel/in der Pension nach dem derzeit verlässlichsten Taxiservice. **Flugzeug, International:** Windhoek International Airport, 40 km östlich der Stadt an der B6. Busverbindung ab/bis Busterminal Independence Avenue/Fidel Castro Street (an die Abflugzeiten der Maschinen angepasst, ca. 2 Stunden

vor Abflug). Individuelle Transfers macht Mother Africa Airport Transfers, Tel. 0855-535888, www.namibia-airport-transfers.com.

Nationale Flüge, teils auch Flüge nach Kapstadt: Eros Airport, südliches Stadtgebiet.

Gottes- *Christuskirche:* Fidel Castro Street, Evangelisch-lutherischer Gottesdienst So 10
dienst Uhr. *St.-Georgs-Kathedrale:* Love Street, Anglikanischer Gottesdienst So 10.15 Uhr. *St.-Marien-Kathedrale:* Stübel Street, Römisch-katholischer Gottesdienst So 8 und 9.30 Uhr.

Clubs *Lion's Club,* P.O. Box 691, Tel. 061-223786. **Fitness-Clubs:** *Nucleus,* 40 Tal Street, Tel. 061-225493, www.nucleushfc.com, kleinerer Club, mit Aerobic und Geräteraum. *Virgin active,* Maerua Park, Tel. 061-234399, www.virginactive.co.za, riesige Anlage mit Schwimmbad, Sauna, Dampfbad, Squash, Maschinenhalle, Aerobic.

Sport Klub Nicht nur als Heimat derjenigen, die den Windhoek Karneval und das
Windhoek Oktoberfest austragen, ist die Traditionsadresse bekannt. Neben einem
(SkW) Restaurant gibt es je zwei Fußball- und Faustballplätze, Tennisplätze, Beachvolleyball, BMX-Bahn, Skateboardbahn, vier Kegelbahnen und einen Fitness-Parcour. Im Süden der Stadt, gegenüber der Arebbusch Travel Lodge, Tel. 061-235521, www.skw.com.na.

Städtisches Sean McBride Street/Ecke Frankie Fredericks Drive im Stadtteil Olympia, 10–
Schwimmbad 18 Uhr.

On the Road: Von Windhoek nach Rehoboth

Verlassen Sie Windhoek Richtung Süden auf der Mandume Ndemufayo Avenue und halten Sie sich kurz vor dem Eros Flughafen links Richtung Rehoboth. Sie stoßen auf die Hauptstraße B1. Ihr auf gutem Asphalt nach Süden folgen. Linker Hand ragen die Auasberge bis zu 2479 m hoch, aber da man sich hier immer noch im Hochland befindet, wirken sie nicht allzu gewaltig. Nach 6 km passieren Sie die schön angelegte Arebbusch Travel Lodge.

Nach weiteren 20 km erreichen Sie Aris, eigentlich kein Ort, nur ein Gebäude. Kurz hinter Aris sieht man rechts voraus den Bismarckfelsen und 20 km weiter links die Nauaspoortberge.

Von Aris geht es nun ca. 500 m langsam, aber kontinuierlich bis auf 1400 m bergab. 3 km vor Rehoboth kann man zu der außerhalb liegenden Eisenbahnstation Rehoboth und zum Oanob Damm (7 km) – einem 1990 für 40 Mio. Rand entstandenen Stauwehr und dem Oanob Rastlager – abzweigen. Hier lassen sich mit Wassersport oder Reiten auch tagsüber und ohne Übernachtung einige erholsame Stunden verbringen.

Wir fahren weiter geradeaus und biegen links nach Rehoboth hinein.

Rehoboth

Geschichte Rehoboth, die heutige Hauptstadt der Baster (s.S. 221), der „Bastarde", wie sie sich stolz nennen, wurde ursprünglich als Missionsstation von Heinrich Kleinschmidt im Jahre 1844 gegründet, 1864 aber wieder verlassen.

Die Baster kamen auf ihrem Trek von der Kapkolonie nach Norden erst 1870 hierher, handelten den Nama etwas Land ab, das sie stetig vergrößerten. Es ist eine Stadt der Farbigen, das Stadtbild unterscheidet sich gänzlich von der getragenen Saturiertheit Windhoeks. Farmer beladen ihre altersschwachen Lorries mit Futter oder Saatgut, und mit ihren Hüten und Jeans wirken sie wie aus einem Wildwestfilm gestiegen. Ihr Land zählt zu den fruchtbareren Regionen Namibias, ist aber durch die intensive wirtschaftliche Nutzung und Überbestockung inzwischen am Rande seiner Fertilität angelangt. Das komplizierte Erbrecht der Baster fördert die Zerstückelung von Landbesitz, der unter den Söhnen immer weiter aufgeteilt wird, und steht so einer ökologisch angepassten Nutzung durch Großfarmen entgegen.

Die meisten Rehobother sind Abkömmlinge von Buren und Nama-Frauen. Die vornehmen Baster-Familien stammen von legalen Verbindungen ab und führen diese Gemeinschaft, die sich als eigenständiges Volk begreift, seit ihrer Auswanderung aus Südafrika.

Bis vor kurzem wurden die Ämter innerhalb der Gemeinde vererbt, erst in der Neuzeit gingen die Baster dazu über, ihre Führer zu wählen. Immer auf ihre Unabhängigkeit bedacht, hingen die Baster ihr Fähnchen gerne in den jeweils günstigsten politischen Wind – sie kämpften lange auf Schutztruppenseite und erhoben sich erst, als der politische Druck der Deutschen zu tief in ihre Organisation einzugreifen drohte. Auch mit den Südafrikanern konnten sich die Baster – im Austausch gegen weitgehende Autonomie – arrangieren.

Nun sehen sie sich von den neuen Verwaltungsstrukturen des unabhängigen Namibia bedroht, die sie gleichberechtigt mit den anderen Regionen in den Verband einzugliedern suchen und vor allem die angeblich rücksichtslose Ausbeutung schwarzer Arbeitskräfte durch die Baster beenden wollen. Sogar über Auswanderung wurde nachgedacht – inzwischen haben sich die Wogen allerdings wieder geglättet.

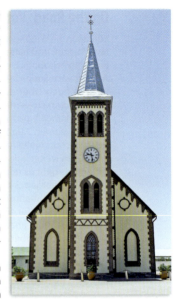

Pauluskirche in Rehoboth

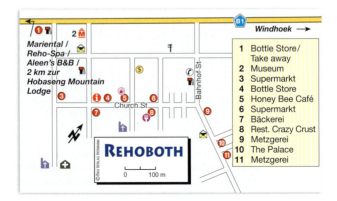

| **Sehenswert** | Interessant für Touristen sind das Thermalbad und ein kleines **Museum.** Es wurde 1986 in den Räumen einer alten Postmeisterei aus dem Jahre 1903 gegründet und empfängt den Interessierten ausgesprochen freundlich und zuvorkommend, und er kann eine kleine Ausstellung über die Geschichte der Baster genießen. Ebenfalls finden sich einige geologische Exponate (Old Postmasters House, Mo–Fr 9–12 u. 14–16 Uhr, Sa 9–12 Uhr, So auf Anfrage, Eintritt 25 N$, Tel. 062-522954, www.rehobothmuseum.com). Falls Sie Zeit haben, können Sie am Eingang nachfragen, ob ein Führer zur Verfügung steht, der Ihnen archäologische Fundstätten mit Felsmalereien in der Umgebung zeigt. Außerdem kann man einen Akazienwald besuchen, der eigentlich in der Gegend gar nicht wachsen dürfte. Dem Museum angeschlossen ist eine Schule für Möbelrestaurierung. |

Das **Thermalbad Reho Spa** besitzt einen Außen- und einen Innenpool und vermietet Bungalows. **Die ganze Anlage wurde privatisiert und ist voraussichtlich bis Ende 2016 für die Renovierung geschlossen.**

Unterkunft	*Oanob Resort, Hobasen Montana Lodge*
Essen	*Crazy Crust,* Church Street, Tel. 062522292, für die Mahlzeit zwischendurch mit Burgers und Pizzen; *Honey Bee,* Church Street, Tel. 062-522777, sympathisches Café mit gutem Kuchen; Hobasen Montana Lodge s. bei Unterkunft.

Unterkunftstipp

Die **Hobasen Montana Lodge,** 2 km im Süden, wird von Bastern betrieben. Restaurant mit gediegener Hausmannskost, saubere und zweckmäßig eingerichtete, sehr günstige Zimmer.

Weiterfahrt

Verlassen Sie Rehoboth Richtung Süd. Nach 13 km queren Sie den Wendekreis des Steinbocks *(Tropic of Capricorn),* den südlichen Wendekreis der Sonne (der nördliche, der Wendekreis des Krebses, verläuft in der Südsahara). Am 21. Dezember, der Sommersonnenwende des südlichen Himmels, steht die Sonne hier im Zenit und – deshalb der Name – im Sternzeichen des Steinbockes. Sie wandert dann bis zum 21. Juni nach Norden, zum Sternzeichen des Krebses, um erneut umzukehren.

Es geht durch flache, ereignislose und zunehmend aride Landschaft. Die Akazien und das Buschwerk werden immer spärlicher.

10 km vor Kalkrand kommen auf der linken Seite Dünenketten in Sicht. In Kalkrand, einigen Häusern mit Restaurant, Takeaway, Tankstelle und Laden, kann man eine Rast einlegen. Unterkunft in der Teufelskrallen Tented Lodge.

ABZWEIG: Zum Intu Afrika Game Reserve

Folgen Sie auf 42 km der C21. Die Piste führt im Auf und Ab über die quer zur Fahrtrichtung verlaufenden, roten Dünen der Kalahari. An der D1268 fahren Sie für 20 km nach Süden. Sie kommen an ein Farmtor, es sind nun noch 5 km bis zur Hauptlodge (Zebra Lodge). Mitten in den Dünen gelegen bietet die Farm Game Drives mit Löwenfütterung. Der Geländewagen mahlt sich bei den Führungen durch den weichen Sand, nur mit Anlauf gelingt es, die Dünen zu erklimmen, immer wieder werden hinter dem nächsten Kamm Tiere überrascht. Drei weitere Lodges auf dem Gebiet sind wunderschön der Landschaft angepasst und heißen *Suricate Tented Camp*, *Camelthorne* und *Dune Lodge*.

Auf Spurensuche, Intu-Afrika Game Lodge

Die Wanderungen mit San sind beeindruckend. Auch wenn die San kein Englisch sprechen, sie vermögen dennoch die Tier- und Pflanzenwelt Touristen näherzubringen. Ihre Fähigkeit, durch Bewegung und Tanz ein Tier zu versinnbildlichen, ist phänomenal. Die abseits gelegenen Zeltplätze und die Lodge sind hochluxuriös. Das Essen am Lagerfeuer schmeckt ausgezeichnet, und wer früh aufsteht, sieht die Giraffen vor seinem Schlafplatz (sei es der großzügige Bungalow oder das Luxus-Zelt) vorbeiziehen.

Weiterfahrt

Hinter Kalkrand werden einige Riviere gequert, bis Sie nach 55 km einen Abbruch hinunterfahren. 4 km weiter zweigt die Straße zum

Hardap Erholungsgebiet ab. Nach 6 km erreicht man das Eingangstor, nach weiteren 3 km den touristischen Komplex.

Hardap Erholungsgebiet

Tagesbesucher haben von Sonnenaufgang bis 18 Uhr Eintritt (40 N$/Person), ansonsten darf nur hinein, wer eine Buchung vorgenommen hat (wenn nicht ausgebucht ist, kann man allerdings nachfragen, ob Übernachten möglich ist). Das Gebiet liegt am gleichnamigen Stausee, mit 25 qkm und einem potentiellen Volumen von über 300 Mio. Kubikmeter ist es der größte Namibias. An der Wasserlinie lässt sich gut ablesen, wie die letzte Regenzeit verlaufen und wie brisant die Wasser-Situation für die Hauptstadt ist. In schlechten Jahren erinnert der See mehr an einen trüben Tümpel als an ein sicheres Wasserreservoir.

Bereits 1897 hatte Theodor Rehbock, ein deutscher Geologe, die Eignung der Landschaft für einen Stausee festgestellt. Erst 1960 aber wurde der Dammbau in Angriff genommen.

Der Rundblick über den Hardap-Stausee ist ausgezeichnet, wenn es heiß ist, erfrischt ein Bad im Pool. Man kann Angeln, Bootfahren (eine zweistündige Tour zu der kleinen Vogelinsel im See), Spaziergänge unternehmen (9 u. 15 km lange Wanderungen) und im Wildpark herumfahren, nach der reichen Vogelwelt Ausschau halten und sich auf die Suche nach Gemsbock, Eland, Strauß oder dem Hartmannschen Bergzebra begeben.

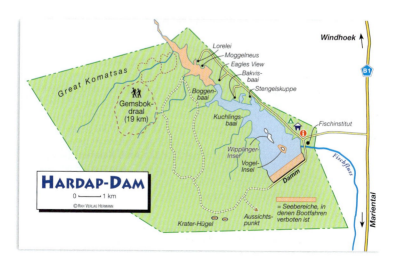

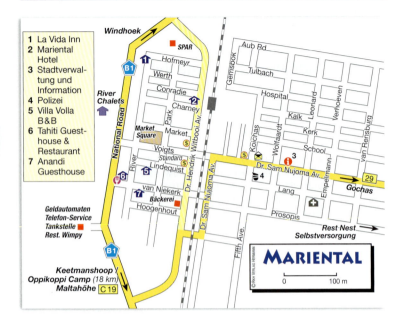

Mariental

Zurück auf der Hauptstraße wird nach 14 km Mariental erreicht. Hier haben Sie Anschluss an die Routen 2 und 2a. Die Straße B1 führt am Ort vorbei – um die deutschen Siedlerhäuschen zu besichtigen, muss man abbiegen.

Mariental entstand im Laufe der Jahre neben einer östlich der heutigen Stadt gelegenen Farm, deren Eigentümer ihr 1893 den Vornamen seiner Frau gab (Marienthal). 1920 erhielt Mariental Stadtrechte, nachdem es zuerst nur als Eisenbahn- und Polizeistation fungierte. Der Baustil einiger Häuser erinnert an die koloniale Vergangenheit. In dem betriebsamen Städtchen kann man während eines kleinen Spazierganges seine Vorräte auffüllen. Ein Abstecher (33 km) führt zur mitten in der Kalahari-Landschaft gelegenen und zur Gondwana Collection gehörenden **Anib Kalahari Lodge.** Die Farm besitzt viel Wild, und die Oryx-Antilopen stehen des Abends im Sonnenuntergang auf den Dünenkämmen. Berühmt sind deshalb die Sundowner der Lodge

Unterkunft *Touristenklasse:* Mariental Hotel

Günstig: River Chalets, La Vida Inn B&B, Anandi Guesthouse, **Tahiti Guesthouse.**

Außerhalb: **Kalahari Anib Desert Lodge** (Gondwana), Kalahari Farmhouse & Camping, Bastion Farmyard

Weiterfahrt

Nach 4 km auf der B1 Richtung Süden trifft man auf die C19, in die man Richtung Westen und Maltahöhe einbiegt. Weiterhin ist die Strecke eintönig. Auf halbem Weg erklimmt man wieder das Plateau, das zwischen Kalkrand und Mariental verlassen wurde, und erreicht nach 110 km Maltahöhe.

Unterkunftstipp

Das **Tahiti Guesthouse** mitten im Ort ist eine günstige Stopover-Möglichkeit mit Restaurant mit verlässlicher Qualität des Essens. Die abseits gelegene Kalahari Anib Desert Lodge ist für denjenigen, der die Kalahari auf Game Drives erleben will und dennoch auf den gediegenen Komfort eines (im namibischen Vergleich) Großhotels nicht verzichten will.

Maltahöhe

Maltahöhe wurde zur Jahrhundertwende gegründet, ihren Namen erhielt sie vom Kommandanten der in Gibeon stationierten Schutztruppe, der damit – wie gehabt – seine Frau Malta von Burgsdorff verewigte. Für Reisende auf kolonialer Spurensuche interessant ist lediglich der Friedhof im Osten der Stadt, Ruheplatz 40 deutscher Schutztruppler, die 1894 (Feldzug gegen die Witbooi-Nama, s.S. 357) und zwischen 1903 und 1907 (Nama-Aufstand) verstorben sind.

Auf der 50 km nördlich gelegenen Nomtsas Gästefarm kann ein Nationales Monument besichtigt werden, das Grab des von den Kriegern Hendrik Witbois getöteten Ernst Hermann, der hier im Namen der Deutschen Kolonialgesellschaft die größte Schaffarm des Landes zur Wollproduktion leitete. Sein Tod wurde indirekt auch dem damaligen Gouverneur Curt von François angekreidet, der die Farm allen Schutzgesuchen zum Trotz nicht militärisch sicherte (s. Exkurs).

Versuchsfarm Nomtsas

„Eine besondere Veranlassung zu meiner Reise nach dem Namalande hatte die Absicht der Kolonialgesellschaft für Südwest-Afrika gegeben, durch ihren Vertreter Hermann eine Versuchsfarm anlegen zu lassen.

Ich war gespannt, die Orte kennenzulernen, die dafür in Aussicht genommen waren und den Mann, der mit dem Versuche betraut war. Das Unternehmen der Kolonialgesellschaft erschien mir sehr wesentlich und ich hätte gewünscht, dass im Damaralande ein ähnliches Unternehmen ins Leben gerufen worden wäre. ...

Nach dem Eindruck, den ich 1891 von Hermann gewann, schien er mir geeignet für die Leitung des Unternehmens. Er beurteilte zwar Gubub (die erste Versuchsfarm, Anm. der Autoren), wie überhaupt das ganze Namaland, durch eine sehr rosig gefärbte Brille, auch verwöhnte er die Eingeborenen durch Nachsicht und Freigebigkeit. Optimisten und freigebige Leute sind aber bei der Begründung neuer Unternehmungen jedenfalls brauchbarer, wie Leute, welche lauter Schwierigkeiten sehen und vor weisen Überlegungen nicht zum Entschluss kommen. ...

Viele der angesiedelten Europäer zweifelten zwar seine Leistungsfähigkeit als Farmer und seinen Charakter an, doch will dies in Südwest-Afrika nicht viel sagen, wo keiner am Nachbarn ein gutes Haar lässt. Ich beauftragte also Hermann mit der kommissarischen Wahrnehmung der Geschäfte in dem Gebiet der Bondelswarts, Keetmanshoop und Bethanien. ...

Eine Stationierung von fünf Mann in Nomtsas zum Schutze des Unternehmens gegen Witbooi war ganz zwecklos. Gegen Witbooi war das Unternehmen nur geschützt, wenn dieser die Berechtigung des Unternehmens anerkannte oder der deutschen Regierung unterworfen war. ... Wer in die Wüste und unter Eingeborene geht, muss eben seine Haut und sein Eigentum riskieren, oder, wenn er dies nicht will, zu Hause bleiben."

(aus: Curt von François, Deutsch-Südwest-Afrika, Berlin 1899, Reprint 1993 durch Peter's Antiques, Swakopmund)

Der Friedhof östlich der Stadt – Ruheort von 40 deutschen Schutztrupplern

Unterkunft Maltahöhe Hotel, Pappot Rastlager, Oahera Craft Centre (Backpacker-Unterkunft/Camping).

Essen Pappot Bäckerei, Main Street, Tel. 063-293091

Red Stone Restaurant, Tel. 063-293028, Open-Air-Restaurant (mit der Möglichkeit bei kaltem Wetter auch innen zu essen) unter einer Lapa, täglich zwei Menüs, Snacks, Eiscreme und Drinks.

Einkaufen Oahera Craft and Tradition Center, Tel. 063-293028, In einer alten Lagerhalle werden zahlreiche Kunsthandwerksgegenstände aus der Umgebung von Maltahöhe ausgestellt und verkauft. Aktivitäten, wie Eselkarrenfahrten und Tanzvorführungen, können bei Vorausbuchung arrangiert werden. Sehenswert ist der Laden in der Tankstelle, in dem sich seit Jahren Reisende aus aller Welt an den Wänden verewigen.

Ausflug Im Januar/Februar sollte man bei einem Besuch von Maltahöhe keinesfalls einen Ausflug auf die Farm Sandhof (40 km) verpassen. Auf einem mit ca. 15 cm Wasser bedeckten 800 ha großen Vlei blühen lilarosa die Lilien.

Maltahöhe – Sesriem

Wir nehmen die Piste C14 nach Süden und folgen ihr auf 20 km. An der Einmündung der Piste C19 biegen wir in diese nach rechts und nördlich ein.

Nach 35 km führt die Piste gewunden in die Tsarisberge, 25 km weiter hinab zum Rivier des Tsaris und zwischen den Tsaris- und Nubib-Bergen hindurch nach Nordwesten. Nach weiteren 50 km nimmt man die D845 für 15 km nach Westen und dann die D826/C27 nach Norden.

Die Wüste sorgt für immer neue Überraschungen! Hinter jeder Biegung, jedem Bergrücken verändert sich die Landschaft. Mal lecken sanft gewellte Sanddünen über die Pad, mal ragen schwarzbraune Felszacken aus dem trockenen, rötlichen Boden, werden immer wieder Riviere gequert, passiert man einsame Farmhäuser. Die Landschaft macht es fast unbegreiflich, welchen Sinn die Weidezäune hier haben sollen, die wie stumme Wächter die Pad links und rechts begleiten. Was soll das Vieh hier fressen? Der Optimismus der Farmer bleibt unübertroffen.

Hält man die Augen offen, lassen sich Erdhörnchen beobachten, die die Umgebung nach ihren Feinden absuchen. Mit dem Tele gelingen gute Aufnahmen der possierlichen Tierchen.

Nach 5 km passiert man die Abzweige zur Kulala Desert Lodge und nach Little Kulala, und nach weiteren 25 km ist **Sesriem** erreicht (wer bei der Einmündung der D845 nicht nach Norden, sondern nach Süden fährt, kommt nach 14 km zur NamibRand Game Ranch und zu den Wolwedans Camps, s. Route 2).

Sesriem und Sossusvlei

Lage Ein Tor in der Form von Dünen, dahinter ein kleiner Laden für Getränke, Eintrittskarten und Süßigkeiten. Eine Tankstelle, die auch Reifen flickt, einige Wirtschaftsgebäude und ein Zeltplatz unter schattigen Akazien – das ist der Eingang zum Nationalpark und zum **staatlichen Camp Sesriem**. Ruhig und beschaulich also. Im Park liegt die **Sossus Dune Lodge**, am Eingang die private **Sossusvlei Lodge** mit ihren ockerfarbenen Zeltbungalows, die sich im eisblauen Pool spiegeln – Sesriem de luxe. Nicht weniger komfortabel ist das **Desert Camp** 4 km vom Eingang für Selbstversorger (aber auch mit Frühstück).

In der Ferne wachsen blauschwarze Berge aus der sandigen Ebene empor, ein Adler kreist über den rötlich-gelben Dünenkämmen am Horizont, Schakale und Springböcke huschen über den steinigen Boden. Der Charme der Landschaft erschließt sich besonders schön beim Tee am Schwimmbad der Lodge, oder einem Mittagessen, mit Blick auf eine kleine Wasserstelle und auf einsam und bizarr verwachsene Bäume vor dem weit entfernt in der Hitze flimmernden Gesteinsmassiv der Naukluft. Einen guten Ausblick bietet auch der besteigbare Wasserturm der Lodge.

Unterkunft Die Zahl der Zeltplätze im staatlichen Campground entspricht bei weitem nicht dem Bedarf (abgewiesen wurde allerdings noch niemand). Deshalb ist er meist und auf Monate hinaus ausgebucht. Wasser ist das Problem dieser Oase in der Wüste, und obwohl der Wasserhaushalt durch weitere Unterkünfte zusätzlich belastet ist, wird immer weiter ausgebaut.

Pikanterweise liegt das gesamte Areal in einem kaum wahrnehmbaren Rivier, das alle 5–10 Jahre abkommt … Die direkt am Eingang liegende **Sossusvlei Lodge** bietet seinen Gästen (aber auch Besuchern) ein ausgezeichnetes und reichhaltiges Abendbüfett an (fast alle Wildsorten, Rindfleisch, Huhn und Fisch), vielfältige Salate und ein überbordendes Dessertbüfett.

Sesriem und Sossusvlei

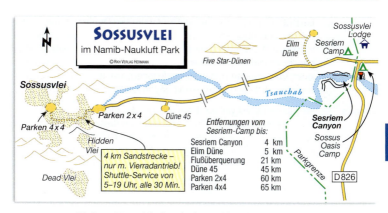

Weitere Unterkünfte: der benachbart liegende Zeltplatz der Sossusvlei Lodge mit ausgezeichneter Infrastruktur (Sossus Oasis Campsite), das Selbstversorger-Camp der Sossusvlei Lodge (Desert Camp, 4 km entfernt, hochluxuriös eingerichtet mit Feldküche an jedem Chalet, einem Pool und mit der Möglichkeit sich die Salate und Beilagen samt Fleisch von der Lodge zu bestellen, gegrillt wird dann selbst) oder eine der Gästefarmen im Umkreis, die Anfahrt zu den Vleis wird dadurch allerdings etwa verdoppelt. Die meisten Gästefarmen bieten auch Tagestouren nach Sesriem mit dem farmeigenen Geländewagen an.

Aktivitäten Das **Adventure Centre** der Sossusvlei Lodge (Tel. 063-693223, http://sossusvleilodge.com/adventure.html) bietet zahlreiche Aktivitäten an: Nature Drive, Sundowner Drive, Wanderungen, geführte Touren nach Sossusvlei, geführte und ökologische Quadbike-Touren, Sternbeobachtung mit dem Teleskop und Rundflüge per Flieger oder Hubschrauber.

Die Attraktionen Sesriem hat zwei Attraktionen: der (nicht allzu große) **Canyon** und die ca. 1 Stunde Autofahrt entfernten, im Namib-Naukluft Park gelegenen Vleis; das bekannteste davon ist das **Sossusvlei** (ein Vlei ist eine Senke, in der sich nach Regenfällen Wasser sammelt). Zwei Übernachtungen sollten mindestens eingeplant sein, denn ein Besuch der Vleis lohnt besonders in der Morgen- und Abenddämmerung, wenn die mächtigen Dünenberge rot erglühen. Wenn man auch noch eine Wanderung im Canyon machen will, hat man also ein volles Tagesprogramm.

Den **Sesriem Canyon** hat der Tsauchab vor ca. 3 Mio. Jahren in das 15 Mio. Jahre alte Gestein gegraben. Er ist 1 km lang und etwa 30 m tief. Am oberen Rand verengen sich die Schluchtwände teilweise bis zu einem schmalen, zwei Meter breiten Spalt, der, von oben betrachtet, kaum zu erkennen ist. Am Ende weitet sich die Klamm zu einem breiten, akaziengesäumten Tal, das immer tiefer ins Sandmeer hineinführt und am Sossusvlei endet. In der Hitze des Tages ist der Canyon ein kühler Platz, und noch lange nach der Regenzeit ist hier Wasser in Tümpeln zu finden, was auch die Vögel anzieht. Man benötigte einst sechs aneinander geknüpfte Ochsenriemen, um einen Wassereimer zu den Tümpeln hinabzusenken, und darauf geht auch der afrikaanse Name des Canyons zurück: se(ch)sriem(en).

Zugang Wer zu den **Vleis** will (und wer möchte das nicht), sollte spätestens bei Sonnenaufgang am Tor stehen (wer im Restcamp übernachtet, darf ca. eine Stunde vorher losfahren, nicht erst bei Sonnenaufgang, Öffnungszeiten und die Regelung für eine Frühabfahrt der Restcamp-Gäste können sich kurzfristig ändern). Eine Übernachtung bei den Vleis ist nicht erlaubt! Eintritt 80 N$ p. P und 20 N$/Fahrzeug. Vom obligatorischen Parkplatz sind es ca. 4 km zu den Vleis zu Fuß. Wer den Spaziergang vermeiden möchte kann den Shuttle-Service vor Ort benutzen (6–16 Uhr, ca. 50 N$ einfach, 100 N$ hin und zurück), vorher fragen, wann die letzte Fahrt zum 2x4-Parkplatz geht).

Nochmal: Das Eingangstor zum Nationalpark (nicht das zum Rastlager) öffnet eine Stunde vor Sonnenaufgang und wird eine Stunde nach Sonnenuntergang geschlossen. Wer also früher losfahren und später wiederkommen will, muss entweder einen Platz auf dem Zeltplatz haben oder in der Karos Lodge nächtigen, zu der ein kleiner Fußweg führt. Der Wagen verbleibt auf alle Fälle innerhalb des Geländes. Nebeneffekt ist, dass doppelter Eintritt gezahlt werden muss (für zwei Tage). Auch höchste Beredsamkeit hilft hier nicht. Wer in aller Früh losfahren will, stellt den Wagen am Abend innerhalb des Geländes ab. Auch dann ist der zweifache Eintritt fällig.

Die Dünen Die **Sterndünen der Vleis** sind bis 225 m hoch, vom Niveau des Tsauchab aus gerechnet bis 375 m und zählen damit zu den höchsten Sandbergen der Welt (den Rekord halten Dünen in der Wüste Badain Jaran in China mit etwa 500 m Höhe). Der Sand als Erosionsprodukt aus dem Landesinneren soll einerseits durch die küstengerichteten Winde angelagert, aber auch vom Oranje und dem Fish River einst ins Meer gespült und von der Meeresströmung dann der Küste entlang verteilt worden sein. Starke Winde haben ihn dann wieder ins Landesinnere transportiert und an bestimmten Stellen aufgehäuft, unter anderem im Bereich des Tsauchab. Hier bildeten sie für den Fluss eine undurchdringliche Sperre, und nun versickert und verdunstet er regelmäßig auf den Salzpfannen der Vleis. An anderen Stellen mit nicht so hohen Dünen wie im Bereich Swakopmund und Walvis Bay schaffen es die Flüsse in Jahren mit extrem starken Regenfällen die Dünenbarriere zu durchbohren und ans Meer zu gelangen. Für den Tsauchab ist dies unmöglich geworden.

Sesriem und Sossusvlei

Verhaltensregeln — Verlassen Sie bei der Fahrt zu den Vleis nicht die Pisten, nehmen Sie Trinkwasser mit und zeigen Sie Respekt vor den Oryx-Antilopen, die manchmal bei den Vleis auftauchen um lebenswichtiges Salz zu lecken – sie sind „wild, fast and dangerous". Wer vorhat, tiefer in das Dünengebiet einzudringen, sollte auch noch einen Kompass dabeihaben. Allerdings ist zu bedenken, dass in dieser immer noch weitgehend unberührten Wüstenlandschaft jede Fahrspur und jeder Schritt abseits der vorgegebenen Pfade das fragile Ökosystem Wüste zerstört. Da die hier vorherrschenden Sterndünen kaum wandern, sind Fußabdrücke und Fahrrinnen noch monatelang zu sehen.

Anfahrt — Der Weg zu den Vleis ist bis auf die letzten 4 km ab dem Parkplatz asphaltiert (allerdings entstehen immer wieder Schlaglöcher). Nach 28 km erreicht man den Aussichtspunkt Sossusport mit einem herrlichen Blick über die Dünen und das Flusstal, nach weiteren 17 km die Düne 45, das erste gigantische Sandbauwerk. Auf dem Weg dorthin quert man das Bett des Tsauchab und sieht am rechten Wegesrand einen Wald bizarrer Gerippe abgestorbener Akazien, die ihr gebleichtes Holz in die Höhe recken. Hier verlief das ursprüngliche Flussbett des Tsauchab.

Nach weiteren 15 km ist der Weg für Privatfahrzeuge zu Ende. Die Passagiere müssen aussteigen und die letzten 4 km zu Fuß zurücklegen oder den Shuttle-Service benutzen. Südlich des Parkplatzes findet sich das Hiddenvlei, das dem Sossusvlei in nichts nachsteht, aber einen längeren (geführten) Fußmarsch erfordert.

Unberührte Schönheiten: Sossusvlei-Dünen

Vom Parkplatz ist nach 3 km der Zugang zum Naravlei erreicht, 1 km weiter geht es zum Deadvlei. Nach einem weiteren Kilometer endet die Straße an einem mit Holzpalisaden eingefassten Platz. Es heißt aus dem Shuttle steigen, Wasserflasche, Hut, Sonnenbrille und -creme einpacken, die Kamera greifen und sich auf den beschwerlichen Weg die Dünen hinauf machen.

Die „Direttissima" zu nehmen ist praktisch unmöglich – zwei Lenin'sche Schritte vor und einen zurück, das ist kräftezehrend bis zum „geht nicht mehr", und durch den steilen Blickwinkel und die glatte Fläche rückt das „Oben" nie näher. Gehen Sie deshalb am Grat entlang, ruhig, gemächlich und gleichmäßig, dann schafft es auch derjenige, dessen Kondition unter langen Autofahrten gelitten hat. Ausruhen kann man auf der Spitze und beim Runterrutschen auf dem Hosenboden.

Vom Scheitelpunkt der Dünen erschließt sich auch die Bezeichnung „Stern"-Düne: Wie Krakenarme verlaufen die Dünenkämme von der Spitze aus nach allen Himmelsrichtungen – die Folge der häufig wechselnden Winde in dieser Region, die so auch das gleichmäßige Wandern (und Umschichten) der Dünen erschweren. Mit Glück steht man hier oben ganz alleine, die orangefarbenen Sandwellen der Namib verschmelzen mit dem Horizont, Käfer ziehen filigrane Spurenmuster über die Dünenflanken, kein Laut ist zu hören. Es fällt schwer, sich von dieser Szenerie zu trennen, aber die strengen Öffnungszeiten des Nationalparks dulden keine Ausnahme. Wer abends zu spät zurückkommt, hängt im Camp fest.

Dead Vlei

Auf dem Weg zum Naukluft Park

Um zum Naukluft-Teil des Namib-Naukluft Parks zu gelangen, müssen wir auf der D826/C27 Richtung Süden zurückfahren, nach 30 km links in die D845 einbiegen, dieser 14 km folgen, dann, links abbiegend, auf 5 km auf der C19 Richtung NW bleiben und rechts in die D854 einbiegen. Ab hier passieren wir nun einige Lodges und Camps. Direkt an der Kreuzung D854/C19 steht die *A Little Sossus Lodge*. Nach 19 km auf D854 kommt das *Hauchab Fontein Camping* und nach weiteren 13 km erreicht man die Einmündung der D850, auf der nach Osten es 1 km zum *Tsauchab River Camp,* 10 km zur *Neuras Winery* und 24 km zur *Zebra River Lodge* sind. Fährt man nicht in die D850 hinein, sondern weiter geradeaus auf der D854, kommt man nach 31 km zum Abzweig in das Naukluft-Gebirge, das bis zu 1900 m aufragt. Doch vorerst einige Worte zur Neuras Winery.

Neuras Winery — Die Farm Neuras ist aus verschiedenen Gründen für den Weinanbau prädestiniert (im Rahmen eines Halbwüstenlandes natürlich). Sie besitzt fünf artesische Brunnen (der natürliche Wasserdruck presst das kostbare Nass nach oben), die in der Hauptrichtung des üblicherweise heißen, östlich anwehenden Windes liegen. Damit gibt es erstens keine Wasserprobleme, wichtiger aber, dass zweitens der heiße Wind über dem Wasser durch Verdunstung abgekühlt wird. Weht der Wind hingegen aus dem Westen, wird die Lufttemperatur durch den Atlantik auf ein erträgliches Maß gebracht. Damit dauert der Reifungsprozess der Trauben länger als man bei einem so heißen Klima erwarten könnte und damit kommt auch mehr Aroma in die Trauben. Die Besitzer haben 1997 mit dem Anbau der Reben begonnen und sind reine Autodidakten. 2002 wurde der Rebensaft das erste Mal auf Flaschen gezogen und 2006 wurden 3000 Liter produziert. Der Wein (Shiraz und Shiraz-Merlot) ist sehr gefragt. Die ganze Anlage gehört inzwischen einer gemeinnützigen Organisation, die sich um bedrohte Tirarten kümmert (N/a'an ku sê, www.naankuse.com).

Nauklauft-Teil des Namib-Naukluft Parks

Man folgt der Piste, bis man nach 12 km an einem Tor Eintritt (40 N$/Person, 10 N$ Fahrzeug) zu zahlen hat. Hier erhält man auch Kartenmaterial für die Wanderungen und die Rundtour mit dem Auto. Das Rastlager hat acht Stellplätze, wer nicht vorausgebucht hat, wird schwerlich einen Platz finden. Jeder Besucher darf nur maximal drei Tage bleiben und muss dann den Park verlassen.

Wanderungen

Das Limit darf überschritten werden, wenn man die **achttägige Naukluft-Rundwanderung** unternimmt, die auch auf 4 Tage verkürzt werden kann. Mindestens 3 Leute müssen und höchstens 12 dürfen eine Gruppe bilden. Wegen der hohen Sommertemperaturen darf nur zwischen März und Ende Oktober getrekkt werden! Zwei weitere markierte Wanderungen dauern nur jeweils einen Tag. Der **Olive Trail** ist ca. 10 km lang und dauert 4–5 Stunden, der **Waterkloof Trail** ist 17 km lang bei 6–7 stündiger Dauer. Beide Wanderungen sind das ganze Jahr über machbar. Genügend Trinkwasser mitnehmen, besonders im Sommer! Auch diese beiden Wanderungen erfordern eine gute Konstitution und Trittsicherheit und sind mit kleineren Kindern nicht zu empfehlen, da sie in Teilabschnitten Klettersteigcharakter haben! Die mehrtägigen Wanderungen sind nur wirklich konditionell starken Wanderern zu empfehlen und solchen, die auch Klettersteige zu bezwingen in der Lage sind. Da die Übernachtungen in einfachsten Schutzhütten stattfindet, muss alles mittransportiert werden (Schlafsack, Matte, Essen, Kochutensilien etc.). Festes Schuhwerk ist obligatorisch.

Wem die Wanderrouten zu lang sind oder wer keine Zeit hat, kann um das Camp herum ein wenig spazierengehen. Die Ranger beschreiben Ihnen einige schöne Stellen in der Nähe. Bis auf die Tagestouren müssen die langen Wanderungen und die Rundfahrt über das zentrale Reservierungsbüro in Windhoek vorgebucht werden!

Rundfahrt

Eine **4x4-Rundtour** (290 N$/Fahrzeug plus 40 N$/Person) ist eine weitere Attraktion in der Naukluft: Die Fahrt dauert zwei Tage, am Übernachtungsplatz auf dem Plateau stehen vier Hütten mit Dusche und WC. Auf dieser Rundfahrt ist immer nur eine einzige Gruppe mit höchstens vier Fahrzeugen (16 Personen) pro Tag zugelassen. Der Weg folgt teilweise einer alten Piste deutscher Farmer, die angelegt wurde, um schweres Bohrgerät zur Wassersuche in die Berge zu bringen.

Naturkundliches

Auf den Wanderungen sieht man viele Antilopen (Klipspringer, Kronenducker, Kudus), das Hartmannsche Bergzebra und zahlreiche für die Übergangszone von Halbwüste zur Savanne typischen Pflanzen (s.S. 141ff). Ornithologisch Interessierte kommen ebenfalls auf ihre Kosten (Felsenadler, Trappen, Tokos, Schnäpper). Wer Glück hat (oder Pech), begegnet Leoparden, die ebenfalls hier ihren Lebensraum

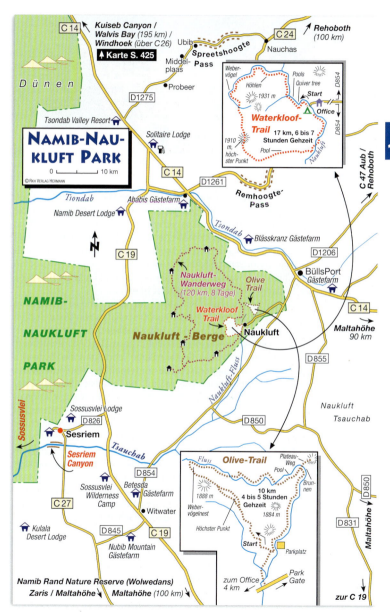

In der Naukluft lässt sich tagelang wandern

haben. Ein großes Problem sind die Paviane, die schon mal in einen Bus einbrechen (sie stellen sich gelehrig an und zertrümmern dazu die Oberlichter) und ihn heillos verwüsten. Die ganze Naukluft ist außerdem reich an Reptilien. Mit ziemlicher Sicherheit treffen Sie hier auf Schlangen. Also Vorsicht und genau schauen, wohin man tritt (das gefährliche Holzsammeln für das Lagerfeuer fällt weg, da es verboten ist)! Einige Absolventen der langen Wanderung hatten das Gefühl, von Schlangen geradezu eingekreist zu sein …

Das Naukluft Gebirge misst 140 km auf 40 km und ist etwa 400 m „dick". Eigentlich gehört es zur nachbarschaftlichen tektonischen Platte, die sich 80 km Richtung Fischfluss befindet und von den sieben tektonischen Platten Namibias die südlichste ist. Das Gebirge entstand, als sich die Naukluft über die Zaris-Berge schob und die Platte sich hochtürmte. Eine geologische Besonderheit der Naukluft ist der vielerorts anstehende, poröse Kalktuff, der offensichtlich aus einer rezenten, feuchteren Klimaperiode dieser Region stammt, denn er entsteht durch Verdunstung von mit Mineralien angereichertem Wasser. Auch der relative Wasserreichtum in Tümpeln, Schluchten oder Wasserfällen deutet darauf hin, dass die Regenzeiten hier wohl früher besser ausgefallen sein müssen, als sie dies mit knapp 200 mm Jahresmittel heute tun. Mitten in der ariden Namib bot die Naukluft naturgemäß Tieren wie Menschen eine gute Rückzugs- und Überlebensmöglichkeit. Berühmt-berüchtigt wurde die Naukluft in der deutschen Kolonialzeit als natürliche Festung, in die sich die aufständischen Nama unter Hendrik Witbooi verschanzt hatten (s. Exkurs).

Naukluft – Ababis

Wenn man wieder in die D854 nach Norden eingebogen ist, erreicht man nach 9 km den „Ort" **BüllsPort.** Es ist eigentlich „nur" eine Farm, die auch als Gästefarm Besucher aufnimmt. Wer übernachtet, kommt in den Genuss, den Sternenhimmel nicht nur zu betrachten, sondern

Als es gegen Hendrik Witbooi ging

Die „weißen Jungs" (Witboois) waren einer der wenigen Orlaam-Nama-Stämme, die sich konsequent weigerten, einen Schutzvertrag mit dem Deutschen Reich zu unterzeichnen. Ihr Anführer war **Hendrik Witbooi (s. Abb.),** Sohn des in Berseba hingerichteten Orlaam-Führers Moses Witbooi von Gibeon. Er war ein mutiger Kämpfer, verdankte seinen großen Einfluss aber auch seinem tiefreligiösen Sendungsbewusstsein, das ihn zu einem charismatischen Führer machte. Nicht nur die Schutztruppe, auch die Herero verwickelte er in immer neue kriegerische Auseinandersetzungen, bis unter Mitwirkung des deutschen Gouverneurs Curt von François 1892 ein Friedensschluss zwischen den verfeindeten Stämmen zustande kam.

Der Vertrag zwischen den Herero und Orlaam-Nama bedeutete aber keine Befriedung des Schutzgebietes. Die politische Situation im Süden blieb nach wie vor bestimmt von Guerilla-ähnlichen Vorstößen, von Überfällen und Viehdiebstählen durch die Witbooi-Anhänger. 1893 ging die personell verstärkte Schutztruppe schließlich zum Angriff über: Sie stürmte die Witbooi-Festung Hoornkrans. Der Kampf forderte auf beiden Seiten viele Opfer, dem Ziel war man aber immer noch nicht nähergekommen, den die „Witboois" flüchteten in das nahe Naukluft-Gebirge.

Im März 1894 wurde Curt von François abgelöst, auf seinen Posten folgte Major Theodor Leutwein, und der war wild entschlossen, endlich gegen die Aufständischen durchzugreifen. Sofort wurde ein neuer Feldzug gegen Hendrik Witbooi ausgerüstet. Doch alle Vorstöße blieben relativ erfolglos gegen einen Gegner, der auf vertrautem, unüberschaubarem Terrain in bester Guerilla-Manier taktierte. Im Sommer 1894 gelang es schließlich, einen großen Teil der Witboois gefangenzunehmen. Ihr Kapitän zog sich tiefer in das unwegsame Gebirge zurück, doch drei Tage später war er von der Schutztruppe umstellt. Auch diesmal gelang es Hendrik Witbooi zu entkommen. Von seinem neuen Versteck aus sah er sich aber wegen der schweren Verluste unter seinen Leuten schließlich doch gezwungen, in Friedensverhandlungen einzuwilligen. Am 15. September 1894 unterschrieb auch der letzte freie Führer der Nama den Schutzvertrag. Im Gegenzug ließ man ihm und seinen Leuten alle Waffen und das Land.

Doch damit war das „Kapitel Witbooi" für das Deutsche Reich noch nicht vorbei. Kaum hatte man die aufständischen Herero 1904 am Waterberg aufgerieben, erklärte der Orlaam-Führer wieder den Krieg. Diesmal führte er ihn nicht allein, sondern mit Unterstützung anderer Nama-Clans, und wieder vermied er eine offene Front. Er verwickelte die Schutztruppe in Scharmützel an verschiedenen Orten im Süden des Landes. 1905 wurde Kapitän Hendrik Witbooi bei einem Überfall auf einen Versorgungskonvoi tödlich verwundet – Viehdieb und Bandit war er den einen gewesen, Freiheitskämpfer und Held den anderen. Sein Urenkel gleichen Namens gehörte dem SWAPO-Widerstand an und arbeitet heute als Minister im Kabinett.

die Gastgeber erklären erklärt ihn auch detailliert. Auf dem Farmgelände sind neben Reiten (mit Unterricht) wunderschöne Wanderungen möglich, unter anderem in die Köcherbaum-Schlucht. Man wird mit dem Wagen hoch hinauf in das Naukluft-Gebirge gebracht und wandert dann gemächlich und mehrstündig entlang ausgezeichneter Markierungen zu Tale. Bequem und doch abenteuerlich, alleine mit der Natur und der Sonne, lassen sich bestens Naturstudien treiben. Am Ende der Wanderung wartet dann das Fahrzeug mit einem kühlen Drink. Bei BüllsPort gibt es **keine Tankmöglichkeit** mehr, die nächsten Tankstellen sind Gamis (30 km Richtung Maltahöhe), Solitaire (55 km), Sesriem (120 km) und Rehoboth (140 km).

Nun folgt man der Straße 14/2 bzw. C14 Richtung NW. An der nächsten Kreuzung (D1206 nach Norden) kann man abdrehen und erreicht nach 34 km das **Garies Restcamp,** ein von Bastern geführtes Rastlager mit zahlreichen kulturellen Aktivitäten. Fährt man die C14 geradeaus weiter, kommt man nach 39 km nach **Ababis,** ebenfalls eine Gästefarm (der Name Ababis leitet sich ab aus dem Namawort „abas" – Kürbisflasche, nach der Form einer Wasserstelle in dieser Gegend). Dort speisen Sie auf der in Südwester-Tradition erbauten, schattigen Veranda des Farmhauses.

Ababis ist eine Farm mit Tradition. Sie diente u.a. als Pferdestation der Schutztruppe, da es eigenartigerweise hier keine Pferdesterbe gab, eine Krankheit, die die Reittiere in jenen Jahren in großer Zahl dahinraffte. Auch war eine Krankensammelstelle der Schutztruppe eingerichtet. Lange Jahre gehörte die Farm der Familie Voigts, deren Name Ihnen in Namibia häufig begegnen wird, z.B. bei Wecke & Voigts. Heute ist Ababis mit der Gästefarmen BüllsPort zur *Naukluft Experience* zusammengeschlossen (www.naukluft-experience.com). Innerhalb der Vermarktungsorganisation hat Ababis den Schwerpunkt „Fahrer-Training bei Off-road-Touren mit dem Auto" übernommen (www.offroad-experience.com), BüllsPort legt sein Schwergesicht auf Reiten und Wandern in der Naukluft (www.buellsport.com).

13 km weiter kommen Sie nach **Solitaire** – dem einsamen Edelstein der Wüste. Es ist mehr oder weniger nur eine Tankstelle mit

Tankstelle und Restaurant Solitaire

Laden, Coffee Shop, mit einer Werkstatt und der Möglichkeit zu zelten oder in der Solitaire Country Lodge zu nächtigen. Sie ist sauber und adrett um eine Rasenfläche mit einem Pool in der Mitte angelegt. Highlight ist allerdings die **Moose McGregors Desert Bakery:** Das riesige, aus dem noch warmen Backblech geschnittene Stück Apfelkuchen ist ein Gedicht!

Über die Pässe

Bis zur C26 sind es nun noch 74 km (15 km davor quert man wieder den Wendekreis des Steinbocks). An der Einmündung geht es Richtung Osten nach Windhoek. Richtung Westen kommt man sogleich in den Namib-Naukluft Park (wer hier zelten will, benötigt eine Genehmigung; die Beschreibung der Fahrtstrecke von hier nach Walvis Bay und weiter nach Swakopmund finden Sie in der Route 5. Zwischen Gamsberg- und Kuperberg-Pass geht es auf der D 1265 zum **Isabis Camp** und zum Isabis 4x4 Trail ab; am Gaub River wurde auf den Farmen Hornkranz und Isabis ein 4x4 Trail angelegt mit diversen Campingplätzen; Zelt, Essen und Ausrüstung muss mitgebracht werden, Toiletten und Duschen sind vorhanden; an weiteren Aktivitäten sind Wanderungen und Mountainbiking-Touren möglich (nur nach Voranmeldung).

Wir fahren nach Windhoek Richtung Osten über den Gamsberg (28 km) und den Kupferberg Pass (nochmals 140 km), wieder hinauf auf das zentralnamibische Hochland. Es ist eine der landschaftlich schönsten Strecken Namibias. Die Straße windet sich in mal steilen, mal sanfteren Kehren immer weiter in die Gebirgslandschaft, die von der Namib-Ebene zum Hochland überleitet (Steigung ca. 11%). Wie durch Zauberhand verwandeln sich die kargen Wüstensteppen in Weideland, überdecken silbrig-glänzende Gräser das Braungrau des Gesteins. Auch hier säumen Farmzäune die Strecke, und diesmal versteht man auch, dass es etwas abzuzäunen gilt, denn immer häufiger steht Vieh auf der Weide, weisen Farmschilder zu schmucken Höfen, die urdeutsche Namen tragen. Tollkühn stürzen sich Paviane auf die Pad, beäugen das näherkommende Fahrzeug und stieben wild schnatternd wieder davon. Farmpisten zweigen ab und verlieren sich irgendwo in den blauen Bergrücken. Auf einer kann man bis zum markanten, tafelförmigen Gipfel des Gamsberges (2347 m) hinauffahren – mit Genehmigung des Farmers, versteht sich. Am Pass angekommen, verabschiedet sich die Namib im Westen mit einem grandiosen Panorama – eine gelbliche, im Sonnenlicht schwimmende Ebene hinter gestaffelten Gebirgsrücken.

Je näher Windhoek kommt, desto dichter wird die Besiedlung, desto aufdringlicher erscheinen nach den Wüstentagen die Zeugnisse der urbanen Zivilisation. Da bleibt nur, möglichst bald wieder „auf Pad" zu gehen!

Route 2: Traumschloss im Nirgendwo – Duwisib

Mariental – Keetmanshoop – Seeheim – Goageb – Bethanie – Helmeringhausen – Duwisib – Sesriem

Km	Abzweig	Ort	Sehenswert	Übernachtung	GPS
Km 0 B1 Teer nach S nach S	Km 0 B1 n. N Km 6 C20 n. O Km 50	Mariental, T+V Stampriet	s. Route 1	s. Route 1 Stampriet Gh. Kalahari Fh+C	24 37 45 17 57 18
Km 60	Gibeon Km 0 Km 9	 Gibeon			25 09 32 17 50 06
Km 97		Asab, T+V		Asab Ht.	25 27 55 17 57 02
Km 100	Finger Gottes Km 0 D3919 Km 25		 Finger Gottes		25 28 37 17 57 44
Km 148	Tses Km 0 Km 1	 Tses, T			25 52 59 18 06 33
Km 149	Brukkaros Km 0 Str. 98 Piste Km 39 D3904 Piste Km 50 Km 52	 Berseba Brukkaros Krater	 	 Brukkaros Camp Oberes Camp	25 53 33 18 06 43 25 54 03 17 46 40 25 53 08 17 47 54
Km 207			Köcherbaumwald	Garas Park Restcamp	26 24 37 18 11 48
Km 228	Köcherbaumwald Km 0 C16 Km 0 C16 Km 1 C17 Km 15 Km 40		 Köcherbaumwald/ Giant's Playground Mesosaurus Fossilien	 Quivertree Quivertree Forest Rl. Mesosaurus Park	26 33 39 18 08 55 26 24 22 18 28 35
Km 229 B4 Teer		Keetmanshoop, T+V	Museum s. unter Keetmanshoop		26 34 29 18 08 50
Km 274		Kreuzung B4/C12			26 48 29 17 48 27
Km 275 Stichstr.					26 48 57 17 48 19
Km 276 zurück		Seeheim		Seeheim Hotel	

Route 2: Traumschloss im Nirgendwo – Duwisib

Km	Abzweig	Ort	Sehenswert	Übernachtung	GPS
Km 277 B4 Teer n. W					26 48 57 17 48 19
Km 290			Historische Gräber		26 45 26 17 42 10
Km 304	Km 0 D463 Piste Km 90 Farmstr. Km110			Fish River L.	
Km 320	D462			Alte Kalköfen Lodge (3 km)	
Km 341 C14 Teer		Goageb			26 45 07 17 13 24
Km 363		Bethanie, T+V	Schmelenhaus	Bethanie Guesth.	26 30 10
Km 364 C14 Piste					
Km 423	Schutztruppenfriedhof Km 0 P422 Piste nach S Km 1 links vorbei nach O, Km 1,5 rechts d. Hang runter Km 2	Farmgebäude Gabelung Schutztruppenfriedhof			25 59 38 16 58 50 26 00 19 16 58 57
Km 443		Helmeringhausen, T+V	Freilichtmuseum	Helmeringhausen Ht.	25 53 26 16 49 24
Km 455				Dabis Gästefarm (7 km)	25 48 26 16 50 38
Km 503 D831					25 23 51 16 47 38
Km 529 D826					25 13 45 16 41 19
Km 546			Schloss Duwisib	Duwisib Zeltplatz	25 15 48 16 32 40
Km 547				Duwisib Rl.	
Km 569 C27 n. N					25 23 02 16 25 25
Km 611	Km 0 Farmpiste Km 11			Tok Tokkie Trails	25 12 10 16 09 42
Km 616		Wereldsend, T			25 10 46 16 07 18
Km 635	Km 0 D827 km 12 km 18			Nubib Gästefarm Nubib Nature Camp	25 02 17 16 05 40
	Km 651 Km 0 Piste Km 20	zu Wolwedans		Wolwedans Collection auf NamibRand	

Km	Abzweig	Ort	Sehenswert	Übernachtung	GPS
Km 693	zur Kulala Lodge			Le Mirage Desert Ldg. & Spa Kulala u. Little Kulala	24 40 58 15 49 00 24 36 53 15 42 12
	Km 0 Piste Km 7 Km 15				
Km 695 Km 715	Namib Sky Ballooning	Office Sesriem, T	s. Route 1	s. Route 1	24 29 17 15 48 03

Mariental – Keetmanshoop

Verlassen Sie Mariental (Beschreibung s. Route 1, Anschluss an die Routen 1 und 2a) auf der B1 Richtung Süden. 4 km hinter Mariental kommt der Abzweig zum Flughafen (10 km) und nach Maltahöhe.

Nach einigen Dutzend Kilometern ist links die Abbruchkante der Kalkweissrandberge zu sehen. Das Massiv tritt nach und nach zurück.

Bei Kilometer 60 zweigt die Straße nach **Gibeon** ab. Gibeon ist ein unscheinbares Städtchen im Herzland der Nama. Bekannt ist es wegen des Gibeon-Schauers, eines ungewöhnlich dichten **Meteoritenregens.** Teile davon sind in der Windhoeker Post Street Mall als Brunnenschmuck zu sehen. Die bis heute gefundenen Meteoritenteile waren über eine Fläche von 2500 qkm verstreut und stammen wohl von einem einzigen Muttermeteoriten, der explodierte und dessen Bruchstücke, was sehr ungewöhnlich ist, auf ihrem mutmaßlich sehr langen Weg durch das All zusammenblieben. 37 Teile mit einem Gesamtgewicht von 12,5 t wurden in den Jahren 1911 bis 1913 vom Geologen des Kaiserlichen Instituts, Dr. Range, zusammengetragen, vier davon an Forschungsinstitute in der ganzen Welt abgegeben, die restlichen verblieben in Windhoek. Es finden sich immer wieder neue Bruchstücke, das bislang schwerste mit 650 kg wird heute im Museum in Kapstadt aufbewahrt. Gibeon selbst wurde 1863 vom Missionar Knauer der Rheinischen Missionsgesellschaft gegründet. Bibelfest wie er war, tat er sich mit der Namensvergabe leicht.

Der Ort ist uninteressant, da die historischen Gebäude nicht mehr existieren. An der Bahnstation nächst der Hauptstraße liegt ein kleiner Friedhof, der an die blutige Schlacht zwischen südafrikanischen und deutschen Truppen am 27. April 1915 erinnert. 40 Tote und 100 Verletzte beklagten beide Seiten.

Asab Mukorob

Nach insgesamt 97 km eintöniger Fahrt ab Mariental wird Asab erreicht. Drei Kilometer hinter Asab hätten Sie bis Ende 1988 die Gelegenheit gehabt, einen 25 km langen Abstecher zu einer der Hauptsehenswürdigkeiten Namibias zu unternehmen – zum **„Finger Gottes" (Mukorob),** einer 34 m hohen Felsennadel, die die Erosion auf einen erstaunlich dünnen und entsprechend labilen „Fuß" gestellt hatte. Der Mukorob stürzte in einem Sturm um.

Kolportiert wird heute, dass er die Unabhängigkeit Namibias unter SWAPO-Herrschaft nicht mitmachen wollte – schließlich befinden wir uns hier im Land der Nama, die die politische Entwicklung zur Unabhängigkeit nur peripher gestalteten und sich von der neuen (ethnischen) Dominanz nicht nur Gutes versprachen.

Die wenigen Nama-Siedlungen am Wegesrand sprechen die Sprache von Armut, wenn nicht Elend. An die kriegerische Geschichte dieses Volkes mag man angesichts der im Kreis aufgestellten, friedlichen Hütten nicht so recht glauben. Vom Mukorob ist nichts mehr zu sehen, und aus den Trümmern lässt sich auch mit viel Fantasie nicht mehr die frühere Höhe rekonstruieren. Der Umweg würde erst wieder lohnen, wenn die immer wieder aufflammende Diskussion, die Bruchstücke des Mukorob neu zusammen zu zementieren, nicht nur Gerede bliebe.

Nach 48 km erreichen Sie den Abzweig nach Tses. Kurz dahinter kommt eine Kreuzung nach Berseba. Der Weg führt zum Brukkaros-Krater.

ABSTECHER Brukkaros-Krater

Folgen Sie 39 km der Straße 98 und biegen Sie dann in Berseba in die D3904 ein. Man fährt nach 9 km durch ein „Tor", das den Naturpark Brukkaros kennzeichnet, kommt nach weiteren 2 km zur unteren (verfallenen) Brukkaros Campsite, fährt mit 4x4-Fahrzeugen noch 2 km weiter zum oberen (ebenso aufgegebenen) Lager, stellt den Wagen ab und geht noch ca. eine halbe Stunde zu Fuß zum Kratereinstieg. Von dort geht es hinauf zum Rand oder hinein und hinab zum mit Köcherbäumen und Gräsern bewachsenen Grund. Der nach Süden hin offene, hufeisenförmige Berg wurde lange Zeit für die Reste eines Vulkankraters gehalten, eine Theorie, die

In der Senke des Brukkaros ist man immer allein

implizierte, dass es in Namibia auch in jüngerer Zeit noch aktiven Vulkanismus gegeben hätte. In neuerer Zeit hat die Forschung aber ergeben, dass eine Ringintrusion vorliegt, also das ringförmige Eindringen von Gestein vulkanischen Ursprungs in die Erdkruste. Das Eindringen wurde wahrscheinlich durch eine vulkanische Gasexplosion verursacht. Im Folgenden erodierte dann das Gesteinsmaterial der Erdkruste, das härtere eingedrungene Material widerstand der Erosion in stärkerem Maße. Der „Krater" ist 2 km weit und erhebt sich ca. 650 m aus der Umgebung. Meist ist man hier alleine und kann schöne Spaziergänge unternehmen.

Weiterfahrt

Nach 58 km Fahrt erscheint rechts ein Hinweisschild zum Köcherbaum-Wald auf der Farm Garas. Dies ist zwar nicht der Wald, der in den Karten verzeichnet ist und zum „Nationalen Monument" erklärt wurde, deshalb aber nicht weniger schön in der Abend- oder Morgensonne gelegen. Der Besitzer der Farm hat einen Zeltplatz eingerichtet, die Wegweiser sind als lustige Skulpturen ausgeführt. 21 km weiter mündet die Straße 29 in die B1. Folgt man ihr, kommt man zu dem in den Karten verzeichneten und zum Nationalmonument erklärten, „offiziellen" Köcherbaum-Wald.

Köcherbaumwälder

Biegen Sie von Keetmanshoop kommend in die C16 und nach 1 km in die C17 ein. 15 km hinter Keetmanshoop kommen Sie zum **Quivertree Restcamp.** Hier muss Eintritt bezahlt werden. Kurz dahinter findet sich dann das umzäunte Gelände des Nationalen Monuments Köcherbaum-Wald. Vier Kilometer weiter ist **Giant's Playground.** Ein Schild weist darauf hin, dass auch hier vorher Eintritt gezahlt werden muss (beim Farmgebäude des Köcherbaumwaldes, wo sich auch das Rastlager befindet, 55 N$).

Giant's Playground ist ein Irrgarten aus Felsbrocken, aus zu Fantasieformen erodiertem Granit, der tatsächlich wirkt, als hätten Riesen mit den Steinen Fußball gespielt. Mächtige Säulen ragen in den Himmel, dazwischen balancieren rund abgeschliffene, gigantische „Bälle" auf schmalen Felsnadeln. Wegen der charakteristischen Form nennt man diese Erosionsform „Wollsack-Granit". Mit gehöriger Vorsicht kann man in dem Riesenspielplatz herumklettern.

Fährt man noch einmal 20 km weiter, erreicht man beim **Mesosaurus Park & Camp** einen weiteren Köcherbaumwald, der um vieles gewaltiger ist als das Nationalmonument. Auch hier finden sich Wollsackverwitterungen wie bei Giant's Playground, als besondere

Leckerbissen aber auch noch Versteinerungen und Schutztruppengräber. Es stehen grob überschlagen 5000 Bäume in der Landschaft verteilt, und damit übertrifft der Mesosaurus Park die anderen Köcherbaumwälder um ein Vielfaches.

Köcherbaum Seinen Namen bekam der Baum, weil angeblich die San ihre Pfeilköcher aus seinen Ästen fertigten, indem sie den faserigen, schwammigen Inhalt herausholten. Er ist eigentlich kein Baum, sondern wird den Aloen zugerechnet, und in den heißen Gegenden Namibias und in den nördlichen Regionen der Kapprovinz Südafrikas endemisch. Er bevorzugt heiße, trockene Felslandschaft und übersteht mehrere aufeinanderfolgende Dürreperioden. Köcherbäume werden bis zu 300 Jahre alt und erreichen eine Höhe bis zu 9 m. Die Vermehrung erfolgt durch trockenheitsresistente Samen. Erst im Alter von 20 bis 30 Jahren blühen die Köcherbäume in den Monaten Juni und Juli das erste Mal. Die verästelten, hellgelben Blüten werden bis zu 30 cm lang. Mit und ohne Blüte geben sie ein dekoratives Fotomotiv ab, besonders im Licht der untergehenden Sonne, die die rissige Rinde der Aloe golden aufleuchten lässt.

Mesosaurier Die Namensgeber des Mesosaurus Parkes lebten vor 280–320 Millionen Jahren und waren im Wasser lebende, bis zu 35 cm lang werdende Reptilien, die nur zur Eiablage ihr Habitat verließen. Die Hauptversteinerung ist hervorragend erhalten und wurde durch Zufall vom Farmbesitzer entdeckt. Die Gesteinsformation ist in Platten aufgebaut, deren Stärke von etwa 2 cm bildete sich jeweils in etwa 1000 Jahren durch Sedimentierung. Immer wieder findet man nun durch Abhebung der Platten neue Versteinerungen, doch keine ist so perfekt wie der Hauptfund.

Keetmanshoop

Hier haben Sie Anschluss an die Routen 2a und 3. Die Ansiedlung wurde 1866 von der Rheinischen Missionsgesellschaft unweit einer Nama-Siedlung gegründet. Die Missionsgesellschaft hatte von einem deutschen Bankier namens Johann Keetman dessen Vermögen überschrieben bekommen (er wurde denn auch in den Vorstand der Gesellschaft berufen), um damit eine Missionsstation zu gründen. „Keetman's Hope" ist heute eine kleine Stadt mit einigen Gebäuden im deutschen Kolonialstil. Sie liegt im Herzland der Karakulzucht (s.S. 370).

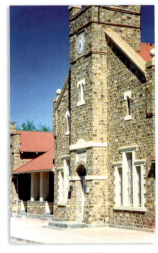

Keetmanshoop, ehemaliges Postamt

Besuchenswert ist das **Museum** in der 1895 mit Bruchsteinen (auf den Fundamenten des 1890 bei einer Flut zerstörten Vorgängerbaus von 1869) errichteten Kirche, das sich seit 1978 der Gründungsgeschichte der Stadt und den Nama-Stämmen der Region widmet, sowie das **Kaiserliche Postamt,** wo heute die Tourismusinformation ist. Sehenswert ist auch das **Bahnhofsgebäude** (die Bahnlinie nach Lüderitz wurde 1908 eröffnet, 1912 war der Anschluss nach Windhoek fertig). Es wird wohl zum neuen Leben erweckt, wenn der Bahnverkehr an die Küste wieder beginnt.

Wer ein wenig durch die Straßen schlendert, stößt immer wieder auf Gebäude aus dem Anfang des 20. Jahrhunderts. Dazu gehört auch das Schützenhaus von 1899 in der Diamond Street, das als erster Deutscher Klub des Landes gilt. Es ist heute in ein luxuriöses Gästehaus mit Restaurant umgewandelt und serviert natürlich deutsch beeinflusste Küche. Direkt im Zentrum stehen in einem kleinen Park nebeneinander ein Denkmal der Südafrikaner, den Toten des II. Weltkrieges gedenkend, und das Adler-Denkmal, das an die Schutztruppen-Toten bei den Nama- und Herero-Aufständen erinnert. Wann der Obelisk mit dem Reichsadler in Bronze genau aufgestellt wurde ist unbekannt. In der 2nd Street steht noch das Johanniter-Krankenhaus von 1912. Die Gemeinde spendete das Land und 6000 Reichsmark, der Rest kam vom Staat. Neben dem Hospital wurden darin eine Apotheke und ein Theater eingerichtet. Das 3-Sterne Canyon-Hotel ist Station vieler Reisegesellschaften auf ihrem Weg zum Fish River, nach Lüderitz oder zum Oranje.

Keetmanshoop

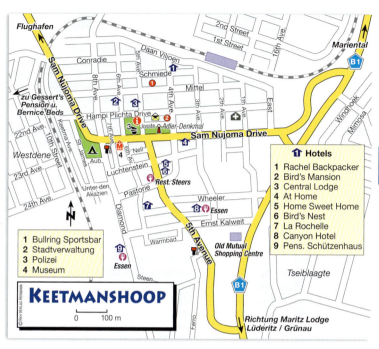

Die Läden der Stadt sind gut sortiert, man kann seine Vorräte auffüllen, bevor man in den infrastrukturell eher schwach versorgten Süden aufbricht. Seit 2014 besitzt auch Keetmanshoopp eine moderne (wenn auch überschaubare) Shopping Mall (Old Mutual Shopping Mall) mit Läden und Essangeboten. In Keetmanshoop befindet sich ein großes, modernes Hospital, das an der Ortseinfahrt mit seinen Hochhausbauten ins Auge sticht. Der Ort ist auch Ausgangspunkt der Route 2a zum Kalahari- Gemsbok Park und der Route 3 zum Fish River und nach Ai-Ais.

Information Informationsstelle im ehemaligen Kaiserlichen Postamt, Southern Tourist Forum, P.B. 2125, Hampie Plichta Avenue, Keetmanshoop, Tel. 063-221266, munkhoop@iafrica.com.na.

Internet Im Canyon Hotel dürfen auch Nichtgäste gegen Bezahlung aufs Netz (15 N$ für 30 Minuten).

Busse *Intercape Mainliner*, Haltestelle Engen-Tankstelle.

Museum In der Kirche, Kaiser Street, Tel. 063-221256, Mo–Do 7.30–12.30 u. 13.30–16.30 Uhr, Fr bis 16 Uhr, Eintritt frei, aber eine Spende ist möglich.

Übernachten *Touristenklasse:* Canyon Hotel, **Central Lodge,** Gessert's Pension, **Schützenhaus Pension**

Günstig: At Home, Bird's Nest, Bird's Mansion, La Rochelle, Bernice Beds, Home Sweet Home, Lafenis Rastlager, Rachel Backpacker
Camping: Keetmanshoop Zeltplatz, Maritz Lodge
Camping außerhalb: **Garas Park Restcamp,** Quivertree Rastlager, **Mesosaurus Rastlager**

> **Unterkunftstipp**
> Günstig, aber in reichlich abgewohnten Zimmern, nächtigt man in der **Canyon Lodge** (der offizielle Preis wird meist halbiert). Fürs Zelten empfiehlt sich das außerhalb und in absoluter Ruhe liegende **Mesosaurus Camp.**

Essen   Die Restaurants des *Schützenhauses* oder des *Canyon Hotels* bieten günstige Gerichte in großen Portionen in gediegener Qualität, Steers (Fifth Avenue Ecke Pastorie Street, Tel. 063226763) ist als Kettenrestaurant für seine verlässliche Steak-Qualität bekannt.

Einkaufen   An der B1 in Höhe des Hospitals hat sich ein Holzschnitzermarkt etabliert.

Keetmanshoop – Bethanie

Wir nehmen nun die B4 Richtung Lüderitz. Nach 46 km kommt der Abzweig nach **Seeheim** (1 km), einem verlassenen Eisenbahnörtchen mit von gelben Morgensternblüten bewachsenen Schienen, fotogen und einsam am Fish River gelegen. 1998 hat in einem ehemaligen Offiziershaus der Schutztruppe das Seeheim Hotel seine Pforten geöffnet, eine traumhafte Übernachtungsmöglichkeit mit Pool und Laden. 1903 „brummte" hier das Leben, Seeheim war ein bedeutender Umschlagplatz der Eisenbahn auf dem Weg von und nach Südafrika und größer als Keetmanshoop. Heute ist es – bis auf das Hotel – eine Geisterstadt, die meisten Gebäude aus der glorreichen Vergangenheit existieren nicht mehr. Im Hotel befindet sich auch eine Werkstatt, die rustikale Landmöbel für den ganzen Süden herstellt: vom Stuhl bis zur Kommode, von der Tür bis zum Schrank.

Nach Westen fahrend wird bald danach der Fish River auf einer Brücke überquert, 12 km weiter kann man eine Rast einlegen und zwei Schutztruppengräber und die Ruinen einer kleinen Station besichtigen. Nördlich der Straße auf privatem Farmgelände mit Tor, ist der Zugang nur zu Fuß erlaubt. Es wäre höflich, die Farmer auf der gegenüberliegenden Straßenseite über den Besuch zu informieren, auch wenn die Gräber mit einem kleinen Schild als „Nationales Monument" gekennzeichnet sind. Wer mit dem Auto 500 m weiterfährt, sieht das kleine Steinhüttchen rechts oben auf einem Vorsprung unscheinbar hervorspitzen. 14 km dahinter kommt man zum Abzweig der D463.

ABSTECHER Westseite Fish River Canyon

Die D463 führt zur Westseite des Fish River Canyon. Nach 90 km erreicht man eine Farmstraße, die nach 20 km endet. Hier liegt der Canyon Nature Park mit der exklusiven Fish River Lodge (mit Blick in den

Canyon). Vom Abzweig der D463 von der B4 weiterfahrend verlässt man nach ca. 16 km eine Hochebene und fährt 100 Höhenmeter hinab in ein Trockenflusstal mit vielen Akazien. Nach 6 km verlässt man das Tal wieder und nach weiteren 14 km ist der Abzweig nach Bethanie erreicht (1 km weiter Richtung Westen liegt **Goageb,** ein trostloser und verkommener Fleck mit Bottle Store, Anschlussstelle für die Route 4). Bis Bethanie sind es auf dem Asphalt der C14 entlang des Kubub-Flusstales noch 22 km.

Bethanie

Der Schnellreisende fährt schnurstracks weiter und hat Bethanie schnell wieder verlassen. Wer sich für Geschichte interessiert: Im Ort erinnern zwei Gebäude an die Geschichte des Landes – das Schmelen-Haus und das Haus von Joseph Fredericks. Und wer Muße hat, übernachtet im Bethanie Guesthouse – eine Unterkunft, die aus einer anderen Zeit zu stammen scheint. Zum Schmelenhaus muss von der Hauptstraße links abgebogen werden und gleich wieder links hinein auf ein privat wirkendes Gelände.

Das Schmelenhaus steht unscheinbar unter Palmen (sie sind eine Seltenheit in Südnamibia und stehen fast immer dort, wo Deutsche ihre neue Heimat fanden). Es ist ein verputztes Häuschen mit Bruchsteinfundament und einer kleinen Umfriedungsmauer. Im Jahr 1814 gründete der deutsche Missionar Heinrich Schmelen an diesem Platz eine Mission im Auftrag der Londoner Missionsgesellschaft. Wegen Stammesfehden war er aber gezwungen, die Station 1822 zu verlassen.

Mehrere Versuche in den folgenden Jahren, sich erneut niederzulassen, scheiterten an den kriegerischen Auseinandersetzungen und der anhaltenden Trockenheit, Bethanie wurde 1828 endgültig aufgegeben.

1840 erwarb die Rheinische Missionsgesellschaft die Rechte von der Londoner und zwei Jahre später wurde der Missionar Hans Knudsen hierhergeschickt. Er baute das Häuschen wieder auf, von Schmelen stammen nur noch die Umfassungsmauern. Auf dem Friedhof befinden sich einige Gräber von Missionaren, die in der Region tätig waren.

Karakulzucht

Unter deutscher Verwaltung wurden 1906 die ersten Karakul-Schafe nach Namibia gebracht und hier mit den heimischen *Fettschwanzschafen* gekreuzt, die den extremen klimatischen Schwankungen und der mageren Weide bestens angepasst waren.

Die Karakulschafe lieben einen trockenen Lebensraum, sind genügsam und ertragen große Hitze wie Kälte. Die durchschnittliche Bestockung liegt bei einem Tier pro Hektar Weideland. Heimat der Karakuls sind eigentlich die Gebirgs- und Steppenregionen Zentralasiens, wo Usbeken und Afghanen eine lange Tradition in der Aufzucht dieser wertvollen Pelztiere besitzen, deren Fell bei uns als „Persianer" bekannt ist. Eine Leipziger Pelzhändlerfamilie mit Namen Thorer hat die Tiere 1907 nach Südwest gebracht und sorgte für den märchenhaften Reichtum der Thorers, die sich in Leipzig eine eigene Straße mit Villen hielt.

In Namibia gibt es nach Jahren großer Bestandsschwankungen – die Zahlen liegen zwischen 5,6 Mio. Ende der 1970er Jahre und 1,6 Mio. Mitte der 1980er – heutzutage etwa drei Mio. Karakulschafe, zu finden fast ausschließlich im ariden Süden. Ihre Pelze werden mit den Markennamen „Swakara" oder „Nakara" bezeichnet („South West African Karakul" bzw. „Namibian Karakul") und haben mit dem dichtgelockten schwarzen Persianer wenig gemein.

Es sind wunderschön gezeichnete, seidige Felle vornehmlich in warmen Naturfarben, die von den Windhoeker Kürschnern zu modernen, hocheleganten Kleidungsstücken verarbeitet werden, deren Kauf ein dickes Loch in die Reisekasse reißen kann.

Das Fell der Tiere ist nur kurze Zeit nach der Geburt für die Pelzproduktion verwendbar. Nur bei neugeborenen Lämmern besitzt es jenen strahlenden Glanz und die weich fallende Locke, die so begehrt sind und den später daraus genähten Mantel zu einem kostbaren, einmaligen Stück machen. Zum Handwerk des Karakulzüchters gehört es folglich, die Neugeborenen sofort (spätestens 36 Stunden nach der Geburt) dem Schlachter zu überantworten. Bevor dies geschieht, wird über die Auswahl derjenigen Tiere entschieden, die dank ihrer besonderen Eigenschaften gute Zuchterfolge versprechen und deshalb am Leben gelassen werden. Es werden aber, allen anderslautenden Gerüchten zum Trotz, für die Pelzgewinnung keine Föten getötet.

Farmer, die von der Vieh- oder der Karakulzucht leben, haben natürlich ein ganz anderes Verhältnis zu diesen Tieren, sie sehen in ihnen das Kapital, mit dem sie sich und ihre Familie ernähren, nicht das putzige Kuscheltier, als das es uns Nicht-Viehzüchtern erscheint. Zudem erfüllen die Karakulschafe eine ökologisch wichtige Funktion: Durch die spezielle Form ihrer Hufe treten sie Gras- und andere Pflanzensamen, die auf der Erde liegen, in den Boden und ermöglichen damit das Wachstum der nächsten Pflanzengeneration.

Dass Produkte wie Pelze nicht nur von Moden, sondern auch von politischen Strömungen abhängig sind, liegt auf der Hand: Viele Karakulzüchter sind durch den (nicht nur karakulbezogenen) Pelzboykott in Europa und Amerika in den 1980er und 1990er Jahren in den wirtschaftlichen Ruin getrieben worden. Einige zogen Konsequenzen aus dem Zusammenbruch des Pelzmarktes, stiegen wieder auf Fleischzucht um – mit den Karakulschafen ist dies kein Problem, da sie sich als ebenso gute Fleischlieferanten erwiesen haben. Mit der Jahrtausendwende hat sich aber die Situation gänzlich gewandelt. Pelz zu tragen ist wieder schick, die Preise sind explodiert, und Namibia kann heute gar nicht so viel liefern wie gewünscht wird. Kostete 2004 ein Fell auf der Zuchtfarm noch 180 N$, betrug der Preis 2014 650 N$. Für einen modischen Damenmantel werden etwa 20 Felle benötigt, er hängt schließlich für ca. 5000 € im Laden.

Dem Abzweig von der Hauptstraße zum Schmelenhaus schräg gegenüber steht das **Haus des Joseph Fredericks.** Er war Nama-Kapitän und errichtete das Gebäude 1883 als Haus für seine Ratsmänner. Durch den Vertrag mit dem Abgesandten von Adolf Lüderitz, Vogelsang, leitete Fredericks, ohne es zu wissen, geschweige denn zu wollen, die deutsche Landnahme in Südwestafrika ein. Hier, von ihm und dem Generalbevollmächtigten des Deutschen Reiches, Dr. Friedrich Nachtigall, wurde ein Jahr später, am 28. Oktober 1884, der Schutzvertrag mit dem Deutschen Reich unterschrieben.

Weiter auf der C14

Verlassen Sie Bethanie Richtung Norden. Nach 1 km endet der Asphalt, jetzt kommt Piste. 59 km weiter, 20 km vor Helmeringhausen, können Sie erneut einen kleinen Ausflug zu einem Schutztruppenfriedhof unternehmen.

Schutztruppenfriedhof

Dazu die private P422 nach Süden fahren, das Farmgebäude links liegen lassen (nachdem Sie der Farmer informiert haben, dass Sie zum Friedhof wollen), an der Gabelung nach Osten halten und den Hang in einem großen Bogen hinunterfahren. Sie sehen einen vorzüglich erhaltenen, ummauerten und mit einem schmiedeeisernen Tor versehenen Friedhof vor sich. Vom Leutnant bis zum Reiter ist alles vertreten.

Gepflegt und doch irgendwie verloren und traurig wirken diese Grabstätten in der kargen Umgebung, und man fragt sich, was denn eigentlich hier verteidigt wurde – außer einer imperialen Idee.

Helmeringhausen

Ein kleiner Wüstenort, nicht viel mehr als ein (schmuckes) Hotel mit Camping – das **Helmeringhausen Hotel** –, ein Laden (mit dem Allernotwendigsten, inklusive Bottle Store), eine Tankstelle (nur offen von 8–18 Uhr) und ein kleines Freilichtmuseum, in dem viele Werkzeuge der Farmarbeit ausgestellt sind, z.B. ein ausgesprochen pittoreskes Bohrgerät. Der Schlüssel liegt im Hotel, die Eintrittsspende ist freiwillig (die Höflichkeit gebietet eine gewisse Großzügigkeit für den Versuch, auch hier den Touristen interessante Informationen zu bieten). Im mit blühenden Pflanzen ausgestatteten Garten des Hotels genießen die Durchreisenden Kaffee und Kuchen.

Auf der Weiterfahrt 60 km hinter Helmeringhausen nehmen Sie die D831 bis zur D826/C27 (nach 26 km). Hier biegen Sie links nach Südwesten ein. Die Landschaft wird merklich gebirgiger, auch erscheint sie fruchtbarer als die Steppenebenen, durch die unsere Route bislang führte. Nach 17 km ist Schloss Duwisib erreicht.

Schloss Duwisib

Absurd, eine Fata Morgana, Spinnerei, hässlich – man liest Unterschiedlichstes über den Stein gewordenen Tagtraum eines deutschen Adeligen – das Schloss Duwisib (tgl. 8–17 Uhr, Eintritt 70 N$). Hansheinrich von Wolf begann 1908 mit dem Bau, 1909 konnte er das Gebäude beziehen. Das gesamte Mobiliar ließ er aus Deutschland kommen und mit Ochsenkarren in die Wüste bringen. Rittersaal, Innenhof, Herrenzimmer, Bibliothek, Biedermeiersalon – nichts fehlte, um das Schloss zu einem richtigen Herrenhaus zu machen.

Und da zu einem Herrenhaus auch immer Land gehört, versuchte Hansheinrich von Wolf möglichst viel Grund zu erwerben. Er nervte geradezu den Gouverneur mit Kaufanträgen für Boden, dessen Verkauf aber pro Person limitiert war. Von Wolf brachte Strohmänner. Sie wurden nicht anerkannt, da sie in Deutschland lebten und den Besitz gar nicht bewirtschaften konnten. Er ließ seinen Vater in Berlin intervenieren. Er wollte Land, koste es was es wolle, auch wenn er zwischendurch schon zahlungsunfähig war. Sein Hunger danach war geradezu manisch, als ob er um sein Schloss noch einen möglichst großen *cordon sanitaire,* einen Sperrgürtel legen wollte, der ihn vor der Gemeinheit der Welt schützen sollte.

In der Wüste erstrahlen die Natursteine heute noch immer im Morgen- und Abendlicht und schließen die unwirtliche Natur aus.

Schloss Duwisib

Gepflegte Rasenflächen und Palmen bilden den grünen Hintergrund dieser Ritterburg-Kulisse.

Das jahrzehntelang ausgelagerte Mobiliar wurde wieder zurückgebracht, und unter der Ägide des Tourismusministeriums kann der Reisende heutzutage wenigstens kurzzeitig versuchen, die Gefühle des Herrn von Wolf zu erahnen. Nur ganze fünf Jahre konnte dieser sein Leben hier genießen und seinem Hobby, der Pferdezucht, nachgehen, bis ihn das Vaterland rief und er mit seiner Frau auf abenteuerlichen Wegen über Südamerika Deutschland erreichte, rechtzeitig, um in der Schlacht an der Somme sein Leben hinzugeben.

Von seiner Frau, einer gutsituierten Amerikanerin, die nie wieder nach Duwisib zurückkehrte, ist überliefert, dass sie in ihren späten Jahren die Frage nach ihrem Aufenthalt in Deutsch-Südwest stets mit „ach, das war ein interessantes Experiment" beantwortete. Beim Rastlager kann man Zimmer oder Bungalows mieten oder zelten.

Weiterfahrt

Die D826/C27 führt nun am Rand des Namib-Naukluft Parks weiter nach Norden. Man passiert die NamibRand Game Ranch mit den Wolwedans Camps. 171 km nach Duwisib gelangt man schließlich nach Sesriem und hat Anschluss an die Route 1.

NamibRand

entstand aus dem Zusammenschluss mehrerer privater Farmen, deren Besitzer die Landschaften nachhaltig nutzen wollten. Man entschloss sich, das gesamte Areal dem Tourismus zu öffnen, allerdings nur unter strengsten Auflagen. Wer eine touristische Infrastruktur errichten wollte, durfte dies nur in einem bestimmten Verhältnis von Landmenge zu touristischem Übernachtungsbett. Will heute jemand seine Einrichtungen erweitern, muss er neues Land einbringen. Streng wird auch darauf geachtet, dass der Mensch die Natur nicht verändert, nur zu Fuß darf man durch die Landschaften querfeldein wandeln, die Autos müssen auf den wenigen Tracks stehenbleiben. Ein Aufenthalt in den Wolwedans Camps ist nicht billig, aber höchst luxuriös und mit viel Charme unterfüttert. Die Tagesausflüge durch das riesige Gebiet sind wunderschön und erst so erfährt man, wie die Natur sich regenerieren kann, wenn man sie nur in Ruhe lässt. Unterkunft s. *Wolwedans Dune Camp* und *Lodge, Wolwedans Private Camp, Wolwedans Lodge Suite* und *Wolwedans Boulders Camp*. Ebenfalls im Reservat befindet sich die *Sossusvlei Desert Lodge*.

Route 2a: Südafrika ist nahe – der Kgalagadi Transfrontier Park

Mariental – Gochas – Koës – Mata Mata – Twee Rivieren – Aroab – Keetmanshoop

Km	Abzweig	Ort	Sehenswert	Übernachtung	GPS
Km 0 Straße 29, Piste		Mariental, T+V		s. bei Mariental	24 37 45 17 57 18
Km 14	Km 0 C17 Piste Km 26		Panorama Zeltplatz		
Km 35				Lapalange Ldg.	
Km 75 C18 n. O					25 03 25 18 27 22
Km 116 C15 nach S Km 10	Km 0 C15 Piste nach N	Gochas, T		Kamelruhe Gh. Stoney's Hotel	18 48 12 24 56 46
			Auob Ldg.		
Km 126			Schlachtendenkmal		24 51 34 18 50 53
Km 130			Schlachtendenkmal		24 58 17 18 52 01
Km 154				Red Dune Camp	
Km 209	Km 0 C17 Piste nach S Km 67	Koës, T		Koës Ht.	25 29 41 19 18 10 25 56 04 10 07 27
Km 223		Tweerivier			25 27 36 19 26 12
Km 251				Terra Rouge C.	
Km 270				Donkerhoek Gf.	26 36 02 19 49 38
Km 279				Kalahari Game Ldg. (2 km)	25 39 53 19 52 33
Km 296		Grenze Mata Mata, T	Nationalpark Einfahrt	Mata Mata Camp Sitzas Camp	25 46 05 19 59 55
Km 412 Piste		Twee Rivieren, T+V	Nationalpark Ausfahrt	Twee Rivieren Camp	26 28 31 20 36 47
Km 470 Teer				Molopo Ldg.	26 56 22 20 39 28
Km 510 Piste		Kreuzung			26 44 48 20 18 57
Km 514		Klein Mier			26 44 47 20 01 26
Km 529 links halten					26 39 00 20 09 48
Km 546		Rietfontein			26 44 46 20 01 44
Km 550 C16 Piste nach W		Grenze			26 45 23 19 59 49

Km	Abzweig	Ort	Sehenswert	Übernachtung	GPS
Km 585		Aroab, T		Hunter's Inn	26 48 00 19 38 23
Km 743 Teer					
Km 746 B1 Teer nach S					
Km 757		Keetmanshoop, T+V	s. Route 2	s. Route 2	26 34 29 18 08 50

Hinweis **Die Grenze bei Mata Mata ist offen (Grenzübertritt aber nur möglich bei einem mindestens zweitägigen Aufenthalt im Park)!**

Man sollte mit An- und Abfahrt fünf Tage für einen Besuch des Kgalagadi Transfrontier Parkes kalkulieren. Die Strecke von der südlichen Parkausfahrt Twee Rivieren bis zur Molopo Lodge und weiter bis zur namibischen Grenze Rietfontein/Klein Menasse ist asphaltiert.

Mariental (s. Route 1) – Gochas – Tweerivier

Hier haben Sie Anschluss an die Routen 1 und 2. Verlassen Sie Mariental im Ort über die Bahnlinie Richtung Osten auf der Straße 29. Nach 3 km endet der Asphalt, die Piste ist aber breit und gut ausgebaut. Die Landschaft hat wenig Buschbewuchs, ist braun und eben.

Nach 75 km führt die Piste C18 nach Osten. Die in einigen Karten verzeichneten Friedhöfe und Denkmäler befinden sich auf privatem Farmgelände ohne Hinweise auf deren Lage. Wer Sie besuchen will, muss den Farmer informieren und sich die genaue Wegbeschreibung geben lassen.

15 km hinter der Kreuzung ist schon vereinzelt der rote Sand der Kalahari zu sehen. Die nord-südlich verlaufenden, spärlich bewachsenen Dünen werden nun in einem monotonen Auf und Ab und mit Kitzeln im Bauch gequert.

23 km weiter taucht voraus **Gochas** auf, ein wirklich kleiner Ort, dessen dominantes Gebäude, das Hotel Gochas, sich hinter einem kleinen, liebevoll begrünten und gepflegten Dorfplatz erhebt. Um in den Ort zu gelangen, muss man das Rivier des Auob queren, in dessen Flusslauf die Reise auf der Piste C15 Richtung Süden weitergeht.

Nur ab und zu verlässt die Piste das Rivier und erlaubt einen Blick in die Ferne, die dem Auge keinen Halt bietet. Im Trockenflusstal steht Galeriewald mit sehr alten Bäumen, deren Äste teilweise unter der Last der riesigen Nester der Siedelwebervögel abgebrochen sind.

Nach 10 km kommt ein Gedenkstein für die Schlacht bei Gochas, 4 km weiter, unter einem malerischen Baum und eingezäunt, der Gedenkstein für das Gefecht bei Haruchas am 3. Januar 1905.

Immer wieder stehen im Rivier die schmucken, weißen Farmgebäude in kleinen, wohlgepflegten und sattgrünen Gärten, ein

Baum mit Webervögelnester beim Gedenkstein für die Schlacht von Gochas

wenig abseits die Werften, die Wohnstätten der Farmarbeiter und bei weitem nicht so hübsch anzuschauen.

107 km hinter Gochas ist **Tweerivier** erreicht (14 km vorher hat man den Abzweig nach **Koës** passiert). Hier treffen sich die Riviere des Auob und des Olifant. Eine Tankstelle ist ausgewiesen, sie führt aber nicht immer Treibstoff.

Nun sind es noch 65 km zur Grenze und zum Eingang des **Kgalagadi Transfrontier Parks.** Der Grenzübertritt gestaltet sich unproblematisch. Laufzettel werden ausgefüllt, die Namibier stempeln per Hand, die Südafrikaner haben ein computerisiertes Barcode-System entwickelt, „enjoy your stay in South Africa", und weiter geht's.

Kgalagadi Transfrontier Park
(Kalahari-Gemsbok Park)

Achtung

Bedenken Sie, dass die **Südafrikaner nicht auf Sommerzeit** umstellen, so dass im Sommerhalbjahr eine Stunde Zeitverschiebung besteht!

An der Rezeption des Parks muss der Eintritt gezahlt werden, N$ werden mit einem minimalen Abschlag akzeptiert. Öffnungszeit des Parks ist im Januar von 6–19.30 Uhr. Sie verkürzt sich schrittweise bis zum Juli auf 7.30–18 Uhr. **Übernachtung** ist nur in einem der Camps erlaubt. Neben den Hauptcamps **Mata Mata, Nossob** und **Twee Rivieren** (alle drei haben Unterkünfte unterschiedlicher Kategorie und Zeltplätze, kleine Läden für Souvenirs, Getränke, Fleisch und Feuerholz) gibt es die Wilderness Camps **Kieliekrankie** auf einer Kalahari Düne mit herrlichem Blick (4 Chalets für je 2 P.), **Urikaruus**

Kgalagadi Transfrontier Park

am Buschrand vor einer Freifläche (4 Chalets für je 2 P.), das **Kalahari Tented** Camp mit 15 Zelten für teilweise bis zu 4 P., **Bitterpan** mit 4 Chalets (je 2 P.), **Gharagab** mit derselben Ausstattung, ebenso wie **Grootkolk.** Weiter sind vorhanden mehrere 4x4-Tracks mit obligatorischen Übernachtungspunkten, zu denen ein Zelt mitzubringen ist.

Es wird darauf geachtet, dass die Abfahrtszeiten von einem Camp so liegen, dass entweder eine Ausfahrt aus dem Park, oder das Erreichen eines anderen Camps innerhalb der Öffnungszeiten möglich ist (bei Verlassen des Camps ist der Zielort anzugeben). Der Eintritt in den Park kostet für Europäer per Tag und Person 280 Rand (Kinder die Hälfte, Ermäßigungen für Südafrikaner und Mitglieder der SADC). Die Übernachtung auf dem Zeltplatz kostet für 2 Personen ca. 220 R, eine Hütte, abhängig von Größe und Ausstattung, ab 1000 R, Calets ab 900 R (für 2 Personen).

Reservierungen für die Unterkünfte können unter der Telefonnummer +27-12-4289111, Fax +27-12-3430 905 oder auf www.sanparks.org vorgenommen werden. Die Geschwindigkeitsbeschränkung im Park liegt bei 50 km/h, in den Lagern bei 20 km/h (Geschwindigkeitskontrollen finden statt!).

Oryx-Antilopen im Nationalpark

Der Park liegt am spitz zulaufenden Dreieck, das die Grenzen von Namibia, Botswana und Südafrika bilden, seine beiden Wegstrecken laufen entlang der Flüsse Auob und Nossob. Der *Kalahari-Gemsbok Park* (über 9500 qkm, Gründung 1931) wurde 1999 mit dem botswanischen *Gemsbok National Park* (28.500 qkm, Gründung 1938) **zum ersten länderübergreifenden Nationalpark Afrikas,** zum **Kgalagadi Transfrontier Park** zusammengeschlossen (Kgalagadi = Kalahari in der Sprache der Tswana). Wegweisend für alle an Grenzen liegenden Parks im südlichen Afrika, die nach und nach von den Ländern als gemeinschaftliche Schutzgebiete organisiert werden sollen (sog. „Peace Parks"). Wer im botswanischen Teil des Parkes herumfahren und nächtigen will, muss die Buchungen dafür bei den botswanischen Stellen vornehmen: Gaborone, P.O. Box 131, Tel. +267-6861265, Fax 6861264, dwnp@gov.bw, www.mewt.gov.bw, Tages- und Übernachtungsbesucher zahlen 20 Pula/Tag/Person und 4 Pula/Tag/Fahrzeug Eintritt und um 25 Pula/Nacht/Person für den Zeltplatz.

An den Rezeptionen der Camps sind Informationsbroschüren erhältlich, die die Pflanzen, Reptilien, Vögel und Säugetiere, die sich im Park finden, auflisten. Wer durch den Park will, darf nicht erwarten, dass er die Weite und Ferne der Kalahari erfährt, die beiden Routen des Parks verlaufen in Rivieren. Wer hierher kommt, will die Tiere an den natürlichen und künstlichen Wasserstellen sehen, die sich wie Perlen auf einer Schnur aneinanderreihen. Die Antilopen sind dermaßen unbeeindruckt von den sich langsam nähernden Touristenfahrzeugen, dass man bis auf wenige Meter herankommt, die Löwen aalen sich in der Morgensonne und bereiten sich auf die Jagd vor, und die Hyänen trotten in der Dämmerung an den Zäunen des Lagers vorbei.

Mata Mata – Twee Rivieren – Aroab – Keetmanshoop

An der Wasserstelle von **Mata Mata** sind ab und zu des nachts Löwen zu sehen (Taschenlampen nötig, da das Wasserloch nicht beleuchtet ist). 62 km hinter Mata Mata kommt man an den Abzweig zum Nossob Rivier und dem gleichnamigen Lager (104 km), 55 km weiter ist das Lager mit Grenzposten **Twee Rivieren** erreicht (Zusammenfluss des Auob und Nossob).

Man verlässt den Park und fährt auf Asphalt nach Süden. 500 m vor der Kreuzung steht die riesige und an den Wochenenden immer gut gebuchte *Molopo Kalahari Lodge* (P.O. Box 32/Askham 8814, Südafrika, Tel. +27-54-5110008, www.molopo.co.za, Zimmer ab 25 € p.P. inkl. Frühstück, Camping 10 €/2 Personen). Außerdem Bungalows, Stellplätze, Mietzelte, Restaurant, ein riesiger Fernseher und Schwimmbad. In der nächsten kleinen Ortschaft gibt es eine Tankstelle, die auch Reifen flickt.

Nach weiteren 20 km auf Asphalt durch das Rivier und Richtung Westen verlässt man das Tal, fährt weiter auf Asphalt über einen Bergrücken (20 km) und kommt in eine große Pfanne, in der man für 16 km bleibt.

Nach weiteren 10 km erreichen Sie ein Rasthaus. Nach **Rietfontein** sind es noch 17 km nach Nordwesten (tanken, N$ werden akzeptiert), von dort zur Grenze 3 km.

Kamqu-Parkstelle

Nach der wieder unproblematischen Grenzabfertigung geht es auf der C16 nach **Aroab** (35 km), ein kleiner, in der Wüste verlorener Ort.

Auf dem weiteren Verlauf der Strecke (156 km) nach Keetmanshoop sind die verschiedensten Verwitterungsformen zu studieren. Magerer Busch auf schwarzen Geröllebenen, deren Steine mit Wüstenlack überzogen sind, Wollsackerosion, Bergkegel aus schwarzem, durch Wind und Wetter zerlegtem Gestein, schräg aus dem Boden ragende Verwerfungen, Kiesflächen und Riviere; braune und schwarze Töne herrschen vor, nachdem man die Dünen hinter sich gelassen hat.

Wenn Sie den Asphalt erreicht haben, sind es noch 3 km bis zur B1 und links im Süden ist bereits **Keetmanshoop** zu sehen (s. Route 2). Hier haben Sie Anschluss an die Routen 2 und 3.

Mit dem 4x4 durch den botswanischen Gemsbok-Park (Gemsbok Wilderness Trail)

Der Gemsbok Wilderness Trail geht über 285 km mit zwei Übernachtungen in einfachen Buschcamps. Geländegängige Fahrzeuge sind Voraussetzung, mindestens zwei Wagen müssen einen Konvoi bilden.

Die Buchung erfolgt über das Parks and Reserves Reservations Office in Gaborone in Botswana, P.O. Box 131, Tel. 00267-3180774, dwnp@gov.bw. Die Voranmeldung ist obligatorisch. (10 €/Person/Tag, 5 €/Fahrzeug/Tag). Man muss bei Bokspits nach Botswana einreisen, die Strecke beginnt bei Polentswa/Grootbrak, führt durch eine absolut einsame Gegend in der Kalahari und endet bei Lijersdraai. Man ist mit dem Sand und den Tieren alleine, deshalb sollte man nur fahren, wenn man schon einige Erfahrungen im Busch gesammelt hat.

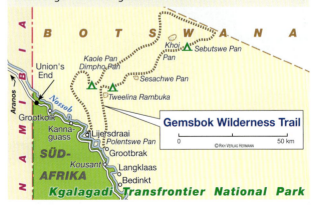

Route 3: Langer Marsch zum heißen Wasser – der Fish River und Ai-Ais

Keetmanshoop – Grünau – Ai-Ais – Hobas – Holoog – Seeheim
KmAbzweigOrtSehenswertÜbernachtungGPS

Km	Abzweig	Ort	Sehenswert	Übernachtung	GPS
Km 0 B1 Teer nach S		Keetmanshoop, T+V	s. Route 2	s. Route 2	26 35 24 18 08 26
Km 3				Lafenis Camp, T	26 36 36 18 10 02
Km 77					27 02 15 18 37 38
Km 120				Savanna Gf.	
Km 132				Farmpad	27 28 42 18 28 51
Km 149	Km 0 (Farmpiste)				27 37 39 18 24 14
	Km 4			White House H.	
Km 159		Grünau, T+V		Grünau Country Ht., Grünau Chalets, Vastrap Gf. (5 km)	27 43 41 18 22 30
Km 189 C10 Piste					27 56 28 18 10 39
Km 255			Rosenquarz Fundstelle		27 57 18 17 32 28
Km 262 zurück		Ai-Ais, T+V		Ai-Ais Rl.	27 54 57 17 29 27
Km 269			Rosenquarz Fundstelle		27 57 18 17 32 28
Km 285 C37 Piste					27 55 45 17 40 29
Km 319	Zu Gondwana Km 0 Farmpad Km 2			Canyon Lodge, Mountain Camp + Village	27 40 01 17 45 43
Km 329		Hobas, V		Hobas Zeltplatz	27 37 09 17 42 54
Km 339 zurück			Fish River Canyon		27 35 19 17 36 52
Km 349		Hobas, V		Hobas Zeltplatz	27 37 09 17 42 54
Km 352 C37 Piste					27 37 09 17 42 54
Km 361		Canyon Roadhouse, T		Canyon Roadhouse	
Km 381 C12 Piste n. N					27 28 31 17 57 10
Km 389		Holoog	Alter deutscher Ziegelofen		

Km	Abzweig	Ort	Sehenswert	Übernachtung	GPS
Km 400	Km 0 Farmpad Km 10			 Fish River Lodge	27 18 54 17 56 03
Km 430	Km 0 D545 Piste Km 15		Naute Dam	Naute Dam Camping Naute Dam Rec. Park C. (7 km)	26 55 55 17 56 04 26 52 28 17 58 10
Km 455 B4 Teer n. W					26 48 57 17 48 19
Km 456		Seeheim, T+V	s. Route 2	s. Route 2	

Keetmanshoop – Grünau

(Beschreibung Keetmanshoop s. Route 2, Anschluss an Route 2 und 2a). Sie verlassen Keetmanshoop auf der Umgehungsstraße nach Süden und erreichen nach 500 m die Abzweigung der B4 von der B1. Die B1 nach Süden nehmen, nach 3 km passiert man die Lafenis Lodge mit einer Tankstelle (die viel Lkw-Verkehr hat). Nach ca. 15 km sehen Sie voraus die Großen Karasberge, rechts befinden sich die Kleinen Karasberge. Letztere werden in einem weiten Bogen östlich umfahren. Bevor Sie zwischen den Kleinen und Großen Karasberge hindurchfahren, queren Sie noch den Löwenfluss, der später in den Fish River mündet. Nach 100 km hinter Keetmanshoop kommt man an einen landschaftlich ausgesprochen reizvollen Pass. In Abständen von 10 km folgen nun drei weitere Pässe, der letzte ist über 1500 m hoch. 20 km hinter diesem lassen sich die Ausläufer der Kalahari erahnen und 9 km danach erscheint Grünau, einen Steinwurf von der Hauptstraße weg.

Bei der Shell-Tankstelle, 1 km vor der Ortsabfahrt, gibt es einen Takeaway und einen kleinen Picknickplatz. **Grünau** ist lediglich als Zwischenstopp interessant, um aufzutanken, u.U. zu übernachten (Grünau Chalets, Country House) und die Vorräte aufzufüllen (leckeres Biltong und Droewors im Karios Slaghuis). Ansonsten gibt es nichts, und da Ai-Ais nur noch 100 km entfernt ist, übernachten auch die wenigsten hier, sondern versuchen das Rastlager zu erreichen. In Grünau schließt auch die Route 3a nach Noordoewer und zum Oranje an.

Grünau – Ai-Ais

Dazu auf der B1 30 km nach Süden fahren und dann nach rechts in die Piste C10 einbiegen. Nach 26 km öffnet sich im Süden der Blick auf den Oranje, nachdem man rechts den Wetterkopf und links den Rotenfels passiert hat. Nach weiteren 24 km ist voraus, hinter dem nicht sichtbaren Fish River Canyon, das tiefgestaffelte Massiv der **Hunsberge** mit seinem höchsten Gipfel, dem Hohenzollern (1530 m) zu sehen. Nach 11 km kommt ein Abzweig nach Noordoewer am

Oranje, und nun geht es auf gewundener Piste immer tiefer in den Canyon hinunter. Diese Fahrt ist nicht sonderlich spektakulär, wer aber die Augen aufhält, kann 5 km hinter der Abzweigung Rosenquarze sammeln (bevor man einen Quarz oder Stein aufhebt, sollte man ihn mit dem Schuh umdrehen und sich vergewissern, dass keine Skorpione darunter ihr Mittagsschläfchen halten). Nach weiteren 7 km ist dann Ai-Ais erreicht.

Ai-Ais

Nach der Fahrt durch die nicht enden wollende Wüstenei erfreut nun das Grün eines Rasens und üppiges Schilf das Auge. Ai-Ais ist kein Ort, sondern wirklich nur ein Rastlager am Fish River, der hier die meiste Zeit des Jahres an der Oberfläche kein Wasser führt. Grund für die Entstehung des Ai-Ais-Lagers war eine ergiebige Thermalquelle. „Ai-Ais" kommt aus dem Khoikhoi und bedeutet „kochend heiß".

Die Thermalquelle entspringt der Tiefe mit einer Temperatur von 60 °C und soll gegen Rheuma helfen. Für die beiden Schwimmbäder wird die Temperatur auf ein erträgliches Maß heruntergebracht. Das Außenschwimmbad ist für den Naturliebhaber, der in der Morgen- oder Abendsonne die blutroten Berge und die darauf herumkletternden Paviane vom warmen Wasser aus genießen will. Das Hallenbad mit seinen Fontänen und Wasserfällen begeistert vornehmlich Kinder, die die nächsten Tage beim Planschen nicht mehr von ihren Eltern gestört werden wollen.

Obwohl auch Tagesbesucher zugelassen sind, raten wir zu mindestens zwei Übernachtungen um den Genuss des verschwenderischen Wasserreichtums auch richtig auskosten zu können. Ai-Ais ist auch der Endpunkt der großen Fish-River-Wanderung, die weiter unter beim Fish River Canyon beschrieben wird.

Entspannen in der Ai-Ais-Thermalquelle

Ai-Ais – Fish River Canyon

Fahren Sie nun wieder zurück hinauf auf die Hochebene und biegen Sie nach 23 km in die C37 ein. Linker Hand sehen Sie den Hochstein (998 m). Nach 16 km geht links eine Piste ab. Sie führt quer durch den Canyon nach Kochas. 19 km dahinter führt eine Piste über 2 km zu einer bizarren Felsformation, und 6 km weiter erreicht man die Piste Seeheim – Fish River. Wir fahren links und kommen nach 2,5 km zum *Hobas Zeltplatz*, wo Eintritt entrichtet werden muss (hat man für diesen Tag bereits in Ai-Ais gezahlt, wird die Eintrittskarte anerkannt). Nach 10 km kommt man an eine Abzweigung. Hier kann links 19 km den Fish River entlang zu einem zweiten Aussichtspunkt gefahren werden (und zu der zweiten Thermal-Schwefelquelle des Canyons, Palm Springs). Der bekanntere Hauptaussichtspunkt ist von der Kreuzung 1 km geradeaus entfernt. Hier empfängt den (schwindelfreien) Besucher jenes atemberaubende Panorama, das auf so vielen Fotos zu sehen ist und das der Lichtverhältnisse wegen am besten am späten Vormittag auf einen Film gebannt wird.

Auf dem Weg von Ai-Ais nach Hobas passiert man den Gondwana Cañon Park und die **Canyon Lodge,** zu Recht ein beliebtes Übernachtungsziel. Zwischen malerischen Granitblöcken stehen Bungalows aus Stein und Holz. Bei Sonnenauf- und -untergang erglühen die Steine im sanftem Licht und die Aussicht auf die wilde Landschaft beim Fischfluss ist unvergleichlich. Von hier aus geht es auf wenigen Kilometern zu den weiteren Camps: **Canyon Mountain Camp** (für Gruppenreisende) und **Canyon Village** (für Individualreisende mit knapperem Budget und zur Selbstversorgung). Nur wenige Kilometer entfernt steht das **Canyon Roadhouse** an der Pad (auch Zeltplatz, Wandermöglichkeiten, Tankstelle).

Canyon Lodge

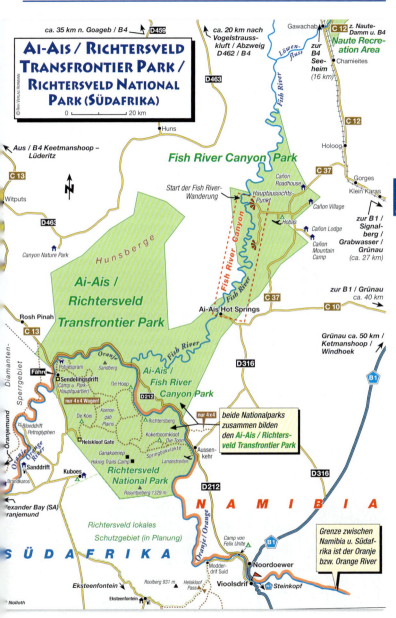

Fish River Canyon

Entstehungsgeschichte

Durch Absenkung entstand das breite Tal, in das man von der Hochebene hineinblickt. Den schmaleren Canyon am Grund des Tales hat sich der Fish River dann selbst geschaffen, indem er sich über die Zeiten immer tiefer eingeschnitten hat. „Mäandern" ist bei den gigantischen Ausmaßen des Canyons vielleicht das falsche Wort, aber seine Biegungen und Windungen verlieren sich ohne Ende in der Ferne, so dass ein spielerischer Eindruck entsteht. Einer Sage nach soll ein Drache auf der Flucht vor Jägern in die Wüste geflüchtet sein und auf seinem Weg diese Kriechspur hinterlassen haben.

Nach dem Grand Canyon in den USA ist der Fish River Canyon der zweitgrößte der Welt und steht ersterem in nichts nach, wenn die Dimensionen auch nicht ganz so gewaltig sind. Er ist 161 km lang und seine Tiefe, bezogen auf die Hochebene, variiert zwischen 450 und 550 m. Bis auf den Grund der erdgeschichtlichen Entwicklung kann man in ihn hineinblicken.

Geologie

Die steilen Uferböschungen aus dunklem Gestein entstanden in der Erdfrühzeit, dem älteren Präkambrium. Vor etwa 2 Milliarden Jahren waren diese Schichten noch Sandstein, Lava und Tonschiefer. Durch Faltungen, Druck und Hitze verwandelten sie sich in metamorphes Gestein: Tonschiefer in Schiefer, Sandstein in Quarzit. Diese Entwicklung fand bis etwa einer Milliarde Jahren vor unserer Zeitrechnung statt. Dunkle Linien durchziehen das Gestein: es ist Magma, das vielleicht 100 Mio. Jahre später, während des Präkambriums, an Bruchstellen eindrang, nie die Erdoberfläche erreichte und hier erstarrte. Man nennt diese sehr grobkörnigen Einschlüsse „Doleriten".

Blick in den Fish River Canyon

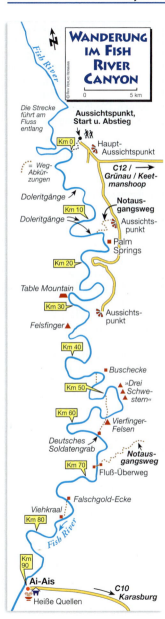

Nach weiteren 250 Mio. Jahren folgte eine Phase der Erosion; ein flacher See bedeckte den ganzen Süden Namibias. An seinem Grund lagerten sich Sedimente ab. Die flache Schicht besteht aus einem Konglomerat kleiner Kiesel. Darüber türmen sich schwarz und 150 m hoch Sandstein, Kalkstein und Kies. Es folgen einige Meter Schieferton und Sandstein. Vor 500 Mio. Jahren erfolgte dann eine Absenkung, die Erdkruste brach ein und ein nord-südlich verlaufendes Tal entstand. Während einer Eiszeit, 200 Mio. Jahre später, wanderten Gletscher nach Süden, das Tal wurde breiter und tiefer und erneut fand eine Absenkung statt. Die Brüche in der Erdkruste gingen so tief, dass das in den Verwerfungen befindliche Wasser nach oben dringen konnte und bis heute seinen Weg nach draußen findet – es sind die heißen Quellen von Ai-Ais und Palm Springs. Der Einschnitt durch den Fish River selbst fand erst in der Erdneuzeit, etwa vor 50 Mio. Jahren, statt.

Wanderung

Tagestouren im Canyon, ja schon der Teilabstieg, **sind verboten,** da es immer wieder zu Unfällen mit Todesfolge kam! Wer die viertägige und 85 km lange Wanderung durch den Canyon machen will, muss also eine gute Kondition besitzen. Auch wenn der Weg nur im Winter begangen werden darf (15. April bis 15. September), sind die Temperaturschwankungen doch eindrucksvoll und die Tageshöchsttemperaturen können durchaus 35 °C erreichen, während es nachts empfindlich kalt wird. Es gibt keine Hütten oder Lagerplätze, auch Toiletten sind nicht verfügbar. Die Wanderung muss vorher beim zentralen Reservierungsbüro angemeldet werden, da pro Tag nur maximal 30 Personen die Tour beginnen dürfen. (Buchungen über Namibia Wildlife Resorts, 20 €/Person).

Hinweis: Tiere, besonders Paviane nicht füttern, sie werden zunehmend aggressiv!

Eine Wandergruppe muss wegen eines möglichen Unfalls oder Verletzungen aus mindesten drei Leuten bestehen. Beim Büro des Rastlagers Hobas ist eine ärztliche Unbedenklichkeitsbescheinigung vorzulegen (die nicht älter als 40 Tage sein darf) und ein Formular zu unterschreiben, mit dem der Staat von jeder Schadensersatzforderung freigestellt wird. Für die An- und Abfahrt zum Ausgangspunkt müssen die Gruppen selbst sorgen. Die Rucksäcke müssen mit Zelt, Schlafsack, Matte, Proviant, Wasserentkeimungsmittel und Kocher gepackt werden.

Wanderstrecke

Der steile, 500 m lange Abstieg am nördlichen Aussichtspunkt über Geröll und Felsen erfordert vom Wanderer schon einige Künste an Trittsicherheit. Es geht dann durch den ermüdenden Flusssand den Flusslauf entlang nach Süden. Am Nachmittag erreicht man den Notausgangsweg (die erste der zwei Möglichkeiten, die Tour abzubrechen), und kurz darauf die palmengesäumte Schwefelquelle von Palm Springs. Die Palmen sollen übrigens „Abfallprodukte" der Marschverpflegung von Schutztrupplern sein! Dass Dattelpalmen in diesem ariden Klima ideale Standortbedingungen vorfinden, erkennt jeder, der den Baum aus seiner nordafrikanischen Heimat kennt: Ihre Wurzeln baden im (oberflächennahen) Wasser, die Krone in den heißen Strahlen der Sonne, so, wie es eine arabische Bauernregel besagt. Es ist nun Zeit, sich einen Schlafplatz zu suchen. Wegen der Quelle und der Möglichkeit, sich ein Bad zu gönnen, ist Palm Springs ein beliebter Übernachtungsfleck.

Die nächste Etappe ist anfangs recht leicht zu begehen, wird aber dann in Höhe des südlichsten Aussichtspunktes des Plateaus durch Geröll wieder recht schwierig. Neugierig beäugen Paviane und Klippspringer die müden Wanderer auf ihrem Marsch durch ihr Habitat, und wer etwas Glück hat, kann im grauen Gestein vielleicht auch das schwarzweiße Streifenfell des Hartmannschen Bergzebras ausmachen. Leoparden, die in der Schlucht ebenfalls leben und jagen, bekommt man wohl kaum zu Gesicht, und angesichts der Gefährlichkeit der eleganten Räuber ist dies vielleicht auch besser so ...

Bald steht die markante Form des „Tafelbergs" als nächste Wegmarke in der Schlucht. Man hat nun etwa 30 km hinter sich gebracht. Nach 50 km, wenn links der markante Punkt „Drei Schwestern" auftaucht, kann man zwei Flussschleifen abkürzen, sieht den Vierfingerfelsen vor sich und kommt zum Grab des Leutnants Thilo von Trotha, der 1905 in einem Gefecht mit den Nama fiel. Vorher wird man allerdings noch sein Nachtlager aufschlagen. Der Canyon weitet sich nun und der Weg ist wieder leichter zu beschreiten. Etwa 6 km hinter dem Grab kommt noch einmal ein Notausgangsweg nach oben. Nach einer weiteren Übernachtung erreicht man schließlich erschöpft und glücklich Ai-Ais und kann sich in die Schwimmbäder werfen.

Ai-Ais – Seeheim

Abstecher in den Süden Wer von Ai-Ais zunächst noch weiter in den Süden fahren will, kann dies im großen Bogen über die C10 und die B1 machen, oder über die D316 und nochmals alternativ für 4x4-Fahrzeuge eine (gute) Stichpiste hinunter zum Oranje bei Aussenkehr und von dort weiter (D212) nach Noordoewer nehmen. Der Abzweig der 4x4-Piste von der D316 liegt etwa 25 km hinter dem Abdreh von der C10 bei GPS-Punkt 28 09 44/17 35 40 an einem Hinweisschild „Norotshama". Es geht auf die Hunsberge zu und an einem Zaun entlang (28 09 04/17 32 08, Km 8) und durch ein Gatter (28 12 39/17 26 17, Km 30). Schließlich gelangt man an den Oranje (28 19 50/17 23 36, Km 45). Ein Abstecher 2 km vor dem Oranje (28 18 07/17 23 45) führt in eine spektakuläre Schlucht.

Von Ai-Ais direkt nach Seeheim

Um von Ai-Ais direkt nach Seeheim an der B 4 zu gelangen, fahren Sie nun östlich 23 km zurück und nehmen Sie weiter die C37, bis Sie die Piste C12 erreichen. Dort fahren Sie nach Norden und kommen 8 km weiter nach **Holoog,** einem zerstörten Bahnhof (und Anschlusspunkt der Route 3a). Kurz hinter dem Rivier des Gaap sieht man rechter Hand eine Steinstruktur – ein Ziegelbrennofen aus der deutschen Kolonialzeit. 40 km hinter dieser Abzweigung queren Sie wieder den Löwenfluss, dann stoßen Sie nach weiteren 25 Kilometern auf die B4 und **Seeheim** (1 km). Der Ort besteht aus dem Bahnhof, einigen verfallenen Gebäuden und dem Seeheim-Hotel. Hier haben Sie Anschluss an die Route 2.

Naute Damm Ist der Löwenfluss gut abgekommen, mag die Durchfahrt auch für 4x4-Fahrzeuge unmöglich sein. Dies ist mit ein Grund, dass man den Verlauf der Hauptstrecke nach Norden geändert hat und die ehemalige D545 zur C12 aufgewertet wurde. Wer also auf „Nummer sicher" gehen will, fährt noch vor dem Löwenfluss bei Gawachab auf der C12 nordöstlich weiter zum Naute Damm.

Eindrucksvoll ist die Fahrt über die fast 40 m hohe und über 450 m lange Staumauer des Naute-Dammes (nur möglich, wenn die Schleusen geöffnet sind). Der drittgrößte Damm Namibias staut den Löwenfluss (der später in den Fischfluss mündet), fasst 84 Millionen Kubikmeter und versorgt Keetmanshoop. In guten Regenjahren wird Wasser abgelassen und schießt in dicken Fontänen aus der Mauer.

Noch vor dem Damm (etwa 2 km, bei dem landwirtschaftlichen Betrieb) führt eine Stichpiste auf 5 km zum Ufer des Stausees, wo sich das Naute Dam Recreation Park Camping befindet (keinerlei Infrastruktur). Am Wochenende tummeln sich hier die Angler und Wassersportler. In den nächsten Jahren soll dem Naute-Damm mit dem Neckartal-Damm südwestlich von Keetmanshoop Konkurrenz erwachsen. Wird er denn gebaut (die Planung ist schon recht weit), wird er mit der Zeit zum größten Stausee Namibias heranwachsen, die Wirtschaft im tiefen Süden stärken (besonders die Landwirtschaft) und schließlich auch – so die Hoffnung – das Mikroklima in Richtung ergiebigerer Regenfälle ändern.

Am Naute Damm

Route 3a: Kanus am Oranje

Holoog – Grünau – Karasburg – Noordoewer – Grünau

Km	Abzweig	Ort	Sehenswert	Übernachtung	GPS
Km 0 C12 Piste nach S		Holoog			27 28 31 17 57 10
Km 51 B3 Teer		Grünau, T+V		Grünau Ht.	27 43 41 18 22 30
Km 102 Str. 22 Piste nach W	Km 0 C11 Piste Km 82 Farmstr. Km 84	Karasburg, T+V		Jeanies, Hoon's Oas Rl.	28 01 06 18 45 01
	Warmbad Km 0 Str. 21 Piste Km 48	Warmbad	Cook Denkmal, historische Bauten		28 26 34 18 44 28
	Km 0 D210 Piste Km 25 D208 Piste nach Süden Km 50 Farmpad Km 80			Sandfontein L.	
Km 194 B1 Teer n. S					28 20 08 17 58 21
Km 249 B1 Teer nach N		Noordoewer, T+V		Orange River Lodge, NoordoewerB&B	
	Felix Unite Km 0 C13 Piste Km 10	Felix Unite River Adv.		Felix Unite Zeltplatz	28 41 09 17 33 30
Km 286	Ai-Ais (85 km)		s. Route 3	s. Route 3	28 30 02 17 52 23
Km 358		Einmündung der C10 von Ai-Ais			27 56 28 18 10 39
Km 388		Grünau, T+V		Grünau Ht. Grünau Chalets	27 43 41 18 22 30

In Holoog haben Sie Anschluss an die Route 3. Fahren Sie auf der Piste C12 nach Süden. Nach 51 km erreichen Sie Grünau (s. Route 3).

Auf der Asphaltstraße B3 kommen Sie nach weiteren 51 km nach Karasburg.

Karasburg

Karasburg ist lediglich als Versorgungsstation interessant, obwohl es die drittgrößte Ansiedlung im Süden Namibias ist. Tanken, Übernachten und eine Ausflugsmöglichkeit auf der Piste 21 durch Steppenlandschaft nach dem 48 km entfernten Warmbad, mehr dürfen Sie nicht erwarten.

Karasburg ist hauptsächlich Zwischenstation des Schwerlastverkehrs von und nach Südafrika. Ein kleines Restaurant befindet sich in der Engen-Tankstelle (Hanzell, Tel. 063-270485, Mo–Fr 8–19 Uhr, Sa/So 8–17 Uhr).

Warmbad

Warmbad wurde 1805 von der Londoner Missionsgesellschaft und ihrem Abgesandten Edward Cook als Niederlassung an der Thermalquelle errichtet. Die Schutztruppe baute später ein Fort, das über lange Jahre immer weiter verfiel, dessen Pforte aber in neuerer Zeit restauriert wurde und nun den Eingang zur Polizeistation bildet. Auf der anderen Seite des Dorfes steht bei der Kirche der Cook-Gedenkstein, Erinnerung an einen Missionar. Der Staat versucht der völligen Auflösung des Ortes entgegenzuwirken, noch starren einen leere Fensterhöhlen an, es finden sich Brandruinen und Autowracks ; wer Morbides delektiert, fühlt sich wohl.

Doch leise regt sich einiges, die Bondelswarts hatten mit NACOBTA-Unterstützung ein **Museum** (Old Prison Building, Mo–Fr 9–17 Uhr, Sa 9–13 Uhr, Eintritt 10 N$) ins Leben gerufen. Führungen zu den historischen Gebäuden werden nach Voranmeldung unternommen (50 N$ pro Person).

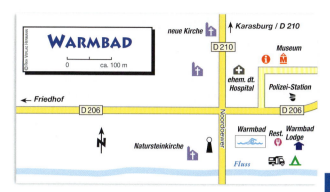

Zum Oranje

Verlassen Sie Karasburg nach Südwesten auf der Straße 22. Diese mündet nach 92 km in die B1. Man fährt durch Orangenplantagen und kommt nach 55 km in Noordoewer und beim Oranje an. Der Fluss liegt nur etwa 200 m ü.N.N. Entsprechend heiß ist es im Sommer (bis über 40 °C). Auf der D212 fahren Sie nun 9 km zum Camp der Felix Unite River Adventures. Nach der Hitze des Tages wird Ihnen ein Bad im Oranje guttun. Das Camp steht nicht nur für Teilnehmer an den Flussfahrten offen, denen wird aber mit Wein und Bier ein leckeres Abendmahl bereitet, um die Kräfte für die folgenden vier Tage auf dem Wasser zu mobilisieren.

Anstelle einer trockenen Beschreibung hier der enthusiastische **Erlebnisbericht** einer Familie mit zwei Kindern, Max (14) und Karin (12) …

Landschaft am Oranje River im südlichen Namibia

Flussfahrt auf dem Oranje

Boot 1 (Joachim und Karin): Vom Anfang, der Ankunft im Felix Unite Camp, bis zum Ende, der Abfahrt mit dem Abschied wie von guten Freunden, war's eine tolle Sache. Und eine spannende dazu! Die ersten Paddelschläge im vollbeladenen Boot zeigten, dass es möglich war, dieses Dickschiff allein zu bewegen. Mit Karins Fluss-Umrührkunst kein Problem! Die ersten Meter auf dem Oranje zeigten auch, dass Ditta und Max sofort den ersten Felsen gefunden und mit ziemlichen Gezeter wieder losgelassen hatten. Kurz danach der erste kleine Schwall. Bauchkribbeln! Krachen, als das Boot über die Steine schrammt, dass man hätte meinen können, der Kahn bricht unten durch.

Danach die Stille. Ein erster Fischadler kreist an den Steilwänden. Eine Zeitlang noch hört man auf irgendeiner entfernten Straße ein paar Autos fahren, danach nur wieder das Glucksen des Wassers.

Das erste Mittagessen gestalten unsere Flussführer Phil und Craig besonders geheimnisvoll. Jedes Hilfsangebot lehnen sie ab, gebeugt über die aufgebauten Tische schnippeln und werken sie vor sich hin und tuscheln leise miteinander. Von Karin, die gebannt zuschaut, lassen sich die beiden nicht stören. Das Ergebnis ist gewaltig! Riesige, schön garnierte Schüsseln mit Salaten, Tellerchen mit Keksen, Nüssen und vielem mehr. Auf ein Zeichen eilen alle zu ihren Booten, um Teller und Besteck zu holen. Welch ein Genuss für unsere leeren Mägen!

Das Dinner am Abend wird in ähnlicher Weise gestaltet. Aber diesmal Braai am Fluss! Wir haben unser Zelt auf einer ebenen Grasfläche aufgebaut und verbringen nach der Schlemmerei eine ruhige Nacht. Das Klo, das ist eine besondere Geschichte. Wenn man muss, dann muss man einen steilen Schwemmsandhang hinaufstapfen. Dort, mit Blick auf den Sternenhimmel (das Kreuz des Südens inklusive) und die steilen Felshänge macht das Müssen-Müssen fast Spaß, wenn man mal davon absieht, dass man nur in einen Eimer, der mit einer Klobrille verziert ist, …

Der nächste Tag auf dem Fluss beginnt mit Stromschnellen, die Phil und Craig „beginners examination" nennen. Mit Kribbeln in der Bauchgegend geht's aber problemlos. Ruhige und schnelle Stellen auf dem Fluss wechseln sich ab. Langsam beginnt Routine aufzukommen: Phil, der meist vorauspaddelt, zieht die Schwimmweste an, die anderen tun's ihm nach, schon spritzt das Wasser, danach Schwimmweste wieder weg, und wir müssen die Arbeit, d.h. das Paddeln fürs Vorwärtskommen, wieder selbst tun.

Irgendwie fühle ich mich so losgelöst, so zeitlos und unwichtig, in dieser menschenleeren Landschaft.

Karin ist wirklich ein guter Paddelpartner, fleißig paddelt sie mit, allerdings meist auf der linken Seite, so dass ich rechts etwas durchziehen muss. Die Anstrengungen machen sich am späten Nachmittag bemerkbar, als bei reichlich Gegenwind ein Krampf im rechten Unterarm gerade noch weggeschüttelt werden kann. Dafür winkt auch Lohn in Form von „re-supply". Das bedeutet, dass die im Camp vor der Tour georderten Getränke an vorbestimmter Stelle bereitstehen.

Nach einer letzten Schwallstrecke wird das Lager aufgeschlagen. Diesmal ist's mit dem Klo nicht so angenehm; ich finde den Eimer nämlich bei Dunkelheit und Dringlichkeitsstufe 1 einfach nicht. So muss ich ein Loch buddeln und danach das benutzte Papier verbrennen. Bei dieser trockenen Luft vergammelt nämlich überhaupt nichts, und in der Gegend rumfliegendes Papier muss ja nun wirklich nicht sein.

Beim Abendessen rund ums Lagerfeuer geben Phil und Craig dann einige Einzelheiten zu den Abenteuern des kommenden Tages preis. Das führt bei einigen von uns sofort zu einem nicht essensbedingten Kloß im Magen. Denn die berüchtigten

Sjambock-Schnellen sind für morgen angesagt. Grauenhafte Geschichten werden von unseren Guides erzählt: Da kentert so ziemlich jeder, oder das Boot läuft so voll Wasser, dass es auf keinen Steuerschlag mehr reagiert; wenn dann eine riesige Walze voll erwischt wird, endet man unzweifelhaft an einer Felswand gleich unterhalb, das Boot wird zerschmettert und man findet sich in 40 m Wassertiefe bei den schon vorhandenen Bootsresten, Cola-Dosen, Filmkameras und anderen Ausrüstungsteilen von früheren Sjambock-(Nicht)Bezwingern. So tief soll das Loch sein, das der Fluss unterhalb der Schwälle aus dem Fels gefressen hat.

Die Realität war dann die: laut Phil soll man die erste stehende Walze voll nehmen, um dann weit genug rechts zu bleiben (aber bitteschön nicht zu weit rechts), damit man an der nächsten Riesenwelle gaaaanz knapp vorbeikommt. In diesem Idealfall schrammt man an der besagten Felswand gaaaanz knapp vorbei!

Ditta und ich glaubten davon kein Wort, nach unseren Erfahrungen müsste es möglich sein, die erste Walze zu vermeiden, um dann wenigstens mit relativ wenig Wasser im Boot die Riesenwelle anzusteuern.

Und so machen wir es dann auch. Bei Karin betreibe ich schon seit dem Aufstehen psychologische Kriegsführung, um sie auf die Wellen und das nasse und kalte und spritzende Wasser vorzubereiten. Karin muss sich auf den Boden des Bootes setzen, ihr Paddel wird verstaut, unsere Sonnenhüte ebenfalls, und los geht's.

Zuvor schießt es mir allerdings ziemlich heiß ins Gedärm, als ich Ditta und Max den ersten Schwall zwar vermeiden, sie aber (von meinem Blickwinkel aus) fast rückwärts weiterfahren sehe. Hoffentlich haben sie's noch richtig gepackt!

Aber es hilft alles nichts, wir sind dran und müssen durch. Am ersten Schwall knapp vorbei, reinhacken wie verrückt, um nach rechts zu kommen, merken, dass man zu weit aus dem Strom rausgedrückt wird, nach links gegensteuern, die Luft anhalten, als sich plötzlich weit unter uns eine Grube im Wasser auftut. Das Boot schießt mit dem Bug aus dem Wasser, schlägt am Gegenrand der Wassergrube wieder auf, ein paar verzweifelte Paddelschläge von der Felswand weg – und ohne Berührung gleiten wir daran vorbei. Jubelschreie, unsere eigenen und die der anderen, die uns beobachten, und dann Pause im Kehrwasser. Was für ein Gefühl!

Der Rest der Tour vergeht fast im Flug, nur das letzte Stück bis zum Abholpunkt ist noch lange und harte Arbeit bei einem Fetzen Gegenwind. Die Rückfahrt zum Camp? Nur eine knappe Stunde. Und dafür, allerdings für fast 70 Flusskilometer, waren wir vier Tage unterwegs.

Boot 2 (Ditta und Max): Am Morgen machen Max und ich uns mit dem Doppelpaddel vertraut, für die nächsten vier Tage werden wir in einem Boot sitzen. Wir haben Schmetterlinge im Bauch und fühlen uns der Herausforderung nicht so ganz gewachsen, aber wir geben unser Bestes, d.h., wir laufen auch prompt auf den einzigen Stein im Fluss weit und breit auf. Der erste Streit ist vorprogrammiert. So geht es den ganzen Tag: Ich mache Max, der vorne sitzt, verantwortlich, weil er mir nicht sagt, wo ich hinlenken soll, und er macht mir den Vorwurf, dass ich nicht richtig lenke. Wir haben beide recht, sind stocksauer und beide fix und fertig. Gegen Abend kriegen wir den Bogen raus, sind aber so erschöpft, dass wir es gar nicht mehr realisieren. Ich würde am liebsten heulen und Max giftet vor sich hin.

Erst nach einem guten Essen am Lagerfeuer kommt wieder Urlaubsstimmung auf, und Max macht seiner frustrierten Mutter Mut: „Morgen geht es bestimmt schon besser." Und er hat recht. Den ersten Schwall nehmen wir zwar nicht mit Bravour, aber doch ohne allzu große Schwierigkeiten. Dieser Tag ist gerettet, Max badet im Fluss, und bei jedem

Halt muss er sofort tiefe Löcher in den Sand graben, oder er sammelt Holz fürs Lagerfeuer. Dass Joachim und Karin ein gutes Bild abgeben, müsste gar nicht erwähnt werden. Joachim paddelt mit Können und Karin besticht durch ihren Charme.

Am dritten Tag sind Max und ich ein richtig gutes Team. Max kann als Vordermann den „Fluss lesen" und weiß, wann er mir Informationen zukommen lassen oder wann er selbst aktiv werden muss. So ist es für mich keine Frage, dass wir den Sjambock, den schwierigsten und gefährlichsten Schwall am Oranje, wie alle anderen auch paddeln. „Sjambock" heißt so viel wie „Bullenpeitsche", was die Situation im Fluss sehr gut beschreibt.

Als drittes Boot warten wir auf das Signal zum Losfahren, ich habe ganz schönes Bauchgrimmen, auch wenn ich es nicht zugebe, und Max hat plötzlich gar keine Lust auf Paddeln, er würde am liebsten aussteigen. Das erste Boot läuft ziemlich voll Wasser, das zweite Boot mit Thomas und dem Waliser kentert! Aber wir erwischen mit etwas Glück und vielleicht auch etwas Können die ideale Linie und überwinden die Bullenpeitsche, sogar ohne nass zu werden! Der vorher doch sehr ruhige Max platzt vor Stolz – und ich auch. Joachim und Karin kommen jubelnd durch den Schwall, es schaut toll aus.

Sjambock ist sicher der paddlerische Höhepunkt, was danach kommt, ist nur noch Spielerei: wir genießen es, auf dem Fluss zu sein. Am Abend macht Penny uns ein großes Kompliment: „You looked so cool when you passed Sjambock".

Am vierten und letzten Tag schlägt das Wetter um, es wird kalt und wir haben Gegenwind. Eine echte Plackerei beginnt, und jeder von unserer Gruppe ist froh, als er im Bus sitzt, der uns zum Basiscamp zurückbringt. Nach einem schnellen Lunch brechen alle auf, nur wir bleiben über Nacht und träumen von einer Landschaft, die uns sicher für immer in Erinnerung bleiben wird:

- Ein Fluss, der durch eine gebirgige Steinwüste fließt, wo man erst bei genauem Hinschauen erkennt, was alles blüht und wie bunt alles blüht.
- Ein Fluss, der riesige Waller beherbergt.
- Ein Fluss, der jahraus-jahrein seinen eigenen Weg suchen muss.
- Ein Fluss, an dem tagelang keine menschliche Behausung zu sehen ist.
- Ein Fluss, über dem der Fischadler kreist und seinen heiseren Schrei ausstößt.

Max: Manchmal haben wir von den Booten aus auch Tiere beobachtet. Das fand ich immer lustig, da der Joachim die Tiere immer fotografieren wollte. Doch sobald die Tiere, meistens waren es ja Vögel, den Fotoapparat sahen, erschraken sie und flogen davon. Wahrscheinlich haben sie Angst, dass die Fotos vermarktet werden, ohne dass sie bezahlt werden. Leider haben wir immer im Zelt geschlafen. Ich hätte lieber unter den Sternen geschlafen, da es so romantisch war. Die anderen Gruppenmitglieder haben auch immer unter den Sternen geschlafen. Die einzige schlechte Sache war, dass ich und die Ditta in den ersten Tagen im Wildwasser Kommunikationsschwierigkeiten hatten.

Ditta und Joachim, Karin und Max Schmolin

Rückfahrt nach Norden

Fahren Sie nun zurück. 37 km hinter Noordoewer haben Sie die Möglichkeit, auf die D316 links nach Ai-Ais abzubiegen. Bleiben Sie auf der B1, nach 102 km wird **Grünau** erreicht (dort Anschluss an Route 3).

Route 3b: Verbindung nach Südafrika

Karasburg – Ariamsvlei – Nakop

Km	Abzweig	Ort	Sehenswert	Übernachtung	GPS
Km 0, B3		Karasburg, T+V			28 01 06
Teer n. 0				Jeanies, Hoon's	18 45 01
Km 25				Kleinbegin G.L.	
Km 112		Ariamsvlei, T Namibischer Grenzposten			28 07 03 19 50 57
Km 128		Grenzlinie			28 05 43 19 59 47
Km 143		Südafrikanischer Grenzposten			

Karasburg (s. Route 3a)

Hier haben Sie Anschluss an die Route 3a. Eine ereignislose Fahrt über 112 km an der Bahnlinie entlang, zu Beginn noch mit Köcherbäumen unterbrochen, bringt Sie über braune Ebenen nach Ariamsvlei, eine kleine Ortschaft an einem Verschiebebahnhof. Hier, 16 km vor dem tatsächlichen Grenzverlauf, findet die Ausreise aus Namibia statt. Bis zur Station der südafrikanischen Grenze sind es 31 km, schattige Durchfahrtshallen, die mitten in der Landschaft stehen, versuchen die Hitze fernzuhalten.

Route 3c

Am Oranje entlang nach Rosh Pinah

Km	Abzweig	Ort	Sehenswert	Übernachtung	GPS
Km 0 C13 Teer		Noordoewer		Orange River Lodge, Noordoewer B&B	28 44 08 17 36 58
Km 5					
Km 10				Felix Unite Restcamp	28 41 09 17 33 30
Km 12				Abiqua River Camp (4 km)	28 40 58 17 32 45
Km 50 Piste		Aussenkehr, Supermarkt		Norotshama Resort (2 km)	28 23 34 17 25 56
Km 60			Stromschnellen		28 19 02 17 22 33
Km 76 Nach N					28 13 31 17 17 48
Km 92		Bo-Plaas			28 08 23 28 08 23
Km 97		Fish River Bridge			28 05 40 17 10 25
Km 113			Boomsriver		28 02 01 17 04 22
Km 138		Sendeligsdrif			28 05 47 16 52 50
Km 160 Teer		Rosh Pinah, T+V		Amica Guesthouse	27 57 42 16 45 42
Km 208		Einmündung der D463			27 35 10 16 42 21
Km 238		Einmündung der D727			27 23 01 16 38 11
Km 329		Aus, T+V		Bahnhof Ht. Namib Garage	26 39 44 16 15 47

Noordoewer – Sendeligsdrift – Rosh Pinah – Aus

Die ersten 50 km sind asphaltiert. Am Oranje sind einige kleine, querende Riviere, die nach der Regenzeit tief ausgewaschen sein können, deshalb sollte man am Ufer entlang besonders vorsichtig fahren. Nur nach schwerem Regen kann es passieren, dass die Rampen der Brücke über den Fish River weggespült sind und die Strecke unterbrochen ist. Der Weg am Oranje entlang ist mit eine der schönsten Strecken in Namibia.

Es geht von **Noordoewer** aus (Anschluss an die Strecke 3) vorbei an Camps der Reiseunternehmen, die auf dem Oranje Kanufahrten unternehmen (s. Route 3a). Der Weg folgt dem Flusslauf, entfernt sich aber immer wieder, um bald darauf zurückzukehren. Die Gegend

Mit der Fähre über den Orange River

ist relativ fruchtbar am Fluss, ins Gebirge hinein, wird sie aber schnurstracks karg. Einige Bewässerungsprojekte erlauben Weinanbau. Nach 60 km bekommt man eine Idee, was Kanufahren auf dem Fluss bedeutet. Man passiert Stromschnellen. Nun beginnt die Strecke, die immer wieder von Rivieren gekreuzt wird, die tief ausgewaschen sein können und dann einem Pkw kein Durchkommen erlauben.

38 km weiter kündigt sich die Farm Bo-Plaas mit großen Schildern an. 7 km weiter überquert man den Fish River auf einer Brücke. Nach 39 km kommt eine kleine Ortschaft – **Sendelingsdrift** – mit Pumpstation und adretten Häuschen. Hier verkehrt die Fähre hinüber nach Südafrika in den *Richtersveld Park* (Überfahrt für ein Fahrzeug mit max. 6 Personen 250 N$, Eintritt in Richtersveld 192 R/Person, Zeltplatz für zwei ab 215 R, Info über Tel. +27-27-8311506). Für die, die dort nicht hinwollen, geht es nun auf breiter Piste gerade nach Norden und unmerklich aber stetig von 150 m NN eine schräge Ebene hinauf, bis man schließlich nach weiteren 22 km die Bergarbeiterstadt **Rosh Pinah** erreicht, Boomtown des Südens, da man eine riesige neue Zinkmine eröffnet hat und entsprechend viele Arbeiter und Angestellte zugange sind.

Die C13 führt nun weiter nach Norden und immer weiter hoch, vor Augen hat man die Bergketten, die Aus vorgelagert sind. Nachdem man eine Höhe von 1150 m NN erklommen hat geht es wieder langsam bergab. 2 km vor **Aus** stößt man auf die Straße 89 und kommt dann in den Ort hinein. In Aus haben Sie Anschluss an die Strecken 4 und 4a.

Route 4: Erste deutsche Schritte

Goageb – Aus – Lüderitz

Km	Abzweig	Ort	Sehenswert	Übernachtung	GPS
Km 0 B4 Teer n. W		Goageb			26 45 07 17 13 24
Km 65				Kuibis Castle	
Km 70		Schakalskuppe			26 38 07 16 34 32
Km 101		Kreuzung C13/B4			26 39 39 16 18 16
Km 105	Lager Aus Km 0, an der Tankstelle vorbei nach SO Km 3 Km 3,8 Stichstr. Km 4	Aus, T+V Kreuzg. C13, geradeaus	Lager Aus	Bahnhof Ht. Namib Garage	26 39 44 16 15 47 26 40 29 16 17 15
Km 108				Klein-Aus Vista/ Gondwana Rl.	
Km 218		Kolmanskop			26 41 42 15 14 15
Km 227		Lüderitz, T+V	Stadtbild, Halbinsel, Museum, Achatstrand, Diamantensperrgebiet	s. unter Lüderitz	26 39 23 15 09 36

Goageb – Aus

In Goageb haben Sie Anschluss an die Route 2. Verlassen Sie den „Ort" nach Westen auf der B4 (Asphalt). Nach 18 km kommt ein Abzweig nach Bethanie (C14), 15 km weiter öffnet sich links und rechts das Rivier des Swartkop. Bald darauf führt die Straße etwa 100 m in ein Tal, das den Blick auf eine große Salzpfanne freigibt, an der man 10 km entlang fährt. Bei Km 70 ab Goageb erscheint links der Straße die Eisenbahnstation Schakalskuppe. 10 km dahinter windet sich das Tal nach Nordwesten, voraus ist der Gipfel des Großen Löwenberges zu sehen. 21 km weiter geht die Piste nach Helmeringhausen ab (C13, Anschluss der Route 4a), und nach 1 km liegt auf der linken Seite Aus.

Aus

Beim verlassenen **Informationszentrum** an der Hauptstraße vorbei fahren Sie nach Aus hinein. Das schön renovierte Bahnhofshotel bietet gutes Essen und Unterkunft. Ein Stückchen weiter oben kann

Alte Kirche von Aus

bei der Namib Garage getankt und übernachtet werden (es gibt Chalets und einen Zeltplatz). Obwohl Aus ein wichtiger Haltepunkt an der Bahnlinie Lüderitz – Keetmanshoop war, hatte es lange nicht den Charme wie die anderen Städtchen des Südens. Heute putzt sich der Ort jedoch nach und nach heraus, die Häuser werden saniert und erstrahlen in neuem Glanz. Das Örtchen verharrte im Bewusstsein der Deutsch-Namibier, weil es während des I. Weltkriegs Standort eines der beiden Internierungslager für deutsche Militär- und Polizeiangehörige war (das andere lag bei Otjiwarongo). Man erreicht die Überreste, indem man östlich von Aus die C13 nach Rosh Pinah nimmt, nach 800 m nach links auf eine Piste abbiegt, dieser 500 m folgt, nach rechts abbiegt und noch 400 m weiter fährt.

Internierungslager

Heute ist außer einigen Fundamentsteinen und einem kleinen Denkmal neben einem Weißdornbaum nichts mehr zu sehen von dem Lager, in dem einst 1500 Deutsche interniert waren und von 600 Mann südafrikanischem Wachpersonal betreut wurden. Die Südafrikaner wählten den Ort für das Lager aus, weil die Versorgung per Schiff von Capetown nach Lüderitz relativ einfach und die Eisenbahn nur bis Aus repariert war (beim Rückzug der deutschen Truppen wurden die Schienen systematisch zerstört).

Anfangs mussten die Gefangenen in Zelten leben, wegen der starken Temperaturschwankungen war dies aber wohl sehr unangenehm und man entschloss sich, da die Südafrikaner keine Mittel zur Verfügung stellen konnten, aus selbstbereiteten Ziegeln Hütten zu bauen, als Dächer dienten flachgewalzte Blechtonnen. Damit wohnten die Bewachten besser als die Bewacher, und daran sollte sich auch nicht viel ändern.

Interessant ist auch noch, dass während der letzten zwei Jahre der Existenz des Lagers eine 5 km lange Schienenbahn zur Versorgung um dieses herumfuhr, die bei Auflösung des Camps 1919 aber abgerissen wurde. Während der 4 Jahre starben 69 Kriegsgefangene und 60 Bewacher, die meisten wegen einer Grippe-Epidemie Ende 1918.

Nach Abschluss des Vertrages von Versailles im Juni 1919 begann die Entlassung der Internierten. Einige durften auf ihre Farmen zurückkehren, andere wurden nach Deutschland repatriiert. Die Sehnsucht nach dem „Gelobten Land" trieb aber viele der Ausgewiesenen schon wenige Jahre später wieder zurück ins alte Südwest.

Klein-Aus Vista

Das in Richtung Lüderitz 3 km außerhalb von Aus liegende Rastlager *Klein-Aus Vista* im Gondwana Sperrgebiet Park gehört zu den wirklich empfehlenswerten Unterkünften. Unweit der Straße (aber dennoch von Lärm geschützt) liegen die Chalets rund um das Restaurant. Etwas abseits findet sich der Zeltplatz, absoluter Höhepunkt ist aber die Übernachtung in den Natursteinhäuschen an einer Felswand mit einem fantastischen Blick über die Landschaft und in absoluter Ruhe und Einsamkeit. Aktivitäten: Mountainbike Trails, Wanderungen, Besuch von San-Zeichnungen (u.a. zu sehen: eine goldene Schlange).

Aus – Lüderitz

Lüderitz ist nun noch 122 km entfernt. Die Straße verläuft schnurgerade nach Westen, und Höhenmeter um Höhenmeter fällt sie. Hier ist das Revier der berühmten **Namib-Wildpferde**, die tatsächlich einmal näher, einmal weiter weg von der Straße aus gesichtet werden können. Gute Chancen hat man bei der Bahnstation und Quelle Garub, südlich des Berges Dicker Wilhelm, da man hier mit Spenden deutscher Touristen eine künstliche Tränke für die Tiere errichtete. Woher die Pferde ursprünglich kommen, ist nicht erforscht. Die wahrscheinlichste Variante sieht sie als Nachkommen von Schutztruppenpferden,

Auch nach kräftigen Regenfällen ist die Weide spärlich

die bei Anmarsch südafrikanischer Truppen während des ersten Weltkrieges in die Freiheit entlassen wurden. Sie haben sich partiell an die Wüste angepasst und können längere Zeit ohne Wasser auskommen als ihre domestizierten Artgenossen. Sommers müssen sie alle zwei Tage, im Winter alle drei Tage saufen (gefressen wird 12–20 Stunden von 24 Stunden). Die meiste Zeit der größten Tageshitze verbringen Sie an schattigen Plätzen. Die harten Lebensbedingungen und der beschränkte Genpool ließ sie über die Generationen kleiner werden (zwischen 1,30 und 1,40 m). Ihre Anzahl schwankt zwischen 100 und 300 Tieren.

Warnschild des ehemaligen Diamanten-Sperrgebietes

102 km hinter Aus zweigt nach links eine Straße der NAMDEB ab. Schon vor 80 km sind Sie an das ehemalige Diamanten-Sperrgebiet Nummer 1 gekommen und fahren seitdem an ihm entlang. Heute ist es zum Nationalpark erklärt. Rechts befindet sich der Namib-Naukluft Park. Besonders in den Morgen- und Abendstunden bläst ständig der Wind und lagert Sand auf dem Asphalt ab, Sandverwehungen sind deshalb nicht selten – also Vorsicht!

Ein Verlassen der Straße ist aus Naturschutzgründen strikt verboten. Bei organisierten Ausflügen im Nationalpark darf nur auf den gekennzeichneten Wegen gefahren werden. 11 km weiter passieren Sie Kolmanskop, die verlassene und der Wüste überantwortete Boomtown der Jahrhundertwende. Wer sich intensiver über das Sperrgebiet informieren will, dem sei die Buchbroschüre „Sperrgebiet wiederentdeckt" von Sakkie & Theresa Rothmann anempfohlen (im namibischen Buchhandel).

Kolmanskop

Für den Besuch können Sie in Lüderitz oder vor Ort die Eintrittskarte lösen (geführte Besichtigung Mo–Sa 9.30 u. 11 Uhr, So 10 Uhr, 80 N$ p.P., bei „Lüderitzbucht Safaris & Tours", s.u. „Lüderitz", http://kolmanskuppe.com). Private Fotografen, die die Geisterstadt im warmen Licht der Morgen- und Abendstunden ablichten wollen, können ein Sonderpermit erhalten (225 N$ inkl. der Tour um 9.30 Uhr, ansonsten ganztägig Zugang). Treffpunkt für die reguläre Führung ist im Kasino von Kolmanskuppe (mit der Ghost Town Tavern und einem Souvenir-Shop, in dem auch Diamanten gehandelt werden).

Kolmanskop

August Stauch

Zacharias Lewala

Jeder Besucher muss selbst für seine Anfahrt sorgen, einen Bus gibt es nicht. Bestes Baumaterial, viel Geld und damit gute Handwerker und das trockene Klima haben das Jugendstil-Dorf so konserviert, dass man teilweise glauben könnte, ein Besen für den Sand und neues Mobiliar genügten für den Einzug.

Angeblich von einem Ochsenwagenfahrer, dem seine Ochsen während eines Sandsturmes abhanden gekommen waren, gegründet, wurde der Ort zum Hauptquartier des Diamantenmillionärs und früheren Eisenbahnangestellten **August Stauch,** der auf einem Streckenabschnitt in der Namib die Schienen zu überwachen hatte. Einer seiner Mitarbeiter mit Namen **Zacharias Lewala** entdeckte im Jahr 1908 eines Tages bei Grasplatz, der vorletzten Bahnstation vor Lüderitz, den ersten Diamanten. Er erkannte das wertvolle Mineral, weil er vor seiner Anstellung bei Stauch in einer südafrikanischen Diamantenmine gearbeitet hatte. Sein Know-how machte Herrn Stauch zum Millionär, denn dieser sicherte sich sofort die Schürfrechte in dem Gebiet.

Kolmanskop früher

Diamantenfieber

Namibia ist nicht Ursprungsort, sondern nur Nutznießer des hohen Diamantenreichtums des südlichen Afrikas. In der Kreidezeit schwemmten die Wasser des Oranje die wertvollen Mineralien auf ihrem Weg zur Küste durch die Namib und in den Atlantik. Im Mündungsverlauf lagerten sich die Diamanten in den Flusssanden ab, wurden teils weiter „verteilt", teils unter neuen Sedimentschichten begraben.

Namibia hatte nicht nur das Glück, so am geologischen Reichtum der Nachbarländer teilzuhaben, sondern erwischte zudem Steine von überaus großer Reinheit und Größe. Im Gegensatz zu vielen anderen Diamanten-Förderländern kann Namibia seine Steine fast ausschließlich als Schmucksteine verkaufen. Zu Beginn der 1990er Jahre förderte CDM in den Diamanten-Sperrgebieten jährlich etwa eine Million Karat (1 Karat = 0,2 g).

Das Hauptabbaugebiet hat sich inzwischen von der Flussmündung am Oranje, wo auch die Retortenstadt Oranjemund aus dem Wüstensand gestampft wurde, entlang der Küste bis zu 100 km nach Norden verlagert, wo man in den mit Namib-Sanden überdeckten Küstenterrassen bis zu zwanzig Meter tief nach den Diamanten gräbt. Das Hauptaugenmerk der Fördergesellschaft ruht inzwischen auf der Prospektierung reicher Off-shore-Vorkommen im Atlantik.

Bevor man an den Abbau der diamantenangereicherten alten Flusssande gehen kann, müssen zunächst die darauf lagernden Dünen abgetragen werden. Ein Teil des Sandes wird im Meer als Flutbarriere aufgeschüttet, um die Arbeiten im küstennahen Gebiet zu erleichtern. Dann werden die alten Flussterrassen angeschnitten, das Sedimentgestein abgetragen und zur Aufbereitungsanlage transportiert.

Sind diese Sedimentschichten entfernt, schlägt die Stunde der Hand-Arbeiter: Überall, wo das harte Grundgestein in Rissen, Aushöhlungen und Löchern diamanthaltige Reste der Flusssedimente enthält, rückt man ihm mit Bohrern, Schaufeln und Hämmern zu Leibe. Es ist knochenharte Arbeit im Steinbruch, die sich von der in Sträflingskolonien nur wenig unterscheidet. Die Arbeiter werden streng beaufsichtigt, um die Versuchung nicht übermächtig werden zu lassen, einen kleinen Diamanten für den Eigenbedarf abzuzweigen. Währenddessen wird in der Aufbereitungsanlage der Abfall, wie Sand und Kiesel, vom diamanthaltigen Material getrennt. Im zweiten Arbeitsgang werden die schweren Mineralien, zu denen Diamanten gehören, ausgesondert. Dieses „Substrat" wandert dann in die zentrale Aufbereitungsanlage in Oranjemund, wo man letztlich die „Spreu vom Weizen" trennt. Danach werden die gewonnenen Diamanten nach Windhoek verfrachtet, wo sie unter strenger Kontrolle in dem weithin sichtbaren, grau verspiegelten CDM-Turm in der Stadtmitte nach Qualität und Größe sortiert und zum Schliff oder Verkauf nach Europa geschickt werden. Die Preise für Diamanten in Namibia entsprechen den weltweit üblichen Marktpreisen. Auch wenn man sie hier findet, sind sie nicht billiger als z.B. an der Börse in London.

„… Die Technik der Diamanten-Gewinnung war im ersten Stadium unkompliziert: Die Diamanten wurden einfach aus dem Sand aufgelesen oder mit Schüttelsieben gefördert …"

Sandverwehte Diamanten-Vergangenheit Kolmannskuppe

Es begann eine Zeit des beispiellosen Rausches, das Geld kam, und das Geld wurde ausgegeben. Bald war aber der Abbau staatlich organisiert. Nach dem verlorenen Krieg übernahm die CDM die Rechte und verblieb bis 1950 an diesem Ort, der letzte Bewohner hielt noch sechs Jahre länger aus, reiste dann aber auch ab. Inzwischen gehört das Sperrgebiet mit allem Inventar zur NAMDEB, deren Teilhaber De Beers und der namibische Staat sind.

Das Casino wurde wieder hergerichtet, nun kann man die Kegelbahn besichtigen und das Theater, das außerhalb der Spielzeit als Turnhalle genutzt wurde. Pferd und Barren stehen wie zur Benutzung freigegeben im Raum. Nebenan serviert ein kleines Restaurant Frühstück und Mittagessen, ein Curio-Laden bietet allerlei aus Namibia an (u.a. Sandrosen in ganz ungewöhnlichen Farben) und in einem eigenen Laden lassen sich kleine – und damit erschwingliche – Diamanten mit Zertifikat zur Erinnerung erstehen. Ein Museum mit vielen Fotografien dokumentiert die Geschichte, das Leben der Menschen und den Abbau der Diamanten. Die Sanddünen wachsen aber immer weiter in die Häuser hinein und über sie hinaus, irgendwann wird, wenn die NAMDEB nicht mehr investieren sollte, der Ort endgültig unter Sand begraben sein. – 9 km hinter Kolmanskop erreicht man Lüderitz.

Lüderitz

Ankunft Auf schwarzglänzenden Felsen, etwas erhöht über dem Atlantischen Ozean gelegen, grüßen in Pastelltönen restaurierte Jugendstilvillen über den eisblauen Ozean – nach der trostlosen Wüstenfahrt ein erstaunlicher Anblick!

Die Bay Road führt hinunter in das kleine, belebte Stadtzentrum zwischen Bahnhof und dem Hafen, in dem auch die Hotels angesiedelt sind, und mündet schließlich in die Bismarck Street, der eigentlichen Achse von Lüderitz.

Westlich davon liegt am Atlantik das Nest Hotel, östlich beginnt die Hafenzone mit etwas Industrie. Als Fortsetzung der Bismarck Street überquert die Insel Street eine Landenge zwischen Festland und der vorgelagerten Shark Island mit dem städtischen Campingplatz. Die Landenge wurde verbreitert und bietet nun riesigen Containerschiffen und Kreuzfahrtdampfern Anlegemöglichkeit. Letztere haben verstärkt begonnen, Lüderitz in ihr Programm aufzunehmen, und wenn eines am neuen Kai liegt ist im Städtchen einiges geboten.

Man könnte sich Lüderitz überall in Deutschland vorstellen – an der Südwestküste Afrikas wirkt es ähnlich unpassend wie das in Route 2 beschriebene Schloss Duwisib. Auch dass der überwiegende Teil der Einwohner von Lüderitz schwarzer Hautfarbe ist, mag man angesichts des so homogen-deutschen ersten Eindrucks nicht glauben.

Von den Arbeitsmöglichkeiten bei NAMDEB und später in der Fischerei angezogen, haben sich Menschen aus allen Teilen Namibias in Lüderitz – pardon, natürlich in den Vororten Nautilus und Benguela niedergelassen. In den Morgen- und Abendstunden wandern die in

Vorbereitungsarbeiten für das Abendessen

Lüderitz

Decken und Mänteln gehüllten Gestalten durch den stürmisch-kalten Wind über trostlose, mit Müll übersäte Ebenen hinaus zu ihren Siedlungen oder hinein in das schmucke Städtchen. Übrigens stammt einer der begabtesten jungen Künstler Namibias, der Maler John Madisia, aus Lüderitz.

Historisches Im Jahre 1487, um Weihnachten herum, fährt der Portugiese *Bartolomeu Diaz* mit seiner kleinen Flotte von drei Karavellen in die Bucht des heutigen Lüderitz ein. Er sucht Schutz vor den Stürmen, die das Meer aufpeitschen. Da sich die Einfahrt schwierig gestaltet, gibt er ihr den Namen „Angra das Voltas" – Bucht der schwierigen Manöver. Er will den südlichsten Punkt Afrika erreichen. Nach seiner Rückkehr vom heutigen Kap der Guten Hoffnung, vermeintlich dem Ziel seiner Reise, wirft er im Juli des folgenden Jahres erneut den Anker in der Bucht, ändert nun aber ihren Namen in „Golfo de São Cristovão" und errichtet auf der heutigen Diaz-Spitze ein Steinkreuz (s.u.). Später änderte sich der Name noch einmal in „Angra Pequena".

Fast 200 Jahre später wollen die Holländer, von Südafrika aus, einen Handelspunkt aufbauen, haben aber keinen Erfolg. Diverse Versuche europäischer Staaten und der Kapprovinz, sich während der folgenden zwei Jahrhunderte in der Bucht niederzulassen, scheitern ebenfalls.

Erst Mitte des 19. Jahrhunderts wird der Landstrich für den Handel interessant, da sich ein Weltmarkt für Guano-Dünger entwickelt. Guano entsteht aus Exkrementen von Seevögeln hauptsächlich an regenarmen Küsten und wurde ab 1840 (J. von Liebig stellte die Brauchbarkeit fest) als weltbester natürlicher Dünger (er ist stark stickstoff- und phosphorsäurehaltig) vornehmlich in Europa eingesetzt. Die Inseln vor der Küste sind sehr ergiebig. Deshalb annektieren die Engländer von ihrer Kapkolonie aus sämtliche vorgelagerten Inseln.

Dr. Heinrich Vogelsang

Am 1. Mai 1883 landet **Dr. Heinrich Vogelsang** als Abgesandter des Kaufmanns Adolf Lüderitz hier an und handelt dem Nama-Kapitän **Joseph Fredericks** das Land um die Bucht in einem Umkreis von 5 Meilen ab. Kaufpreis sind 200 Gewehre und 2000 Mark in Gütern. Sechs Monate später verkauft Fredericks weiteres Land für 50 Gewehre und 500 Mark. Nun gehört Lüderitz ein Küstenlandstreifen in 20 Meilen Breite von der Mündung des Oranje bis etwa zur Höhe des heutigen Helmeringhausen.

Joseph Fredericks

Nach einer Reise nach Kapstadt, um die Besitzverhältnisse der vorgelagerten Inseln zu klären (die die Engländer aber nicht herausrücken), setzt Lüderitz am 11. Oktober 1883 das erste Mal den Fuß auf sein Land. Auf seiner Rückreise nach Deutschland im folgenden Winter empfängt ihn Reichskanzler Bismarck. Am 24. April 1884 schickt der Kanzler eine Depesche an den deutschen Konsul in Kapstadt:

„Nach Mitteilung des Herrn Lüderitz zweifelten die Kolonialbehörden, ob seine Erwerbungen nördlich des Oranje Anspruch auf deutschen Schutz haben. Sie wollen amtlich erklären, dass er und seine Niederlassungen unter dem Schutz des Deutschen Reiches stehen – gezeichnet Bismarck."

Der englischen Regierung wird der feste Wille des deutschen Reiches, die Gebiete zu schützen, durch die Abkommandierung dreier Kriegsschiffe klargemacht. Die Mannschaft des Kanonenbootes „Wolf" hisst im August 1884 am Sandwich Harbour, an der Mündung des Swakop und bei Cape Frio (nahe der Grenze zu Angola) die deutsche Fahne und stellt Grenzpfähle auf. Der Kapitän der Korvette „Elisabet" erklärt in Angra Pequena am 6. August 1884 nach Hissung der Flagge:

„Seine Majestät, der deutsche Kaiser Wilhelm I., König von Preußen, haben mir befohlen, mit Allerhöchstderen gedeckter Korvette „Elisabet" nach Angra Pequena zu fahren und das dem Herrn Lüderitz gehörige Territorium an der Westküste Afrikas unter den direkten Schutz seiner Majestät zu stellen. Das Territorium des Herrn Lüderitz wird nach den amtlichen Mitteilungen als sich erstreckend von den Nordufern des Oranje-Flusses bis zum 26. Grad Südbreite, 20 geographische Meilen landeinwärts angenommen, einschließlich der nach dem Völkerrecht dazugehörigen Inseln."

Das Deutsche Reich hatte Fuß gefasst, und mit dieser Rückenstärkung begann Lüderitz immer mehr Gebiete bis tief ins Landesinnere zu erwerben und Expeditionen auszuschicken, die den Erzreichtum erkunden sollten. Wie in Lüderitzbucht – so hieß Lüderitz früher – sicherte man sich das Land durch Kaufverträge mit lokalen Führern.

Konflikte mit den Nama

Doch schon bald gab es Unstimmigkeiten und Klagen: die Nama-Kapitäne fühlten sich übervorteilt, denn von einem Verkauf ihres Landes sei ihrer Ansicht nach nie die Rede gewesen. Zudem gingen Käufer wie Verkäufer von unterschiedlichen Größenordnungen aus. Fredericks, der erste Vertragspartner von Vogelsang, hatte angeblich keinesfalls 20 geographische Meilen (150 km), sondern 20 englische Meilen (32 km), das einzig ihm bekannte Entfernungsmaß, abgetreten – eine Wüstenei, an der er kaum Interesse hatte. Nun sollte ein Weißer plötzlich einen Teil des Gebietes seines Volkes besitzen! Hinzu kamen die verschiedenen Auslegungen über die Bedeutung der Kaufverträge. Nach Meinung Lüderitz' besaß er damit Land mit all den Implikationen, die dazugehören – er konnte darauf siedeln, von Durchreisenden Zoll erheben und Missliebige davon verweisen. Nach Ansicht der Nama, die keinen Privatbesitz an Grund und Boden kannten, hatten die Weißen mit den Verträgen nur ein Duldungsrecht erhalten, das jederzeit kündbar war. Der Konflikt war programmiert.

Auch der Handel entwickelte sich nicht so, wie man sich ihn vorgestellt hatte. Es gab zu wenig Abnehmer, die Investitionen und

Verwaltungskosten waren viel zu hoch und der erhoffte Mineralienreichtum blieb aus, so dass Lüderitz die Hoheitsrechte schließlich an die Deutsche Kolonialgesellschaft für Südwestafrika veräußern musste. Die ganze Zeit über „saß" Lüderitz geradezu auf Diamanten – nur gefunden und erkannt hat er sie nicht …

Am 22. Oktober 1886 bestieg Lüderitz ein kleines Faltboot, um von der Mündung des Oranje auf dem Seeweg nach Angra Pequena zurückzukehren. Er wurde nie wieder gesehen.

Kriegshafen Die Deutsche Kolonialgesellschaft verlegte ihre Aktivitäten weiter nach Norden, mehr in die Siedlungsgebiete und in Gewinnzonen, in Gegenden also, wo Wasser nicht ein so großes Problem war wie an der staubtrockenen Küste. Um den Ort wurde es still. Erst im Jahr 1904 erfährt Lüderitzbucht wieder das Interesse des Schutzgebietes. Mannschaften, Waffen und Versorgungsgüter werden angelandet, es herrscht Krieg im Land. Vier Jahre später beginnt August Stauch mit der Organisation des Diamantenabbaus, und wieder fließt viel Geld in die Stadt, die am 1. November 1909 die Selbstverwaltungsrechte erhält.

Lüderitzbucht 1907

Der I. Weltkrieg bricht aus. In der Nacht zum 18. September 1914 fahren englische Kriegsschiffe in den Robert Harbour ein. Die Stadtverwaltung macht das einzig Richtige, sie erklärt Lüderitzbucht zur offenen Stadt, damit sollen Kämpfe und Plünderungen abgewendet werden. Letzteres ist nicht ganz von Erfolg gekrönt, aber die Bewohner können, nach einem knappen Jahr der Internierung in Südafrika, im Jahr 1915 wieder ihre Häuser beziehen.

Diamantenfieber 1919 übernimmt die CDM alle Diamantenfelder. Der Abbau wird einige Male eingestellt, dann aber doch wieder aufgenommen, wenn die Weltmarktpreise steigen. Industrie siedelt sich an, der Fischfang wird aufgenommen, und eine Werft entsteht. Während des II. Weltkrieges verlegt die CDM ihre Hauptaktivitäten zu den 1928 entdeckten, reicheren Diamantenfeldern an der Mündung des Oranje und zieht sich 1950 vollständig aus der Gegend zurück.

In den Folgejahren verlassen immer mehr Menschen Lüderitz. Es gibt kaum noch Arbeit. Einen weiteren Schlag erhält Lüderitz durch die Abtretung der südafrikanischen Enklave Walvis Bay an Namibia (1994). Der einzige natürliche Hafen Namibias und die damit verbundene Hoffnung auf Entwicklung in diesem Bereich machte die Konkurrenz des leistungsfähigeren und schiffbareren Hafens zunichte. Doch Ende der 1990er Jahre erhält Lüderitz plötzlich einen unerwarteten Investitionsschub, man fand Zink im Süden nahe bei Rosh Pinah, der traditionellen Bergwerksstadt. Und dieses Erz gilt als besonders reichhaltig und liefert das Metall in besonderer Güte. Man musste nur wegen der Zusammensetzung bei der Verhüttung neue Wege beschreiten, und als man dieses Problem gelöst hatte, ging es los mit den Investitionen. Die Straße zwischen Rosh Pinah und Aus wurde asphaltiert, die Eisenbahnlinie Keetmanshoop – Lüderitz, in den 1980ern aufgegeben, neu eingerichtet (und zumindest schon bis Aus fertiggestellt), die Wasserpipeline verbessert, für Hunderte von Arbeitern wurden Häuser gebaut. Die neuen Kaianlagen sind wegen des Zinks entstanden und die Stadt platzt vor Optimismus, Touristen sollen nicht nur mit Mühe unterkommen, und das war's – nein, nun wird vom Erbe der Stadt gezehrt, Touristen offensiv angelockt und mit Touren und Aktivitäten mehrtägig an den Küste gehalten. Da der Tourismus immer noch eine nicht unerhebliche Rolle spielt wurde der Plan, der Stadt den für „weiße Zungen" unaussprechlichen neuen Namen /!Nami‡Nûs zu geben, von den Bewohnern der Küstenstadt – über alle Volksgruppengrenzen hinweg, gekippt. Und so musste sich die Politik damit bescheiden, diesen Namen dem Wahlkreis mit und rund um Lüderitz zu verleihen.

Spaziergang durch Lüderitz

Steifer Wind bläst aus Südwest, und abends kann es empfindlich kalt werden. Also warm anziehen oder zumindest eine Windjacke mitnehmen!

Museum Beginnen wir beim Museum in der Diaz Street. Es ist nur nachmittags geöffnet (Öffnungszeiten Mo–Fr 15.30–17 Uhr, Sonderzeiten unter Tel. 063-202346 verabreden) und kostet 15 N$ Eintritt. Es entstand aus einer privaten Sammlung, die 1960 der Stadtverwaltung vermacht wurde und ist in einem Neubau gegenüber dem Bayview Hotel untergebracht. Die geschichtliche Entwicklung der Stadt wird mit Fotos und Erinnerungsstücken dokumentiert, in der archäologischen und völkerkundlichen Abteilung sind Waffen, Schmuck und auch ein Skelett ausgestellt. Ein Modell erklärt die Funktionsweise des Diamantenabbaus und Schauschränke zeigen Pflanzen der Gegend und allerlei Kriechgetier. Das Museum ist mit viel Liebe eingerichtet und geführt, eine Spende über den Eintrittspreis hinaus hilft, weiterhin zu existieren.

Gehen Sie nun Richtung Norden und biegen Sie an dem kleinen Platz mit Fontäne (die an den Wasseranschluss von Lüderitz an eine Quelle im Gebiet der Khoichab-Pfanne – 65 km nordöstlich in der Wüste – im Jahr 1968 erinnert) in die Bismarck Street nach Süden ein. Linker Hand ist das Gebäude der **Afrikabank.** Rechts kommen Sie am Büro der Lüderitzbucht Safaris & Tours vorbei (auch der einzige echte Souvenirladen des Städtchens). Dort werden die Besuche für Kolmanskop gebucht, Ausflüge in das Sperrgebiet, Segelbootfahrten und Angeltouren (s. „Ausflüge").

Bahnhof An der nächsten Ecke steht der alte Bahnhof, entworfen von Reichsbaumeister und Hafenamtsvorsteher in Swakopmund, Kurt Lohse. 1914 wurde der Bau der Öffentlichkeit übergeben.

Goerke Haus Wiedert rechts, in die Diamantberg Street, stößt man auf das Goerke Haus. Es wurde in den 1980er Jahren renoviert, 2002 neu gestrichen, und man kann es besichtigen (Besichtigungen Mo–Fr 14–16 Uhr, Sa/So 16–17 Uhr, Eintritt 25 N$). Es entstand als Wohnhaus für Hans Goerke, der 1909 seinen Dienst als Leutnant quittierte und Geschäftsführer bei der Emiliental-Diamantengesellschaft wurde.

Er bezog es 1910, verließ aber das Land schon 1912. 1920 kaufte die CDM das Haus und veräußerte es 1944, bei Verlegung der Administration nach Oranjemund, an den Staat. Es war dann Wohnung des Magistrats. Als Lüderitz die Verwaltungshoheit verlor, verfiel es und die CDM kaufte es schließlich zurück. Heute nutzt es die NAMDEB als Nachfolgerin der CDM zeitweise als Unterkunft für Geschäftsfreunde. Die Inneneinrichtung aus Eichenmöbeln ist nicht mehr original, versucht aber der ursprünglichen Einrichtung gerecht zu werden.

Der Lieblingsvogel des Jugendstils, der Flamingo, findet sich mehrfach auf den teilweise noch intakten alten Buntglasscheiben des Eingangs und Treppenbereichs, die romanischen Bögen des Treppenaufganges harmonieren mit der ägyptischen Lotussäule und einem griechisch-dorischen Säulenkopf, die Friese an den Wänden wurden restauriert, und ein Teil der Lampen sind ebenfalls noch original.

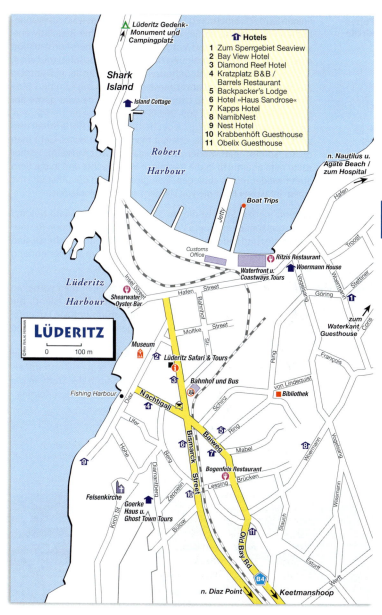

Felsenkirche
Folgen Sie der Diamantberg Street weiter und biegen Sie zur evangelischen Felsenkirche ab. Sie wurde dem Eisenacher Regulativ entsprechend entworfen (das Vorgaben für die Kirchen-Konstruktion machte, so z.B. die Bevorzugung des gotischen Baustiles) und am 4. August 1912 eingeweiht. Sehenswert ist das große, in Buntglas ausgeführte dreiteilige Lanzettfenster (Besichtigung sommers Mo–Sa um 17 Uhr, winters 16 Uhr; eine kleine Spende wird gerne angenommen, Kontakt Tel. 063- 202381).

Gehen Sie nun den Berg wieder herunter, in die Hohe Street und zur Diaz Street. Nach links erreicht man das Nest Hotel. Geht man rechts, kommt man wieder zum Ausgangspunkt Museum. Vorher sollte man aber noch in die Nachtigall Street rechts und in die Berg Street wieder rechts abbiegen. Man gelangt so in die „Altstadt" mit einem intakten Ensemble von Häusern aus der Kolonialzeit.

Waterfront
Lüderitz' ganzer Stolz ist die am 31. Mai 2002 von Dr. Sam Nujoma höchstpersönlich eröffnete Waterfront am Robert Harbour. Restaurants, Cafés und Läden finden sich an dieser attraktiven Adresse, und abends flanieren Touristen und Einheimische am Wasser entlang und schlürfen im Sonnenuntergang einen Drink.

Shark Island
Über die Bismarck, Hafen und Insel Street erreicht man vorbei an den neuen Kaianlagen am alten Yachthafen Shark Island, die Haifischinsel. Hier befindet sich der häufig sturmumtoste Lüderitz-Zeltplatz (mit sauberen Sanitäreinrichtungen) und auf verschiedenen Niveaus angelegten Stellplätzen.

Am 18. Oktober 1953 wurde auf der Haifischinsel dem Gründer der Stadt, Adolf Lüderitz, eine Bronzeplatte mit seinem Konterfei als Denkmal gesetzt (doch kein Denkmal erinnert in der Stadt an die vielen Opfer unter den Herero und Nama, die nach den Kolonial-

Die Felsenkirche ist das Wahrzeichen der Stadt

Lüderitz Umgebung

kriegen hierher verfrachtet und in ihrer notdürftigen Kleidung und mit mangelhafter Verpflegung und Ausrüstung dem ungewohnten Klima an der Küste überlassen wurden). Erst 2007 wurde eine Gedenktafel an Chief Cornelius Fredericks eingeweiht, die an seinen Tod auf der Insel im Jahr 1907 erinnert.

Biegt man vor dem Hafen nicht links zum Shark Island ab, sondern fährt auf der Hafenstraße nach rechts, passiert man das **Woermann-Haus** und die Rheinische Mission, verlässt die Stadt und erreicht nach ca. 6 km den Agate Beach.

Ausflüge

Agate Beach

15 Min. Fahrt mit dem Wagen, vorbei an den desolaten Häuschen und Hütten der ehemaligen und natürlich auch heute noch nur von Schwarzen bewohnten Siedlung Nautilus, wo Kinder zwischen angewehtem Seetang und Zivilisationsmüll spielen. Die Straße führt

ein Stück durch das Hinterland und in einem Bogen um den Nautilus-Hügel herum ins Diamantensperrgebiet an den Agate Beach. Diese Grenzüberschreitung ist gelitten.

Der flache, weit ins Meer hineinreichende Sandstrand liegt besonders in der Abendsonne sehr schön. Hier können Achate gesammelt werden, so man sie findet und erkennt. Feuerstellen künden von der Beliebtheit als Ausflugsort.

„Segeltörn" Mit dem Katamaran „Zeepard" geht es zum Diaz Point. Die Tour beginnt, wenn das Wetter es zulässt, um 8 Uhr morgens, dauert etwa 2–3 Stunden und kostet 350 N$ p.P. Abfahrt ist an der Waterfront. Buchungen über Lüderitzbucht Safaris & Tours (s.u.).

Diaz Point (Rechnen Sie für den Ausflug ca. zwei Stunden, wenn Sie keine Abstecher machen). Dazu Lüderitz über die Bismarck Street verlassen, westlich der Bahngleise bleiben. Nach 22 km, an Lagunen und Bays entlang (mit der Möglichkeit, immer wieder Abstecher an die Küste zu machen) und an der Sturmvogelbucht vorbei erreichen Sie Diaz Point. Hier errichtete *Bartolomeu Diaz* sein Steinkreuz. Ein 1911/12 gebauter Holzstieg führt einen kleinen Felsvorsprung hinauf. Er wurde zur Wartung des Nebelhorns angelegt, das die Hafenadministration aufgestellt hatte – am mutmaßlichen Standort des Originalkreuzes, dessen Reste schon 1855 nach Capetown verbracht wurden und von dort teilweise nach Portugal gingen. Im Jahr 1929 stellte man ein symbolisches Kreuz auf (aus Karibib-Marmor), das aber keinerlei Ähnlichkeit mit dem Original hat. Erst zu Beginn der 1950er Jahre wurden noch einige Bruchstücke des Diaz-Kreuzes gefunden, und man begann mit der Rekonstruktion. Die Wissenschaftler streiten sich bis heute, wie das Kreuz denn nun genau ausgesehen haben

Bartolomeu Diaz

Wenn plötzlich Nebel aufkommt, wird der Rückweg vom Diaz Point schwierig.

könnte, aber man hat sich 1988, zur 500-Jahr-Feier der Ankunft von Diaz, wohl auf eine Form geeinigt, und da der Standort mehr oder weniger gesichert war, ein Replikat aufgestellt.

Lüderitz-Halbinsel Wenn Sie sich die Halbinsel genau ansehen wollen, sollten Sie vier bis fünf Stunden für den Ausflug kalkulieren. Verlassen Sie wieder Lüderitz auf dem Weg nach Diaz Point. Zuerst kommen Sie an einen der vier Badestrände von Lüderitz (der zweite ist Agate Beach). Die erste Bucht heißt Radford Bay, nach dem ersten weißen Siedler David Radford, der hier Haifischleber und Straußenfedern gegen Wasser tauschen musste, um zu überleben. Die zweite Bucht – Second Lagoon – ist den Flamingos vorbehalten. Der dritte Badestrand liegt in der Sturmvogelbucht, Standort einer 1914 errichteten, alten norwegischen Walfang-Station. Sie können ihn östlich oder westlich erreichen, da aber die östliche Route an der Griffith Bay vorbei eine Sackgasse ist, fahren Sie bei der Abzweigung besser geradeaus und nehmen die zweite Piste, die rechts abgeht. Am Strand ist ein Lagerplatz.

Zwei Kilometer zurück und dann rechts bringt Sie der Weg zum Diaz Point. An der westlichen Seite der Halbinsel, etwa 8 km an Angel- und Picknickplätzen vorbei, kommen Sie zur Eberlanz-Höhle, 10 Min. Fußmarsch von der Straße weg. Schließlich erreichen Sie den vierten Badestrand in der Großen Bucht. Es geht nun von dort etwa 15 km durch Mondlandschaft zurück nach Lüderitz.

Elizabeth Bay Dieser Ausflug von Mukorob Tours führt in das Diamanten-Sperrgebiet nach Süden. Gefahren wird mit einem VW-Bus. Mindestens vier Personen müssen eine Gruppe bilden. Es ist eine Halbtagestour nach Elizabeth Bay und zu der dortigen Geisterstadt (jeden Werktag ab 9 Uhr, 750 N$ p.P.). Buchungen über Lüderitzbucht Safaris & Tours (s.u.)

Bogenfels Eine Ganztagestour geht zum Bogenfels, einem dekorativ über dem Meer zum Bogen erodierten Felsen. Sie muss 14 Tage vorher (unter Angabe der Passnummer) angemeldet werden, damit das Permit der Polizei rechtzeitig da ist. Touren sind täglich möglich, außer am Wochenende. Man fährt etwa 9 Uhr los und kommt um ca. 16 Uhr zurück, Lunch ist inklusive, der Spaß im Sperrgebiet kostet 1250 N$ (bei vier Personen). Buchungen über Coastways Tours, Waterfront, P.O. Box 77, Lüderitz, Tel. 063-202002, www.coastways.com.na. Auf dem Weg zu dem gewaltigen Bogen mit über 50 m Höhe passiert man die Pumpstation im Grillental, die ab 1910 mit Tankwagen über eine Schmalspurbahn von 45 km Länge die Mine Pomona mit Wasser versorgte. Lunch wird in Pomona gehalten, in der noch vorzüglich erhaltenen Schule und man erfährt viel Wissenswertes. Auf Pomona fand man zwischen 1908 und 1931 10,6 Mio. Karat, davon in den ersten 10 Jahren alleine die Hälfte und insgesamt 70% wurden im Märchental geschurft, heute nicht mehr besonders idyllisch, hat man doch das unterste zuoberst gekehrt, aus dem Tal geschafft, fein säuberlich gesiebt und gewaschen, das Märchental wurde zur felsigen Mondlandschaft. Buchung mindestens sieben Tage im Voraus.

Saddle Hill Mehrtägig geht es geführt aber mit dem eigenen Geländewagen in den Norden von Lüderitz in die Wüste, über Fels und Dünen, an Fischen und Schiffen vorbei, die es nicht geschafft haben, zu alten Bergwerker-Siedlungen. Um die anspruchsvolle Fahrerei zu bewältigen und nicht den eigenen Wagen im Gelände zu verschrotten erhält man anfangs eine Einweisung. Diese Touren sollte man zu Ferienzeiten des südlichen Afrika meiden, außer man steht auf die sicherlich einprägsame, aber nicht immer von jedem goutierte Erfahrung, seinen Abend am Lagerfeuer mit 40 südafrikanischen Bauern (männlich, weiß) aus dem Transvaal zu teilen, die sich ihr Offroad-Erlebnis mit viel Bier reinziehen. Buchungen über Coastways Tours, s. bei „Bogenfels" oben.

Sandrosen-Sammeln Im Tourismusbüro des Ministeriums für Umwelt und Tourismus (s.u. Informationen weiter unten) kann das Sammeln von Sandrosen beantragt werden. Unter der Aufsicht eines Angestellten hat man zwei Stunden Zeit, fündig zu werden (maximal 3 Stück oder 1,5 kg der „rosettenartigen Verwachsungen grobblättriger Gipskristalle"). Einfacher ist das Kaufen z.B. im Curio Shop von Kolmanskop.

Langustenfang Wer sich sein Abendessen selbst fangen möchte und die Möglichkeit der Zubereitung hat, kann zwischen dem 1. November und dem 30. April und zwischen Sonnenauf- und Sonnenuntergang auf Langustenfang gehen. Dazu benötigt man ein Permit und man darf maximal 5 Stück pro Person fangen (der Rückenpanzer muss mindestens 6,5 cm lang sein). Sperrzone ist zwischen Diaz Point und Agate Beach.

Adressen & Service Lüderitz

Unterkunft *Luxus:* **Nest Hotel,** Zum Sperrgebiet Seaview Hotel
Touristenklasse: Kapps Hotel, Bay View Hotel, Obelix Village
Günstig: **Kratzplatz,** Backpacker's Lodge, **Haus Sandrose,** Zur Waterkant, Krabbenhöft & Lampe, Island Cottage
Camping: Lüderitz Rastlager (Haifischinsel)

Restaurants Wer Essen geht, sollte die in Lüderitz gezüchteten Austern auf alle Fälle auf den Bestellzettel schreiben lassen. Die speziellen Wassergegebenheiten in der Radford Bay erlauben die Zucht besonders schmackhafter Muscheln – zu Preisen, von denen man in Europa nur träumen kann. Etwa 5 t Austern werden in den Saison-Monaten in Lüderitz geerntet.

Wer von Austern nicht lassen kann geht zum Hafengelände in die **Shearwater Oyster Bar** (Mo–Do 9–18, Fr bis 19 Uhr) und verspeist die Schalentierchen wie es frischer nicht mehr geht, am Freitag gibt es auch noch Tapas (Vorbestellung obligatorisch, Tel. 063-204031). Führungen (eine Stunde) werden nach Voranmeldung durchgeführt.

Nest Hotel, – sein Restaurant gilt als das beste.

Ritzi's, Tel. 063-202818, gute Fischküche in dem Waterfront-Komplex mit Aussicht auf die Bucht, nicht immer sauber.

Barrels, Nachtigall Street, Tel. 063-202458, ab 18.30 Uhr Typisches wie Eisbein, aber auch Fisch (Barbetrieb bis 2 Uhr).

Leichte Mahlzeiten gibt es den ganzen Tag im *Nest Hotel* und an der Waterfront.

Information *Tourism Office,* c/o Lüderitzbucht Safaris & Tours, Bismarck Street, P.O. Box 76, Lüderitz, Tel. 063-202719, ludsaf@africaonline.com.na, Buchungen und Informationen zur Stadt und Umgebung.

Reise- *Lüderitzbucht Safaris & Tours,* Bismarck Street, P.O. Box 76, Lüderitz,
veranstalter Tel. 063-202719, Fax 202863, ludsaf@africaonline.com.na

Coastways Tours, Waterfront, P.O. Box 77, Lüderitz, Tel. 063-202002, www.coastways.com.na

Ghost Town Tours, Goerke House, Tel./Fax 063-204031, http://kolmanskuppe.com

Einkaufen Curios gibt es bei *Lüderitzbucht Safaris & Tours,* Bismarck Street, P.O. Box 76, Lüderitz, Tel. 063-202719, Fax 202863, ludsaf@africaonline.com.na. Auch in Kolmaskop hat im historischen Kasino ein Curio-Laden seine Pforten geöffnet (nur 8.30-12 Uhr).

Sonstiges **Stadtführungen:** Wenden Sie sich an Lüderitzbucht Safaris & Tours (s.o.). **Bushaltestelle** ist am Alten Bahnhof, Bismarck Street/Ecke Bahnhof Street, Mo–Fr geht's mit dem Star Liner der TransNamib nach Keetmanshoop (Reservierungen Tel. 061-201220). Die **Eisenbahnlinie** wurde mit chinesischer Unterstützung zwar neu gebaut (die Fertigstellung war Ende 2014) und der erste Zug seit 17 Jahren fuhr im November in Lüderitz ein; welche Serviceangebote es aber in Zukunft geben wird, ist noch nicht klar, der Desert Express fährt jedenfalls nur bis Aus, dort wird in Busse nach Lüderitz umgestiegen.

Medizinische Wenden Sie sich an das jeweilige Hotel-Management
Hilfe

Nest Hotel

Route 4a: Die Zentren der Farmer

Aus – Helmeringhausen

Km	Abzweig	Ort	Sehenswert	Übernachtung	GPS
Km 0 B4 Teer n. O	Lager Aus (s. Route 4)	Aus, T+V		s. Route 4	26 39 44 16 15 47
Km 4 C13 nach N					
Km 55	Km 0 D707 Piste Km 29 Km 40 Km 60 Km 78 P409			Gunsbewys Gf. Numis Gf. Namtib Gf. Koiimasis (20 km)	26 15 02 16 35 05
Km 97	Km 0 C27 Piste Km 19			Lovedale Farmholidays	
	Km 101	Helmeringhausen, T+V	s. Route 2	s. Route 2	25 53 26 16 49 24

In Aus haben Sie Anschluss an die Route 4. Verlassen Sie Aus für 4 km auf der B4 nach Osten und biegen Sie dann in die Piste C13 ein. Nach 51 km kommen Sie zur D707. Hier können Sie zum Namtib Biosphärenreservat abbiegen. Sie passieren bei diesem Abstecher die

Farmen des Tiras Berge Naturparkes. Der Park (s. Kasten unten) gilt nach dem Urteil vieler Kenner des Landes als besonders malerisch gelegen, da der Anfahrtsweg genau zwischen dem Gebirgsabfall des Hochlandes und den Namibdünen entlangführt. Die Formenwelt der Dünen und das Tier- und Pflanzenleben sind einmalig – Resultat einer Millionen Jahre langen Evolution: Schwarzkäfer, Dünengrillen, Eidechsen, der berühmte Palamatogecko und Goldmull, um nur einige zu benennen. Die Pflanzenwelt ist hochinteressant, und bei Touren erfährt man darüber viel Wissenswertes. Auch gilt es Felsmalereien zu entdecken, die eigentlich gar nicht sein dürften, sollen die San doch schon vor Jahrtausenden aufgehört haben, ihre Lagerplätze mit Farbe und Ritzungen zu verzieren. Doch findet sich hier tatsächlich schon ein in der Schutztruppenzeit dokumentiertes mehrmastiges Segelschiff, auf

Namtib Biosphärenreservat

Schiffen dieses Typs kreuzten einst die Portugiesen vor Jahrhunderten an der Küste.

In Helmeringhausen haben Sie Anschluss an die Route 2.

Wer die menschenleere Gegend der Namib durchquert, wird froh sein, am Ende einer kleinen Schlucht auf die Namtib Lodge zu stoßen. Das Ehepaar Theile führte seit Jahrzehnten die Farm auch als Gastbetrieb, heute haben die Kinder das Biosphärenreservat übernommen. Die Fahrten auf der nach ökologischen Gesichtspunkten unterhaltenen Farm sind ausgesprochen wissensvermittelnd. Den jeweiligen Wasservorräten angepasst wird versucht, eine Balance zwischen der Anzahl der Rinder, der Antilopen und der Schafe zu halten. In wasserreichen Jahren werden mehr Rinder gehalten, in wasserarmen wird das Wild bevorzugt – und geht gar nichts mehr, werden die Schafe aufgestockt. Eine Überweidung findet nicht statt und keine Trophäenjagd. Wild wird nur geschossen, soweit es zur Selbstversorgung nötig ist. Der Besuch der weltabgeschiedenen Farm zwischen den roten Dünen und den Felsen ist überaus empfehlenswert.

Naturpark Tiras Berge

125.000 ha am Rand der Namibwüste liegen in dem Dreieck Fish River, Sossusvlei und Lüderitz. Die Landschaft ist geprägt von den roten Dünen und den schroffen Klippen in einer unendlich weiten Landschaft, auf deren Böden nach guten Regenjahren silbern das Gras im Wind wogt. Die Farmer in den Tirasbergen haben sich zusammengeschlossen und die Gegend zum Naturpark erklärt. Nichts soll zerstört werden, die Natur erhalten, mit landwirtschaftlichem, extensivem Betrieb nicht machbar. So hat man sich entschlossen, die Landwirtschaft zurückzufahren und die Mindereinnahmen mit Tourismus auszugleichen. Die Farmen bieten unterschiedliche Unterkünfte und Ausflüge an, so dass für jeden Geschmack und Geldbeutel etwas möglich ist: **Tiras** und **Gunsbewys** vermieten Zimmer und führen Wanderungen durch, **Koiimasis** hat Chalets und einen hochgelobten Zeltplatz, ebenso wie **Weißenborn** und **Numis**, und auf **Excelsior** und **Landsberg** kann man mit dem 4x4 durch die Dünen fahren.

Erreicht wird das Gebiet von Aus über die C13 (Tiras 66 km), die C13 und D707 (Excelsior 64 km, Gunsbewys 84 km, Weißenborn 95 km). Von Helmeringhausen kommt man auf der C13, D407/C27 und P409 nach Landsberg (50 km) und Koiimasis (66 km).

Route 5: Durch die Namib an den Atlantik

Kuiseb – Walvis Bay – Swakopmund

Km	Abzweig	Ort	Sehenswert	Übernachten	GPS
Km 0 C14 Piste n. N				Kuiseb	23 21 09 15 51 24
Km 11		Grenze Namib Naukluft Park			23 17 38 15 48 39
Km 13			Kuiseb Pass		
Km 15			Kuiseb-Brücke	Kuiseb Brücke Zeltplatz	23 18 12 15 46 25
Km 24	Kuiseb-Canyon Km 0 Km 6		Henno Martin Shelter		23 19 51 15 44 53
Km 29	Aruvlei Picknickplatz Km 0 Km 2		Aruvlei Picknickplatz		23 19 48 15 39 38 23 20 21 15 40 32
Km 35	Niedersachsen Gf. Km 0 D1998 Piste Km 30 D1982 Piste Km 74			Niedersa. Gf.	23 18 42 15 35 58
Km 37	Gobabeb Km 0 Km 10 links			Gobabeb Restcamp	23 18 39 15 34 26 23 23 25 15 31 46
	Km 17 Km 25		Wendekreis des Steinbocks Zebrapfanne		23 30 45 15 30 17
	Km 35 Km 55		Ruinen Gorob-Mine Ruinen Hope-Mine		23 34 03 15 15 27
	Km 63 links Km 67		Homeb		23 38 01 15 10 36
	Km 68 zurück Km 69		Homeb	Homeb Zeltplatz	23 38 01 15 10 36
	Km 73 links				23 36 33 15 11 01
	Km 85 links Km 89 zurück	Gobabeb		Gobabeb Restcamp	23 33 33 15 02 29
	Km 93 geradeaus Km 126 links Km 130 zurück	Mirabib		Mirabib Zeltplatz	23 27 14 15 21 08
Km 45		Kriess se Rus		Kriess se Rus Zeltplatz	23 18 30 15 29 08

Km	Abzweig	Ort	Sehenswert	Übernachten	GPS
Km 86		Einmündung D1982			23 06 51 15 09 44
Km 103		Abzweigung Gobabeb			23 03 13 15 00 22
Km 105		Vogelfederberg		Vogelfederberg Zeltplatz	23 03 06 14 59 24
Km 140		Grenze Namib Naukluft Park			
Km 141	C14 Teer				
Km 146			Düne 7		22 59 00 14 35 46
Km 155	B2 Teer	Walvis Bay		s. Walvis Bay	22 57 22 14 31 08
Km 165			Guano-Plattform		22 52 33 14 32 36
Km 169		Dolphin Bay	Schwimmbad	Dolphin Park Chalets	22 50 22 14 32 34
Km 172		Langstrand, T+V		s. Walvis Bay	22 49 04 14 32 43
Km 189		Swakopmund, T+V	s. Swakopmund	s. Swakopmund-	22 41 13 14 31 45

Namib-Naukluft Park

Ausgangspunkt Start ist die Einmündung der C26 in die C14 im Nordosten des Namib-Naukluft Parks. Hier haben Sie Anschluss an die Route 1.

Im Folgenden fährt man durch geschütztes Gebiet. **Nur mit einer Genehmigung** vom Ministry of Environment & Tourism in Swakopmund (Alte Ritterburg, Sam Nujoma Drive/Ecke Bismarck St, Tel. 064-404576, Mo–Sa zu den Geschäftszeiten, So 8–13 Uhr) oder in Walvis Bay (Heinrich Baumann St, Tel. 064-205971) oder des Tourist Centre in Henties Bay dürfen Sie die Abstecher von der Hauptstraße unternehmen. Eintritt 40 N$ p.P. und 10 N$ pro Fahrzeug.

Nehmen Sie also die Piste C14 nach Norden. Nach 11 km kündet ein Schild, dass Sie die Grenze des Namib-Naukluft Parks erreicht haben.

Namib-Teil des Namib-Naukluft Parks

Zum Kuiseb Canyon

Die Namib ist von der Unesco 2013 als Namiba – Sand – See in die Liste des Weltnaturerbes aufgenommen worden. Sie gilt als einzige Küstenwüste der Welt, deren weiten Dünenfelder Küstennebel beeinflusst.

In weiten Kehren geht es nun durch graubraune Gebirgslandschaft über den Kuiseb Pass hinunter in das Tal des Riviers. Nur besonders trockenheitsresistente Pflanzen wie Kandelaber-Euphorbien, Balsambäume und Akaziengestrüpp können sich in dieser unfruchtbaren Region halten. Ab und zu lugt ein Erdmännchen aus seinem Loch, huscht die elegante Silhouette einer Antilope über das Gestein. Wer auch nur ein kleines Stück von der Hauptpad abfährt, stolpert geradezu über eigenartig geformte und gefärbte Steine. Der Kenner kann hier sicher so manchen reizvollen Mineralienfund machen.

4 km nach dem Park-Grenzschild überquert man den Kuiseb auf einer Brücke. Unterhalb der Brücke ist ein Zeltplatz mit Toiletten (die Übernachtung muss – wie bei allen anderen Camps im Park – gebucht sein, s. in der Liste der Unterkünfte!). Der malerisch gelegene Platz bietet sich auch zum Picknicken an. Allerdings stört nachts der hupende Lkw-Verkehr.

9 km weiter führt eine Piste (6 km) nach Süden zum **Kuiseb-Canyon** (Hinweisschild „Henno Martin Shelter", 15 Min. Fußweg zum Aussichtspunkt). Man kann in ihn hinabsteigen und sich ein wenig wie Henno Martin und Hermann Korn fühlen, die beiden deutschstämmigen Südwester, die hier Jahre versteckt verbrachten, um so dem II. Weltkrieg aus dem Weg zu gehen (was man wohl nur in einer Wüstenlandschaft machen kann).

Kuiseb Pass

Namib-Teil des Namib-Naukluft Parks

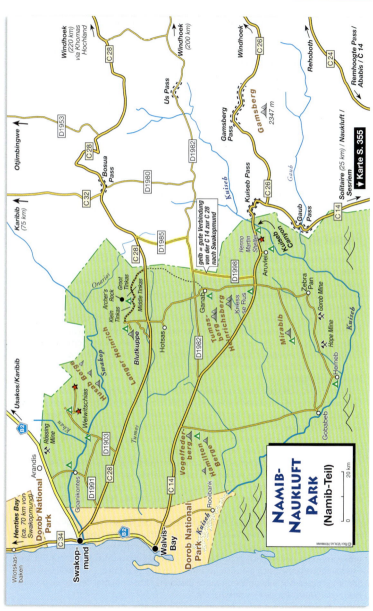

Der Canyon hat sich erst in der Erdneuzeit gebildet; vor 1 Million Jahre wechselten sich feuchte und trockene Perioden ab, die regenreichen Zeiten gaben dem Kuiseb (wie auch dem Swakop und dem Kunene) die Erosionskraft, sich ihre tiefen Schluchten zu graben. Ursprünglich war das Tal wesentlich breiter, durch Ablagerungen angeschwemmten Flussgesteins aber verengte es sich immer mehr, andere Schichten legten sich darüber und heute ist das 15 Mio. Jahre alte, breite Tal nicht mehr zu erahnen.

Der Kuiseb selbst entspringt in den Bergen der Landesmitte und führt am Dünengürtel der Namib entlang. Jedes Jahr versandet er zusehends, schafft sich aber in der Regenzeit, wenn er gut abkommt, sein Bett neu, indem er den Sand fortreißt und bis südlich von Walvis Bay mit sich trägt. Dort geht ihm die Kraft aus, er versandet und fließt unterirdisch weiter. Der Wasserhaushalt von Walvis Bay und Swakopmund wird aus den Reservoirs des Kuiseb gespeist.

Flucht in die Wüste

Zweieinhalb Jahre harrten die beiden Geologen Henno Martin und Hermann Korn in diesem unwirtlich scheinenden Gebiet ganz alleine auf sich gestellt aus, wie die Raubtiere lebend, wie sie beschrieben. Anlass zu ihrer „Flucht" war der Zweite Weltkrieg, durch den die in Namibia lebenden Deutschen ungewollt zum Kriegsgegner ihrer Mandatsmacht Südafrika wurden.

Die Internierung vieler deutschstämmiger Männer wurde beschlossen, um der Ausbreitung nationalsozialistischen Gedankengutes einen Riegel vorzuschieben, denn da man sich in Namibia der tatsächlichen Konsequenz dieser menschenverachtenden Ideologie nicht unbedingt bewusst war, fand sie viele Wohlgesonnene, die sich davon wieder den Anschluss der ehemaligen Kolonie an Deutschland und das Ende des Südafrika-Mandats erhofften.

Henno Martin und sein Gefährte waren sicher keine Anhänger des deutschnationalen Gedankens, aber sie verspürten wenig Lust, die nächsten Jahre in einem Internierungslager zu verbringen, deshalb beschlossen sie, ins „Wüsten-Exil" zu gehen. Ihre lesenswerte Geschichte erschien im Verlag der Namibia Wissenschaftliche Gesellschaft, Windhoek, 1970, und immer wieder müssen Neuauflagen gedruckt werden: Henno Martin: „Wenn es Krieg gibt, gehen wir in die Wüste". Ein Auszug:

„Der Anblick unseres Wasserkolkes verschlug uns fast den Atem. Der Fischteich war nur noch eine schillernde Pfütze, auf der ein paar stinkende, von Fliegen bedeckte Karpfen trieben. Im Trinkwasserkolk war das Wasser so weit zurückgegangen, dass die Grenze, an der der Schotter des Rivierbettes den Fels überlagerte, frei lag. Nur an einer Stelle sickerte noch ein Wasserfaden aus dem Schotter in das tiefere Felsbecken hinab; er war so dünn, dass wir dachten, er müsse jeden Augenblick reißen. Das war schlimmer, als wir erwartet hatten. Jeden Tag konnte der Wasserzufluss ganz aufhören. Ob es Sinn hatte, in der Nähe einen Brunnen im Kies zu graben? Würden wir etwa gezwungen sein, das Wasser aus einem größeren, weiter entfernten Kolk zu holen? Und wenn die auch austrockneten? Die dunklen Felswände begannen sich plötzlich gefährlich um uns zu türmen. Unheilvoll lastete die Sonne auf unseren Schultern. Wie oft wurde die Sonne nicht die Mutter des Lebens genannt! Hier in der Wüste war sie es wahrlich nicht."

5 km weiter vom Zeltplatz auf der C14 führt eine 2 km lange Piste zum Aussichtspunkt Aruvlei. Während Sie im Schatten der Akazien picknicken, können Sie den Blick über den Canyon genießen. Nach weiteren 8 km erreichen Sie eine Kreuzung.

ABSTECHER nach Homeb

Links führt der Abzweig zur Zebra Pan und nach **Gobabeb,** der Wüstenforschungsstation, die interessierte Besucher nach Voranmeldung und für eine Führung mit abschließender Sundowner-Tour und Unterkunft im Restcamp empfängt (P.O. Box 91045/Windhoek, Tel. 061-228104, http://www2.journeysnamibia.com/portfolio_items/gobabeb-accommodation-campsite). Die Forschungsstation wurde in weitgehend unberührter Wüstenlandschaft eingerichtet, wo die ökologischen Systeme noch im ursprünglichen Gleichgewicht stehen. Die Ergebnisse der letzten Jahre haben ganz neue Erkenntnisse über das Leben in einer von vielen totgeglaubten Wüste gebracht. Nicht zuletzt hier wurde der Beweis für die ökologische Notwendigkeit geführt, gerade in den sensitiven Wüstengebieten die Touristenströme rigide zu kanalisieren.

Die Rundtour durch die eintönige Geröllwüste führt insgesamt über ca. 160 km. Man kann aber auch von Gobabeb aus weiter nach Nordwesten fahren, man stößt dann beim markanten Vogelfederberg, ca. 60 km weiter westlich des Ausgangspunktes und nach ca. 160 km Fahrt insgesamt wieder auf die C14. Der Vogelfederberg ist einer jener typischen Granit-Inselberge, die die Erosion rund wie einen Kinderpopo abgeschliffen hat.

In der Namib ist das Farbenspiel einzigartig

Zebra Pan ist eine Pumpstation zur Wasserversorgung der Zebras (sie kommen morgens und abends zur Tränke). Bei der **Gorob- und Hope-Mine** auf dem Weg nach Homeb gibt es außer Häuserruinen und einer Unmenge sorgfältig in Reih und Glied gelegter Bohrkerne, die nette Briefbeschwerer abgeben würden (dürfte man sie mitnehmen), nicht viel zu sehen. **Homeb** ist ein kleines Dorf aus Blechhütten mit einem dahinter liegenden Zeltplatz. Im Dorf leben Topnaar-Nama. Wenn es heiß ist, erfreut man sich am Schatten der hohen Bäume und leistet den Ziegen gerne Gesellschaft. Vogelkundler kommen hier voll auf ihre Kosten. Kurz vor Gobabeb kann man über den Zeltplatz **Mirabib** (bis dahin ca. 33 km), der hübsch an einem Granitinselberg liegt, zu seinem Ausgangspunkt zurückfahren, oder wie erwähnt, in ca. 60 km direkt zum Vogelfederberg.

Gobabeb weist ungebetene Besucher schon weit vor dem Eingangstor mit eindrucksvollen Schildern darauf hin, dass es vollkommen sinnlos ist, um Einlass zu bitten. Die Forschungsstation wurde in weitgehend unberührter Wüstenlandschaft eingerichtet, wo die ökologischen Systeme noch im ursprünglichen Gleichgewicht stehen. Die Ergebnisse der letzten Jahre haben ganz neue Erkenntnisse über das Leben in einer von vielen totgeglaubten Wüste gebracht. Nicht zuletzt hier wurde der Beweis für die ökologische Notwendigkeit geführt, gerade in den sensitiven Wüstengebieten die Touristenströme rigide zu kanalisieren.

Vogelfederberg – Walvis Bay

Der Vogelfederberg bietet alle Verwitterungsformen des Granits – Abschalung, Temperatursprünge und Wollsack-„Knäuel". An seinem Fuß haben Spuren von Feuchtigkeit für ein etwas üppigeres Wachstum und so für Nahrung für Wild und Vögel gesorgt. Die vorkommenden Tierarten – Steppenzebras, Strauße, Oryx-Antilopen und die allgegenwärtigen Springböcke – lassen sich auf den beiden erwähnten Abstecher-Touren allerdings nur zu bestimmten Tageszeiten blicken. Am Vogelfederberg gibt es mehrere Campmöglichkeiten (aber etwas nahe der Piste).

35 km hinter dem Vogelfederberg verlässt man die Pistenstrecke durch die Namib-Wüste wieder. Die C14 ist nun asphaltiert, und 5 km weiter kann man zur Düne 7 abbiegen, der höchste Sandberg der Gegend. 4 km weiter und 5 km vor Walvis Bay ist rechts eine Hinweistafel auf die Reste der Schienen einer kleinen Schmalspurbahn, die um die Jahrhundertwende gebaut wurde. Da die Lokomotive erst 1899 anlandete, lies man bis dahin die Waggons von Mulis ziehen. Der Fahrbetrieb wurde 1905 endgültig eingestellt, da die Dünen unwiderruflich die Schienen versperrt hatten. Die Lokomotive mit dem Namen „Hope" steht vor dem Bahnhof von Walvis Bay.

Walvis Bay

Ankunft Sie erreichen einen Kreisel (Diaz Circle), hier geradeaus weiterfahren. Nun sind Sie schon mitten in Walvis Bay. Die Stadt ist einheitlich geplant und hat einen klar gegliederten Gitter-Grundriss mit rechtwinkelig zueinander verlaufenden Straßen, die mit Nummern benannt sind. Zur Küste hin verlaufende Straßen heißen „Road", parallel zur Küste liegende „Street".

Die drittgrößte Stadt Namibias hat etwa 62.000 Einwohner, die Hälfte schwarz, die Hälfte farbig und weiß. Das östlich des Kreisels liegende Viertel Narraville galt traditionell als Stadtteil der farbigen Bevölkerung, der nördlich liegende Stadtteil Kuisebmond als Wohnviertel der schwarzen Bewohner.

Die Stadt vermittelt neben Windhoek als einzige ein gewisses Großstadtflair, auf den Straßen ist Betrieb, man hat den Eindruck, die Geschäfte laufen. Seit der Abgabe der Enklave von Südafrika an Namibia hat sich die Wirtschaft der Hafenstadt sicherlich auch positiv entwickelt.

Geschichte Auf seinem Weg nach Südafrika (und an Lüderitzbucht vorbei) ankerte der Portugiese Diaz am 8. Dezember 1487 auch vor dem heutigen Walvis Bay und gab der Bucht den Namen „Golfo de Santa Maria da Conceição". Im 17. Jahrhundert kamen die Walfänger an diese Küste, die nun „Golfo de Baleia" hieß – Bucht der Wale. Der Benguela-Strom sorgte für Fisch- und Planktonreichtum und damit für beste Lebensbedingungen für die riesigen Säugetiere.

Beim Wettrennen zwischen Holländern und Engländern um Einfluss an der Südküste Afrikas gewannen Letztere, und ab 1795 wurde die Gegend endgültig der Machtsphäre der Engländer zugerechnet.

Damit hatte Großbritannien einen natürlichen Hafen, den seine Schiffe auf dem Weg zum und um das Kap der Guten Hoffnung herum anlaufen konnten. Da sich die Verwaltung von London aus schwierig gestaltete, gab die britische Regierung 1884 die Anweisung, Walvis Bay der Kapkolonie einzuverleiben und von dort aus zu administrieren. Damit war die bis 1994 gültige Verbindung von Südafrika und seiner Exklave festgeschrieben.

Einer der ersten Europäer in dieser Gegend war Heinrich Scheppmann von der Rheinischen Mission, der 1845 bei Rooibank am Kuiseb seine Arbeit mit den Topnaar-Nama begann. Dieser Aktivität verdankt Walvis Bay das einzige Gebäude geschichtlichen Wertes aus dem 19. Jahrhundert, nämlich die Rheinische Missionskirche, die in den 1960er Jahren dem Hafen weichen musste und ihren heutigen Platz erhielt.

Walvis Bay

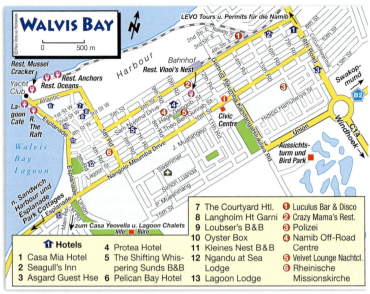

Hotels	7 The Courtyard Htl.
1 Casa Mia Hotel	8 Langholm Ht Garni
2 Seagull's Inn	9 Loubser's B&B
3 Asgard Guest Hse	10 Oyster Box
4 Protea Hotel	11 Kleines Nest B&B
5 The Shifting Whispering Sunds B&B	12 Ngandu at Sea Lodge
6 Pelican Bay Hotel	13 Lagoon Lodge

1 Luculus Bar & Disco
2 Crazy Mama's Rest.
3 Polizei
4 Namib Off-Road Centre
5 Velvet Lounge Nachtcl.
6 Rheinische Missionskirche

| Spazierfahrt | Walvis Bay gleicht einem Schachbrett mit modernen, flachen Bungalows auf den von Roads und Streets umrahmten Karrees. Neben der Lokomotive vor dem Bahnhof am Ende der 11th Road gibt es noch zwei weitere touristisch interessante Punkte im Stadtgebiet: Der eine ist die **Rheinische Missionskirche.** Sie steht in der 5th Road in Höhe der 8th Street, im schönsten Teil der Stadt und wurde in Hamburg als Fertigteilgebäude aus Holz 1879 hergestellt, zerlegt nach Walvis Bay gebracht und 1880 dort aufgebaut. Gegen Holzfäule wurde die Außenseite verkleidet.

Walvis Bay ist auch für seine zigtausend Vögel berühmt, und die zweite Attraktion bildet die **Esplanade** (Verlängerung der Diaz Street nach Süden), die an der Lagune entlangläuft. In der Lagune stehen, sitzen und fliegen verschiedene Möwen, Seetauben, Flamingos und Pelikane (insgesamt 31 Vogelarten), und in den Gärten der Häuser und Villen, die an der Lagune aufgereiht sind, ragen Etagenbäume mit ihren streng geometrischen Silhouetten in den stahlblauen Himmel. Hier ist die Spazierfahrt schon zu Ende, steigen Sie aus und flanieren Sie die 5 km lange Promenade entlang.

Zum Mittagsmahl fahren Sie zur 12th Road die 10th Street hinunter. Die Bäckerei Probst mit Restaurant gilt als eines der besten Speiselokale, dort holen sich die Schüler ihr Pausebrot, die Geschäftsleute verhandeln und die wenigen Touristen sitzen auf der Veranda, blinzeln in die Sonne und entspannen sich. |
|---|---|
| Museum | Am imposanten Civic Center mit der öffentlichen Bibliothek gilt es das Museum zu besuchen, in dem unter anderem prähistorische Funde (z.B. ein Hockgrab) ausgestellt sind. Nangolo Mbumba Drive, Tel. 064-2013260, Mo–Fr 9–12.30 u. 15–16.30 Uhr. |
| Waterfront | Im Hafen lockt die einzige Waterfront Namibias, die diesen Namen auch wirklich verdient. Kleine und größere Holzhäuschen mit Restaurants und Läden verströmen veritable Fischeratmosphäre und man kann sich sicher sein: Hier kommt das Meeresgetier direkt vom Boot auf den Teller (mit einem kurzen Umweg durch die Küche) und man sitzt überaus gemütlich mit Blick übers Wasser. |

Ausflüge

Dorob-Nationalpark	Der **Dorob-Nationalpark** schützt seit 2011 alles was nicht Stadt- oder Gemeindegebiet ist zwischen Walvis Bay und dem Beginn des Skeleton Coast National Parks am Ugab-Rivier. Die Einfahrt ist kostenfrei, es gibt aber strenge Verhaltensmaßregeln, um insbesondere das Offroad-Fahren per Geländewagen und Quadbike zu unterbinden.

Salzgewinnung bei Walvis Bay

Salzgewinnungswerke Die Esplanade entlang und 5 km über sie hinaus kommen Sie zu den Salzgewinnungswerken (Salt Works, fragen Sie dort nach, ob eine Besichtigung möglich ist).

Bird Park Die 13th Road, 300 m über die Union Street hinaus, führt links eine kleine Piste auf 1 km zu einem See, der aus den gereinigten Abwässern der Stadt gespeist wird. Vom Aussichtsturm können Vögel in einer Sumpflandschaft beobachtet werden.

Paaltjes 12 km südwestlich zum Atlantik hin über die Salzwerke hinaus und an den Salzpfannen vorbei ist der angeblich beste Fischgrund der Gegend. Entsprechend gestaltet sich am Wochenende der Zulauf der Einheimischen, die das Abendessen in ihre Pfannen holen. Die „Angelmeile" besteht aus vier ausgewiesenen Stellen, wobei nur die erste mit einem normalen Pkw erreichbar ist. Hier finden sich auch die Austernbänke der Stadt. Die Austern kommen in einer Größe von 2–3 mm aus Chile und werden in den kalten und planktonreichen Benguela-Strom gesteckt. Nur 9 Monate benötigen sie zum wachsen (in Chile würde es zur gleichen Größe 2–3 Jahre dauern), dann kommen sie heraus, werden gereinigt und landen auf den Tischen. Man könnte sie noch weiter wachsen lassen, doch würde sich nicht ihr Gewicht, sondern nur ihr Volumen ändern, sie würden weich und „matschig".

Rooibank Nature Trail Die Gesamtstrecke beträgt 80 km und ist mit normalem Pkw machbar. Ungefähr drei Stunden sollten einkalkuliert werden. Verlassen Sie die Stadt auf der C14 entlang der Sicheldünen (Barchanen) und biegen Sie nach 7 km in die Piste nach Süden Richtung Rooibank ein. Der Abbau des gipshaltigen Bodens, der sich vorzüglich für den Straßenbau eignete, hat hier tiefe Wunden in der Wüste hinterlassen.

Nach 9 km beginnt bei der Funkstation der Walvis Bay Nature Park. Links der Straße wirkt der Boden dunkler, da hier Flechten, die Mikroorganismen der Wüste (Algen und Pilze), die Oberfläche überzogen haben. Die Pilze haben sozusagen die Aufgabe des Skeletts übernommen, während die Algen sich um die Fotosynthese kümmern. Die Farbpalette reicht von schwarz über grau und braun bis orange, bei ausreichend Feuchtigkeitszufuhr blühen die Flechten in strahlenden Farben auf. Die notwendige Feuchtigkeit wird der nebligen Luft entnommen (s.S. 137). Deshalb sind die westwärts zur See gerichteten, höher liegenden Bereiche stärker bewachsen.

Rooibank erhielt seinen Namen wegen des roten Granits, der aus dem Wüstenboden ragt. Der Kuiseb trennt das Sandmeer der Dünen gegen die Geröllflächen des Nordens ab. Riviaufwärts stehen hohe Bäume, abwärts niedrige Pflanzen. Einige Vegetationstypen sind mit Tafeln gekennzeichnet. Hier wächst auch die Nara-Frucht. Mit einem 4x4 kann man 3 km flussaufwärts Scheppmansdorp erreichen, den früheren Standort der Rheinischen Mission.

Sandwich Harbour

Walfänger, sogar auch Piraten, sollen dort, 40 km südlich Walvis Bay, vor Anker gegangen sein, da es einer der wenigen Orte dieses Küstenstriches mit Frischwasser war (die Quelle entspringt bei der Naturschutzhütte).

Anichab bedeutet in Nama „Quellwasser". 1890 wurde hier eine Fabrik zur Fleischverarbeitung errichtet. Die Rinder trieb man durch die Wüste aus dem Landesinneren her. Fünf Jahre später versandete die Mündung, und die Fabrik wurde aufgegeben.

1910 wurde – bis in die 50er Jahre – der Guano-Abbau in Angriff genommen. Um die Abbauflächen zu vergrößern, begann man damit, dem Meer Land abzugewinnen, was immer wieder zur Versandung der Mündung führte. Schließlich wurde Sandwich Harbour Teil des Namib-Naukluft-Naturschutzgebietes und als Brutstätte für Vögel, die in der Süßwasserlagune lebten, streng geschützt. 1995 holte sich das Meer die Lagune, und die Vögel sind, bis auf Möwen und Pelikane, verschwunden.

Die Anfahrt gestaltet sich sehr schwierig, dass man sie nicht alleine unternehmen sollte, sondern sich besser an ein Safari-Unternehmen wendet. Das Meer reicht auf großen Strecken direkt an die Dünen heran. Extrem weicher Sand, unter dem sich teilweise Salzglibber verbirgt und die Notwendigkeit, mit einer Gezeitentabelle zu arbeiten, haben mehrfach dazu geführt, dass Touristenwagen abgesoffen sind, weil die steckengebliebenen Fahrzeuge nicht während der Ebbe befreit werden konnten. Zu den wenigen Unternehmen, die die Tour noch durchführen, gehören *Turnstone Tours* (www.turnstone-tours.com), *Mola Mola* (www.mola-namibia.com) und *Sandwich Harbour 4x4* (http://sandwich-harbour.com). Fast alle Anbieter in Walvis Bay und Swakopmund bieten Kombibootstouren mit einer Lagunenbesichtigung und Sandwich Harbour an.

Der Meeresboden lebt Namibias Küste hat auch den Beinamen „Silberne Küste". Der Reichtum an Plankton führt dazu, dass nicht alles gefressen werden kann, große Mengen sinken ab und werden unter Sand begraben. In regelmäßigen Zeitabständen strömt warmes Wasser aus Angola die Küste entlang nach Süden, und das abgestorbene Plankton beginnt zu gären. Schwefel entsteht, dem Wasser wird Sauerstoff entzogen, die Langusten flüchten an Land, die Fische kommen an die Oberfläche und schnappen nach Luft. Verpestet riecht dann die ganze Küste und silbern schimmert die Meeresoberfläche von den Fischkadavern.

Adressen & Service Walvis Bay

Unterkunft *Touristenklasse:* Ngandu at Sea, Protea Lodge, Atlantic Hotel, Casa Mia Hotel, Pelican Bay Hotel, **The Courtyard,** Namibia Coast, Kleines Nest, Lagoon Lodge, The Langholm Hotel Garni, The Shifting Whispering Sands, Oyster Box Guest House.

> ### Unterkunftstipp
> Das **Protea Hotel** besticht durch seine tolle Lage an der Lagune am Yachthafen, **The Burning Shore** ist berühmt geworden durch die Niederkunft von Angelina Jolie, die sich mit Brad Pitt einmietete (und die gesamte Umgebung Langstrands absperren ließ).

Günstig: **Casa Yeovella,** Lagoon Chalets, Seagull's Inn Guest House, Loubser's B&B, Esplanade Park Cottages

Camping: Langstrand Rastlager

Außerhalb: The Burning Shore, Crayfish Creek Lodge, **Levo Guesthouse,** Dolphin Park Chalets, Lauberville Camp.

Restaurants *The Raft,* vorzüglicher Speiseplatz mit Aussicht, The Esplanade, Tel. 064-204 877, www.theraftrestaurant.com.

Bäckerei und Restaurant Probst, Traditionstreff, 9th Street, Tel. 064-202744, www.facebook.com/probst.willi.bakery (Frühstück und Lunch).

Crazy Mammas, sieht von außen aus wie eine Burg und in den weitläufigen Gasträumen oder im Biergarten gibt es südafrikanische Spezialitäten (Fleisch, Fisch) und Pizza & Pasta; 133 Sam Nujoma Drive, Tel. 064-207364.

Vlooi's Nest, kleines Lokal mit netter Atmosphäre und guter Küche für ein schnellen Mittagessen, Hage Geingob Street, Tel. 064-220157.

Mussel Cracker, entspanntes Lokal mit ebenso entspanntem Personal, dafür ist das Essen gut und die Stimmung ausgezeichnet (wenn man denn endlich sein Essen hat), Waterfront, Tel. 081-4946923.

Lagoon Café, Waterfront, Coffee Shop und leichte Mahlzeiten ab 8–14 Uhr, Fr/Sa 8 Uhr bis spät; Freisitz, Cocktails, Tel. 081-7811179.

Anchors, Waterfront, Di–Sa 7.30-22, So/Mo 7.30-15 Uhr, Tel. 064-205762, www.facebook.com/anchorsatthejetty; Fischrestaurant mit uriger Atmosphäre.

Oceans, Waterfront, 7.30 Uhr bis spät, Tel. 064-221384, www.facebook.com/oceansrestuarant; gemütliche Fischkneipe, besonders beliebt ist das Fischbüfett am Sonntag.

Informationen	Ecke Union Street/5th Road, Tel. 064-200606, Infostelle und Buchungsmöglichkeiten für Unterkunft und Aktivitäten.
Permits für die Namib	Ministry of Environment & Tourism, Heinrich Baumann Street, Tel. 064-205971, (zur Heinrich Baumann Street kommt man vom großen Kreisel bei der Stadteinfahrt nach rechts in die 18th Road bis zur 2nd Street, dort links bis zur Heinrich Baumann Street, dort rechts; das Büro liegt auf der rechten Seite).
Township-Besuch	Fried Frederick, Tel. 064-200436 u. 081-2867758, Büro an der Waterfront, Besuch des Marktes, eines Kindergartens, Einblicke in Gesundheits- und Entwicklungshilfeprojekte und schließlich eine lokale Mahlzeit mit Mopanewürmern und Oshifima-Brei, danach ein Shebeen-Besuch mit lokalem Bier und Tanz.
Unterhaltung	*Luculus Bar & Disco,* Nightclub für die betuchteren Bewohner der Stadt, 16 Railway Street, Tel. 064-209766.
	Velvet Lounge, 84 Theo Ben Gurirab Street, netter Nachtclub
Reiseveranstalter	*Mola Mola Safaris,* P.O. Box 980, Walvis Bay, Tel. 064-205511, www.mola-namibia.com; Bootsausflüge und Fahrten mit dem Geländewagen nach Sandwich Harbour.
	Turnstone Tours, Tel. 064-403123, www.turnstone-tours.com, Fahrten nach Sandwich Harbour.
	Levo Dolphin Tours; wunderschöne Schiffstouren auf dem Meer vor Walvis Bay; P.O. Box 1860, Langstrand, Walvis Bay, Büro im Informationspavillon am Stadteingang von Walvis Bay, Tel. 064-207555 oder 081-1247825, www.levotours.com.
	Catamaran Charters unternimmt mit den schnellen Doppelrumpfbooten schöne Ausflüge in die Bucht hinaus, Tel. 064-200798, www.namibiancharters.com.
	Jeanne Meintjes organisiert Kayak-Touren in der Lagune von Walvis Bay mit unterschiedlicher Dauer (halb- und ganztägig). Man kann Vögel beobachten, fährt zum Pelican Point und zu Austernfarmen. Jeanne stellt auch Touren nach Vorstellungen der Gäste zusammen. *Eco Marine Kayak Tours,* P.O. Box 225, Walvis Bay, Tel./ 064-203144, www.emkayak.iway.na.

Robbe an Bord

Yachtclub	The Esplanade, Tel. 064-203676
Schwimmbad	Öffentliches Schwimmbad neben dem Yachtclub. Öffnungszeiten 10–18.30 Uhr, 5 N$ p.P. (Kinder 0,50 Cent)
Golfclub	Walvis Bay Golf Club, P.O. Box 835, Walvis Bay, Tel. 064-176034
Bibliothek	Civic Center, 13th Road/10th Street
Mediz. Hilfe	Hospital, Tel. 064-203441
Sonstiges	Segeln, Surfen und Tennis über den Yachtclub (s. oben)

Walvis Bay – Swakopmund

Achtung: Meiden Sie die Straße zwischen Walvis Bay und Swakopmund bei Nacht. Es ist die Todesbahn des Landes. Nach einigen Gläsern Bier und Korn körperlich und seelisch entspannt, versuchen die Einheimischen allzu häufig, den Streckenrekord ihrer Freunde zu unterbieten. Dabei ist – so heißt es – der Aufschlag auf die Basis einer Sanddüne bei 200 km/h die eher unkommode Variante der möglichen Bremsmanöver!

Verlassen Sie Walvis Bay am Kreisel auf der B2 nach Norden. Sie fahren auf Asphalt an der Küste entlang. Nach 10 km kommt eine große, ins Meer gebaute Guano-Plattform und 4 km weiter Dolphin Bay, eine Feriensiedlung mit voll eingerichteten Chalets und einer Schwimmbadlandschaft direkt am Strand. Tagesbesucher zahlen etwa 10 N$ (Kinder die Hälfte), Öffnungszeit 9–18 Uhr.

Nach 3 km erreicht man Langstrand, ebenfalls ein Ferienzentrum. Von der Stadt Walvis Bay wird der große Zeltplatz betrieben. Die Brücke über den Swakop überquert man nach 13 km. Jetzt nur noch 1 km und Swakopmund ist erreicht. Hier haben Sie Anschluss an die Routen 5 und 8c.

Kieselstrand zwischen Walvis Bay und Swakopmund mit Schiffswrack im Hintergrund.

Swakopmund

Ankunft Über die die Mündung des Swakop überspannende Brücke erreichen Sie Swakopmund und gelangen auf die Breite Street, die mitten im Zentrum auf die ehemalige Kaiser Street stößt. Wenn sich der Nebel am Morgen gelichtet hat, blitzt die Stadt im Sonnenschein, und die Einheimischen und die Touristen flanieren auf den Straßen oder sitzen auf den Terrassen der Cafés. Dann strahlt das Leben eine Leichtigkeit aus und Urlaubsstimmung kommt auf. Hat sich der Nebel nicht gelichtet, bleibt alles in traurigem Zwielicht und der Reisende mag das Hotel gar nicht verlassen.

Geschichte 1884 wurde Südwestafrika deutsches Protektorat. Ein Hafen musste her, um Waren ins Land zu bringen und die natürlichen Ressourcen ins Heimatland transportieren zu können (diese Form des „Warenaustausches" sollte immer „hehrstes Ziel" einer Kolonie sein).

Es gab nur zwei Buchten an der Küste, die sich eigneten: Walvis Bay – leider britisch – und Angra Pequena, die Bucht vor dem heutigen Lüderitz. Angra Pequena lag zu weit im Süden und wurde vom Landesinneren auch noch durch einen Dünengürtel abgetrennt, dem die damalige Transporttechnik nur unter größten Schwierigkeiten gewachsen war. Außerdem war die Anlandung dort durch die Untiefen sehr schwierig.

Nach längerer Suche die Küste auf und ab entschied man sich schließlich für einen Fleck gleich nördlich der Mündung des Swakop-Flusses – es gab Wasser und keine Behinderung durch Sandberge (da der Swakop, wenn er in der Regenzeit fließt, Dünenanlagerungen wegwäscht, und der Wind, der das Swakop-Tal entlang bläst, seinen Teil dazu beiträgt). Das Kanonenboot „Hyäne" der Kaiserlichen Marine setzte am Landungspunkt Baken, Swakopmund war geboren, es war der 4. August 1892. Ein Jahr später brachte die „Marie Woermann" 120 Schutztruppler und 40 Siedler aus Deutschland per Brandungsboot an Land.

Swakopmund in den ersten Jahren

Tobias Hainyeko Street

Die ersten Jahre

Viel fanden sie nicht vor. Einige Baracken, einige Lagerhäuser, keine Unterkunftsmöglichkeit, obwohl man über Wochen warten musste, bis sich eine Möglichkeit zur Weiterreise ergab. Und die war dazu noch unsicher, gestört durch die Überfälle Hendrik Witboois. Aber der Schiffsverkehr wurde reger. 1894 kamen vier Schiffe, 1895 fünf Dampfer und 1896 errichtete die Woermann-Linie einen zweimonatlichen Afrika-Dienst. Die Anlandung mit dem Brandungsboot blieb Swakopmund aber erhalten. (In Liberia wurden von jedem Dampfer der Woermann-Linie „Kruboys" – Männer des Kru-Stammes – auf- und mit nach Swakopmund genommen. Hier halfen sie nicht nur bei der Entladung, sie waren wichtigster Bestandteil derselben. Sie kannten die Brandung von ihrer eigenen Küste und waren mit den Wellen vertraut. Ohne sie wären die Frachtraten, die jetzt den Hafen erreichten, nicht möglich gewesen. Die Kruboys fuhren mit dem gleichen Dampfer wieder in ihre Heimat zurück.)

1899 wurde schließlich der Bau der Mole in Angriff genommen. Nach vier Jahren und 2,5 Mio. Mark weniger war die 375 Meter lange Pier fertig – und nach weiteren zwei Jahren versandet. Künftig sollten die Landungsbrücken aus Holz sein, nicht für die Ewigkeit gebaut, aber nutzbar. Kurz vor Beginn des I. Weltkrieges begann die Stadt dann noch mit dem Bau einer eisernen Landungsbrücke, die aber nie ihre Vollendung fand. Der Traum Swakopmunds, als Hafen Bestand zu haben, war zu Ende.

Bay-Weg

Allerdings waren damit die Grundlagen geschaffen worden, auch künftig als Stadt zu existieren. Durch seine Funktion als Tor ins Landesinnere wurden die Wege dorthin ausgebaut. Die Ochsenkarren nahmen von Swakopmund aus den traditionellen Bay-Weg, und die bald danach gebaute Eisenbahn verband die Stadt über Otjiwarongo mit dem Norden und über Windhoek mit dem Süden. Es siedelten sich Händler an, Handwerker und Verwaltungsbeamte.

Fertighäuser aus Deutschland fanden ihren Weg nach Südwest, und 1899 schließlich begann man mit Steinen zu bauen, der Ruch des Provisorischen wurde abgestreift.

1907 war Swakopmund mit ca. 1700 weißen Einwohnern die größte weiße Ansiedelung in den deutschen Kolonien, es gab 18 Hotels, Banken, Wirtschaften, Clubs, Kultur, Industrie und Handwerksbetriebe.

Dann kam der Krieg. Am 14. und 24. September 1914 beschoss je ein englisches Kriegsschiff die Stadt. Am 25. September begann die Evakuierung, Mitte Januar des neuen Jahres marschierten schließlich südafrikanisch-britische Truppen ein. Nach der Kapitulation der Schutztruppen, die die Südafrikaner durchaus ehrenvoll gestalteten, kehrte man im August 1915 nach Hause zurück.

Höhen und Tiefen

Walvis Bay war der neue Hafen, Deutsch-Südwest gehörte nun zum Zollgebiet Südafrikas, der Handel lag darnieder, man hatte kaum etwas mehr. Die schwarze Bevölkerung war noch ärmer dran, Hungersnöte in ihren Heimatgebieten, keine Arbeit, kein Land und, bis auf einige wenige Missionare, keiner, der sich darum scherte. Sie wurde schließlich von der Militärverwaltung angewiesen, sich im Norden der Stadt niederzulassen.

Swakopmund träumte von einer lichteren Zukunft – annähernd 10 Jahre lang. Und sie kam. Die Stadt mauserte sich zum bevorzugten Ferien- und Standort diverser Internate und Schulen. Hotels wurden gebaut, Zeltlager eingerichtet, um den alljährlichen Ansturm Badewilliger abzufangen.

Der zweite große Krieg tangierte Swakopmund nicht sonderlich, die Leute wollten weiterhin der Hitze des Landesinnern entgehen. Swakopmund blieb Ferienziel bis heute. Es wurde und wird gebaut, in den sechziger Jahren die beiden Vororte Mondesa und Tamariska, ersterer für die schwarze Bevölkerung aus dem Viertel „Alte Werft" (noch entstanden in der Zeit des I. Weltkrieges), Letzterer für die farbige Bevölkerung.

In den Siebzigern baute die Rössing-Mine das ehemalige Feriendorf Vineta zu einem Stadtviertel aus, in dem „white collars" der Firma lebten (die einfacheren Arbeiter hatten ihre eigene Kunststadt Arandis, ca. 60 km außerhalb, in der Nähe ihrer Arbeitsstätte im Landesinneren).

Ab der Jahrtausendwende sah Swakopmund einen beispiellosen Bauboom, die ganze Küste Richtung Norden bis zum Zeltplatz Mile 4 wurde zugebaut, nicht immer in der hohen Qualität, die eine seewassernahe Bebauung eigentlich erfordert.

Swakopmund hat heute etwa 45.000 Einwohner, und es ist schwierig, hier während der Ferienzeiten ein Bett zu ergattern, gar einen Stellplatz für sein Zelt zu finden. Die Restaurants sind voll, auf der Promenade ist viel Betrieb, Schwarz und Weiß teilen sich friedlich die Sitzbänke und genießen den Sonnenuntergang, während sie ein Eis schlecken. Nie käme man bei diesem Bild auf die Idee, woher der Name Swakopmund kommt – er wird abgeleitet aus dem zusammengesetztem Nama-Wort „tsoa-xoub" und spielt auf das periodische Abkommen des Flusses an, der dabei sehr viel Schlamm mit sich trägt und bräunlich eingefärbt ist, „tsoa" bedeutet Hintern, „xoub" Exkrement.

Der Spaziergang …

… beginnt bei unserer Hotel- oder auch Restaurantempfehlung, dem **Hansa Hotel** in der Hendrik Witbooi Street (ehemals Roon). Der Gebäudekomplex des Hotels mag verwirrend wirken, hat aber seine Ursache in der über die Jahrzehnte dauernden allmählichen Erweiterung des um die Jahrhundertwende von einem Friseursalon in ein Gästehaus verwandelten Gebäudes.

Hansa Hotel

Halten Sie sich links, und Sie gelangen sogleich zur Daniel Tjongarero Street (ehemals Post), die Sie ebenfalls links gehen. Ein Merkmal Swakopmund wird sofort deutlich: die überbreiten Straßen, auf denen man gut und gerne mehrspurig fahren könnte. Doch die großzügige Stadtanlage wurde nicht für Kraftfahrzeuge, sondern für Ochsengespanne berechnet, und die brauchten einen großen Wendekreis. Als Belag wurde eine Mischung aus Salz und festgestampfter Erde verwendet. Rechter Hand sehen Sie nach ein paar Schritten ein altes deutsches Wohnhaus. Zwischen Hendrik Witbooi Street und Tobias Hainyeko Street (ehemals Moltke) breitet sich eine Fußgängerzone aus, wo man Restaurants, Curio-Läden, ein Kino und allerlei weitere kleine Geschäfte findet.

Swakopmund Stadtrundgang

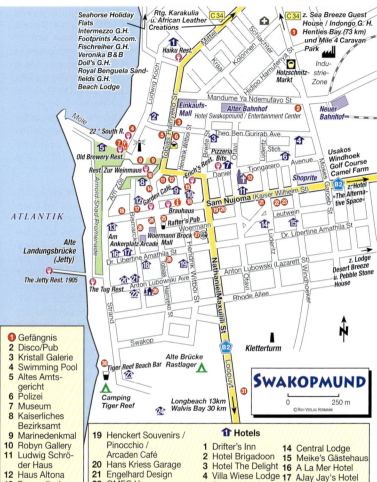

1. Gefängnis
2. Disco/Pub
3. Kristall Galerie
4. Swimming Pool
5. Altes Amtsgericht
6. Polizei
7. Museum
8. Kaiserliches Bezirksamt
9. Marinedenkmal
10. Robyn Gallery
11. Ludwig Schröder Haus
12. Haus Altona
13. Evangelische Kirche
14. Raith Gourmet Gelateria
15. Chili Pepper Rest.
16. Ritterburg/Nature Conservation
17. Fürst Bismarck Haus
18. Radverleih
19. Henckert Souvenirs / Pinocchio / Arcaden Café
20. Hans Kriess Garage
21. Engelhard Design
22. OMEG Haus
23. Otavi-Bahnhof
24. Village Café
25. Kaiserhof
26. Woermann Haus
27. Bus Intercape Mainliner
28. Hohenzollern Haus
29. Alte Kaserne/Youth Hostel
30. Aquarium/Aquamarine
31. Desert Explorer Adventures

Hotels

1. Drifter's Inn
2. Hotel Brigadoon
3. Hotel The Delight
4. Villa Wiese Lodge
5. Strand Hotel
6. Dunedin Star GH
7. Villa Margherita
8. Htl. Schweizerhof / Café Anton
9. Hansa Hotel
10. Atlanta Hotel
11. Eberwein Hotel
12. Rapmund Hotel
13. Zum Kaiser
14. Central Lodge
15. Meike's Gästehaus
16. A La Mer Hotel
17. AJay Jay's Hotel
18. Secret Garden Guest House
19. Hotel d'Avignon
20. Dunes Lodge
21. Europa Hotel
22. Prinzessin Rupprecht Heim
23. Swakopmund Sands Hotel
24. The Stiltz Lodge

An der Kreuzung Daniel Tjongarero/Hendrik Witbooi Street steht das alte **Postgebäude.** Weiter geradeaus sieht man links zwei weitere alte Wohnhäuser, und über der Querstraße, der Otavi Street, ragt die **evangelisch-lutherische Kirche** in die Höhe. Ihr angeschlossen ist das **Pfarramt.** Der barocke Baustil variiert frei die Formen. Am 7. Januar 1912 wurde die Kirche eingeweiht. Eineinhalb Jahre später war die gegenüberliegende **Regierungsschule** fertig. Die Garnsion Street, heute die Tobias Haynieko Street, nach Norden kommt man zum postmodernen Gebäude der Kristallgalerie, wo man unter anderem das weltgrößte Kristallaggregat bewundern kann. In der Ausstellung begleitet man die Steine vom Fundort bis in die Werkstatt der Schleifer und Polierer und der Schmiede. Ein Coffee Shop ist integriert und man kann Souvenirs kaufen.

Bahnhof Der wahrscheinlich schönste Bahnhof der Welt, heute ein Luxus-Hotel, liegt an der Theo Ben Guriab Avenue. Er ist in einen Gebäudekomplex integriert, mit Ladengeschäften, Pub und Spielcasino, das an einer gänzlich anderen Stelle sicher nicht deplaziert wäre. Der Bahnhofsbau wurde 1901 begonnen. Der Baustil klingt an die Renaissance an, mit vielen Verzierungen und einer „reichen Gestaltung". Der Bauherr, die „Swakopmunder Handelsgesellschaft", geriet aber in finanzielle Schwierigkeiten. Vollendet wurde der Bau schließlich von dem frisch aus Deutschland eingetroffenen Wilhelm Sander, der hier ein erstes Mal einem Gebäude in Südwest seinen ganz persönlichen Stempel aufdrückte, durch den er und das ganze Land bekannt wurden, das wilhelminische Stilelement.

Ginge man vom Bahnhof ca. 500 m nach Osten bis zum Nordring, der heutigen Moses/Garoeb Street, und diesen weitere 500 m nach Norden, würde man auf das **Gefängnis,** genauer den Verwaltungsbau des Gefängnisses, stoßen. Hübsch anzuschauen, 1906/1907 entstanden, vermittelt das Gebäude alles andere, nur nicht seine wirkliche Bestimmung. Vorsicht beim Fotografieren!

Das luxuriöse Bahnhof-Hotel

Altes Amtsgericht

Altes Amtsgericht Wir aber gehen wieder Richtung Meer die Theo Ben Guriab Avenue (ehemals Bahnhof Street) hinunter, kreuzen die Tobias Haynieko Street mit dem Alten Amtsgericht an der Ecke (ursprünglich als Schule geplant, nicht vollendet, vom Bezirksamt erworben und 1909 zum Gerichtsgebäude umgewidmet), biegen in die Strand Street nach links, passieren das **Schwimmbad** – das einzige in einer Halle mit olympischen Maßen in Namibia – und erreichen das Museum.

Museum Das Museum (Strand Street, Tel. 064-402046, tgl. 10–17 Uhr, Eintritt 25 N$) hat Dioramen über die Wüste vorzuweisen, einen Ochsenwagen in Originalgröße, den Nachbau der Inneneinrichtung der Adler-Apotheke, ein Saal über den Uran-Bergbau und viel ethnographisch Wissenswertes. Vor dem Museum toben Kinder im Sand des etwas angerosteten Spielplatzes, bummeln Pärchen, wetteifern Jugendliche im Skateboardfahren, und einige besonders unentwegte Wasserratten stürzen sich in die atlantische Brandung, die den flachen Sandstrand meist sehr zahm, aber bitter kalt, anleckt. (Im Museum lässt sich auch eine Fahrt mit Besichtigung zur **Rössing-Mine** organisieren, s.u.) Eine neue und ausgezeichnet gestaltete Abteilung widmet sich den verschiedenen Ethnien des Landes. Ein Besuch ist auch deshalb äußerst empfehlenswert. Marinedenkmal

Die Strand Street weiter nähern wir uns dem **Leuchtturm,** dem **Kaiserlichen Bezirksamt** und dem **Marinedenkmal.** Das Bezirksamt wurde 1902 fertiggestellt, das Marinedenkmal, martialisches Erinnerungsstück an den ungleichen Krieg im Verlauf der Kolonisierung, in Berlin hergestellt und am 16. August

1908 eingeweiht, soll an die deutschen Marinetruppen erinnern, die 1904 gegen die Herero eingesetzt wurden.

Auf dem Platz vor dem ehemaligen Bezirksamt verkaufen Kunsthandwerker ihre Holzschnitzereien und zierliche Drahtflechtereien, gänzlich unafrikanisch, nämlich abwartend ob jemand sie anspricht; keine Hektik, kein Auf-den-Kunden-zugehen, keine Verkaufsoffensive.

Wer nun Lust auf Kaffee und Kuchen hat, kann entweder Richtung Mole gehen und sich dort niederlassen, oder, die Treppen hoch, das *Café Anton* besuchen, traditionell der Platz für einen Plausch für die Einheimischen und für die Fremden.

Ritterburg Gehen Sie gesättigt die Am Zoll Street bis zur Kaiser Wilhelm Street und diese links. An der Ecke Bismarck Street steht die Ritterburg, nach ihren ersten Bewohnern, der Familie Ritter, benannt. Heute residiert im Haus ein Ableger des Ministeriums für Natur und Tourismus und eine Zweigstelle von Namibia Wildlife Resorts. Das Gebäude wurde für Angestellte der Woermann-Linie errichtet. Östlich gegenüber steht das 1902 entstandene, aber bald danach geschlossene und nur noch als Wohnhaus genutzte Hotel Bismarck. Die Sam Nujoma Street, ehemals Kaiser Wilhelm Street, wurde übrigens erst im Jahre 1970 asphaltiert.

Ginge man etwa 800 m stadtauswärts, fände sich rechter Hand der **Otavi-Bahnhof** und das **OMEG-Haus** (Abk. für Otavi Minen- und Eisenbahngesellschaft, s.a. Route 7), ein ehemaliges Lagerhaus, das nun als Gästehaus der „Gesellschaft für wissenschaftliche Entwicklung" dient. Hier befindet sich auch die Sam Cohen Bibliothek.

Woermann-haus Die Bismarck Street südlich, an einem weiteren Wohnhaus vorbei, steht dann schließlich – eingearbeitet in die Woermann Arkaden mit einer ganzen Reihe von kleinen Geschäften – ein weiterer Prachtbau Swakopmunds, das Woermann-Haus. 1894 als Niederlassung der Hamburger Damara-Gesellschaft errichtet, wurde es 1903 und 1904 umgebaut und erweitert und 1909 vom Rechtsnachfolger Woermann, Brock und Co., übernommen. Sein markanter Turm diente als Beobachtungsstation der ankommenden Schiffe, als Navigationshilfe für diese und wohl ein wenig als stolzer Ausdruck, wie weit man es gebracht hatte. Das Obergeschoss und der Turm sind in Fachwerk ausgeführt, Jugendstilelemente sind gleichfalls vorhanden, der schöne Innenhof lädt zum Verweilen ein.

Heute beherbergt das Gebäude die öffentliche Leihbibliothek. Der **Turm** lässt sich besteigen (2015 aus bautechnischen Gründen geschlossen, ab Mitte 2016 wohl wieder offen, bei Namib I nachfragen). 92 Stufen sind es zur Aussichtsplattform, bei Dunkelheit ist eine Taschenlampe angeraten, da der Turm keine Beleuchtung hat.

Die Bismarck Street weiter, an einigen alten deutschen Wohnhäusern vorbei, stößt man schließlich an der Anton Lubowski Avenue, ehemals Lazarett Street, rechter Hand auf das **Prinzessin Rupprecht Heim** aus dem Jahre 1902, heute eine Mischung aus Pension und Altersheim, früher ein Hospital für die Schutztruppe. Links die 1905 erbaute **Alte Kaserne,** heute Jugendherberge.

Hohen-zollern-Haus

Die Lazarett Street nach links und an der Tobias Haynieko wieder nach links kommt man an der Ecke Dr. Libertina Amathila (ehemals Brücken) Street zum neubarocken **Hohenzollern-Haus** mit Stilelementen der Renaissance und einem mächtigen Atlas auf der Giebelspitze, der geduldig seine Erdkugel stemmt. Es wurde 1906 als Hotel Hohenzollern fertiggestellt. Angeblich befahl man schon 1912 wieder die Schließung, da das Glücksspiel überhand nahm.

Die Tobias Haynieko weiter nach Norden passiert man den **Kaiserhof,** ebenfalls ein ehemaliges Hotel (ein Stückchen die Sam Nujoma Avenue hinein stößt man auf das Café Treff, 1978 Ziel eines Bombenanschlages mitten im Herzland der weißen Apartheid). An der Ecke Post Street kommt man zum **Ludwig Schröder Haus** und zum **Haus Altona,** einem Gebäude der Woermann-Linie.

Verlassen wir die Autostraßen noch einmal und gehen runter an den Strand bis zur **Mole.** Direkt hier ist der Versuch gescheitert, den Überseeschiffen eine Anlegestelle zu schaffen.

Jetty

Die Promenade Richtung Süden unter Palmen und zwischen einem Blütenmeer führt uns der Weg schließlich zur Jetty, der Landungsbrücke aus Eisen, die 1911 begonnen wurde. 1986 renoviert, wurde sie bereits in den 1990er Jahren erneut wegen Baufälligkeit gesperrt. Heute ist sie nach einer Sanierung wieder begehbar und nicht nur das: am Ende wartet das ausgezeichnete Fischrestaurant The Jetty. Hier sitzt man elegant draußen auf der Terrasse oder windgeschützt drinnen – auf jeden Fall inmitten der Dünung. Austern oder eines der vorzüglichen Sushi-Gerichte sind Pflicht, perfektes Personal, gute Weinkarte – sattzufriedene Bettschwere ist garantiert.

Die Alte Kaserne ist heute ein Youth Hostel

Noch ein Stückchen weiter steht am Strand das 1994 von Präsident Sam Nujoma eröffnete **Meerwasser-Aquarium** (Tel. 064-4101000, Di–So 10–16 Uhr, Eintritt 40 N$) modernster Bauart mit einem Tunnel, so dass man sich direkt zwischen den Haien wähnt, und einer Ringschwimmanlage. Sa, So und Di um 15 Uhr begeben sich Taucher ins Wasser und füttern sanfte und räuberische Fische.

Ausflug zur Rössing-Mine
Im Museum werden Karten für einen Ausflug zur Rössing-Mine verkauft. Die Abfahrt ist jeden ersten Freitag im Monat um 10 Uhr in der Am Zoll Street, unterhalb des Café Anton, Rückkehr ist um 14 Uhr. Die Besucher werden in einem Luxusbus der Minengesellschaft abgeholt, eine individuelle Anreise ist nicht möglich (zur Rössing-Mine s. Route 8c). Die Kosten betragen 50 N$.

Adressen & Service Swakopmund

Unterkunft
Luxus: Hansa Hotel, The Stiltz, Swakopmund Hotel & Entertainment Center, Zum Kaiser, Villa Margherita, Strand Hotel, The Delight.

Touristenklasse: Adler Hotel garni, A La Mer Hotel-Pension, Beach Lodge Swakopmund, Brigadoon, Bundu N See Hotel, Central Guesthouse, Charlotte's Guesthouse, Deutsches Haus Hotel-Pension, Eberwein Hotel garni, Europa Hof Hotel, Footprints Guesthouse, Fischreiher Guesthouse, Gut Richthofen, Meike's Gästehaus, Orange House, Pebble Stone House, Prinzessin-Rupprecht-Heim Hotel-Pension, Rapmund Hotel-Pension, Royal Benguela Guesthouse, Sams Giardino House, Sandfields Guesthouse, Sea Breeze Guesthouse, The Secret Garden Guesthouse.

Günstig: Alte Brücke Rastlager, Alternative Space, A Home Away From Home, Anandi Ocean View, d'Avignon Hotel, Desert Sky Backpacker's Lodge, Drifter's Inn/Greenfire Lodge, Dunedin Star Guesthouse, Haus Garnison, El Jada Rastlager, Indongo Guesthouse, Intermezzo Guesthouse, Langstrand Rastlager, Lightkeeper's Cottage, Namibia Holiday Flats, Schweizerhaus Hotel, Seahorse Holiday Flats, Strauss Holiday Flats, Swakopmund Rastlager, Veronika B&B, Villa Wiese, Swakopmund Jugendherberge, Swakopmund Rastlager Mile 4, Swakopmund Guesthouse.

Camping: Tiger Reef Camping, Jakkalsputz Zeltplatz, Langstrand Zeltplatz, Mile 4 Rastlager, Sophia Dale Basecamp.

> ### Unterkunftstipp
> **Meike's Guesthouse** im Herzen von Swakopmund ist seit Jahren zu Recht eine der beliebtesten Adressen unter den Frühstückspensionen in Swakopmund, herzliche Betreuung, ausgezeichneter Unterhalt und geschmackvolle Einrichtung. Im höherpreisigen Segment ist **The Stiltz** am Strand nahe dem Aquarium (die ganze Anlage steht auf Stelzen) empfehlenswert, und wer die Einsamkeit der Wüste liebt mietet sich im **Desert Breeze** mit Blick über das Swakoprivier und die Dünen ein.

The Jetty

Außerhalb: Crayfish Creek Lodge, El Jada Rastlager, Levo Guesthouse (Besitzer machen äußerst schöne und erlebnisreiche, empfehlenswerte Kreuzfahrten in der Bucht), Okakambe Trails, Rossmund Lodge (am Golfplatz).

Restaurants Swakopmund ist Fischstadt, ein Narr, wer sich darauf nicht einlässt. Generell haben die Hotels angeschlossene Restaurants. Als empfehlenswert gilt *The Tug* und **Erich's**. Ein absolutes Muss ist *The Jetty 1905* für Fisch und Meeresgetier, wo man inmitten der Atlantikdünung sitzt. Auch das *Fish Deli Bistro ist* eine unbedingte Empfehlung: sehr gute und günstige Fischgerichte, Fischbrötchen, *Tuna Wraps,* Quiches, Heringssalat, Rollmops und Sushi. Fürs Abendessen ist es besser einen Platz im Restaurant zu reservieren.

Restaurant im *Hansa Hotel,* Hendrik Witbooi Street, Tel. 064-400311, www.hansahotel.com.na. Traditionsstandards, u.a. Bismarckhering.

The Jetty 1905, Jetty, Tel. 064-405664, www.jetty1905.com, Di–Do 17-22 Uhr, Fr–Sa 12–22, So 12–21 Uhr, Mo geschl., unbedingt einen Tisch reservieren, man sitzt mitten im Ozean und speist Austern und Sushi, wer es gewöhnlicher mag, findet auch traditionellere Zubereitungsarten des Fisches, sehr gut ausgebildetes und zuvorkommendes Personal, exklusives Essen an einem exklusiven Platz

Fish Deli, Sam Nujoma Avenue 29, Tel. 064-462979, Mo–Fr 9.30–21.30 Uhr, Sa 9.30–13.30, 18–21.30 Uhr, beste Fischgerichte, superfrisch und lecker angerichtet.

Haiku, 37 Tobias Hainyeko St., Tel. 064-406406. Gelobtes japanisches Restaurant für jene, die mal Fisch roh oder überhaupt eine Abwechslung wollen.

Erich's, 21 Daniel Tjongarero Avenue, Tel. 064-405141. Gute Fischgerichte, angenehme Atmosphäre.

Swakopmund Brauhaus, Sam Nujoma Avenue, Tel. 064-402214 www.swakopmundbrauhaus.com. Weißwurst, Wurstsalat, Eisbein und Schweinebraten.

The Tug, Strand Street, bei der Landungsbrücke, Tel. 064-402356; www.thetug.com. Empfohlenes Restaurant mit Blick übers Meer, ausgezeichnete Fischküche, nur abends geöffnet.

Das Museum mit dem Old Brewery Pub

Cafés / leichte Mahlzeiten	*The Light House,* An der Mole, Tel. 064-400894, www.facebook.com/lighthouse swakop. Großrestaurant mit tollem Blick.

Village Café, Sam Nujoma Drive, Tel. 064-404723, www.villagecafenamibia.com. Kaffee, Kuchen, Hauptgerichte und auch nur Drinks in einem der vielen verwinkelten Räume und draußen.

22° South, the food connection, Tel. 064-400380, im Leuchtturm, mediterrane Küche und Pizzen in einem der vielen kleinen Räume oder draußen unter Sonnenschirmen.

Café Anton, Tel. 064-400331, www.schweizerhaus.net, beim Hotel Schweitzer Hof. Leichte Mahlzeiten, Kaffee und Kuchen, drinnen und draußen.

Café Treff Punkt/Putensen, Sam Nujoma Avenue, Tel. 064-402034. Die Traditionsadresse für einen Plausch, während des Unabhängigkeitskampfes ging hier eine Bombe hoch, mitten im Herzen der Stadt.

Old Brewery Pub/Raith's Delicatessen, Tel. 081-1490440, tgl. bis 18 Uhr, aber wer den Sonnenuntergang schauen will, sitzt schon auch mal länger; Sandwiches, Erbsensuppe, Nürnberger Bratwürste, Pfannkuchen, Freisitz im Museum. Drinnen sitzt man in der original aufgebauten Personalstube der Swakopmunder Brauerei, ausgezeichnetes Speiseeis. |

Informationen

Namib I Information, Ecke Sam Nujoma Ave. u. Hendrik Witbooi St, P.O. Box 1236, Swakopmund, Tel. 064-404827, Fax 403129, namib@iway.na.

Namibia Wildlife Resorts Ltd., Ritterburg, Tel. 064-405513, Fax 402769, Genehmigungen und Reservierungen für Rastlager.

Ministry of Environment & Tourism, Tourism Office, P.O. Box 5018, Swakopmund, Ritterburg, Sam Nujoma Avenue/ Ecke Bismarck Street, Tel. 064-404576, Permits für die Einfahrt und die Übernachtung auf den Zeltplätzen in der Namib (Mo–Fr 8–13 u. 14–17 Uhr, Sa/So 8–13 Uhr).

Stadtführungen

Historische Stadtführungen mit profunder Wissensvermittlung werden von *Frau A. Flamm-Schneeweiß* vorgenommen (250 N$/Person). Fragen Sie beim Museum oder bei der Sam Cohen Library nach oder nehmen Sie direkt Kontakt auf unter der Nummer 064-461647 oder 081-2726693, P.O. Box 871, Swakopmund, www.swakopmund-stadtfuhrungen.com.

Hata Angu Cultural Tours, Tel. 081-1246111, Fax 064-462721, www.facebook.com/Hata.angu, führt die Besucher auf Townshiptouren nach Mondesa und lädt zu

Swakopmund Adressen & Service

Nama, Damara und Herero nach Hause ein. Ein Shebeen-Besuch steht mit auf dem Programm und auch ein Essen in einem Restaurant mit Spezialitäten wie Mopane-Würmer, Wilder Spinat usw.

Reiseveranstalter *Charly's Desert Tours,* P.O. Box 1400, 11 Sam Nujoma Ave, Swakopmund, Tel. 064-404341, www.charlysdeserttours.com.

Levo, P.O. Box 1860/Langstrand, Tel. 064-207555, www.levotours.com; Angelfahrten, Dolphin Cruises.

Turnstone Tours, Tel. 064-403123, www.turnstone-tours.com, Fahrten nach Sandwich Harbour.

Living Desert Adventure, Tel. 064-405070 oder 081-1275070, www.living-desert-adventures.com, spezialisiert auf Touren in die Wüste und Pirsch auf deren kleinere und größere Bewohner – also auf alles, was kreucht und fleucht; sehr kompetent und empfehlenswert.

Mola Mola Safaris, P.O. Box 980, Walvis Bay, Tel. 064-205511, www.mola-namibia.com; Bootsausflüge und Fahrten mit dem Geländewagen nach Sandwich Harbour.

Swakop Tour Company, P.O. Box 1725/swakopmund, Tel. 064-404088 oder 081-1242906, www.swakoptour.com; mit Enthusiasmus und perfekter Landeskenntnis durchgeführte Tagestouren für maximal 4 Personen in die Namib rund um Swakop.

Bush Bird, Am Ankerplatz Arcade, Tel. 064-404071, www.bushbird.de (die Wüste – und nicht nur diese – aus der Vogelperspektive).

Transport Der *Desert Express* (www. desertexpress.com.na) verkehrt ein- zweimal die Woche zwischen Swakopmund und Windhoek. Wer es eiliger hat, nimmt den Bus *Intercape Mainliner* (www.intercape.co.za, Haltestelle Hendrik Witbooi Street) nach Walvis Bay oder Windhoek und von dort weiter nach Victoria Falls oder Südafrika. Zwischen Swakopmund und Windhoek pendelt auch der Kleinbus-Shuttle *Town Hoppers* (www.namibiashuttle.com).

Aktivitäten Der **Dorob-Nationalpark** schützt seit 2011 alles was nicht Stadt- oder Gemeindegebiet ist zwischen Walvis Bay und dem Beginn des Skeleton Coast National Parks am Ugab-Rivier. Die Einfahrt ist kostenfrei, es gibt aber strenge Verhaltensmaßregeln, um insbesondere das Off-road-Fahren per Geländewagen und Quadbike zu unterbinden.

Klettertouren macht Ian Walker (Tel. 064-403122, www.walkerra.iway.na) von Swakopmund aus an die Spitzkoppe.

Sandboarding mit Brettern auf den Dünen organisiert, ebenso wie Quadbiking in den Dünen zwischen Walvis Bay und Swakopmund, Desert Explorers, Tel. 064-406096, www.namibiadesertexplorers.com. Ebenso ist dies möglich mit der Firma Outback Orange, Nathanel Maxulili Street/Ecke Woermann Street, www.outback-orange.com, Tel. 064-400968.

Wer auf **Skiern** die Dünen hinuntersausen will, wendet sich an Henrik May, Tel. 081-4720343, www.ski-namibia.com.

Ballonfahrten unternimmt African Adventure Balloons, Tel. 081-2429481, www.africanballoons.com.

Angling- und Dolphin-Touren: Levo, s.o.

Reittouren (mehrstündig und mehrtägig) unternimmt Okakambe Trails, P.O. Box 1591/Swakopmund, 9 km außerhalb an der D1901, Tel./ 064-402799, www.okakambe.iway.na.

Kamelreiten kann man um 14–17 Uhr, 12 km außerhalb Swakopmunds an der D1901, Voranmeldung erforderlich, Tel. 064-400363, www.swakopmund camelfarm.com.

Rundflüge organisiert Bush Bird, Tel. 064-404071, www.bushbird.de.

Fallschirmspringen (auch Tandemsprünge) kann man am Flughafen entweder bei Ground Rush Adventures (www.skydiveswakop.com.na) und dem seit 20 Jahren existierenden Swakopmund Skydiving Club, Tel. 064-402841 oder 081-1271888, www.skydiveswakopmund.com. Die *Act Element Riders*, Tel. 081-6666599, www.element-riders.com, bieten **Klettern, Surfen, Kitesurfen, Sandboarding, Paragliding** und **Skydiving** an.

Weitere Aktivitäten siehe auch unter Walvis Bay!

Einkaufen

Kleidung: *Hans Lohmeier*, Sam Nujoma Ave, Tel. 064-402515. *Safariland Holtz*, Sam Nujoma Avenue, Tel. 064-402387

Souvenirs

Anin, Arcade, schräg gegenüber Brauhaus, Hendrik Witbooi Street, Tel. 064-405910, www.anin.com.na; Bett- und Tischwäsche fein bestickt.

Kirikara, Am Ankerplatz Arcade, Tel. 064-463146, www.kirikara.com. Afrikanisches in aller Buntheit und in bester Qualität, von Masken und Stickereien über Schnitzereien und Bildern bis zu Musik und Bücher. Nicht nur Namibisches, auch z.B. Flechtwaren aus dem Kavango, Tuareg-Schmuck etc. – eine Fundgrube!

Karakulia, 2 Rakotoka Street, Tel. 064-461415, www.karakulia.com.na; Teppiche fertig und nach Maß.

Kristall Galerie, Tobias Hainyeko Street, Tel. 064-406080, www.namibian gemstones.com; Souvenirs mit Schmucksteinen.

African Leather Creations, 22 Rakotoka Street, Tel. 064-402633. Die ehemalige Swakopmunder Tannery verkauft u.a. Schuhe aus Kudu-Leder.

Kubatsirana, Dr. Libertina Aamathila/Ecke Brucken Street, Shop 19a, Tel. 064-404806; Curios aus Entwicklungs- und Hilfsprojekten.

Henckert Souvenirs verkauft Edel- und Halbedelsteine aus eigener Schleiferei, Mineralien nach Gewicht und auf kleinen Tableaus. Außerdem gibt es neben Teppichen, Holzschnitzereien und der medizinischen Teufelskralle (Harpagophytum Procumbens D.C) ein Sesamgewächs, das mit seinen Bitterstoffen gegen Gelenk-Arthrose und Störungen im Verdauungstrakt helfen soll. 39 Sam Nujoma Avenue, Tel. 064-400140, www.henckert.com.

Im Curioshop im *Woermannhaus* erhält man Seidenstoffe aus Namibia, genauer aus Leonardville von Kalahari Wild Silk, Tel. 062-569111, die die Motte *gonometa poatiga* auf Kameldornbäumen züchten. Früher als Schädling gesehen, schafft sie heute Einkommen für die lokale Bevölkerung.

Auf dem Freiluft-*Holzmarkt* in der Hidipo Hamutenya Street gibt es Schnitzereien in allen Qualitäten und Größen zu kaufen – Feilschen ist Pflicht.

Schmuck

Engelhard Design, 55 Sam Nujoma Ave, P.O. Box 31, Tel. 064-404606, engel@mweb.com.na; bekannte Goldschmiede und Juweliere, die auch in Deutschland ausstellen.

Bücher und Anderes	*Peter's Antiques,* 24 Tobias Hainyeko Street, Tel. 064-405624, www.peters-antiques.com; Traditionsadresse für antiquarische Bücher und Trödel. *The Muschel,* 10 Hendrik Witbooi Street, Tel. 064-402874, www.muschel.iway.na; nicht nur Bücher, auch Bilder der führenden Künstler Namibias („Desert Painters") sind in den Räumlichkeiten ausgestellt. *Swakopmunder Buchhandlung,* Sam Nujoma Ave, Tel. 064-402613, www.facebook.com. *Musica,* Woermann Brock Mall, CDs aus dem europäischen Mainstream, aber auch viel Afrikanisches.
Sportclub	Im Swakopmund Hotel und Entertainment Centre, Tel. 064-400800
Golfclub	*Rossmund Golf Club,* P.O. Box 348, Swakopmund, Tel. 064-405644, www.rossmund.com
Kino	*Atlanta, Arcade,* Hendrik Witbooi Street, Tel. 064-402845
Sam Cohen Library	Sam Nujoma Ave, P.O. Box 361, Tel. 064-402695, Mo–Fr 9–12 u. 15–17 Uhr.
Medizinische Hilfe	*Mediclinic,* Franziska van Nee Street, Tel. 064-412200, www.mediclinic.co.za. *Dolphin Farmacy,* 36 Sam Nujoma Ave, Tel. 064-400772.

Blick vom Turm des Woermann-Hauses

Route 6: Durch Wüste ins Hochland

Swakopmund – Bosua-Pass – Windhoek

Km	Abzweig	Ort	Sehenswert	Übernachtung	GPS
Km 0 B2 Teer n. NO		Swakopmund, T+V	s. Route 5	s. Route 5	22 41 13 14 31 45
Km 3 C28 Piste			„Martin Luther"		22 40 12 14 33 34
Km 6,5			Swakopfluss		
Km 17			Namib-Naukluft Park		
Km 18	Km 0 D1991 Piste				22 44 29 14 40 06
	Km 14		Aussichtspunkt		22 41 26 14 47 22
	Km 16 links		Mondtal		
	Km 18 zurück	Goanikontes			22 40 07 14 48 56
	Km 20 links				22 41 45 14 48 18
	Km 22				
	Km 37 links		Mondtal		
	Km 42			Swakopfluss Zeltplatz	22 42 23 14 57 44
			Swakopfluss		
	Km 52 rechts				22 38 58 15 01 35
	Km 54		Welwitschia		22 40 08 15 01 41
Km 42	Goanikontes/ Welwitschia				22 48 32 14 53 47
Km 57	Blutkuppe Km 0 links				22 51 22 15 02 03
	Km 37 links				22 50 40 15 15 01
	Km 45		Aufgelas. Mine		
	Km 49		Reste eines Wohnlagers		
	Km 53 rechts				
	Km 55 links (rechts zum Zeltplatz 2 km)		Blutkuppe	Blutkuppe Zeltplatz	22 51 35 15 23 10
	Km 59 rechts (geradeaus zur C28 4 km)				22 53 12 15 23 32
	Km 84	Ende			22 50 40 15 15 01
Km 96	Km 0 links				22 55 33 15 23 31
	Km 4 rechts				
	Km 8 rechts (links zum Zeltplatz 2 km)			Blutkuppe Zeltplatz	22 51 35 15 23 10
	Km 10 rechts				
	Km 15		Klein Tinkas		22 49 43

Route 6: Durch Wüste ins Hochland

Km	Abzweig	Ort	Sehenswert	Übernachtung	GPS
			Schutztruppengräber		15 25 28
	Km 17 links				22 50 08
					15 26 16
	Km 19		Mittel Tinkas		22 49 30
			Wanderweg		15 26 59
	Km 26 zurück		Archer's Rock	Archer's Rock	22 47 36
				Zeltplatz	15 30 07
	Km 33		Mittel Tinkas		22 49 30
			Wanderweg		15 26 59
	Km 35 links				
	Km 40		Groot Tinkas	Groot Tinkas	22 51 21
				Zeltplatz	15 28 24
	Km 41		Tinkas Dam		22 50 52
					15 28 09
	Km 57 Einmündung				22 54 10
	in C28				15 36 35
	Hotsas/Ganab				22 54 10
	Km 0 rechts				15 36 35
	Km 6				22 58 33
					15 22 49
	Km 18 D1982				23 05 17
	Piste links				15 29 15
	Km 23 rechts				
	Km 25	Ganab		Ganab Zeltplatz	23 06 18
					15 31 42
	Km 51 Einmündung				23 18 40
	in C14				15 34 30
Km 155		Einmündung der C32 / Anschluss Route 8b			
Km 190			Bosua Pass		
Km 268			François-Feste		
Km 283			Liebig-Haus		
Km 299 Teer	Km 0 D1958				
	Piste				
	Km 3			Eagle Rock	
				Leisure Ldge. (2 km)	
	Km 11				
	Km 20 D1420				
	Km 39			Okatore Lodge	
Km 304			Daan Viljoen	Daan Viljoen	
			Wildpark	Rastlager	
				Augeigas Camp	
Km 329		Windhk., T+V	s. Windhoek	s. Windhoek	

Swakopmund (s. Route 5)

In Swakopmund haben Sie Anschluss an die Routen 5 und 8c. Verlassen Sie die Stadt auf der Sam Nujoma Avenue (B2). Ohne Permit dürfen Sie nicht von der Piste abweichen (s. weiter unten beim Abstecher nach Goanikontes).

Nach 2,5 km erreichen Sie den **Dampftraktor Martin Luther,** ein National-Monument. Er steht von außen unsichtbar in einem eigens für ihn geschaffenen Gebäude hinter dunklen Scheiben: „Hier stehe ich; Gott helfe mir, ich kann nicht anders". Er wurde 1896 per Schiff nach Südwest gebracht und sollte die Ochsenwagen ersetzen. Nach einigen Fahrten gab er seinen Geist auf und rottete in der Wüste vor sich hin. 1975 wurde er renoviert und kam an seinen heutigen Platz. Zu Beginn des neuen Jahrtausends war eine weitere Renovierung fällig, dann stand er zwei Jahre hinter getöntem Glas. Seit Januar 2007 kann man ihn nun wieder aus der Nähe betrachten (gegen eine kleine Eintrittsgebühr, wochentags 9–16 Uhr) und das angeschlossene Museum besuchen.

Kurz danach geht rechts die Piste C28 ab. Man quert das grüne Bett des Swakop, und 18 km hinter Swakopmund, gleich nach Beginn des Namib-Naukluft Parks, besteht die Möglichkeit zu einem Abstecher zur größten bekannten Welwitschia mirabilis und nach Goanikontes.

Abstecher Welwitschia Trail

Für die Tour benötigen Sie ein Permit des Ministry of Environment & Tourism in Swakopmund (Alte Ritterburg, Sam Nujoma Drive/Ecke Bismarck St, Tel. 064-404576, Mo–Sa zu den Geschäftszeiten, So 8–13 Uhr), oder in Walvis Bay (Heinrich Baumann St, Tel. 064-205971 bzw. bei der CWB Garage) bzw. im Tourist Centre in Henties Bay. Eintritt 40 N$ p.P. und 10 N$ pro Fahrzeug.

Fahren Sie links in die Piste D1991 hinein. Am Wegesrand entlang der ganzen Route werden Ihnen kleine Steintafeln mit Nummern begegnen. Sie verweisen auf eine Broschüre, in der die markierten Pflanzen erklärt werden (National List of Indigenous Trees). Einen detaillierten Pflanzen-führer haben Patricia Craven und Christine Marais geschrieben (Namib Flora, Windhoek, 1986, s. Literaturempfehlungen).

Gleich nach dem Abzweig weist die **Tafel 1** auf Flechten hin. Sie färben das Gestein dunkel und wirken auf den ersten Blick wie totes Material. Sie können es selbst testen. Geben Sie einige Tropfen Wasser auf die Flechten und sehen Sie, was passiert. Bei **Tafel 2** kann man den Taler- und den Tintenbusch sehen. **Tafel 3** weist auf den Baaiweg hin, eine historische Ochsenkarrenspur von der Küste bis Windhoek. Tafel 2 und 3 sind derzeit kaum noch zu erkennen.

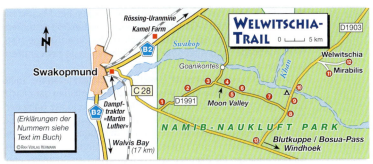

Moon Valley 18 km nach Beginn des Abstechers erreichen Sie den Aussichtspunkt über dem Moon Valley **(Tafel 4),** einer Landschaft, die ihren Namen zu recht verdient. Richtig unheimlich wirkt das schwarz zerklüftete Tal, wie von Riesenhand in die Wüste gesetzt. Wind und Wasser des Swakop haben diese seltsamen Strukturen aus bis zu 450 Mio. Jahre altem Gestein geformt. Weit entfernt im Norden sind die Rössingberge zu sehen.

Bei **Tafel 5** wachsen wieder Flechten. Hier geht es nach Goanikontes, eine Oase in der Wüste. **Tafel 7** steht bei einem Camp der südafrikanischen Streitkräfte aus dem Jahr 1915 mit verrosteten Ausrüstungsgegenständen (Kanister, Panzerkette).

Zur Welwitschia mirablilis Sie erreichen 15 km hinter dem Mondtal eine Kreuzung. Rechts geht es zur C28 zurück, links zur Welwitschia. Nach 5 km kommt der Zeltplatz Swakopfluss (die Übernachtung muss angemeldet sein, die Campplätze liegen im Schatten von großen Kameldornbäumen).

Die 1500 Jahre alte Welwitschia mirabilis

Noch davor weist die **Tafel 9** auf einen Bergrücken hin. Magma ist hier vor Jahrmillionen in Granit eingedrungen und zu Doleritstöcken erstarrt, Erosion hat den Granit aufgelöst, die Doleritgänge sind stehengeblieben und wirken wie die verfallenen Reste einer antiken Stadtmauer.

12 km hinter dem Zeltplatz erreichen Sie die eingezäunte, 1500 Jahre alte **Welwitschia mirabilis.** Ihre Wurzeln verlaufen ganz flach unter der Oberfläche, deshalb würde jeder Schritt in der Nähe der Pflanze zu einer Beschädigung führen! Außerdem wurde sie 2012 mit einem Feuer vandalisiert, deshalb ist der Zugang nur noch mit einem Sonderpermit und einem lizensierten Führer möglich. Ihren Namen erhielten die Pflanzen vom österreichischen Botaniker und Arzt Friedrich Welwitsch, der sie 1852 das erste Mal beschrieb (s.S. 134).

24 km hinter dem Abzweig nach Goanikontes führt eine andere, kürzere Stichstraße zur Welwitschia mirabilis, und 15 km weiter weist ein Abzweig zur Blutkuppe mit Übernachtungsmöglichkeit hin. Sie können von hier – oder vom nächsten Abzweig – die Blutkuppe umfahren und kommen an einer aufgelassenen Uranmine und einem verfallenen Wohnlager vorbei. Ein 4x4 wird vorausgesetzt.

Der zweite Abzweig zur **Blutkuppe** (und zum Archer's Rock) folgt 29 km nach dem ersten Abzweig. Beide Wege führen trotz der relativ geringen Entfernungen durch eine ausgesprochen abwechslungsreiche Landschaft, über glattgeschliffene Felsen und Geröllebenen, durch sandige Flusstäler, an riesigen Granitkuppen vorbei und an schönen Sanddünen entlang. Wer gerne einmal etwas „Wüstenluft" schnuppern und seinen Geländewagen auskosten möchte, kann dies auf dieser Strecke in „geordneten" Bahnen tun, ohne das ökologische Gleichgewicht dadurch allzu sehr aus der Balance zu bringen – so lange er auf der oft kaum noch wahrnehmbaren Piste bleibt. Die Übernachtung an einem der einfachen Zeltplätze belohnt mit einem der schönsten Wüstenhimmel und dem Gefühl völliger Losgelöstheit.

Blutkuppe

Abstecher Blutkuppe

(Sie benötigen ein Permit). Fahren Sie die Piste nach Norden und halten Sie sich nach 4 km rechts. 4 km weiter führt eine Stichpiste zum Zeltplatz an der **Blutkuppe** (2 km, kein Wasser, kein Holz). Der rund abgeschliffene Granit-Inselberg verdankt seinen Namen der roten Äderung im Gestein, die besonders bei Sonnenuntergang tatsächlich an Blut erinnert. Man kann den Riesenbuckel auch besteigen, allerdings ist Vorsicht geboten, denn der Granit erodiert hier u.a. auch in wie Zwiebelschalen abblätternden Schichten, die beim Klettern nicht den stabilsten Untergrund abgeben. Für die Mühe belohnt ein fantastischer Blick über die Unendlichkeit der Wüste.

Wer hier weiterfährt, benötigt einen Geländewagen. Nach 2 km kommen Sie wieder an eine Kreuzung, wenn Sie links abbiegen, umrunden Sie die Blutkuppe und fahren zwischen ihr und dem Langen Heinrich hindurch.

Rechts führt die Piste nach Archer's Rock. Wenn Sie ihr folgen, erreichen Sie nach 5 km **Klein Tinkas.** Zwei Gräber der Schutztruppe erinnern an kriegerische Auseinandersetzungen an der früheren Hauptverkehrsader, dem Baiweg (s. unten).

Archer's Rock

Nach 2 km zweigt links die Piste nach Archer's Rock ab. Sie passieren nach 2 km **Mittel Tinkas** mit einem ausgeschilderten, vier bis fünf Stunden dauernden Rundwanderweg, der die besonderen naturkundlichen Schönheiten dieser Wüste erschließt (Vorsicht: Oryx-Antilopen!), und erreichen nach weiteren 7 km **Archer's Rock,** eine bizarre Felsformation mit Zeltmöglichkeit. Fahren Sie die 9 km zurück und 5 km nach links bis **Groot Tinkas,** einer weiteren Übernachtungsmöglichkeit unter Akazien in einem windgeschützten Felsenrund.

Meist ist der 1 km entfernte Stausee mit Wasser gefüllt und zieht in der Abend- und Morgendämmerung die Tiere der Wüste an.

Zur C28 sind es nun noch 16 km, durch weite, sandige Landschaft, durch die vereinzelt Antilopen und Strauße sausen.

Gegenüber dem Abzweig zur Blutkuppe besteht die Möglichkeit, von der C28 zur C14 zu fahren. Man käme dann nach 6 km nach Hotsas, einer Wasserstelle mit einer kleinen Hütte zur Wildbeobachtung und nach weiteren 12 km zur D1982. Diese links und nach 5 km wieder in die Piste rechts brächte Sie nach Ganab (Stichstraße 2 km, Zeltmöglichkeit ohne Wasser) und an den Felskuppen des Tumas- und Heinrichsberg vorbei über Kieswüste zur C14 (weitere 26 km).

Bosua Pass – Daan Viljoen Wildpark

22 km hinter dem Abzweig zur Blutkuppe trifft man auf den Endpunkt des Abstechers. Man verlässt den Namib-Naukluft Park und kommt nach 37 km zur Einmündung der C32 (hier haben Sie Anschluss an die Route 8b nach Karibib). Nun richtet sich die C28-Piste nach Norden, und der Anstieg zum Khomas Hochland über den Bosua Pass beginnt. Wer seinen Blick zurückwendet, sieht die Namib verschwinden. Die Landschaft verändert sich, auf dem Boden wächst Gras, Bäume und Büsche flankieren die Piste.

Der Baiweg

Mit Brechstangen, Schaufeln und Picken begannen die Leute von Jonker Afrikaaner im Dezember 1843 einen 20 bis 30 Fuß breiten Weg, von Windhoek beginnend und sich von Wasserstelle zu Wasserstelle hangelnd, durch die Landschaft nach Walvis Bay zu brechen. Erst wer diese Wüstenei gesehen hat, kann sich vorstellen, was es heißt, mit diesen Mitteln einen für Ochsenkarren geeigneten Pfad zu bereiten. Felsen mussten beiseite geschafft oder zertrümmert, Böschungen abgeflacht, Bäume aus der Erde gerissen, Trockenflusstäler umgangen und Schneisen gehämmert werden. Nach einem Jahr war der Weg schließlich fertig, Walvis Bay erreicht. Vier Wochen benötigte ein Ochsenwagen nun für die einfache Strecke. 1847 wurde ein neues Teilstück fertig, das Großbarmen mit Otjimbingwe verband und dann erst (unter Umgehung des zeitraubenden Khomas-Hochlandes) auf die Jonker Afrikaaner Route stieß. Die Reisezeit war nun auf 12 Tage verkürzt. Als die Engländer bei der Entladung deutscher Militärtransporte in Walvis Bay immer größere Schwierigkeiten machten, wurde eine Variante des Baiwegs entlang des Swakop direkt nach Swakopmund ausgebaut und die Schiffe in diesem Hafen entladen. Um nicht jeglichen Hafenumschlags verlustig zu gehen, baute Walvis Bay schließlich eine 15 km lange Schmalspurbahn aus der Stadt heraus und über den Dünengürtel hinweg nach Rooikop. Trotzdem lief der Warenstrom hauptsächlich über Swakopmund direkt ins Landesinnere. Die mittlere Fahrzeit Swakopmund – Windhoek dauerte nun 14 Tage.

Immer wieder rauf und runter geht es nun über 85 km zur auf einem Hügel liegenden **Curt-von-François-Feste.** Die Trockenmauern stehen noch, durchbrochen von Schießscharten, durch die man unterhalb auf der pistenabgewandten Seite eine in Gebrauch befindliche Tiertränke sieht. Die kleine Station wurde zum Schutz der langen Nachschubwege von der Küste errichtet und zum Schutz der Soldaten vor Alkohol (deshalb erhielt diese Station den Namen „Trockenposten").

15 km weiter steht ein Herrenhaus an der Straße, das in eine Stadt, nicht aber aufs freie Land gehörte, das **Liebighaus.** Es wurde etwa 1912 erbaut und sollte dem Direktor der Deutschen Farmgesellschaft als Wohnhaus dienen. Seit den 1960er Jahren wird es nicht mehr benutzt und verfällt zusehends. 14 km hinter dem Liebig-Haus beginnt der Asphalt, und 7 km weiter ist die Zufahrt zum Daan Viljoen Wildpark.

Daan Viljoen Wildpark

Vor Einrichtung des Nationalparks durch den südafrikanischen General-Administrator Daan Viljoen war dieser Teil des Khomas-Hochlandes Reservat für etwa 1500 Damara, die hier ihr Vieh weideten. 1962 wurden sie nach Norden ins Damaraland (die heutige Region Kunene Süd) umgesiedelt, um Platz für den Park zu schaffen. Durch die Nähe der Stadt kommen, besonders am Wochenende, viele Tagesausflügler her. Die Firma Sun Karros betreibt den Zeltplatz und die Unterkünfte, ein gutes Restaurant ist ebenfalls vorhanden. Tagesbesucher zahlen 40 N$/Person und 10 N$/Fahrzeug.

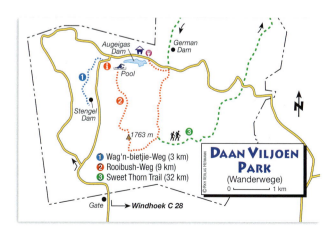

Wanderungen

Der **Wag'n-bietjie-Wanderweg** („Wart'-ein-bisschen" – ein Busch, der den Passanten nicht mehr so schnell aus seinen mit Widerhaken versehenen Ästen entlässt) führt 1,5 km an einem baum- und buschbestandenen Flussbett entlang zu einem Aussichtspunkt über dem Stengeldamm. Wenn der Stausee gefüllt ist, tummeln sich zahlreiche Vögel – wie Hammerköpfe, Stelzenläufer und Zwergtaucher – an seinen Ufern. Manchmal kommt auch Wild zur Tränke. Zurück dann auf gleichem Weg (ca. 45 Minuten).

Der anspruchsvollere **Rooibos-Wanderweg** über 9 km dauert etwa 2,5 Stunden. Nehmen Sie eine Wasserflasche und Proviant mit. Der Weg führt in Windungen über eine hügelige Hochebene zum Aussichtspunkt in 1763 Meter Höhe, von wo man über das Khomas-Hochland bis nach Windhoek sehen kann. Auf dem Rückweg folgt er dem Lauf des Choub-Rivier. Sie können verschiedene Antilopenarten und das Hartmannsche Bergzebra beobachten. Zu den typischen Vertretern der Flora gehören verschiedene Akazienarten und der Kudu-Busch, der seinen afrikaansen Namen *rooibos* – „Roter Busch" – seinen roten Früchten verdankt (Rooibos-Tee ist recht wohlschmeckend, probieren Sie mal).

Es gibt überdies auch noch eine zweitägige Wanderung **(Sweetthorn-Trail)** über 32 km. Dazu genügend Getränke und Verpflegung mitnehmen. Die Tour ist nicht geführt, muss aber um 9 Uhr begonnen werden (dazu muss man sich im Büro des Parks anmelden).

Die **Rundtour** mit dem Auto durch den Daan Viljoen Wildpark ist landschaftlich recht eindrucksvoll (Dauer ca. 30 Minuten), Wild sieht man allerdings meist nicht. 25 km hinter dem Wildpark erreichen Sie Windhoek (s. Route 1).

Route 7: Unter wilden Tieren – der Etosha National Park

Windhoek – Okahandja – Otjiwarongo – Outjo – Okaukuejo – Namutoni – Tsumeb – Otavi – Otjiwarongo

Km	Abzweig	Ort	Sehenswert	Übernachtung	GPS
Km 0 B1 Teer n. N		Windhoek, T+V	s. Windhoek Route 1	s. Windhoek Route 1	22 33 45 17 03 13
Km 10	Km 0 D1473 Piste Km 5			Elisenheim Gf.	
Km 21	Km 0 D1474 Piste nach W	Brakwater		Umti Lodge	22 22 33 17 03 36
	Km 1,5			Immanuel Gf.	22 22 56 17 03 09
Km 27	Km 0 D1499 Piste nach W				22 18 37 17 02 45
	Km 10 n. NW Km 18			Düsternbrook Gf	
	Km 0 Farmstr. Km 1			Okapuka Ranch	20 16 12 16 54 00
Km 63	Km 0 D2102 Piste nach O				22 00 24 16 55 48
	Km 1,5 D2161 Piste nach S Km 3,5		V.-Bach-Damm	V.-Ba.-Damm Rl.	
Km 65	Km 0 D1972 Teer Km 4	Okahandja, T+V			21 59 47 16 55 15
	Km 26		Flughafen Groß Barmen, T	Groß Barmen RL	22 07 00 16 44 40
	Km 0 D2102 Piste Km 27 D2170 Piste Km 44 Farmpad nach links			Elegant Farmstead	
	Km 57			Otjiruze Gf.	
Km 69	Km 0 D2110 Km 62 Farmstr. Km 68			Haasenhof Gf.	
Km 73	Km 0 C31 Piste Km 68 Straße 59 Piste Km 106 D2128 Piste nach N Km 116			Otjimbuku Gf.	
	Km 0 C31 Piste Km 113			Olivenhain Gf.	

Route 7: Unter wilden Tieren – Etosha National Park

Km	Abzweig	Ort	Sehenswert	Übernachtung	GPS
Km 75				Ombo Restcamp	
Km 90				Omatozu Camp (5 km)	
Km 155				Wewelsburg Zeltplatz (1 km)	
km 165	Km 0 D2404 Km 35			Omaha GF	
Km 180	Km 0 D2483 Piste Km 11 Km 43			Mt. Etjo Safari L.	21 00 06 16 48 36
Km 198	Km 0 D2515 Piste nach W Km 22			Okonjima Ldg.	20 50 47 16 48 02 20 51 30 16 38 28
Km 208	Km 0 Farmstr. nach W Km 2,5			Otjiva Ranch	20 45 22 16 48 24 20 45 31 16 47 24
Km 210		Einmündung C22		s. Route 7a	20 40 54 16 46 45
Km 233	Km 0 Farmstr. nach SW Km 2				20 29 46 16 40 15 20 30 11 16 39 53
Km 236 C38 Teer	Km 0 D2440 Piste Km 28 Km 44	Otjiwarongo, T+V	Krokodilfarm	s. weiter unten Cheetah Conservation Fund	20 28 15 16 39 40
Km 306				Ombinda Ldg.	
Km 307	Km 0 C38 Teer nach S Km 3 Straße 38 Piste nach W Km 6 Farmpiste Km 8 Straße 63 Piste Km 0 Km 4 Km 16 Farmpad Km 28	Outjo	Franke-Haus Naulila Denkmal	s. bei Outjo Sasa Safari Camp Bergplaas L.	20 06 49 16 09 18
Km 317		Einmündung C40		Matunda Gf.	20 02 25 16 05 27
Km 320				Mamselle Camp	20 01 00 16 04 01
Km 322				Namatubis Gf.	20 00 13 16 03 17
Km 367	Km 0 D2710 Km 9 Km 19			Vreugde Gf. Buschberg Gf.	

Route 7: Unter wilden Tieren – Etosha National Park

Km	Abzweig	Ort	Sehenswert	Übernachtung	GPS
Km 374	Km 0 D2779				
	Km 3			Mondjila Camp	
Km 377	Km 0 D2695 Piste			Etosha Gateway Lodge	
	Km 10				
	Km 27			Epacha Game L.	
Km 391				Etosha Safari L+C	19 24 38 15 55 30
Km 398				Taleni Etosha Village	
Km 401 Piste	Km 0 Farmstr.	Andersson Gate (Westtor)			19 19 55 15 56 24
	Km 7			Ongava Lodges	
Km 418		Okaukuejo, T+V		Okaukuejo Rl.	
Km 477		Halali, T+V		Halali Rl.	
Km 558		Namutoni, T+V		Namutoni Rl.	
Km 570 C38 Teer	Km 0 Farmpad	Von Lindequist Gate (Osttor)		Mokuti Lodge	18 48 13 17 02 42
	Km 9			Onguma Main Camp	18 43 52 17 02 54
Km 580	Km 0 Farmpad				18 48 21 17 08 28
	Km 10			Etosha Aoba L.	
	Km 0 Farmpad Km 1			Mushara Ldg.	
Km 590				Emanya/Etosha	
Km 594 B1 Teer nach S					
Km 644	Km 0 D3043 Piste Km 19 D3031 Piste				19 08 03 17 31 44
	Km 24		Lake Guinas		
Km 649			Lake Otjikoto		19 11 31 17 32 56
Km 651	Km 0 Farmpad nach W				
	Km 15			Uris Safari Lodge	19 16 52 17 31 54
Km 661	C42 Teer n. O	Tsumeb, T+V (4 km)	Museum	s. bei Tsumeb	19 13 36 17 39 32
Km 725		Otavi, T+V	Khorab Gedenkstätte	Otavi Hotel Palmenecke Zum Potje Rl.	
Km 728	Km 0 D3031			Khorab Safari Lodge	19 39 58 17 19 40
	Km 10			Gabus Game Ranch	
	Km 30			Okapunja Gästf.	
Km 757		Einmündung D2869, T			
Km 770	Km 0 D2808 Km 17 Farmstr.				
	Km 18			Kambaku Ldg.	
Km 792	Km 0 D2804 Piste Km 41 Farmstr.				
	Km 47			Oase Gf.	

Km	Abzweig	Ort	Sehenswert	Übernachtung	GPS
Km 815	Einmündung D2433				
Km 816	Km 0 D2433				
	Km 18			Frans Indongo L.	
	Km 23			African Wilderness Trails	
Km 824	Km 0 Piste n. 0				
	Km 18			Aloe Grove Gf	
Km 842		Otjiwarongo, T+V	Krokodilfarm	s. bei Otjiwarongo	20 27 12 16 39 12

Windhoek – Von-Bach-Damm

Fahren Sie in Windhoek auf der Independence Avenue Richtung Norden, bis Sie auf den Western Bypass (B1) treffen. Dort auf der Autobahn weiter Richtung Norden halten. Sie verlassen das Hochland um Windhoek und passieren die rechts liegenden Otjihaveraberge. Sie kommen an mehreren Gästefarmen und Lodges vorbei, die unweit der Straße liegen. Nach 63 km, 2 km vor Okahandja, können Sie zum Von-Bach-Damm und dem gleichnamigen Rastlager abbiegen.

Von-Bach-Damm

Das Erholungsgebiet wird privat verwaltet (Eintritt für Tagesbesucher 40 N$/Person und 10 N$/Fahrzeug, 7–18 Uhr). Der Stausee liegt zwischen hohen Hügeln verborgen. Nachdem man das Eingangsbüro passiert hat, führt der Weg steil hinunter, geöffnet bis Sonnenuntergang, Angelgenehmigung am Eingang. Der Stausee versorgt Windhoek mit Wasser (in guten Jahren ca. 54 Mio. Kubikmeter). Fahren Sie einmal um den See herum zum Areal der Zeltplätze. Die Staudamm-Mauer selbst ist relativ schmal, aber sehr hoch. Auf dem Wasser fahren Motorboote, die Wasserskifahrer mit und ohne Paraglider hinter sich herziehen, und wem das Wasser nicht zu kalt ist – Baden ist erlaubt. Die wenigen Tiere bekommt man normalerweise nicht zu Gesicht, wer hierher fährt, möchte Wassersport betreiben oder sich am Ufer erholen.

Okahandja

Ankunft Okahandja ist ein sympathisches Städtchen mit einer belebten Hauptstraße und hervorragend sortierten Supermärkten. Mit seiner Schlachterei und einer Biltong-Fabrik ist der Ort ein wichtiges Zentrum der Viehzuchtregion des Hererolandes. Im Einzugsgebiet des Swakop-Riviers wird auch etwas Ackerbau betrieben, auf den kleinen Feldern stehen Mais, Tomaten und andere Gemüse, die zumeist für den Eigenbedarf gezogen werden. Historische Gebäude gibt es nur wenige: den 1901 erbauten **Bahnhof**, die **Kirche der**

Rheinischen Missionsgesellschaft und das ehemalige Deutsche Fort, in dem heute die Polizei residiert.

Der große Markt, auf dem Kunsthandwerk (hauptsächlich Schnitzereien aus dem Caprivi, aus Angola und Zimbabwe) angeboten wird ist überaus sehenswert. Vom Elefanten über Giraffen bis hin zum Flusspferd reicht die Palette, Stücke so groß, dass sie nicht ins Auto passen, oder so klein, dass sie in der Hosentasche verschwinden. Die Verkäufer und Schnitzer sind häufig Kooperativen angeschlossen, so dass sich Preisverhandlungen hinziehen können, weil jedes Angebot abgestimmt werden muss. Die kleinen Schnitzereien kosten ein paar Dollar, die großen mehrere Hundert.

Geschichtliches

Am 8. Februar 1843 kamen die Missionare Carl Hugo Hahn und Heinrich Kleinschmidt zu einem Kraal der Herero, der neben einem kleinen, von einer Quelle gespeisten See lag (Okahandja). Beide meinten, dass dies ein guter Platz für eine Missionsstation sei und nannten die Stelle „Schmelen's Verwachting", zu Ehren des Missionars Schmelen, Schwiegervater von Kleinschmidt. Sie reisten nach Windhoek ab und kamen im Oktober 1844 wieder, um ihre Arbeit anzutreten. Die Quelle war aber versiegt, das Plätzchen bei weitem nicht mehr so idyllisch. Sie klagten dem zufällig vorbeiziehenden Jonker Afrikaaner ihr Leid, und dieser schlug ihnen vor, sich bei den heißen Quellen von Otjikango niederzulassen, dem heutigen Gross Barmen. Gerne nahmen Sie den Vorschlag auf und zogen um.

1850 startete der Missionar Friedrich Kolbe einen weiteren Versuch, das Evangelium nach Okahandja zu bringen. Er ließ sich mit seiner Frau im April hier nieder. Nach kriegerischen Auseinandersetzungen zwischen Nama und Herero im August des gleichen Jahres (unter Jonker Afrikaaner setzten die Nama den wesentlich schlechter bewaffneten Herero schwer zu) entschied sich Kolbe, wegzuziehen, ins sicherere Otjikango.

Erst 1868 wurden neue Anstrengungen unternommen, die Mission in Okahandja zu beleben. Grund war der Umzug des **Herero-Führers Maharero** mit seinem Gefolge von Otjimbingwe nach Okahandja (das Motiv dafür blieb im Dunklen, eine Version spricht von Wassermangel, eine andere davon, dass die Herero nicht unter der Fuchtel des Missionars Hahn stehen wollten, der als Präses alle Stationen der Rheinischen Missionsgesellschaft unter sich hatte und in Otjimbingwe residierte – und im Übrigen auch seine Missionare gegen sich aufbrachte, da seine Station auf Kosten der anderen ausgebaut

Häuptling Maharero (links), hinten sein Sohn Wilhelm

Okahandja

wurde). 1870 schlossen Herero und Nama, nach erfolgreicher Intervention durch die Missionare, Frieden, und in den folgenden zehn Jahren blieb Otjikango eine Unterstation der Mission in Okahandja.

1880 trieben die Nama den Herero 1500 deren besten und fettesten Rinder weg. Als Maharero dies erfuhr, ließ er sofort alle Nama in Okahandja töten. Die Nama erklärten daraufhin den Krieg und versammelten sich in Rehoboth, die Baster folgten ihnen. Der große Kampf fand dann in Otjikango statt, am 12. Dezember 1880. Die Leichen von über 200 Kämpfern (diesmal hauptsächlich Nama, denn die Herero hatten ihren waffentechnischen Rückstand dank der guten Handelsbeziehungen zu Missionaren und Kaufleuten aufgeholt) blieben auf dem Schlachtfeld zurück. Auf Hereroseite fiel aber Wilhelm Maharero, der Sohn des Oberhauptes und sein designierter Nachfolger. Der alte Führer und höchste Priester der Herero starb 10 Jahre später am 7. Oktober 1890 – ungetauft, wie die Missionare bedauerten. Ihm folgte, von der deutschen Administration gefördert, sein zweiter Sohn Samuel Maharero im Amt.

Maharero

Am 12. Januar 1904 brach im Umland unter dessen Führung der **Herero-Aufstand** los, in den ersten Wochen töteten die Aufständischen 123 Siedler und Händler. Der Krieg endete für die Herero vernichtend im August 1904 (Exkurs darüber s.S. 503). Die Herero flüchteten in die Omaheke-Wüste, wo sie verdursteten. Samuel Maharero gelang die Flucht ins benachbarte Betschuanaland (heute Botswana), wo er 1923 starb. Am 26. August 1923 wurde sein Leichnam nach Okahandja überführt. Entsprechend seinen Anordnungen trug keiner der Trauernden Schwarz. Herero in Schutztruppenuniformen folgten dem Sarg – eine seltsame Imitation deutscher Offiziersbegräbnisse, wie mancher weiße Beobachter bemerkte.

Missionar Vedder verlas am Grab Samuel Mahareros letzte Botschaft an sein Volk: Es war die Aufforderung an seinen Sohn Friedrich, die Einheit der Herero zu bewahren.

Maharero-Grab; den Herero gilt der Ahnenbulle als heilig

Das Begräbnis Mahareros signalisierte das Erwachen eines neuen Nationalbewusstseins unter den Herero, knapp 20 Jahre nach der vernichtenden Schlacht am Waterberg. Entsprechend Mahareros letztem (in der christlichen Botschaft verschlüsseltem) Willen, wurden auch die „Heiligen Feuer" wieder entzündet.

Herero-Friedhof Der legendäre Herero-Friedhof ist in Okahandja gar nicht so leicht zu finden: In der Heroes Street führt gegenüber der Einmündung des Voigts-Wegs, ein Fußpfad am Tennisplatz vorbei nach Osten, wo nach

Herero-Friedhof mit den Gräbern von Hosea Kutako und Jonker Afrikaaner

etwa zweihundert Meter die Grabstätten der berühmtesten Herero-Oberhäupter **Maharero** (des ersten Verhandlungs- und Ansprechpartners von Curt von François) und seines Sohnes *Samuel Maharero* liegen. Hier finden alljährlich auch die Ahnengedenkfeiern der Herero statt.

Am südlichen Ende der Heroes Street steht die 1876 fertiggestellte Kirche der Rheinischen Missionsgesellschaft, neben ihr ein Feld von Schutztruppen-Gräbern. Auf der gegenüberliegenden Straßenseite ruht Jonker Afrikaaner, der erste für die Geschichte Südwestafrikas bedeutende Orlaam-Nama-Kapitän, der 1861 starb. Neben ihm wurden, entgegen der Tradition, Clemens Kapuuo und Hosea Kutako begraben, beides Herero-Führer. Ersterer, Präsident der Turnhallenallianz, wurde 1978 in Katutura ermordet. Kutako starb 1970. Sein erklärter Wille war, die letzte Ruhestätte neben Jonker Afrikaaner, einem Feind seines Volkes, zu nehmen, um ein Zeichen zu setzen für die Verbrüderung einer Nation so unterschiedlichen Ursprungs.

Josea Kutako

Ahnengedenktag

An den Gräbern ihrer Führer feiern die Herero alljährlich am letzten Wochenende im August ihr bedeutendstes religiöses Fest, den **Ahnengedenktag.** Er versinnbildlicht die Verbundenheit der Herero mit ihren Vorfahren (die bis zur 5. Generation zurückgerechnet werden) und die Einheit des Volkes, deren Symbol das „Heilige Feuer" darstellt.

In einem zeremoniellen Akt treten die Priester an die Ahnen-

Ahnengedenktag in Okahandja

gräber und sprechen mit den Vorfahren, in Fantasieuniformen gekleidet erscheinen die drei großen Untergruppen, Zeraua-Herero (Omaruru), Maharero-Herero (Okahandja) und Mbanderu (Gobabis). Die Frauen in ihren viktorianischen Matronenkleidern beleben die Straßen Okahandjas mit dem Farbenspiel ihrer jeweiligen Gruppe: die Zeraua-Herero tragen schwarzweiß, die Maharero-Leute rot-schwarz und die Mbanderu grün-weiß-schwarz. Um den zeremoniellen Akt der Vereinigung mit den Ahnen ist ein buntes Rahmenprogramm entstanden, so dass die zweitägige Feier in ein wahres Volksfest mündet. Den Zeitungen ist das aktuelle Programm zu entnehmen. Schon am Samstag versammeln sich die Herero außerhalb des Ortes und üben Stechschritt, geordnete Kehre im Verband und das Salutieren. Im Galopp reitet die Kavallerie an und wird bejubelt von den Frauen. Am Sonntag schließlich geht es in einem langen Umzug durch den Ort über die Kerk Street (heute heißt sie Heroe's Street) zu den Gräbern, an denen die Notablen und Gäste aus dem In- und Ausland Reden halten und der Helden gedenken.

Neuanfang in der Uniform der Sieger

Ahnengedenktag in Okahandja: In straffer Ordnung marschieren militärisch gekleidete Herero – alte wie junge – zum scheppernden Klang von Blaskapellen durch die Straßen des Städtchens. Angeführt vom oloitnanta oder omajora wird exerziert, werden Waffen präsentiert, deren besten Jahre schon längst vorbei sind. Wohl niemand kann sich eines komischen Gefühls erwehren, wenn er die Uniformen genauer ansieht – sie sind zwar keine originalgetreuen Kopien deutscher Militärkleidung, aber deren Vorbilder (auch schottischer, burischer und britischer Militär-einheiten) sind unverkennbar. Und man fragt sich, wie ein so grausam aufgeriebenes Volk Selbstbewusstsein daraus ziehen kann, diejenigen zu imitieren, deren Politik so vielen Herero das Leben gekostet hat.

Paradoxerweise hat eben diese „Truppenspieler"-Bewegung (auch „Red Band" oder Otjiserandu genannt) nach der Niederlage am Waterberg den überlebenden Herero Rückhalt in einer familienübergreifenden Gesellschaftsstruktur geboten, die Züge einer Geheimgesellschaft trug. Exerziert hatten die Herero bereits vor Ankunft der deutschen Schutztruppe, unter Einfluss des schwedischen Naturforschers, Händlers und Abenteurers Andersson, den sie einige Zeit sogar zu ihrem militärischen Führer gewählt hatten.

Curt von François, der erste deutsche Gouverneur in Südwest, beäugte die mit Holzgewehren marschierenden Herero-„Truppenspieler" belustigt, aber auch misstrauisch. Nach der Niederlage am Waterberg und der Flucht von Samuel Maharero beanspruchte das Oberhaupt der Truppenspieler, Kaiser Edward Maharero, die Führung des Volkes. Sein Widersacher, Traugott Maharero, wurde von der Administration abgesetzt und durch Husea Kutako ersetzt. Von diesem Zeitpunkt an gab es den offiziellen und legalen Weg der Opposition, repräsentiert durch Kutako, und den heimlichen, repräsentiert durch die „kaiserlichen" Otjiserandu-Truppen.

Wie eine Schattenverwaltung und -Regierung erfasste und kontrollierte die Bewegung mit ihrer militärischen Organisationsstruktur die Herero-Gesellschaft. Jeder Mann – und vielerorts auch Frauen – waren Mitglieder der Otjiserandu. Sie besaßen darin einen festgelegten Rang und daraus resultierende Pflichten, konnten aber umgekehrt die Unterstützung und Solidarität der Truppe für sich in Anspruch nehmen. Die Gemeinschaft finanzierte Feste und die für den Ahnenkult so wichtigen Bestattungsfeiern, bezahlte Geldstrafen für ihre Mitglieder usw. Offiziell gebärdeten sich die Otjiserandu-Gruppen der südafrikanischen Administration gegenüber kooperativ und versuchten, ihre Organisation als „spielerischen" Exerzierverein zu verniedlichen. Nach innen bauten die Otjiserandu an einer effektiven Kommando- und Verwaltungsstruktur, deren Ziel das Erstarken der Nation – Uherero – und die Rückkehr auf ihr angestammtes Land war. Nichtmitglieder galten als verdächtig und wurden gemieden.

Rückhalt fand die „Truppenspieler-Bewegung" nicht unter allen Herero. Die älteren politischen Führer, darunter auch Hosea Kutako, lehnten diese Form des passiven Widerstandes ab und setzten auf den öffentlichen Diskurs mit der Administration und den Vereinten Nationen. Die südafrikanische Verwaltung beobachtete die Otjiserandu immer misstrauischer, denn schließlich waren die Truppen gut bewaffnet. Im Versuch, sie zu disqualifizieren, wurde sogar der Verdacht laut, sie kooperierten mit Nazis, um Südafrika loszuwerden.

Erst nach dem Zweiten Weltkrieg konnten die Differenzen zwischen Kutako-Anhängern und den Otjiserandu-Gruppen beigelegt werden. Eine neue, übergreifende politische Organisation vereinte nun die Herero mit dem gemeinsamen Ziel der Unabhängigkeit Südwestafrikas. Das Ende der paramilitärischen Organisationsstruktur war damit aber noch nicht gekommen. Die „Truppen" – Kavallerie, Infanterie und Pioniere – verlegten ihre Aktivitäten stärker in den spirituellen Bereich im Umfeld der Ahnenfeiern und Bestattungsriten – dort, wo sie heute noch in Okahandja, aber auch bei den nicht öffentlich zugänglichen Ahnenfeiern in Omaruru (Zeraua-Fest, s.S. 524) eine wichtige Rolle spielen.

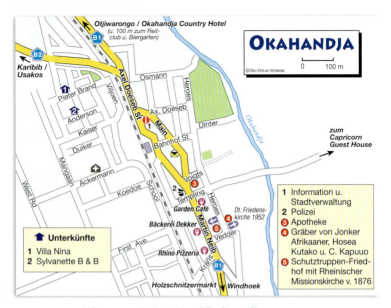

Adressen & Service Okahandja

Unterkunft *Touristenklasse:* **Okahandja Lodge**

Günstig: Villa Nina, Sylvanette B & B, Reit-Club

Außerhalb: Elegant Farmstead, Gross Barmen Rastlager, Von Bach Damm Rastlager, Ombo Straußenfarm

Essen *Reit-Club,* Tel. 081-2232720, www.facebook.com/ReitClubOkahandja

Bäckerei Dekker, 666 Martin Neib Avenue, Tel. 062-502587

Rhino Pizzeria/Grill, Martin Neib Avenue; Action Pub mit einer breiten Speisekarte, bei der Jugend beliebt, besonders wegen der Sportübertragungen.

Garden Café, 261 Martin Neib Street, Tel. 062-500887, www.facebook.com/gardencafenamibia, 8–17 Uhr, Fr bis 20 Uhr; nettes Café an der Hauptstraße.

Information Stadtverwaltung, *Visitors Information,* Morton Neib Avenue, Tel. 062-501051.

Einkaufen Kunsthandwerk, vornehmlich Schnitzereien, gibt es auf dem Kunsthandwerksmarkt. Handeln ist angesagt. *Closwa Biltong,* Axali Doëseb Street, Tel. 065-501123, www.closwa.com, verkauft hervorragendes Biltong in unterschiedlichen Schnittformen und Geschmacksrichtungen.

Gesundheit State Hospital, Hospital Street, Tel. 062-503039

Sonstiges Reiten s.o. Reit-Club unter Essen; Intercape Mainliner Haltestelle bei der Shell-Tankstelle am südlichen Ortsausgang.

Die Missionsstation Otjisazu

27 km südöstlich von Okahandja, über die Staubstraße D2102 erreichbar, liegt auf 1500 m die Gästefarm Otjisazu mit einer langen Tradition. Am „Platz der roten Rinder" gründete 1872 der Missionar Jakob Irle „seine" Missionsstation, auf der er 31 Jahre verblieb. Noch heute erinnern die für ein einstöckiges Gebäude unüblich dicken Mauern an die Vergangenheit und dass man sich an historischem Ort befindet. Später kam die Schutztruppe und besetzte den Signalberg auf dem Gelände der heutigen Farm. Er diente als Relaisstation für die quer durch Südwest reichende Telegrafenleitung, die noch nicht mit Drähten und Elektrizität oder gar Funk arbeitete, sondern Buchstaben für Buchstaben als Morsezeichen optisch/heliographisch weiterreichte.

Gross Barmen

Von der Umgehungsstraße im Westen von Okahandja führt eine asphaltierte Straße nach Groß-Barmen (26 km), dem früheren Otjikango. Dieses Herero-Wort bedeutet „Quelle, die als Rinnsal dem Felsen entfließt".

Von den sich hier niederlassenden Missionaren bekam der Ort den Namen Neu-Barmen, da der Hauptsitz der Mission in Barmen in Deutschland lag. Die Reste der Missionsstation sind bei der Anfahrt zum staatlichen Camp und Thermalbad rechts der Straße auf einem flachen Hügel auszumachen. Eine einsame Palme beschattet die Ruinen der ersten Mission im Hereroland. Palmen kündigen auch schon weithin sichtbar das staatliche Thermalbad und das Camp Gross Barmen einige Meter weiter an. (Eintritt 50 N$, mit Zugang zu den heißen Quellen 100 N$).

Neben Hotel und Konferenzeinrichtungen gibt es Zeltplätze, Luxus-Chalets und einfachere Bungalows, einen Spa- und Wellnessbereich und ein vergrößertes Außenschwimmbecken mit schwimmender Bar.

Die gefasste Quelle hat eine Kapazität von knapp 2 l/s, das Wasser drängt aus einer Tiefe von 2500 m, hat eine Temperatur von 65 °C und wird auf etwa 40 °C im Innenpool und 30 °C im Außenpool heruntergebracht (das Hallenbad ist mittags geschlossen). Die Temperatur des Innenpools ist ausgesprochen kreislaufbelastend, und man sollte nicht zu lange im Wasser bleiben.

Okahandja – Otjiwarongo

Durch eintönige Farmlandschaft mit mehr oder weniger hohem Busch geht es nun über 170 km nach Otjiwarongo. Links und rechts der Straße begleiten Zäune den Reisenden.

Auf dieser Strecke in den Norden „erfährt" man sich die Parzellenstruktur des Landes. Bis auf die ehemaligen Homelands und die Naturparks ist Namibia aufgeteilt in Farmen, denen die Gründer Namen wie Schwabenhof, Güldenboden, Waldfriede oder Elbe gegeben haben, um ein Zipfelchen Heimatgefühl in „Übersee" zu bewahren. Die Farmen wiederum bestehen aus mehreren, verschieden großen Bereichen, zwischen denen das Vieh je nach Zustand der Weide umgesetzt wird. Teile des Farmbodens haben so die Möglichkeit, sich wieder zu regenerieren. Nur so wird eine Überweidung vermieden, durch die der Boden verbuschen würde und letztendlich für die Viehwirtschaft unbrauchbar wäre.

25 km nördlich von Otjiwarongo führt eine Farmpad auf 5 km zum **Omatozu Camp,** eine sehr empfehlenswerte Adresse mit deutschsprachigen Gastgebern (der Patron war ehemals Tierarzt und in die Gepardenforschung involviert, die Dame des Hauses die erste Jagdführerein des Landes). Heute rehabilitieren sie das Farmland und haben das Gelände zu einer wunderschönen und für die Region typischen Wildfarm gemacht.

Die unendliche Weite wird nur durch die drei Kuppen der **Omatako-Berge** unterbrochen, deren höchste 850 m aus der Ebene aufragt. Auf der ganzen Strecke besteht die Möglichkeit, über Nebenstraßen Gästefarmen und Lodges zu erreichen. Mit die bekannteste ist die Mount Etjo Safari Lodge, ein Großbetrieb, der sich auf Pauschaltouristen spezialisiert hat und der als Ausgangsort für die Besichtigung der Dinosaurier-Fußspuren (s. Route 8a) benutzt wird (Abzweig von der B1 ca. 60 km vor Otjiwarongo).

26 km vor Otjiwarongo haben Sie Anschluss an die Route 7a zum Waterberg und nach Okakarara (C22).

Lok vor dem Bahnhof von Otjiwarongo

Otjiwarongo

1906 wurde die Bahnlinie von Swakopmund nach Tsumeb und der neu gebaute Bahnhof, der heute etwas außerhalb im Westen der Stadt liegt, eröffnet (vor dem Bahnhof steht eine der Lokomotiven, die diese Strecke befuhren). Das war die Gründung der Stadt. Ihr Name bedeutet „hübscher Ort" oder auch „dort, wo das Rind fett ist". Davor gab es hier lediglich eine Missionsstation und ab 1904 einen Außenposten der Schutztruppe. Nun begann die Stadt sich zu entwickeln, nicht zuletzt wegen der für die Rinderhaltung gut geeigneten Böden des Umlandes und der relativ ergiebigen Regenfälle.

Otjiwarongo ist Einkaufsplatz der Farmer. Kaufhäuser und Läden säumen die Hauptstraße, der Market Square ist großzügig angelegt und vermittelt den Reichtum des Handels.

Besuchenswert ist auch die Krokodilfarm hinter dem Zeltplatz (Eintritt 50 N$, täglich 8–16 Uhr, Wochenende 8–14 Uhr). Tausend Häute werden jährlich produziert, kleine Artikel aus Krokodilleder am Eingang verkauft. Da die Tiere gezüchtet werden und die Zucht internationalen Standards genügt, hat die Firma eine Ausfuhrbewilligung. Adresse: Crocodile Ranch, Henk Willems Street, P.O. Box 424/Walvis Bay, Tel. 067-302121, www.facebook.com/crocfarmotjiwarongo.

Adressen & Service Otjiwarongo

Unterkunft *Touristenklasse:* **Out of Africa** (Neubau), Haus Blumers, C'est Si Bon, Casa Forno

Günstig: Acacia Restcamp, Out of Africa B&B, Lion's Den (5 km Richtung Outjo), Bush Pillow, Planet Africa Selfcatering, Hadassa Guesthouse, **Kamaku Guesthouse.**

Außerhalb: Weaver's Rock, Kudubos oder Wesrand

Essen *Kameldorn Garten,* Hindenburg Street, Tel. 081-2445967, www.facebook.com/KameldornGarten

Crocodile Ranch (s.o.)

Information *Omaue Mineralien,* St. George Street 5, Tel. 067-303830
Gesundheit State Hospital, Hospital Road, Tel. 067-302491
Einkaufen *Omaue Mineralien,* St. George Street, Tel. 067-303830

Weiterfahrt

In Otjiwarongo haben Sie Anschluss an die Routen 7a, 8 und 8a. Verlassen Sie die Stadt am Market Square Richtung Westen. Sie kommen am Bahnhof vorbei. Hier halten Sie sich rechts und nehmen die C38, die nach Nordwesten führt. 68 km hinter der Kreuzung mit der C33 ist Outjo erreicht.

Ein Ausflug zu bedrohten Tierarten

Östlich von Otjiwarongo sind zwei Unternehmungen zu finden, die sich dem Schutz von bedrohten Tieren gewidmet haben. **African Wilderness Trails** erreicht man über die B1 und die D2433 (60 km). Hier befindet sich der Rare and Endangered Species Trust (REST), der sich besonders dem Cape Griffin Vulture – dem Kap-Gänsegeier – widmet. Informationen über www.restafrica.org.

Der **Cheetah Conservation Fund** befindet sich am nördlichen Fuß des Waterberges (erreichbar über die D2440 auf 44 km). Nicht das Tier muss resozialisiert werden, die Menschen bedürfen Einiges an Erziehung, um in Frieden mit den Tieren leben zu können, so die Grundthese der mit hauptsächlich amerikanischen Geldern finanzierten Stiftung (die deshalb mit einigen Ausrutschern, wie der aufwendigen Ehrung ältlicher US-Amerikanerinnen leben muss), tgl. 8–17 Uhr, Führung 15€, Fütterung Mo–Fr um 14 Uhr, Sa/So um 12 Uhr (unbedingt zu dieser Zeit dort sein!). Infos: The Cheetah Conservation Fund, P.O. Box 1755, Otjiwarongo, Tel. 067-306225, chetah@iafrica.com.na, www.cheetah.org.

Outjo

Das kleine Städtchen wurde 1880 von dem Händler Tom Lambert gegründet, 1895 erhielt es eine Garnison der Schutztruppe. Wenn Sie vor der Stadtverwaltung rechts nach Norden abbiegen, kommen Sie oben am Hang in einer hübschen Villensiedlung zum Franke-Haus, einem kleinen Museum, das die Stadtgeschichte beschreibt. Es erinnert an Major Franke, dessen Name auch mit dem Franke-Turm in Omaruru verewigt wurde.

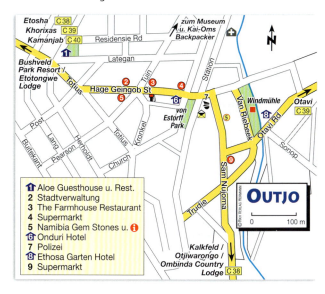

Unter Franke wurde 1914 der Feldzug nach Naulila durchgeführt („Strafexpedition Franke", ein Denkmal im Friedhof beim Postamt feiert diesen Sieg), bei dem als Vergeltung für die Ermordung des Bezirksamtmannes Schulze-Jena und seiner Begleiter durch portugiesisches Militär (wegen Grenzstreitigkeiten) eine Schutztruppeneinheit den Kunene überschritt, das Fort Naulila einnahm und die portugiesischen Kräfte ins Landesinnere Angolas zurückdrängte. Die Portugiesen verloren 150 Mann, die deutschen Verluste betrugen 12 Mann. Mehr über Franke s.S. 525.

Eine 1902 errichtete Windmühle beim Etosha Garden Hotel pumpte Wasser und versorgte die Militäreinrichtungen. Sie wirkt in ihrem verfallenen Zustand nicht sehr eindrucksvoll. Aber wer seine täglichen Brez'n vermisst kann sich bei der Outjo-Bäckerei mit ihnen versorgen

Adressen & Service Outjo

Unterkunft *Touristenklasse:* Etosha Garden Hotel, Onduri Hotel, Etotongwe Lodge

Günstig: Ombinda Country Lodge, Kai-Oms Backpackers, Aloe Guesthouse

Außerhalb: **Buschfeld Park Resort, Matunda Gästefarm,** Oppiklippe, Mamselle Camping

Essen *Etosha Garden Hotel,* Otavi Street, Tel. 067-313130

Outjo Bäckerei & Coffee Shop, Gartenrestaurant für ein sehr angenehmes Lunch, Hage Geingob Street, Tel. 067-313055

The Farmhouse, Kronkel Street 8, Tel. 081-2057047, www.thefarmhouse-outjo.com, Frühstück, Lunch und Dinner, Internet, auch Zimmervermietung

Information *Namibia Gem-Stones* (s.u. „Einkaufen")

Einkaufen *Namibia Gem-Stones,* Halbedelsteine in allen nur denkbaren Ausführungen, Farben und Größen, darunter auch sehr seltene Exemplare; Hage Geingob Street, gegenüber der Stadtverwaltung, Tel. 067-313072

Weiterfahrt

In Outjo haben Sie Anschluss an die Routen 8 und 9. Verlassen Sie die Stadt westlich und bleiben Sie auf der C38. Nach 69 km kommt das *Toshari Inn,* eine der Traditions-Lodges rund um Etosha.

20 km dahinter befindet sich das *Ongava Game Reserve,* eine Lodge, die durch ihre exorbitant hohen Preise und die überperfekte Absicherung besticht (dort auch Ongava Tented Camp und Little Ongava) und, kurz vor der Einfahrt in den Etosha Park, die *Taleni Etosha Lodge* mit mehreren Restaurants, Pools und wirklich wettbewerbsfähigen Preisen.

Etosha National Park

Hinweis Seit März 2014 steht das Galton Gate an der südwestlichen Grenze des Parkes nicht nur Reiseveranstaltern oder Gästen des Dolomite Camps offen, auch „normale" Touristen dürfen es im Transit nach Okaukuejo benutzen oder im westlichen Teil des Parkes auf Entdeckungsfahrt gehen. Wegen der Entfernung bis Okaukuejo bzw. dem Anderssson Gate (max. 60 km/h!) sollte man nicht später als 13 Uhr bei Galton einfahren.

Eintritt in den Park 80 N$/Person und 10 N$/Fahrzeug jeweils pro Tag.

Allgemeines Mit diesem berühmten Nationalpark haben Sie eines der Highlights Ihrer Namibia-Reise erreicht! Am Andersson Gate erhalten Sie einen Laufzettel, den Sie im Büro von Okaukuejo, dem staatlichen Rastlager, vorlegen müssen. Dort entrichten Sie dann den Eintritt (betreten Sie den Park vom östlichen von Lindequist Gate aus, ist in Namutoni zu zahlen).

Der Eingang schließt etwa eine Stunde vor Sonnenuntergang, da die Rastlager ihre Tore bei Sonnenuntergang absperren und es unabdinglich ist, dass jeder Reisende die Lager erreicht! Vor Sonnenaufgang darf auch niemand aus den Camps hinaus.

Das Fahrzeug darf nur in den Rastlagern und im Nationalpark nur an den ausgewiesenen Plätzen mit Toiletten verlassen werden. Wer sich nicht daran hält, wird des Parks verwiesen (gerade an den Wasserstellen gibt es häufig Löwen, die das ungeübte Auge nicht erkennt, und Löwen sind schnell …).

Etosha National Park

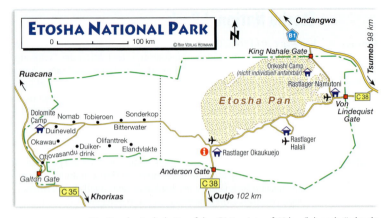

Die Geschwindigkeit auf den Pisten ist auf 60 km/h beschränkt, da sonst die Fahrzeuge zu viel Staub aufwirbeln. Die Restaurants der Camps haben feste Öffnungszeiten, Tankstellen und Läden sind vorhanden. Jedes Lager hat ein Schwimmbad und eine beleuchtete Wasserstelle, an der man abends wunderbar Tiere beobachten kann. Karten vom Park sind in den Läden erhältlich.

Wissenswertes

Mittelpunkt des Nationalparks ist die etwa **5000 qkm große Etosha-Pfanne, eine Salztonpfanne,** die zum westlichen Teil der Kalahari gehört. Von den Heikom, einer Untergruppe der San, die vor der Erklärung zum Naturschutzgebiet hier lebte, wurde Etosha „großer weißer Platz" genannt. Ihren Legenden zufolge bildete sich die Salzpfanne aus den Tränen einer Frau, die um ihr ermordetes Kind weinte …

Wenn die Zuflüsse der Pfanne gut abkommen, verwandelt sich die weiß-glitzernde Senke in einen See. Nach der Trockenzeit, wenn das Wasser verdunstet ist und die im feuchten Erdreich gelösten Mineralien sich abgesetzt haben, überzieht eine rissige Salzkruste den Boden. Das Salz wurde vom Wild ebenso geschätzt wie von den Menschen, die alljährlich nach Etosha zur Salzernte kamen und das Mineral dann gegen andere benötigte Waren tauschten. Heute profitieren nur noch die Tiere von Salz und Wasser in diesem nach

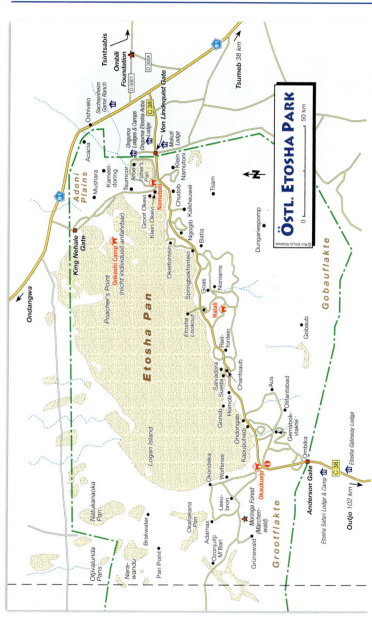

europäischen Maßstäben immens großen Areal, das aber durch stetige Verkleinerung heute nur noch ein Bruchteil der Fläche bedeckt, die ursprünglich als Naturschutzgebiet ausgewiesen worden war.

Für viele Wildarten, wie z.B. Elefanten, ist Etosha zu klein. Deshalb ziehen sie auf der Suche nach Weide regelmäßig nach Westen, manchmal bis an die Skelettküste. Viele der sogenannten „Wüstenelefanten" (s.S. 139 und S. 577, Skelettküste) sind ganz „normale" Dickhäuter aus Etosha. Ein weiteres Problem der „Enge" des Parks ist die Seuchengefahr für die Tiere. An den Wasserlöchern stecken sie sich mit Tollwut und Milzbrand an, insbesondere der Milzbrand hat extreme Konsequenzen und führte schon zu zehntausenden Todesfällen, besonders unter Kudus.

Pflanzenwelt

Die Pflanzenwelt Etoshas variiert nach der geographischen Lage. Zwergbuschsavanne umgibt den Rand der eigentlichen Salzpfanne, die selbst meist völlig vegetationslos ist. Nach Westen zu gehen die niedrigen, salzliebenden Gewächse in dichteren, mit Mopanebäumen durchsetzten Busch über. Dazwischen liegen Grassavannen, die bevorzugte Weide der Antilopen, Zebras und Gnus.

Westlich von Okaukuejo liegt der **Moringa Forest,** der **berühmte Märchenwald,** eine Ebene, die überraschend dicht mit den bizarren Moringabäumen bewachsen ist. Unheimlich wirken diese mager belaubten Baumriesen mit ihren knorrigen Ästen – den Heikom zufolge wurden sie von Gott auf die Erde geworfen, wo sie verkehrt herum steckenblieben! Nach Osten wird der Bewuchs dichter, die Mopanebäume erreichen imposante Höhen. Um Halali ist die sonst plattebene Landschaft durch Dolomitbuckel aufgelockert. Beim Rastlager Namutoni im Osten der Pfanne geht die niedrige Vegetation in Baumsavanne über. Auch hier dominieren Mopanebäume, zu denen sich nun immer häufiger auch die eleganten Kronen der Makalani-Palme gesellen.

Tierwelt Etoshas Tierwelt zeigt einen repräsentativen Querschnitt durch die in Namibia beheimateten Arten: Außer Büffeln sind alle Spezies der „Big Five" vorhanden: Es gibt etwa 2000 Elefanten, 300 Spitzmaulnashörner (und inzwischen auch wieder einige ihrer breitmäuligen, sanfteren Artgenossen) und 300 Löwen. Wie viele Leoparden in Etosha leben, ist unbekannt, ebenso lässt sich die Zahl der Geparden im Nationalpark kaum schätzen. Die schnell wachsende Löwenpopulation hat allerdings andere, schwächere Großwildarten an den Rand Etoshas gedrängt. Zu den Aufgaben der Tierheger gehört seit einigen Jahren auch die Sorge um die Empfängnisverhütung bei den Löwinnen. Mit Hormonspritzen ist es gelungen, die rapide Vermehrung der Großkatzen einzudämmen.

Namibias Wappentier, die Oryx-Antilope (oder „Spießbock") ist mit etwa 2000 Exemplaren vertreten, Springböcke mit bis zu 20.000. Zwischen Zebra- und Gnuherde staksen Marabus und Nashornvögel durch das hohe Gras, und Ohren- und Kapgeier lauern Kreise ziehend auf Beute.

Historisches  „Entdeckt" wurde Etosha von dem schon erwähnten schwedischen Naturforscher und Abenteurer Charles John Andersson, der mit dem Briten Francis Galton und einem Ovambo-Führer 1851 die Senke erreichte. Am 22. März 1907 gab **Gouverneur Friedrich von Lindequist** (nach ihm ist das östliche Tor benannt) eine Verordnung heraus. Damit wurde die Etosha-Pfanne und die Gebiete südlich, westlich und nordwestlich davon zum Wildreservat proklamiert. Über 90.000 qkm war es groß und umfasste auch das Kaokoland bis zum Kunene hoch. 1947 gab man das Kaokoland zur Ansiedelung von Herero frei, und weitere Teile des Reservates wurden in Farmland aufgeteilt. Die Größe betrug nur noch unter 50.000 qkm. 1956 legte eine Kommission die Erweiterung des Schutzgebietes fest. Es waren nun wieder 100.000 qkm. 1962 verkleinerte die Odendaal-Kommission den Park auf die

heutigen 22.000 qkm, ohne Rücksicht auf Migrationswege, angestammte Gebiete und Gefährdung der Tiere, um Platz für die angestrebten Homelands zu schaffen. Damit hatte die Apartheidpolitik auch die Tierwelt erreicht.

Tierbeobachtung

Heute sind 700 km Pisten im Park angelegt, sie führen von Wasserstelle zu Wasserstelle, und an jeder Kreuzung fällt die Entscheidung schwerer, in welche Richtung man denn jetzt fahren solle, wo man wohl die meisten Tiere zu Gesicht bekäme. Das Problem ist, dass auch innerhalb des Parks eine Migration stattfindet, und die Tiere sich über die Tageszeiten, die Jahreszeiten, aber auch über die Jahre, immer wieder an anderen Wasserstellen versammeln. Einfacher ist die Tierbeobachtung gegen Ende der Trockenzeit, weil sich das Wild dann in der Nähe der Wasserstellen aufhält. Nach den Regen hat man schon etwas mehr Mühe, einen der „Big Five" zu Gesicht zu bekommen. Am besten fragt man die Ranger, wo die Chance aktuell am größten ist, bestimmte Tiere zu sehen. Die Ranger haben durch ihre Fahrten und Hubschrauberflüge einen sehr guten Überblick über die Wanderwege des Wildes. Mit Geduld kann man sich auch selbst als Fährtensucher betätigen. Die frischen Elefantenhaufen weisen die Richtung (bleiben Sie aber auf den Wegen!).

Geführte Touren

Seit dem Januar 2007 bietet Namibia Wildlife Resorts in allen Rastlagern Game Drives an. Diese finden nicht nur tagsüber statt. Als besonders exklusives Angebot stehen auch nächtliche Tierbeobachtungsfahrten auf dem Programm.

Rastlager

Im Etosha-Nationalpark gibt es fünf Rastlager: **Okaukuejo, Halali** (etwa auf halbem Weg nach Namutoni), das historische **Fort Namutoni** und die Luxuslager **Onkoshi Camp** im Osten des Parks und **Dolomite Camp** im Westen beim Galton Gate.

Rastlager Okaukuejo

Okaukuejos Turm darf man besteigen

Die Bungalows verschiedener Kategorie sind um das nachts beleuchtete Wasserloch angeordnet, die teureren näher, die billigeren weiter weg. Der Zeltplatz wirkt nicht besonders anheimelnd. Das Wasserloch jedoch ist die Attraktion des Lagers. Eine niedrige Steinmauer trennt Tier und Mensch. Nachts kann man gemütlich auf Bänken sitzend Giraffen, Elefanten und Rhinos beim Saufen zuschauen, manchmal auch Löwen.

Zu späterer Stunde, wenn das Blitzlichtgewitter nachgelassen hat und die meisten zu Bett gegangen sind, ist es am schönsten: Schakale huschen durch das Lager auf der Suche nach Fressbarem, Rhinos mit Jungen verjagen Giraffen und verteidigen das Wasserloch, Elefanten kommen und sichern nach allen Seiten, Löwen kündigen sich an und die Antilopen flüchten. In Okaukuejo wurde 1901 ein Fort gebaut, das aber keine militärische

Funktion hatte. Es diente der Abwehr der Maul- und Klauenseuche, die nördlich grassierte (auf der Ost-West-Linie in Höhe von Okaukuejo trifft man auf jeder Straße und Piste nach Norden auch heute noch auf die Disease Control Gates) und der Eindämmung der Wilderei und des Waffenhandels. Das Fort existiert nicht mehr.

Routenvorschläge von Okaukuejo aus

Die meisten Besucher nehmen eines der Rastlager zum Ausgangspunkt, von dem aus sie ihre „Kreise" auf den Pisten am Südrand der Pfanne ziehen und zwischendrin und abends wieder in die gebuchte Unterkunft zurückkehren. Dies hat den Vorteil, dass man die toten Stunden der Mittagshitze, in denen kaum Wild zu sehen ist, am Pool verbringen kann.

Hier einige Rundtouren von Okaukuejo aus (eine gute Karte des Nationalparks mit allen wichtigen Wasserstellen ist in den Tankstellen der Rastlager erhältlich; Rundfahrten von Halali und Namutoni s. dort):

Nach Ombika und Gemsbokvlakte (insgesamt ca. 60 km): Zunächst 11 km zurück in Richtung Andersson Gate, dann nach links nach Ombika. Die Wasserstelle gilt als einer der sicheren „Löwen-Plätze". Außerdem oft vertreten: Zebras und Streifengnus.

18 km weiter liegt Gemsbokvlakte, ein beliebter Wasserplatz von Oryx-Antilopenherden, zu denen sich manchmal auch Elefanten gesellen. Von hier geht es zurück nach Okaukuejo.

Weiterfahrt Gemsbokvlakte – Olifantsbad: Anstatt zurückzufahren, folgen Sie der Pad nach Osten, etwa 8 km entlang der traditionellen Migrationspfade der Elefanten nach Olifantsbad, wo man mit ziemlicher Sicherheit einen Dickhäuter zu sehen bekommt.

Blick vom Turm zum östlichen Eingangstor

Von Okaukuejo nach Okondeka: nördlich des Rastlagers und nur etwa 22 km entfernt liegt am Westrand der Salzpfanne eine der interessantesten Wasserstellen für die Löwenbeobachtung. Hier entspringt eine Quelle, die große Herden von Zebras, Gnus und Antilopen mit Wasser versorgt. Dass der König der Tiere hier gerne sein „Lager" aufschlägt, ist so nicht weiter verwunderlich! Ideal sind die späteren Vormittagsstunden.

Zum Märchenwald: von Okaukuejo geht's zunächst nordwestlich in Richtung Leeubron und dann auf der Moringawald-Straße *(Sprokieswoud)* nach Westen, bis nach ca. 35 km rechts der Straße der geisterhafte Märchenwald (s.S. 480) erscheint.

Okaukuejo – Halali

Die Straße folgt dem Südrand der Salzpfanne; linker Hand breitet sich die im Sonnenlicht gleißende Salzfläche aus, rechts verdeckt zunehmend dichteres Buschwerk den Blick auf kleineres Wild. Immer wieder führen Abstecher nach Süden in die Buschsavanne zu beliebten Wasserstellen. Versuchen Sie's nördlich mit **Homob** (nach ca. 35 km), einer direkt am Pfannenrand angelegten Wasserstelle, an der verschiedene Antilopenarten, Zebras und ihre kurzsichtige Gefolgschaft, die Gnus, ihren Durst stillen. Auch Löwen sind hier häufig zu Gast. **Charitsaub,** 9 km weiter rechts der Straße, gilt als sicherer Tipp für Geparden (was bei Tierbeobachtung schon „sicher" zu nennen ist …). Nach weiteren 22 km zweigt die Zufahrtsstraße zum Rastlager Halali ab, das nach 8 km erreicht wird.

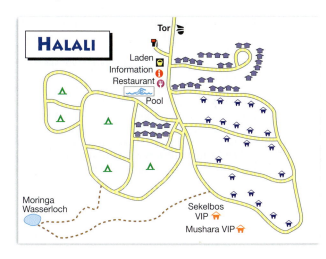

Rastlager Halali

Der Platz, an dem das Rastlager am Fuß eines kleinen Hügels (koppie) erst 1967 errichtet wurde, hat keine Geschichte, aber eben einen klangvollen Namen. Sein Wasserloch ist ebenfalls ein bei den Tieren beliebter Sammelpunkt, liegt aber abseits der Hütten und hat deshalb bei weitem nicht die Anziehungskraft wie das von Okaukuejo, obwohl es ebenfalls nachts beleuchtet ist. Das liegt vielleicht auch daran, dass die meisten Besucher in Okaukuejo und Namutoni übernachten und in Halali häufig nur Mittagsrast machen (das bislang mittelmäßige Restaurant soll durch zwei Restaurants mit verbessertem Angebot ersetzt werden). Halali besitzt durch die vielen Dolomithügel eine reizvolle Umgebung, die es durchaus zu erkunden lohnt.

Routenvorschläge von Halali aus

Nach Etosha Viewpoint: zwei Strecken bieten sich an: die westliche an der Wasserstelle von Nuamses vorbei (34 km), oder die östliche Route (36 km). Etosha Viewpoint ist die einzige Stelle, an der Besucher einige Kilometer auf die Salzton-Pfanne hinausfahren dürfen!

Nach Noniams und Goas: Etwa 15 km von Halali nach Osten versprechen die beiden Wasserstellen von erhöht angelegten Parkplätzen aus gute Sicht auf Zebras, Gnus, Oryxe und die seltenen Kuh-Antilopen.

Halali – Namutoni

Die scheuen Eland-Antilopen sollen sich entlang des Elandsdrive südöstlich von Halali gelegentlich blicken lassen. Die Strecke ist zwar nicht die direkteste Verbindung nach Namutoni, verspricht aber gute Tierbeobachtungsmöglichkeiten in Kamaseb und ein freundliches Landschaftsbild mit dichtem Mopanebewuchs. Nach ca. 50 km wieder zurück am Rand der Salzpfanne lockt die Quelle Springbokfontein verschiedene Antilopenherden, vor allem aber die grazilen Springböcke an.

20 km sind es von der Quelle bis zur Abzweigung nach Kalkheuvel (weitere 5 km), das benachbarte Wasserloch Chudob ist für seinen Tierreichtum bekannt. Sogar Leoparden sollen hier gesichtet worden sein! Im Folgenden quert die Pad auf einem kurzen Stück die Salzton-Pfanne und erreicht nach knappen 100 km (insgesamt) Namutoni, dessen weiße Mauern den Reisenden nicht nur in die Zivilisation, sondern einmal wieder in die deutsche Kolonialzeit zurückversetzen.

Rastlager Namutoni

1851 reiste der Schwede Charles Andersson (nach ihm ist das südliche Tor benannt) nach Ondangwa und machte bei der Wasserstelle Omutjamatunda Halt, dem heutigen Namutoni. Er berichtete als erster von dieser Stelle. Ihm folgten Jäger und Händler. Erst bei Ausbruch der Rinderpest 1897 installierte man einen Posten, der die gleichen Aufgaben wie der in Okaukuejo hatte. 1903 wurde die Festung fertiggestellt, Namutoni war nun Grenzposten, da das nördlich von hier gelegene Ovamboland nicht unter deutscher Verwaltung stand.

Am 11. Januar 1904 brach der Herero-Aufstand los. Als einziger Ovambo-Führer beteiligte sich Nechale aus Ondangwa und schickte am 28. Januar seine Leute gegen Namutoni. Einen Tag lang konnte die Besatzung, bestehend aus 4 Mann und 3 Farmern, die Schutz gesucht hatten, dem Ansturm widerstehen. In der Nacht suchten sie dann aber das Weite, das Fort wurde von den Ovambo geschleift. Nach Niederschlagung des Aufstandes wurde es wieder aufgebaut.

Da das Kaiserreich bemüht war, seine Kosten für das Schutzgebiet zu senken, zog die Schutztruppe 1910 ab, nur noch ein Polizeiposten verblieb. Nach dem I. Weltkrieg verfiel die Festung immer weiter, da sie nur zwischenzeitlich von der südafrikanischen Polizei benutzt wurde. Schließlich entschied man sich, die Reste abzutragen.

Die Versuche verschiedener Seiten, das historische Gebäude zu erhalten, hatten 1950 Erfolg, es wurde zum nationalen Monument erklärt, und man beschloss gleichzeitig, es zu rekonstruieren und zu

Fort Namutoni

Etosha National Park

einem Touristenlager zu machen. 1958 war der Plan umgesetzt, Namutoni wurde eröffnet.

Das Fort erhebt sich strahlend weiß, mächtig und kriegerisch über dem grünen Rasen. Ein kleines Museum zur Geschichte von Namutoni befindet sich neben der Rezeption. Der Zeltplatz ist schön, schattig und auf Rasen, das Wasserloch ist nicht so überlaufen wie in Okaukuejo.

Die Landschaft um Namutoni prägen hohe Mopanebäumen und dichtes Gestrüch, das es sogar schwierig macht, die allerorts äsenden Giraffen auszumachen. Scharfe Beobachtungsgabe ist also vonnöten.

Namutonis Innenhof

Routenvorschläge von Namutoni aus

Dikdik-Drive: Die Damara-Dikdiks sind die kleinsten Antilopen Namibias. Ihre bevorzugte Wasserstelle ist Klein-Namutoni, ein Wasserloch, zu dem häufig auch Giraffen kommen. Die ausgeschilderte Rundtour ist etwa 5 km lang.

Über Fisher's Pan nach Twee Palms: An ihrem östlichen Rand leckt die Etosha-Pfanne nördlich von Namutoni über einen „Kanal" in eine zweite Salzton-Senke hinein, in die Fisher's Pan. Diese ist besonders bei Vögeln beliebt. Wer schon immer rosafarbene Flamingowolken fotografieren wollte – hier findet er sie! Dazwischen stolzieren in strengem Ernst Marabus, und gelegentlich watscheln auch ein paar Pelikane vorbei.

Nach 31 km entlang Fisher's Pan ist die malerische Wasserstelle Twee Palms erreicht, 11 km weiter trifft die Rundtour wieder auf Namutoni.

Nach Andoni: Diese bei vielen Tierarten beliebte Wasserstelle liegt knapp 50 km nördlich von Namutoni. Auf dem Weg passiert man Tsumcor, einen bevorzugten Aufenthaltsort von Elefanten.

Onkoshi Camp

Das Lager ist ganz exklusiv im Osten des Parkes, der für die sonstige Öffentlichkeit nicht zugänglich ist. Wer sich einmietet, erhält ein All-inclusive-Paket mit allen Mahlzeiten, einer luxuriösen Unterkunft und natürlich exklusive Game Drives. Man bewohnt die Luxuszelte auf Holzplattformen mit riesigen Betten, Teakholzeinrichtung, Badewanne, Innen- und Außendusche und direktem, ungestörten Blick auf die Salzpfanne.

Dolomite Camp

Im bisher für den Tourismus nicht zugänglichen westlichen Teil von Etosha hat das Exklusivlager seine Pforten geöffnet. Die Gegend mit Karstveld, Mopane-Bäumen und Dolomit-Felsformationen gilt als besonders wildreich, konnten sich die Tiere doch hier ungestört von Touristen aufhalten. Das exklusive Dolomit Camp besteht aus Chalets und Luxus-Chalets (mit kleinem eigenem Pool), Restaurant, Bar, Pool; Game Drives zu exklusiven Wasserlöchern.

Aus- und Weiterfahrt aus dem Park

Am von Lindequist Gate verlassen Sie den Park. Nun ist die Straße wieder asphaltiert. Hier befindet sich auch der Abzweig zur Mokuti Lodge und zu den luxuriösen **Onguma Lodges & Camps** (Aoba Lodge, Bush Camp, Tree Top, Tented Camp, The Fort und Campsites). Das **Bush Camp** (oder Main Camp) liegt 8 km abseits der Straße und ist auf fester Piste erreichbar. Es umfasst diverse Safari-Bungalows, Schwimmbad, Restaurant und ein spektakuläres Wasserloch. Unweit davon liegt die **Leadwood Campsite,** luxuriös ist **Tamboti Campsite.** Im **Tented Camp** reihen sich um ein Wasserloch hochluxuriöse

Safarizelte und es hat ein eigenes Restaurant. Die Aoba Lodge (13 km) bietet in Bungalow-DZ traditionellen, hochwertigen Safari-Komfort mitten im Busch. Wer dem Pauschaltourismus entfliehen will und eine persönlichere Atmosphäre vorzieht, ist gut beraten, bei Onguma im Bush Camp oder in der Aoba Lodge und nicht in der Mokuti Lodge zu nächtigen. Onguma-Flaggschiff im 34.000 ha großen Game Reserve ist das im marokkanischen Lehmbauten-Stil konzipierte **The Fort** mit großem, tierreichen Wasserloch, separat stehenden Chalets und freiem Blick über die Ebene, auf der die Tiere dahinziehen.

The Fort

Aoba organisiert auch Ausflüge zu der nahebei gelegenen Ombili-Stiftung. Nach Beendigung des Kampfes zwischen SWAPO und Südafrika hat ein Offizier seine aus San bestehende Einheit auf seiner eigenen Farm angesiedelt, da die San nicht wussten, wohin sie nach dem Krieg gehen könnten. Daraus entstand die **Ombili-Stiftung.** In Schulen und bei der Herstellung traditionellen Schmuckes und traditioneller Haushaltsgeräte für den Verkauf an Touristen sollen die Fährtensucher den Weg in das moderne Leben finden.

Auf der B1 nach Tsumeb

24 km hinter dem Lindequist Gate biegt man auf die B1 nach Süden ein. 50 km weiter führt die Piste D3043 zum **Lake Guinas** (24 km), dieser wird aber mangels Infrastruktur und der weiten Entfernung praktisch nicht angefahren. Er ist 60 m breit, 120 m lang und mit 100 m doppelt so tief wie sein Gegenstück Lake Otjikoto an der B1, 5 km hinter dem Abzweig. Beide entstanden durch Wegsacken des

karstigen Untergrundes bei Höhleneinstürzen. Die Höhlen wiederum wurden durch unterirdische Flusssysteme ausgespült, die den Kalkstein zersetzt haben. Das Wasser wird zur Bewässerung der umliegenden Farmen benutzt.

Am **Lake Otjikoto** (tgl. 7.30–17.30 Uhr, Eintritt 50 N$) zeugt eine voluminöse, fest installierte Dampfmaschine, Überbleibsel einer Pumpstation, vom Wasserbedarf der Minen bei Tsumeb. Schon 1907 wurde die Pipeline eröffnet. Bei der Kapitulation der deutschen Truppen 1915 versenkten die hier befindlichen Einheiten ihre schweren Waffen. Im Museum in Tsumeb können die geborgenen Kanonen besichtigt werden. Ist der Wasserspiegel des Sees durch die schlechten Regenjahre bis 2002 und den hohen Grundwasserverbrauch kontinuierlich abgesunken, konnte der See 2006 einen Anstieg seiner Oberfläche um 1,5 m verzeichnen. Am Eingang gibt es einen Kiosk mit Getränken und Snacks. 16 km hinter dem See erreicht man dann die Minenstadt Tsumeb.

Tsumeb

In Tsumeb haben Sie Anschluss an die Route 13a.

Tsomsoub – in der Sprache der San „Ein Loch graben, das verschwindet" – spielt auf den Umstand an, dass die Bewohner des wasserlosen Umlandes hierher kamen, um nach Wasser zu graben. Sie entnahmen ihren Tagesbedarf, und am nächsten Tag war das Loch eingestürzt. Aus dem San-Wort entwickelte sich so der Ortsname Tsumeb. Heute hat die Stadt etwa 16.000 Einwohner.

Lange bevor der Schwede Andersson 1851 das erste Mal von Kupferfunden berichtete, war der „Malachitberg" von Tsumeb im weiten Umkreis bei den hier lebenden San und den Ovambo bekannt. Die San bauten das Erz ab und tauschten es bei Ovambohändlern gegen Eisen, Salz (aus Etosha) und Tabak. Die Händler verhütteten es in einfachen „Hochöfen", die eindrucksvoll im Tsumeber Museum nachgebaut wurden. Dies konnte nur nachts geschehen, denn die Ovambo glaubten, dass die Sonne sie dabei nicht beobachten durfte. Wie bei den meisten anderen afrikanischen Völkern war der Umgang mit Metall und Feuer auch bei dem Ovambo ein Privileg bestimmter Berufsgruppen, die von der Gesellschaft wegen ihrer vermeintlich magischen Kräfte gefürchtet wurden.

Die Minen Vom Deutschen Reich erhielt 1892 eine englische Gesellschaft das Recht, bei Tsumeb Erz abzubauen. Sie ging 1900 in der Otavi Minen- und Eisenbahngesellschaft (OMEG) auf. Die Eisenbahnlinie nach Swakopmund wurde 1906 fertiggestellt, 1907 stand Wasser in ausreichender Menge vom Otjikotosee zur Verfügung, und so entstand eine Verhüttungsindustrie. Nun konnte man Kupfer und Blei in reinerer Form an die Küste schicken, die Transportkosten sanken.

Auf dem Höhepunkt der Erzproduktion mit 65.000 Tonnen pro Jahr begann der I. Weltkrieg. Erst sechs Jahre später wurde die Arbeit wieder aufgenommen, und der Ausstoß verdreifachte sich bis 1930. Die Weltwirtschaftskrise kam, und mit ihr ein Verfall der Weltmarktpreise für Erz. Wieder wurde die Produktion eingestellt. 1937 rüstete die Welt sich dem zweiten großen Krieg entgegen, Metall war gefragt. Nach drei Jahren wurde das Vermögen der OMEG als Feindbesitz beschlagnahmt, 1947 die Tsumeb Corporation Limited gegründet. Sie erwarb die Abbaurechte und schürfte bis ins neue Jahrtausend. Zu Beginn des neuen Jahrtausends schloss man die Minen erneut. Doch der Weltmarktpreis für Metalle stieg und stieg, so dass sich heute wieder ein Abbau lohnt und man die Trockenlegung der Mine und den Neubeginn des Schürfens erwägt. Über das Museum kann man eine Besichtigung des Tagebaus arrangieren (nur nach Voranmeldung und wenn die Minengesellschaft Transport zur Verfügung stellen kann).

Sehens- Die im Schachbrettstil mit Roads und Streets entworfene Stadt
wertes profitierte vom Erzabbau und wurde dadurch reich. Die Straßen flankieren Bäume, und die Blüten von Bougainvillea, Flammenbaum, Goldregen und Jacaranda geben dem Ort eine beschwingte Atmosphäre, die der Vorstellung von einer Minenstadt zuwiderläuft.

Das **Museum** (Main Street, Tel. 067-220447, Mo–Fr 9–12 u.14–17 Uhr, Sa 9–12 Uhr, Eintritt 30 N$) ist im 1915 errichteten ehemaligen Gebäude der Deutschen Privatschule untergebracht und zeigt eine

Straßenszene in Tsumeb

Tsumeb

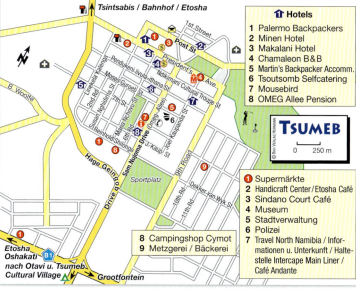

interessante Mineraliensammlung und die Waffen, die 1915 im Lake Otjikoto versenkt wurden. Anschaulich werden auch die traditionellen Methoden des Erzabbaus und der -verhüttung dargestellt und liebevoll die Kultur der Heikom-San dokumentiert. Ilse Schatz, die Leiterin der Sammlung, hat durch einen ihrer San-Farmarbeiter, der zugleich ein berühmter Heiler war, vieles über das Leben der San erfahren und dies in einem kleinen, sehr lesenswerten Bändchen zusammengetragen.

In der 1st Street hinter dem **Minen-Hotel** (Schlachtplatte mit Sauerkraut im Biergarten!) befindet sich ein Gebäude, das eine Kirche sein könnte, in Wirklichkeit aber als Prachtbau für die Direktion der OMEG 1910 errichtet wurde. Ein weiteres Gebäude der OMEG steht in der anschließenden Hospital Street. Es entstand 1912 und diente als Wohnhaus.

Wo die Hospital- in die Main Street mündet, versteckt sich die Missionskirche St. Barbara, diesmal katholisch und 1913 erbaut, hinter subtropischen Pflanzen. Die Schutzpatronin bewahrt die Bergleute vor Unglück.

Tsumeb Cultural Village   Außerhalb (2 km) in Richtung Otavi steht das Tsumeb Cultural Village, eine Freianlage, die die Wohnbauten mehrerer Ethnien des Landes zeigt: Himba, Ovambo, Kavango, Caprivi, San, Herero, Afrikaaner,

Damara und Nama. Außerdem ist Kunsthandwerk zu sehen und ein kleines Museum zeigt weitere Artefakte. Offen von 8–16, Sa/So 8–13 Uhr, Eintritt 50 N$, Tel. 067-220787.

Adressen & Service Tsumeb

Unterkunft	*Touristenklasse:* **Minen Hotel,** Makalani Hotel, Kupferquelle Resort
	Günstig: Etosha Café, **Mousebird, Martins Backpackers,** OMEG Allee Pension, Travel North, Tsumeb Cultural Village
	Zelten: Kupferquelle Resort
Essen	*Minen Hotel,* Post Street, Tel. 067-221071
	Etosha Café, 21 Main Road, Tel. 067-221207 (wochentags tagsüber)
	Sindano Court Coffee Shop & Restaurant, Restaurant in einer Gärtnerei mit kleinen Tümpeln und Lapas, President's Avenue, Tel. 081-1270117
Museum	Main Street; P.O. Box 884, Tsumeb, Tel. 067-220447, Mo–Fr 9–12 und 14–17 Uhr, Sa 9–12 Uhr, Eintritt 15 N$.
Information/ Reise- veranstalter	*Travel North Namibia,* P.O. Box 779, 1551 Omeg Allee, Tsumeb, Tel. 067-220728, Fax 220916, travelnn@tsu.namib.com; Internet-Nachrichten können versandt werden, Café Andante, Zimmervermietung, Backpacker-Unterkunft, Intercape Mainliner, Taxi, Transfers.
Internet	*Travel North Namibia,* s. oben
Busse	*Intercape Mainliner,* Haltestelle bei Travel North Namibia
Einkaufen	*Tsumeb Cultural Village* mit Curio Shop
	Tsumeb Arts and Craft Centre, 18 President's Avenue, Projekt zur Ausbildung von Kunsthandwerker(inne)n mit angeschlossenem Laden.
	Afrikanischer Markt (nicht regelmäßig), Ecke Bahnhof/7th Street neben der Caltex-Tankstelle
Golfclub	*Tsumeb Golf Club,* P.O. Box 1477, Tsumeb, Tel. 067-220547
Mediz. Hilfe	State Hospital, Bahnhof Street, Tel. 067-221082
Weiterfahrt	Verlassen Sie Tsumeb auf der B1 außerhalb der Stadt. Nach 64 km Fahrt durch Farmland mit den altbekannten Zäunen links und rechts der Straße und durch niedrigen Busch, rechts vorbei an den Otavibergen, kommen Sie zum Städtchen Otavi.

Otavi

Der Ort wirkt nicht sehr anheimelnd, niedrige Häuser liegen an staubigen Straßen, auf denen nichts los ist. In der Erinnerung der deutschstämmigen Namibier blieb die Stadt, weil nördlich davon (2 km außerhalb an der B1) die Kapitulationsbedingungen am 9. Juli 1915 unterschrieben wurden. Ein 1920 errichtetes Denkmal erinnert daran.

Berühmtheit erlangte Otavi 1991 durch den Fund eines Kieferknochens in den Otavi-Bergen. Sein Alter wurde auf 12 bis 15 Mio. Jahre datiert, und man nimmt an, dass mit dieser Entdeckung neue Erkenntnisse zum „missing link" möglich sind, dem immer noch unbekannten gemeinsamen Urahn von Homo Sapiens und Menschenaffen.

Zur Khorab-Gedenkstätte Ein kleines leicht eingewachsenes Monument erinnert an die Kapitulation der deutschen Truppen in Südwest 1915 gegenüber dem südafrikanischen Militär. Um zum Denkmal zu gelangen verlässt man Otavi Richtung Nordwest und biegt nach 300 m hinter der Eisenbahn nach Südwest rechts ab, dann geht es knapp 3 km nach Nordost. Bei 19 37 23/17 21 06 steht der Stein.

In Otavi haben Sie Anschluss an die Route 13. Die B1 führt nun 117 km südwestlich weiter durch Farmland bis Otjiwarongo (s. oben).

Bitte schreiben oder mailen Sie (verlag@rkh-reisefuehrer.de), wenn sich in Namibia Dinge verändert haben oder Sie Neues wissen. Wir beantworten jede Zuschrift. Danke!

Route 7a: Zum Waterberg-Plateau

Otjiwarongo – Waterberg – Grootfontein

Km	Abzweig	Ort	Sehenswert	Übernachtung	GPS
Km 0 C22 Teer					20 40 54 16 46 45
Km 6				Weaver's Rock Gästefarm	20 40 25 16 49 41
Km 18	Einmündung der C30				20 39 01 16 57 19
Km 34				Waterberg Guestfarm	20 38 39 17 06 00
Km 40 D2512 Piste	Km 0 C22 Teer				20 38 22 17 09 46
	Km 21			Hamakari Gästefarm	20 37 22 17 21 01
	Km 31	Okakarara, T		Steps for Children Guesthouse	20 35 33 17 26 58
Km 56			Waterberg- Plateau, T+V	Waterberg Camp	20 31 33 17 14 58
Km 64				Waterberg Wilderness Ldg.	
Km 73		Onjoka-Tor			
Km 82				Waterberg Mountain Camp	
Km 92				Wabi Lodge	20 20 43 17 31 57
Km 144		Einmündung der D2896			20 07 05 17 49 20
Km 152				Kamrav Gästef.	
Km 180		Rietfontein			
Km 182		Einmündung in B8			19 43 33 17 51 14

Otjiwarongo – Waterberg

Bis zum Abzweig der C22 von der B1 ist die Strecke in der Route 7 beschrieben. Die C22 ist asphaltiert. Schnell tritt das Waterberg Plateau ins Blickfeld. Es erhebt sich 200 m über Straßenniveau. Man fährt 40 km (und ignoriert die C30 nach Gobabis nach 18 km) auf das links voraus liegende Plateau zu, und kurz vor der Abzweigung zwischen dem Großen Waterberg links und dem Kleinen (aber höheren) Waterberg rechts hindurch.

Bei Kilometer 32 passiert man den westlichsten Ausläufer des Waterberg-Plateaus. Die Piste D2512 wird, als Hauptzufahrt zum Nationalpark, ständig präpariert, der ungünstige Unterbau führt aber nach Regenfällen dazu, dass man mit einem normalen Pkw so seine Schwierigkeiten haben kann.

ABSTECHER Hamakari und Okakarara

An der Kreuzung ist ein Abstecher zum 31 km entfernten Ort **Okakarara** möglich. Auf dem Weg dorthin passiert man die **Gästefarm Hamakari** – eine traditionsreiche und geschichtsträchtige Adresse. Familie Diekmann ist sehr engagiert und schildert ihren Gästen gerne ihre Sicht der Geschehnisse rund um die Schlacht am Waterberg. Auf ihrer Farm befand sich einst die Wasserstelle Onguero. Die Diekmanns haben das Gebiet aber ausgegliedert, um den Herero einen ständigen Zugang zu dem für sie wichtigen Ort zu gewährleisten. In der Nacht vom 11. auf den 12. August 1904 versammelten sich hier die Führer der Herero und entschieden, dass sich ihr Volk mit Kind, Kegel und allem Vieh in die Omaheke aufmachen solle – was zum Todesmarsch für abertausende Herero wurde. Auch ein Schutztruppenfriedhof auf Hamakari erinnert an diesen Krieg. Spaziergänge auf der Farm, Ausflüge ins Hereroland oder einfach nur Wissensvermittlung über die Arbeit auf der voll funktionierenden Rinderfarm gehören zum Programm.

Bislang fahren Touristen eher selten nach Okakarara, das sollte sich aber in Zukunft ändern. Es ist die Hauptstadt des ehemaligen Homelands der Herero gewesen, also Herero-Land. Heute heißt die Region Otjozondjupa. Das Straßenbild ähnelt gänzlich einer Ansiedlung, wie man sie aus dem nördlicheren Afrika kennt. Die Straßen sind nicht asphaltiert, Staub liegt auf allem, es gibt keine Gehsteige. Die meisten Menschen auf den Straßen tragen traditionelle Kleidung, am Straßenrand vor den kleinen Hütten spielen Kinder. Man sieht deutlich, dass die Apartheid-Administration kein Geld für die Homelands übrig hatte – sie verbaute ihre Investitionen lieber in den Gebieten der Weißen. Es gibt keine Unterkunftsmöglichkeit und keine Informationsstelle. An der Hauptstraße finden sich 2 kleine Restaurants und Takeaways. Das Leben der Herero wird auch in Okakarara immer noch von der Viehzucht bestimmt und es ist also kein Wunder, dass das Auktionshaus für Rinder am Ort Millionen von Namibia-Dollar umsetzt.

2 km außerhalb Richtung Otjiwarongo glänzt hell das **Kulturzentrum** des Städtchens, bezahlt aus dem Deutschen Entwicklungshilfetopf und bislang eine Investitionsruine, denn für ein lebendiges Haus voller Aktivitäten liegt es zu weit draußen und der Fußmarsch in der Tageshitze ist beschwerlich. Nur einmal im Jahr findet eine kleine Handelsmesse statt, und am Gedenktag des Herero-Krieges versammeln sich ebenfalls einige hundert Menschen. Errichtet wurde das Zentrum, um den Herero ein Platz zur Erinnerung an die Schlacht am Waterberg und die anschließende Flucht in die Omaheke zu sein, ein Ereignis, das sich 2004 zum 100. Mal jährte und mit der deutschen Entwicklungshilfeministerin festlich begangen wurde.

Unterkunft und Stadtführungen bietet das **Entwicklungshilfeprojekt Steps for Children** (www.stepsforchildren.de).

Wer von Okakarara direkt zum Waterberg will kann eine Abkürzung nehmen, die allerdings über das Gebiet der Waterberg Wilderness Lodge führt. Wer dort Gast ist, bekommt das Geld (20 N$) für den Visitors Pass an der Lodge wieder, wer nicht, hat nur dem Umweg eingespart (28 km auf der Abkürzung, fast 60 km auf der Hauptpad).

Das Bérnabé-de-la-Bat-Rastlager ist 16 km hinter der Kreuzung erreicht. Die Stichstraße geht durch ein Tor, nach 800 m ist links die Rezeption.

Waterberg Plateau Park

Waterberg Camp

Das weitläufige, ehemals Bernabé-de-la-Bat Restcamp genannte Lager, liegt direkt am Fuß des Waterberg Plateaus. Tagesbesucher müssen das Lager bis 18 Uhr verlassen haben. Übernachtungsgäste (nur mit Buchung) müssen vor 21 Uhr ankommen, sonst stehen sie vor verschlossenen Toren. Bungalows verschiedener Kategorie werden vermietet, Camping-Stellplätze sind vorhanden. Ein Schwimmbad, ein Kiosk, eine Tankstelle und ein Restaurant (7–8.30 Uhr, 12–13.30 und 19–21 Uhr) sorgen für das Wohl der Gäste. Im Rastlager gilt eine Geschwindigkeitsbeschränkung von 20 km/h. Eintritt 80 N$/Person und 10 N$/Fahrzeug.

Der Waterberg

Der Waterberg wird der Etjo-Sandsteinformation zugerechnet. Diese entstand aus Ablagerungen am Grund eines Sees, der im Kambrium fast ganz Südwestafrika bedeckte und, darauf aufbauend, einer Schicht an Erosionsprodukten die der Wind herbeitrug. Im Zuge von tektonischen Hebungen in der Karoo-Zeit entstand eine Hochebene, die durch Erosion allmählich wieder abgetragen wurde. Mehrere Gebirgsformationen widerstanden diesem Prozess, darunter auch der Waterberg. Spuren urzeitlicher Bewohner haben sich auch hier erhalten (ähnlich den Dinosaurier-Fußspuren s.S. 527).

Waterberg Plateau Park

Das Plateau wurde bereits zwischen dem Ersten und Zweiten Weltkrieg zum Naturschutzgebiet erklärt, die Proklamation hatte aber keinen Bestand, und das Gebiet auf der Hochebene wurde als Farmland verkauft. Erst 1972 wurde der Park in seiner jetzigen Form geschaffen, nicht zuletzt deshalb, weil im Caprivi Strip ein Homeland eingerichtet werden sollte, und ein neues Habitat für die dort lebenden Tiere gesucht werden musste. Die Ähnlichkeit der Klima- und Vegetationsbedingungen brachte die Zuständigen auf die Idee, das Wild hierher umzusiedeln. Ein Nebeneffekt ist, dass die Verwaltung des Parks, der vornehmlich zum Schutz der Natur entstanden ist und weniger dem Vergnügen der Touristen dient, die Zugangsregeln zum Plateau restriktiv handhabt.

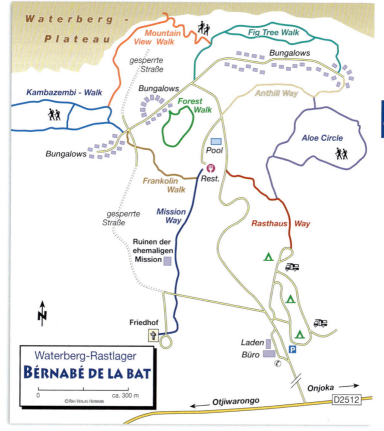

Waterberg Plateau Park

Spaziergänge

Im Camp sind mehrere kleine Spaziergänge möglich. Sie sind mit detaillierter Beschreibung und Standort der hier beheimateten Pflanzen in dem Buch „Waterberg Flora" von Patricia Craven und Christine Marais (Windhoek 1989) zusammengefasst. Die Wege heißen Mountain View, Forest Walk, Aloe Circle, Rasthaus Way, Kambazembi Walk, Anthill Way, Francolin Walk und Fig-Tree Walk und dauern zwischen 15 und 90 Minuten.

Der **geschichtsträchtige Mission Way** führt vom Rasthaus, an den Ruinen der ersten Missionsstation vorbei, zum Friedhof. Hier liegen Schutztruppler, die während des Herero-Aufstandes 1904 gefallen sind. Die Missionsstation wurde 1873 gegründet. Der Ort hieß damals Otjozondjupa. 1880 wurden die Gebäude zerstört, als der zehnjährige Frieden zwischen Nama und Herero zerbrach. 1891 wurden sie wieder aufgebaut, und nach fünf Jahren erhielten sie Schutz durch die Errichtung eines Polizeipostens, dem heutigen Restaurant. Zwei Tage nach Ausbruch des Herero-Aufstandes, am 14. Januar 1904, erschlugen die Herero, darunter Arbeiter der Mission, hier 12 Menschen. Am 11. August 1904 war der Aufstand mit der **Schlacht am Waterberg,** zumindest für die Schutzmacht, beendet. Die Oberhäupter der Herero entschieden sich für die Flucht in die Omaheke, die zum Tode tausender Herero führte.

Tier- und Pflanzenwelt

Wer nicht vorhat, weiter nach Nordnamibia und in den Caprivi zu reisen, kann im Waterberg Plateau Park einen Blick auf jenes Wild erhaschen, das normalerweise in feuchteren Regionen zu Hause ist. Durch seine besondere geologische Beschaffenheit besitzt der Waterberg mehrere ergiebige Quellen, denn Regenwasser versickert zwar in den sandigen Böden des Plateaus, wird aber dann durch Spalten und Risse im Sandstein bis zu Gesteinsschichten weitergeleitet, die wasserundurchlässig sind. Da der Weg nach unten versperrt ist, bahnen sich die Wasserströme einen Weg nach draußen – Quellen entstehen, die für die erstaunlich üppige Flora verantwortlich sind und Mensch und Tier

Die wasser-reichen Flanken des Tafelberges sind üppig überwuchert

speisen. Es steht also genug Wasser zur Verfügung, das von den Flanken mit Solarenergie auf das Plateau gepumpt wird. So können hier Tierarten überleben, die eigentlich feuchtere Regionen gewöhnt sind. Dazu gehören beispielsweise Rappenantilopen und Büffel.

Am Waterberg werden auch von der Ausrottung bedrohte Tiere gezüchtet, um irgendwann wieder in der „freien" Natur ausgesetzt zu werden. Das Breitmaulnashorn (Weißes Nashorn), eine der gefährdetsten Wildarten, lebt hier, geschützt vor Wilderern, die seinem Horn nachstellen (s.S. 146). Auch Spitzmaulnashörner, die wegen ihrer Aggressivität gefürchteter sind als ihre „weißen" Artgenossen, wurden angesiedelt. Außerdem kann man Giraffen, Streifengnus, Warzenschweine, Paviane, Geparden, Leoparden und Luchse beobachten. Da diese Oase auch zahlreiche Vögel anzieht, kommen Ornithologen am Waterberg auf ihre Kosten.

Berühmt ist das Plateau als einziges namibisches Brutgebiet der Kapgeier. Pflanzenfreunde können fast alle in Namibia heimischen Akazienarten und in höheren Lagen auch Ahnenbäume und Gelbholzbäume identifizieren. Eine Freude fürs wüstengeplagte Auge sind die vielen blühenden Gewächse, wie Feuerlilien, Korallenbaum oder der mit gelben Blütenkaskaden geschmückte Omuparara (Peltophorum africanum). Bekannt ist der Waterberg auch für seine verschiedenen Farne und das Flechtengespinst an den Wänden des Etjo-Sandstein-Abfalls.

Waterberg Plateau Park

Pirsch-fahrten, Wanderungen

Die Parkverwaltung organisiert täglich Pirschfahrten, die etwa drei Stunden dauern (6/8 und 15/16 Uhr, auch für Nichtgäste buchbar, Tel. 067-305001, um 300 N$/Person, Treffpunkt an der Rezeption). Man verlässt dabei das Lager und fährt am normalerweise verschlossenen Tor Onjoka, wo sich die Hauptverwaltung befindet, wieder in den Park (17 km östlich).

Eine drei Tage dauernde Wanderung beginnt ebenfalls am Tor von Onjoka (April bis November, donnerstags vor jedem 2., 3. und 4. Wochenende des Monats, 14 Uhr; zugelassen sind mindestens 3, höchsten 8 Personen). Sie muss im zentralen Reservierungsbüro in Windhoek gebucht werden. Eine nicht geführte Tour geht über 50 km und zwei Tage. Ausrüstung und Verpflegung sind jeweils mitzubringen.

Weiterfahrt

8 km östlich des Rastlagers kommt man zur **Waterberg Wilderness Lodge,** eine zu Füßen des Waterberges liegende grüne Oase mit Wandermöglichkeiten auf dem Plateau. Die Küche ist ausgezeichnet und die deutschstämmige Besitzerfamilie Rust sehr herzlich und hilfsbereit. Mit der *Waterberg Plateau Lodge* haben die Rusts ein weiteres Kleinod geschaffen, das exklusiv ganz oben am Abbruch des Plateaus wie ein Adlernest Blick und Gedanken in die Ferne schweifen lassen. Etwas abseits, zu Füßen des Tafelberges, liegt der Campingplatz der Lodge.

Nach Nordosten führt der Weg durch mittelhohes Buschwerk, das durch einige Akazien aufgelockert wird, aber bald ist die Vegetation an der schnurgeraden Piste wüstenhafter. Nach 30 km blinkt zur Linken immer wieder die Gebirgskette des Otavi-Berglandes durch den Busch. Farmhäuser, Rinderkraals und Wirtschaftsgebäude fliegen vorbei.

Nach Passieren der Kreuzung der D2896 wendet sich die Straße auf hügeliger Strecke den Otavi-Bergen zu, und man erreicht die Maisfelder des ackerbaulichen Herzlandes Namibias. 38 km weiter, 2 km vor der Einmündung in die B8, fahren Sie an Rietfontein vorbei. An der B8 haben Sie wieder Asphalt unter den Rädern und Anschluss an die Route 13.

Historisches Foto zu den Eisenbahnstationen zwischen Okahandja und Karibib der Route 8: Eine zünftige Bahnhofswirtschaft musste damals schon sein!

Herero-Aufstand und die Schlacht am Waterberg

Von den Siedlern immer weiter an den Rand ihrer angestammten Weidegebiete gedrängt und durch „Schutzverträge" zur Untätigkeit verdammt, erlebten die Herero die deutsche Landnahme zunächst in völliger Passivität. Immer wieder versuchte **Maharero,** Führer der Maharero-Herero und von der deutschen Administration zum Hauptführer aller Herero bestimmt, über Verhandlungen einen größeren Bewegungsspielraum für sein Volk und verbindliche Landrechte zu erhalten. 1904 schließlich verdichteten sich Gerüchte, wonach die Herero in ein Reservat östlich des Waterbergs umgesiedelt werden sollten.

Die Waterberg-Herero (deren Führer Kambazembi kurz zuvor verstorben war) schlugen als erste zurück: Sie brachten die weißen Männer um, die ihr

Major Franke – Angriff auf Omaruru

Land und ihre Zukunft bedrohten. Überall in Deutsch-Südwest kam es zu Übergriffen von Herero gegen die Eindringlinge. Insgesamt kamen zu Beginn der Feindseligkeiten 123 Händler und Farmer im Lande um. Major Franke (s. bei Omaruru) sorgte mit seinen spektakulären Gewaltmärschen quer durchs Land dafür, dass nicht noch mehr Weiße ihr Leben lassen mussten. Schließlich gelang es ihm auch Okahandja zu befreien.

Als hätten sie erst nachträglich erkannt, was sie mit diesem Aufstand losgetreten hatten, zog sich ein Großteil der Herero des Landes mit Vieh und allem Hab und Gut, Männer, Frauen und Kinder, in den vermeintlichen Schutz des Waterberges zurück (zu jener Zeit sollen in Südwestafrika insgesamt 75.000 Herero gelebt haben und 60.000 am Plateau zusammen gekommen sein, die Schätzungen variieren zwischen 40.000 und 100.000). Ihnen versuchten nach einem halben Jahr zermürbenden Kampfes im August 1904 etwa 4000 Mann Schutz- und Hilfstruppen Herr zu werden. Deren Kommandeur, **Oberstleutnant von Trotha,** wollte – wegkommend vom von der Guerillataktik des Gegners geprägtem, Kampf – die Herero einkesseln und zur Entscheidungsschlacht zwingen. Schließlich standen den Herero an drei Seiten deutsche Truppen gegenüber, nur die vierte Seite – in Richtung auf die Omaheke im Osten – war noch ungesichert. Trotha erteilte der 200 Mann starken Abteilung Heyde Order, den östlichen Bereich abzuriegeln. Dies misslang gründlich, die Abteilung Heyde geriet in einen Hinterhalt auf der Farm Hamakari und musste nach aufreibendem Kampf sich zurückziehen. Dies geschah am 11. August. Noch in der Nacht kamen die Führer der Herero am Wasserloch Onguero zusammen und beschlossen, sich unter Mitnahme allen Gutes und etwa 50.000 Stück Vieh in die Omaheke zurückzuziehen. Der Todesmarsch begann noch in derselben Nacht.

Der direkt Hintergrund für diese schicksalhafte und in ihrer Auswirkung für die Herero katastrophalen Entscheidung ist nicht geklärt, mit eine Hauptrolle wird gespielt haben, dass die Herero glaubten, den modernen deutschen Waffen auf Dauer nicht gewachsen zu sein. Schätzungen sprechen heute von 15.000 bis 70.000 Toten. Der deutschen Truppen war es wohl aus logistischen Gründen (mangelnder Nachschub) und Entkräftung lediglich bedingt möglich, den Herero zu folgen. Dies geschah nur punktuell, nur über kurze Dauer und nicht mehr im Rahmen einer Gesamtstrategie, sicherlich aber weiteren Druck auf die Herero ausübend und diese weiter in die trost- und wasserlose Leere der Wüste treibend.

Tatsächlich muss dem deutschen Generalstab die Flucht der Herero als vollständiges Versagen seiner Strategie erschienen sein, war es doch wieder nicht zu einer Entscheidung auf dem Schlachtfeld gekommen. Die Konsequenzen der Flucht wurden erst später klar. Am 2. Oktober, sieben Wochen nach dem Fluchtbeginn der Herero, wurde durch Trotha das veröffentlicht, was seitdem der Schuldbeweis für Völkermord an den Herero ist: die berüchtigte Proklamation, in der Trotha allen Herero, egal ob Kämpfer, Greis, Frau oder Kind, androhte, auf sie schießen zu lassen, näherten sie sich deutschem Schutzgebiet – ein Vernichtungsbefehl.

Heute streiten sich die Historiker darüber, ob die Ereignisse am Waterberg der erste Schritt des Deutschen Reiches in Richtung einer Politik war, der Genozid als legitime staatliche Handlungsalternative galt, die mithin Völkermord sanktionierte. Die einen sagen ja, die anderen nein. Letztere gehen davon aus, dass bereits nach einigen Tagen in der Omaheke nur noch wenige Überlebende hätte geben können, der Schießbefehl **Trothas (s. Abb.)** nur eine Kaschierung seines Strategieversagens gewesen sei, die keinerlei Einfluss mehr auf die Ereignisse gehabt hätte, ein Völkermord nicht beabsichtigt gewesen, nicht initiiert und nicht exekutiert worden ist.

Als die Kolonialverwaltung in Berlin Anfang Dezember von dem unsäglichen Befehl Trothas erfuhr, sorgte sie umgehend für dessen Relativierung und erließ die Anweisung nach Südwest, „den Weg der Gnade walten zu lassen". Die Herero kamen nun in Gefangenenlager, in denen sie ohne medizinische Versorgung, ohne ausreichende Ernährung, dem Wetter schutzlos ausgeliefert, dahinvegetieren mussten. Die Zustände in diesen Lagern, speziell auf der Haifischinsel von Lüderitz, müssen so haarsträubend gewesen sein, dass schließlich deutsche Offiziere eine Weiterführung als unzumutbar ablehnten und die Lager aufgelöst wurden – da waren aber bereits drei Jahre ins Land gegangen und zahlreiche weitere Herero (und Nama) gestorben.

Jedes Jahr am Wochenende, das dem 11. August am nächsten liegt, findet an den Gräbern ein Treffen der ehemaligen Feinde und ihrer Nachkommen statt. Die gemeinsame Zeremonie am Ort der Schlacht ist ein Symbol für den Aufbauwillen und die Bereitschaft, die Wunden von einst zu vergessen. Dennoch lebt die Erinnerung an den Waterberg und an die menschlichen wie materiellen Verluste der Herero natürlich fort. Immer wieder werden Forderungen laut, Wiedergutmachung zu leisten, die die Bundesrepublik Deutschland bis 2004 so beantwortet hat, dass man eine Verantwortung als ehemaliger Kolonialherr sehe, aber das ganze namibische Volk wie bisher mit Entwicklungshilfe zu unterstützten gedenke, eine einzelne Bevölkerungsgruppe hingegen nicht finanziell privilegieren wolle.

Zur Gedenkfeier zum 100. Jahrestag der Schlacht kam die Bundesentwicklungshilfeministerin Wiczorek-Zeul nach Okakarara und erklärte – dem Rat des deutschen Außenministeriums und der Administrationen diverser EU-Staaten mit kolonialer Vergangenheit entgegen –, dass sie sich für das, „was heute als Völkermord bezeichnet würde", entschuldige.

Seitdem ist die in den USA bereits 2001 eingereichte Schadensersatzklage über einige Milliarden US-Dollar einer Herrerogruppe gegen die Bundesrepublik Deutschland als Rechtsnachfolger des Deutschen Reiches, gegen die Deutsche Bank und die Deutsche Afrika Linie als Rechtsnachfolger diverser Kolonialfirmen, die von der Landnahme profitiert haben, mit beträchtlich besseren Chancen ausgestattet. Pikanterweise wurde die Klage gegen eine der Firmen – die Firma Terex als Rechtsnachfolger der deutschen Eisenbahnbaugesellschaft Koppel – zurückgezogen. Terex ist US-amerikanisch und eine Klage gegen sie hätte wohl die Aussichten auf einen Erfolg beträchtlich reduziert, da Amerika wegen seiner eigenen Hegemonialpolitik einen nach US-amerikanischer Rechtsprechung die Rechtslage mitkonstituierenden Präzedenzfall, der auch nur im weitesten Zusammenhang mit Landnahme stünde, scheut wie der Teufel das Weihwasser.

Route 8: Malereien und Gravuren – die Bildsprache der Jäger

Okahandja – Karibib – Usakos – Uis – Khorixas – Outjo

Km	Abzweig	Ort	Sehenswert	Übernachtung	GPS
Km 0 B2 Teer	s. Route 7	Okahandja, T+V	s. Route 7	s. Route 7	21 59 47 16 55 15
Km 12				The Rock Ldg.	
Km 30	Km 0 Farmpad				21 55 16 16 38 34
Km 41	Km 0 Farmpad				21 53 51 16 30 17
	Km 18			Oropoko Ldg.	21 45 22 16 30 12
Km 44	Km 0 Farmstr.				
	Km 20			Moringa Gf.	
Km 54					21 53 50 16 25 42
Km 59	Km 0 D1967 Piste				21 54 46 16 19 42
	Km 32			Mount Lieven Gf. (10km)	
	Km 35			Okomitundu Gf.	
Km 60	Km 0 C36 Piste	Wilhelmstal			21 54 46 16 19 42
	Km 0,200 Farmpad nach O				
	Km 0,700			Wil.-tal-Nord Gf.	
	Km 0 D1967 n. S				
	Km 0,5				
	Farmpad Km20			Okundura Gf.	
	Km 0 Piste nach N				
	Km 9 Eingangstor				21 45 06 16 18 20
	Km 20			Khan Rivier Gf.	
Km 65	Km 0 Farmpad				21 54 57 16 15 56
	Km 4			Kaliombo Campingsafaris	
Km 69	Km 0 Farmstr.				
	Km 13			Kansimba Gf.	
Km 85	Km 0 D1988 Piste				21 55 52 16 04 47
	Km 2			Albrechtshöhe Gästefarm	21 56 58 16 04 59
Km 109		Karibib, T+V	Marmorwerk Webschule	s. bei Karibib	21 56 08 15 51 43
Km 138	Km 0 D1935 Piste	Usakos, T+V		s. bei Usakos	21 59 49 15 35 19
	Km 11 D1937 Piste				21 54 01

Route 8: Malereien und Gravuren

Km	Abzweig	Ort	Sehenswert	Übernachtung	GPS
	Km 16				15 34 16
	Km 27	Phillip's C./ Elephant's H./Bulls P.		Ameib Gf.	21 47 14 15 37 31
	Km 0 D1935 Km 28			Hohenstein Ldg	
Km 161 D1918 Piste					21 58 46 15 21 35
Km 179 D3716 Piste					21 56 43 15 11 45
Km 190	Km 0 Piste Km 1	Eingang		Spitzkoppe Zeltplatz	21 50 55 15 12 13
	Km 4		Bushman's Paradise		21 49 38 15 12 53
Km 203 D1930 Piste n. N					21 44 52 15 15 38
Km 279 C35 Pi. n. N		Uis Myn, T		Brandberg Rl. White Lady B&B	21 13 13 14 52 14
Km 291	Km 0 D2359 Piste nach W Km 20	Brandberg Parkplatz	Felszeichnungen		21 07 03 14 51 21 21 05 35 14 40 34
	Km 0 D2359 Piste nach W Km 15 Farmpad nach Norden Km 24			Brandb. White Lady L. u. Ugab Wilderness C.	21 01 19 14 40 57
Km 348	D2612 Km 0				20 42 37 14 50 31
	Km 18 Km 60			Madisa Camp Aadabi Mountain Camp	
Km 392 C39 Teer nach W	Km 0 C35 Piste nach N Km 46 D2670 Piste Km 81			Huab Lodge	
Km 399	Km 0 C39 Piste nach W Km 2	Khorixas, T+V		iGowati Lodge Khorixas Lodge	20 22 20 14 58 05 20 22 00 14 57 24
Km 406	C39 Teer nach O				
Km 419				Damara Mopane Ldg.	
Km 448	Km 0 D2743 Piste				20 14 07 15 25 10
	Km 10 Km 18		Vingerklip	Ugab Terrace Lodge	20 23 13 15 26 32

Km	Abzweig	Ort	Sehenswert	Übernachtung	GPS
	Km 19			Vingerklip Ldg.	20 23 39 15 26 29
	Km 23 D2351				
	Km 27		Omburo-Ost Gästefarm (2 km)		20 24 49 15 29 18
Km 454	Km 0				20 14 43 15 28 20
	Farmpad				
	Km 5			Bambatsi Gf.	20 12 29 15 27 59
Km 456	Km 0				20 12 20 15 28 14
	Farmpad				
	Km 5			Gasenairob Gf.	
Km 474	Km 0 Piste				
	Km 10			Gelukspoort Gf.	
Km 527		Outjo, T+V	Franke Haus Naulila Denkmal	s. bei Outjo	20 06 49 16 09 18

Okahandja – Karibib

In Okahandja haben Sie Anschluss an die Route 7. Verlassen Sie Okahandja auf der B2 Richtung Westen. Nach 41 km Asphalt kommen Sie zum Abzweig zur **Oropoko Lodge** (18 km Piste). Ein großes Schild kündet, dass nur Besucher mit einer bestätigten Buchung die Lodge anfahren dürfen. Die Lodge ist herrlich auf einer Granitkuppe gelegen, ihr Name kommt aus dem Herero („eine schöne Grotte zwischen den Bergen"). Von der Terrasse schweift der Blick frei über die **Erongo-Berge**, den Mount Etjo und die Omatako-Gipfel.

Die traumhaft gelegene Oropoko Lodge

Man fährt nun parallel zur Eisenbahn. Die Stationen heißen Vogelsang, Albrechtshöhe und Fried-richsvelde. Links und rechts der Straße geht es immer wieder ab zu Gästefarmen.

Die nächst der Station Albrechtshöhe (85 km hinter Okahandja) gelegene, gleichnamige Gästefarm war früher Standort der II. Gebirgsbatterie der Schutztruppe und Telegrafenstation, die die Depeschen nach Übersee weiterleitete. Man speist in dem um 1906 errichteten Gebäude. 25 km weiter ist Karibib erreicht.

Karibib

In Karibib haben Sie Anschluss an die Routen 8a und 8b. Das kleine Städtchen liegt an und südlich der B2. Einige Gebäude stammen aus der Kolonialzeit, wo der einst mit seinen Marmorwerken (die heute noch arbeiten und besucht werden können) und einer Goldmine prosperierende Ort auch Übernachtungspunkt für den Personenverkehr auf Schienen war. Es gab sechs Hotels, um den Reisenden den Aufenthalt so angenehm wie möglich zu machen, davon sind heute noch zwei übriggeblieben. Als Stadt-Gründungsdatum gilt der 1. Juli 1900, als die Eisenbahnschienen den Ort erreichten. Aus dieser Zeit stammt auch das Bahnhofsgebäude. Am 6. Mai 1915 wurde es von südafrikanischen Truppen besetzt und erst 1917 konnte die Bahn es wieder nutzen. Am Platz gegenüber steht noch das Roesemann-Haus, ehemals ein Hotel. Die Bäckerei am östlichen Ortseingang war ebenfalls Pension (1913). Vom Bahnhof nach Westen kommt man an den Firmengebäuden von Hälbich & Co (1900) und dem aus Granit errichteten Haus Woll (einem ehemaligen Laden) vorbei.

Das **Henckert Tourist Centre** dient als Informationstreffpunkt, schenkt Kaffee aus und verkauft Edel- und Halbedelsteine aus der eigenen Schleiferei. Die Halbedelsteine und Mineralienstücke werden

nach Gewicht verkauft. Erhältlich sind auch kleine Tableaus, auf denen die wichtigsten Mineralien Namibias benannt sind, eine praktische Hilfe für geologische Laien bei der Identifizierung des Gesteins. Außerdem kann man hier neben gewebten Teppichen und Holzschnitzereien die Heilpflanze Teufelskralle (Harpagophytum Procumbens D.C) erwerben, eine bizarre, wirklich einer Kralle ähnelnden Wurzel, ein Sesamgewächs, das mit seinen Bitterstoffen bei kurmäßiger Anwendung gegen Gelenk-Arthrose und Störungen im Verdauungstrakt helfen soll. Dazu wird aus dem Pulver der Seitenwurzeln ein Tee zubereitet.

Wenige Schritte neben Henckerts an der Hauptstraße ist in einem kleinen Laden das **Stadtmuseum** (Tel. 081-1297958, nur nach Voranmeldung) untergebracht und zeigt Hausrat und Farmausstattung aus vergangenen Zeiten.

Dem Henckert Centre gegenüber finden sich weitere vier sehenswerte Punkte. Dazu muss man die Bahnlinie überqueren und passiert gleich linker Hand das *Proviantamt,* das heute die Marmorwerke nutzen. Dahinter erhebt sich die *Christuskirche,* deren Bau im April 1909 begann. Der Regierungsbaumeister Redecker ließ die Pläne nach Vorgaben des Missionars Elger zeichnen. Ein Farmer aus der Umgebung baute die Kirche, und schließlich maß der Glockenturm 28 m und die Glocken läuteten 1910 das erste Mal zur Messe. Ein Stück nördlich der Kirche liegt der *Alte Friedhof* auf dem Weg zur Navachab Goldmine. Östlich von ihm ist noch der *Kaiserbrunnen* zu entdecken, den ein Wünschelrutengänger 1906 graben ließ. Der Wünschler Josef Rafael von Uslar wurde auf höchstkaiserliche Empfehlung nach Südwest entsandt und sorgte recht erfolgreich für 172 Wasserstellen im ganzen Land. Der Kaiserbrunnen steht seit 1986 unter Denkmalschutz.

Adressen & Service Karibib

Unterkunft	Angi's Self Catering, Tommy's Lodge
Essen	Western Restaurant, Tel. 064-550037
	Coffee Shop im OK Supermarket, Tel. 064-550133
Information u. Einkaufen	Henckert Tourist Center, P.O. Box 85, Karibib, Tel. 064-550700, Fax 550720, www.henckert.com
Sonstiges	Marmorwerke Karibib, P.O. Box 20, Karibib, Tel. 064-550002, Fax 550108; Intercape Mainliner, Haltestelle bei der Engen Garage
Gesundheit	State Clinic, Tel. 064-550073

Karibib – Usakos

30 km hinter Karibib und 500 m tiefer erreicht man Usakos. Die ganze Strecke begleitet den Reisenden der Blick auf das Erongo-Massiv mit dem 2319 m hohen Hohenstein (das Ergebnis einer Ringintrusion,

wie der Brukkaros-Krater). Zu seinen Füßen liegt die Ameib Ranch (s.u.). Die ringförmige Anordnung des Massivs öffnet sich nach Norden hin, und über eine schlechte Piste, die das Gebirge umrundet, ist ein sandiges Hochtal mitten zwischen den Gipfeln zu erreichen (ca. 150 km). Zahlreiche Felsbilder zeugen von der frühen Besiedlung dieser Region; Henno Martin und Hermann Korn, die beiden aus dem *Kuiseb-Canyon* (s.S. 424) bekannten Geologen, haben das Erongo zusammen mit Hans Cloos erforscht und dabei auch viele Felszeichnungen entdeckt.

Usakos

In Usakos haben Sie Anschluss an die Route 8c. An der Tankstelle bei Ortseinfahrt finden sich die Informationsstelle und ein Takeaway. Vor dem Bahnhof steht eine von Henschel 1912 gebaute Lokomotive. Sie verband den Bahnhof Kranzberg (20 km westlich von Usakos) und Tsumeb und Grootfontein mit einer Schmalspurlinie (Otavi-Bahn der OMEG, s.a. bei Tsumeb, s.S. 491f; erst 1960 wurde auf die Standardspurbreite umgestellt). Der vor den Bergen aufragende Wasserturm stammt ebenfalls aus der Zeit der Jahrhundertwende. Das Gebäude, in dem heute die Stadtverwaltung arbeitet, entstand 1908, die römisch-katholische Kirche 1905. Ein Denkmal in der Kaiser Wilhelm Street erinnert an die Gefallenen des II. Weltkrieges.

Unterkunft	**Bahnhof Hotel,** Okambishi West, Jodo's B&B
Essen	*Namib Oasis Farmstall,* Tel. 064-530283
Sonstige	State Hospital, Tel. 064-530067
Busse	*Intercape Mainliner,* Haltestelle bei der BP-Tankstelle
Einkaufen	*Namib Wüste Kiosk,* Biltong, selbstgemachte Marmelade, eingelegte Früchte

Usakos · Abzweig zur Ameib Ranch

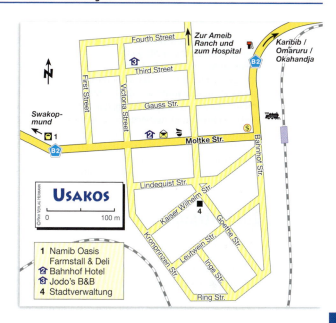

ABZWEIG: zur Ameib Ranch

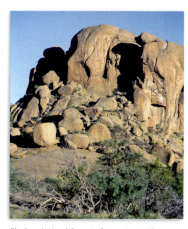

Elephant's Head Gesteinsformationen (der „Elefantenkopf" mit Rüssel ist in der Frontansicht gut erkennbar

Biegen Sie in Usakos die Moltke Street ein, der erste Abzweig nach rechts führt zur Ameib Ranch und ihren Sehenswürdigkeiten **Bull's Party** und **Phillip's Cave.** Sie folgen auf 11 km der Piste D1935 und dann auf 16 km der Piste D1937 (nach 5 km müssen Sie das Tor der Farm öffnen und es hinter sich wieder schließen) und erreichen die Gästefarm. Sie liegt direkt unterhalb des **Erongo-Massivs,** das hier immer und überall den Blick beherrscht.

Gesteinsformationen: Besuchenswert ist die Ranch wegen der faszinierenden Gesteinsformationen, die die Erosion auf dem Gelände der Ranch geschaffen hat. **Bull's Party und Elephant's Head** sind abgeschliffene Granitfelsen, die ihrem Namen alle Ehre machen. Sie liegen entlang einer riesigen Felsarena, die zu Spaziergängen und zum Klettern anregt. Dekorativ sind sie besonders in der Abendsonne, die das Gestein rot übermalt. Dann erwachen die im Kreis auf schmalen Hälsen angeordneten Blöcke tatsächlich zu einer Versammlung beratschlagender Bullen, und der steinerne Elefantenkopf scheint drohend mit den Ohren zu wedeln … der Fantasie sind keine Grenzen gesetzt. **Phillip's Cave, ein Felsüberhang,** gute 30 Min. Fußweg vom Parkplatz weg über Hügel und Stolpersteine, wurde zum Nationalen Monument erklärt. Giraffe, Zebra und Strauß wurden von den Jägern – waren es Damara oder San? – an den Fels gemalt. Der berühmte Weiße Elefant ist noch am deutlichsten zu erkennen.

Sie können die Sehenswürdigkeiten gegen Eintrittsgebühr besichtigen.

Zur Spitzkoppe

Verlassen Sie Usakos auf der Moltke Street auf der B2 Richtung Westen. Sie sehen nun bereits die beiden Spitzkoppen – die Große und die Kleine Spitzkoppe – geradeaus vor sich liegen. Die Große Spitzkoppe ist mit 1728 m um etwa 600 niedriger als der Hohenstein im Erongo-Massiv, die Kleine Spitzkoppe erreicht 1580 m. Da beide Gipfel aber isoliert und bis zu 800 m aus der Umgebung ragen, wirken sie eindrucksvoller als der höchste Gipfel des Erongo. Ihre charakteristische Form hat der Spitzkoppe auch den Beinamen „Matterhorn Namibias" beschert. Geübte Kletterer können sich an ihr mit gehöriger Vorsicht austoben – die Liste der gescheiterten Gipfelstürmer an der Spitzkoppe ist lang.

Spitzkoppe Nach 23 km durch Busch- und Baumsavanne kommen Sie zur Piste D1918. Nach 17 km biegen Sie in die Piste D3716 ein, die direkt auf die Große Spitzkoppe zuführt. Im Damara-„Ort" Grootspitskop, einer Ansammlung von Wellblechhütten, befindet sich der Eingang zum unter Naturschutz stehenden Gebiet. Eigentlich ist der Nationalpark

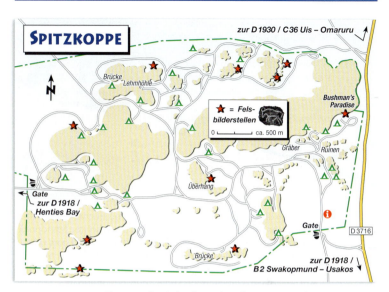

erst in Planung, das Gelände ist aber abgezäunt, und es muss Eintritt entrichtet werden. Die Übernachtung auf dem schönen und gut gepflegten Zeltplatz (Duschen, Toiletten, ehemaliges NACOBTA-Projekt) ist empfehlenswert, bei Vorbestellung wird auch gekocht. Fahrspuren ziehen sich in einem verwirrenden Netz kreuz und quer um die beiden Berge, und immer wieder findet man sehr schöne Stellen zum Pausieren.

Die Spitzkoppe ist – noch – ein fast gänzlich unberührtes Paradies, hinter jeder Kurve verändern sich die Felsen. Mal ist der Boden mit kugelrunden Riesenbällen (Wollsack-Erosion, s.S. 126) bedeckt, mal balancieren mächtige Granitblöcke über tiefen Klüften, als drohten sie, jeden Augenblick auf den Wanderer hinabzustürzen, mal überspannen ebenmäßige Bögen Felsnischen, in denen sich herrlich geschützt campieren oder picknicken lässt. Im sandbraunen Gestein wurzelt der Botterboom (s.S. 141), vereinzelt erheben Köcherbäume ihre filigranen Silhouetten in den Himmel, und die aus der Namib bekannten, knorrigen Wurzeln gleichenden Balsambäume erreichen hier, wo der günstige Wasserhaushalt die Pflanzen verwöhnt, wirkliche Baum-Maße.

Bushman's Paradise ist die bekannteste Stelle an der Spitzkoppe. An einer im Felsen verankerten Kette müssen Sie sich eine glatterodierte Felsplatte hochziehen (ca. 150 m). Oben befinden Sie sich urplötzlich in einer sattgrünen Felsarena, dicht bestanden mit Blutfruchtbäumen, Akazien und Buschwerk und, wenn es geregnet hat, kleinen Tümpeln,

Bushman's Paradise: Von hier haben die San die Wanderung des Wildes beobachtet

in denen die gelben Blüten der Ondape-Blume leuchten. Hier hatten die San ihr Lager aufgeschlagen, weil sie vom erhöhten Standpunkt gut beobachten konnten, wann und wohin das Wild zog, das sie jagten. An einigen geschützten und versteckten Stellen unter Überhängen sind Felszeichnungen zu entdecken, vielerorts leider durch Kritzeleien von Einheimischen oder Touristen übermalt.

Spitzkoppe-Entstehung

Auch die beiden Spitzkoppen entstanden, wie Erongo und Brandberg, durch Intrusion. Vor ca. 200 Mio. Jahren ist Magma in die älteren Gesteinsschichten der Damara-Epoche eingedrungen. Wind und Wetter haben die weniger widerstandsfähigen Gesteine in Jahrmillionen abgetragen und den Granitkern freigelegt. Dass es inmitten dieses Felsgewirrs erstaunlich viel pflanzliches und tierisches Leben gibt, ist den besonderen Wasserverhältnissen an den Inselgebirgen zu danken, wo die Wolken sich häufiger abregnen als über dem Flachland. Der Regen sammelt sich in unterirdischen, aus Felsklüften gebildeten Reservoirs oder in oberirdischen kleinen Felsbecken, wo Wassertümpel noch Wochen danach als Brutstätte für allerlei Getier und für Pflanzen dienen. Durch Felswände vor Wind geschützt, können in Mulden wie Bushman's Paradise wahre Vegetationsoasen heranwachsen.

Weiterfahrt

Nehmen Sie nach 13 km hinter dem Einfahrtstor in das Gebiet der Spitzkoppe die Piste D1930 nach Norden. Bei klarem Wetter sehen Sie schon den Brandberg vor sich, eigentlich ein mächtiges Massiv, das 30 auf 30 km misst. Durch Busch- und Baumsavanne geht es auf ihn zu. Hier ist der schroffe Gebirgsabfall des Escarpments unterbrochen, und die Hochebene senkt sich fast unmerklich hinunter zur Namib. Nach 76 km erreichen Sie Uis, nachdem Sie 1 km vor der Stadt in die C36 nach Westen eingebogen sind.

Bei den Damara

Erongo, Spitzkoppe und Brandberg liegen in der südlichen Hälfte des Kommunallandes der Damara, das 1973 als Homeland mit dem Verwaltungssitz Khorixas (s.S. 518) eingerichtet wurde. Die Damara gehören wahrscheinlich zu den ältesten Bevölkerungsgruppen Namibias und sprechen einen Dialekt der Khoisan-Sprachfamilie (s.S. 209). Sie führten ursprünglich, ähnlich wie die San, ein Leben als Wildbeuter, betrieben in den durch den Wasserhaushalt begünstigten Gebirgsregionen (in die sie sich vor den Einwanderungswellen der Nama und Herero zurückgezogen hatten) aber auch Feldbau (Tabak, Mais). Heute sind viele Damara zur Viehzucht übergegangen. Ihre Rinder – und vor allem große Ziegenherden – gehören zum typischen Bild einer jeden Damara-Siedlung.

Es gibt nur wenige Gebiete in Namibia, die zwar besiedelt und dennoch so ursprünglich wirken wie Damaraland. Die ehemaligen Farmhäuser der Weißen, die für die Einrichtung des Homelands von der Regierung aufgekauft wurden, sind verfallen, doch daneben wurden kleine Häuschen aus Lehm und Wellblech errichtet. Wäschestücke flattern von der Leine zwischen den Hütten, und provisorisch wirkende Zäune grenzen die kleinen Farmeinheiten voneinander ab. Der einzig festgemauerte Bau ist meist eine Rot-Kreuz-Station, vielleicht auch ein Winkel (Laden), in dem ein paar wenige und verbeulte Konservendosen ein einsames Dasein führen.

Kinderscharen laufen dem Besucher entgegen und versuchen, ein paar Halbedelsteine zu verkaufen oder selbstgebasteltes Spielzeug aus Draht und Konservenblech. Auch wenn man sich nach den Tagen ständigen Alleinseins in der namibischen Weite durch die Kinder bedrängt fühlt, lohnt der Versuch, anzuhalten und Kontakt zu jenen Menschen aufzunehmen, die wohl zu den frühesten Bewohnern des Landes zählen. Ein Besuch im Winkel kann dabei helfen, oder auch ein kleiner Handel mit den Kindern. Vielleicht erfahren Sie dabei auch ein bisschen mehr über den Alltag und die Probleme der Damara.

Und Probleme gibt es im Damaraland genug. Angefangen bei dem überweideten Boden, der nach Jahren des unkontrollierten und kaum regulierten Viehfraßes nun kaum noch etwas abwirft, über die mangelnden Arbeitsmöglichkeiten bis hin zur Landflucht der Jugendlichen in die Städte. Nur ein Viertel der Damara lebt heute noch in der Region, die meisten sind in die Townships der größeren Städte gezogen.

Piste im Damaraland

Uis

Hier haben Sie Anschluss an die Route 12a. Uis wurde 1922 als Minenstadt gegründet (Zinn), der Abbau 1990 eingestellt, da die Weltmarktpreise ins Bodenlose purzelten. Seither versucht die Regierung, Uis im Sonderangebot an potentielle Investoren zu verkaufen, die aus der ehemaligen Bergwerksstadt ein attraktives Ferienzentrum zaubern sollen.

Die Siedlung besteht eigentlich aus nicht viel mehr als dem Rastlager. Sie können tanken, im Laden Ihre Vorräte auffüllen und Ihr Basiscamp für Ausflüge und Expeditionen zum und um den Brandberg herum aufschlagen. Es lässt sich hier im Outback aber auch Tennis spielen und Golfen (9-Loch-Platz!). Das Schwimmbad kann auch von Nichtgästen benutzt werden (kleine Gebühr). Gut für eine kleine Mahlzeit ist das „Cactus & Coffee" (Tel. 064-504106) inmitten eines Kakteengartens. Das **Daureb Craft Center** auf der C36, 2 km Richtung Omaruru verkauft Kunsthandwerk und vermittelt Führer für den Brandberg (Tel. 081-2030537). Daureb ist ein ehemaliges NACOBTA-Projekt. Führer finden sich auch am Parkplatz auf dem Weg zur „White Lady" (Brandberg Mountain Guides, zur White Lady, Tages- und mehrtägige Wanderungen möglich). Auch lebt in Uis die Daureb Theatre Group, die mit Stücken über den Alltag auf dem Land und in der Stadt sogar im Nationaltheater in Windhoek auftritt.

Zum Brandberg

Verlassen Sie Uis nach Norden auf der C35 und biegen Sie nach 12 km westlich in die Stichstraße ein. Sie endet nach 20 km bei einem Parkplatz. Man muss einen der einheimischen Führer zur „Weißen Frau" nehmen. Die Wanderung dauert etwa eine Stunde und geht durch unwegsames Gelände entlang des Tsisab-Riviers. Wer Zeit hat, kann hinter der „Weißen Frau" weitere Malereien entdecken, die

Massiv des Brandbergs

alleine absolut nicht zu finden sind. In dem Flusslauf, in dem sich viele Kaulquappen tummeln (wenn er denn Wasser führt), sind die Temperaturen auch morgens schon hoch und man sollte ausreichend Getränke mitnehmen.

Geologie, Flora, Fauna
Der **Brandberg** besitzt mit dem Königstein (2574 m) den höchsten Gipfel Namibias, der mit 2000 m die Ebene überragt. Der Granitgipfel ist wie die Spitzkoppe vor 180 Mio. Jahren während der Karoo-Zeit durch Intrusion und in der Folge durch Erosion entstanden. Wie die Spitzkoppe bildet auch der Brandberg eine klimaökologische Nische in der semi-ariden Landschaft Zentralnamibias. Wolken regnen sich an den Gipfeln des Massivs häufiger ab als über dem umliegenden Flachland.

Die besondere geologische Struktur des Gebirges kann Wasser besser und länger speichern, als die offenen Wüstengebiete. Deshalb bildet der Brandberg ein Habitat für viele seltene und eigenartige Pflanzen und Tiere. Unter anderem ist hier der Wiederauferstehungsbusch heimisch (Myrothamnus flabellifolius, Wundertee). Die Pflanze reduziert ihren Stoffwechsel in Trockenzeiten und wirkt völlig abgestorben. Erhält sie Wasser, entfalten sich die Blätter, und innerhalb einer Stunde haben sie eine saftig-grüne Farbe angenommen (eine Liste der hier und bei der Spitzkoppe vorkommenden Pflanzen ist in „Damaraland Flora" von Patricia Craven und Christine Marais, Windhoek 1993, enthalten). Einer Akazienart hat der Brandberg seinen Namen geliehen, der Brandberg-Akazie (Acacia montis-usti). Sie können Blasenkäfer finden, die Geiselspinne, nichtfliegende Heuschrecken, Schlangen, 19 verschiedene Skorpionarten, Spitzmaulnashörner, Leoparden – die Aufzählung würde kein Ende nehmen. Voraussetzung ist nur, dass man sich Zeit nimmt und nach der Besichtigung der „Weißen Frau" nicht sofort weiterdüst.

Fels-zeichnungen Jedoch nicht nur Tieren, auch Menschen diente das Gebirge schon immer als Lebensraum. Zeugnisse der jahrtausendealten Besiedlung dieser Region sind die **unzähligen Felsbilder,** deren berühmtestes Motiv, die **„Weiße Dame",** Wissenschaftler zu den kühnsten Theorien über die Ureinwohner Namibias hingerissen hat.

Insgesamt soll es zwischen 60.000 und 200.000 Felsbilder am Brandberg geben. Eine genaue Bestandsaufnahme hat die Kölner Universität vorgenommen, ihre Ergebnisse wurden in mehreren Bänden publiziert, die zehntausende Bilder auf einem etwa 100 qkm großen Teilgebiet des Brandberg umfassen („The Rock Paintings of the Upper Brandberg, herausgegeben vom Heinrich-Barth-Institut der Universität Köln).

Pionier der Brandberg-Forschung war Harald Pager (1923–1985), der es sich zur Lebensaufgabe gemacht hatte, die Felsgravierungen und -malereien möglichst umfassend zu dokumentieren. Er kopierte die Bilder auf Folien, die nun als Grundlage für die oben genannten Publikationen verwendet werden.

Weiterfahrt

Die C35 schlängelt sich nun durch Hügel, der Bewuchs mit Büschen und Bäumen wird wieder dichter. Nach 34 km ist der Ugab erreicht, der an der Küste die südliche Grenze des Skeleton Coast Park bildet. Hier gibt es auch wieder Farmen, ersichtlich an den Zäunen links und rechts der Straße. 23 km weiter besteht die Möglichkeit, auf der D2612 nach Westen, nach Twyfelfontein abzubiegen (s. Route 9). Bei der Weiterfahrt nach Norden ist das Farmland fast ohne Busch. Weiden öffnen sich nach links und rechts, und nach 44 km ist die Asphaltstraße C39 erreicht. Nach links, Richtung Westen, kommt sogleich Khorixas.

Khorixas

Hier haben Sie Anschluss an Route 9. Khorixas wäre ein Ort ohne jegliches touristisches Interesse, wenn er nicht als guter Ausgangspunkt für den Versteinerten Wald und Twyfelfontein diente.

Der meist starke Wind wirbelt den Staub der Straßen und Wege auf. Eine Bäckerei, ein Metzger, Tankstellen, Kirche, Bank und die Administration des ehemaligen Damaralandes (die heutige Region Kunene-Süd) – das ist alles. Ein Schwimmbad im Westen außerhalb ist praktisch nie gefüllt. Das Rastlager, weitere 2 km über das Schwimmbad hinaus, genießt guten Ruf und bietet auch schmackhafte Gerichte. Hier können touristische Informationen eingeholt werden. Durch das südlich der Hauptstraße parallel verlaufende Flusstal hindurch kommt man zum Hospital und in die Siedlung der Schwarzen.

White Lady

Die Felszeichnung „Weiße Frau" oder „Weiße Dame" ist wahrscheinlich mehrere tausend Jahre alt und inzwischen ziemlich verblasst (nicht zuletzt deshalb, weil die Touristen in früheren Jahren zur Kontrastverbesserung beim Fotografieren allerlei Arten von Getränken darüber gekippt haben). Der Felsüberhang ist heute vergittert. Die Zeichnung wurde 1918 von Bergsteigern entdeckt.
Seitdem gehen die wissenschaftlichen Erklärungsmuster über die Entstehung und die Bedeutung der Malerei weit auseinander, sie zeigen, dass man es einfach nicht weiß und wahrscheinlich nie wissen wird. Lange Jahre galt die Lehrmeinung, dass die Dame mediterranen Ursprungs sei, dass sie eine kretische oder phönizische Kriegerin oder Herrscherin darstelle.

Abbé Breuil, ein berühmter Felsbildforscher, der vor allem in der Sahara arbeitete, hat diese Deutung 1947 vorgenommen und im Felsrund der *Tsisab-Schlucht* gar Spuren einer minoischen Stadt vermutet. Diese Theorie basierte auf der Annahme, dass erst die Befruchtung der Eingeborenenkulturen durch mediterrane Kolonisatoren zu einer zivilisatorischen Entwicklung in Afrika geführt hätte und dass wahre „Kunst", wie die „Weiße Dame", keinesfalls von den afrikanischen Ureinwohnern stammen könnte. Es gilt zwar inzwischen als sicher, dass karthagisch-phönizische Schiffe den afrikanischen Kontinent nach Süden entlanggefahren sind, aber ein Beweis für Niederlassungen der Phönizier im Süden Afrikas konnte bislang nicht gefunden werden.

Allerdings spielen fremde (weiße) Könige in der Mythologie der südafrikanischen Zulu z.B. eine wichtige Rolle. Sie sollen das Königreich Zimbabwe begründet und über mehrere Dynastien geführt haben. Auf dieser Mythologie aufbauend interpretiert der Zulu-Heiler die „Weiße Dame" ähnlich wie Abbé Breuil, allerdings ohne dessen kulturimperialistischen Beigeschmack. Da sich aber in fast jedem Herkunftsmythos der afrikanischen Völker weiße oder hellhäutige Heroen finden, steht wohl auch diese Theorie auf tönernen Füßen.

Heute anerkennen die meisten Wissenschaftler, dass die Afrikaner eine von der mediterranen Antike unabhängige Entwicklung genommen haben könnten. Deshalb muss man in den Felsmalereien auch nicht mehr nach phönizischen, ägyptischen oder gar extraterrestrischen Einflüssen suchen, sondern kann sich dem eigentlichen Sinngehalt der Bilder zuwenden. So gilt als sicher, dass die „Weiße Dame" gar keine Frau darstellt, sondern einen Mann (die Brüste fehlen, dafür trägt die Gestalt aber Pfeil und Bogen), dessen untere Körperhälfte weiß bemalt ist – vielleicht ein Hinweis auf ein Jägerritual. Von vielen Buschmann-Felsbildern weiß man, dass die Künstler mit Farben frei umgegangen sind, und dass Verfremdungen wie eben eine „falsche" Hautfarbe oder die Verquickung menschlicher und tierischer Elemente (über der „Weißen Dame" ist beispielsweise eine Antilope mit menschlichen Hinterbeinen zu erkennen) eher Ausdruck der mythischen Weltsicht der San sind. So kann man vermuten, dass diese wie die vielen anderen Felsbilder am Brandberg von San oder Vorfahren der Wildbeuter angefertigt wurden.

Abzweig zur Vingerklip

Fahren Sie aus der Stadt östlich wieder heraus, an der Kreuzung vorbei, wo Sie in die Hauptstraße eingebogen. Links und rechts der Straße beherrschen dichte Mopanewälder mit ihren zarten, schmetterlingsförmigen Blättern die Landschaft, und auf Kuppen lugen die Dächer einsamer Farmhäuser zwischen dem Blattwerk hervor.

Nach 49 km erreichen Sie den Abzweig zur Vingerklip.

ABZWEIG: zur Vingerklip

Auf 18 km führt die Piste D2743 zu den an den Ugab-Terrassen liegenden Tafelbergen. Weit voraus sind sie bald zu sehen. Sie stehen hintereinander, tief gestaffelt, nach Größe fein geordnet. Der erste „Tafelberq", bzw. das, was die Erosion davon übriggelassen hat, ist die **Vingerklip,** ein schmaler Finger, der in den blauen Himmel sticht. Am Tor muss ein kleiner Obolus bezahlt werden, dann kann man bis zum Fuß der Klippe fahren und ein Stückchen hinaufmarschieren. Der Blick geht weit ins Tal hinein. Gegenüber steht auf einem Hügel die *Vingerklip Lodge*. Dort kann man (bei rechtzeitiger Anmeldung) zu Mittag essen und luxuriös übernachten. Der Sonnenuntergang wird auf einer hochgelegten und überdachten Bar-Plattform mit dem Glas in der Hand genossen, die Ugab-Terrassen flammen im Licht der sich senkenden Sonne atemberaubend in den unterschiedlichsten Farbvariationen auf. Der Weg hat sich gelohnt!

Geologie Die **Vingerklip** besteht aus Kalksteinbrocken und -bröckchen und Kalksteinsand. Sie ragt 35 m über den Hügel, der ihren Fuß bildet, hinaus. Im Tertiär hat der Ugab sich ein breites Tal gegraben, das sich in der folgenden Trockenperiode nach und nach mit Erosionsprodukten (vornehmlich Kalkstein) unterschiedlicher Größe füllte, die miteinander verbuken. Danach fand eine Hebung des gesamten Untergrundes statt, der wieder eine feuchtere Periode folgte. Das Füllmaterial des Tales wurde nach und nach mitgerissen. Die Wucht des Wassers traf die heutige Vingerklip am stärksten, deshalb wurde von ihr auch am meisten abgetragen, der Druck gegen die weiter unten liegenden Tafelberge ließ immer mehr nach. Diese sind umso größer, je weiter sie entfernt sind.

8 km weiter bietet die *Ugab Terrace Lodge* einen Nervenkitzel der besonderen Art: An zwei Ziplines, endlos lange Stahlseile, geht es in einem Schlitten hängend mit Hochgeschwindigkeit bergab. Das eine Seil ist 630 m lang, das andere 880 m, der Höhenunterschied beträgt 50 m. Das Vergnügen kostet 22 € pro Ritt.

Gästefarm Bambatsi

Zurück auf der C39 kommt man östlich nach 6 km zum Abzweig zu einer der traditionsreichsten Gästefarmen Namibias, hoch auf einer Granitkuppe über dem Mopanewald gelegen – **Bambatsi** (6 km Farmstraße).

Die Farm hat als eine der ersten des Landes ihre Tore für Touristen geöffnet und wurde bis 1995 vom Gründerehepaar Magura geleitet, heute wird sie von der Familie Hälbig geführt, die die Farm einem Facelifting unterzogen, ohne dass ihr Charme gelitten hat. An einer Tankstelle wird von Sonnenauf- bis -untergang Benzin/Diesel verkauft.

Die Bungalows entsprechen modernem Standard, haben aber auch noch landestypische Versorgungseinrichtungen wie den Donkey. Das ist ein kleiner ans Haus gebauter Ofen, der der Warmwasserbereitung dient und mit Holz geheizt wird. Dienstbare Geister sorgen ständig, dass die Feuer nicht ausgehen und der Reisende heißes Wasser hat. Am Abend wird am Schwimmbad der Sundowner serviert, und man hat von erhöhtem Standort einen fantastischen Blick über den südwestafrikanischen Busch. Anschließend wird ein köstliches Braai zubereitet.

Von Bambatsi aus kann man die Gästefarm Omburo-Ost besuchen. Eine ausgezeichnete deutschsprachige Führung mit Hendrik Reitz geht zu San-Malereien (nur nach tel. Voranmeldung über Bambatsi).

79 km hinter Bambatsi erreicht man auf der C39 nach Osten schließlich Outjo (s. Route 7, Anschluss Route 7 und 9).

Die 15 m hohe Vingerklip

Route 8a: Heiße Pfoten für Dinos – Spuren aus der Vergangenheit

Karibib – Omaruru – Otjiwarongo

Km	Abzweig	Ort	Sehenswert	Übernachtung	GPS
Km 0 C33 Teer		Karibib, T+V	Marmorwerk	s. bei Karibib	21 56 08 15 51 43
Km 42				R&L Gf. Onduruquea Gf.	
Km 62	Km 0 D2315 Km 11 Km 35 Farmpad Km 37			Erongo Wilderness Lodge Ai Aiba Lodge	21 31 30 15 43 23
	Km 0 D2315 Km 23 D2316 Km 31 Farmpad Km 36			Eileen Farm / Erongo Plateau C.	21 32 15 15 48 18
	Km 0 D2315 Km 23 D2316 Km 43			Erongo Ldg.	
Km 64	Km 0 C36 Piste nach N Km 7 D2344 Piste Km 26 D2337 Piste Km 36 Km 49	Omaruru, T+V	Franketurm	s. bei Omaruru Etendero Gf. Immenhof Gf	21 25 59 15 57 35
	Km 0 C36 Piste nach N Km 7 D2344 Piste Km 32 D2351 Piste Km 59 Km 88			Erindi Onganga Gästefarm	
	Km 0 D2328 Piste Km 19 Km 28			Otjandaue Gf. Omburu Gästefarm	
	Km 0 D2315 Piste Km 39			Omandumba Gästefarm	
Km 65	Km 0 D2329 Piste Km 15			Omaruru Ldg.	
	Km 45			Otjikoko Gf.	
Km 83				Roidina Safari Farm	

Km	Abzweig	Ort	Sehenswert	Übernachtung	GPS
Km 85				Epako Game Ldg.	21 13 55 16 01 23
Km 100				Okosongoro Gf.	21 06 07 16 03 00
Km 102	Km 0 D2337 Piste				21 05 13 26 03 16
	Km 14			Schönfeld Gf.	
Km 109	Km 0 D2338 Piste Km 1			Ondombo-West	
Km 129	Km 0D2414 Piste	Kalkfeld, T			20 53 18 16 11 22
	Km 19			Mount Etjo Ldg. (15 km)	20 58 52 16 20 06
	Km 28 Farmstr.				21 01 43 16 27 38
	Km 30	Farmgebäude	Dinosaurier Fußspuren	Dinosaur's Tracks Zeltplatz	21 02 24 16 24 01
Km 158				Yakandonga L. u. Camp (5 km)	20 39 53 16 19 11
Km 188				Kudubos Camping (3 km)	
Km 199		Otjiwarongo, T+V	s. Route 7	s. Route 7	20 28 15 16 39 40

Karibib (s. Route 8)

Ausfahrt: Verlassen Sie Karibib auf der B2 nach Osten. Nach 2 km mündet die C33 ein, die Sie nach Norden nehmen. Sie fahren auf Asphalt östlich am Erongo-Gebirge vorbei und erreichen nach 64 km Omaruru.

Omaruru

Omaruru ist ein alter Siedlungsplatz der Herero, er wurde 1870 vom schwedischen Jäger und Händler Eriksson besucht. Als erster Weißer ließ er sich hier nieder und jagte die Tiere der Region. „Omaruru" bedeutet auf Herero „bittere Dickmilch", da Rinder in dieser Gegend auch eine Pflanze abweiden, die der Milch einen bitteren Geschmack gibt.

1872 errichtete die Rheinische Mission durch ihren Abgesandten Gottlieb Viehe ihr Gebäude (Viehe wurde bekannt, weil er das Neue Testament und andere Kirchenschriften ins Herero übersetzte). Das kleine Museum in der Missionsstation liegt auf der anderen Seite des Omaruru-Riviers, schräg gegenüber der Polizeistation in der Main Street. Die Häuser Omarurus stehen locker verteilt unter Kameldorn- und Eukalyptusbäumen. Dadurch gewinnt man den Eindruck, in einer Gartenstadt zu sein. Der Omaruru teilt den Ort auf seinem 300 km langen Weg vom Erongo-Massiv an den Atlantik bei Henties Bay. Wasser führt er aber nur während der Regenzeit.

In den letzten Jahren hat sich Omaruru zur Künstlerkolonie Namibias gemausert. Es wird getöpfert, gebatikt, gemalt, geschnitzt und die Erzeugnisse auch ausgestellt. Bei Tikoloshe (an der Brücke) ist geschnitztes Wurzelwerk zu sehen, Annette und Beate sind Goldschmiedinnen, Dr. Malzahn kreiert Steinskulpturen (7 Noord Street), Grow Namibia (Helmut Angula Road) produziert Recycling-Kunst und die Omaruru School of Arts (Main Street) bildet neue Künstler aus (eine kleine Broschüre mit Details ist in den Läden vor Ort erhältlich). Eine Auswahl der Werke ist im Omaruru Souvenir & Coffee Shop und in der „Mall" des Kashana Guesthouse zu sehen.

Jedes Jahr am Wochenende vor dem 10. Oktober findet das **Zeraua-Fest** statt. Die Zeraua-Herero treffen sich gegenüber dem Missionshaus auf dem Friedhof der Kirche, wo einer ihrer bedeutendsten Führer, Chief Wilhelm Zeraua, begraben liegt. Die Ahnengedenkfeiern ähneln in vielem denen in Okahandja (s. S. 464), allerdings dürfen Fremde daran nicht teilnehmen.

1907 wurde der **Franke-Turm** errichtet. Er war als Schutz- und Signalgebäude bei etwaigen neuen Aufständen der Herero gedacht (daher die Metallschüssel auf der Spitze, in der ein Feuer angezündet werden sollte, sobald ein Angriff drohte). Benannt wurde er nach dem Offizier der Schutztruppe Franke, der im Januar 1904 während des Herero-Aufstandes seine Kompanie in einem Gewaltmarsch über 900 km in 19 Tagen nach Omaruru hetzte und die Stadt von der Herero-Belagerung befreite. Frankes Name taucht hier im Nordwesten Namibias immer wieder auf. Er war ein klassischer „Durchhalte"-Soldat, der mit seinen Leuten ebenso gnadenlos umging wie mit sich selbst. Seine Gewaltmärsche und blutigen Siege sind Legende. Dass er auch den Gegner nicht schonte, versteht sich von selbst. Das Schlachtfeld liegt westlich unterhalb des Turmes. Wollen Sie hinaufsteigen, können Sie den Schlüssel bei der Stadtverwaltung abholen (und zurückbringen) – die Rezeption Ihrer Unterkunft ist Ihnen sicherlich dabei behilflich. Bei einem Spaziergang auf dem Feld aufpassen – es gibt mehr Schlangen als Felsen!

❶ Anderes
1 Omaruru Kaffeehaus
2 Main Street Café
3 Bliss Antiquitäten
4 Info u. Stadtverwaltung
5 Schwimmbad
6 Tikoloshe Carving
7 Reitervereinigung

🏠 Unterkünfte
1 Omaruru Restcamp
2 Evening Shade SC
3 Central Hotel
4 Ondjamba Herberge
5 Eva's B&B
6 Naomi's B&B
7 The River Guesthouse
8 Omaruru Guesthouse
9 Kashana

Der Siegeszug der Kompanie Franke

„Die zweite Kompagnie war gerade in Gibeon, als sie die Nachricht vom Ausbruch des Herero-Aufstandes erreichte. Ihr Führer, Hauptmann Franke, beschloss, sofort nach Windhuk zurückzumarschieren und die etwa 380 km betragende Entfernung in fünf Tagen zu bewältigen. Das war ungeheuer anstrengend für Mensch und Tier. … Von Windhuk ging die Kompagnie sogleich weiter nach Okahandja, um den Ort zu entsetzen. … Die Herero hatten den Kaiser-Wilhelm-Berg, das Wahrzeichen des Ortes, stark besetzt. Trotz der vorzüglichen Stellung des Feindes griff Hauptmann Franke sofort an und hatte nach sechsstündigem Gefecht unter ungeheuren Anstrengungen die von dem fliehenden Feind verlassenen Anhöhen in Besitz. Weiter ging's nach kurzer Rast, zunächst nach Karibib, dann nach Omaruru. … Schon sechs Stunden lag hier die Truppe im Gefecht. … Die Verluste mehrten sich, und die Kräfte der Soldaten begannen nachzulassen. … Da schwang sich Hauptmann Franke auf seinen Schimmel, sprengte hoch zu Ross vor die Front und wollte alleine auf den Feind eindringen. Diese hinreißende Tat zündete; wie mit einem Schlag erhob sich die ganze Linie, begeistert, mit lautem Hurra …"

(aus B. Voigt, Deutsch-Südwestafrika, Stuttgart, 1913)
Abbildung: Hauptmann Viktor Franke

526 **Omaruru** Karte S. 542

Kristall Kellerei
Die *Kristall Kellerei* ist eine Erfolgsgeschichte, was man daran sieht, dass im ganzen Land in fast keinem Restaurant eine Flasche des Weines aufzutreiben ist. Man verkauft nicht, man teilt zu, so gering sind die Mengen, die jährlich produziert werden! Und man kann wegen des Wassermangels die Anbauflächen nicht beliebig erweitern. Also heißt es zum Mittagessen direkt vor Ort einzukehren, um an den guten Tropfen zu gelangen. Die Weinstube hat mittags offen und serviert kleine Mahlzeiten als Begleitmusik zur Weinprobe – Tel. 064-570083, www.kristallkellerei.com, Anfahrt 4 km außerhalb an der D2328.

Homemade-Chocolates
Die Familie Dörgeloh hat im Ort mit *Homemade Chocolates* die Tradition der Dampfbäckerei Omaruru wieder aufgenommen, ein wenig anders aber, als die Familie Benz das seinerzeit zwischen 1950 und 1993 gehandbhabt hat. Heute werden köstliche Pralinenarten hergestellt, sechs Likör-, zwei Nusssorten und elf mit unterschiedlichen Füllungen.

Adressen & Service Omaruru

Unterkunft
Touristenklasse: **Central Hotel Omaruru**
Günstig: Eva's B&B, The River Guesthouse, Omaruru Guesthouse, Kashana, Evening Shade
Außerhalb: **Erongo Wilderness Lodge,** Omaruru Game Lodge, Omburu Gästefarm, Onduruquea Gästefarm, Otjandaue Gästefarm

> **Unterkunftstipp**
> **Kashana** ist von Einrichtung und Service her luxuriös, nicht aber von den Preisen, sehr gutes Restaurant. Ganz günstig und bequem nächtigt man im **Central Hotel**, wo sich auch die Einheimischen auf ein Bier treffen.

Information Stadtverwaltung, Visitors Information, P.O. Box 55, Omaruru, Tel. 064-570277

Essen *Central Hotel-Restaurant,* s.o., hübsche Innenhofanlage

Weinstube der Kristall Kellerei, Tel. 064-570083

Omaruru Souvenir & Coffee Shop, 122 Wilhelm Zeraua Road, Tel. 064-570230

Omaruru Souvenirs & Kaffeestube, Souvenirs, leichte Mahlzeiten, Garten, sehr angenehmes Sitzen, Tel. 064-570230

Main Street Coffee Shop, 116 Wilhelm Zeraua Road

Einkaufen Köstlichkeiten aus Schokolade gibt es bei *Dörgeloh Chocolates,* 9 Nywerheigs Road, Tel. 064-570286 (Mo–Fr 8–13 und 14–17 Uhr).

Tikoloshe Afrika, W. Zeraoua Street, Tel. 064-570582, www.tikolosheafrika.com, ist die Werkstatt von Schnitzern aus dem Kavango, die aus Wurzelholz die eigenartigsten Kunst-Kreaturen entstehen lassen.

Sonstiges State Hospital, South Street, Tel. 064-570037

Omaruru – Otjiwarongo

Verlassen Sie Omaruru vorbei am Rastlager auf der C33 nach Norden. Vereinzelt ragen verwitterte Granitkuppen aus der flachen Savanne, links und rechts des Weges gehen Abzweige zu Gästefarmen und Lodges ab. Einige Farmen haben sich auf Jagd spezialisiert und dürfen „normale" Touristen nicht beherbergen. Jäger finden beste Bedingungen.

Nach 65 km kommen Sie nach **Kalkfeld.** Der Flecken hat seine besten Jahre hinter sich. Er ist als Bergwerksstadt entstanden. Das in der Nähe abgebaute Eisenerz wurde zur Verhüttung nach Tsumeb geschafft. Heute verfällt die Streusiedlung mehr und mehr. Man tankt und fährt weiter, entweder direkt nach Otjiwarongo (70 km, s. Route 7) oder macht noch einen Abstecher zu den Dinosaurier-Fußspuren.

Abstecher: Dinosaurier-Fußspuren

Dinosaurier-Abdruck aus grauer Vorzeit

Nehmen Sie die D2414 im Ort über die Eisenbahnschienen hinweg. Nach 28 km erreichen Sie die Farm *Otjihaenamaparero* und die Farmstraße, die Sie 2 km entlangfahren. Sie kommen zu einem Farmgebäude, wo Sie eine kleine Besuchsgebühr entrichten müssen. Unweit davon – der Angestellte zeigt Ihnen die Richtung – befindet sich ein kleiner und sehr einfacher Zeltplatz mit Wasseranschluss. Hier lassen Sie den Wagen stehen und gehen zu Fuß über Granitplatten durch den Busch (weiße Farbflecken markieren die Richtung) zu den Fußspuren. Eine der Spurenfolgen hat sich auf 28 m Länge vor etwa 190 Millionen Jahren in den Schlamm gedrückt und ist erstarrt. Im Laufe der Zeit wurde sie überdeckt, die Sedimente erodierten, und heute sind die Spuren freigelegt. Mit etwas Vorstellungsvermögen sieht man förmlich die zweibeinigen Tiere im eleganten Lauf, einem Strauß gleich, den schrägen Hang herabstürmen. Die Spuren stammen von zwei unterschiedlichen Tieren, einem Vertreter der bis zu zwei Meter langen und 15 Kilogramm schweren *Megapnosaurier* (100 m vom Parkplatz) und einem *Ceratosaurus*, der immerhin sechs Meter lang wurde und zwei Tonnen wog (500 m vom Parkplatz).

Route 8b: Handel und Gefechte – der Pulverturm

Karibib – Bosua Pass

Km	Abzweig	Ort	Sehenswert	Übernachtung	GPS
Km 0 C32 Piste		Karibib, T+V	Marmorwerk		21 56 08 15 51 43
Km 11	Km 0 D1952 Piste Km 42 D1914 Piste Km 75 Farmstr. Km 93			Wüstenquell Gf.	
Km 16	Km 0 Farmstr. Km 17			Etusis Ldg.	
Km 45	Km 0 D1976 Piste Km 30 D1967 Piste Km 32		Otjimbingwe Pulverturm		
Km 82		Anschluss an die Route 6			

Karibib – Otjimbingwe

Verlassen Sie Karibib (s. Route 8) auf der Piste C32 westlich der Stadt Richtung Süden. Sandebenen mit spärlicher Vegetation begleiten Sie bis zum Abzweig nach Otjimbingwe nach 45 km. Auf der ausgefahrenen Piste D1976 zum Pulverturm ziehen Sie eine lange Staubfahne hinter sich her. Durch kleinste Ritzen dringt der Sand in den Wagen, alles überzieht sich mit einer Puderschicht.

Nach 30 km erreichen Sie eine Kreuzung und biegen für 2 km in die D1967 (sechs-sieben) ein. Der Pulverturm befindet sich in der Mitte der weit auseinander gezogenen Siedlung rechts der Hauptpiste, eingeklemmt zwischen zwei großen Fabrikgebäuden.

Otjimbingwe

Man mag gar nicht glauben, dass dieser Ort hier, gelegen am früheren Baiweg zwischen Walvis Bay und dem Landesinneren, während der deutschen Kolonialzeit als Handelsplatz, Zentrale der Rheinischen Missionsgesellschaft und der Sitz der Administration die Hauptstadt des Landes war!

Das Herero-Wort „Otjimbingwe" bedeutet „Platz der Erholung", weil in der Nähe eine Quelle entsprang. 1849 erbaute Johannes Rath im Namen der Rheinischen Missionsgesellschaft eine Mission. 1860 erwarb der Schwede Andersson (nach dem ein Tor des Etosha-Nationalparks benannt ist) ein Gebäude einer Minenfirma und

machte einen Laden daraus, den Eduard Hälbich später übernahm (das Geschäft steht noch heute).

Die Kirche wurde 1867 errichtet. Herero-Oberhaupt Wilhelm Zeraua sorgte dafür, dass seine Leute genügend Ziegel für den Bau herstellten; er selbst nahm den christlichen Glauben allerdings jedoch nicht an, ähnlich wie sein Gegenpart bei den Okahandja-Herero, Chief Maharero.

1872 schließlich entstand der **Pulverturm,** der sich nun zwischen zwei großen Fabrikgebäuden versteckt und nicht so eindrucksvoll aussieht, wie es Fotos von ihm vermitteln. Er war Lager und Verteidigungseinrichtung, die im Lauf der Jahre, der Kriege und Aufstände 30 mal bestürmt, aber nie eingenommen wurde. 1891 verlegte die Administration ihren Sitz nach Windhoek, und die Eisenbahn ignorierte auch noch um die Jahrhundertwende den Ort bei ihrer Streckenführung. Otjimbingwe lag damit im Abseits und die folgenden Jahre haben daran nichts geändert; auch heute wird es nur selten von Touristen angefahren.

Weiterfahrt

Kehren Sie von Otjimbingwe die 34 km zur C32 zurück (Sie können auch der D1967 auf 67 km bis Wilhelmstal folgen und erreichen so die Route 8).

Südlich die C32 weiterfahrend stoßen Sie nach etwa 50 km auf die C28. Hier haben Sie Anschluss an die Route 6.

Route 8c: Strahlendes Erz – Uran!

Swakopmund – Usakos

Km	Abzweig	Ort	Sehenswert	Übernachtung	GPS
Km 0 B2 Teer		Swakopmund, T+V	s. Route 5	s. Route 5	22 41 13 14 31 45
Km 8			Golfplatz	Rossmund Ld (1km)	
Km 11			Nonidas		22 38 28 14 37 42
Km 12	Km 0 D1901 Piste				
	Km 1		Kamelfarm	Sophia Dale Rastl.	
	Km 2				
	Km 3			El-Jada Rl.	
	Km 7		Ostrich Farm	Okakambe Trails	
	Km 8			Gut Richthofen	

Km	Abzweig	Ort	Sehenswert	Übernachtung	GPS
Km 45	Km 0 D1911 Teer Km 4	Arandis, T+V			22 25 58 14 50 40
Km 111	s. Route 8	Einmündung der D1918	s. Route 8	s. Route 8	21 58 46 15 21 35
Km 134	s. Route 8	Usakos, T+V	s. Route 8	s. Route 8	21 59 49 15 35 19

Swakopmund – Arandis

In Swakopmund (s. Route 5) haben Sie Anschluss an die Routen 5, 6 und 12. Verlassen Sie Swakopmund auf dem Asphalt der B2. Nach etwa 10 km kommen kurz hintereinander drei Abzweigungen. Die erste führt zum Golfplatz, die zweite zum auf einem Hügel liegenden Gebäude mit burgähnlichem Charakter von 1892. Hier war eine deutsche Zoll- und Polizeistation untergebracht. Heute ist die Burg Nonidas in Privatbesitz und um sie herum entsteht ein neues Wohnviertel.

Kamelfarm Die dritte Kreuzung führt zur Kamelfarm, die neben den Dromedaren einen kunterbunten Kleintierzoo ihr Eigen nennt. Kamelritte von etwa einer Stunde Dauer können unternommen werden. Die Swakopmunder feiern hier gerne Kindergeburtstage; 9 km außerhalb Swakopmunds an der D1901 gelegen (s. bei Swakopmund). Hier finden sich auch Okakambe Trails, die unter deutscher Leitung Ausritte in die Wüste unternehmen, auch Reitkurse und Übernachtung sind möglich.

45 km hinter Swakopmund kommt man zur D1911. Hier geht es nach **Arandis** (4 km) und zur Rössing-Mine. In der Kunststadt mitten in der Wüste leben die Arbeiter der Mine. Schachbrettmuster und konfektionierte Häuser bestimmen das Stadtbild.

Rössing-Mine

In den Jahren Ende 1920 entdeckte der Prospektor Peter Louw mitten in der Wüste Uranlagerstätten. Über 40 Jahre lang versuchten er und seine Partner, Bergbaugesellschaften für den Abbau zu interessieren, aber erst in den 1960er Jahren konnten die Schürfrechte vergeben werden. 1973 begann der Abbau des zähen Granits, eine Gesteinssorte, die **Alaskit** genannt wird. 1980 war das Firmenkonsortium der weltgrößte Lieferant von Uran. Eine Besichtigung der Mine kann im Swakopmunder Museum gebucht werden (s.S. 530).

Entstehungsgeschichte, Abbau Als große Teile Namibias von flachem Wasser überdeckt waren, lagerten sich Sedimente an seinem Grund ab. Der Boden senkte sich, neue Schichten legten sich darüber. Druck und die hohe Temperatur führte zu einer Faltung und der geschmolzene Granit lagerte sich in den oberen Schichten ab. Die in ihm enthaltenen kleinen und gelben Urankristalle sind nun im Tagebau erreichbar.

Der Granit wird aus dem Felsen gesprengt und mit riesigen Schaufelbaggern auf ebenso riesige Lastwagen verladen und zu Zerkleinerungsmaschinen gebracht. In vier Stufen erreicht es eine Korngröße, die es zur Weiterverarbeitung mit Chemikalien verwendbar macht. Diese lösen das Uran heraus, und nach Trennung von den festen Bestandteilen wird die Flüssigkeit einem Ionenaustauschprozess unterworfen, durch den das Uran angereichert wird, d.h., die Konzentration des Urans in der Lösung wird erhöht. Eine weitere Anreicherung findet durch Lösungsmittelextraktion statt. Die hochkonzentrierte Flüssigkeit wird schließlich mit Ammoniak versetzt, und es entsteht „yellow cake" (Ammoniumdiuranat), dem das Wasser entzogen und der bei 600 °C getrocknet wird. Durch die Hitze spalten sich die Stickstoffanteile ab, das Ergebnis ist Uranoxid, das verpackt und ausgeliefert wird.

Umwelt-Probleme Mit Erstarken des Umweltbewusstseins wurde der Rössing-Mine verschiedentlich vorgeworfen, dass sie zu wenig zum Schutz der Umwelt täte. Tatsächlich greifen Sicherungsmaßnahmen nur partiell – alleine der Wind verteilt die radioaktiven Partikel großzügig in der Namib, und auch die Arbeiter sind trotz Schutzkleidung beständig dem krebserregenden Staub ausgesetzt. Besonders umweltbelastend ist der hohe Wasserverbrauch – mit Wasserspritzen versucht man, der Staubbildung Herr zu werden. Entnommen wird das kostbare Nass den nahen Rivieren Kuiseb, Khan und Omaruru. Dadurch sinkt aber auch der Grundwasserspiegel in der Region.

Sei es, wie es sei, die Mine hat über tausend Arbeiter und Angestellte, überwiegend Ovambo, und ist damit der größte Arbeitgeber der Region, wenngleich das Auf und Ab des Uranpreises auch das Unternehmen Rössing gebeutelt und viele Arbeitsplätze vernichtet hat (s.a. „Namibias wirtschaftliches Potential", s.S. 190).

Weiterfahrt

Hinter dem Abzweig nach Arandis ragt im Osten das langgestreckte Massiv der Chousberge aus der Ebene, und bald sind voraus der Hohenstein des Erongo-Massivs und links im Norden die beiden Spitzkoppen zu sehen. Nach 66 km auf der B2 erreichen Sie die Abzweigung der D1918. Hier haben Sie Anschluss an die Route 8.

Route 9: Auf einsamen Pfaden durchs Damaraland (Kunene-Süd)

Khorixas – Palmwag – Kamanjab – Outjo

Km	Abzweig	Ort	Sehenswert	Übernachtung	GPS
Km 0 C39 Piste nach W	Km 0 C39 Teer nach O Km 8 C35 Piste nach N Km 54 D2670 Piste Km 84	Khorixas, T+V	s. Route 8	s. Route 8 Huab Lodge	20 22 20 14 58 05
Km 2				Khorixas Rastlager	20 22 00 14 57 24
Km 43			Versteinerter Wald		20 26 26 14 36 28
Km 50			Versteinerter Wald auf Farm Bloukrans		20 25 33 14 31 34
Km 57			Versteinerter Wald		20 26 17 14 27 15
Km 68	Km 0 D2612 Piste Km 11 Km 15 D3254 Piste nach S Km 17 Km 20 D3214 Piste nach W Km 23 Km 25	Wondergat (1 km) Tor	 Orgelpfeifen (4 km)/ Burnt Mountain (5 km) Twyfelfontein Damara Living Museum (8 km)	 Mowani Mountain C. (3 km) Abu-Huab Zeltplatz Twyfelfontein Lodge (2 km)	20 25 22 14 20 31 20 30 52 14 22 19 20 37 17 14 25 10 20 35 43 14 22 21
Km 115	Km 0 Farmpad Km 11			 Damaraland Ca.	20 19 28 14 04 59
Km 126 C43 n. N		Kreuzung C39 nach Torra Bay			20 13 57 14 03 54
Km 128		Bersig			
Km 168 C40 n. O	Km 0 C43 Piste nach W Km 5 Km 6	 Disease Control Tor Palmwag, T		 Etendeka Camp Palmwag Rl.	19 54 40 13 59 12 19 52 52 13 56 24
Km 188			Grootberg Pass	Grootberg Lodge	
Km 212				Hoada Campsite	
Km 218		Dorf Erwee			19 41 16 14 18 55
Km 282 C40 Teer		Kamanjab, T+V		Oase Garni Guest House Kamanjab Zeltpl.	19 37 17 14 50 33

Km	Abzweig	Ort	Sehenswert	Übernachtung	GPS
	C35 n. N Km 0				
	Km 8 D2763				
	Km 29 GFarmp.				
	Km 32		Himba-Dorf		
Km 306	Km 0 Farmpiste				
	Km 8			Otjitotongwe L.	
Km 344	Km 0			Holstein Gf.	
	Km 20				
Km 353			Schuldorf Otjikondo		19 50 38
					15 27 58
Km 383	Km 0 D 3236				
	Km 50 Farmpad				
	Km 55			Danubé Gf.	
Km 424					20 02 25
C38 Teer nach S					16 05 27
Km 434		Outjo, T+V	s. Route 7	s. Route 7	20 06 49
					16 09 18

Khorixas – Versteinerter Wald

In Khorixas (s. Route 8) haben Sie Anschluss an die Route 8. Verlassen Sie Khorixas auf der Piste C39 Richtung Westen. Nach 2 km passieren Sie das Rastlager und der Asphalt endet. Hier können Sie nachfragen, ob Twyfelfontein mit einem Pkw erreichbar ist, da nach starken Regenfällen die quer zur Straße laufenden Riviere Wasser führen, das unter Umständen zu tief ist, und vor Twyfelfontein zusätzlich ein breiteres Rivier mit tiefem Sand zu durchqueren ist. Die hinter Khorixas liegenden Furten sind schlecht zu sehen, und bei schneller Fahrt geht es ganz plötzlich hinunter. Also mit angemessener Geschwindigkeit fahren. Die Riviere sind mit Galeriewald bewachsen. Nach 29 km kommen Sie zum Abzweig der D2628. Kleine Farmen mit Wellblechhütten säumen den Weg. Es folgen nun mehrere versteinerte Wälder, darunter die Farm Bloukraans. Geplant ist auf Bloukrans ein Zeltplatz der Community, der im Laufe des Jahres 2016 fertiggestellt sein soll (Tsubes Camp). Nach Zahlung des Eintrittes (40 N$ p.P.) am „offiziellen" Steinwald führt ein Angestellter die Besucher relativ unbeeindruckt und recht zügig über das Gelände und flüchtet sich anschließend gleich wieder auf sein schattiges Lager.

Versteinerter Wald

Die teilweise vollständig erhaltenen, versteinerten Stämme eines Urzeitnadelwaldes (Araukarien) sind in der Landschaft verteilt. Sie wuchsen vor 300 Mio. Jahren, allerdings nicht hier. Wegen ihrer durcheinandergewürfelten Anordnung nimmt man an, dass sie durch Flüsse angeschwemmt wurden.

Versteinerte Bäume bei Khorixas

Die Versteinerung ist ein Prozess, der nur unter Luftabschluss stattfinden kann. Die Stämme wurden mit Sand bedeckt, der den Fäulnisprozess unterband. Dann drang kieselsäurehaltiges Wasser nach und nach in die Zellen des Holzes ein, das Schicht für Schicht zu Stein wurde. Bis ins kleinste Detail lassen sich die Jahresringe erkennen und die Rinde ist so genau gezeichnet, dass man fast erschrickt, wenn die Hand nicht über vermeintlich warmes Holz sondern über kalten Stein streicht.

Zwischen den versteinerten Riesenstämmen wachsen Welwitschias, Köcher- und Balsambäume, es sind idyllische, verwunschene Plätze, auf denen es mittags allerdings unangenehm heiß werden kann. Souvenirs mitzunehmen ist streng verboten!

Weiterfahrt

Nun führt die Piste auf eine Tafelbergkette zu, die, blauschwarz wie Mondgestein, gegen die hügelige Landschaft steht. Auch im Süden überragen diese Gesteinsformationen die sanften Hügel der Vorgebirgsebene. Bald ist die D2612 erreicht.

ABZWEIG: Twyfelfontein

Nach 11 km auf der Piste D2612 führt rechts ein Weg zum **Wondergat.** Das kleine, unscheinbare Loch, das aber unglaublich tief (mehrere 100 m) sein soll, ist nach 1 km erreicht. Aufpassen, dass Sie nicht hineinfallen, kein Mensch könnte Sie je wieder herausholen! Es entstand durch Auswaschungen eines unterirdischen Flusses, die eine Höhle schufen, in die das darüberliegende Gestein einbrach. Verwunderlich ist nur, dass dabei ein so schmaler Kamin gebildet wurde.

Nach 3 km mündet in unsere Pad die D2612 ein (s. Route 8). 3 km weiter liegt am Rivier des Aba Huab ein Zeltplatz. Er ist einfach, hat aber saubere Sanitäranlagen, Braaiplätze und gemauerte Tische und Bänke. Versuchen Sie, Twyfelfontein bei Sonnenuntergang zu besuchen und nächtigen Sie danach hier. Ein kleiner Kiosk verkauft gekühlte Getränke.

Hinter dem Camp überquert die Pad das sandige Rivier des Aba Huab – die Durchquerung nach Regenfällen mit einem Pkw ist ein fast unmögliches Unterfangen – und erreicht 3 km weiter den Abzweig zum **Verbrannten Berg** (Burnt Mountain, 5 km) und zu den **Orgelpfeifen** (1 km davor, in der Schlucht unterhalb der Straße).

Der schwarze Berg sieht in den rötlichen Strahlen der untergehenden Sonne tatsächlich aus, als hätten seine Flanken eben noch gebrannt. Freigelegtes und danach den Naturgewalten ausgesetztes, schlackenartiges Gestein aus dem Erdmittelalter sorgen für diesen Effekt.

Die Orgelpfeifen sind bis zu 5 m hohe über 100 Mio. Jahre alte Basaltsäulen. In der Karoo-Periode drang Lava in Tonschiefer ein und brach in der Phase der Abkühlung in die jetzigen regelmäßigen Formen. Erosion trug die überlagernden Schichten ab, die Oberfläche wurde mit der Zeit durch den Wind und die festen Bestandteile, die er mit sich führt, poliert.

Nach Twyfelfontein: 8 km hinter dem Abzweig zu den Orgelpfeifen und zum Verbrannten Berg kommt das Tor von Twyfelfontein, 1 km vor der Felsarena mit ihren Gravierungen gelegen. An dem Tor ist Eintritt zu zahlen (50 N$ p.P. und Auto). Kurz vor dem Tor geht es auf kurzer Piste zur Twyfelfontein Country Lodge, deren Anblick die Besucher sprachlos werden lässt – wie groß kann eine Lapa denn noch sein!?

Twyfelfontein

„Zweifelhafte Quelle" nannte der Farmer sein Stück Land, denn die Quelle im Felsrund sprudelt nur unregelmäßig. Den Jägern war das köstliche Nass aber sicher genug, um hier dem Wild aufzulauern. Wer sich die Felsarena genau betrachtet, sieht sofort, dass sie ideal gelegen ist: Etwas erhöht zwischen den schützenden Bergflanken und mit einem weiten Blick über die Grassavanne, in der Antilopen grasen und Strauße um die Wette rennen. Ob hier San oder Damara – oder gar beide – lebten und ihre Kunstwerke in den Felsen ritzten, ist nicht bekannt. Die San, von denen man weiß, dass sie noch vor hundert Jahren Felswände mit Darstellungen von Tieren und Menschen schmückten, haben heute jeglichen Bezug zu den Felsbildern verloren und berichten, dass diese von Göttern hergestellt worden seien.

Im Abendlicht, wenn die meisten Besucher schon auf der Fahrt zu ihrer Unterkunft sind, erstrahlen die Felsen rot und die schönste Zeit, die Steige, vorbei an den vielen Gravierungen, zu beklettern (der Rundweg darf nicht ohne einen der – eher gelangweilten – Führer beschritten werden, Eintritt 30 N$ p.P. und 10 N$/Fahrzeug). Zwei Touren sind im Angebot: Lion Men (30 Min.) und Dancing Kudu (45 Min.). Nach der Tour sind unten, bei der überdachten Schautafel mit der Beschreibung des Weges, Getränke erhältlich.

Die Gravierungen

Mit Quarzsteinen wurden die Gravierungen in den Sandstein geritzt, und unter Überhängen finden sich gelegentlich auch Malereien – ein seltenes Nebeneinander im südlichen Afrika, wo Maler und Gravierer ihre Kunst normalerweise nie nebeneinander ausgeführt haben. Alle möglichen Tierarten, Löwen, Elefanten, Giraffen, Nashörner, sind abgebildet. Dazwischen abstrakte Muster und eigenartige Punktreihen – verschlüsselte Botschaften einer fremden Kultur oder nur kindliche Spielereien?

Über den Beweggrund für ein derart reichhaltiges Potpourri weiß die Wissenschaft nichts Exaktes zu sagen. Es könnten Arbeiten von Jägern sein, die damit Erfolg für ihre Jagd heraufbeschwören wollten. Eine Datierung ist auch kaum machbar, da die notwendigen Parameter fehlen: Werkzeuge, die Archäologen in dieser Region gefunden habe, stammen aus der Jungsteinzeit. Sie den Bildern zuzuordnen ist allerdings nicht möglich. Die patinierte Oberfläche des Sandsteins, die normalerweise ebenfalls Aufschluss über das Alter der Bilder geben könnte, ist hier durch unberechenbare Umwelteinflüsse ebenfalls nur ein vager Anhaltspunkt. Da der Platz von vielen Generationen besiedelt war, sind die Felszeichnungen wahrscheinlich zwischen mehreren tausend und einigen hundert Jahren alt.

Twyfelfontein – als Weltkulturerbe angemeldet

Wer mit einem Geländewagen unterwegs ist, kann sich vom Eingangstor (s. oben) aus auf die Suche nach weiteren Gravierungen und nach „Adam und Eva" machen, einem der seltenen anthropomorphen (menschenähnlichen) Motive in Twyfelfontein. Es gibt keine Spuren, man muss in weitem Bogen nordwestlich durch tiefen, schweren Sand um den Berg herumfahren und die Augen offenhalten. Die Mühe lohnt nach Aussagen anderer nicht; aber es macht einfach Spaß, selbst auf Forschungsfahrt zu gehen.

Damara Living Museum

10 km nördlich von Twyfelfontein (über die D2612) gelangt man zum Damara Living Museum, eines der perfekt funktionierenden Community-Projekte des LCFN (80 N$, www.lcfn.info, Tel. 081-6508634). Hier erleben Sie wie die Damara vor Jahrhunderten lebten, nehmen am Dorfleben teil und sehen interessante und pittoreske Aufführungen. Wer will unternimmt eine Buschwanderung (70 N$). Damit es nicht allzu sehr abgleitet in die romantische Verklärung: Auch der Besuch des modernen Dorfes (70 N$) ist im Angebot.

Weiterfahrt auf der C39 nach Westen

Fahren Sie nun zurück zur C39 und diese weiter in Richtung Westen. Nach einigen Kilometern sehen Sie im Nordwesten eine Gebirgskette als Silhouette auftauchen, die Gipfel sind gänzlich unterschiedlich geformt.

Sie umfahren dieses Massiv in einem großen Bogen und kommen 30 km nach dem Twyfelfontein-Abzweig über einen Pass mit fantastischer Berglandschaft aus roter Erde. Hier wächst kein Busch, silbernes Gras bedeckt in der Regenzeit die Hügelketten wie eine seidige, weiche Decke. Immer wieder flüchten Springböcke in eleganten Hopsern, beäugen Kudus wachsam den Eindringling, rasen Warzenschweine mit erhobenem Signal-Schwanz durchs Gras. Ihr Habitat haben sie tief in der unberührten Urlandschaft südlich des Kunene.

10 km weiter fahren Sie in ein breites Tal und kommen nach 3 km an den Abzweig der C39 nach Torra Bay. Hier haben Sie Anschluss an die Route 12 zur Skeleton Coast.

Ab dem Torra-Bay-Abzweig heißt die Piste C43. 1 km hinter dem Abzweig passieren sie eine Furt mit der kleinen Siedlung Wereldsend („Weltende"). Nach 37 km erscheint wieder eine kleine Siedlung (Palm), bei einer Furt gelegen. 1 km danach ist der Abzweig nach Sesfontein erreicht. 5 km in diese Richtung bringen Sie zur Palmwag Lodge mit Zeltplatz. Hier haben Sie Anschluss an die Route 10.

Bleiben Sie nun nicht auf der C43, sondern biegen Sie nach Osten ab auf die C40. Sie führt Richtung Kamanjab. Nach 10 km beginnt der Anstieg zum Grootberg Pass, dessen Scheitel (1500 m) man nach etwa 10 km erreicht. Hier findet sich die **Grootberg Lodge,** die erste Community Lodge Namibias; in exklusiver Lage garantiert sie einen angenehmen Aufenthalt.

Nach 20 km bleibt das Gebirge zurück, am Wegrand sind Steinhügel aufgetürmt, die Piste hat grobes Wellblech ausgebildet. Sie passieren das Dorf Erwee (mit einem Bottle Store und Restaurant) und erreichen schließlich 114 km nach dem Torra-Bay-Abzweig zur Küste Kamanjab.

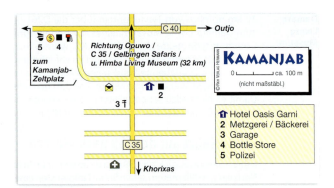

Kamanjab

Hier haben Sie Anschluss an die Route 10. Kamanjab ist der letzte Vorposten der Zivilisation auf dem Weg zum Kunene oder in das Kaokoveld. Es ist in winziges Nest mit einem kleinen Hotel und Tankstelle. Eine Adresse für den Besuch eines Himbadorfes ist das *Otjikandero Himba Project* (www.namibiajjtours.com).

Kamanjab – Outjo

Verlassen Sie Kamanjab auf dem Asphalt der C40 nach Osten. Nach etwa 35 km öffnet sich der Blick über eine Ebene. In ihr stehen vereinzelt Granitkuppen. Die Strecke ist ansonsten monoton, entlang der Straße wachsen alle möglichen Baumarten, Mopane, Moringa, Ahnen- und Balsambäume. In ihnen und an den Telegrafendrähten längs der Straße hängen die Nester der Siedlerweber. 71 km hinter Kamanjab und 10 km vor Outjo mündet die C38 in die C40.

Outjo (siehe Route 7). In Outjo haben Sie Anschluss an die Routen 7 und 8.

10 In den Norden
Route 10: Wildnis – durchs Kaokoveld

Palmwag – Sesfontein – Opuwo – Otjiveze – Swartbooisdrift – Ruacana – Kamanjab

Km	Abzweig	Ort	Sehenswert	Übernachtung	GPS
Km 0 C43 n. N		Palmwag, T		Palmwag Rl.	19 52 52 13 56 24
Km 50	Km 0 Piste n. W. Km 6			 Mbakondja River Campsite	19 29 53 13 52 26
Km 74	Km 0 Piste Km 1 Km 3	Dorf		 Khowarib Lodge Khowarib Camp	19 15 53 13 52 06
Km 84	Km 0 Piste Km 6	Warmquelle		Ongongo Campsite	19 11 54 13 49 28
Km 86	Km 0 Piste				19 11 06 13 48 51
	Km 6				19 08 20 13 49 05
Km 92 n.W. D3706					
Km 105 zurück		Sesfontein, T+V		Fort Sesfontein Ldg.	19 07 20 13 37 19
Km 115				Red Rock Lodge	19 08 07 13 42 21
Km 118 C43 n. N				19 08 14	 13 43 29
Km 150		Otjomatemba			18 52 18 13 46 36
Km 180	Km 0 Piste n. O Km 5			 Schöne Aussicht Camp 5 km	18 39 28 13 42 55 18 41 40 13 44 31
Km 229	Km 0 D3705 Piste nach SW Km 16	Kreuzung mit der D3705 Kaoko Otavi	 Durstland- Trekker Ruine		18 14 19 13 46 09 18 17 53 13 39 48
Km 252 D3703 n. S					18 03 39 13 49 51
Km 253 C43 n. O		Opuwo, T+V		s. bei Opuwo	18 03 43 13 50 24
Km 310		Dorf			
Km 327 D3701 n.O.		Otjiveze			17 37 24 13 28 34

Route 10: Wildnis – durchs Kaokoveld

Km	Abzweig	Ort	Sehenswert	Übernachtung	GPS
Km 335		Epembe			
Km 363		Ehamba			
Km 375		Blue Sodalite Mine			17 24 22 13 48 25
Km 384			Durstland Monument		17 20 34 13 50 51
Km 385 D3700 n. O		Otjimuhaka	Kunenetal		
Km 392				Kunene River Lodge	17 21 15 13 52 50
Km 404				Odoozu Himba Camp (geschl.)	17 25 55 13 57 06
Km 427		Mavingo			17 26 03 14 07 27
Km 431					17 25 27 14 09 24
Km 437			Sicht auf Ruacana Fälle		17 25 11 14 12 41
Km 439 D3700 Teer			Hippo Pools	Otjipahuriru Campsite	17 24 26 14 13 10
Km 441	Fälle Km 0 Km 2		Fälle		17 23 40 14 14 22
Km 447				Kunene Islands C.	
Km 455	Km 0 Km 4	Ruacana, T+V		s. im Text	17 24 47 14 21 15
Km 437 C35 P. n. S					17 24 45 14 24 09
Km 517		Einmündung d. C41 von Opuwo			18 08 44 14 17 29
Km 641		Disease Control Tor			
Km 650					19 17 54 14 28 22
Km 682	Km 0 P2684 Piste Km 5				19 26 08 14 37 24
Km 711	Km 0 D2763 Piste Km 27			Gelblingen Safaris (3 km)	
	Km 0 D2763 Piste Km 13 D2695 Piste Km 19			Rustig Gf.	
Km 718		Kamanjab, T+V		Oase Garni Kamanjab Zeltpl.	19 37 17 14 50 33

Hinweis: Ab Opuwo sollten Sie mit einem Geländewagen unterwegs sein, genügend Vorräte und Treibstoff sind mitzuführen.

Palmwag

Hier haben Sie Anschluss an die Routen 9 und 12. Die **Palmwag Lodge** liegt auf einem Konzessionsgebiet. Diese Gebiete erfüllen eine Zwitterfunktion. Sie sind einenteils geschützter Naturpark, werden anderenteils gegen strenge Auflagen zur touristischen Nutzung an ein Privatunternehmen abgegeben. Auf Palmwag-Gebiet befinden sich Elefanten, Nashörner, Giraffen und alle Arten von Antilopen. Die von der Lodge organisierten Wildfahrten dauern etwa 3 Stunden. Ein kleiner Wanderweg entlang des Uniab Riviers ist für die Gäste markiert (wer ihn benutzt, sollte vorher das Management informieren). Manchmal kommen die Elefanten bis unterhalb des Camps, seien Sie also vorsichtig. Das Restaurant steht auch den Campern zur Verfügung (vorher anmelden). Mit dem eigenen Geländewagen können nach Anmeldung und Bezahlung die gekennzeichneten Routen links und rechts der Hauptstraße befahren werden (wer diese Touren ohne Anmeldung unternimmt, riskiert eine hohe Geldstrafe).

Save the Rhino Trust

Namibia ist das einzige afrikanische Land, in dem die Nashornpopulation ohne spezielle Schutzmaßnahmen auf kommunalem Boden überlebte. Dennoch wurde die Zahl der Schwarzen (Spitzmaul-)Nashörner im Nordwesten, also Damaraland und Kaokoveld, in den 1980er Jahren durch Wilderer so drastisch dezimiert, dass Tierschützer Alarm schlugen. Damals wurde als Privatinitiative der „Save the Rhino Trust" gegründet. Tätigkeitsbereich dieser Gesellschaft ist die Sensibilisierung und Ausbildung der lokalen Bevölkerung für Tier- und besonders Nashorn-Schutz. Sitz ist das nördliche Damaraland, wo der Trust mit Reiseveranstaltern und Lodges zusammenarbeitet (darunter *Palmwag* und das *Desert Rhino Camp*). Vom Desert Rhino Camp aus geht es auf Pirschwanderungen mit Sichtung von Nashörnern und Wüstenelefanten – und Löwen! Ein Teil der Einnahmen kommt dem Nashorn-Schutz zugute. Der Trust hat es so fast vollständig geschafft, die Wilderei einzudämmen und den Tierbestand zu stabilisieren. Kontakt zum Save the Rhino Trust über: P.O. Box 224/Swakopmund, Tel. 064-403829, www.savetherhino.org. Buchungen für Touristen im Zusammenhang mit Nashörnern: Wilderness Safaris, Tel. 061-274500, www.wilderness-safaris.com.

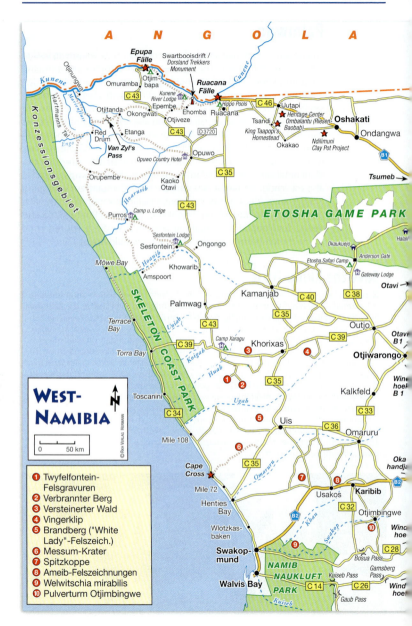

Ins Kaokoveld

Dazu die Piste C43 nach Norden nehmen. Sie fahren durch die nördlichen Ausläufer des ehemaligen Damaralandes in das Kaokoveld. Die allgegenwärtigen Zäune entlang der Pads sind verschwunden; Sie haben das Farmland verlassen und befinden sich in unberührter Natur.

Auf dem folgenden Streckenabschnitt sind viele Furten zu queren, und nach 45 km ist ein weites Tal erreicht.

30 km nach der Abfahrt ins Tal kommen Sie in die Schlucht des Khowarib mit einem kleinen Dorf. Einen Kilometer hinein stoßen Sie auf die Khowarib Lodge, nach zwei weiteren Kilometer ist die Khowarib Campsite erreicht.

Eine sehr schlechte Piste (nur 4x4) führt von hier über 75 km bis zur ehemaligen Hobatere Lodge am westlichen Ende des Etosha National Parks. Der Hoanib bildet am Atlantik die Grenze zwischen dem für die Allgemeinheit zugänglichen Skeleton Coast Park und dem nördlich davon gelegenen Konzessionsgebiet.

10 km hinter dem Abzweig in die Khowarib-Schlucht erreichen Sie den Ort **Warmquelle.** Vor dem I. Weltkrieg baute ein deutscher Farmer Gemüse an. Die Quelle liegt bei der heutigen Schule. Der Ort ist weit auseinandergezogen und besteht aus Wellblech- und Lehmhütten der Himba und Herero. Hier befindet sich oberhalb des Dorfes der Zeltplatz Okondou. Ein Abzweig von Warmquelle führt rechts weg nach Norden, zum **Ongongo-Wasserfall** (6 km, der letzte Teil nur für Geländewagen) mit der Ongongo Campsite. Dort sprudelt eine kleine, warme Quelle an einer Baumwurzel und bildet einen Teich, in dem man baden kann. 11 km hinter Warmquelle erneut eine Gabelung. Die nördlich verlaufende Piste führt nach Sesfontein (12 km), die östliche (D3704) in ca. 100 km nach Opuwo. Zwischen zwei Bergen hindurch kommen Sie nach Sesfontein.

Tankstelle von Palmwag

Sesfontein

Hier ist auch der Endpunkt der Route 10b, die wegen des übersteilen Van Zyl's Passes nur entgegen des Uhrzeigersinnes (also von Ost nach West) befahren werden darf!

Das alte **deutsche Fort** wurde 1896 zur Eindämmung der Rinderpest, der Wilderei und des Waffenschmuggels errichtet und mit 25 Mann besetzt. 1914 zogen die Schutztruppler weg und überließen das Fort und den kleinen Friedhof mit drei Gräbern sich selbst. Es verfiel, die gepflanzten Dattelpalmen wurden von den Einheimischen ausgegraben und anderswo eingesetzt. Erst zu Beginn der 1990er Jahre erhielt ein privater Investor die Genehmigung, das Fort zu restaurieren und als Lodge zu nutzen. Die Palmen wurden zurückgekauft und wieder beim Fort gepflanzt, die Einheimischen im Mauern und Tischlern unterwiesen, so dass Arbeitskräfte für die Restaurierung nicht von auswärts kommen mussten, und auch das Servicepersonal stammt aus dem Dorf. Die Gäste wohnen in den ehemaligen Stallungen des Forts und können mit zwei Geländewagen Touren im Kaokoveld und zu nahe gelegenen, sehr eindrucksvollen Felsgravierungen unternehmen. Auch steht der Besuch einer Edelsteinmine und von Tabakfeldern mitten in der Wüste auf dem Programm. Nahebei sind zwei von lokalen Leuten geführte Zeltplätze, die manchmal geöffnet, manchmal geschlossen haben (bei der Lodge nach Camel Top Mountain und Para Campsite fragen). Auch das Hoanib Info Centre (Tel. 081-3029551) am Eingang zur Sesfontein Lodge hilft mit Informationen und stellt lokale Führer für Ausflüge zur Verfügung (ist aber nicht verlasslich besetzt).

Wer **Wüstenelefanten** sehen möchte, kann dem Rivier des Hoanib flussabwärts folgen. Dort sind die Chancen, auf diese seltenen Tiere zu treffen, relativ hoch. Zwar ist nicht jeder hier gesichtete Dickhäuter tatsächlich ein „Wüsten"-Elefant (die traditionelle Migrationsroute der Elefantenherden führt von Etosha bis hinunter an die Skelettküste),

Sesfontein Lodge

doch bei den kleineren Exemplaren kann es sich durchaus um diese weltweit einzigartige, wüstenangepasste Spezies handeln.

Bei Annäherung der Elefanten gerade in den engen Flusstälern sollte man äußerste Vorsicht walten lassen. Besser ist es auch, wenn man das Fahrzeug verlässt, die Alarmanlage auszuschalten. Die Elefanten reagieren ungehobelt bei laut heulender Sirene und zerlegen das Auto samt Inhalt.

Nach der Hitze des Tages räkeln sich die Gäste behaglich am Schwimmbad oder ruhen sich in den großzügigen und luxuriösen Zimmern der **Sesfontein Lodge** aus. Das dreigängige Dinner stellt auch anspruchsvolle Genießer zufrieden. Anschließend werden an der Bar die neuesten Informationen über den Zustand der Pisten des Kaokolandes ausgetauscht, dabei kann im Laufe des Abends die Stimmung so ausgelassen werden, dass das Bier keine Zeit mehr hat, kühl zu werden.

Übrigens: Der 150 m entfernte Signalhügel war zur Kolonialzeit mit einem Spiegeltelegraph ausgerüstet, durch den über Relaisstationen Verbindung mit Deutsch-Ostafrika (Tanganjika) aufgenommen werden konnte!

Sesfontein – Opuwo

Fahren Sie dazu die 12 km zur D3704 zurück und biegen Sie in diese ein. Die Strecke bis Opuwo ist in gutem Zustand und kann auch mit Pkw befahren werden. Aber Wellblechabschnitte erfordern immer wieder die erhöhte Aufmerksamkeit des Fahrers und Robustheit des Fahrzeuges. Passen Sie ihre Geschwindigkeit der Situation an. Plötzlich quer verlaufende, schwer erkennbare, schmale, aber tiefe Riviere führen leicht zu einem Achsbruch! Wo es möglich ist, nach dem Zustand der Piste vor sich erkundigen! Es ist besser einen (sicheren) Umweg zu unternehmen, statt irgendwo festzuhängen oder eine lange Strecke zurückfahren zu müssen!

Ovahimba und Himba-Land

Nördlich von Sesfontein erreichen Sie jenen Teil des Kaokovelds, in dem Touristen – trotz Fly-in-Safaris – selten vordringen. Die hier lebenden **Ovahimba** (Himba) führen ein halbsesshaftes Leben als Viehzüchter, das die Zivilisation noch kaum berührt oder verändert hat (Himba s.S. 217). Sie werden Menschen begegnen, die noch vollständig ihrem traditionellen Leben verhaftet sind. Verhalten Sie sich entsprechend rücksichtsvoll. Wer mit vollen Händen unsinnige Geschenke verteilt, verursacht irreparable Schäden an der Sozialität der Gruppengesellschaft. Auch Geld hat bislang noch kaum Eingang in diese Region gefunden – „bezahlen" Sie deshalb für die Gastfreundschaft oder die Erlaubnis zum Fotografieren lieber mit Naturalien wie Mehl oder Tabak (s.u.). Vermeiden Sie es, den

In einem Himba-Dorf

Menschen ihren begehrten Schmuck oder andere „Souvenirs" vom Körper abzukaufen. Die Dinge, die speziell für Touristen hergestellt wurden, sind mindestens ebenso schön und besitzen nicht den rituellen Wert wie alte Familien-Erbstücke. Am wichtigsten aber ist: Betreten Sie kein Dorf oder gar einen Pontok ohne Einladung, fotografieren Sie wie erwähnt nicht ohne Erlaubnis, halten Sie respektvoll Abstand!

Pistenverlauf nach Opuwo

Die Piste führt weiter nach Norden und steigt allmählich von 600 m bis auf über 1000 m an. Das Tal verengt sich und wird nach 30 km zu einem Canyon. 10 km weiter gelangt man über den Joubert-Pass (mit einem sehr steilen, jedoch asphaltierten Abschnitt, Geländegang einlegen!) in ein grünes Hochtal mit Trockenlaubwald aus Mopane und Blutpflaumen, in dem sich die Pad entlangwindet. 4 km weiter liegt die Siedlung Otjomatemba am Straßenrand. Rechts voraus sind die Joubert-Berge zu sehen.

Vorbei an Otjize und parallel zu einem Galeriewald erreicht die Piste eine karstige Dolomit-Landschaft, in der man Karl-May-Filme drehen könnte, wenn nicht vereinzelt typisch namibische Pflanzen, wie der Buschmann-Baum zu sehen wären.

Camp Aussicht

Etwa 75 km hinter Sesfontein weist rechter Hand ein Schild zum „Camp Aussicht". Auf 5 km windet sich die steinige (bei langsamer Fahrt auch mit Pkw zu bewältigende) Piste hinauf ins Gebirge. Man passiert die Mine der Farm und endet schließlich auf 1600 m Höhe beim Camp, das seinen Namen in jeder Hinsicht verdient – es ist der höchste Punkt im Umkreis von 10 km. Seit 22 Jahren lebt Marius Steiner hier und arbeitet mit der Mine, in der sich Dioptas finden lässt, ein ausgesprochen seltener Schmuckstein (den es sonst nur noch bei Tsumeb und an einer Stelle in Kenia gibt). Mineralienbegeisterte werden ihre Freude haben und dürfen selbst mit dem Geologenhammer in die 40 Meter in den Berg gehauene Mine.

Einfache Zimmerchen (mit gemeinsamen Sanitäreinrichtungen), ein Zeltplatz, die Küche von Herrn Steiner und absolute Ruhe ganz oben unter dem Himmel locken Gäste an, und jeder ist begeistert.

Bei Omao wird das Tal verlassen und Sie befinden sich auf einem Hochplateau. Links sind die Schwarzkuppen zu sehen. Das Dorf 2 km weiter wird von Herero bewohnt (den sesshaften und durch Missionarseinfluss „zivilisierten" Verwandten der Himba). Ihre Hütten sind mit farbenprächtigen Mustern geschmückt.

Ab Kilometer 103 nach Sesfontein schlängelt sich die Piste kurvenreich durch eine fast parkartige und grüne Landschaft. Über dem mit Butterblumen gesprenkelten Rasen stehen Mopane, Akazien, Apfelblatt, Baobab und der Kalahari Christmas Tree.

Nach 12 km wird die Piste gerade und führt Sie auf eine Terrassenlandschaft und auf die Kreuzung mit der D3705 zu (weitere 8 km).

Ein kleiner Abstecher von 13 km nach **Kaoko Otavi** auf der D3705 bringt Sie zu einer Ruine und zu fünf Gräbern von Durstlandtrekker (s.S. 588). Beim Ortseingang, etwa 100 m vor dem ersten Kraal, führt nach rechts eine unscheinbare Piste 200 m zu einer Quelle mit einem kleinen See. Hier sind die Grundmauern einer Kirche zu sehen. Geht man etwa 400 m über Geröll durch den Busch südwestwärts hinunter, kommt man zu einer freien Fläche mit drei größeren Bäumen; unter einem liegen die Gräber in der Form von flachen Steinhaufen.

17 km hinter dem Abzweig nach Kaoko Otavi und nach vielen Querfurten liegt voraus Opuwo. Die weißen Häuschen am Hang sehen aus der Ferne ganz adrett aus. Je näher man aber kommt, desto deutlicher wird die Realität. Fahren Sie an der Kreuzung 1 km südlich um den Berg herum und an Kasernen vorbei und Sie sind in der Hauptstraße.

Opuwo

Opuwo ist der Verwaltungssitz der Region Kunene. Während des Bürgerkrieges war es Garnisons- und Frontstadt. Nach der Unabhängigkeit zogen fast alle Weißen mit dem Militär weg, und damit brach auch der Arbeitsmarkt zusammen. Die Häuser wirken ungepflegt. Eine Lodge mitten in Opuwo bietet dem Reisenden alle Annehmlichkeiten (inkl. Schwimmbad) und geführte Touren in die Wildnis (allerdings wird der Schlaf durch die Musik in der Umgebung beeinträchtigt).

Opuwo Country Lodge

Die **Opuwo Country Hotel** liegt 2 km hinter dem Ort auf dem Hügel an der dorfabgewandten Seite. Eine herrliche Aussicht über die Ebenen des Kaokolandes lohnt den Aufenthalt hier. Außerdem gibt es auf dem Campingplatz elf Gras(!)-Stellflächen mit Stromanschluss und Grilleinrichtung. Im Ort erlauben Banken, Tankstellen und Supermärkte das Auffüllen der Vorräte.

Opuwo

1 Supermarkt
2 Bottle Store
3 Ohakane Guesthouse
4 Curioshop
5 Supermarkt
6 Polizei
7 Abba Guesthouse
8 Bäckerei
9 OK Center (Supermarkt) u. First Nationalbank (Kreditkarten)

Wer im nun folgenden Verlauf der Route ein Dorf der Ovahimba besuchen will, besorgt sich als Gastgeschenk Maismehl, Zündhölzer und Tabak in großen Plastikbeuteln (keinen Zucker, er zerstört die Zähne!). Bei Einfahrt in den Ort passiert man das Kaoko Information Centre, wo man Informationen erhält und Führer anmieten kann.

Information Kaoko Information Centre,
Buchungen von Führern direkt über Tel. 065-273420

Unterkunft *Touristenklasse:* Mopane Camp, Ohakane Guesthouse, **Opuwo Country Hotel**
Günstig: Abba Guesthouse, Aameny Lodge

Von Opuwo an den Kunene

Fantastische Sicht von der Opuwo Country Lodge

Hinweis: Die Strecke von Opuwo an den Kunene bei Epupa ist meist in gutem Zustand (bis auf einen sandigen Abschnitt bei einer Rivier-Durchfahrt) und wird auch mit großen Bussen befahren. Die Strecke nach Ruacana ist weniger frequentiert, wer sie nimmt, sollte mit Fahrzeug und Vorräten autark sein und sich rechtzeitig über den Zustand informieren.

Verlassen Sie Opuwo auf der Piste C43. Der Weg verläuft zuerst über 35 km nach Norden auf die in der Ferne liegenden Ehomba-Berge zu und biegt dann parallel zu den links liegenden Steilrandbergen nach Westen zu den Otjiveze-Bergen ab.

Gute 50 km hinter Opuwo senkt sich die Piste in eine Ebene und geht durch das Dorf **Otjiveze.** Hier führt die C43 weiter geradeaus nach Okongwati und zu den Epupa-Fällen. Sie haben auch Anschluss an die Route 10a über den Van Zyl's Pass.

Nehmen Sie die Piste 3701 nach Nordosten. Bald sehen Sie in der Ferne im Norden die Zebra-Berge und verstehen auch gleich, warum sie diesen Namen tragen. Der Basalt erodiert und reißt auf seinem Weg nach unten bahnenartig die Bepflanzung mit sich. Streifen wie die eines Zebras entstehen.

Voraus erscheinen die Ehomba-Berge. Nach 28 km ist ein sehr sandiges Flussbett zu durchqueren. 14 km hinter dem Flussbett müssen Sie sich östlich, der Piste 3701 folgend, halten; danach kommen Sie zu einem Bergbaudorf der Blue Sodalite-Minengesellschaft. An verschiedenen Stellen im Kaokoveld wird nach Bodenschätzen geschürft. Prospektoren sind unterwegs, um neue Lagerstätten aufzuspüren. Die Hoffnung, auf fossile Brennstoffe zu stoßen, hat sich bislang nicht erfüllt. Doch mit ziemlicher Sicherheit gibt es Diamantenvorkommen und anderes wertvolles Gestein. Man kann sich ausmalen, welche Konsequenzen es für das Kaokoveld hätte, wenn man tatsächlich bedeutende Mineralienvorkommen entdecken würde. Die für den Abbau nötige Infrastruktur brächte das Gleichgewicht der Region nachhaltig durcheinander.

Verlassen Sie das Dorf der Minengesellschaft den Berg hinauf in Richtung Osten durch dichten Busch, der eine Orientierung fast unmöglich macht. Sie erreichen einen Abfall und sehen das grüne Tal des Kunene vor sich. Eine kleine Stichpiste führt noch oben zu einem aus Naturstein gemauerten Monument der Durstlandtrekker und zu einem kleinen Friedhof (Dorsland Trek Monument). Es ist eine Erinnerung an die Treckburen, die auf der Suche nach einer neuen Heimat waren. Ende des 19. Jahrhunderts zogen sie von Transvaal (Südafrika) durch die Kalahari ins Kaokoveld bis Angola und wieder zurück nach Grootfontein und an den Waterberg.

Am Kunene entlang zu den Ruacana-Fälle

Fahren Sie ins Tal hinab und folgen Sie der D3700 nach Osten. Es geht durch eine herrliche, parkähnliche Landschaft mit vielen hohen und sehr alten Bäumen am Kunene entlang und nach 3 km an einer Farm vorbei.

Kunene River Lodge 6 km hinter der Station ist die **Kunene River Lodge** erreicht. Sie liegt wunderschön am Ufer. Die Angestellten nehmen Sie zu Motorboottouren mit, auf denen man Krokodile sieht, ganzjährig finden ein- und mehrtägige Rafting-Touren statt und wer will, kann ein Himba-Dorf besuchen oder sich auch nur auf der Holzplattform im Fluss bei einem Drink entspannen.

Nach 50 km relativ guter Piste liegen die Ruacana-Fälle voraus. Im Herbst, nach der Regenzeit, wenn sie viel Wasser führen, sind sie unglaublich eindrucksvoll, auch aus der Entfernung.

2 km fährt man nun den Berg hinunter, passiert die Hippo-Pools mit dem **Otjipahuriro Zeltplatz** in herrlicher Lage – allerdings sollte man auf die Schilder achten – ertönt eine Sirene, besteht die Gefahr, dass das Tal des Kunene vom Kraftwerk geflutet wird.

Vom Zeltplatz aus kann man eine interessante Führung in das Innere des Kraftwerkes unternehmen. Es geht durch einen schrägen Stollen ins Herz des Felsens zu den Generatoren und zur Schaltanlage und das Personal erklärt geradezu begeistert die Funktion der Maschinen.

Zweigt das Kraftwerk mal nicht gerade alles Wasser ab, vornehmlich in der Regenzeit und danach, kann man vom Grenzübergang ganz nah heran. Dazu folgt man 1,4 km dem Abzweig Border Post Ruacana, biegt rechts ab und kommt nach 500 m zum namibischen Grenzposten. Dort fragt man nach dem Wasserfall und wird durchgewunken. Man achte aber akribisch auf den Grenzverlauf zwischen den Grenzposten und darauf, keine Grenzverletzung zu begehen. In den letzten Jahren kam es immer wieder dazu, dass unachtsame Touristen aus Versehen wenige Schritte auf angolanischen Boden gerieten und sofort verhaftet wurden. Dies ist für die angolanischen Grenzbeamten (und ihre namibischen Kollegen, die auch schon Provision kassierten) eine willkommene Einkommensquelle. Mit der Drohung, ins Land gebracht und vor Gericht gestellt zu werden, erpressen die Grenzer bis zu 4000 N$ pro Touristen (eine geringe Summe, wenn man bedenkt, dass anfangs teils 16.000 US$ pro Nase verlangt wurden). 8 km westlich der Hippo Pools passiert man einen weiteren Zeltplatz: Kunene Islands Campsite.

Rucana-Fälle

Der Kunene entspringt in der Nähe von Huambo in Angola, fließt nach Süden und teilt sich bei Ruacana in mehrere Einzelströme, die in die 120 Meter tiefe und bis zu 700 Meter breite Schlucht hinunterstürzen. Die 1926 festgelegte Grenze zwischen Angola und Namibia verläuft direkt an den Fällen; die Schlucht, in der der Kunene seinen Weg nach Westen zum Atlantik fortsetzt, gehört bereits zu namibischem Territorium. Etwa 40 km flussaufwärts reguliert der angolanische Calueque-Damm den Wasserstand des Flusses, so dass die Fälle in der Trockenzeit oft einen enttäuschenden Anblick bieten. Das Kraftwerk unterhalb der Fälle wurde in den 1970er Jahren erbaut.

In den Jahren des Unabhängigkeitskrieges blieben seine Kapazitäten weitgehend ungenutzt, doch nun wird es mit voller Kraft gefahren und es versorgt Namibia bei gutem Wasserstand mit 240 MW. Damit kann der aktuelle Elektrizitätsbedarf im Lande abgedeckt werden. Angesichts des Mangels fossiler Energiequellen werden Überlegungen angestellt, weitere Elektrizitätskraftwerke am Kunene (Epupa) bzw. am Kavango (bei den Popa Falls) zu errichten.

2 km führt die Asphaltstraße nach oben zum Abzweig zur Kopfstation der Kraftwerke (noch einmal 2 km). Fahren Sie weiter steil hoch und blicken Sie ab und zu zurück auf das große Tal mit dem Ruacana-Stausee. Die Hochebene ist wieder mit Busch bewachsen.

13 km hinter dem Kraftwerk geht es auf 4 km nach **Ruacana Dorf,** eine neue Siedlung mit Unterkünften, Tankstelle, Supermarkt, Bar und Takeaway. Fahren Sie zur Kreuzung zurück. 5 km weiter zweigt die C35 nach Süden ab. Folgen Sie ihr. An dieser Kreuzung haben Sie Anschluss an die Route 11 (auf der C46 nach Etosha).

Ruacana Ort Das Dorf liegt 5 km abseits der Hauptstrecke und ist von einer Ringstraße umgeben. Man merkt dem Ort an, dass er nur wegen des Kraftwerkes gegründet wurde. Teils stehen nur noch Fundamente der Häuser der Bauarbeiter. Doch immerhin 300 Menschen arbeiten noch im Kraftwerk und sie und ihre Familien halten den Ort am Leben. Es gibt mehrere Unterkunftsmöglichkeiten, man kann sich versorgen und tanken.

Unterkunft *Touristenklasse:* **Eha Lodge**
Außerhalb: **Otjipahuriro Campsite** (Hippo Pools am Kunene).

Ruacana – Kamanjab

Schnurgerade zieht die C35 am Abbruch des Kaokovelds zum Ovamboland entlang nach Süden. Der weiße Sand der Schnellstrecke blendet im Sonnenlicht, und nichts unterbricht die Eintönigkeit dieses Abschnitts. Nach 80 km passiert man den Abzweig der C41 nach Opuwo. 66 km hinter der Abzweigung reißt die Einmündung der D3709 zu einem weiteren Durstlandtrekker-Monument bei Otjiunduwa den Fahrer wieder aus dem Schlaf. Dann kann man 60 km weiterdösen, bis das Tor der Disease Control den Wagen bremst. Weitere 69 km nach der Kontrollstation und 8 km vor Kamanjab ist der Abzweig der D2763 erreicht. Hier geht es ab zur **Gelbingen Gästefarm** und einem Himba Living Museum (s. bei Kamanjab).

In Kamanjab schließlich haben Sie Anschluss an die Route 9.

Route 10a: Bedrohte Natur – die Epupa-Fälle

Otjiveze – Okongwati – Omuramba – Epupa

Km	Abzweig	Ort	Sehenswert	Übernachtung	GPS
Km 0 C43Piste nach N		Otjiveze			17 37 24 13 28 34
Km 16				Well Cleaned Trad. Campsite (700 m)	17 32 08 13 22 51
Km 33	Zum Otjitanda Cummunity Camp (62 km)		Okongwati	Rivierdurchfahrt mit tiefem Sand	17 26 04 13 16 33
Km 35				Dreilinden	17 25 13 13 16 23
Km 36			Maongo Himba Tradit. Village		
Km 42		Omuhonga	Traditional Village		17 24 17 13 11 13
Km 78				Headman Hikumene Kupiku Camping	17 13 07 13 13 54
Km 99		Landebahn			17 01 46 13 12 51
Km 105			Epupa-Fälle	Epupa Falls Zpl. Omarunga Cp., Epupa Camp Kapika Waterfall Camp	17 00 06 13 14 38

Otjiveze – Okongwati

In Otjiveze haben Sie Anschluss an die Route 10. Die Strecke nach Epupa ist meist gut unterhalten, breit, mit festem Untergrund (bis auf eine Rivierquerung bei Okongwati) und auch für große Busse geeignet – was zur Konsequenz hat, dass sich die Camps am Kunene immer weiter vergrößern, um ganze Reisegruppen empfangen zu können. Die Fahrt von **Epupa am Kunene entlang nach Ruacana sollte man nicht wagen.** (die ersten 45 km sind zwar neu gemacht, die letzten 45 km warten allerdings noch auf ein Upgrade)! Fahren Sie auf der Piste C43 nach Westen an den Otjiveze-Bergen vorbei. Im Nordwesten erscheint der Berg Omuhonga und 31 km hinter der Kreuzung erreichen Sie **Okongwati.** Die auf dem Weg befindlichen Campingplätze sind nicht immer offen, dies trifft auch auf die Traditional Villages am Wegesrand zu.

Okongwati besteht aus Wellblechhütten und im traditionellen Stil erbauten Häuschen, dazwischen gibt es kleine Läden und Trinkhallen. Einige Container der UN erinnern daran, dass auch hier die ersten freien Wahlen zur Unabhängigkeit von der UN überwacht wurden.

In Okongwati haben Sie Anschluss an die Route 10b. Fahren Sie durch den Ort hindurch, an seinem Rand kommen Sie zu einem Rivier, das zu durchqueren ist. Nach der Regenzeit ist der Sand sehr tief und kann Pkw Probleme bereiten. Zwei Kilometer hinter dem „Zentrum" sehen Sie linker Hand einen Wasserturm und die Aufschrift **Dreilinden.** Sie passieren nun einige Himbasiedlungen, die teils auch als Demonstrationsdörfer fungieren und für den Besuch und das Fotografieren Eintritt verlangen. Man kann auch als Gastgeschenk Nahrungsmittel mitbringen (z.B. Maismehl, auch Tabak). Achten Sie auf die Hütte des Dorfchefs, den Rinderkraal und die Feuerstelle. Sie dürfen nicht zwischen das Heilige Feuer und die beiden erstgenannten geraten, dies würde Unglück für die Bewohner bedeuten ...

Zum Kunene

Es geht weiter auf fester Sandpiste am Flussbett des Omuhonga entlang und nach 9 km ins Gebirge rein. Kurz danach befindet man sich plötzlich in einem grünen Tal mit Bäumen.

Nach 19 km kommt eine Kreuzung, an der man sich geradeaus Richtung Norden hält. Die Piste verläuft nun angenehm auf festem Untergrund ohne Wellblech und mit der neuen Streckenführung von 2005 so, dass die Regenzeit nicht allzu viel Schaden anrichten sollte. Nach 25 km erreicht man die Landebahn.

Es sind nun noch 6 km bis Epupa, und die Luft wird schon merklich feuchter. Plötzlich befindet man sich an einem Abfall, das Tal des Kunene ist erreicht.

Epupa-Fälle

Fahren Sie ein paar Meter zurück. Eine schlechte Piste führt links (westlich) einen Hang hinauf. Nach 200 m befinden Sie sich auf dem Hügel und haben einen atemberaubenden Blick über das Tal: Der Kunene, von Gebirgen umrahmt, breit und mit Inseln durchsetzt, stürzt über Schnellen und einen Wasserfall mit 35 m Höhe in eine 60 m tiefe Schlucht.

Danach den Aussichtspunkt verlassen und ganz hinunterfahren. Die feuchte Luft schlägt ins Gesicht, die Gischt sprüht in den Himmel, Palmen säumen die Ufer. Die Kaskaden und Wasserfälle erreichen nicht die Höhe der Ruacana-Fälle oder gar der Victoria-Fälle. Aber wenn man nach Epupa gekommen ist, weiß man, was hinter einem (und noch vor einem) liegt.

Die **Epupa Campsite** ist einfach (Community-Projekt, Toiletten, Duschen, Feuerplätze) und wird von Leuten aus der Region organisiert (weitere Einnahmequellen sind der Souvenirverkauf am Eingang zum Zeltplatz und geführte Wanderungen zu Himbadörfern oder auch nur hinaus in die Natur). Fahren Sie in das umzäunte Gelände, suchen Sie sich ein Platz am Ufer und stellen Sie das Zelt in Richtung des Flusses auf (der Wächter kommt von selbst und kassiert den Eintritt). Ausruhen, bis Sie nicht mehr schwitzen. Schwimmen sollte man nicht, Krokodile sind immer hungrig und wahnsinnig schnell. Doch direkt an den Fällen gibt es kleine, natürliche Wasserbecken, in die man sich bequem legen und das Wasser über den Bauch spülen lassen kann …

Gleich östlich an den Zeltplatz schließt das **Omarunga Camp** an. Die Küche ist sehr gut, man mag kaum glauben, was am Kunene unter Palmen, fern der Zivilisation, an Köstlichkeiten zubereitet werden kann! Omarunga bietet Zelte und Stellflächen für Camper an. Weiter

Campingplatz bei den Epupa-Fällen

im Osten sind noch die **Hot Springs Campsite** und das **Epupa Camp** zu finden, ersterer ein einfacher Platz (aber mit heißen Quellen, die ab und zu sprudeln, Letzteres luxuriöser mit Zelten und Restaurant).

Hinweis: Die Strecke von Epupa nach Swartbooisdrift am Kunene entlang beträgt etwa 90 km und wurde bis Anfang der 1990er Jahre vom Militär instand gehalten – danach ist sie verfallen. Erfahrene Offroader benötigten für die Distanz nicht unter 11 Stunden. 2014/2015 hat man von Epupa aus die ersten 45 km der Strecke neu aufbereitet, die restlichen 45 Kilometer warten noch auf ihr Upgrade und sind schlimm wie eh und je.

Wasserkraftwerk Epupa

Das Naturschauspiel Epupa hat gerade noch „die Kurve gekriegt". Die Regierung plante, trotz heftigen Widerstands von Natur- und Umweltschützern, genau hier den Kunene aufzustauen und ein Wasserkraftwerk zu bauen, das eine Energieleistung von 450 MW erreichen sollte (zum Vergleich: die Ruacana-Fälle liefern maximal 240 MW). Die Kosten des Projektes schätzte man auf 800 Millionen US-Dollar. Damit hätte Namibia seinen gesamten zukünftigen Strombedarf gedeckt, sogar Elektrizität an den Nachbarn Südafrika exportieren können und wäre endgültig die energiepolitische Abhängigkeit vom Großen Bruder losgeworden. Die Entscheidung fiel zugunsten der Natur.

Blick auf die Epupa-Fälle an der Grenze von Angola

Route 10b: Abenteuer – über den Van Zyl's Pass zum Marienfluss

Okongwati – Van Zyl's Pass – Marienfluss – Red Drum – Hartmann's Valley – Orupembe – Purros – Sesfontein

Km	Abzweig	Ort	Sehenswert	Übernachtung	GPS
Km 0, D3703 Piste nach SW		Okongwati			17 26 05 13 16 10
Km 5, nach SW			Quellpfanne		
Km 27		Ongonga			17 36 17 13 09 59
Km 28, nach NNW					17 36 20 13 09 53
Km 37		Kraal			17 35 22 13 05 34
Km 44, links um den Kraal herum		Okarumbu			17 33 49 13 02 18
Km 55, nach SW		Hauptpad			17 30 04 13 00 01
Km 65		Okauwa			17 31 24 12 55 33
Km 77		steiler Pass			
Km 80		Otjitanda		Van Zyl's Pass Campsite	17 37 31 12 51 32
Km 82, Piste nach W					17 37 53 12 51 27
Km 83		Pumpe			
Km 93		Otjihende	Beginn Van-Zyl's Pass		17 38 32 12 44 59
Km 104			Aussichtspunkt		17 39 21 12 41 43
Km 106, nach WNW				Marienfluss	17 40 13 12 41 59
Km 126, nach N					17 33 45 12 33 16
Km 165, links halten			Herero-Gräber		17 16 00 12 26 15
Km 169, zurück zu Km 126			Kunene	Okarohombo Camp Site	17 14 40 12 26 05
Km 213, nach SW					
Km 241, nach W				Red Drum	17 47 46 12 31 22
Km 268, nach N					17 46 22 12 18 09
Km 312, links halten					
Km 325, links halten					17 17 19 12 13 35

Route 10b: Van Zyl's Pass – Marienfluss

Km	Abzweig	Ort	Sehenswert	Übernachtung	GPS
Km 329, links nach N					17 15 07 12 12 35
Km 331, links halten					17 14 30 12 12 05
Km 339, zurück zu Km 268				Camp-Möglichkeit	17 12 35 12 09 17
Km 410, 400 m n. O, dann n. SSO					
Km 418, nach SW					17 49 24 12 21 04
Km 480, nach SW		Orupempe			18 10 39 12 32 48
	Km 0 Km 3	Orupembe			18 09 31 12 33 36
Km 544			Chumib-Rivier		18 38 37 12 40 05
Km 580, nach O					18 46 04 12 55 11
Km 587				Purros Campsite	18 44 04 12 56 34
Km 590, nach O		Purros		Okahirongo Elephant Lodge Purros Bush Lodge (4km)	18 46 12 12 56 55
Km 632		Tomakas			18 53 51 13 17 18
Km 665	Km 0 Piste Km 2				
Km 670			„Die 3 Grimmigen"		
Km 680		Tor			19 06 08 13 33 55
Km 690		Sesfontein, T+V		Fort Sesfontein Ldg.	19 07 33 13 36 59

Vorbemerkungen und wichtige Hinweise!

Der Van Zyl's Pass darf nur in einer Richtung, nämlich von Ost nach West – d.h. entgegen des Uhrzeigersinns –, befahren werden! Die Route führt durch extrem unwegsames Gelände! Bei der Polizei in Okongwati sollten Sie den Zustand der Wege erfragen. Durchschnittsgeschwindigkeiten von 5–10 km/h sind nicht nur keine Seltenheit, sondern durchaus üblich. Es kann Ihnen passieren, dass Sie die nächsten Tage auf kein einziges Fahrzeug treffen. Fahren Sie deshalb keinesfalls mit nur einem Auto. Bei dessen Zusammenbruch wären Sie tagelang zu Fuß im Busch unterwegs, um Hilfe herbeizuholen. Rechnen Sie mit mindestens 50% höherem Treibstoffverbrauch und nehmen Sie darüber hinaus noch eine ausreichende Sicherheitsreserve mit. Obwohl in der Shell-Karte Kaokoland/Kunene Region Wasserpumpen eingezeichnet sind, sollte man sich nicht auf deren Funktionsfähigkeit verlassen. Man besorge sich besser die Conti-Map Kaokoland mit GPS-Daten. 20 Liter Wasser pro Person sollten immer im Fahrzeug sein!

Der **Zustand des Van Zyl's Passes** bewegt sich zwischen schlecht und sehr schlecht! Da er seitens der Administration nicht gewartet wird (nur die Passierenden beheben nach der Regenzeit die allergröbsten Auswaschungen), gehört eine gewisse Nervenstärke dazu, die vier extrem steilen Abfahrten zu bewältigen. Wer den Wagen im Kriechtempo hinunterklettern lässt, sollte aber keine Schwierigkeiten haben. Voraussetzung ist allerdings ein richtiger Geländewagen mit hoher Bodenfreiheit und guten Reifen.

Noch ein Tipp: Übernachten Sie nicht an Wasserlöchern, denn damit würden Sie dem Wild den Zugang verwehren, bleiben Sie auf den Spuren (neue Spuren verschwinden über Jahrzehnte nicht) und nehmen Sie Ihren Abfall wieder mit (vergrabener Abfall wird von Tieren ausgebuddelt, Verbrennen könnte den Busch entzünden).

Die Route führt anfangs südlich der direkten Hauptstrecke und stößt erst im weiteren Verlauf wieder auf diese. Sie kommen an mehreren Orten vorbei, die vom Tourismus noch kaum berührt wurden.

Okongwati – Van Zyl's Pass

In Okongwati haben Sie Anschluss an die Route 10a. Verlassen Sie den Ort hinter der Polizeistation nach Südwesten. Die schmale, teils sandige, teils steinige Piste führt durch Mopanewald und Senfbusch.

Nach 5 km erreichen Sie eine Quellpfanne. Verlassen Sie die Pfanne südwestlich. Die Piste windet sich durch Riviere und über Felsabschnitte durch Mopanewald immer weiter hoch. Der hier beschriebene Weg verläuft anfangs etwas südlich der Hauptstrecke.

22 km hinter der Pfanne ist der Kraal Ongonga erreicht. 1 km weiter führt die Piste nach rechts Richtung NNW. Nach 10 km trifft man auf einen weiteren Kraal (Ongeama). 7 km dahinter passieren Sie *Okarumbu* (die Kraals sind teilweise direkt auf die Piste gebaut, in diesen Fällen müssen Sie außen herumfahren und die Spuren auf der anderen Seite wieder aufnehmen).

11 km hinter Okarumbu stößt die Piste auf die Hauptpad, in die Sie südwestlich einbiegen. Wenngleich diese auch häufiger befahren wird als die Nebenstrecke, besser ist sie nicht! Der Wagen klettert immer wieder über extrem unebene, felsige Abschnitte und quält sich auf 10 km *Okauva* entgegen.

12 km dahinter und 3 km vor Otjitanda kommt ein steiler Abschnitt. Halten Sie sich 2 km hinter Otjitanda Richtung Westen, 1 km weiter steht eine Pumpe am Wegesrand. 10 km nach der Pumpe ist die Handpumpe von *Otjihende* erreicht. Der Van Zyl's Pass die Otjihipa-Berge hinab beginnt.

Van Zyl's Pass – Kunene

Kontrollieren Sie noch einmal die Reifen und denken Sie daran, Sie sind allein auf weiter Flur. Belasten Sie nicht die Bremsen des Fahrzeuges, bremsen Sie mit dem Motor im niedrigsten Geländegang und benutzen Sie die Fußbremse nur zusätzlich. Achten Sie auf unter Umständen wegrutschende Klippen auf der Talseite des Fahrzeuges. Bei Auffahrten, die nicht unbedingt weniger steil sind, legen Sie ebenfalls den ersten Geländegang ein. Wenn das Fahrzeug Differentialsperren besitzt, nutzen Sie diese. Wichtig ist, dass die Reifen zu keinem Zeitpunkt durchdrehen, da die Klippen weggedrückt werden und der Wagen seitlich wegrutschen könnte. Bei starken Auswaschungen steigen Sie aus, inspizieren das Gelände und füllen Unebenheiten mit Steinen auf (der einzige Straßenunterhalt, den der Van Zyl's Pass genießt).

Nach 10 km Auf und Ab sehen Sie voraus die Hartmann-Berge hinter dem Tal des Marienflusses, und 1 km weiter führt eine kleine Stichpiste 100 m hoch zu einem Aussichtspunkt über das Tal.

Ruhen Sie sich aus für das letzte steile Stück, eine Direttissima den Hang hinunter. Nehmen Sie den niedrigsten Geländegang. 2 km hinter dem Aussichtspunkt, 106 km hinter Okongwati und 500 Meter unterhalb Otjihende ist das Tal erreicht.

Auf fester Sandpiste geht es nun zwischen Hartmann-Bergen und dem Gebirgszug der Otjihipa-Berge zum Kunene mit hoher Geschwindigkeit nach Nordwesten in eine verwunschene, unberührte Landschaft. Der Wagen gleitet fast lautlos über die Pad, die Springböcke, Strauße und Oryx-Antilopen laufen durch das silbern-gelbe Springbock-Gras, das sich wie ein Samtteppich über die gesamte Breite des Tales (10–15 km) gelegt hat und im Wind leicht hin- und herwogt (da das Gras sehr trocken ist, sollte man mit dem Fahrzeug unbedingt auf der Piste bleiben, denn die heiße Auspuffanlage könnte es entzünden!).

Immer wieder fallen am Wegesrand kreisrunde, unbewachsene Flächen mit einem Durchmesser von mehreren Metern auf – die so genannten **„Feenkreise"**. Die Erklärungen für ihre Entstehung sind verschiedenartig. Die einen sagen, ein Meteoritenschauer sei niedergegangen, die anderen führen es auf durch Wolfsmilchgewächse (Euphorbien) vergifteten Boden zurück. Wieder andere meinen, dass tropische Winde Termiten herbeiwehten, die während einer Dürreperiode verendet sind, aber den Boden an diesen Stellen so hart hinterlassen haben, dass ihn Wurzeln nicht durchdringen können. Dabei ist es ganz einfach (die letzte Erklärung liegt nur haarscharf daneben): Hier wächst nur eine Grasart *(Stipagrostis uniplumis),* die für Termiten ein Leckerbissen sind, andere Gräser, die sie nicht mögen und die die kahlgefressenen Stellen bewachsen

Termitenhügel

Geheimnissvolle Feenkreise im Hartmanntal

könnten, gibt es schlicht nicht. Warum die Häufung? Die Termitenart lebt in Nestern 7,5 m tief im Boden und gräbt von dort in einem Umkreis von bis zu 250 m mit nur wenigen Verzweigungen schräg nach oben und „erntet" das Gras.

Und woher kommt das Phänomen, dass in der Landschaft der zentralen Namib kleine Grasinseln wachsen und um sie herum nichts? Dort ist in etwa 50 cm Tiefe eine Kalkkruste, die Graswurzeln nicht durchdringen können; ab und an wächst aber der Salsola-Busch mit seinen nicht allzu tiefen Wurzeln, scheidet organische Säuren aus und zersetzt damit die Kalkkruste – nach seinem Absterben und Verschwinden folgen ihm die Gräser nach, aber eben nur dort, wo ihre Wurzeln nun tiefer eindringen können.

Nach 20 km wird eine Gabelung erreicht, wir fahren nach Norden und kommen 40 km weiter an eine zweite Gabelung, wo wir uns links zum 3 km entfernten Campingplatz halten. An der Gabelung befinden sich mehrere Herero-Gräber, die von skrupellosen Touristen geschändet wurden: Sie rissen den Grabschmuck herunter und nahmen ihn mit.

Schlagen Sie Ihr Lager auf, ein Einheimischer wird kommen und seinen Obolus verlangen (in Liste eintragen und die Quittung selbst ausfüllen). Nicht baden, der Kunene fließt hier tief, still und träge dahin, ein Habitat, in dem sich die Krokodile besonders wohl fühlen. Das Camp heißt **Okarohombo.**

Bis in die Nacht schallen die Rufe der Ovahimba über den Fluss, die sich mit ihren Freunden und Verwandten auf der anderen Flussseite in Angola unterhalten. Die Gebirgslandschaft ist merklich wüstenhafter, die Skelettküste nicht weit.

Kunene – Hartmanntal

Fahren Sie 43 km zur Gabelung zurück und halten sich Richtung Südwest. 28 km weiter markiert eine rote Tonne („Red Drum") eine Kreuzung, Wegpunkt und Wahrzeichen, das wohl einige Übermütige immer wieder als Zielscheibe für ihre mitgeführten Waffen verwenden.

Nun sieht man häufiger Wüstengewächse, die Prä-Namib ist erreicht. Ignorieren Sie die zwei folgenden Kreuzungen (bei der zweiten ist Richtung Norden ein 26 km langer Abstecher durch Halbwüste, Mopane- und Galeriewald zu einer Wasserstelle und einem Kraal möglich; immer wieder blitzt in der Ferne weißes Quarzgestein aus dem dunklen Boden) und Sie kommen 27 km westlich von Red Drum zu einem Schild, das auf die sensible Ökologie aufmerksam macht.

Hier geht es nach Norden auf Wellblech in das **Hartmanntal** hinein (benannt nach der Frau des Entdeckers des Hartmannschen Bergzebras). Halten Sie sich nach 44 km und weiteren 13 km jeweils links.

14 km hinter der letzten Gabelung geht rechts wieder eine Piste ab. Sie führt über eine extrem steile Sanddüne hinunter zum Kunene und zu zwei Fly-in-Safari-Camps auf privatem Konzessionsgebiet (unangemeldete Gäste werden berechtigterweise ungern gesehen). **Diese Piste ist bergauf unmöglich zu erklimmen,** halten Sie sich also links nach Norden und nach 2 km wieder links (Wagemutige können hinunter fahren und mit einem weiten Bogen die Dünen umgehen, um schließlich weiter südlich wieder auf die Hauptpad zu gelangen). Nach 8 km sind Sie an einem durch Dünen gebildeten Sperrgürtel, Ziel der Fahrt. Hier kann man zelten, Einrichtungen und Wasser gibt es nicht, auch keine Menschen. Wer gut zu Fuß ist, kann die Umgebung erkunden (rechts Richtung Osten ist ein Aussichtspunkt mit einem fantastischen Blick auf die Gebirgslandschaft und den Kunene).

Hartmanntal – Orupembe

Fahren Sie 81 km auf die Hauptpiste zurück und auf dieser 400 m nach Osten. An der Kreuzung halten Sie sich nach SSO. Auf den folgenden 8 km queren Sie zwei Riviere des Engo. Hier kann man relativ gut übernachten (doch in der Regenzeit kann das Rivier abkommen und das Camp wegspülen, also Vorsicht!).

30 km hinter dem Abzweig zum Hartmanntal öffnet sich der Blick zur Skelettküste mit ihrem bedrohlich wirkenden, dunklen Nebelstreifen. Durch schwarze Geröllwüste, Grasflächen und vorbei an

Oryx-Antilopen geht es bei 40 °C im Schatten (wenn es einen gäbe) nach Orupembe. Die rechts abzweigenden Pisten führen an die Skelettküste und zu den Konzessionsgebieten. Sie dürfen nicht befahren werden. 70 km hinter dem Abzweig zum Hartmanntal beginnt eine 3 km lange Stichpiste zum Brunnen von **Orupembe.**

Besuch bei den Himba Der Kraal liegt hinter einem Hügel verborgen. Wenn Sie ihn besuchen wollen, müssen Sie bestimmte Verhaltensregeln beachten: Fahren Sie mit dem Wagen nicht näher als 150 m heran. Steigen Sie aus, legen Sie Ihre Gastgeschenke auf den Boden (Maismehl, Tabak, Zündhölzer) und warten Sie. Erscheint ein Abgeordneter des Kraalchefs, haben Sie gute Karten, ansonsten müssen Sie unverrichteter Dinge wieder abziehen (versuchen Sie nicht, den Besuch eigenmächtig zu erzwingen!).

Dem Abgeordneten legen Sie Ihr Anliegen dar und verweisen auf die Geschenke. Er wird Rücksprache nehmen und Sie dann vielleicht einladen, ins Dorf zu kommen. Tragen Sie Ihre Geschenke selbst und legen Sie diese vor dem Chef zu Boden. Großes Aufhebens darum zu machen, schickt sich nicht. Achten Sie darauf, nicht zwischen Feuer und Rinderkraal oder Feuer und Haupthütte zu geraten.

Wenn Ihre Geschenke akzeptiert werden und Sie fotografieren wollen, wird mit den Frauen des Kraalchefs beraten. Diese stellen sich dann in einer Reihe auf. Meist wird jeder einzelne Dorfbewohner um die Behandlung seiner Krankheiten bitten. Aspirin und Hustenpastillen können unter Vorbehalt abgegeben werden. Bei schwereren Krankheiten sollte man keinesfalls herumdoktern! Antibiotika oder andere Medikamente zu geben, deren regelmäßige Einnahme nicht überwacht werden kann, ist

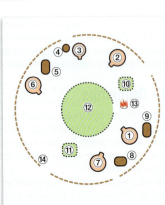

HIMBA-DORF

① Hütte des Familienoberhaupts
② Frauenhütte
③ Frauenhütte
④ Kalebassenhütte
⑤ Kornspeicher
⑥ Frauenhütte
⑦ Frauenhütte
⑧ Gästehütte und Küche
⑨ Kornspeicher
⑩ Schafspferch
⑪ Schafspferch
⑫ Viehkraal
⑬ Heiliges Feuer
⑭ Zaun aus Ästen

falsch. Wenn Sie helfen wollen, haben Sie mit dem Desinfizieren und Verbinden kleinerer Wunden genug zu tun.

Orupembe – Sesfontein

Fahren Sie die Stichstraße 3 km zurück und halten Sie sich nach Südwest. Auf Geröllpiste geht es durch die braune Wüste. Nach 64 km erreicht man das Rivier des Chumib, und nach weiteren 36 km das Tal des Hoarusib. Nach Osten führt eine Piste 5 km zum **Zeltplatz von Purros,** der zwischen den Bäumen versteckt liegt. Jeder Stellplatz hat seine eigene Toilette und eine Dusche mit warmem Wasser. Es gibt Nashörner und Elefanten im Tal. Die Betreiber des Campingplatzes erteilen gerne Auskunft, wie und wo man die Tiere finden kann, wie weit in das Tal flussabwärts hineingefahren werden muss und organisieren auch einen Ausflug in das Nahe Traditional Village von Purros mit Verkauf von Kunsthandwerk und diversen Vorführungen. Es ist unglaublich, welche Idylle hier mitten in der Wüste existiert.

Weiterfahrt

Kehren Sie entweder zurück zum Abzweig oder verlassen Sie das Tal Richtung Osten. Am 1 km entfernten Hinweisschild zum Camp fahren Sie nach SSW. Nach 700 m kommt eine Gabelung, hier links nach Süden halten. Man stößt nach etwa 2 km auf die Hauptpiste. 200 m weiter fahren Sie nach Südosten, links am Kraal Purros vorbei und folgen dann der Hauptpad nach Osten. Nach wenigen Kilometern verläuft die Piste im Rivier des Gomadommi in die Etendeka-Berge hinein. Größtenteils bleibt die Pad im Rivier und seinem tiefen Flusssand und führt nur selten über steinige Zwischenabschnitte.

Nach 45 km ist **Tomakas** erreicht. Die Piste wendet sich nach Süden und verlässt das Flusstal. Die Giribes-Ebene wird durchquert. Der rote, feste Sand erlaubt schnelle Fahrt (Wellblech!).

28 km hinter Tomakas biegt die Piste ins Ganamub-Rivier und führt nach 5 km an einer Siedlung mit Pumpe vorbei. Die Himba laufen bei jedem Wagen aus ihren Pontoks und versuchen, selbst hergestelltes Kunsthandwerk an den Mann zu bringen.

6 km weiter und nach Verlassen des Tales passiert man eine Felsformation, die den Namen „Die drei Grimmigen" hat (links oben).

Die Landschaft wird nun unwirtlicher, die Piste windet sich ins Gebirge. 10 km hinter den „Grimmigen" trägt man sich an einem Tor in eine Liste ein, fährt einen kurzen, aber steilen Pass auf schlechter Piste hoch und erreicht 10 km hinter dem Tor im Tal des Hoanib die ehemalige Festung **Sesfontein.** Hier haben Sie Anschluss an die Route 10.

Route 11: Wo die Apartheid ihr Ende fand – Herzland der Ovambo

Ruacana – Oshakati – Ondangwa – Namutoni

Km	Abzweig	Ort	Sehensw.	Übernachtung	GPS
Km 0, Teer		Ruacana Dorf, T+V		s. Text	
Km 4 C46 Teer n. O					17 24 47 14 21 15
Km 9		Abzweig C35			17 24 45 14 24 09
Km 73		Uutapi	Ombalantu Baobab	Outapi Town Lodge u. Ombalantu Campsite	17 30 42 14 59 16
Km 120		Erster Hilfe Posten			
Km 132		Otshikoto, T+V			
Km 161		Oshakati Ortseinfahrt, T+V		s. Text	17 46 01 15 41 13
Km 167		Oshakati Ortausfahrt			17 47 11 15 43 29
Km 171		Dorf			
Km 197		Ondangwa Ortseinfahrt, T+V		s. Text	17 54 07 15 58 05
Km 203 B1 Teer n. SO		Ondangwa Ortsausfahrt			17 55 21 16 00 06
Km 260		Onankali	Paper Project		18 12 10 16 23 43
Km 286		Omuthiya	Tulongeni Crafts		
Km 293	Abzweig Km 0				18 24 51 16 38 39
	km 17	King Nahale Gate			18 30 03 16 44 38
Km 362		Disease Control Tor			
Km 363		Oshivelo, T			
Km 378	Km 0 Farmstr. Km 1,5			Sachsenheim Gf.	
Km 384 C38 Teer					18 46 06 17 15 41
Km 398	Km 0 Farmpad				18 48 21 17 08 28
	Km 10			Etosha Aoba Lodge	
	Km 0 Farmpad Km 1			Mushara Lodge	
Km 408	Km 0 Farmpad	Von Lindequist Gate (Osttor).		Mokuti Lodge	18 48 13 17 02 42
	Km 9			Onguma Main Camp	18 43 52 17 02 54
Km 420		Namutoni, T+V		Namutoni Rastl.	

Ruacana – Oshakati

In Ruacana (s. Route 10) haben Sie Anschluss an die Route 10. Verlassen Sie Ruacana Dorf. Nehmen Sie nach 4 km die C46 nach Osten. 24 km hinter dem Abzweig der C35 passieren Sie einen Stausee. Sie sind im wasserreichen **Ovamboland,** einer der am dichtest besiedelten Regionen Namibias: etwa 700.000 Menschen leben hier – fast die Hälfte der Gesamtbevölkerung!

Die Landschaft ist flach, viele kleine Dörfer drängen sich am Straßenrand oder erhöht auf Hügeln, in den Gärten, die durch geflochtene Holzzäune abgetrennt sind, wird Getreide, Hirse und Mais angebaut.

Sehenswert ist etwa 70 km nach dem Abzweig nach Ruacana Dorf *der Ombalantu Baobab* in *Uutapi*. Er wurde vor vielen hundert Jahren ausgehöhlt und besitzt eine bewegte Geschichte: Erst wurde er als Festung benutzt, dann als Post, als Kirche, als Gefängnis, der König versteckte sich darin, dann wieder als Gebetsraum, und heute ist es ein Heritage Centre mit Craft Market und Zeltplatz.

Die sattgrüne Landschaft durchziehen in der Regenzeit kleine, wasserführende Kanäle, in denen Fischer bis zum Bauch im Wasser stehen und ihre Netze auswerfen. Am Straßenrand wird der Fang an Stöcken aufgehängt und Durchreisenden zum Kauf angeboten.

Tipp: Wenn Sie von der Hauptroute abweichen wollen, sollten Sie das nur machen, wenn Sie eine exakte Wegbeschreibung zu Ihrem Ziel besitzen! Tausende kleiner Kanäle durchziehen die Landschaft, und die Wege sind ebenfalls ungezählt (in der Regenzeit ist ein Geländewagen notwendig, weil dann die Wege zu Wasserläufen werden).

Dass auch das grüne Ovamboland mit seinen Feldern und Gärten Teil der Kalahari sein soll, mag man auf den ersten Blick nicht glauben. Doch die Böden sind sandig, und in den Randgebieten, zu denen die segensreichen Wasser des **Kuvelai** nicht hinreichen, breitet sich Wüste aus.

Der Kuvelai ist ein Fremdlingsfluss, wie alle wasserführenden Flüsse Namibias: Er entspringt in der Sierra Encoco im südlichen Angola, teilt sich in der Kalahari-Senke nördlich der Etosha-Pfanne zu unzähligen Armen und versickert im Sand oder verdunstet. Die Region ist sehr eben und die Flussläufe, oshana genannt, nur flach in den Boden eingeschnitten. In der Regenzeit schwillt der Kuvelai, gespeist vom Regen im angolanischen Hochland, an und überschwemmt wenig später in mehreren Armen das grüne Herz Namibias, verwandelt es in einen riesigen, flachen See (meist zwischen Februar und April). Die Flut des Kuvelai nennt man im Ovamboland *efundja*.

So mächtig die Flut auch daherkommt – binnen weniger Wochen ist sie wieder verdunstet und versickert. In guten Efundja-Jahren hält

Ein Handschlag mit König Taapopi

Eine auch mit einem 2x4 ohne Schwierigkeiten zu befahrende Alternative zur Hauptstrecke ist der parallel verlaufende Weg auf der D3616 nach Onesi und Tsandi und weiter auf der D3612 über *Okahao* (ab hier wieder Asphalt) und die C41 nach *Oshakati*. Man verlässt den Hauptweg vor dem langgezogenen Stausee (über 10 km) Richtung Onesi (in den See wird Wasser aus dem Kunene gepumpt und er dient zur Versorgung von Oshakati). An seiner Nordseite, unweit der C46, ist ein Zeltplatz als NACOBTA-Projekt geplant. Wir fahren 20 km nach Onesi und weitere 27 km nach **Tsandi.** Sir Howard's/King Nashilongos großer Baobab versteckt sich im Ort und bewacht mit seinen weit ausladenden Ästen die Ruinen der finnischen Missionsstation von *Ongulumbashe* (17 44 51/14 53 39).

1 km weiter Richtung Oshakati liegt linker Hand das Homestead von **King Taapopi** (17 45 23/14 53 50). Der **König der Kwalundi** spricht noch Recht über etwa 40.000 Mitglieder seines Volkes, nicht im Sinne einer Strafverfolgung, aber er verteilt Land, schlichtet bei Streitfragen zur Familie und bei Vieh, zum Weiderecht und arbeitet eng mit den Behörden zusammen, als deren Mittler er gilt. Wie es sich gehört, wird man dem König gemeldet und man muss außerhalb der weiträumigen Wohnanlage warten. Schließlich hat Exzellenz Zeit und begrüßt die Besucher. Einer seiner Mitarbeiter führt die Gäste durch das Homestead und beschreibt die einzelnen Bereiche. Besser ist es, man hat sich vorher angemeldet, dann wird mit Tanz und in Kostümen das Leben der Kwalundi in ihrem traditionellen Kontext erläutert, 5 € p.P., Tsandi und Onesi sind übrigens ehemalige Militärlager der südafrikanischen Besatzung, um die herum und unter Ausnutzung der zurückgelassenen Infrastruktur sich nach der Unabhängigkeit Dörfer gebildet haben.

Es geht weiter nach **Okahao** (24 km hinter Tsandi, dem Geburtsort von Dr. Sam Nujoma und Sitz eines Projektes, in dem mit einfachsten Mitteln aus Blechröhren kleine Öfen geschnitten werden, die wesentlich weniger Holz beim Kochen benötigen als die traditionellen Feuerstellen), und auf Asphalt Richtung Oshakati. 48 km hinter Okahao passiert man den Abzweig nach Elim (D3615) und weitere 7,5 km später legt man einen Stop ein (17 47 28/15 32 52). Man befindet sich beim **Ndilimuni Clay Pot Project.** Hier kreieren die Frauen ihre traditionellen Lehmgefäße in den Monaten zwischen Juli und Dezember. Groß sind Produkte wenn sie auf den Markt gelangen und klein und handlich (und mit Namen), wenn sie für die Touristen hergestellt werden. Der Lehm wird ausgegraben und wegen der starken Lufttrockenheit in eine unter der Erdoberfläche liegende Hütte gebracht, wo man die Luft feuchter halten kann. Hier formt frau die Gefäße und lässt sie etwa eine Woche langsam trocknen, so dass keine Risse entstehen. Dann kommen sie für einen Tag in die Sonne und dann ins Feuer zum Brennen (das Feuer wird in einer Erdkuhle entfacht, die Gefäße hineingelegt und das ganze mit Erde bedeckt).

19 km hinter dem Projekt erreicht man Oshakati.

sich das Wasser in den Oshana aber auch schon mehrere Monate lang. Nur manche Seen speichern das ganze Jahr über Wasser (s. Kasten S. 551). 150 km hinter dem Abzweig der C35 erreichen Sie die Ortseinfahrt von **Oshakati.**

Oshakati

Oshakati bildet mit der Stadt Ondangwa eines der Hauptballungsgebiete im ohnehin schon dicht besiedelten Ovamboland. Die Städte ziehen sich als langgestreckte Siedlungen mehrere Kilometer die Straße entlang. Historisches gibt es nicht zu sehen. Ovamboland war über lange Jahre ein Homeland mit weitgehenden Autonomierechten, das zu besuchen verboten war. Auch die deutsche Kolonialpolitik kümmerte sich vorher nicht sonderlich um diese Region nördlich der Etosha-Pfanne. Die Ovambo haben sich in dieser Zeit selbst regiert. Interessiert war man nur – und ist man teilweise bis zur heutigen Zeit –, an den Arbeitskräften, die rekrutierbar waren – den Kontraktarbeitern.

Inzwischen sind neue Hotels eröffnet worden und es ist ins Bewusstsein gerückt, dass das Arbeitskräftepotential nicht immer

nur exportiert werden kann, sondern die Arbeitsstellen auch vor Ort geschaffen werden müssen. Bei den Wahlen 1995 erreichte die SWAPO mit ihren Politikern, die vornehmlich Ovambo sind, die absolute Mehrheit, sehr zum Leidwesen der Bevölkerungsminderheiten im Land. Das Rückgrat der SWAPO bildet naturgemäß das Ovamboland. Für Touristen ist sowohl Oshakati als auch Ondangwa als Basis für Ausflüge in die nähere und weitere Umgebung geeignet, um das Leben derjenigen ein wenig zu verstehen, die die Mehrheit der Bevölkerung bilden und die politische Führungselite stellen.

Hier kann man sich der Probleme bewusst werden, die eine infrastrukturell unterentwickelte, aber so dicht besiedelte Region mit sich bringt (zu Ovamboland und seinen Bewohnern s.S. 214f).

Unterkunft *Touristenklasse:* Eluwa Hotel, Oshakati Country Hotel, Oshandira Lodge
Günstig: Bahay Susan Accommodation, Seven Valleys, Oshakati Guest House, Bennies Entertainment Park & Lodge, **Etuna Guesthouse**
Außerhalb: Namib Empire Guest House in Tsandi

Einkaufen Campingausrüstung erhält man bei *Cymot,* 2 km westl. des Sendemastes.

Ondangwa

30 km hinter Oshakati kommt man nach Ondangwa. Der Besucher hat das gleiche Straßenbild vor Augen wie in Oshakati. In der Stadt wie auch außerhalb gibt es eine Unzahl kleiner Läden, *Cuca-Shops* genannt (nach einer angolanischen Biermarke, die vor der Grenzschließung zu Beginn der 1990er Jahre gern getrunken wurde). Die Läden tragen Namen wie „Frisco", „Hollywood" oder auch „Mokuti Lodge", nach der Luxusunterkunft bei Etosha.

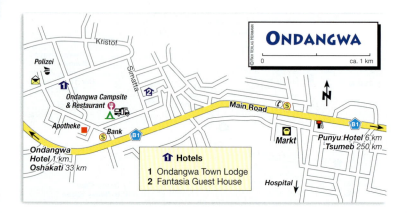

Zum Nationaldenkmal Olukonda

hält man sich beim Ondangwa Hotel Richtung Osten und fährt 8 km bis zu einer von der früheren GTZ gesponserten Sandpiste, der man 5 km zum Museum und Denkmal folgt (nach 3 km auf der Piste ist übrigens rechter Hand das Haus des Königs der Ndonga zu sehen). Das **Nakambale Museum** hat die GPS-Koordinaten 175858/160123. Im Jahr 1856 besuchte der deutsche Missionar *Carl Hugo Hahn* King Shikongo Shakalala und fragte ihn, ob er denn Missionare schicken dürfe. Zu voll hat er den Mund genommen, da er gar keine Missionare entbehren konnte, so schrieb er nach Finnland um Hilfe. Diese schickten schließlich 1868 zehn Mann, die in Otjimbingwe trainiert wurden. Nach einigem hin und her wurde schließlich 1871 **Olukonda** gegründet. Der Missionar, dessen Name mit der Station verbunden war, kam aber erst 1880 – *Marti Rautanen,* der die Tochter des deutschen Missionar Kleinschmidt geheiratet hatte. Bald nannten die Ovambo Rautanen „Nakambale", da er einen Hut trug, der die Ovambo an einen Kopfschutz zum Tragen schwerer Lasten erinnerte *(okambale)*. Rautanen übersetzte die Bibel, schrieb Lehrbücher und seine Frau gebar neun Kinder, von denen sechs in jungen Jahren starben. Eine seiner Töchter lebte bis 1966 auf der Station, dann verfielen Haus und Kirche. Mitte der 1990er Jahre besann man sich auf das Erbe und mit finnischen Geldern wurde die Station saniert, ein **Museum** errichtet, die Kirche rekonstruiert und ein Homestead entstand, das nicht nur das traditionelle Leben der Ovambo zeigt, sondern in dem man auch nächtigen darf.

Nakambale Museum

Die Öffnungszeiten des Museums sind Mo–Fr 8–13 u. 14–17 Uhr, Sa 8–12 Uhr und So 12–17 Uhr, Eintritt 20 N$, geführte Tour 40 N$, Zelten 4 € p.P. In der Hütte 5 € p.P., in der Missionarswohnung 10 € p.P. (max. 4 Personen). Bei Vorausbuchung wird ein traditionelles Essen gekocht (4 € p.P.).

Unterkunft

Touristenklasse: **Ondangwa Hotel**

Günstig: Punyu International Hotel, Fantasia Flats, Ondangwa Restcamp, Ondangwa Town Lodge

Außerhalb: **Nakambale Restcamp**

Zu den Seen des Ovambolandes

Achtung: Diese Strecke ist ohne Führung nur mit GPS zu befahren, da man sich in dem dichtgestrickten Wegenetz sonst mit Sicherheit verliert. Ein 4x4 ist angeraten, während der Regenzeit ist die Strecke prinzipiell nicht zu machen!

1 km östlich des Radiomastes von Oshakati in Höhe der *Santorini Inn* nimmt man die Piste D3607 (174711/154318) nach Süden Richtung *Ompundja*. Nach 15 km wird die Piste schmal (175450/154207) und man fährt durch ein weites Flussbett und hält sich Richtung Km 18 – 175608/154227.

Die weite Ebene war früher dicht bewaldet und vor 50 Jahren noch ausgezeichneter Weidegrund für das Vieh der Ovambo. Die schnell wachsende Bevölkerung benötigte aber Holz *en masse*, und man sieht nun das Ergebnis. Mit Wiederaufforstung versucht der Staat dem zu begegnen und auch durch die Forcierung neuer Baumaterialien, wie des nicht besonders hübschen, aber für den Wald „gesunden" Wellbleches.

Nächste Richtung ist Km 22 – 175849/154248; am Horizont sieht man den Galeriewald des Flusssystemes, das auch die Grenze zwischen den Ovambo-Völkern *Kwambi* und *Ndonga* darstellt. Km 26 – 180818/154316. Km 30 – 180244/154247, wir halten uns westlich, der Oponono-See liegt mehr im Süden, doch weil nach jeder Regenzeit die Spuren neu geschaffen werden, mäandert man über die weiten, spärlich mit Gras bewachsenen, teils gelbsandigen Ebenen und durch die kaum bemerkbaren Flusstäler. Km 34 – 180342/154129. Nach weiteren 2 km ist der **Uupeke-See** errreicht (km 36 – 180420/154054). Der See gehört mit 6 Metern zu den tieferen.

Es geht nun südöstlich vorbei an Pipelines, da das Grundwasser so salzig ist, dass Bohrlöcher keinen Sinn machen. Km 40 – 180604/154206. Bei Km 42 – 180636/154321 trifft man auf den **Okororo-See**, am Horizont sind Fischercamps zu sehen, hier sammelt sich das aus Angola stammende Fließwasser (*„Encachement"*) aus drei Hauptströmen und macht sich auf den Weg Richtung Etosha-Pfanne. Man rechnet etwa mit 100.000 Rindern, die durch das Wasser im Encachement versorgt werden. Bei Km 48 – 180812/154505 ist der **Ulili-See** erreicht.

Mit ihm beginnt die Kette der drei Seen (außerdem Omanetha und Himakulu), die als Hauptfischgründe benutzt werden. Das Wasser aus Angola schwappt durch die ersten beiden hindurch und verbleibt im letzten, dem Himakulu-See. Fällt der Wasserspiegel im Norden, drückt das Wasser zurück und fließt nordwärts. Mit Reusen ernten die Fischer in beiden Richtungen. Das ganze System funktioniert also wie im Okavango-Delta. In der Regenzeit fließt das Wasser nach Süden. In der Trockenzeit nach Norden. Die Etosha-Pfanne geht immer leer aus.

Km 50 – 180920/154534, **Omanethe-See.** Nun muss man eine Umfahrung suchen und gelangt bei Km 54 – 181036/154533 zum **Himakulu-See.** Ab hier machen wir uns auf den Rückweg Richtung Oponono-See (Km 66 – 180947/154106). Auf dem Weg dahin muss man immer wieder abgezäunte Weideflächen umfahren. Der **Oponono-See** misst etwa 4 km im Durchmesser und ist wohl auch an die 6 Meter tief.

Wir halten uns nun nach NW. Km 68 – 180924/154016, Km 70 – 180855/153947. Es geht nun Richtung N an ehemaligen Viehposten vorbei, die durch den Bevölkerungsdruck zu Dörfern wurden. Km 75 – 180501/153944. Relativ dicht besiedelt ist die Ebene nun, traditionelle Kraals aus Holz überwiegen noch, doch die ersten Wellblechstrukturen sind zu sehen. Km 84 – 180049/153929. Ab Km 93 – 175604/153857 halten wir uns nach NO, durchfahren 1 km weiter (175543/153908) einen Regenwassersee, der nicht zum Wassersystem gehört, und halten uns bei Km 95 – 175455/153931 nach Norden, bei Km 98 – 175347/153950 nach NW und bei Km 99 – 175341/153936 wieder nach Norden und folgen einem Kanal. Bei Km 112 – 174649/154047 ist die Hauptstraße erreicht.

Ondangwa – Namutoni

Man fährt weiter auf der B1. 78 km hinter Ondangwa passiert man eine Tankstelle mit einem Takeaway. Gleich danach taucht im Süden das weiße Glitzern der Etosha-Pfanne auf. Immer noch zieht sich die Straße schnurgerade in den Horizont. Der Verkehr ist für Namibia enorm. Besonders am Freitagnachmittag und am Sonntagabend rollen die Karawanen der Minibusse mit abenteuerlich hohen Lasten auf ihren Dachträgern gegen Norden und Süden. Die Kontraktarbeiter wollen wenigstens das Wochenende bei ihren Familien verbringen. 60 km von Ondangwa passiert man das **Onankali Omahangu Paper Project,** eine Pflanzenschule und Papiermanufaktur mit einem kleinen Café. 25 km weiter besteht die Möglichkeit, bei Omuthiya Kunsthandwerk zu kaufen – im **Tulongeni Craft Market.** Es gibt Matten, Körbe, Reusen, Töpfe und Schnitzereien. 90 km hinter Ondangwa kommt man schließlich an eine T-Junction und ein Schild weist nach Andoni – dem **King Nahale/Lya Mpigana Gate** genannten Nordtor von Etosha (17 km).

Nach weiteren 55 km erreichen Sie das Tor der Disease Control. Sie sind einmal mehr im Farmgebiet, Ovamboland liegt hinter Ihnen. Nach 16 km kommt der Abzweig zur Sachsenheim Game Ranch (eine kosten- und lagegünstige Alternative für diejenigen, die nicht in den staatlichen Camps, aber auch nicht in den teureren Unterkünften nächst dem Etosha Park übernachten wollen; Zelten ist möglich), und weitere 6 km weiter biegt die C38 nach Namutoni ab.

Hier haben Sie Anschluss an die Route 7.

Ein Besuch im Ovamboland abseits der Hauptstraße ist immer ein Ereignis

Route 12: Fische und Robben in gleißendem Dunst

Swakopmund – Henties Bay – Torra Bay – Terrace Bay – Torra Bay – Palmwag

Km	Abzweig	Ort	Sehenswert	Übernachtung	GPS
Km 0 C34 Piste		Swakopmund, T+V	s. Route 5	s. Route 5	22 40 02 14 31 52
Km 22					22 28 50 14 28 29
Km 31		Wlotzkas Baken			22 24 09 14 27 01
Km 59		Jakkalsputz		Jakkalsputz Zeltplatz	22 11 17 14 19 15
Km 66		Henties Bay, T+V		s. im Text	22 07 52 14 17 55
Km 71		Einmündung der C35 von Uis			22 04 02 14 15 25
Km 100				Mile 72 Zeltpl.	21 52 04 14 05 18
Km 117	Km 0 Piste Km 4 Km 7		Büro Cape Cross Robbenkolonie		21 45 06 13 59 51
Km 121				Cape Cross Ldg.	
Km 146		Einmündung der D2303 von Uis			21 30 37 13 52 13
Km 156				Mile 108 Zeltpl.	21 26 30 13 49 16
Km 190		Eingangstor	Skeleton Coast Park		21 10 24 13 40 10
Km 191			Ugab		
Km 206			Schiffswrack		
Km 228			Huab		
Km 241		Toscanini			20 49 17 13 23 43
Km 283			Koigab		
Km 294		Einmündung der C39			20 22 14 13 18 05
Km 304		Torra Bay		Torra Bay Zeltpl.	20 19 03 13 14 27
Km 319			Uniab		
Km 353 zurück		Terrace Bay,		Terrace Bay Rl.	19 59 36 13 02 14
Km 387			Uniab		
Km 402		Torra Bay		Torra Bay Zeltpl.	20 19 03 13 14 27
Km 412 C39 Piste					20 22 14 13 18 05

Km	Abzweig	Ort	Sehenswert	Übernachtung	GPS
Km 450		Ausgangstor			20 18 39
					13 38 50
Km 503	C43 n. N				20 13 58
					14 03 53
Km 542		Kreuzung mit C40			19 54 40
					13 59 12
Km 547		Disease Control Tor		Etendeka Mount. Camp	
Km 548		Palmwag, T		Palmwag Rl. (500 m)	19 52 52
					13 56 24

Swakopmund – Henties Bay

In Swakopmund (s. Route 5) haben Sie Anschluss an die Routen 5, 6 u. 8c.

Wichtig für den Eintritt in den Skeleton Coast National Park:

Sie benötigen eine Genehmigung, die am Eingang erhältlich ist, aber nur für den Transit durch den Park Gültigkeit hat! Wer bis Terrace Bay will, muss eine feste Buchung für die Übernachtung haben (zentrales Reservierungsbüro des Ministeriums für Umwelt und Tourismus in Windhoek; nur mit Vollpension, keine Kochmöglichkeiten). Die **National West Coast Tourist Recreational Area** zwischen Swakopmund und dem Nationalpark unterliegt keinen Zugangsrestriktionen.

Hat man das Stadtgebiet von Swakopmund verlassen, gelangt man unmittelbar in den **Dorob-Nationalpark,** der seit 2011 die Küstengebiete nördlich und südlich von Swakopmund schützt (alles was nicht Stadt- oder Gemeindegebiet ist zwischen Walvis Bay und dem Beginn des Skeleton Coast National Parks am Ugab-Rivier). Die Einfahrt ist kostenfrei, es gibt aber strenge Verhaltensmaßregeln um insbesondere das Off-road-Fahren per Geländewagen und Quadbike zu unterbinden.

Verlassen Sie Swakopmund auf der C34 am Meer entlang Richtung Norden. Der Asphalt geht irgendwann unmerklich in den Belag einer Piste über, der sehr hart ist. Der gips- und salzhaltige Boden der Namib ergibt eine glatte Oberfläche. Meist wird man diese Strecke im trüben Dämmerlicht des Küstennebels hinter sich bringen, selten nur scheint die Sonne. Der Verkehr beschränkt sich auf Angler, die ihre überlangen Ruten senkrecht nach oben stehend an den Fahrzeugen befestigt haben und möglichst schnell den von ihnen favorisierten Platz erreichen wollen.

Es geht am Zeltplatz „Mile 4" vorbei. Der Name spricht für sich. An die Küste geklebt, im Hinterland unwirtliche Wüste, ohne auffällige Natur, die für einen poetischen Namen gut wäre, hat sich der Mensch mit der Kilometrierung seiner Eroberung beholfen, oder mit dem Namen desjenigen, der dort gewohnt hat.

31 km nach Swakopmund kommt die Hüttensiedlung *Wlotzkas Baken,* Wochenendhäuschen der Angler, die sich grau in grau aneinanderreihen. Kabeljau, Schwarz- und Weißfisch sind die hauptsächlichen Fischsorten, die an der Leine zappeln. Immer wieder werfen die Angler ihren Fang zurück, er hat nicht die Mindestgröße, die der Staat fordert. Die Idylle ist aber voraussichtlich nur noch von kurzer Dauer, geplant ist die Entwicklung des Platzes mit einem Hotel mit mehr als 100 Zimmern. Hinter Wlotzka's Baken steht die riesige Meerwasserentsalzungsanlage, die die Minen um Rössing mit Wasser versorgt. Die hochkonzentrierte Restlauge wird wieder dem Meer zugeführt (und soll immer wieder zu großen Fischesterben führen).

Das Hinterland gilt in diesem Bereich als besonders empfindlich. Bleiben Sie auf der Piste, wenn Sie sich für den Flechtenbewuchs landeinwärts interessieren, nehmen Sie Schusters Rappen.

Nach 28 km erscheint der ehemals dem Staat gehörende, heute privatisierte Zeltplatz *Jakkalsputz*. Hier dürfen auch Touristen angeln (bei Wlotzkas Baken nicht). 6 km weiter ist Henties Bay erreicht.

Henties Bay

Oberhalb der Mündung des Omaruru liegt im Halbrund die Stadt. Hotels, Restaurants, Läden, ein Golfplatz und ein Schwimmbad zeugen von der Betriebsamkeit während der namibischen Sommerferien und an Wochenenden. Wochentags wirkt Henties Bay verlassen, nur wenige Menschen leben fest hier. Der Name geht auf einen einsamen Camper zurück, der bereits in den 1920er Jahren regelmäßig hierher kam. 1965 erhielt der Platz den Status eines Ortes und wächst seitdem kontinuierlich.

Information Henties Bay Tourism Association, Nickey Iyambo Avenue, Tel. 064-501143, www.hentiesbaytourism.com,

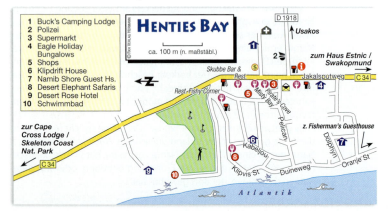

Unterkunft	*Touristenklasse:* Desert Rose Hotel, Eagle Holiday Bungalows, Haus Estnic, **Fisherman's Guesthouse,** Namib Shore B&B, Klipdrift Huis
	Günstig: Die Oord Rastlager, **Buck's Camping Lodge**
	Außerhalb: Cape Cross Lodge
Essen	*Fishy Corner,* Jakkalsputz Road, Tel. 064-501059
	Skubbe Bar & Restaurant, Tel. 081-3678180, Karas Street
	Pirate's Cove, Jakkalsputz Road, Tel. 064-500960, Sports Bar, in der immer viel los ist, Übertragungen, dazu Pizza und Burger.
	Misty Bay, Jakkalsputz Road, Tel. 064-501336, Coffee Shop mit leichten Gerichten für ein gutes Lunch.
Golf	Henties Golf Club, P.O. Box 100, Henties Bay, Tel. 064-500281
Reiseunternehmen	Sea Ace Adventure Angling, Tel. 064-500545, www.seaace.com.na. Alles rund ums Angeln – von der Küste aus oder vom Schiff, auch Unterkünfte.

Henties Bay – Cape Cross

31 km hinter Henties Bay und 17 km vor Cape Cross liegt der einst zu NWR gehörende, inzwischen privatisierte Zeltplatz „Mile 72". Von hier bis über Cape Cross hinaus ist die Küste und das Hinterland wieder als besonders empfindlich klassifiziert. Hier und an einigen anderen Stellen der Skeleton Coast brütet die Damara Seeschwalbe. Sie ist extrem selten und hoch gefährdet. Diese Küste ist weltweit ihr einziger Brutplatz. Die flache Landschaft erhält einen kleinen Akzent durch Hügel, die rechts der Piste zu sehen sind. 4 km vor Cape Cross steht eine Salzgewinnungsanlage.

Cape Cross Es liegt 7 km abseits der Hauptpiste (nach 4 km kommt das Büro, in dem der Eintritt zu bezahlen ist (40 N$/Person und 10 N$/Fahrzeug, täglich 8–17 Uhr). Der Weg endet auf einem Parkplatz.

Die Robben sind nicht gleich zu sehen – aber man riecht und hört sie! Auf einem Holzplankenweg gelangt man zum Felsstreifen an der Küste. Dort liegen sie dann, Tausende und Abertausende, im bleichbleiernen Sonnenlicht, in Kämpfe verwickelt, watschelnd, röhrend,

dösend, schmusend oder in die Brandungswellen des Atlantik springend – die Kolonie der Zwergpelzrobben (Arctocephalus pusillus pusillus).

Zwischen 60.000 und 100.000 beträgt ihre Zahl, je nach Jahr schwankend. Werden es mehr, wird eingegriffen und – begleitet von lautstarken Protesten meist nicht-namibischer Tierschützer –, ein bestimmter Prozentsatz getötet. Das Culling, wie diese Populationskontrolle genannt wird, gehört in Namibia zum „normalen", ökologisch als notwendig erachteten Umgang mit Wild. Es wird auch bei Elefanten und anderen Großtierarten praktiziert. Die Pforten der Robbenkolonie bleiben an solchen Tagen Besuchern verschlossen – die „Robbenernte" ist ein blutiges Handwerk, und empfindsame Beobachter möchte man nicht dabeihaben. Ein informatives Faltblatt, das versucht, für diese Maßnahme Verständnis zu wecken, ist im Büro erhältlich.

4 km nördlich der Robbenkolonie im gebührenden Abstand, so dass des nachts auch bei geöffneten Fenster geschlafen werden kann ohne Erstickungsanfälle zu provozieren steht die Cape Cross Lodge – ein Stückchen Luxus an der Küste der Skelette.

Geschichte Im Jahr **1486** setzte der **erste Europäer** seinen Fuß auf den Boden Südwestafrikas, der Portugiese Diogo Cão. Er errichtete ein Steinkreuz. Es wurde 1893 vom Kommandanten des Kriegsschiffes „SM Falke" nach Berlin gebracht (heute steht es in der ständigen Ausstellung zur deutschen Geschichte im Deutschen Historischen Museum). Auf Befehl des Kaisers wurde 1894 eine Kopie aufgestellt, die den Zusatz erhielt:

„Errichtet auf Geheiß des Deutschen Kaisers und Königs von Preußen, Wilhelm II., im Jahr 1894 anstelle des Originals, das im Lauf der Zeit verwittert ist." Die **Original-Inschrift** lautet übersetzt:

Das Kreuz am Ankerplatz Diogo Cãos ist nicht mehr originial

„Seit der Erschaffung der Welt sind 6685 und seit Christi Geburt 1485 Jahre verflossen, als der erhabene Don Cão von Portugal befohlen hat, dass durch Jakobus Canus, seinen Ritter, die Säule hier gesetzt wurde."

1980 wurde eine originalgetreuere Nachbildung als das 1894 errichtete Kreuz am ursprünglichen Platz aufgestellt (die aber auch nicht als authentisch gilt) und die Umgebung neu gestaltet. Die erste Kopie steht auf einer Terrasse, deren Pflasterung einen Stern symbolisiert (als Erinnerung an die Bedeutung der Sterne als Navigationshilfe). Die einzelnen Terrassen ergeben als Ganzes das Abbild des „Kreuz des Südens".

Neben der Robbenkolonie gibt es ein kleines, privates Museum und einen Kiosk. Im Museum wird die Guanogewinnung beschrieben, die kurz vor der Jahrhundertwende in dieser Region ihren Höhepunkt hatte und 1902 eingestellt wurde.

Kreuz des Südens

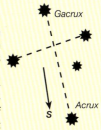

Das „Kreuz des Südens" ist ein Sternbild des südlichen Himmels, in der Milchstraße gelegen. Seine vier hellsten Sterne bilden ein schiefes Kreuz. Es ist nur südlich des 26. Breitengrades der Nordhalbkugel sichtbar.

Um die südliche Richtung zu bestimmen, muss ein aufsteigender Vektor durch die längere Achse des Sternbildes gedacht werden. Man verlängert die Achse auf dem Vektor vier- bis fünffach und bildet an diesem Punkt ein Lot. Dort, wo das Lot auf den Horizont trifft, ist Süden. Um den Punkt des Lotes auf dem Vektor genauer zu bestimmen, können zwei Hilfssterne unterhalb des Kreuzes des Südens benutzt werden. Ein weiteres Lot in der Mitte der Verbindungslinie zwischen diesen beiden in Richtung auf den Vektor zeigt ihn am Schnittpunkt genau an.

Skeleton Coast National Park

29 km hinter Cape Cross haben Sie über die D2303/D2342 Anschluss an die Route 12a, und 44 km weiter erreichen Sie den Eingang zum Skeleton Coast National Park. Die Öffnungszeiten sind von Sonnenaufgang bis 15 Uhr, so dass entweder Terrace Bay oder im Transit das nördliche Springbok Gate bei Springbokwater Crossing erreicht werden können. Die Ausfahrt ist bis 17 Uhr gestattet. Eintritt 80 N$ p.P. und 10 N$/Fahrzeug.

Am Tor sind zwei riesige Totenköpfe angebracht. Wer in früheren Zeiten an diesem Küstenstrich gestrandet ist, war rettungslos verloren, es gab kein Wasser und das lebensfreundlichere Landesinnere konnte zu Fuß nicht erreicht werden! Schiffwracks entlang der Küste zeugen von den widrigen Wind- und Strömungsverhältnissen.

Eingangstor zum Skeleton National Park

Skeleton Coast National Park

In Jahren mit viel Regen ist der Park zwar nicht unbedingt geschlossen, eine Zufahrt aber nicht möglich, da dann der Ugab und der Koigab abkommen und nicht passierbar sind.

Am Tor ist auch der Treffpunkt für die geführte Wanderung im Ugab-Rivier. Jeden zweiten und vierten Dienstag im Monat startet um 9 Uhr die zweitägige, 50 km lange Tour (Anmeldung bei Namibia Wildlife Resorts in Windhoek bzw. in Swakopmund in der Ritterburg). Sie kostet 500 N$ p.P., die Gruppe besteht aus 6–8 Leuten. Ausrüstung, Verpflegung und eine ärztliche Unbedenklichkeitsbescheinigung müssen mitgebracht werden.

Nordwärts Sie durchfahren das breite Bett des Ugab. Nach 16 km besteht die Möglichkeit, ein kleines, 1976 gestrandetes Schiff bzw. seine Reste zu besichtigen.

Gleich hinter der Querung des Huab steht ein altes, verrostetes Gerüst einer ehemaligen Ölbohrstelle. Heute brüten dort Kormorane und ein Betreten ist deswegen verboten. Das Metall ist weißgrau mit den Exkrementen der Seevögel überzogen (Guano).

12 km weiter ist Toscanini erreicht. Man sieht lediglich die Reste irgendwelcher industrieller Einrichtungen, die in den 1960er Jahren beim Versuch, Diamanten zu schürfen, errichtet wurden. Auf der grau-braun-schwarzen Kieswüste wachsen Flechten.

42 km hinter Toscanini durchquert man den Koigab. Links und rechts der Piste erscheinen nun Dünen, und voraus wird der Blick frei auf eine große Dünenkette.

104 km hinter dem Eingangstor ist der Abzweig nach Khorixas C39 erreicht. Wer keine Buchung für Terrace Bay bzw. Torra Bay besitzt muss rechts abbiegen.

10 km weiter ist Torra Bay. Nach der Querung des Uniab sind es noch 34 km bis Terrace Bay.

Terrace Bay Die Bungalows des Anglerparadieses Terrace Bay sind zweckmäßig und sauber eingerichtet. Der Laden verkauft Kleinigkeiten, das Restaurant bietet gute Küche. Nur passionierte Angler halten es aber an diesem Ort der Einsamkeit länger aus. Diese finden aber alles, was das Herz begehrt: Beste Angelmöglichkeiten in sauberstem Wasser und sogar eine Gefrieranlage, so dass der Fang gefroren und isolierverpackt unverderblich mit nach Hause genommen werden kann.

Wer nicht angelt, kann den Nachmittag in den Dünen verbringen. Dazu muss er mit dem Wagen ein Stück zurückfahren und nach Osten abbiegen. Pkw-Fahrer müssen aufpassen, dass sie anhalten, bevor sie rettungslos im Sand steckenbleiben. Schöne Ausblicke über die Küste belohnen den Aufstieg auf die Dünen. Immer wieder sind Kriechspuren von allerlei Kleingetier zu sehen (die Wüste lebt!). Das Gebiet nördlich von Terrace Bay ist Konzessionsgebiet. Nur über die Konzessionär können Fly-in-Safaris in diesen wahrlich ungastlichen Küstenstreifen unternommen werden (Beschreibung einer Fly-in-Safari s.S. 87).

Weiterfahrt nach Osten

Fahren Sie nun über **Torra Bay** bis zur Abzweigung der C39 59 km zurück und biegen Sie östlich ein. Über Wellblech und tiefe Querrillen geht es durch kiesbedeckte Dünen nach Osten auf einen Tafelberg zu, den Great Table Mountain. Die Piste steigt allmählich an, und nach 18 km läuft der Veterinärzaun parallel.

Nach einem kleinen Pass geht es weiter durch ein von Tafelbergen begrenztes Tal, in dem grüngelbe Gräser und Flechten den Boden bedecken.

38 km hinter der Gabelung ist das Nordtor (Springbok Gate) des Parks erreicht (Öffnungszeiten für Transitfahrer von Sonnenaufgang bis 15 Uhr, für die Ausfahrt bis 17 Uhr, wer eine Übernachtungsbuchung hat, darf bis 17 Uhr einfahren). Immer wieder müssen nun Riviere und Querrinnen durchfahren werden, man sieht wieder Antilopen, Warzenschweine und weiße Windrotoren, die zu den wenigen, einsamen Farmhäusern in dieser wunder-schönen Landschaft gehören.

40 km nach dem Tor geht es über einen Pass (ca. 1000 m) in ein neues Hochtal und auf ein markantes Gipfelpaar zu (ein Kegel und ein Tafelberg), und nach 13 km sind Sie an der C43. Hier finden Sie einen Reifendienst und haben Anschluss an die Routen 9 und 10.

Route 12a: Pflanzen im Nebel

Ugab-Mündung – Uis

Km	Abzweig	Ort	Sehenswert	Übernachtung	GPS
Km 0 C34 Piste nach S			Skeleton Coast Park Eingang		21 10 24 13 40 10
Km 34		T		Mile 108 Zeltplatz	21 26 30 13 49 16
Km 44 D2303 Piste nach NO					21 30 37 13 52 13
Km 77			Welwitschia an d. Strecke		
Km 118 D2342 Piste nach O	Km 0 Piste n. N Km 10			Ugab Rhino Camp	21 02 34 14 10 28 20 57 49 14 08 16
Km 201 C35 Piste nach NO					21 19 47 14 47 58
Km 215		Uis Myn		s. Route 8	21 13 16 14 52 14

An der **Ugab-Mündung** (s. Route 12) haben Sie Anschluss an die Route 12.

Fahren Sie auf der C34-Piste 44 km nach Süden und biegen Sie in die Piste D2303 nach Nordosten ein. Ab hier benötigen Sie einen Geländewagen!

Nach 13 km fährt man über einen kleinen Abfall in ein weites Tal, das kraterartig auf allen Seiten von Bergen begrenzt wird. Unmerklich steigt die Straße mit dem Tal über 20 km Länge auf 500 m an. Immer wieder sind links und rechts Welwitschias auf dem schwärzlichen Boden zu sehen. Man ist mit den urweltlichen Pflanzen allein auf weiter Flur.

61 km hinter dem Abzweig wird die Ebene verlassen und man erreicht nach 3 km die D2342. Biegen Sie rechts ab. Sie durchqueren ungezählte Riviere mit großen Flusssteinen, die Geschwindigkeit wird immer geringer, die Piste windet sich durch Täler und an Hügeln vorbei.

43 km hinter der Einmündung und 40 km bevor Sie auf die C35 stoßen kreuzen Sie das Messum Rivier.

201 km hinter dem Eingangstor zum Skeleton Coast National Park erreichen Sie die Piste C35 nach **Uis** (s. Route 8). Hier haben Sie Anschluss an die Route 8.

Route 12b: Durch den Messum Krater

Km	Abzweig	Ort	Sehensw.	Übernachtung	GPS
Km 0		Cape Cross			21 45 03 13 59 49
Km 2, Piste n. NNO					21 44 01 13 59 15
Km 10,5 Weiter NO					21 40 48 14 02 30
Km 27			Rivier		21 34 03 14 08 23
Km 34 rechts ONO					21 32 14 14 10 08
Km 43 nach NO			Pass Einft. Mes.		21 28 35 14 12 21
Km 45				Lagerplatz	21 27 37 14 13 11
Km 50			Hügel Mitte Krater		21 26 04 14 14 41
Km 55			Ausfahrt Messum		21 24 10 14 16 13
Km 62		Hauptpiste			21 23 27 14 14 46
Km 68		Messum Rivier			21 20 25 14 14 21
Km 76					21 20 29 14 17 24
Km 79		Grasfläche			21 20 30 14 18 44
Km 84					21 20 06 14 21 15
Km 100		D2342			21 16 14 14 27 51

Die Strecke wird äußerst selten befahren, deshalb sollte man sich keinesfalls nur mit einem Fahrzeug auf die Piste begeben. Geländewagen sind Voraussetzung, der Sand ist teilweise tief. Weiter ist **ein GPS-System** notwendig, um sich im Gewirr der Pisten zurechtzufinden (geben Sie dazu alle GPS-Daten der Tabelle ein und verzichten Sie nicht auf einzelne Koordinaten, da Sie sich sonst verfahren könnten). Im April kann die Temperatur schon Mal auf 45°C ansteigen, deshalb besser frühmorgens losfahren, wenn die Temperaturen noch im kühleren Bereich liegen. Als reine Fahrzeit für die 100 Kilometer sind ca. 4 h zu veranschlagen.

Man verlässt die Route 12 nahe Cape Cross (2 km) auf breiter Piste nach NNO. Anfangs dienen noch Eisenstangen als Wegmarkierung. Nach 2 km quert man ein Rivier und die Richtung bleibt bei Nordost. Nach 25 km tauchen die ersten Welwitschia mirabilis auf, die schwarze Bergkette im Hintergrund rückt näher. Nach insgesamt 32 km muss man sich an einem Abzweig rechts halten Richtung ONO. Es geht über eine Ebene mit schwarzem Wüstenlack. Die Sonne verbrennt mit ihrer unglaublichen Hitze das Gestein.

Nach 9 km ist bei einem kleinen Pass der **Messum Krater** erreicht. Wenn der Wind aus Osten kommt, stockt der Atem vor Hitze. Der Krater funktioniert als Brennkessel. Ein Wunder, dass hier noch eine leichte Grasnarbe existieren kann. Man fährt 12 km durch den Krater und verlässt ihn im Nordosten. Es sind noch 45 km bis zur D2342, weitere 42 km auf hartem Wellblech zur C35 und dann 14 km bis Uis und zum Anschluss an die Routen 8 und 12a.

Route 13: Tausch gegen Sansibar – die Idee eines Kanzlers

Otavi – Grootfontein – Rundu – Nyangana – Bagani – Kongola – Katima Mulilo – Ngoma

Km	Abzweig	Ort	Sehensw.	Übernachtung	GPS
Km 0 B8 Teer		Otavi, T+V		Otavi Gardens Ht. Palmenecke Gh.	19 38 38 17 20 55
				Zum Potje Rl.	
Km 4	Km 0 D2807 Piste Km 4 Farmpad Km 15			Ondjondjo B&B	
Km 41	Km 0 D2863	Kombat, T+V			19 42 59 17 42 48
	Km 37			Ghaub Gästefarm	
Km 56	Km 0 D2804 Km 16 D2512				19 43 29 17 51 11
	Km 31			Kamrav Gästefarm	
Km 83				Peace Gardeni Guest Lodge	19 35 27 18 02 55
Km 84	Hoba Meteorit Km 0 D2860 Km 11 D2859 Piste nach NW Km 13 Km 16		Meteorit Camping Hoba (1 km)		19 35 03 18 03 05 19 35 26 17 56 28
Km 90		Grootfontein, T+V	Fort Museum	s. unter Grootfontein	19 33 51 18 06 15
Km 102				Kalkfontein Gf.	19 30 32 18 12 31
Km 105	Km 0 D2844 Teer Km 4 Piste Km 22			 Dornhügel Gf.	19 29 52 18 13 23 19 28 55 18 24 53
Km 125				Fiume Lodge	
Km 146		Einmündung der C44		Roy's Camp	19 14 33 18 30 05
Km 215		Disease Control Tor			
Km 343		Einmündung der C45			17 56 26 19 44 58
Km 345	Km 0 D3402 Piste Km 6 Km 13	Rundu, T+V		s. unter Rundu Kaisosi L. (2 km) N'Kwazi Lodge + Camping (4 km)	17 56 00 19 46 12
	Km 0 Teer C45/B10 nach W Km 8 Km 35			 Hakusembe Lodge (6 km) Taranga Lodge	

Route 13: Tausch gegen Sansibar

Km	Abzweig	Ort	Sehensw.	Übernachtung	GPS
Km 383	Abzweig nach Shumbya Km 0 Km 4 D3402 n.O Km 8 links				17 56 36 20 01 33
	Km 9			Mbamba Camp	17 54 07 20 03 29
Km 426	Km 0 Piste				17 59 47 20 30 11
	Km 4			Shankara Farm Lodge	17 57 54 20 30 20
Km 456	Abzweig zum Khaudom-Park			Katere Shamvura Restcamp (12 km)	18 03 07 20 46 06
Km 518	Abzweig nach Shadikongoro Km 0				
	Km 4			Mobolo Lodge	
Km 543	Mahango Wildreservat Km 0 C48	Divundu, T+V	Brücke		18 05 59 21 32 49
	Km 3			Divava Lodge (1km)	
	Km 5		Popa-Fälle	Popa-Fälle Rl.	18 07 28 21 34 59
	Km 6			Shametu Lodge	
	Km 7			Rainbow River Lodge (2 km)	18 06 46 21 35 26
	Km 8			Nandu Lodge	
	Km 9			Bagani	
	Km 10			Ngepi Camp (4 Km)	18 07 00 21 40 13
	Km 17			Mahangu Safari Lodge (2 km) und Ndhovu (2 km)	
	Km 20		Mahango NP Gate		
Km 545	Km 0 Piste				18 05 48 21 33 57
	Km 4			N//GoaBaca Campsite	18 06 40 21 34 53
Km 555	Km 0				18 05 29 21 40 08
	Km 2		Tor		
	Km 4		Buffalo Cons. Area		18 07 00 21 40 44
Km 737	Piste nach Nord				17 47 01 23 20 07
				(4 km)	
	Piste nach Süd			Nambwa Camping (14 km)	
Km 738	Km 0 D3502 n. N	Kongola Bridge			
	Km 19			Mafwe Camp	
Km 741	Stichstr. nach N			Mazambala Island Ldg.+Camp (4 km)	17 48 10 23 22 02
Km 745	Km 0 C49 Piste	Kongola, T	Mashi Crafts Souvenirs		17 49 17 23 23 50
	km 7			Kubunyana Camp + Susuwe Island L. Boottransfer (4 km)	17 52 10 23 21 33
	Km 18			Namushasha Lodge	

Km	Abzweig	Ort	Sehensw.	Übernachtung	GPS
				(4 km)	
	Km 22			Kwando Camp (3 km)	18 01 17 23 20 41
	Km 29	Lizauli			18 03 43 23 21 40
	Km 31	Traditional Vill. (15 km) Mudumu-Nat.P.			
	Km 33 Stichpad				18 06 49 23 24 06
	Km 37			Lianshulu Lodge	18 08 01 23 22 44
Km 838		Einmündung C49			
Km 848		Katima Mulilo, T+V		s. unter Katima	17 29 21 24 17 05
Km 865	Kalizo Lodge Km 0 Piste Km 25			Kalizo Lodge	17 33 36 24 21 25
Km 893	Nach Schuckmannsburg				
Km 898	zur Salambala Campsite (5 km)				17 48 36 24 38 05
Km 910			Ngoma Craft Shop		
Km 912		Grenzposten Namibia			17 54 56 24 42 46

Otavi – Grootfontein

In Otavi (s. Route 7) haben Sie Anschluss an die Route 7. Verlassen Sie Otavi auf der Asphaltstraße B8 an der Hauptkreuzung Richtung Südosten. Sie fahren durch die Ebene um Otavi und zwischen den Hügeln der Otaviberge durch und kommen nach 40 km in die kleine Ortschaft Kombat. Eine Tankstelle, einige Läden und wenige Häuser wurden neben einer Kupfer-, Blei- und Silbermine errichtet, die 1925 geschlossen, in den 1960er Jahren aber wiedereröffnet wurde. Heute arbeitet sie erneut nicht mehr.

Nach 15 km führt links eine Piste ab **zum Hoba-Meteoriten,** rechts geht es an der Waterberg Wilderness Lodge vorbei zum Waterberg-Plateau-Park. Zum Meteoriten von Hoba ist die Piste von der Seite Grootfonteins (D2860) allerdings kürzer und in besserem Zustand.

Rechts der Straße erscheinen nun große Weide- und Anbauflächen, die Straße senkt sich unmerklich immer weiter ab. Goldgelbe Maispflanzen auf den Feldern haben dieser Region auch den Namen „Mais-Dreieck" gegeben. Durch die besonderen, wasserspeichernden Gesteinsschichten des Karstes und die etwas häufigeren Regenfälle ist das Land auch für den Ackerbau nutzbar. 6 km vor Grootfontein zweigt die Piste D2860 zum Hoba-Meteoriten ab.

Hoba-Meteorit Folgen Sie der Piste D2860 auf 11 km und biegen Sie dann nach Nordwesten in die Piste D2859 ein. Nach 5 km erreichen Sie eine 1 km lange Stichstraße. Der etwa 3 m x 0,55 bis 1,20 m große Brocken

Der Hoba-Meteorit

wurde 1920 von dem Jäger Jacobus Brits zufällig entdeckt. Er brach ein Stück heraus und ließ es untersuchen. Sie ergab, dass der Ursprung des Findlings im Weltraum liegt. 80.000 Jahre vor unserer Zeitrechnung soll er niedergegangen sein. Er besteht aus 82% Eisen, 17% Nickel und 1% Kobalt. Nachdem er über lange Zeit für Souvenirjäger frei zugänglich war, hat man ihn mit finanzieller Hilfe der Rössing-Foundation nun eingezäunt und in ein Steinbett gefasst. Ein Kiosk verkauft Erfrischungen, Eintritt 20 N$.

Grootfontein

Grootfontein war bei den Herero schon lange vor Ankunft der ersten Siedler unter dem Namen Otjivandatjongue (in Herero: „Leopardenhügel") bekannt. Die Nama nannten den Platz in ihrer Sprache „Große Quelle", wovon sich der jetzige Stadtname ableitet.

Anfänglich nur ein Lager für weiße Großwildjäger wurde der Ort in den 1880er Jahren für 24 Monate Hauptstadt der „Republik Upingtonia" der Dorslandtrekker (s.u.).

Grootfontein Museum

1893 wurde eine Bergbaulizenz an eine Minengesellschaft vergeben, die sich hier niederließ. 1896 errichtete **die Schutztruppe das Fort,** das in den folgenden Jahren nach und nach erweitert wurde. 1922 brachte man weitere Anbauten an, die militärische Einrichtung wurde einer friedlichen Nutzung als Schule zugeführt. In den 1960er Jahren verfiel das Gebäude und stand schon vor dem endgültigen Abriss, schließlich entschied man sich aber für eine Restaurierung, und das **Museum** (Erikson St, Tel. 067-242456, Mo–Fr 9–12.30 u. 14–16.30 Uhr, im Winter bis 16 Uhr, 20 N$) konnte einziehen. Heute sind dort viele Fotografien über die Entwicklung von Grootfontein ausgestellt, auch die Mineraliensammlung gilt als vorzüglich. Neben Hausrat, Waffen, Jagdtrophäen, Kleidung der Durstlandtrekker und Schmuck

und Handwerksarbeiten der Ovambo und Himba sind weitere Ausstellungstücke: eine komplette Wagenbauerei, eine Schmiede und ein Abdruck des bei Otavi gefundenen Kiefers eines vorzeitlichen Hominiden.

Die Kaiser Wilhelm Street, heute Sam Nujoma Street, ist die Hauptstraße des Ortes, ohne Müller's Büro, dafür aber mit „Müller's Bottle Store".

Einen Besuch lohnt die Zitrusfarm *Andorra* einige Kilometer außerhalb, nicht nur, weil sie Wildfleisch verkauft. Auf ihr befindet sich das **Camp Maori,** das vor einigen Jahren von einem ehemaligen deutschen Richter und dessen Lebensgefährtin eröffnet wurde, die dazu passend in Hessen als Kriminalkommissarin gearbeitet hat.

Das Museum

Deutsche Schule in Grootfontein

Südhessen sind billig, lautet die eigene Aussage, so dass Übernachtung und Frühstück wirklich günstig sind – und die abendlichen Gespräche überaus kurzweilig. Hier werden auch bahnbrechende Entwicklungen vorgenommen, darunter die Einführung von Elefantengras als Heizpellets, da diese einen weit höheren Brennwert als Holz besitzen und die Anpflanzung ein Kinderspiel ist.

Ausflüge **Zum Palmenmeer:** Nehmen Sie 4 km außerhalb und nordöstlich Grootfonteins (B8) die C42 nach Süden Richtung Otjituuo. Nach 13 km ragen immer mehr Makalani-Palmen aus dem Busch, bis sie dicht an dicht stehen. Gegen den blauen Himmel ergeben die Fächer ein durchaus attraktives Bild. **Zum Baobab bei Tsintsabis** s. Route 13a.

Adressen & Service Grootfontein

Unterkunft *Touristenklasse:* **Dornhügel Gästefarm** (37 km außerhalb), Meteor Hotel, The Courtyard.

Günstig: **Camp Maori,** Seidarap Gästehaus, Stonehouse B&B, Peace Garden Lodge (5 km nach S), Roy's Camp (56 km nach N).

Unterkunftstipp
Wer wirklichen Farmbetrieb erleben will, ist auf Dornhügel genau richtig, hier erfährt man alles über das schöne und anstrengende Leben einer Farmerfamilie. Overlander fühlen sich in Roy's Camp wohl, und wer es gerne weniger „schräg" und einfach mag, besucht das **Camp Maori.**

Essen Während der Geschäftszeiten kann man im Supermarkt Hage Geingob Street/ Ecke Okavango Road die Leckereien der *Bäckerei Steinbach* genießen.

Restaurant Purple Fig, 19 Hage Geingob Street, Tel. 081-1242802, Mo–Fr 7–17 Uhr, Sa 8–13.30 Uhr, leichte Mahlzeiten, Kaffee und Kuchen

Einkaufen *Otjiwanda Mall,* Einkaufszentrum mit Imbiss-Möglichkeiten
Information Visitors Information, P.O. Box 23, Grootfontein, Tel. 067-243100
Busse *Intercape Mainliner,* Haltestelle an der Tankstelle Maroela Motors
Golf Golf Club, P.O. Box 43, Grootfontein, Tel. 06738-82923
Gesundheit State Hospital, Upingtonia Road, Tel. 067-242041

Die Durstlandtrekker

Diese südafrikanische Burengemeinschaft hatte es nach dem Vordringen Englands vorgezogen, die alte Heimat Transvaal zu verlassen und begab sich in den 70er und 80er Jahren des 19. Jahrhunderts auf die Suche nach neuen Weidegründen in den Norden. Auf einer abenteuerlichen Odyssee durchwanderten sie Südwestafrika und blieben in der Kalahari hängen, wo viele verdursteten. Die restlichen Familien trekkten durchs Kaokoveld, überquerten den Kunene und ließen sich im heutigen Südangola nieder. Jahrzehnte später kehrte ein Teil der Trekker aber wieder nach Süden zurück.

Auf ihrem Zug hatten sie den Farbigen W. Jordan kennengelernt und sich seiner Führung anvertraut – eine absurde Konstellation angesichts der auf Rassentrennung bedachten Einstellung der Durstlandtrekker. Er brachte die Gruppe schließlich nach mehreren erfolglosen Versuchen, Land zu erwerben (unter anderem bei Rehoboth) in das heutige Mais-Dreieck. Nach Verhandlungen mit Ovambo-Häuptern wurde bei Grootfontein Land für die „Republik Upingtonia" erworben. Dieser Neugründung war aber keine große Zukunft beschieden, sie geriet in den Interessenskonflikt zwischen Deutschen und Herero, die ebenfalls Anspruch auf das Land erhoben. Einige Trekker gaben schließlich entnervt auf und zogen wieder weiter – die meisten zurück nach Transvaal, einige siedelten schließlich am Waterberg. Jordan, der verzweifelt versuchte, seine Republik zu retten, verhandelte zwischen Deutschen, Herero und Ovambo. Schließlich wurde er von einem Ovambo – in wessen Auftrag auch immer – ermordet.

Grootfontein – Rundu

Gästefarm Dornhügel

Auf der B8 zweigt 15 km hinter Grootfontein südöstlich die Piste D2844 ab. Wer ihr 22 km folgt, kommt zur Gästefarm Dornhügel. Familie Beyer repräsentiert eine „alte Südwester Familie" im besten Sinne. Gastfreundschaft, fundiertes Wissen über die Natur des Landes und aufgeklärtes Problembewusstsein der sozialen Schwierigkeiten, die die Nation meistern muss, erfahren Sie bei den gemeinsamen Mahlzeiten und bei der Besichtigung der bewirtschafteten Farm. Unter einer mächtigen Ringelblütenakazie wird der Sundowner serviert, abends sitzen die Gäste ums knisternde Lagerfeuer, und das Ehepaar Beyer beantwortet gern jede Frage.

Den Autoren gilt Dornhügel als eine der sehenswertesten Gästefarmen des Landes.

Über Rinderhaltung im Busch

In Namibia gibt es ca. 4000 Farmen unterschiedlicher Größe. Die durchschnittliche Farm hat 4000 bis 5000 Hektar, in der Landesmitte sind sie normalerweise etwa 3000 ha groß (um Windhoek herum sogar nur 50 ha), im Norden erreichen sie 6000 ha und im trockenen Süden sind 10.000 bis 20.000 ha keine Seltenheit. Etwa 20% der Farmen gehören Schwarzen und Farbigen, der Rest ist in Händen des weißen Mittelstandes. Er ist ein nicht zu unterschätzender Arbeitgeber im Land, da auf 1000 ha eine Arbeitskraft kommt, die im Schnitt wieder 5 Familienmitglieder ernährt.

Über Jahrzehnte hinweg wurde in Namibia Rinderzucht in einer Form betrieben, die die Landschaften durch Überweidung immer mehr verbuschen ließ. Die Farmer stehen nun vor dem Problem, die Bestockungsraten (das Verhältnis von Grund zu Rinderanzahl) immer weiter herunterzufahren oder der Natur die Gelegenheit zu geben, sich zu erholen und dieser Erholung nachzuhelfen, indem die Weideflächen mühsam entbuscht werden.

Auf guten Weideflächen im Norden des Landes und in einem guten Regenjahr (400–600 mm) benötigt ein Rind ungefähr 8 ha, in schlechten Regenjahren (200–300 mm) bis zu 20 ha. Um diese Zahlen zu erreichen, muss der Farmer investieren. Er hat verschiedene Möglichkeiten, sein Gelände vom Busch zu befreien. Gift, direkt gespritzt, oder per Flugzeug, mechanisch mit einem Kettenfahrzeug, manuell durch Beilung und durch Brandrodung. Der Gifteinsatz und die mechanische Variante kostet pro Hektar etwa 300–400 N$, die manuelle Entbuschung 200–300 N$.

Die Brandrodung ist nur die scheinbar billigste Form. Sie funktioniert nur, wenn ausreichend Gras ein Feuer entwickeln kann, das stark genug ist, die Büsche zu entflammen. Damit wird aber die für die Rinder notwendige Weidefläche abgefackelt, so dass immer nur ein Teil der Farm auf diese Weise aufbereitet werden kann; im übrigen sollte jede Weidefläche alle sieben Jahre einmal brandgerodet werden, damit die Natur sich wieder erneuern kann. Viele Farmer greifen aus diesen Gründen heute auf die manuelle Entbuschung zurück, die auch noch den angenehmen, volkswirtschaftlichen Nebeneffekt hat, dass sie personalintensiv ist und damit der Arbeitslosigkeit entgegenwirkt.

Die bevorzugten Rinderrassen sind Simmenthaler und Brahmanen, erstere sind gute Milch-, Letztere gute Fleischkühe. Die erste Kreuzungsgeneration wird für die beste gehalten, und so versucht man immer wieder, durch Einkreuzung diesen Standard zu halten. Die Rinder kommen über Versteigerungen auf den Markt. Sie werden in 3 Hauptklassen unterteilt (Super, Prima und Top), von denen jede wieder in sieben Unterklassen zerfällt. Rinder jünger als zwei Jahre (und mit ca. 400 kg Lebendgewicht) werden „Super" genannt, Rinder jünger als 40 Monate als „Prima" (ca. 450 kg) und ältere als „Top" (ca. 500 kg).

Weiterfahrt

31 km weiter auf der B8 und 300 Höhenmeter niedriger mündet die C44 ein. Hier haben Sie Anschluss an die Route 13b durch die Wildnis des Kaudom. Die Monotonie der folgenden Strecke wird nur einmal unterbrochen: Man gelangt an das Tor der Disease Control mit einem kleinen Kiosk neben einem ausgedienten Autobus.

Schnurgerade zieht die Straße weiter nach Nordosten auf Rundu zu, die Weidezäune sind verschwunden, die Region Okavango erreicht.

255 km hinter Grootfontein streift die B8 Rundu südlich. Früher fuhr man durch den Ort, um auf die Piste in den Caprivi Strip hinein zu gelangen. Während des Bürgerkrieges bauten die Südafrikaner aber die neue Piste, um außerhalb der Reichweite der Kanonen zu sein, die die von angolanischem Boden aus operierende SWAPO angeblich besitzen sollte. Rundu wurde Garnisonstadt. Nach der Unabhängigkeit ging es mit der Wirtschaft bergab. Hinzu kam noch die Grenzschließung zu Angola Mitte der 1990er Jahre, so dass auch der kleine Grenzverkehr aus Angola wegfiel. Viele Angolaner kauften Dinge des täglichen Lebens in Rundu ein, bis das namibische Militär begann, „illegale" Grenzgänger zu beschießen. Heute hat sich die Situation wieder gebessert, die Grenzen sind offen, der Schießbefehl zurückgenommen, so dass der Tourist auch wieder Bootsfahrten auf dem Okavango unternehmen kann.

Rundu

Rundu ist eine Flussstadt. Nach der langen Fahrt durch die aride und semiaride Landschaft kaum vorstellbar. Der Okavango (portug. Cubango) bildet auf 400 km die Grenze zwischen Angola und Namibia, so wie der Kunene auf der gleichen Länge im Westen des Landes. Beide Flüsse entspringen im zentral-angolanischen Hochland. Die fruchtbaren Überflutungsgebiete (Hochwasserzeit ist März/April) bieten beste Voraussetzungen für den Anbau von Getreide und Reis, und im Fluss wird Fisch gefangen. Touristen können mit dem Kanu den Fluss entlangfahren und angeln (nur Baden sollte man wegen der Krokodile lieber nicht).

Autowerkstätten, Tankstellen und sehr viele und gut bestückte Supermärkte erlauben, die Vorräte aufzustocken. Entlang des Kavango wurden mehrere Lodges eingerichtet, und im Ort selbst gibt es ebenfalls Übernachtungsmöglichkeiten. Man merkt dem Ort an, dass er boomt. Seit der Krieg in Angola zu Ende ist und die Grenzen offen, kommt ganz Südangola zum Einkaufen, sogar eine Brücke wenige Kilometer stromaufwärts steht in der Diskussion.

Rundu

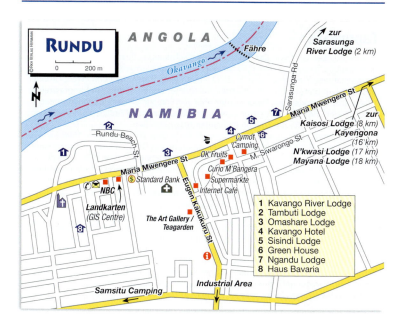

Information	Kartenmaterial über den Caprivi erhält man im GIS-Büro bei der Stadtverwaltung (in der Maria Mwengere Road das flache, langgezogene Gebäude nach der First National Bank, Ecke Eugen Kakukuru Street Richtung NBC).
Internet	*Sparks Enterprise,* Eugen Kakukuru Street, Tel. 066-255752.
Busse	*Intercape Mainliner,* Engen Tankstelle (Eugen Kakukuru Street)
Unterkunft	*Touristenklasse:* Hakusembe River Lodge (16 km westlich von Rundu), Tambuti Lodge, Omashare River Lodge, Kavango River Lodge, Ngandu Lodge, Haus Bavaria
	Günstig: Green House, Samsitu Camping
	Außerhalb: Sarasungu, Kaisosi, N'kwazi, Taranga Safari Lodge (35 km westlich an der C45/B10)
Essen	*Omashare River Lodge,* Tel. 066-256101
	Kavango River Lodge, Tel. 066-255244; herrlicher Blick von der Terrasse, beste Adresse für gediegenes Dinieren
Einkaufen	Curios bekommt man in der Halle neben dem Africa House (M'Bangera) und auf dem offenen Markt, ebenso in der *Art Gallery and Teagarden* (mit Kaffee und Kuchen im Pflanzengarten), bei *Cymot* kann man Campingausrüstung nachkaufen.
Autowerkstatt	Gabus Garage, Tel. 066-255641, nach Geschäftsschluss 081-1280081, Abschleppdienst.

Caprivi-Strip

1890 wurde **Leo Graf von Caprivi** deutscher Reichskanzler. Beim Wettlauf mit England um Gebietssicherungen in den Kolonien oder um für Kolonien geeignete Gebiete war eine frostige Situation zwischen den beiden Ländern eingetreten, weil *Carl Peters*, Gründer des Schutzgebietes Deutsch-Ostafrika, versuchte, seinen Einfluss auf angrenzende Landstriche auszudehnen. Diese wurden aber von England als der eigenen Interessensphäre zugehörig eingestuft. Lösung versprach, die Grenzen und Einflussräume fest zu definieren und damit für die Zukunft Reibereien auszuschließen.

Deutschland bot den Engländern die deutsche Kolonie *Wituland* (1885–1890, im heutigen Kenia) und den Verzicht auf eine Kolonisierung des Deutsch-Ostafrika vorgelagerten Sansibar an (ein freies Sultanat, das England umgehend seinem Kolonialreich einverleibte). Weiter gab Deutschland Interessen im heutigen Uganda und bei Mombasa auf. Im Gegenzug wollte das Deutsche Reich Helgoland und den Caprivi-Zipfel und eine klare Definition der Grenzen in den afrikanischen Kolonien bzw. seinen Schutzgebieten (Togo, Deutsch-Ostafrika, Deutsch-Südwestafrika).

Der Vertrag hieß offiziell „Vertrag über Kolonien und Helgoland", erhielt aber bald den griffigen Namen „Helgoland-Sansibar-Vertrag". Warum? Bismarck war „sauer", weil man ihn als Kanzler nicht mehr wollte. Reporter interviewten ihn und fragten, was er denn von seinem Nachfolger Caprivi halte. Wenig, lautete das Urteil des Entlassenen, schließlich hätte man mit härteren Bandagen verhandeln können, und irgendwohl wäre dann Sansibar schon deutsches Schutzgebiet geworden. Wie auch immer, Deutschland war einen Schritt weiter gekommen auf dem Weg, die Schutzgebiete im Westen und Osten Afrikas eventuell irgendwann einmal miteinander verknüpfen zu können.

Trans Caprivi Highway

Verlassen Sie Rundu auf der B8 nach Osten. Jetzt sind Sie auf dem Trans Caprivi Highway. 1996 asphaltierte man das letzte Teilstück Piste. Somit kann man die gesamte Strecke bis zum östlichen Endpunkt Katima Mulilo auf Asphalt zurücklegen. Links und rechts der Straße sind ab und zu kleine Holzverschläge zu sehen. Einheimische verkaufen Schnitzereien.

111 km hinter Rundu bei Katere, einem Dorf, dass sich unsichtbar im Busch verbirgt, führt eine Piste mit tiefen Sand nach Süden, Anfangs- und Endpunkt der Route 13b durch den Kaudom Park, kein Weg, in den man spontan einbiegen sollte!

87 km weiter, vor der Brücke über den Kavango bei Kongola, bei der Shell-Tankstelle, geht die Piste nach Botswana, vorbei an den Popa-Fällen, ab. Nach Norden fahrend gelangt man auf der D3502 zum Living Museum der Mafwe mit Zeltplatz, ein lohnenswerter Abstecher. Selbstbeschreibung auf www.lcfn.info: „Im Zentrum der Darstellung steht das Kennenlernen ihrer ursprünglichen Lebensweise und vorkolonialen Kultur im traditionell errichteten Dorf. Die Mafwe erklären leb- und beispielhaft und von einem der Guides wird ins Englische übersetzt. Viele der angebotenen Programme sind interaktiv, denn auch den Mafwe bereitet es besonders große Freude,

wenn sich die Gäste beispielsweise im Flechten einer Reuse versuchen oder eine der angebotenen traditionellen Speisen probieren." Auch Übernachtungsmöglichkeit.

Popa-Fälle, Mahangu Safari Lodge

5 km am Kavango entlang bringen Sie zum Eingang des Rastlagers, Tagesbesucher der Fälle sind zugelassen (40 N$/Person, 10 N$/Fahrzeug).

Das großzügig angelegte Lager hat Bungalows und Stellplätze. Nachts kommen die Flusspferde bis an das Camp. Die Spuren am Kavango zeugen von der regen Fresstätigkeit der tagsüber im Wasser dösenden Tiere. Sie können ausgesprochen gefährlich werden, wenn ihnen der Fluchtweg zum Wasser abgeschnitten erscheint, und sie sind wesentlich schneller als ein Mensch. Gehen Sie über die schmalen Steige bis zu den Stromschnellen, denn mehr sind die „Fälle" nicht („Popel-Fälle", sagte mal jemand), ihre Höhe beträgt hier, über mehrere Felsstufen hinweg, nur insgesamt 2,5 m). Die Besonderheit der Popa-Fälle ist jedoch, dass der Okavango hier klares Wasser führt und nicht, wie die anderen Fälle der Region, braunes Wasser hat (deshalb bezeichnet man die Popa Falls auch als „White Water Falls").

Fährt man auf der C48 weiter nach Süden passiert man mehrere Lodges und Camps. Das letzte und dem Eingang zum Mahango-Wildpark am nächsten (3 km) ist die unter deutschsprachiger Leitung stehende und ausgezeichnete **Mahangu Safari Lodge.** In festen Bungalows oder Zelten (alle en-suite) nächtigt man am Ufer des Kavango und genießt Essen zu günstigen Preisen, wenn man den Aufwand bedenkt, der die Infrastruktur an so einem abgeschiedenen Ort erfordert. Game Drives (nach Mahango und Buffalo) und Bootstouren mit Birdwatching und Angeln stehen auf dem Programm.

Caprivi-Tierparks

Die Flüsse, ihre Deltas und Überflutungsebenen im Caprivi sind ein idealer Lebensraum für viele Tiere. Großwild, Vögel, Flussbewohner – alle fänden ein exzellentes Habitat, wäre nicht der Mensch. Die geschaffenen Zonen dienen dem Schutz der Tiere, nicht dem Vergnügen der Touristen. Mit dem **Mahango-Wildpark** wurde einstmals die westlichste Schutzzone im Strip eingerichtet. Der **Mudumu-Nationalpark** im Osten bildete die andere Seite. Heute bilden die Parks im Caprivi eine Einheit. Der ehemalige Caprivi Game Park wird, zusammen mit dem Mahanago Game Reserve, **BwabWata National Park** genannt, weiterhin finden noch der **Mahango, Mamili** (Nkasa Lupala), **Mudumu Park** und die **Buffalo Conservancy Area** östlich des Kavango.

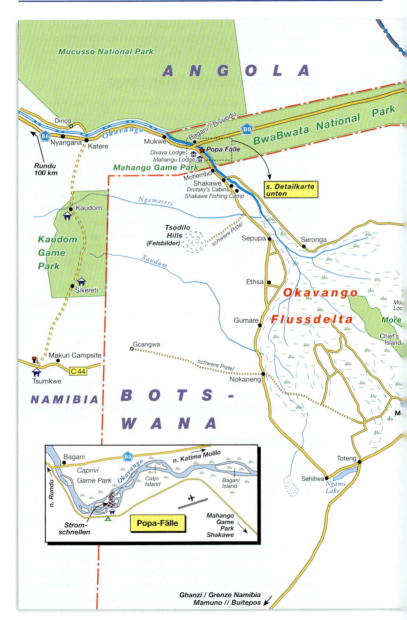

Karte S. 594/595 **Trans Caprivi Highway**

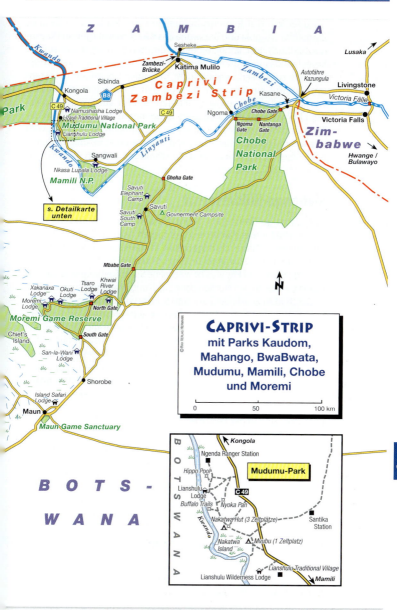

Außerdem wurde grenzübergreifend mit den Ländern Zambia, Zimbabwe, Angola und Botswana das **KAZA-Schutzgebiet** (Kavango/Zambezi) geschaffen, eines der größten Schutzgebiete auf der Erde. Um das Verständnis der einheimischen Bevölkerung für die Projekte zu wecken, wird versucht, in einigen Gegenden Touristenunterkünfte einzurichten, die von den Anwohnern organisiert werden und von denen sie profitieren. Bislang wurde den Caprivianern immer nur ihr Lebensraum weggenommen – zugunsten der Tiere und der Touristen. Erst wenn die Einheimischen auch vom geplanten Touristenstrom im Caprivi Nutzen ziehen, sind für sie z.B. die Elefanten, die sehr oft arge Zerstörungen in ihren Pflanzungen anrichten, nicht mehr nur eine Plage.

Mahango-Wildreservat

Der Mahango Game Park gehört zu den jüngsten und mit etwa 30.000 Hektar (der Fläche einer größeren Farm in Südnamibia) zu den kleinsten Naturschutzgebieten in Namibia. Seinen südlichen Rand bildet der Okavango. Im Einzugsgebiet des Okavango findet man mit Ried- und Papyrus bewachsene Sumpfgebiete und Galeriewälder, weiter gegen Norden dann Gras- und Mopane-Baumsavanne.

Geschaffen wurde der Park zum Schutz von Tierarten, deren Zahl im Caprivi alarmierend gesunken ist, wie Pferde- und Rappenantilopen, Moorantilopen und Sitatunga (Sumpfantilopen). Darüber hinaus gibt es in der Trockenzeit eine für die Umwelt fast schon bedenklich große Elefantenpopulation. Weiter sind viele Flusspferde, Büffel und die großen und kleinen Raubtiere wie Löwen, Leoparden, Hyänen und Wildhunde zu sehen. In den Sumpfgebieten nisten seltene Vögel, wie der Scherenschnabel und Klunkerkranich.

Die Pisten im Park sind nur mit geländegängigen Fahrzeugen befahrbar und in der Regenzeit häufig überhaupt nicht passierbar! Die Hauptstrecke durch Mahango nach Shakawe (Botswana) sowie ein kurzer Abstecher ans Okavango-Ufer können mit einem Pkw bewältigt werden.

Reservierung, Unterkunft: Eine Genehmigung zur Durchfahrt des Parks im Grenztransit ist nicht notwendig. Wer abseits der Hauptstrecke auf Tierbeobachtung gehen will benötigt eine Genehmigung (am Eingangstor zum Park erhältlich).

Buffalo Core Conservation Area

Die Buffalo Conservancy Area ist der eigentliche Namensgeber der Caprivi Parks, die lange Zeit bei den Eingeweihten nur unter der Kurzform Buffalo Park bekannt waren. Die Conservancy befindet sich gegenüber Mahango auf der anderen Seite des Kavango und brilliert in der Saison mit großen Herden an Büffeln (Juni–November). Lange Zeit war das Gebiet militärisch genutzt, und heute noch passiert man die Strukturen der Südafrikaner. In einer von ihnen residieren die Ranger (4 km von der B8), die auch die Eintrittskarte mit einem Plan verkaufen. 5 km sind es von hier nach Picapau, weitere 13 km zum Nova Ranger Camp und nochmal soviel zur Delta Pan westlich der Station, wo die beste Tierbeobachtung möglich ist.

Bagani – Mudumu National Park

Auf der B8 weiter geht es ab Bagani immer nur geradeaus, 195 langweilige Kilometer, bis zum Abzweig zum Mudumu- und dem Mamili (Nkasa Lupala)-Nationalpark (bei Kongola), beide südlich an der Grenze zu Botswana. Das Kunsthandwerkszentrum „Mashi" in Kongola verkauft u.a. aus Fasern der Makalanipalme geflochtene Körbe.

Auch der **Mudumu National Park** wurde erst 1990 als Naturschutzgebiet ausgewiesen. Der 85.000 Hektar große Park erstreckt sich vom Ufer des Kwando (der in seinem weiteren Verlauf dann Linyanti und in Botswana schließlich Chobe heißt) nach Osten, hinein in dichte Mopane-Baumsavanne. €hnlich wie im Mahango-Park dominiert auch hier Ried- und Papyrusgras die Uferböschungen, und auch die Tierarten, die in Mudumu beheimatet sind, gleichen denen im West-Caprivi.

Mamili (Nkasa Lupala) National Park

Der Kwando/Linyanti verläuft entlang der botswanisch-namibischen Grenze zunächst nach Süden, um sich schließlich in einer scharfen Kehre wieder nach Nordosten zu wenden. In diesem Knie hat der Fluss sich in eine Vielzahl einzelner Wasserläufe aufgefächert, die

Im Caprivi trifft man eher selten auf einen Einzelgänger, die Regel sind große Herden

ein einzigartiges Sumpfgebiet hervorgebracht haben. Die Linyanti-Sümpfe bilden den Kern des 35.000 Hektar großen Mamili (Nkasa Lupala)-Nationalparks, der bei den Einheimischen *Malengalenga Park* heißt. Am Eingang des Parks, 11 km südlich von Sangwili, gibt es mit der luxuriösen *Nkasa Lupala Lodge* eine empfehlenswerte Unterkunft.

Die besondere Topographie des Parks macht einen Besuch mit eigenem Fahrzeug unmöglich. Im Mamili werden die Game Drives per Motorboot oder Mokoro veranstaltet. Unterkunftsmöglichkeiten gibt es nur im nördlich davon gelegenen Mudumu-Nationalpark (s.o.).

In der Trockenzeit sind die mit Bäumen (wilde Dattelpalmen, Apfelblatt) bewachsenen „Inseln" von weiten, offenen Grasflächen umgeben. In den riedbewachsenen Kanälen und Tümpeln dösen Flusspferde vor sich hin, während Elefantenherden majestätisch das zarte Blattwerk von Büschen und Bäumen äsen. Sobald Regen fällt, verwandeln sich die Sümpfe in riesige Wasserflächen, aus denen nur noch vereinzelte Bauminseln aufragen.

Neben Löwen, Büffeln, Leoparden, Hyänen und wilden Hunden bekommt man mit etwas Glück auch die seltene Sitatunga zu Gesicht, eine Antilopenart, die hervorragend schwimmen kann und mit ihrem zotteligen, langen Fell und den breiten Hufen an das Leben im Sumpf angepasst ist. Vogelbeobachter werden im Mamili eine Unmenge seltener Arten beobachten können, darunter den Fischadler, die Afrikanische Zwerggans und den Klunkerkranich.

Reservierung für Mudumu: Eine Genehmigung zum Besuch von Mudumu (Eintritt 40 N$/Person, 10 N$/Fahrzeug) erhält man bei den Ranger Stationen im Mudumu Park (Nakatwa und Ngenda) an der C49 unweit der ehemaligen Abfahrt zur Lianshulu Lodge, 40 km nach dem Abzweig von der B8. **Der Eintritt in Mamili** (Nkasa Lupala) erfolgt bei der Sangwali Ranger Station 1 km abseits der Straße. Wenn dieser Eingang während der Regenzeit blockiert sein sollte, fährt man über den Malengalenga Village Entry. Die Einfahrt in Mamili während der Regenzeit (Nov–Jun) ist nicht sinnvoll, zu viele Fahrzeuge mussten bereits aufgegeben werden. Die Lodges bieten einen Meldeservice an, wer nach Mamili fährt, meldet sich ab und bei Rückkehr wieder an. Beide Parks haben **Campsites,** die zwar ohne Infrastruktur, dafür aber herrlich gelegen sind. Zusätzlich zum Eintritt (80 N$/Person, 20 N$/Fahrzeug) fallen keine Kosten an. Mudumu-Campsites: Nakatwa, Mvubu. Mamili-Campsites: Sishika Channel, Mparamure, Nsheshe, Nzalu.

Auf der Fahrt zur ehemaligen Lianshulu Lodge kommen Sie 8 km vor dem Padende bei einem Dorf namens **Lizauli** vorbei (Nach der Schließung von Lianshulu ist die Zukunft des Projektes ungewiss). Als Projekt zur Einbindung der hier ansässigen Bafue in den Tourismus genoss es Modellcharakter. Gegen ein geringes Eintrittsentgelt (und vielleicht eine Spende in eine Box) werden Tänze vorgeführt, der Medizinmann erklärt traditionelle Heilungsmethoden und die Gerätschaften des täglichen Gebrauchs werden demonstriert. Die Hütten sind um das zentrale Gebäude angeordnet, das Großküche für die Dorfbewohner und Versammlungsort gleichzeitig war.

110 km hinter dem Abzweig zum Mudumu-Nationalpark gelangt man an den Ortseingang von Katima Mulilo. Der Zambezi ist erreicht, der längste Fluss des südlichen Afrika.

Alternativstrecke nach Katima Mulilo Die Piste ist im ersten Teil recht gut, wird aber zunehmend ruppiger und ist etwa ab Linyanti übles Wellblech. Vom Lianshulu-Abdreh von der C49 (180647/232403) passiert man nach 4 km das Schild zur Nakatwa Ranger Station (180815/232559). Nach weiteren 9 km wird der Mudumu Nationalpark verlassen und nach weiteren 21 km weist ein Schild zum Livingstone's Camp – ehemals der Nsheshe Campsite (181417/233941, www.livingstonescamp.com). 50 km dahinter fährt man durch den Ort Linyanti (180423/240052). Nun sind es noch 65 km hartes Wellblech bis zur B8 (173337/241507). Von hier sind es noch 6 km nach Katima hinein.

Katima Mulilo

Katima Mulilo ist das wirtschaftliche Zentrum der Ostregion des Caprivi, hier läuft der Verkehr aus Zambia, Botswana und Zimbabwe nach Westen zusammen, besonders seit er auf der 2004 eröffneten Zambezi-Brücke von Zambia unproblematisch herüber und hinüber rollen kann.

Auf dem Marktplatz gibt es einen der wenigen afrikanischen Märkte unter offenen Himmel in Namibia, von der einzeln verkauften Zigarette bis zum Trockenfisch ist alles zu haben. Die Supermärkte sind gut sortiert, Bäckerei, Metzger, Banken – es ist alles da, was das Herz begehrt, natürlich auch mehrere Unterkunftsmöglichkeiten.

Markt in Katima

Katima Mulilo

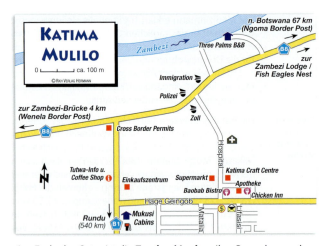

Am Ende des Ortes ist die **Zambezi Lodge.** Ihre Bungalows gehen Richtung Fluss, der Zeltplatz ist direkt am Ufer. Auf die Tische des Restaurants kommen Steaks, die über den Tellerrand lappen.

Information	*Tutwa Tourism & Travel*, Rundu Road, Tel. 066-404099, www.tutwatourism.com. Hier kann man auch Unterkünfte in und um Katima und in den Nachbarländern buchen.
Busse	*Intercape Mainliner*, Haltestelle Shell Tankstelle, Hage Geingob Street.
Unterkunft	*Touristenklasse:* **Zambezi River Lodge,** Fish Eagle's Nest, Kalizo Lodge (45 km außerhalb)
	Günstig: Capriri Traveller's Guest House, Mukusi Cabins, Three Palms B&B, Nwami Island Camping (5 km östlich)
Essen	*Zambezi River Lodge,* Tel. 066-253149
	Mukusi Cabins, Tel. 066-253255
	Baobab Bistro, Tel. 066-252047
	Chicken Inn, Tel. 066-252786
Einkaufen	Katima Craft Center (ehemaliges NACOBTA-Project), Olifant Street, gegenüber dem Marktplatz.

Richtung Grenze Botswana

Verlassen Sie Katima Mulilo auf der B8 Richtung Südosten. Bei Km 20 hinter Katima Mulilo führt links eine Piste zur **Kalizo Lodge** (25 km). Nach 17 km ist ein Ort zu erahnen (Bukalo), und 26 km weiter erreichen Sie den namibisch/botswanischen **Grenzposten Ngoma.** Hier haben Sie Anschluss an die Route 15.

Route 13a: Hinterland ist Farmland

Grootfontein – Tsintsabis – Tsumeb

Km	Abzweig	Ort	Sehenswert	Übernachtung	GPS
Km 0, B8 Teer nach NO		Grootfontein T+V	s. Route 13	s. Route 13	19 33 51 18 06 15
Km 5, Straße 73 Piste nach N					19 31 32 18 08 09
Km 13, D2848 Piste nach O					19 27 11 18 07 39
Km 51, D2855 Piste nach N					19 10 06 18 19 08
Km 83				Koukuas Gästefarm	
Km 84			Baobab (1 km)		18 53 06 18 19 15
Km 86, D3016 Piste nach W					18 51 56 18 19 26
Km 128			Muramba Bushman Trails	Muramba Bushman Trails	18 47 57 18 01 03
Km 134, Straße 75 Piste		Tsintsabis		Treesleeper Camp	
Km 158					
Km 188 Teer					
Km 196		Tsumeb, T+V	s. Route 7	s. Route 7	19 13 52 17 42 31

Grootfontein – Tsumeb

In Grootfontein (s. Route 13) haben Sie Anschluss an die Route 13. Verlassen Sie Grootfontein auf der B8 nach Nordosten. Nach 5 km erreichen Sie die Piste Straße 73, der Sie nach Norden folgen. 8 km weiter biegen Sie in die Piste D2848 nach Osten ein und nach 38 km in die Piste D2855 nach Norden.

33 km hinter der letzten Abbiegung kommen Sie an einen kleinen Parkplatz mit Hinweisschildern auf das Nationale Monument Baobab. Sie gehen etwa 1000 m zu Fuß über privates Farmgelände durch den Busch und sehen den Baum vor sich.

Muramba Bushman Trails

2 km nach der Weiterfahrt biegen Sie in die D3016 nach Westen ab und über **Tsintsabis** erreichen Sie auf der Straße C75 nach 110 km Tsumeb. Wer sich für die Kultur der San interessiert, kann 6 km vor Tsintsabis einen Übernachtungsstopp bei Muramba Bushman Trails auf der Farm von Reinhard und Yvonne Friederich einlegen.

Reinhard Friederichs Familie lebt bereits seit drei Generationen auf dieser Farm, ebensolange beschäftigt man hier auch Heikom-San als Farmarbeiter. Friedrich ist unter den San aufgewachsen, hat dabei ihre Sprache gelernt und kennt wohl wie kaum ein anderer das traditionelle Leben der Wildbeuter. Seit einigen Jahren betreibt er nun ein Tourismusunternehmen, in dessen Mittelpunkt die San stehen. Er organisiert ein- oder mehrtägige Wanderungen auf dem Farmgelände unter Führung von San. Dabei erfährt man interessante und spannende Details – aus welchen Pflanzen das tödliche Pfeilgift gewonnen wird, wie Fallen gestellt oder Spuren verfolgt werden.

Als Übernachtungsmöglichkeit stehen im Stil der San gebaute Hütten mit Gemeinschaftsdusche und -WC zur Verfügung. Der Preis für eine eintägige Wanderung beträgt inkl. Mittagessen etwa 30 € p.P. (bei bis zu 4 Teilnehmern; je größer die Gruppe, desto preiswerter wird's). Übernachtungen in Hütten (Selbstverpflegung) möglich, Zeltplätze sind vorhanden.

Tsumeb (s. Route 7). Dort haben Sie Anschluss an die Route 7.

Der Baobab

Um den Affenbrotbaum ranken sich viele Legenden, er gilt als die Pflanze, die sich aus der fernen Vergangenheit in die Gegenwart herübergerettet hat. Auf 4000 Jahre und mehr sei das Alter einiger Exemplare bestimmt worden (andere Stimmen sprechen allerdings von einem Maximalalter von 1500 Jahren), pro Jahr vergrößert sich der Durchmesser durchschnittlich nur um 2,5 mm, bei den gigantischen Ausmaßen der Bäume eine schier unglaublich niedrige Wachstumsrate!

In ihrer Jugend – die ersten 270 Jahre – wachsen sie etwas schneller, bis der Stamm 2 m Durchmesser besitzt. Ausgewachsen können sie bis zu 9 m Durchmesser und einen Umfang von 45 m erreichen – ein Dinosaurier der Pflanzenwelt. Mit seinen relativ dünnen Ästen auf dem riesigen Stamm erinnert der Baobab an einen auf dem Kopf stehenden Baum.

Da die jungen Baobabs eine andere Blätterform als die älteren besitzen, glauben die San, dass die Bäume nicht auf der Erde wachsen, sie fielen kopfüber vom Himmel. David Livingstone, der englische Afrika-Forscher und Entdecker, bezeichnete den Baum als „gigantische, umgedrehte Karotte".

Im Leben der Einheimischen spielt der Baobab auf mehreren Gebieten eine wichtige Rolle, nämlich als Nahrungsmittel, als Medizin und als Objekt der Naturreligionen und Legenden: Das Fruchtfleisch kann als Getreideersatz für Brot verwendet werden und als Basis für ein erfrischendes Getränk (der Gehalt an Vitamin C ist außerordentlich hoch). Die Samen ergeben geröstet einen Kaffee-Ersatz, die Schösslinge werden als Spargel gegessen und sogar die Asche ist nützlich: sie dient als Salz zum Würzen der Speisen. Die Blätter helfen gegen Durchfall und Fieber und die Samen enthalten ein Alkaloid, das den Herzschlag verlangsamt und das auch als Pfeilgift genutzt wird.

Wer die weißen Blüten pflückt, wird von Löwen gefressen, wer die Samen in Wasser gibt und dieses trinkt, wird nicht von Krokodilen angefallen, und als die Götter zu Anbeginn jedem Tier bestimmte Samen gaben, auf dass diese sie pflanzen und gedeihen ließen, erhielt die Hyäne den Samen des Baobab. Sie stand aber als letztes Tier, das bedacht wurde. Darüber war sie so verärgert, dass sie den Baum verkehrt herum wachsen ließ.

Route 13b: Tiefer Sand und wilde Tiere – das Kaudom-Tierreservat

Grootfontein – Tsumkwe – Kaudom – Katere

Km	Abzweig	Ort	Sehensw.	Übernachtung	GPS
Km 0, B8 Teer nach N		Grootfontein, T+V	s. Route 13	s. Route 13	19 33 51 18 06 15
Km 15	Km 0 D2844 Teer Km 4 Piste Km 22			Dornhügel Gf.	19 29 52 18 13 23 19 28 55 18 24 53
Km 56 C44 Piste					19 14 33 18 30 05
Km 128	D2893 Km 0 Piste Km 107			Dornhügel Gf.	19 16 46 19 10 23
Km 131	Zum Grashoek Village nach Nord Piste Km 0	Disease Control Tor			19 17 03 19 12 10
	Km 6		Trad. Village	Grashoek Trad. Village	19 14 19 19 14 35
Km 142				Omatako Valley Rest Camp	19 17 18 19 19 33
Km 254		Duinepos			19 33 20 20 14 58
Km 279		Tsumkwe		s. unter Tsumkwe im Text	19 35 29 20 29 53
Km 280, Piste nach NO					19 35 25 20 30 13
Km 305	Abzweig nach Xaxoba				19 18 05 20 38 09
Km 315	Zum Durstlandtrekker-Baobab				19 18 05 20 38 09
Km 329, Piste wendet nach N					
Km 332		Parkeingang			19 10 00 20 42 13
Km 333				Sikereti Rastlager (aufgelassen)	19 06 16 20 42 17
Km 338		Tsotsana			19 03 20 20 42 57
Km 363	Tarikora Wasserstelle Km 0 Piste nach S Km 7,5 Km 11	Dussi Wasserst. (2 km) Wasserst. Tarikora Wasserst.			18 50 56 20 47 01 18 53 40 20 52 14
Km 385	Leeupan Wasserst. Km 0 Piste nach O Km 2	Tsau Wasserst.			18 40 44 20 44 04 18 41 00 20 45 19

Km	Abzweig	Ort	Sehensw.	Übernachtung	GPS
	Km 12,5	Leeupan Wasserst.			18 43 18 20 51 42
Km 396	Burkea Wasserst. Km 0 Piste nach W Km 6	Burkea Wasserstelle			18 35 10 20 44 49
Km 406 Piste nach W					
Km 407, Piste nach N					
Km 409 Piste n. rechts Richtg. Kaudom					18 30 34 20 43 31
Km 412 zurück		Kaudom		Kaudom Rastlager (aufgelassen)	18 30 14 20 45 11
Km 415, Piste nach Katere					18 30 17 20 44 22
Km 423, Piste nach W					18 26 25 20 43 59
Km 425, Piste nach N					18 26 26 20 42 49
Km 471		Katere/ Kreuzung m. B8			18 03 16 20 46 35

Grootfontein – Kaudom Game Park

(Achtung! Strecke bis Katere nur für Allrad-Fahrzeuge)

In Grootfontein (s. Route 13) hat man Anschluss an die Routen 13 u. 13a.

Vorbereitungen: Die Fahrt durch das **Kaudom-Tierreservat unterliegt strengen Restriktionen,** die dem Schutz der Reisenden dienen. Geländewagen sind obligatorisch, Anhänger verboten, mindestens zwei Fahrzeuge sind vorgeschrieben. Da die beiden Camps Kaudom und Sikereti aufgelassen sind, muss keine Unterkunft gebucht (obwohl man dort nächtigen und die Wasserstellen benutzen darf), wohl aber Eintritt gezahlt werden (Namibia Wildlife Resorts bzw. vor Ort). Nehmen Sie genügend Vorräte und Wasser für drei Tage mit. In Tsumkwe ist bis auf weiteres **kein** Treibstoff erhältlich!

Von der Einmündung der C44 nördlich von Grootfontein in die B8 sind es 100 km zur nächsten sicheren Tankstelle in Rundu. Mögen die Entfernungen auch gering erscheinen – Sie befinden sich in unberührter Wildnis und sind auf sich alleine gestellt. Die Tiere sind bei weitem nicht so an Menschen gewöhnt, wie z.B. in Etosha, seien Sie also vorsichtig, hier gibt es Löwen und, je nach Jahreszeit, über tausend Elefanten!

Der Sand im Reservat ist tief und schwer. Die Fahrzeuge quälen sich hochtourig und langsam (etwa 10 km/h) über die Pisten, die eher knietief mit Sand aufgefüllten Kanälen gleichen als einem trassierten Weg. Wer die Luft in den Reifen ablässt (auf etwa 1 bar) tut sich leichter, muss aber die Reifen am Ende aufpumpen und es besteht erhebliche Gefahr, dass Holzstücke die Flanken der Reifen beschädigen. Schützen Sie den Kühler mit einem Gaze-ähnlichen Material gegen die Grasspelzen, oder Sie werden die Frontverkleidung abbauen und die Kühler-lamellen von Hand reinigen müssen. Wer feststeckt und ohne Begleitfahrzeug unterwegs ist, muss sich zu Fuß zum nächstgelegenen Camp durchschlagen und von dort versuchen, die Gabus-Garage in Rundu zu informieren; sie kann Fahrzeuge aus dem Kaudom herauszuschleppen (Tel. 066-255641).

Grootfontein – Tsumkwe

Verlassen Sie Grootfontein auf der B8 nach Norden und biegen Sie nach 56 km in die C44 Richtung Tsumkwe ein (sollten Sie von Dornhügel kommen, nehmen Sie die gute Piste D2844 und im weiteren Verlauf D2893 hoch zur C44, in die Sie 3 km vor dem Veterinärzaun einmünden). Nach 21 km erreichen Sie das Tor der Disease Control. Hier besteht die Möglichkeit zu einem Besuch des **Traditional Village Grashoek** der Ju/Hoansi San (6 km auf relativ fester Buschpiste). Der Campingplatz ist einfach, aber sauber, die San sind äußerst engagiert und bieten eine ganze Palette an Aktivitäten an – von der Hochzeitszeremonie über Wanderungen (auch mehrtägig) bis hin zu Workshops zur Herstellung von Kunsthandwerk.

Unterwegs im Buschmannland

Durch lockere Baumsavanne auf sandigen Böden mit hohem Gras und an einigen kleinen Siedlungen vorbei geht es – das Omatako Valley Rest Camp passierend – auf 150 km nach Tsumkwe. Etwa 25 km vor Tsumkwe passiert man das rechter Hand liegende Dorf Duinepos, das man (inoffiziell) auch als „Traditional Village" besuchen kann.

Tsumkwe

Tsumkwe liegt mitten im Buschmannland. Es ist die „Hauptstadt" der San. Einige Gebäude der Administration, Polizei, Hospital und eine Nebenstelle des Ministeriums für Umwelt und Tourismus stehen an der „Hauptstraße". Der Müde findet die Tsumkwe Lodge für sein Haupt. Ansonsten erstreckt sich die Streusiedlung mit ihren einfachen Hütten in den Busch hinein. War es bislang üblich wild zu zelten, wurde dem heute ein Riegel vorgeschoben, zu „wild" wurde das Treiben, man sah sich gezwungen, den Besucherstrom zu kanalisieren. Abseits der Dörfer darf man natürlich noch immer sein Zelt dort aufschlagen, wo es schön ist.

Lodges Tsumkwe Lodge, Nhoma Camp (Wildnis-Camp beim Dorf N//hoq'ma, nur mit Vorausbuchung). Zwei weitere Lodges sind in Planung bzw.

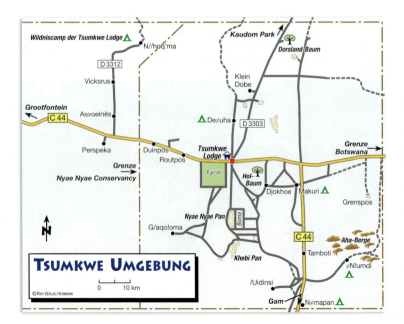

sollten schon seit längerem offen sein (Infos auf www.namibialodges.com).

Info und Einkaufen Im Ort befindet sich ein Informationszentrum der *Nyae Nyae Conservancy* und ein Verkauf von Kunsthandwerk (G!hunku Crafts, Straußeneier vom Designer). Der Komplex ist nur unregelmäßig geöffnet. Ein weiterer, empfehlenswerter Craft Shop gehört der Kirche (der Reverend holt regelmäßig aus den Dörfern traditionelles Kunsthandwerk, wenn es denn schön gearbeitet und original ist; Besuchsvereinbarung über Tel. 067-244005.

Baobabs und Camping Im Buschmannland wachsen die gigantischen Bäume an jeder Ecke, doch der größte – auf den Karten als *Giant Baobab* verzeichnet (Durchmesser 43 m, exakt 853 Jahre alt) –, existiert nicht mehr. Er sei kaputt gegangen, weil die Touristen unter ihm gezeltet und die Fahrzeuge zu nahe an ihm geparkt und damit das Wurzelwerk zerstört haben. Ein Grund, warum man nicht zu nahe an einem Baobab campen sollte. Der zweite ist, dass die Schwarze Mamba die Bäume gerne als Schlafplatz nutzt. Einen Campingplatz mit Infrastruktur gibt es direkt bei der Tsumkwe Lodge. Campingplätze, wo man teils Wasser und Feuerholz erhält, sind *Grashoek* (direkt beim Dorf, 6 km nördlich des Veterinärzaunes), *Deuha* (11 km im Norden), *Makuri* (30 km im Osten) und *Namapan* (ca. 65 km im Südosten). Der derzeit größte Baobab ist der *Holboom* (früher war hier ein Campingplatz, der nun geschlossen ist). Der Holboom liegt etwa 20 km östlich Tsumkwe.

Tanken Die regierungseigene Tankstelle wird nicht regelmäßig versorgt, so dass man den Treibstoff für die Rückfahrt dabei haben sollte!

Baobab im Buschmannland

San – eine Kultur stirbt

Spätestens in Tsumkwe wird jedem Besucher deutlich, was es mit dem „Sterben" der San-Kultur auf sich hat. Um den Bottle Store lungern apathische Männer und Frauen herum; San in zerschlissenen Klamotten aus europäischen Altkleidersammlungen versuchen, ihre letzten traditionellen Habseligkeiten zu Geld zu machen. Einige Kilometer weiter, in den im Busch verstreuten Siedlungen, scheint die Welt zwar noch in Ordnung – aber wie lange noch? Die traditionelle Ernährung von der Jagd – den hier lebenden San wurde sie verboten. Aus dem Naturschutzgebiet des Kaudom mussten die meisten ausziehen, und nur noch knapp zweitausend San der Juwasi haben weiterhin das Recht, mit Pfeil und Bogen und zu Fuß wie ihre Vorväter auf Pirsch zu gehen.

Seit der Einwanderung der anderen namibischen Volksgruppen – der Herero, Nama und Ovambo – sind die San immer tiefer in Regionen zurückgewichen, die ihnen kaum noch genügend Raum und Nahrung bieten. Die weiße Landnahme tat ihr übriges, den Lebensraum der Jäger noch weiter einzuschränken, und seit der Unabhängigkeit Namibias schielt auch die junge Regierung nach dem fruchtbaren Veld im ehemaligen Reservat „Buschmannland", wo man immer wieder versucht, neues Farmland für Herero-Viehzüchter auszuweisen.

Die San selbst scheinen diesem Verdrängungsprozess weitgehend hilflos gegenüberzustehen, und seitdem sie Bekanntschaft mit dem Alkohol gemacht haben, den fahrende Händler ihnen verkaufen, ist auch die letzte Spur von Widerstandsbereitschaft geschwunden. Eine Lobby haben die kleinen Wildbeuter traditionell

Bei den San

bei den weißen Farmern und Jägern gefunden, die von den Überlebensfähigkeiten der San fasziniert sind. Deren Engagement, das auch zur Gründung mehrerer Stiftungen wie *Ombili* (s.S. 490) geführt hat, ist zu danken, dass das Thema San immer wieder an die Öffentlichkeit gelangt.

Seit den 1950er Jahren arbeitet auch die *Niaye-Niaye-Foundation* im Buschmannland. Gegründet wurde sie von dem amerikanischen Dokumentarfilmer John Marshall, dessen Familie zahlreiche grundlegende ethnologische Arbeiten über die San publiziert hat. Ziel von Niaye-Niaye (benannt nach der gleichnamigen Pfanne östlich von Tsumkwe) ist die Einführung der Viehzucht, durch die die *Juwasi* eine neue Ernährungsbasis erhalten sollen.

Einfach ist die Umstellung vom Jäger zum Viehhirten nicht, und von den ersten 400 Rindern, die von der Stiftung angeschafft wurden, verschwand ein guter Teil im Busch und fiel den Raubtieren zum Opfer. Die San hatten ihre Herden nicht sorgfältig genug gehütet, zudem sind namibische Rinder daran gewöhnt, auf den relativ sicheren Farmgeländen tagelang durch die Wildnis zu streifen und nur zum Trinken an die Wasserlöcher zu kommen – im Buschmannland eine oft verhängnisvolle Gewohnheit.

Das traditionelle Jäger- und Sammlerleben aufrechtzuerhalten scheint unmöglich – zu klein sind die Territorien und zudem durch Grenzziehung (Botswana, Angola) versperrt. Sesshaftigkeit ist also angesagt, und dies zerstört nicht nur die traditionelle Lebensform, sondern auch die daran gebundene Sozialstruktur. Nicht mehr die Ältesten, sondern junge, engagierte Führer sind gefragt, sich mit den Tücken der parlamentarischen Demokratie zurechtzufinden.

Noch mehr Verantwortung, aber auch die Perspektive auf mehr Autonomie versprechen 1996 verabschiedete Gesetze, mit denen allen Kommunalländern (den ehemaligen Homelands) ein größeres Recht auf Selbstverwaltung ihrer Region eingeräumt wurde. Für die San im Buschmannland heißt dies zum Beispiel, dass sie künftig die Konzessionen zur touristischen Nutzung ihres Landes selbst werden vergeben dürfen und davon auch direkt profitieren werden. Dies setzt allerdings voraus, dass die verschiedenen Gruppen sich auf eine gemeinsame Verwaltung einigen können. Die lockeren Familienverbände der San müssen zu einer neuen, übergreifenden Organisationsform finden, sonst können sie ihre Rechte gegenüber der Zentralregierung nicht geltend machen. Im Augenblick funktioniert dies aber nur mit Unterstützung von „draußen".

Vom alten Leben wird sich wohl nicht vieles hinüberretten lassen in die moderne Welt. Es ist eine große Chance für einen Neuanfang, aber auch das Ende der Traumzeit! Bleibt zu hoffen, dass zumindest die Kinder, die nun regelmäßig eine Schule besuchen können und lesen und schreiben lernen, später als mündige Staatsbürger die Interessen ihrer Väter im modernen Namibia selbst werden vertreten können.

Grenze — Der Grenzübergang nach Botswana ist für jeglichen Verkehr geöffnet (täglich 7.30–16.30 Botswana Time, also im Südwinter bis 15.30 Uhr namibischer Zeit). Von der Grenzstation zur Asphaltstraße sind es 140 km sandige und schreckliche Schlaglochpiste (nur 4x4). Die nächste Tankstelle in Botswana ist bei Gumare, 30 km nördlich Nokaneng (also für ausreichend Treibstoff sorgen).

Tsumkwe – Kaudom

Von der Hauptkreuzung in Tsumkwe an der C44 halten Sie sich nach Nordosten. Die Piste ist fest mit einigen Sandstrecken, die aber gut und zügig zu durchfahren sind. Erst später kommt es schlimmer!

Nach 25 km erreichen Sie einen Abzweig zu einem San-Dorf (Xaxoba), und 10 km weiter den Abzweig zum Dorslandtrekker-Baobab nach Südosten. Die Durstlandtrekker kamen auf ihrem Weg nach Angola hier vorbei. 14 km hinter dem Baobab-Abzweig, wendet sich die Piste nach Norden, und 3 km weiter ist der Eintritt in den Kaudom beschildert. Nach 7 km ist Sikereti erreicht.

Der Kaudom-Wildpark

Hinweis: Die Camps im Kaudom wurden als Luxuscamps organisiert, der Stellplatz kostet 20 €/Person zzgl. 10 €/Fahrzeug, der Eintritt in den Nationalpark 5 €/Person.

Melden Sie sich bei den Rangern von Sikereti. Die Fahrt durch das Reservat ist anstrengend, das Fahrzeug quält sich durch den sandigen Boden des Busches. Vierradantrieb, Untersetzungsgetriebe, Differentialsperren, sämtliche Register werden gezogen, trotzdem wankt der vollbeladene Wagen müde und langsam durchs hohe Gras von Wasserstelle zu Wasserstelle und dem Lager Kaudom entgegen.

Wer auf der Fahrt nach Norden auf die Idee kommt, an einem so idyllischen Platz wie der Löwenpfanne (Leupan) seinen Tank aus den mitgeführten Kanistern nachzufüllen, sollte die Mitfahrer bitten, ein Auge auf etwaige interessierte Großkatzen zu haben (besser rechtzeitig nachtanken).

Schließlich ist das Camp Kaudom erreicht. Ein fantastischer Blick über das Rivier des Kaudom im Sonnenuntergang, das Lagerfeuer lodert und schreckt (hoffentlich!) die wilden Tiere ab, das Abendessen ist gerichtet, die Flasche Wein wird geöffnet, man genießt das Leben, das Reservat ist durchquert, das Schlimmste überstanden – weit gefehlt!

Der ekelhafteste Teil der Strecke kommt erst noch auf den letzten 50 km, bis man die B8 erreicht hat. Vier bis fünf Stunden, ohne Pause,

Karte S. 594/595 **Der Kaudom-Wildpark**

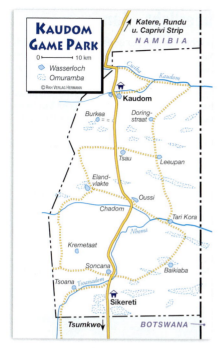

um den Motor abzukühlen, dauert die Fahrt durch den Dornenbaumbusch, der die Sicht nach links und rechts begrenzt, ein Tunnel mit tiefem, schwerem Sand. Ganz plötzlich dann öffnet sich der Busch, man glaubt erst nicht, dass es so etwas Gesegnetes wie Asphalt geben kann!

Katere und die B8 sind erreicht. Hier hat man Anschluss an die Route 13.

Die Tier- und Pflanzenwelt des Kaudom

Kaudom liegt im nördlichen Teil der Kalahari und besitzt die für diese Region typische Vegetation mit zum Teil außerordentlich hohen Bäumen und weiter Buschsavanne. Das Gelände ist weitgehend eben, modelliert nur durch die nord-südlich verlaufenden Dünenstränge, die mit dichter Vegetation bedeckt sind.

Mehrere große Riviere, hier Omuramba (Plural: Omiramba) genannt, durchschneiden den Wildpark und versorgen Pflanzen und Tiere mit dem feuchten Nass: der Omuramba Nhoma, dessen Lauf die Hauptpiste auf den ersten knapp 20 Kilometern von Sikereti nach Norden folgt, der Chadom (West-Ost-Verlauf) und im nördlichen Teil des Wildparks der Kaudom, an dessen Uferbank das gleichnamige Camp errichtet wurde. Die Riviere sind Teil eines großen Wasseradersystems, das sich im Becken des Okavango (Botswana) sammelt. Steigt nach den Regenfällen der Wasserstand, beginnen auch die Omiramba zu „fließen". Unterirdisch bahnt sich das Wasser seinen Weg und tritt an einigen Stellen zu Tage, bildet Tümpel.

Die Vegetation im Kaudom ist dicht, und nach den Sommerregen steht das Gras hüfthoch – dann ist es nahezu unmöglich, Wild zu beobachten! In der Trockenzeit gibt es dagegen einiges zu sehen: Neben Elefanten, Giraffen und den großen Antilopen wie Kudu und Eland finden sich auch Sumpfantilopen und Riedböcke ein. Löwen, Leoparden, Tüpfelhyänen und die seltenen Wildhunde kann man ebenfalls im Kaudom zu Gesicht bekommen – manchmal näher, als

Wie man in der Wüste (über)lebt – San

Wasser ist rar in der Wüste. Pflanzen speichern es und der Boden. Der San gräbt sich ein Loch in einem ausgetrockneten Flussbett, bis er an der wasserundurchlässigen Grundschicht ist. Er stellt ein hohles Elefantengras hinein, dessen unteres Ende von einer Kugel aus dünnem Gras umhüllt ist, so dass kein Sand eindringen kann. Das Loch wird zugeschaufelt. Nun schaut nur noch das obere Ende des Elefantengrases heraus. An diesem saugt der San. Es entsteht ein Vakuum, das Restwasser im Sand wird in der Höhle im Sand gesammelt und durch das Rohr nach oben gezogen. Damit das Vakuum nicht zusammenfällt, muss ohne Unterbrechung gesaugt werden, der San lässt das Wasser deshalb seitlich aus dem Mund in ein Behältnis rinnen. Bis zu 5 Liter kann er so pro Tag sammeln.

Der Baobab hat in den Astgabeln Hohlräume, aus denen ebenfalls Wasser gesaugt werden kann. Um es zu lagern, wird es in Straußeneier gefüllt und vergraben.

Bevor der San verdurstet, destilliert er sich seinen Urin zu einem Überlebensgetränk: eine Halbschale einer Melone erhält am Rand aus Blättern eine Auffangrinne und wird dann über eine Kuhle mit dem Urin gestülpt. Durch Verdunstung und Kondensation entsteht ein Getränk. Man kann auch den anverdauten Mageninhalt eines erjagten Tieres durch ein Grasgeflecht pressen. Zu verdursten ist sicher qualvoller.

Jeder Europäer wäre im Busch rettungslos verloren. Die ihn bewohnen, kennen alle Pflanzen und wissen sie zuzubereiten. Mehl wird gewonnen, so etwas Ähnliches wie Kaffee und Schokolade. Wer weiß wo, kann sich seine Bonbons vom Baum pflücken: Insekten lassen sich auf den Blättern des Mopane-Baumes nieder und saugen Flüssigkeit heraus. Aus den winzigen Löchern tritt Pflanzensaft aus und kristallisiert zu Fruchtzucker.

San kennen Kopfschmerzmittel, Pflanzen gegen Entzündungen, Magen- und Darmkrankheiten, sogar gegen Bilharziose soll es etwas geben. Die Schulmedizin muss aber nicht verzweifeln, zusehends wird das Wissen weniger und weniger. Die San sind mehr an den Segnungen der Zivilisation interessiert, als am Wissen, an der Kunst und den Traditionen ihrer Gesellschaft. Wer mag es verübeln, ihr früheres Leben ist karg und entbehrungsreich. Die Idylle des einfachen und glücklichen Überlebens in der Unwirtlichkeit ist die fantasierte Idylle des Weißen Mannes – sie hat für San nie existiert.

Kaudom-Camp

einem lieb ist, denn die Camps sind nicht eingezäunt! Essensabfälle, die verführerischen Wasserleitungen oder einfach nur Neugier locken immer wieder nächtliche Besucher an.

Faszinierend ist die Vielfalt der bis zu 20 m hohen Bäume: Dolfholz (auch „wilder Teak" genannt), Seringa, Manketti und Copalwood, der wegen seiner €hnlichkeit mit dem schmetterlingsblättrigen Mopane häufig auch „falscher Mopanebaum" genannt wird, bilden ein schattiges Dach. Durch das filigrane Blattwerk zeichnen die Sonnenstrahlen immer neue Muster auf den sandigen Boden. In diesem diffusen Licht eine Giraffe zu erkennen, ist fast unmöglich! Die besten Chancen zur Tierbeobachtung bieten sich daher auch entlang der Omiramba und an den Wasserstellen: Leupan wird, wie der Name schon sagt, häufig von Löwen besucht, bei Elandsvlakte haben Sie vielleicht das Glück, eine dieser mächtigen Antilopen – die größten und zugleich scheuesten Namibias – zu sehen.

Route 14: Der Trans Kalahari Highway

Buitepos – Gobabis – Windhoek

Km	Abzweig	Ort	Sehenswert	Übernachtung	GPS
Km 0, B6 Teer		Buitepos Grenze, T		Buitepos Rastlager	22 16 51 19 59 17
Km 20				Zelda Gf.	
Km 26				Kalahari Bush-Breaks Rl.	
Km 65	Km 0 D1603 Piste Km 5				
Km 110	Einmündung D1670				22 23 45 19 06 37
Km 115				Khagarib B&B	
Km 121	Km 0 C22 Piste nach N Km 21 Km 40 D1668 Km 85			Harnas Gf.	22 26 08 19 00 48
	Km 0 C22 Piste nach S Km 13			SanDüne Lodge	
Km 125 B6 Teer	Km 0 C22 nach Norden (Piste) Km 90 D1635 Km 96	Gobabis, T+V		s. unter Gobabis Boiteko Camp	22 26 49 18 58 01
Km 135				XainQuaz Camp	
Km 161				West Nest Lodge (7 km Farmpad)	
Km 176		Witvlei, T		Ziegie's	22 24 39 18 29 53
Km 185	Km 0 D1658 Piste Km 51			Hetaku Gf.	22 23 09 18 25 14
Km 221	Km 0 D1808 Piste Km 6 Farmstr. Km 14		Kalahari Farmstall, V	Okambara G.R.	
Km 234	Km 0 C29 Piste Km 11	Omitara			22 22 39 17 57 02
Km 263	Km 0 D1535 Piste Km 18			Silversand Gf.	
Km 272	Km 0 D1502 Piste Km 13 Str. 53 Piste nach NO Km 63			Kamab Gf.	

Route 14: Der Trans Kalahari Highway

Km	Abzweig	Ort	Sehenswert	Übernachtung	GPS
Km 273	Km 0 D1472 Piste	Seeis			22 44 21
	Km 63		Peperkorrel		17 59 49
	Km 0 D1502 Piste nach N				
	Km 11 Straße 53 Piste nach NO				
	Km 25			Onjala Lodge	
Km 284	Km 0 Straße 51 Piste	Abzweig Straße 51			22 29 20
	Km 38			Panorama Rock Lodge (2 km)	17 29 44
	Km 64			Eningu Lodge (1 km a. D1471)	22 46 48
				Heimat Gf. (19 km auf D1471)	18 01 02
	Km 66 D1506				
	Km 77 D1808 Piste nach S				
	Km 83		Arnhem	Arnhem Rl.	
Km 288		Windhoek Intl. Airport			22 28 53
					17 27 47
Km 294	Km 0 Farmstr.				
	Km 4			Ondekarem. Gf.	
Km 303	Km 0 C23 Piste				22 31 59
	Km 15			Hohewarte Gf.	17 20 02
	Km 50			Autabib Lodge	
	Km 126 Str. 51				
	Km 129 D1423 Piste				
	Km 148, Farmstr.				
	Km 166			Kuzikus Gf.	
	Km 0 C23				
	Km 64 C15				
	Km 124 D1448			Kiripotib Gf.	23 19 34
	Km 134				17 57 06
	Km 140 D1210				
	Km 154			Tivoli Gästf.	23 27 33
					18 00 22
	Km 0 C23 Piste				
	Km 66 D1482 Piste				
	Km 85 Farmstr.				
	Km 92			Mountain View G.L.g.	
Km 311	Km 0				22 32 49
					17 15 33
	Km 0,600			Airport Lodge	
	Km 15 D2102 Piste				
	Km 70			Midgard Lodge	
Km 310	Km 0 B6 Teer				
	Km 22 Straße 53 Piste				
	Km 35 D2102				

Km	Abzweig	Ort	Sehenswert	Übernachtung	GPS
	Piste Km 70 Farmstr. Km 72			Leopard Ldg.	
Km 314					
Km 317	Km 0 Km 2			Heja Game Lodge	
Km 328				River Crossing Lodge	
Km 332		Windhoek, T+V	s. Windhoek Route 1	s. Windhoek Route 1	22 34 15 17 07 20

Buitepos (Grenze Botswana)

Hier haben Sie Anschluss an die Route 16. **Buitepos** besteht aus einer Tankstelle mit Laden und einem Campingplatz.

Unterkunfts-Tipp Gästefarm Zelda

Die Zelda Gästefarm (www.zeldaguestfarm.com) liegt 20 km hinter Buitepos Richtung Gobabis. Übernachtungsgäste haben die Möglichkeit abends ein San-Dorf zu besuchen, Tanzvorführungen zuzusehen und typische Kalahari-Gerichte der San zu probieren.

Mit der Ausreise von Botswana befindet man sich wieder im namibischen Herz- und Farmland. Zäune rechts und links des Straßenrandes, Ausläufer des Kalahari-Sandes, Busch und Straße wieder einmal gerade auf den Horizont gerichtet – „Cattle Country" ... Nach 125 km ist Gobabis, sein Zentrum, erreicht.

Gobabis

Bereits in den 1940er Jahren reklamierte die Wesleyanische Mission die Region am schwarzen Nossob für sich und ihre Arbeit. 1851 wurde ihr das Recht, hier zu missionieren, von der Rheinischen Missionsgesellschaft abgekauft. Unter ihrem Mitarbeiter Eggers errichtet sie eine neue Station an einem Ort, Gobabis, der „Platz des Kampfes" oder „Platz der Elefanten" hieß (bis = Platz, Goba = Kampf oder Goab = Elefant; der Überlieferung nach wurden in einem Wasserloch in der Nähe Stoßzähne von Elefanten gefunden).

1894 erklärte Major Leutwein, gerade Gouverneur geworden, Gobabis zum Militärdistrikt und eine Schutztruppeneinheit wurde hierher verlegt. 1896 kam es im Zuge der Herero- und Nama-Aufstände zu der Schlacht von Gobabis (6. April). Geschlagen zogen sich Herero und Nama zurück, führten aber in den Folgejahren immer wieder Überfälle durch. 1904 eskalierten die Kämpfe und fanden ihren Höhepunkt und die Entscheidung bei der Schlacht am Waterberg.

Die Infrastruktur der Farmer war zerstört, und es dauerte lange, bis die Schäden des Krieges beseitigt waren, da die Lage im Hinterland und die schwierigen Transportverhältnisse viele Siedler davon abhielten, sich in diesem Gebiet niederzulassen.

Gobabis

Map legend:
1 Big Five Central Htl.
2 Polizei
3 Horizon's Hotel
4 Ernie's Bistro
5 Stadtverwaltung
6 Apotheke
7 Gobabis Bakery
8 Onze Rust Guest House
9 Gobabis Guest Hs.

Traditionell ist Gobabis der Mittelpunkt der östlichsten Herero-Gruppe, der Mbanderu. Ihr Lebensraum erstreckt sich nach Osten nach Botswana hinein, und auch viele Nachkommen der Überlebenden der Waterberg-Tragödie (s.S. 503) haben hier im Grenzgebiet eine neue Heimat.

Herero-Damen in ihren üppigen Matronenkleidern bestimmen das Straßenbild. Unter den historischen Gebäuden der Stadt findet sich das ehemalige deutsche Lazarett (wo einst der Stabsarzt Dr. Oskar Wernicke ermordet wurde, wie eine Gedenktafel aufweist), die Beamtenwohnungen (heute Polizeigebäude), die Katholische Missionskirche mit dem ältesten Gebäude der Stadt (Missionshaus) dahinter sowie die beiden Gebäude der heutigen Hotels Kalahari Convention Center und Big 5. Ein Besuch des **Museums** wird absolut empfohlen (Elim Street, Mo–Fr 7.30–16.30 Uhr). Dass man sich hier in einer bedeutenden Viehzuchtregion befindet, sieht man am Denkmal, das Gobabis als Zentrum des „Cattle Country" ausweist. Das Omaheke San Trust Centre (OST, Tel. 062-564073, Fax 564737) in Gobabis lockt mit einem Café, Kunsthandwerk und einem kleinen Museum. Wer tiefer in die Materie eindringen will, kann die zwei Zeltplätze des OST (ca. 2,5 Stunden Fahrt) mitten in der Omaheke besuchen: Saa Ta Ko und Sonneblom.

Das **Entwicklungshilfeprojekt Steps for Children** unterstützt unterprivilegierte Kinder in Gaboabis und führt ein Gästehaus, dessen Gewinn den Projekten zugute kommt (s. in der Unterkunftsliste).

Denkmal für das Rind in Gobabis

Unterkunft	*Touristenklasse:* **Goba Lodge and Restcamp**
	Günstig: Erni's Bistro, Gobabis Guest House, Kalahari Convention Center, Steps for Children Guesthouse, **Onze Rust,** Trans Kalahari End Resort/Die Dam, Uakii Wilderness (Zeltplatz beim Visitor Centre)
	Außerhalb: SanDüne
Information	Visitors Information, P.O. Box 33, Gobabis, Church Street, Tel. 062-562551, www.gobabis.net, mit Coffeeshop und Zeltplatz (Uakii Wilderness)
Essen	*Gobabis Bakery & Restaurant,* Church Street, Tel. 062-562525
	Erni's Bistro, 29 Quito Cuanavale Avenue, Tel. 062-565222
	Trans Kalahari End, Viljoen Dam, Tel. 062-565656
Golf	Gobabis Golf Club, P.O. Box 443, Gobabis, Tel. 062-562263
Gesundheit	State Hospital, Tel. 062-5622759

Gobabis – Windhoek

Verlassen Sie Gobabis auf der Cuito Canavale nach Nordwesten (B6 nach Westen). Die Straße führt parallel zur 1914 geplanten und 1930 vollendeten Eisenbahnlinie. Nach 50 km erreichen Sie Witvlei, ein Hotel, eine Tankstelle und eine Werkstatt.

Die Landschaft wird hügelig, und am Horizont sind die Ausläufer der Ais-Berge zu sehen. Am Abzweig nach Nina (D1808) findet sich direkt an der Kreuzung der **Kalahari Farmstall** mit schattigen Rastplätzen und Verkauf von Kaffee, Kuchen, Sandwiches und eine ganze Palette von Biltong und dessen Abwandlungen, wie Droewors, Sosaties, Chillibites etc. (tgl. 9–17 Uhr). Vor Omitara entfernen sich die Eisenbahngleise von der Straße, und wer in den Ort hinein will, muss eine Stichstraße über 11 km nehmen.

Anfang der 1990er Jahre wurde die komfortable **Eningu Clayhouse Lodge** eröffnet, die dem Stil indianischer Pueblos nachempfunden ist. Die Lodge besitzt einen in die Erde gebauten Weinkeller, um die Flaschen nicht zu starker Trockenheit auszusetzen, die die

Korken schrumpfen macht und den Wein auslaufen ließe. Damit bleiben die Tropfen kostbar und können ohne Qualitätsminderung das ausgezeichnete Essen begleiten. Das Wasserloch ist mit Infrarot beleuchtet, um die empfindlichen Augen der nachtaktiven Tiere nicht zu verletzen. Wer will, kann Volleyball oder Tennis spielen, in den beheizten Whirlpool springen oder auf einem der Wanderwege wandeln (zwischen 20 Minuten und 6 Stunden dauern die Spaziergänge). Das benachbarte **Peperkorrel** mit den Werken der Bildhauerin Dörte Berner kann besucht werden.

11 km hinter Seeis geht es auf der Straße 51 zur **Arnhem-Höhle** ab und 4 km weiter folgt der Abzweig zum Windhoek International Airport.

Auf halbem Weg zwischen dem Flughafen und Windhoek führt die Piste C23 nach Süden. Folgt man ihr auf 60 km, erreicht man den kleinen Ort **Dordabis** (Laden, Tankstelle, 4 km südlich das Weberdorf Ibenstein). Hier nimmt man nun die C15 nach Süden, bis man nach knapp 60 km in die D1448 einbiegt und nach 10 km auf der Gästefarm Kiripotib ankommt.

Gästefarm Kiripotib

Die von Herrn und Frau von Hase sehr persönlich geführte Gästefarm ist seit 1978 in Familienbesitz. Hans Georg von Hase hat in Südafrika Volks- und Landwirtschaft studiert und auf der Farm mit Schafzucht begonnen. 10.000 ha Weideland standen und stehen seinen Tieren zur Verfügung, nicht allzuviel, weil eben im Jahresmittel nur 250 mm Regen fällt. Immer wieder auftretende Dürreperioden mit weniger als 100 mm im Jahr haben viele Farmer in früheren Jahren zu einem Nebenerwerb gezwungen. Herr Hase hat sich als Safariunternehmer betätigt (weswegen er das Land wie seine Westentasche kennt), während seine Frau ihrer Tätigkeit als Goldschmiedin und Schmuckdesignerin

*Kiripotib-
Kalebassen-
kunst*

nachging. So sind schließlich auf der Farm zum einen eine Teppichweberei entstanden, die die anfallende Wolle verarbeitet, zum anderen ein Schmuck-Atelier mit Farmgalerie – *African Kirikara Art* (mit weiteren Läden in Kapstadt und Swakopmund). Schon deshalb ist **Kiripotib** einen Besuch wert. Die Gästechalets sind mit ausgesuchten Materialien und mit Geschmack eingerichtet, die Küche ist ausgezeichnet, bei den abendlichen Gesprächen und bei Farmrund- und Sundownerfahrten erfährt man alles, was für die Schafzucht wichtig ist (und für die Weiterverarbeitung der Wolle zu Teppichen). Tagsüber wandert man auf den markierten Wegen, bestaunt die Kirche, die teils von den Farmbesitzern, teils mit Spendengeldern bezahlt und in acht Jahren von und für die schwarzen Farmarbeiter(n) gebaut wurde. Ein Besuch in deren Dorf steht ebenfalls auf dem Programm. Kiripotib bedeutet auf Damara übrigens „der Platz, wo der Löwe säuft".

Während Kiripotib sich auf die Zucht von Fleischschafen spezialisiert hat, werden 20 km weiter, nach namibischen Maßstäben um die Ecke, auf **Tivoli** Karakulschafe gezüchtet und Sterne beobachtet (Besuch nur nach Vorausbuchung und nur für die, die die Astronomie zu ihrem einzigen und unübertreffbaren Hobby gemacht haben). Die nördliche Nachbarfarm **Klein-Nauas** besaß einst auf ihrem Gelände einen Bahnhof – doch die Bahn kam nicht. Die Administration von Deutsch-Südwest hatte geplant, zur Umgehung der Siedlungsgebiete der Nama und Baster an der Tigerpforte durch die Karubeamsberge (ein Durchlass) Schienen zu legen, schnell war der Haltepunkt errichtet. Die Bahn ließ auf sich warten, die detachierte Reiterstaffel langweilte sich und die Offiziere ließen deshalb und zur Wahrung der Disziplin den Wachturm errichten, der heute noch an der Kreuzung der C15 mit der D1448 steht.

44 km hinter dem Flughafen und 20 km hinter dem Abdreh nach Kiripotib ist Windhoek erreicht (s. Route 1). Hier haben Sie Anschluss an die Routen 1, 6 und 7.

Route 15: Zu den größten Wasserfällen der Welt – die Victoria Falls

Achtung! Wegen der unsicheren politischen Situation raten die europäischen Botschaften derzeit von einem Besuch Zimbabwes ab (aktuell nachzusehen unter www.auswaertigesamt.de). Von den Machtkämpfen im Lande ist in Victoria Falls allerdings nichts zu merken. Victoria Falls ist gänzlich unproblematisch zu besuchen, sieht man davon ab, dass das Ausbleiben der Touristen zu einem verschärften Wettbewerb der von den Besuchern lebenden Kunsthandwerkern geführt hat, so dass diese stärker auf die Touristen „zugehen" …

Ngoma – Kasane – Kazungula – Vic' Falls – Livingstone – Kazungula

Km	Abzweig	Ort	Sehenswert	Übernachtung	GPS
Km 0 Teer		Grenzposten Namibia	Ngoma-BrÜcke		17 54 56 24 42 46
Km 1,5		Grenzposten Botswana		Zeltplatz Ngoma Bridge	17 55 32 24 43 14
Km 3	Abzweig Savuti, Maun, Kachikau	Kontrollstelle			17 55 44 25 43 40
Km 53		Kontrollstelle			17 50 44 25 08 34
Km 54		Seduda Entrance Gate (f. Chobe NP)			
Km 57		Kasane, T+V		s. im Text bei Kasane	
Km 60		Kreuzung			17 47 24 25 11 02
Km 64	Km 0 Straße Km 1			Ngina Safari Camp	17 47 47 25 13 19
Km 65				Kubu Ldg.	17 47 57 25 13 39
Km 66				Toro Safari Lodge	17 47 41 25 14 27
Km 69		Kreuzung, T			17 48 14 25 14 36
Km 72		Kazungula Grenzposten Botswana/Simbabwe			17 48 56 25 16 02
Km 138		Kreuzung			17 56 04 25 49 30
Km 130		Vic' Falls, T+V	Victoria Falls	s. unten bei Vic' Falls	17 55 48 25 50 01
Km 132		Grenzposten Zimbab.	Victoria Falls Brücke		
Km 133		Grenzposten Zambia			
Km 134			Victoria Falls	s.u. bei Livingstone	
Km 144 Nakatindi Rd		Livingstone, T+V	Museum	s.u. bei Livingstone	17 51 14 25 51 18
Km 158	Km 0 Piste				17 48 55 25 43 25

Km	Abzweig	Ort	Sehenswert	Übernachtung	GPS
	Km 2			Tongabezi Ldg.	17 49 14 25 42 19
Km 167	Km 0 Piste				17 47 37 25 38 52
	Km 7			Kubu Cabins	17 49 46 25 38 52
Km 204 Kreuzung n S					17 46 11 25 16 51
Km 206		Grenzposten Zambia/ Botswana, Fähre			17 47 52 25 15 33
Km 209	Kreuzung	T			17 48 14 25 14 36
Km 212		Kazungula Grenze			17 48 56 25 16 02

Ngoma – Kasane

In Ngoma haben Sie Anschluss an die Route 13.

Der Grenzübergang nach Botswana gestaltet sich unproblematisch, da das Land mit Südafrika und Namibia eine Zollunion bildet. Mietwagen aus Namibia benötigen eine Freischreibung der Papiere für das Nachbarland (auch für die weiteren Länder Zambia und Zimbabwe, die nicht zur Zollunion gehören). Reisende müssen lediglich einen Personenlaufzettel ausfüllen.

Botswana

Geldkurs	1 Pula = 0,08 €
Fahrzeugpapiere	Internationale Zulassung, Carnet de Passage (das allerdings nicht gestempelt wird, denn Botswana gehört wie Namibia zur südafrikanischen Zollunion). Es muss ein *Short Term Permit* (50 P), Versicherung (50 P) und eine *Road Safety Levy Fee* (50 P) bezahlt werden. Es dürfen keine Milchprodukte nach Botswana eingeführt werden (wegen der Maul- und Klauenseuche, das Fahrzeug wird durchsucht und Unzulässiges verbrannt). Außerdem muss man den Wagen durch ein Desinfektionsbecken fahren, Fahrer und die Passagiere müssen aussteigen und ihre Schuhe sauber patschen.
Pers. Papiere	Reisepass, Internationaler Führerschein.
Mietwagen	Freischreibung vom Vermieter für Botswana, entsprechende Papiere (Achtung: bei Anmietung Fahrgestellnummer überprüfen und mit der in den Papieren vergleichen!).
Telefon	Landesvorwahl: +267

Nach 1,5 km treffen Sie auf einen Rangerposten. Hier haben Sie Anschluss an die Route 16. Die Fahrzeugdaten müssen in eine Liste eingetragen werden und beim nächsten Posten, 50 km weiter, nochmals in die Ausreiseliste. 4 km weiter führen verschiedene Abzweige nach Kasane. **Alternativ kann auch die Strecke** am Chobe-Fluss entlang gefahren werden (4x4 angeraten). Bei der ersten Kontrollstelle (17°55'47"/24°43'32") muss dazu nördlich abgebogen werden. Die schmale, sandige Piste führt am Fluss entlang, man kann viele Elefanten auf der anderen Seite sehen.

Nach 36 km kommt man zum Picknickplatz *Serondella* (175029/250030). Der Zeltplatz **Ihaha** (175030/245245, 185 Pula/Person, kwalatesafari@gmail.com) und liegt ein Stückchen westlich (die Ranger warnen vor Löwen und Pavianen). Nach weiteren 8,5 km erreicht man die Chobe Game Lodge, und etwa 50 km hinter dem Kontrollposten wird das Ausgangstor des Chobe-Parks erreicht (174938/250755). 3 km weiter liegt die Chobe Safari Lodge in Kasane.

Kasane

Kasane ist ein umtriebiges Städtchen, das hauptsächlich vom Tourismus lebt. Am Ufer des Chobe reihen sich die Lodges wie Perlen auf eine Schnur, Boot schmiegt sich an Boot und wartet auf Gäste für die morgendlichen und abendlichen Erkundungsfahrten auf dem Wasser. Zu sehen ist fast alles, was Land und Wasser als Habitat dient: Elefanten, Antilopen, Flusspferde, Giraffen u.a. mehr. Leidenschaftliche Angler arbeiten im Schweiße ihres Angesichtes mit den Ruten und holen so einiges aus dem Wasser.

Der westöstlich verlaufende Chobe-Fluss bildet die Grenze zwischen Botswana und Namibia. Er mündet wenige Kilometer östlich von Kasane in den ebenfalls aus dem Westen kommenden Zambezi. Zwischen beiden Flüssen liegt *Impalila Island,* das der Kasai-Channel im Westen – der Chobe und Zambezi verbindet – zur tatsächlichen Insel werden lässt. Impalila gehört zu Namibia, und wer auf die Insel will, muss in Kasane zur Immigration und ausreisen, aufs Boot steigen und auf Impalila bei der namibischen Immigration nach Namibia einreisen (bei der Rückkehr gilt das gleiche Prozedere, nur umgekehrt).

N'twala Island und Imapalila Island Lodges	Mehrere Lodges befinden sich auf Impalila und den Nebeninseln: N'twala, Impalila Island Lodge, Chobe Savanna Lodge, Ichingo Chobe River Lodge, Zovu Elephant Lodge. Die Hausboote von Ichobezi und das Luxusschiff Zambezi Queen verkehrt ebenfalls auf dem Chobe. (Adressen in der Unterkunftsliste).

624 **Kasane** Karte S. 594/595

Water Lili Lodge	In Kasane selbst sind einige Hotels zu finden, die sich Lodge nennen. Diesen Namen verdient hat sicherlich die *Water Lily Lodge,* nicht nur wegen der familiären Größe, sondern besonders wegen der charmanten Gastgeber (und wegen der günstigen Preise). Das Haus ist als Rundbau mit einem Innenhof gestaltet, das Restaurant ist oben, so dass jeder Windzug kühlt.
Unterkunft	**In Kasane:** *Thebe River Safaris Lodge,* Tel. +267-6250314, www.theberiversafaris.com. Doppelzimmer ab 80 €, Camping ab 7 €/Person, Mietzelt ab 15 €/Person. *Liya Lodge,* Tel. +267-6252376, liyaglo@botsnet.bw. DZ mit Bad um 80 €, 5 Zimmer, im Hinterland (GPS 174834/250926)

Water Lily Lodge, Tel. +267-6251775, www.waterlilylodge.com. DZ/F um 70 €; Monica Kgaile und Walter Sanchez sind überaus charmante Gastgeber, die den Abend wie im Fluge vergehen lassen. Beste Tipps zur Umgebung und günstige Safaris in den Chobe Park.

Chobe Safari Lodge, Tel. +267-6250336, Fax 6250437, www.chobesafarilodge.com. Rondavel für zwei Pers. 70 €, DZ 85 €, Camping 10 €/Pers.

Mowana Safari Lodge, Tel. +267-6250300, Fax 6250301, www.mowanasafarilodge.net. DZ 115 €/Person mit Halbpension.

Chobe Marina Lodge, Tel. +267-6252221, Fax 6252224, www.chobemarinalodge.com. DZ/AI ab 320 €/Person.

Chobe Chilwero Safari Lodge, Tel. +267-6251362, Fax 6251473, www.sanctuarylodges.com. DZ ab 450 €/Person, alles inklusive.

Außerhalb (Festland): 5 km hinter Kasane passiert man mehrere Lodges. Zuerst kommt der Abzweig zum Ngina Safari Camp (Tel. +267-6250882, http://chobe-ngina.com, Zelten 10 € P/Person, im gemieteten Zelt 20 €/Person, Bootstouren, Game Drives). Es folgt die Kubu Lodge (Tel. +267-6250312, www.kubulodge.net; DZ/F 300 €, und schließlich die bei Südafrikanern beliebte Toro Safari Lodge (Tel. +267-6552694, www.torolodge.com; Chalet für zwei Personen ab 90 € mit Frühstück, Camping 10 €/Person).

Außerhalb (Chobe Park): *Chobe Game Lodge,* Tel. +267-6250340, Fax 6250280, www.chobegamelodge.com. DZ/AI ab 400 €/Person.

Impalila Island Lodges: siehe Unterkunftsliste.

Aktivitäten Jede Lodge und zahlreiche Safariunternehmen bieten Game Drives in die nähere (Chobe) und weitere Umgebung an sowie Boat Drives auf den Flüssen.

Grenzübergänge Der Grenzübergang nach **Zimbabwe** ist wenige Kilometer im Osten (s.u.). Nach **Zambia** verkehrt eine Shuttle-Fähre, Überfahrt 50 US$. In Zambia muss das Fahrzeug versichert werden (u.U. an der Grenze, meist wird man aber auf ein Versicherungsbüro in der nächsten Stadt – Livingstone – verwiesen, um 40 US$). Ebenso ist eine Carbon Tax in Höhe von 50 US$ zu zahlen (je nach Hubraum des Fahrzeuges) und eine Road Access Fee (30 US$). Hinzu kommt an diesem Grenzübergang noch eine Council Levy von 50 Kwacha. Visumkosten 50 US$-Einfacheintritt, Tagesbesuch 20 US$. Zweifacheintritt 80 US$ (KAZA = Kavango-Zambezi Transfrontier Conservation Area, ein Grenzübertritt zwischen Zambia und Zimbabwe wird nicht gezählt).

Kasane, Bushaltestelle

Zimbabwe

Wechselkurs Von „Wechselkurs" kann man wegen der galoppierenden Inflation beim Zim-Dollar nicht mehr sprechen, praktisch alles muss in Fremdwährung, vorzugsweise US$, gezahlt werden. Devisendeklaration mitführen und bei jedem Wechsel ausfüllen lassen. Am 1. August 2008 hat man beim Zim-Dollar zehn Nullen gestrichen, das hat aber nichts genutzt. Bereits fünf Monate später, am 2. Februar 2009, strich man wieder – diesmal zwölf Nullen. Im April 2009 verabschiedete man sich vom Zim-Dollar und ersetzte ihn durch den US-Dollar. Seitdem läuft der Zahlungsverkehr in der US-Währung. Mit Euro kann man nicht zahlen – die Scheine werden meistens nicht erkannt und deshalb nicht akzeptiert. Mai 2014 war der Wechselkurs theoretisch 1 US$ = 400.000 Zim-Dollar.

Fahrzeugpapiere Internationale Zulassung, Carnet de Passage, an der Grenze muss eine Haftpflichtversicherung abgeschlossen werden (um die 30 US$ für einen Monat), hinzu kommen eine Carbon Tax (um 15 US$) und Straßensteuern (15–20 US$). Bei Verlassen des Landes werden noch einmal 10 US$ fällig (Exit Pass). Visumkosten 50 US$-Einfacheintritt, Zweifacheintritt 80 US$ (KAZA = Kavango-Zambezi Transfrontier Conservation Area, ein Grenzübertritt zwischen Zambia und Zimbabwe wird nicht gezählt).

Pers. Papiere Reisepass, Internationaler Führerschein.

Mietwagen Freischreibung vom Vermieter für Zimbabwe, entsprechende Papiere. Unbedingt genügend Treibstoff mitführen (Achtung: Bei Anmietung Fahrgestellnummer mit den Papieren abgleichen!).

Telefon Landesvorwahl: 00263

Direkt hinter der Grenze führt eine Piste auf 8 km zum Katembora Safari Camp und auf 10 km zum Ngamo Safaris 4WD Camp. Beide sind Jagdcamps und nehmen keine normalen Touristen auf. Auf Asphalt geht es nun 67 km bis Victoria Falls.

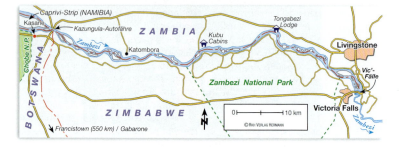

Victoria Falls

Vic'Falls *war* ein trubeliger Ort, dessen einziger Lebenssinn die Betreuung und Unterhaltung der Touristen zu sein schien. Die wegen der politischen Situation in Zimbabwe ausbleibenden und lieber nach Livingstone reisenden Touristen haben Vic'Falls ein Desaster beschert. Ganze Hotelflügel wurden geschlossen, die internationalen Hotelketten zogen sich zurück (z.B. Accor), und die Geldwechsler und Souvenirverkäufer auf den Straßen werden aus reiner Verzweiflung zunehmend aggressiv – finden sie doch fast keine Besucher mehr, die ihr Geld (illegal!) wechseln oder eine Holzskulptur kaufen wollen. Auch die Safariunternehmen darben vor sich hin, obwohl noch immer einiges an Aktivitäten im Angebot ist. Der kleine, moderne Ortskern wird von verschiedenen Hotels umrahmt, das bekannteste und traditionsreichste ist natürlich das **Victoria Falls Hotel,** eines der „Leading Hotels of the World".

Geschichte **Dr. Livingstone** gilt unbestritten als der erste Weiße, der, baff erstaunt, die Fälle zu Gesicht bekam – das war im November 1855. **Mosi-o-tunya,** donnernden Rauch, nannten die Bewohner der Gegend dieses Naturschauspiel. In den Folgejahren der Entdeckung tat sich nicht viel. Die Fälle blieben jungfräulich, nur Händler und Jäger verirrten sich hierher. Wohl wurden ein Hotel und einige Gebäude westlich der Fälle errichtet, das Schwarzwasserfieber zwang aber die Bewohner, sich von hier wieder zurückzuziehen. Man siedelte auf dem Gebiet des heutigen zambischen Livingstone. Um die Jahrhundertwende entstand der Gedanke, eine Eisenbahn vom Kap durch ganz Afrika bis nach Kairo zu bauen. Die Idee ging nur teilweise in Erfüllung, die Bahnlinie von Süden endet heute in Zaïre. Doch für die Entwicklung der Ortschaft war die Bahn ein Faustpfand. Die Eisenbahnbrücke über den Zambezi entstand bis 1905 (auf Initiative von Cecil Rhodes an der heutigen Stelle, damit die Fahrgäste die Fälle sehen, hören und auch die Gischt spüren konnten). Mit der Bahn kamen dann auch die ersten Besucher, die sich die Fälle ansehen wollten. Sie konnten sich im bereits 1903 gegründeten ersten Andenkenladen mit Souvenirs eindecken.

Livingstone

Im Jahr 1904 wurde das erste Hotel vollendet – das berühmte Victoria Falls Hotel. Nun brauchten die Touristen nicht mehr im Zug essen und schlafen (wenn dies auch einige Fahrgäste wegen der mangelnden Bequemlichkeit des Hotels weiter vorzogen). Das Hotel wurde in den Jahren bis heute immer wieder erneuert, verbessert und erweitert. Es blieb nicht mehr das einzige Luxushotel, aber das einzige, das auf eine lange Tradition zurückschauen kann. In den 1960er Jahren kam dann der eigentliche Entwicklungsschub. Die Stadt Victoria Falls wurde zu einem internationalen Touristenzentrum, mit allem, was dazu gehört.

Victoria Falls

Die Entstehung der Fälle

Der Zambezi entspringt im nördlichen Zambia und fließt zuerst durch Angola. In den Caprivisümpfen wendet sich, nach dem der Chobe hinzugestoßen ist, der Zambezi nach Osten. In Mozambique mündet er, nachdem er 2700 km zurückgelegt hat, in den Indischen Ozean. Es ist der viertlängste Fluss Afrikas.

Vor 150 Mio. Jahren war das gesamte Gebiet um die Victoria-Fälle vulkanisch aktiv. Lava wurde aus dem Erdinneren nach oben gedrückt und lagerte sich in einer dicken Schicht als Basalt ab. Beim Abkühlen entstan-den Fissuren, Spalten und Risse, die in Ost-West-Richtung verliefen. In der Folgezeit füllten sich die Risse mit Sedimenten (Kalk und Lehm), die sich am Grund eines großen Sees ablagerten, der die ganze Region bedeckte. Am Schluss waren nicht nur die Spalten gefüllt, der gesamte Basalt war von dem Sediment bedeckt, das sich in Kalkstein verwandelte.

Eine Phase der Trockenheit ließ den See verdunsten, Wind und gelegentlicher Regen erodierte den Kalkstein bis auf das Niveau des Basaltes. Erdbewegungen vergrößerten die Ost-West orientierten Spalten, die nun nicht mehr vollständig gefüllt waren, das Wasser konnte eindringen (die Nord-Süd-Spalten wurden dagegen zusammen gepresst und das darin enthaltene Gestein wurde kompakter).

Die folgende nasse Periode führte zur Bildung eines Flusses, das Wasser begann nun an der ersten Spalte zu nagen und das Kalkgestein auszuspülen. Nach und nach arbeitete sich das Wasser hindurch, der erste Wasserfall entstand (bei der Schlucht, die heute am weitesten flussabwärts von den Fällen liegt).

Die 100 Meter hohen Victoria-Wasserfälle

Im nächsten Schritt spülte der Fluss ein kurzes Stück Nord-Süd-Spalten aus und konnte nun wieder eine der längeren Ost-West-Spalten in Angriff nehmen. So arbeitete er sich flussaufwärts bis an die Stelle, an der die Fälle heute zu bewundern sind. Vor den Fällen läuft der Zambezi breit und ruhig dahin, da hier eine Fläche aus einheitlich hartem Gestein seinen Untergrund bildet, flussabwärts windet er sich wie eine Schlange in tiefen Schluchten durch das Gestein.

Besuch der Fälle

Wer die Fälle besuchen will, sollte Regenzeug mitnehmen, die Gischt sprüht bis zu den Aussichtsstationen und darüber hinaus (bei Aufenthalten am Abend ist ein Moskitorepellent angeraten). Wer nicht die Straße nimmt, sondern von Süden durch der Park marschiert, ist gut beraten, auf Elefanten zu achten. Das gesamte Areal an den Fällen befindet sich in einem Dauerregen des Zambeziwassers, so dass man teilweise an tropischen Regenwald erinnert wird.

Am Eingang sind stolze 30 US$ Eintritt zu zahlen, hier findet sich auch ein kleines Museum. In 5 Minuten ist man direkt an den Fällen und kann an ihnen entlang nach Osten gehen. Immer wieder führen kleine Fußwege zu Aussichtsplattformen, auf denen pudelnasse Touristen in der Gischt stehen. Vorsicht mit Kameras, die Elektronik liebt kein Wasser, Objektive sind sofort von den feinen Tropfen blind! Das Beste ist, einen großen Schirm über die Kamera halten zu lassen und sie danach schnell wieder wegzupacken. Genießen Sie das Naturschauspiel aus erster Hand, Beeindruckenderes als diese Fälle gibt es kaum mehr auf der Welt!

Wer die Victoria Falls mit weniger Rummel genießen will, kann nach Zambia einreisen und sie von der dortigen Seite aus in aller Ruhe betrachten (s. unten).

Der Überblick

Aus der Vogelperspektive kann man erst ermessen, wie gewaltig die Fälle sind, mit dem Flugzeug oder dem Hubschrauber ein teurer Spaß. Günstiger ist es mit dem angeleinten Fesselballon aufzusteigen.

Adressen & Service Victoria Falls

Unterkunft

Luxuskategorie *The Victoria Falls Hotel,* Tel. 013-44751, www.victoriafallshotel.com. Traditionsreichstes Haus, von der Veranda kann man die Gischt sehen, 10 Minuten Fußweg durch den Dschungel hinunter zum Eingang der Fälle (Vorsicht, Elefanten und zudringliche Souvenirverkäufer!). DZ/F um 300 €.

Elephant's Hill, Tel. 013-44793, http://elephanthillsresort.com. Außerhalb gelegenes, riesiges, modernes Hotel, das sich auf Kongresstourismus spezialisiert, DZ/F um 250 €.

Rainbow Hotel, Tel. 013-44583, www.victoria-falls-rainbow-hotel.com; kleineres Hotel der gehobenen Klasse, DZ/F um 200 €.

Teestunde im Victoria Falls Hotel mit Blick auf die Brücke

aZambezi River Lodge, Tel. 013-44561, http://azambeziriverlodge.com; etwas außerhalb gelegene, schöne Anlage, Hotel der gehobenen Klasse, DZ/F um 300 €.

The Kingdom (Kasino), Tel. 013-44275, www.kingdomhotelvictoriafalls.com; DZ/ um 250 €.

Ilala Lodge, Tel. 013-44737, www.ilalalodge.com; in der Nähe der Fälle, DZ/F um 400 €.

Touristenklasse *Sprayview Hotel,* Tel. 013-44344, www.sprayview-hotel.com; Komforthotel, am Ortseingang, DZ/F um 180 €.

Günstig *Victoria Falls Town Council,* Tel. 013-40509, www.vicfallsrestcamp.com. Mitten im Ort gelegener (deshalb ein wenig laut) städtischer Zeltplatz, der auch Hütten und Chalets vermietet. 2-Bett-Chalet um 40 US-$, Camping 14 US-$, 2-Bett-Lodge um 70 US-$ p.P.

Victoria Falls Backpackers Lodge, Tel. 013-42209, http://victoriafallsbackpackers.com. Einfache Unterkunft, relativ zentral, DZ/F ab 50 €, Bett 15 €, Camping 9 €.

Amadeus Garden, Tel. 013-42261, www.amadeusgarden.com. Kleine Lodge mit 11 Zimmern, etwas abseits, deutsche Leitung, empfehlenswert, DZ/F ab 180 €.

Essen Jedes der Hotels hat ein Restaurant, die Preisklassen orientieren sich an der Hotelkategorie. Daneben gibt es noch ein Steakhaus (*The Africa Café,* The Elephant Shopping Mall, Tel. 077-1402081), www.facebook.com/TheAfricaCafe), *Wimpy* (Hamburger, gegenüber der Touristeninformation, Tel. 013-44470) und diverse Takeaways und Pizzerien. *The Boma,* 538 Reginald Street, Tel. 013-43201, www.thebomarestaurant.com, bietet zum Dinner (Wild, Büfett) ein festes Programm mit Unterhaltung (Musik, Tänze etc.). Afrikanische Küche serviert *Mama Africa,* Tel. 013-41725, Landela Centre.

Information Tourist Information, 412 Park Way/Ecke Livingstone Way, Tel. 013-44202

Polizei Livingstone Way/Ecke Pioneer Road, Tel. 013-44206 oder 44401

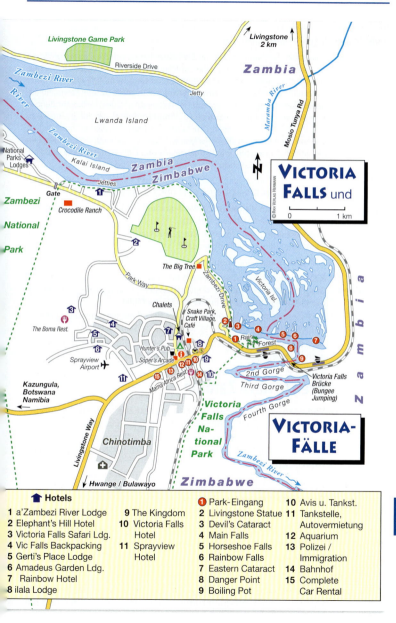

Mietwagen	Europcar, Airport, Tel. 0263-11601491
Radvermiet.	Bei der Touristeninformation
Aktivitäten	Wegen der desolaten Situation in Zimbabwe haben sich die meisten größeren Firmen nach Livingstone/Zambia zurückgezogen. Die Aktivitäten in Vic'Falls werden dann von dort betreut. Vermittelnd tätig ist in Vic'Falls *Shearwater Adventures,* Tel. 013-44471, www.shearwatervictoriafalls.com. Im Programmangebot: Flüge mit dem Kleinflugzeug, dem Ultralight und dem Helikopter, Bungee Jumping von der Brücke (kostenloses Visum/Laufzettel, um auf die Brücke zu gelangen), Fallschirmspringen, Kanufahrten und natürlich das berühmte Rafting auf dem Zambezi. Auch die Fa. *Backpacker's Bazaar* organisiert die einschlägigen Aktivitäten und weitere wie Wandersafaris und Elefantenritte (Bata Building, Shop 5, Tel. 013-45828, http://backpackersbazaarvicfalls.com).
Krokodilfarm	Die Crocodile Farm zeigt 30.000 Echsen und verkauft das, was man aus deren Haut macht (Tel. 013-43576, tgl. 8–17 Uhr, 7 US-$ Eintritt).
Aquarium	Im Zentrum von Vic'Falls zeigt das Aquarium die Unterwassertierwelt des Zambezi (tgl. 10–16 Uhr, 5 € Eintritt). *Krokodilbesichtigung:* Crocodile Ranch and Nature Sanctuary, außerhalb, ca. 3 km hinter dem Hotel Elephant's Hill.
Einkaufen	Craft Village and Curio Shops, nördlich des Postamtes.
Verkehrsanbindung	*Nach Windhoek/Namibia:* Mit dem Intercape Mainliner über Rundu und Grootfontein direkt nach Windhoek, Haltestelle in Livingstone, Fahrt auf der zambischen Seite über die Brücke bei Katima Mulio. *Nach Lusaka/Zambia:* Mit dem Taxi oder zu Fuß auf die zambische Seite der Grenze und von dort nach Livingstone, wo täglich ein Bus nach Lusaka abfährt. *Nach Bulawayo/Zimbabwe:* Tägl. eine Zugabfahrt (Nachtfahrt) mit Anschluss nach Harare.

Grenze nach Zambia

Verlassen Sie Victoria Falls in Richtung der Fälle. Sie landen sofort bei der Grenzstation. Für Besucher der Brücke gibt es einen kleinen Laufzettel. Wer nach Zambia weiterreisen will, muss die Abfertigung über sich ergehen lassen. Hinter der Brücke ist der zambische Grenzposten.

Währung	1 € = ca. 12 Kwacha
Grenzöffnungszeiten	**Grenzöffnungszeiten:** 6–20 Uhr
Fahrzeugpapiere	Internationale Zulassung, Carnet de Passage wird teilweise anerkannt, wenn der Zöllner Schwierigkeiten macht, um temporäre Einfuhrbewilligung bitten.
Pers. Papiere	Reisepass, Internationaler Führerschein.
Mietwagen	Freischreibung vom Vermieter für Zambia, entsprechende Papiere (Achtung: bei Anmietung Fahrgestellnummer überprüfen und mit der in den Papieren vergleichen!).

Kosten Grenzübertritt	Visumkosten 50 US$-Einfacheintritt, Zweifacheintritt 80 US$ (KAZA = Kavango-Zambezi Transfrontier Conservation Area, ein Grenzübertritt zwischen Zambia und Zimbabwe wird nicht gezählt); Sheshecke Road Levy 10 US$, Versicherung etwa 40 US$, Road Access Fee 30 US$ und Carbon Tax um 50 US$, abhängig vom Motor; wie ein Leser schrieb: „Ein Höllentrip", begleitet von diversen Agenten, die auch noch mitverdienen wollen.
Telefon	Landesvorwahl 00260.

1 km hinter der Grenze geht es links zum Hotelkomplex von Sun International mit den Hotels *Zambezi Sun* (4 Sterne) und *The Royal Livingstone* (5 Sterne). Nach weiteren 10 km ist Livingstone erreicht.

Livingstone

Livingstone, lange die kleine, unbeachtete Schwester der Stadt Victoria Falls, ist ein trubeliger Ort geworden. 2000 Betten warten in dem 100.000 Einwohner zählenden Ort auf Gäste.

Drei kleine Museen (Livingstone, Field und Eisenbahn), ein traditionelles Dorf mit Veranstaltungen und Souvenirverkauf und die Möglichkeit, mit dem Auto zu den Schluchten des Zambezi zu fahren und in diese hinunterzuklettern, stehen auf dem Programm. Viele Backpacker-Unterkünfte ziehen die Jugend an, die einst in Victoria Falls nächtigte und von dort die Fälle bewunderte. Restaurants, Läden, Souvenirhändler – in Livingstone lebt man wesentlich entspannter als auf zimbabwischer Seite.

Das *Livingstone Museum* (tgl. 9–16.30 Uhr, 25 Kwacha Eintritt) hat eine kleine ethnologische Abteilung, die Livingstone Gallery zum Leben des englischen Meisters der Entdecker und ausgestopfte Tiere.

Das *Railway Museum* im Südwesten von Livingstone ist ein Openair-Museum mit einigen für Eisenbahnbegeisterte sicherlich interessante Lokomotiven und Waggons (tgl. 9–16 Uhr, 20 Kwacha Eintritt).

Das *Field Museum* im *Mosi-o-Tunya-Park* zeigt einiges zur Entdeckung und Entstehung. Die Fälle sind von Sonnenauf- bis -untergang geöffnet (Eintritt 10 US$, wer im *Zambezi Sun* oder im *Royal Livingstone* nächtigt muss keinen Eintritt zahlen). Am Eingang werden für jeweils 2 US$ (bitter notwendige) Regencapes und Regenschirme ausgeliehen – sobald man sich der Knife Edge Bridge nähert (nichts für vom Schwindel Geplagte) ist man bis auf die Haut durchnässt (wenn denn der Zambezi viel Wasser in die Tiefe wirft). Ein Denkmal, das Livingstone zeigt, wurde 2005 aufgestellt, eines für den I. Weltkrieg stammt aus dem Jahr 1923.

634 Livingstone

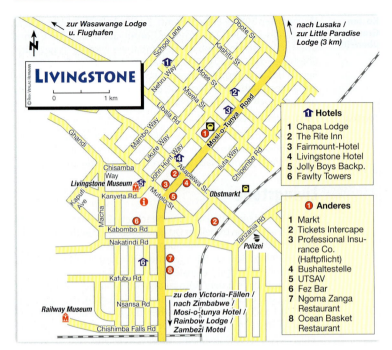

Adressen & Service

Information Tourist Centre, Mosi-o-Tunya Road, beim Rathaus, Tel. 03-321404, www.zambiatourism.com

Aktivitäten **Luxus** *Royal Livingstone Hotel,* Tel. 03-321122, http://royal-livingstone-hotel.com. Absolute Luxusklasse am Ufer des Zambezi mit herrlicher Terrasse und direkt am Parkeingang zu den Fällen, jedes Zimmer hat seinen persönlichen Butler, hier bekommt man das richtige koloniale Afrika-Feeling. DZ/F um ab 250 €.

Avani Victorias Falls Resort, Tel. 03-321122, www.suninternational.com. Ebenfalls Luxus wie sein vorstehender großer Bruder, etwas günstiger im Preis, DZ/F ab 345 €.günstiger im Preis, DZ um 250 US-$ inkl. Frühstück.

Touristenklasse *New Fairmount Hotel,* Tel. 03-320723, www.newfairmounthotel.co.zm, Standardhotel in der Mittelklasse an der Hauptstraße, DZ/F um 100 €.

Günstig *Fawlty Towers,* Tel. 03-323432, http://adventure-africa.com. DZ/Bad ab 70 €, Bett 10 €, großzügige Backpacker-Anlage mit Pool und großem Angebot an Aktivitäten. – *The Rite Inn,* Tel. 03-323264, riteinv@zamnet.zm. Kleines Hotel mit Pool, DZ/F ab 60 €. – *Chapa Lodge,* Tel. 03-322065, www.livingstonelodges.com/chapaclassiclodge. Kleine Lodge, Garten, Restaurant, DZ/F ab 60 €. – *Jolly Boys Backpackers,* Tel. 03-324229, www.backpackzambia.com. DZ mit Bad und Klimaanlage (auch der Rucksackreisende liebt inzwischen Komfort) ab 50 €,

Schlafsaal 15 €, Camping 10 €, die Adresse in Livingstone, wo sich die Traveller treffen. *Road Lodge,* Mosi-O-Tunya Road, www.victoriafallszambia.travel/Road_Lodge. DZ/F ab 110 €, Restaurant.

Außerhalb *No Name Camp,* 15 km außerhalb in Richtung Kazungula Ferry, Tel. 097-820919, http://nona-lodge.com. „Goulash, sweet sauer Cabbage & Dumplings" im Restaurant, Chalets, Zeltplatz, Pool, Shuttle in die Stadt. DZ/F ab 90 €, Camping ab 10 €, deutsche Leitung, deutsches Essen, deutscher Standard.

Essen	*Rite Pub & Grill,* Kapondo Street; Standardgerichte wie Pizzen, Hamburger, Steaks und Pasta, Mi–So Livemusik. *Kubu Café,* www.facebook.com/KubuCafe, Mosi-o-Tunya Square, nettes Café, auch mit vegetarischen Gerichten. *Ocean Basket,* Mosi-o-Tunya Square, Kettenlokal mit guten Fischgerichten.
Märkte	Täglicher Markt im Stadtteil Dambwa nördlich des Zentrums
Polizei	in der Ortsmitte, östlich der Eisenbahn
Aktivitäten	Alle Aktivitäten, wie Flüge, Bungee, Rafting, Fallschirmspringen, Safaris etc. lassen sich buchen bei *Jolly Boys Backpackers* (s. oben bei Unterkunft).

Livingstone – Kazungula (Grenze Botswana)

Verlassen Sie Livingstone auf der Nakatindi Road nach Westen. Nach 10 km passieren Sie den Abzweig zur *Sussi & Chuma Lodge* (www.sanctuaryretreats.com, 175013/254634, ab 600 €/Person), 1 km weiter den zur *Thorntree River Lodge* (www.thorntreelodge.net, 174958/254556, 700 €/Person). Nach weiteren 3 km kommt man zum *No Name Camp* (174926/254410, s. Unterkunft Livingstone). 2 km dahinter kommt der Abzweig, der auf 2 km Piste zur *Tongabezi Lodge* führt. Sie ist schweineteuer, aber hochexklusiv (Tongabezi, Tel. 03-323235, www.tongabezi.com, um 700 €/Person). Die Suiten sind in den Uferhang hineingebaut und zur Flussseite hin offen, auf der Toilette kann man thronen und Elefanten beobachten. Wer alleine sein will, ist alleine, wer etwas wünscht, telefoniert dem Personal, das umgehend zur Verfügung steht. Wer sich auf seine Hochzeitsreise konzentrieren will, ist hier richtig. Man kann einen Lunch auf des „Messers Schneide", einer Insel direkt an der Kante der Victoria-Fälle buchen.

Zurück auf der Hauptstraße und 5 km weiter erreichen Sie den Abzweig zur *Natural Mystic Lodge* (www.naturalmysticlodge.com, 174759/254116, DZ/F ab 120 €), nach 15 km geht es zu *The Island of Siankaba* (www.siankaba.net, 174643/253308, DZ um 1000 €) und nach 19 km zur *Royal Chundu Lodge* (www.royalchundu.com, 174625/252322, um 1000 €). 12 km weiter muss man links nach Kazungula einbiegen (174608/251655) und erreicht nach 3 km, entlang einer endlosen Kette von Lkw, die auf die Überfahrt mit der Fähre warten, die Grenze (6–18 Uhr, *Council Levy* in Höhe von 50 Kwacha sind zu zahlen, Überfahrt 50 US$. Nach der Grenzabfertigung auf botswanischer Seite sind Sie wieder bei Kilometer 72 des ersten Teiles dieser Route (nach Ngoma 72 km).

Route 16: Elefantenrüssel im Zelt und Löwen satt – Chobe und Moremi

Kazungula – Chobe – Moremi – Maun – Ghanzi – Buitepos

Km	Abzweig	Ort	Übernachtung	GPS
Km 0 s. bis Km 68 Route 15		Kazungula		
Km 68 nach W auf Teer		Ausgang Chobe-Nationalpark Kontrollstelle		17 55 44 25 43 40
Km 68, n. 200 m n. S nach Kachikau Teer				17 55 47 24 43 32
Km 79		Mabele		17 58 32 24 39 12
Km 92		Kavimba		18 04 08 24 35 03
Km 105 Piste		Kachikau		18 09 01 24 30 37
Km 148		Ghoha Gate, Chobe NP		18 23 14 24 14 46
Km 171		Airstrip		
Km 175	Abzweig zu Lodge und Camp	Tor	Savuti Government Campsite Savuti Safari Ldg. Savuti Elephant C.	18 34 03 24 03 55
Km 178	Abzweig zu Felsmalereien			18 35 14 240424
Km 200		Sandige Abschnitte		
Km 227		Mababe Gate		19 06 10 23 59 07
Km 243 nach Moremi rechts	Zum Mababe Village 8 km			19 06 57 23 59 09
Km 248	Kreuzung			19 09 28 23 55 16
Km 255		Ausfahrt aus dem Chobe-Nationalpark		19 07 42 23 52 55
Km 271	Khwai River Ldg. Km 0 Km 1		Khwai River Ldg.	19 08 44 23 47 21 19 08 52 23 47 57
Km 276		Nordtor Moremi-Nationalpark	Moremi North-gate Zeltplatz	19 10 15 23 45 02
Km 300		Südtor Moremi-Nationalpark	Moremi South-gate Zeltplatz	19 25 30 23 38 44
Km 332	Einmündung			19 38 52 23 48 23

Route 16: Elefantenrüssel im Zelt und Löwen satt

Km	Abzweig	Ort	Übernachtung	GPS
Km 333		Disease Control		19 39 05 23 48 03
Km 351 Teer		Shorobe, T+V		19 45 23 23 40 34
Km 378			Audi Rastlager	19 56 07 23 30 41
Km 388		Maun, T+V	s. unter Maun	19 58 33 23 25 56
Km 398			Sitatunga Zeltplatz	20 03 40 23 20 36
Km 460		Toteng		20 21 00 22 57 57
Km 502		Kreuzung		20 38 51 22 44 16
Km 557		Disease Control		20 59 59 22 25 18
Km 564		Kukwe		21 02 42 22 24 02
Km 636		D'Khar, T+V Craft's Shop		21 31 05 21 56 54
Km 652	Dqae Qare Campsite Km 0 Piste n. O Km 10		Dqae Qare Campsite	21 34 22 21 50 02
Km 674	Kanana Game Lodge Km 0 Piste Km 27 Farmpiste Km 39	Ghanzi, T+V	s. unter Ghanzi Kanana Game Lodge	21 41 14 21 39 42 21 43 01 21 24 58
Km 684			Trailblazers	
Km 719	Abzweigung nach Kang			22 03 43 21 32 01
Km 755			Chobokwane Campsite (4 km)	22 06 35 21 11 24
Km 792		Tsootsha, T		
Km 842		Xanagas		22 11 43 20 19 14
Km 860			Setso Lodge	22 15 12 20 09 30
Km 870		Charles Hill, T+V		22 16 23 20 04 34
Km 876		Grenzposten Botswana		22 16 41 20 01 47
Km 878		Buitepos Grenzposten, T	Buitepos Zeltplatz	22 16 51 19 59 17

Kazungula – Savuti-Camp (Chobe Park)
(Achtung! Strecke nur für Allrad-Fahrzeuge)

Hinweis: Sowohl die staatlichen als auch die privaten Camps und Lodges in den Nationalparks verlangen eine Vorausbuchung. Die Zeltplätze in den **Nationalparks Chobe** (10 Stellplätze) und **Moremi** (24 Stellplätze) sind teilweise privatisiert. Buchungen der staatlichen Camps in Maun: P.O. Box 20364/Maun, Tel. +267-6861265; Buchungen in Gaborone: P.O. Box 131/Gaborone, Tel. +267-3180774, dwnp@gov.bw. Achtung: Obwohl man den Eintritt in die Nationalparks an den Gates zahlt, muss man eine Buchung für ein Camp vorweisen können, andernfalls erhält man keinen Zutritt (nur wenn ausnahmsweise ein funktionierendes Telefon am Gate die Kontaktaufnahme mit dem Camp ermöglicht, und wenn dann dort auch noch Platz ist, kann man doch hinein).

Bei Ngoma haben Sie Anschluss an die Route 15 zu den Victoria-Fällen. Sie passieren die Kontrollstelle am Ein-/Ausgang des Chobe-Nationalparks und biegen 200 m danach nach Süden auf die Straße ein, die nach Kachikau führt (Hinweisschild „Savuti 115 km, Kavimba 21 km und Satau 56 km"). Rechnen Sie vier Stunden bis Savuti und mindestens noch einmal soviel bis Moremi bzw. bis Maun auf der Piste südlich und außerhalb des Parks.

Die folgenden 80 km verläuft der bis Kachikau asphaltierte und dann sandige Weg außerhalb der Grenzen des Nationalparks durch relativ dicht besiedeltes Gebiet. Die eleganten Kronen der Schirmakazien verleihen der Landschaft ein typisch afrikanisches Flair. Immer wieder passiert man Streusiedlungen und endlos langgezogene Straßendörfer, kleine Felder und Gärten werden bestellt, in den Dorfläden sind Grundnahrungsmittel, manchmal auch Cooldrinks erhältlich, doch Treibstoff gibt es nicht.

Unterwegs von Savuti nach Chobe

Kachikau ist nach etwa 37 km Fahrt erreicht. Von hier führt eine **Piste** nach Norden an die Ufer des meist ausgetrockneten **Lake Lyambezi.** Hinter dem Ort kommt Piste, die Kalahari-Dünen fordern wieder ihr Recht und verlangsamen das Fahrttempo.

Bei Km 78 geht's wieder hinein in den Chobe-Nationalpark, der Kontrollposten kassiert die Parkgebühr (120 P pro Person u. Tag und 50 P per Fahrzeug u. Tag) und prüft, ob eine Übernachtung reserviert wurde. Reisende ohne feste Buchung werden fast immer abgewiesen. Kaum hat man den Eingang passiert, belebt sich die Landschaft – Antilopen, Affen und die ersten Dickhäuter können gesichtet werden. Auch topographisch verändert sich die Umgebung: Mehrere Bergkuppen überragen die Dornbuschsavanne, und trockene, zum Teil umgestürzte Baumstümpfe sprechen eine deutliche Sprache von der Zerstörungsgewalt der großen Elefantenherden in der Savuti-Ebene. Bei Km 106 mündet eine Piste, die, von Kasane kommend, den Chobe-Nationalpark durchquert und über Savuti weiter nach Maun führt (diese Strecke ist in ihrem ersten Abschnitt allerdings kaum markiert und in sehr schlechtem Zustand). 200 Meter weiter passieren Sie das Eingangstor zum Savuti-Camp (es kam schon vor, dass es geschlossen werden musste, weil es Elefanten verwüstet haben, reservations@sklcamps.co.bw, 210 P/Person).

Savuti

Das markanteste landschaftliche Merkmal der **Savuti-Ebene** sind die sieben, bis zu 90 m hohen Dolomit-Hügelkuppen der Gubatsa Hills. Es sind die erodierten Überreste einst mächtiger Inselberge, die vor ca. einer Million Jahren als Inseln den riesigen See überragten, der die heutige Savuti-Ebene bedeckte. An ihrem Fuß kann man heute noch Flusskiesel finden, und in den Felswänden und Überhängen des Bushman Hill haben San ihre geheimnisvollen Zeichnungen hinterlassen.

Ihren Namen verdanken die Savuti-Plains dem Savuti-Kanal, einem seit Jahren trockenen Rivier, das vom Kwando (Grenzfluss zwischen Botswana und Namibia) nach Süden verläuft und das sein Wasser – wenn es denn welches gibt – in die Savuti-Sümpfe entlässt. Warum das Rivier seit Jahren keine Wasserzufuhr mehr erhält, ist rätselhaft. Die Forschung tippt auf tektonische Bewegungen, die den Savuti-Kanal in seinem Oberlauf so angehoben hätten, dass der Kwando ihn nicht mehr speisen könnte.

Allmählich führt das Fehlen des Flusswassers in Savuti zu einer Austrocknung – sichtbar an den abgestorbenen Kameldornbäumen, die seinen Lauf markieren und das Defizit letztendlich auch zu einer Veränderung der Tierpopulation. Das Wild ist heute auf das Regenwasser angewiesen, das sich in mehreren Pfannen sammelt, oder es kommt zu den drei künstlich angelegten Wasserstellen.

Einen spektakulären Anblick bietet die jährliche Zebrawanderung: In riesigen Herden ziehen die Tiere zwischen November und Januar von ihren Weideplätzen am Linyanti durch die Savuti-Ebene nach Süden und kehren zwischen Februar und April dann auf dem gleichen Weg wieder zurück. Herden mit bis zu 30.000 Tieren sind dabei schon gesichtet worden! Berühmt ist Savuti auch für seine Löwen – beim morgendlichen Game Drive bekommt man die trägen Katzen mit fast absoluter Sicherheit zu Gesicht!

Unterkunft *Savuti Campsite* (s. oben). **Savuti Safari Lodge** (Buchung über Tel. +27-21-7130834, Fax 7130836, www.desertdelta.com) und **Belmond Savuti Elephant Camp** (Buchung über +27-11-2741800, Fax 4816065, www.orient-express.com). Die Gäste werden in luxuriösen Unterkünften untergebracht. Gespeist wird im Haupthaus mit Blick auf den Kanal. Übernachtung mit Halbpension kostet um 500 €/Person.

Freies Campieren ist in Savuti verboten, und angesichts des Wildreichtums auch nicht angeraten. Die Camps sind nicht eingezäunt, so dass man immer damit rechnen muss, auf „Besucher" zu treffen. Abends und nachts ist Vorsicht geboten, dann finden sich Elefanten und Hyänen ein. Sobald es dunkel ist, werden die Gäste in den Camps deshalb von bewaffneten Wildhütern zu ihren Zelten begleitet. Der nächtliche Gang zur Toilette gestaltet sich als Mutprobe (Kinder gelten als besonders gefährdet und werden deshalb ungern aufgenommen). Trotz der martialisch erscheinenden Sicherheitsvorkehrungen ist die Übernachtung in den Zeltcamps ein einzigartiges Erlebnis. Nur eine dünne Wand trennt Sie von den vielfältigen Stimmen des Buschs, das dumpfe Röhren kämpfender Springböcke, vielleicht sogar das Gebrüll eines Löwen untermalen den (leichten) Schlaf – nur die Herren der Savanne, die Elefanten, kommen lautlos daher. Das Knacken von Zweigen, ein sanftes Streicheln über das Zeltdach verraten, dass die Dickhäuter schon ganz nahe sind … abends werden Wetten abgeschlossen, wessen Zelt Besuch von den grauen Riesen erhalten wird, am Morgen überbietet man sich mit den spannenden Erlebnissen der Nacht …

Wichtigste Sicherheitsvorkehrung: Die Zelte immer fest verschlossen halten und keinesfalls Essensreste im oder neben dem Zelt liegenlassen (wegen der Hyänen)!

Savuti – Moremi Game Reserve

Alternativroute Wer nicht durch Moremi, sondern direkt nach **Maun** fahren will, nimmt 2 km hinter dem Mababa Gate nicht die rechte Piste nach Moremi, sondern fährt geradeaus und kommt nach 8 km zum Dorf Mababa (191050/235932). In der Folge fährt man an Schlaglöchern vorbei, mäandrierend auf breiter Piste in der Grobrichtung Süd. 16

Nur bei üppigem Bewuchs hinterlassen Elefanten keine Fraßschneisen

km hinter dem Dorf beginnt die Gravel Road (191652/235541). Nach 13 km geht es rechts weg zur *Mankwe Bush Lodge* (192252/235351, Tel. +267-6865788, Fax 6865787, Luxuszelt mit Selbstanfahrt, sonst alles inklusive ab 200 €/Person, Camping 15 €/Person). 5 km hinter dem Abzweig durchfährt man das Dorf Sankuyo (192512/235233) und 27 km weiter – 1 km nach der Einmündung der südlichen Moremi-Piste – öffnet sich das Buffalo Gate am Veterinary Fence (193742/234729). Auf rauer Gravelraod sind es nun 50 km hinein nach Maun, im letzten Abschnitt an zahlreichen Lodges vorbei.

Nach **Moremi** folgt man vom Mbabe Gate der rechten Piste. 52 km weiter ist der Ausgang des Chobe-Nationalparks erreicht. Weiter geht es auf einer festen Sandpiste mit tiefen Schlaglöchern durch lichte Baumsavanne in Richtung Maun. Die Straße folgt dem Flusslauf des Khwai-River, an dessen Ufern sich Elefanten, Kudus und Warzenschweine zum Trinken einfinden.

Bei Km 207 zweigt nach links (SO) eine Piste zur Khwai River Lodge, ab (Unterkunft in luxuriösen Hütten mit Blick auf ein Hippo-Wasserloch, gleiche Preiskategorie wie die Camps in Savuti, nur nach vorheriger Reservierung). 5 km weiter, nach Passieren des Dörfchens Khwai, erreicht man wieder ein Park-Gate, diesmal zum Moremi Wildlife Reserve (North Gate). Hier wird der in Chobe bzw. in den Camps bezahlte Eintritt kontrolliert, etwas entfernt liegt eine Public Camp Site unter schattigen Bäumen (Moremi North Gate, 210 Pula, reservations@sklcamps.co.bw).

Moremi Wildlife Reserve

Der Nationalpark (120 P/Person, 50 P/Fahrzeug) am östlichen Rand des Okavangodeltas, das seit Juni 2014 Unesco-Weltnaturerbe ist, wurde 1963 auf dem Stammesgebiet der Batswana eingerichtet. Benannt ist er nach Chief Moremi III, dessen Frau die Initiative zur Schaffung des Schutzgebietes ergriffen hatte. Die meisten Batswana haben die Region verlassen, nur am Rande des Parks liegen mehrere Dörfer, in denen auch Fluss-San oder Banoka, die ältesten Bewohner des Deltas, leben. Die Wände ihrer Lehmhäuser stabilisieren die Banoka mit Konserven- und Getränkedosen, die ein dekoratives Muster auf den sonst schmucklosen Rundhütten zeichnen.

Moremi gehört wohl zu den schönsten Nationalparks Botswanas! Dank seiner Lage am Ostrand des Okavango-Deltas besitzt er eine erstaunliche landschaftliche Vielfalt: dichte Mopanewälder und lichte Riedgrassümpfe, Flussläufe und Tümpel, sattgrüne Inseln und goldgelbe Grasebenen. Zu den Tieren der Savanne gesellen sich Flusspferde, Sumpfantilopen und unzählige Vogelarten in den Wasserarmen des Deltas.

Nur der östlichste Teil von Moremi kann mit dem Fahrzeug besucht werden! Die Camps weiter nordwestlich werden von Fly-in-Safaris angeflogen; Game Drives werden entweder zu Fuß oder mit Booten veranstaltet.

Unterkunft *Camp Sites* am North Gate (210 P/Person, reservations@sklcamps.co.bw) und am South Gate (185 Pula, kwalatesafari@gmail.com); einfache, aber saubere Anlagen, in der Hochsaison allerdings ein Jahr im voraus ausgebucht. Belmond *Khwai River Lodge,* luxuriöses Camp am Khwai River (Buchung über +27-11-2741800, www.orient-express.com, um 500 €/Person).

Moremi – Maun

Hinter dem North Gate wird der Khwai River auf einer zünftigen Holzbohlen-Brücke überquert. Etwa 2 km weiter führt eine Abzweigung zum Hippo-Pool, einem Tümpel, in dem sich die Flusspferde genüßlich suhlen. Gehen Sie nicht zu nahe an die Wasserstelle heran, denn Flusspferde können erstaunliche Geschwindigkeit und Angriffslust entwickeln, wenn sie sich bedroht fühlen!

Durch Mopanewald mäandert die feste Sandpiste (in der Trockenzeit nach Regen verwandeln sich die Pisten in Sumpf!) dann etwa 30 km weiter durch das Naturschutzgebiet bis zum South Gate (Km 245). Unterwegs zweigen immer wieder Stichstraßen oder Rundrouten zu schönen Aussichtspunkten und Beobachtungsposten ab.

Die beste Zeit zur Tierbeobachtung ist der frühe Morgen oder späte Nachmittag, doch planen Sie Ihre Aktivitäten so, dass Sie die nächste Unterkunft noch vor Einbruch der Dunkelheit erreichen.

200 m nach Passieren des südlichen Parktores führt eine Piste nach rechts zur San Ta Wani Lodge, nach links zweigt die Hauptstraße nach Maun ab.

Bei Km 278 hat Sie schließlich das „zivilisierte" Farmland wieder. Am Kontrollposten der Disease Control werden die Fahrzeuge, je nach Laune der Beamten, einfach durchgewunken, oder sie müssen sich einer Reinigungsprozedur unterziehen, bei der der Wagen mit Desinfektionslösung besprüht wird.

Danach ändert sich nicht nur die Landschaft – dichtes, niedriges Buschwerk beidseits der Straße –, auch die Piste wird nun wieder besser und ist breit gespurt.

18 km weiter gibt es im Städtchen Shorobe ein einfaches Restaurant mit Bar und Bottle Store. Die Straße ist nun asphaltiert, die Region dicht besiedelt und allenthalben weiden Rinder das magere Buschwerk ab.

Kurz vor Erreichen der Bezirkshauptstadt Maun geht es erst zum Crocodile Camp (angenehm, dt. Leitung), danach zum Audi Camp (Overlander, sehr laut). 5 km weiter durchfährt man die unattraktiven Vororte von Maun, das Ortszentrum ist bei Km 347 erreicht.

Maun

Das „Tor zum Okavangodelta" ist ein betriebsames Städtchen, in dem sich fast alles um den Nationalpark-Tourismus dreht. Ungezählt die Schilder der Safari-Veranstalter, die für jedes Interesse und Bedürfnis maßgeschneiderte Rundreisen anbieten.

Völlig verschlafen wirkt dagegen das örtliche Tourismusbüro, das außer Reiseprospekten wenig Hilfreiches beizusteuern hat.

In Maun können Sie die zusammengeschmolzenen Vorräte auffüllen, tanken, Ersatzteile kaufen, in Unterkünften diverser Kategorien übernachten und sich den Bauch mit allen möglichen internationalen Spezialitäten vollschlagen. Die älteste Sehenswürdigkeit des Orts ist die Matlapaneng Bridge, eine Konstruktion aus Mopane-Bohlen über den Thamalakane River. Sie steht heute unter Denkmalschutz und

644 Maun

Karte S. 594/595

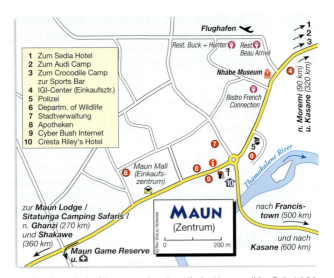

darf nicht mehr befahren werden. Das *Nhabe Museum* (Mo–Fr 8–16.30, Sa 9–16.30, 13–14 Uhr Mittagspause, Eintritt frei, Spende möglich) zeigt hauptsächlich Kunsthandwerk aus der Region. Das 8 km² große *Maun Game Reserve* am südwestlichen Rand der Stadt bringt mit seinem Educational Park (sommers 6–18 Uhr, winters 5.30–19 Uhr, Eintritt 20 P) vornehmlich Schulkindern die Natur näher. Zu sehen sind unter anderem Giraffen, Wildebeest und weitere Antilopen. 2013 bestanden Planungen, das Reservat der touristischen Nutzung zuzuführen.

Unterkunft **Touristenklasse** *Riley's Hotel,* Tel. +27-21-8555547, www.crestahotels.com. Unterkunft direkt in Maun am Ufer des Thamalakane, komfortables Hotel mit Pool und hübschem Garten, DZ ab 120 €.

Maun Lodge, 4 km außerhalb Richtung Francistown, Tel. 6863939, www.maunlodge.com. Haus am Ufer des Flusses, DZ/F ab 250 €..

Sedia Riverside Hotel, Tel. 6860177, www.sedia-hotel.com. Etwa 5,5 km nordöstlich von Maun, Chalets und Zimmer, Pool, Campingmöglichkeit auf dem Hotelgelände, DZ/F ab 80 €, Camping ab 8 €/Person.

Günstig *Audi Camping,* Tel. 6860599, www.okavangocamp.com. Backpacker-/Overlanderunterkunft und Mittelklasse-Camp 10 km nordöstlich, Pool, Shuttle-Service nach Maun, zahlreiche Aktivitäten und Safaris im Angebot, Luxuszelt en-suite für zwei Pers. 25 €, Chalet ab 50 €, Camping 10 €/Person.

Sitatunga Camping, Tel. 6860570, am Ortsende in Richtung Ghanzi, 2 km außerhalb der Stadt in einer Flussschleife des Thamalakane. Großzügige Anlage, Grillplätze, Übernachtung in eingerichteten Zweipersonen-Zelten und in Chalets (3 Betten), Zelt ab 25 €, Camping 10 €/Person.

	Crocodile Camp, P.O. Box 46/Maun, Tel. 6800222, www.crocodilecamp.com; 10 km außerhalb Richtung Moremi, Bungalows, Stellplätze, Safaris ins Delta, DZ/F ab 70 €, Camping ab 10 €/Person.
Essen	Viele Restaurants entlang der Hauptstraße sowie in der Maun Mall, einem modernen Gebäudekomplex mit Läden, Büros und Safari-Veranstaltern. Empfehlenswert sind *French Connection* (auf dem Weg zum Flughafen), Tel. 6800625, mit französischer Küche und Freisitz (Mo–Sa 8–17 Uhr) und *Bon Arrivé* (am Flughafen), in klarblau gehalten mit Fisch und Fleisch (Mo–Fr 7–23 Uhr, Sa/So 7–24 Uhr).
Information	Das Touristenbüro liegt an der Hauptstraße und ist so schön wie sinnlos (Tel. 6860492, tourism.maun@gov.bw).
Buchungen für Nationalparks	Buchungsbüro der Nationalparks: Parks and Reservations Office, bei der Polizeistation, Maun-Boseja, Tel. 6861265, dwnp@gov.bw und in Gaborone: P.O. Box 131/Gaborone, Tel. 580774, dwnp@gov.bw
Safaris	Buchungen u.a. über Crocodile Camp und Audi Camp
Polizei	An der Hauptstraße im Ortszentrum
Gesundheit	Okavango Pharmacy in der Maun Mall
Verkehrsanbindung	*Flugverbindungen* nach Windhoek, Gabarone, Francistown und Kasane. Zahlreiche Charterfirmen bieten *Rundflüge* über dem Okavangodelta und Fly-in-Safaris an. Die meisten Firmen haben Niederlassungen in der Nähe des Flughafens.

Maun – Ghanzi

Nach Verlassen von Maun passieren Sie die Abzweigung zum Sitatunga Camp. Auf der Weiterfahrt erobern immer wieder Rinderherden die Straße – Vorsicht an unübersichtlichen Stellen!

Im Städtchen Toteng geht's nach Shakawe in Richtung Caprivi Strip. Diese Strecke am Westrand des Okavangodeltas wurde 1996 durchgängig asphaltiert und ist bis zur namibischen Grenze nun auch mit Pkw befahrbar (obwohl sich die Schlaglöcher häufen). Über den Straßenzustand auf namibischer Seite (Mududmu-Nationalpark) sollte man in der Regenzeit vor Befahren Erkundigungen einziehen.

Wir folgen der Straße in Richtung Ghanzi. Es folgt ein weiterer Posten der Disease Control mit üblichem Prozedere. Die Pad durchquert mehrere kleine Ortschaften und erreicht schließlich den Vorposten Ghanzi.

Ghanzi

Ghanzi ist eine Grenzsiedlung mit Läden für den Farmerbedarf, Bottle Store, Supermarkt und der Atmosphäre einer staubigen Westernstadt. Die Region besitzt große Grundwasservorkommen, die Viehzucht inmitten der Kalahari möglich machen – etwa 200 Farmen soll es im Bezirk Ghanzi geben. Die meisten Kung-San, die in diesem Teil der

Ghanzi

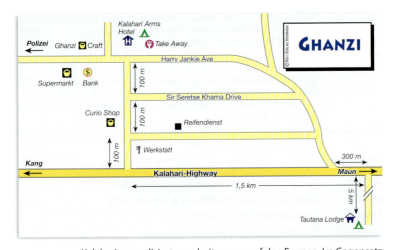

Kalahari nomadisierten, arbeiten nun auf den Farmen. Im Gegensatz zu ihren namibischen Vettern haben sie es geschafft, eine Art politisch-kulturelle Interessensvertretung einzurichten, die um größere Autonomierechte in Botswana kämpft. Denn anders als in Namibia, wo die Regierenden den Wert der San-Kultur und deren Bedrohung erkannt haben, wurden die botswanischen San bislang verachtet und fast sklavisch ausgebeutet. Wer sich für das Kunsthandwerk der Jäger interessiert, findet im Craft Shop von Ghanzicraft, unweit des Kalahari Arms Hotel, eine große Auswahl sehr schön gearbeiteter Schmuckstücke und Waffen. Der Erlös kommt den San zugute.

Unterkunft *Kalahari Arms Hotel,* Tel. 6596298, www.kalahariarms.net. Mittelklassehotel mit Campingmöglichkeit im Innenhof, wegen der lebhaften Bar allerdings recht laut, annehmbares Restaurant, DZ ab 110 €, Zelten ab 8 €.

Tautona Lodge, Tel. 6597499, www.tautonalodge.com. Empfehlenswerte Lodge, sehr gutes und beliebtes Restaurant, Chalets in großer Anlage mit Schwimmlandschaft, Besuch eines Löwengeheges, Ausflüge zu einem Dorf der San, Antilopen u. Giraffen auf d. Farm, DZ/F ab 90 €.

Camping bei den San *Dqae-Qare Camp,* Tel. 7252731, www.dqae.org. 23 km nördlich von Ghanzi geht es 10 km auf Piste nach Osten, Zeltplatz und Hütten der San mit kulturellem Hintergrund, Wanderungen, Survival- Training, Tänze, Mahlzeiten. Guesthouse mit Halbpension 55 €/Person, Camping 6 €/Person.

Thakadu Camp, Tel. 72120695, www.thakadubushcamp.com; 6 km südlich von Ghanzi geht es für 3 km nach Osten, Zeltplatz der Community an einer Pfanne, Duschen, Bar, Luxuszelte, Chalets, Camping 8 €/Person.

Trail Blazers, Tel. 71720645, www.ghanzitrailblazers.co.bw; 10 km südlich Ghanzi auf der linken Seite, Wanderungen, Tänze der San, Camping 10 €/Person, gute Hütten mit Moskitonetzen und Betten (ab 50 €/Person).

Einkaufen *Ghanzi Crafts,* Tel. 6596241, www.kuru.co.bw. Kunsthandwerk und Kulturzentrum der San mitten in Ghanzi.

Ghanzi – Grenze Namibia

Schnurgerade zieht nun der Asphalt weiter auf die botswanisch-namibische Grenze zu. Bei Km 658 zweigt bei Tsootsha eine Wellblechpiste zur *Kanana Game Lodge* ab, einer komfortablen Wildfarm, an deren Wasserloch man das typischen Kalahari-Wild – Antilopen, Schakale, Hyänen – beobachten kann (Reservierung Tel. 596166, www.kanana.info). Kurz dahinter kann man bei einer Shell-Tankstelle den Treibstoff nachfüllen und Getränke kaufen.

17 km weiter passiert man die **Farm Jakkalspot,** früher ein Campground. Charlie Hardbattle, der Besitzer der Farm, inzwischen verstorben, war ein San-Mischling und einer der engagierten Streiter für die Rechte der San. Er organisierte den Verkauf von Kunsthandwerk in Ghanzi und nahm 1996 als Vertreter der botswanischen San an einer grenzüberschreitenden Konferenz zum Thema San im südlichen Afrika teil. Ein Beobachtungsturm bei Km 718 markiert das Ende des Farmlandes. In niederem Buschwerk verläuft nun rechts der Grenzzaun zwischen Namibia und Botswana, den die Kung an einigen Stellen mit Hilfe sogenannter „Buschmannleitern" überqueren dürfen.

Einsame Weiler, weitgehend flache Landschaft und ab und zu die ersten Dünenkämme bestimmen die weiteren 80 km bis zum Dörfchen Xanagas, das mitten im Nirgendwo mit einem erstaunlich gut sortierten Laden und Bottle Store aufwartet.

Charles Hill, Km 828, bietet schließlich die letzte Versorgungsmöglichkeit vor der Grenze (Laden, Engen-Tankstelle, Ambulanz). 6 km weiter erreichen Sie den botswanischen Grenzposten Mamuno, 2 km weiter die **namibische Zollstation Buitepos.** Hier Anschluss an die Route 14.

Route 16a: Westlich des Okavango-Deltas

Km	Abzweig	Ort	Übernachtung	GPS
Km 0 D3403 Piste		Divundu/Bagani, T	Divundu Guest House	18 05 59 21 32 49
Km 5		Popa Falls	Popa Rastlager	18 07 28 21 34 59
Km 6			Divava Ldg (1 km)	
Km 8			Nunda Lodge	
Km 14			Ngepi Camp (4 km)	18 07 00 21 40 13
Km 20			Ndhovu L. (2 km) Mahangu Safari Lodge (2 km)	18 09 18 21 40 07
Km 22		Mahango Wildreservat		18 10 44 21 40 51
Km 34 Asphalt		Grenze Botswana		18 15 41 21 45 45
Km 49		Shakawe, T		18 21 52 21 50 05
Km 58	Km 0			18 25 34 21 53 07
	Km 3		Drotsky's Cabins Xaro Lodge	18 24 50 21 53 07
Km 79		Tsodilo Hills View		
Km 82	nach Tsodilo Hills Km 0 Piste n. W Km 40	Tsodilo Hills Museum		18 35 49 21 59 58 18 45 32 21 43 56
Km 100	Km 0 Piste n. O Km 2		Sepupa Swamp Stop + Okavango Houseboats4	18 44 54 22 10 24 18 44 4 22 10 24
Km 107		Veterinary Gate		18 50 19 22 13 45
Km 116			zur Nguma Island Lodge (nur 4x4)	18 59 06 22 17 19
Km 119			Nguma Camp (13 km)	19 00 47 22 17 21
Km 127		Etsha 6		19 06 44 22 16 08
Km 149		Gumare, T		19 22 24 22 09 13
Km 180		Nokaneng		19 39 50 22 11 25
Km 288		Sehitwa		20 27 52 22 42 27
Km 322		Toteng		20 21 00 22 57 57

In **Divundu/Bagani** folgen Sie der Piste nach Süd. Es geht an den Popa-Fällen, der Divava Okavango Lodge & Spa, der Ndhovu Lodge, dem Ngepi Camp und schließlich an der Mahangu Safari Lodge vorbei.

Unterkunftstipp Mahango Lodge

Die **Mahangu Safari Lodge** liegt direkt am Ufer des Okavango und unweit des Eingangs zum Mahango Park mit seiner reichen Tierwelt. Durch den Park hindurch führt die Piste bis zur Grenze (Grenzformalitäten s. Route 15). Die Abfertigung geschieht schnell und entspannt. Es dürfen keine Milchprodukte nach Botswana eingeführt werden (wegen der Maul- und Klauenseuche, das Fahrzeug wird durchsucht und Verbotenes verbrannt). Nach der Grenze fährt man durch die Streusiedlung **Shakawe.** Hier hat man die Möglichkeit zu einem Abstecher nach Seronga am Ostufer des Okavango (s. weiter unten).

Unterkunftstipp

Es geht nun durch Baumsavanne mit vielen Dörfern und Hirsefeldern bis zu **Drotsky's Cabins.** Die Lodge ist schön angelegt, direkt am Wasser, das Restaurant steht als Pfahlbau im Fluss. Herr Drotsky führt die Lodge seit 20 Jahren, seine Familie ist aber schon seit Ende des 19. Jahrhunderts im Land (Drotsky's Cave ist von einem seiner Vorfahren entdeckt worden. Auf dem Okavango werden Bootsfahrten unternommen. Mit dem Boot geht es auch in 15 Min. zur **Xaro Lodge,** herrlich unter hohen Bäumen auf der Insel Etsatsa gelegen, mit luxuriösen Bungalows auf Stelzen, Schwimmbad und Wanderwegen am Fluss entlang. Angelausflüge und Tierbeobachtung mit den (überaus leisen, mit Vierzylindern ausgerüsteten) Booten. Buchungen über Drotsky's Cabins, P.O. Box 115/Shakawe, Tel. 6875035, http://drotskys.com, Chalet für zwei Personen ab 100 €/Person, Camping ab 10 €/Person).

Abzweig Tsodilo Hills

Der Abzweig zum **Weltkulturerbe Tsodilo Hills** (Eintritt 10 €) befindet sich 25 km südlich vom Turn-Off zu Drotsky's Cabins/Xaro Lodge. Die gute und feste Piste führt 32 km nach Westen, bis man einen Abfall erreicht und die Hügel sieht. Durch Gatter durch und an Zäunen entlang folgt man der klaren Spur 6 km bis zum Museumskomplex. Zwei Nächte sollte man schon einplanen, **Campingplätze** sind ausgewiesen (allerdings keine Versorgungsmöglichkeit). 4500 Malereien verteilt auf 420 Stellen wurden an und auf den Hügeln entdeckt. *Male, Female* und *Child* heißen die Berge der Götter, mit 1395 m.ü.NN ist Tsodilo die höchste Erhebung Botswanas. Ihre Namen entstammen einer !Kung-Legende, derzufolge hier einst eine Familie mit Vater, Mutter und Kind lebte. Die Malereien und Gravierungen – einfache, aber auch überaus elaborierte –, stammen aus einer Zeit vor 1000 Jahren. Sie entstanden als Fingerzeichnungen unter Verwendung von Holzkohle, rotem Sand und Kalk, gemischt mit Tierblut, Fett, Eiweiß, Honig und auch Urin. Das Museum veranschaulicht die Kultur der San, am schönsten aber ist es, sich auf den Weg in die Hügelwelt zu machen und die Malereien und Gravierungen selbst zu entdecken.

Geologisch gehören die Felshügel zum Damaragürtel und sind 1000–1500 Mio. Jahre alt, als sie sich durch tektonische Verschiebungen erhoben. Sie geben heute ein Bild von jenem Fels, der sich unterhalb der Sandschicht die Kalahari erstreckt. Mehrere Wanderwege sind ausgewiesen. Der *Lion Trail* dauert 1,5 Stunden reine Gehzeit, der *Rhino Trail* 2 Stunden, der *Cliff Trail* 3 Stunden und der *Male Hill Trail* zum höchsten Punkt 4 Stunden).

Die berühmteste **Malerei** der Tsodilo Hills ist das Panel **Van der Post,** benannt nach Laurens van der Post, dem großen südafrikanischen Schriftsteller, der auch über die San geschrieben hat und für die Verständigung zwischen den Rassen eintrat. Man erreicht das Panel auf dem Rhino Trail, der direkt beim Museum beginnt. Es geht anfangs auf schmalem Pfad und über Klippen relativ steil nach oben, nach 5 Minuten kommt ein rotes Rhino als erste augenfällige Malerei. Die durchnummerierten Panels sind nicht immer sofort zu finden, man muss sich schon ein wenig umschauen. Bei Nummer 8 ist u.a. eine Giraffe zu entdecken, gegenüber ein Strauß mit Jäger an einem felsgedeckten Lagerplatz.

Nun befindet man sich mehr oder weniger oben und der Weg wird immer wieder sandig. Nummer 9 zeigt unter einem Überhang weiße Malereien, und der Weg spaltet sich in Rhino Trail und Lion Trail. Wir folgen dem Ersteren und kommen zu Nummer 12, einer Höhle mit flachen Löchern. Nummer 13, wieder unten, ist der Standort, wo das Laurens van der Post-Panel zu sehen ist. Man wird erst einmal verzweifelt suchen, dann an dem Schild einige Schritte zurücktreten und den Blick steil nach oben richten. Weit weg, fast unter dem Himmel, stehen Giraffe und Eland friedlich beieinander. Nun sind es nur noch wenige Minuten zurück zum Museum.

Weiterfahrt

18 km hinter dem Abzweig nach Tsodilo Hills geht es nach Osten bis **Sepupa** zum nicht sonderlich gut unterhaltenen Sepupa Swamp Stop (2 km) mit Chalets, Mietzelten, Zeltplatz, Restaurant und Aktivitäten mit dem Boot (Tel. +267-71379326, Fax +267-6877073, Camping 10 €/Person, Mietzelt für zwei 35 €, Chalets um 50 €/Person).

Vom Swamp Stop kann man auch übersetzen nach **Seronga** (ca. eine Stunde Bootsfahrt) und dort im Labyrinth des Deltas mit der Community Organisation Poler's Trust Mokoro-Touren unternehmen (www.ncongo.info), stundenweise, aber auch richtige Expeditionen über Tage hinweg.

Seronga

Sie haben zwei Möglichkeiten nach Seronga zu kommen: Sie fahren bis zum Swamp Stop, parken Ihr Fahrzeug dort und nehmen ein Boot nach Seronga, oder Sie nehmen die Brücke an das Ostufer des Okavango. Die Brücke überspannt 800 m (davon 150 m Fluss, der Rest Sumpfland). Von dort geht es auf 80 km unangenehmer Gravelroad und 30 km Sandpad (4x4) nach. Nach etwa zwei Drittel der Strecke überblickt man vom Hochufer – gegenüber Nxamasere – die Landschaft und schaut weit nach Westen bis Tsodilo Hills.

Von Seronga aus besteht die Möglichkeit, die **Okavango Houseboats** zu erreichen. Das Kopfbüro ist auf dem Festland (184903/222457), mit dem Schnellboot geht es in wenigen Minuten zu den drei Wasserhäusern Ngwesi (4 Zimmer en-suite), Inkwazi (9 Zimmer) und Inwankuni (10 Zimmer). Alle drei schwammen einst auf dem Kariba See im Norden von Zimbabwe. Als die politische Situation dort unerträglich wurde, hat man sie mit dem Lkw in einer beispiellosen Aktion über Bulawayo und Francistown zum Okavango gefahren. Der Aufenthalt auf den Booten ist luxuriös, man faulenzt oder fischt, birdet oder kann den Nilpferden zugucken. Das Essen ist ausgezeichnet und mit Schwergewicht auf dem, was man selbst gefangen hat (Okavango Houseboats, Tel. +267-6860892, www.okavangohouseboats.com, ab 630 €/Boot (8 Personen maximal) zzgl. 50 €/Person für Mahlzeiten, Transfer von Sepupa geht extra (hin und zurück 60 €/Person).

Auf dem Festland kann man auch im Community Camp des *Poler's Trust* mit Namen **Mbiroba Camp** (184932/222559) nächtigen (Tel. +267-6876861, www.okavangodelta.co.bw; Rondavel 15 €/Person, Chalet für zwei 50 €, Camping 8 €/Person). Die weitläufige Anlage besitzt auch ein Restaurant, Mokoro-Unternehmungen sind hier das Gelbe vom Ei. **Mokoro Touring:** um 30 € kostet eines dieser aus einem Baum ausgehöhlten Boote pro Tag mit Führer. Wer hierher kommt, will sich in der Natur verlieren und begibt sich mit dem Mokoro in die Sumpflandschaft mit der unglaublich reichen Tierwelt.

Weiterfahrt

In Gumare können Sie tanken und in Toteng haben Sie die Hauptstraße von Maun nach Buitepos erreicht. Hier haben Sie Anschluss an die Route 10.

Anhang

Danksagung

Familie Beyer / Dornhügel
Herr Helmut Schäfer / Windhoek
Umuzi – Afrika-Museum Arthur Benseler / Freiberg/N

Die Autoren

Daniela Schetar, Friedrich Köthe
Aktualisierung unter Mitwirkung von Nadja Köthe
Freie Journalisten, München und Leipzig. Studium der Ethnologie und Soziologie. Ausgedehnte Reisen führten sie durch Nord-, West- und das südliche Afrika. Verfasser von Reiseführern über Bayern, Leipzig, Portugal, Tunesien, Marokko, Namibia, Botswana, Zimbabwe, Südafrika, Slowenien, Kroatien, Kuba, Mallorca, Madeira, Bulgarien, Polen, Toskana, Friaul, Venetien und Sizilien.

Bildnachweis

© Alle **Karten** Helmut Hermann,

Fotos

Köthe, Friedrich: S. 8 (Bildnr. 2, 3), 9 (Bildnr. 5), 36, 39, 66, 74, 83, 86, 90, 93, 94, 109, 112, 117, 126, 131, 135, 141, 142, 150 oben, 152 unten, 156 (2. von oben), 164, 171, 172 unten, 195, 201, 213 (2x), 217, 218, 231, 229, 237, 318, 320, 325 (2x), 342, 351, 356, 363, 365, 366, 371, 372, 383, 384, 388, 390, 396, 397, 401 (2x), 402, 406 oben, 407, 412, 414, 416, 417, 419, 420, 427, 432, 443 unten, 451, 455, 457, 466, 467 unten, 468, 469, 483, 492, 501, 507, 511, 514, 515, 519, 527, 529, 534, 536, 541, 545, 546, 548, 551, 554, 555, 560 unten, 562, 566, 569, 571, 576, 577, 585, 586, 587, 597, 599, 605, 607, 608, 612, 613, 618, 619, 620, 628, 630, 641, 643, 652 (2x)

Hermann, Helmut: Umschlag (vordere + hintere Klappe, Rückseite) und S. 2/3, 8 (Bildnr. 1), 9 (6, 7), 22, 25, 29, 31, 34, 52, 54, 60, 71, 73, 97, 100, 103, 104 unten, 108, 115, 119, 123, 124, 133, 138 (2x), 143, 144 oben, 146, 149 (2x), 150 Mitte, 151 (3x), 152 oben, 153 (2x), 154 (2x), 155 (2x), 156 (Foto 1, 3, 4 von oben), 159 (3x), 161, 162, 163, 189, 193, 194, 197, 202, 225, 228, 232, 235, 311, 332, 345, 346, 358, 376, 377, 378, 379, 403, 423, 424, 438, 440, 442, 443 oben, 445, 447, 448, 467 oben, 473 (2x), 477, 478, 480, 481, 482, 484, 487, 488, 490 (2x), 510, 524, 560 oben

Losskarn, Elke: S. 8 (Bildnr. 4), 59, 84, 104 oben, 110, 144 unten, 150 unten, 230, 352, 386, 399, 521, 543, 575, 578

Kugel, Manfred: S. 160

iStockphoto.de (Bildnummer / Urheber): Umschlag Titelbild (22789413 / Sproetniek) und S. 9 (Bildnr. 8, 17595697 / norbvomorb), 120 (26197087 / Ben185), 147 (40412944 / GroblerduPreez), 157 (30578232 / pum_eva), 316/317 (32337400 / Sophele), 322 (32231402 / Ben185), 324 (36980400 / hugy), 326 (26020425 / heckepics), 393 (9120571 / mwalimu727), 406 unten (32391638 / Sophele), 435 (32390616 / Jason_YU), 436 (6148950 / Funkyjunky_), 500/501 (17595697 / norbvomorb), 512 (13163782 / Mytho), 516/517 (2360410 / EcoPic), 625 (38898444 / Goddard_Photography), 638 (9245147 / jungee)

Fotolia.de (Bildnummer / Urheber): S. 12, 67, 114, 198, 310, 495, (33870438 / graphit), 47 (15714802 / lantapix), 340 (48158259 / senicer), 456 (25352080 / oryx)

Roth-Deblon, Amiram / Schmidt-Haupt, Ragna: S. 69,

Okahirongo Lodges & Camps: S. 33

Onguma Game Reserve: S. 98

Historische Abbildungen aus Privatbesitz

Oryx-Antilopen in den letzten Strahlen der Kalahari-Sonne

Ausrüstungsliste

Reiseausrüstungs-Hinweis

Fast alle namibischen Autoverleiher vermieten auch Campingausrüstung. Spezialisiert auf den Verleih von Campinggegenständen, vom Schlafsack bis zum Geschirr, von Möbeln bis zum Rucksack sind Camping Hire Namibia, 78 Mosé Tjitendero Street, P.O. Box 80029, Tel. 061-252995, www.orusovo.com/camphire.

Reisedokumente

- ☐ Pass (u.U. Visa der Nachbarländer?)
- ☐ Int. Führerschein
- ☐ Impfpass
- ☐ Flugschein
- ☐ Buchungsbestätigungen
- ☐ Verkleinerte Kopien der Reisedokumente

Allgemeine Ausrüstung

- ☐ Koffer, besser flexible Reisetaschen oder Kofferrucksäcke
- ☐ Tagesrucksack
- ☐ Wasserflasche
- ☐ Passbilder
- ☐ Geld/Reiseschecks
- ☐ Geldgürtel/Brustbeutel
- ☐ Fernglas
- ☐ Fotoausrüstung
- ☐ Taschenlampe
- ☐ Moskitonetz
- ☐ Moskitospiralen
- ☐ Moskito-Repellent
- ☐ Reiseapotheke
- ☐ Reisewaschmittel (Rei in der Tube)
- ☐ Taschenmesser
- ☐ Nähzeug
- ☐ Reisewecker
- ☐ Landkarten
- ☐ Landesliteratur
- ☐ Schreibzeug
- ☐ Heimat- und eMail-Adressen

Persönliche Ausrüstung

- ☐ Leichte Kleidung
- ☐ Warme und feste Kleidung
- ☐ Regencape/-poncho
- ☐ Badesachen
- ☐ Zahnbürste/-pasta
- ☐ Nagelpflegeset
- ☐ Seife
- ☐ Haarwaschmittel
- ☐ Handtuch/Waschlappen
- ☐ Rasierer/Pinsel/Creme/Klingen
- ☐ Tampons/Binden
- ☐ Sonnencreme
- ☐ Sonnenbrille
- ☐ Ersatzbrille
- ☐ Linsenflüssigkeit für Kontaktlinsenträger
- ☐ Schlafsack
- ☐ Liegematte
- ☐ Reiselektüre

Reiseapotheke allgemein

- ☐ Pflaster
- ☐ Mullbinden
- ☐ Elastische Binde
- ☐ Verbandspäckchen
- ☐ Brandwundenpäckchen
- ☐ Wunddesinfektionsmittel
- ☐ Talkpuder
- ☐ Schere
- ☐ Pinzette
- ☐ Einmalskalpell
- ☐ Nahtmaterial
- ☐ Spritzenbesteck
- ☐ Fieberthermometer
- ☐ Schlangenbissset
- ☐ Fußdruckpflaster
- ☐ Wasserentkeimung
- ☐ Schmerztabletten
- ☐ Durchfallmittel z.B. Immodium
- ☐ Elektrolyte
- ☐ Wundsalbe
- ☐ Antibiotikum
- ☐ Antimykotikum
- ☐ Halstabletten
- ☐ Insektenrepellent
- ☐ Ohrentropfen
- ☐ Nasenöl (wegen der trockenen Luft)
- ☐ Antiallergikum zum Beispiel Systral
- ☐ Spezielle persönliche Arzneimittel

Kleiner Sprachführer

	Guten Morgen!	Wie geht es Ihnen?	Danke, gut!	Guten Abend!	Gute Nacht!
Khoikhoi	!Gai//goas / moro!	Matisa?	!Gai i ge a, aios	!Gai-tse !ga//aeb!	!Gai !uis!
Caprivi	Mu zuhile!	Mu zuhile cwani?	Ni zuhile!	Mu tozi nawani!	Mu iyi itumezi!
Kavango	Morokeni!	Ngapi Nawa ndi?	Hawe nawa tupu!	Zuhwareni po nawa!	Tokwereni p nawa!
Herero	Moro!	Koree?	Ami mbi ri nawa!	Mwa uhara!	Raree nawa!
Ovambo	Mwa lala po!	Ongiini!	Onawa!	Mu uhala po!	Lala po nawa!
Ovahimba	Mwe lele po!	Ongaipi?	Onawa!	Mwa uhala po!	Nangala po nawa!

Glossar Südwester-Deutsch

„abkommen" eines Riviers . . . Trockenfluss führt Wasser
Baas . . . . Boss
Baster . . . . Mischling
Beester . . . . Rinder
Bergveld . . . . . . gebirgige Landschaft
Bockie . . . . Ziege
Boerwors . . . . . . Bratwurst
Braai . . . . Grill, grillen
Buschveld . . . . . Busch
Dam . . . . Stausee, Staumauer
Donkey . . . . Esel, Badeofen
Drift . . . . Furt
Fontein . . . . Quelle
Gemsbock . . . . Oryx-Antilope
Jerry . . . . Deutscher
Klip . . . . Felsen, Stein
Koppie, Kopje . Hügel, auch Tasse
Kost . . . . Essen
Kraal . . . . Dorf der schwarzafrikanischen Bevölkerung
lekker . . . . schön
Lekkers . . . . Süßigkeiten
Lorri . . . . Lkw
Millipapp . . . . . . Maisbrei, Grundnahrung der schwarzafrikan. Bevölkerung
Morro . . . . Guten Tag
Omuramba . . . . Trockenfluss (Herero). Plural: Omiramba
Oshana . . . . flacher Flusslauf, der saisonal Wasser führt (Ovambo)
Oukie . . . . Südwester-Deutscher
Pad . . . . Straße, Piste, Weg
Padskrapper . . . Baumaschine zur Straßeneinebnung
Pan . . . . Senke (Pfanne), die saisonal überflutet wird
Permit . . . . Erlaubnisschein
Pieker . . . . Dorn (besonders: Dorn des Morgensterns)
Pontok . . . . Hütte der schwarzafrikanischen Bevölkerung
Potjie . . . . Dreibeintopf aus Gusseisen
Rivier . . . . Trockenfluss
Sandveld . . . . . . Landschaft mit sandigen Böden, Sandwüste
Store . . . . Laden
Teerpad . . . . Asphaltstraße
trekken . . . . Weiterziehen (auf Suche nach Weide, neuem Lebensraum)
Übersee . . . . Europa (Deutschland)
Veld . . . . Landschaft, Region
Veldkost . . . . . . Verpflegung aus der Natur
Vlakte . . . . Ebene
Vlei . . . . Senke, in der saisonal Wasser steht
Werft . . . . Hütten der schwarzafrik. Arbeiter auf einer Farm
Winkel . . . . Laden

Literaturverzeichnis Namibia

Weiterführende Literatur, mit der Sie sich auf Ihren Namibia-Urlaub gut vorbereiten und mit denen Sie Ihre Vorfreude auf die Reise steigern können.

„Gondwana History Collection Namibia" Broschüren-Serie in fortgesetzten Ausgaben unter der Rubrik „Momentaufnahmen aus der Vergangenheit Namibias" mit unterhaltsamen Themen über Kultur und Geschichte des Landes, wie z.B. „Deutsche Siedler im Süden Namibias zwischen Kolonial- und Weltkrieg", „Geschichten zu Briefmarken-Motiven Namibias" (2 Bände) u.a. mehr. Ausgaben in Deutsch, Englisch und Afrikaans, www.gondwana-Collection.com; in Deutschland über Verlag Klaus Hess, Göttingen, www.k-hess-verlag.de.

„Auf nach Südwest!" (von Gilsa, Erich; Spätling, Peter, Barleben, 2014, 978-3-86912-083-6, 15x21 cm, 163 Seiten, zahlreiche Fotos und Illustrationen, 18,90 €). Diese Memoiren basieren auf dem Tagebuch des Schutztruppenoffiziers Erich von Gilsa (1904-1905) während des Herero- und Nama-Aufstandes in Deutsch-Südwestafrika.

„Namibia für Kinder" (Miehlich, Günter; Göttingen, 2014; ISBN 978-3-933117-89-2, 30x21 cm, 124 S., über 500 Fotos und Illustrationen, 19,80 €) Kinder lernen auf einer Namibia-Reise Menschen, Tiere, Pflanzen und Landschaften Namibias kennen.

„Archäologischer Reiseführer Namibia" (Breunig, Peter; Frankfurt am Main, 2014; ISBN 978-3-937248-39-4; 15x21 cm, 328 S., 180 Farbabbildungen, 29,80 €) Dieser archäologische Reiseführer führt Laien in die Vorzeit Namibias und an heute sichtbare Relikte und Stätten vergangener Jahrtausende.

„Namibia Sun Pictures" (Bozzi, Paolo Solari; Steinfurt, 2013; ISBN 978-3-944327-07-5; 31x25 cm, 172 S., 100 sw-Fotografien, Text: engl.; deut.; ital.) Der fotografische Kunstband Namibia Sun Pictures zeigt bezaubernde schwarz-weiß Porträts namibischer Landschaften und Menschen.

Perspektiven 2014 / Afrikanischer Heimatkalender 2014 (Deutsche Evangelisch-Lutherische Kirche in Namibia DELK; Windhoek, 2014; ISBN 978-99916-868-2-0; 17x24 cm, 140 S., zahlr. Abbildungen; 24,80 €) Erscheint seit 1930 jährlich als ein Träger der christlichen Botschaft in Namibia und bietet seinen deutschsprachigen Lesern Lebenshilfe im Alltag, aber auch seit eh und je interessante historische und aktuelle Beiträge über Land und Leute. Alle Ausgaben unter www.namibiana.de (Namibiana Buchdepot)

„Hauptsache Windhoek" (Schlettwein, Sylvia et al.; ISBN 978-99916-889-1-6; 15x21 cm, 202 S., durchgehend Fotos; 29,95 €) Diese Sammlung enthält drei Dutzend Geschichten und Gedichte über die Hauptstadt Namibias.

„Jagen in Namibia" (Denker, K.-U., Windhoek o. J., ISBN 3-936858-89-6, 22x30 cm, 127 S., zahlr. Farb- und sw-Abb., 35,00 €). Eine professionelle Beschreibung der Jagdgebiete, der Wildarten und deren Bejagung, Ausrüstungstipps und viele spannende Jagdberichte zeichnen dieses nützliche und anspruchsvolle Buch aus.

„Der Kalahari abgerungen" (von Hase, H. J., Windhoek 2006, ISBN 3-936858-05-05, 15x21 cm, 152 S., 23 sw-Fotos, 19,95 €). Die hochinteressante und lange Lebensgeschichte von Hases als Neuling im Lande und später als Farmer und Minister.

„Einführung in den südlichen Sternenhimmel" (Conradie, F., Windhoek 2004, ISBN 978-3-936858-59-4, 15x21 cm, 120 S., zahlr. Illustr., 19,90 €) Mit bloßem Auge sichtbare Planeten, die hellsten Sterne und die Sternbilder der südlichen Halbkugel werden leicht verständlich vorgestellt und auffindbar gemacht.

„Fauna und Flora im südlichen Afrika" (Carruthers, Kapstadt 2007, ISBN 978-1-86872-644-8, 14x21 cm, 294 S., unzähl. Farbillustr., 35,00 €). Einer der beliebtesten Tier- und Pflanzenführer! Hochwertige Darstellung von Niedrigen Wirbellosen, Spinnen, Spinnentieren, Insekten, Süßwasserfischen, Fröschen, Reptilien, Vögel, Säugetiere, Gräser, Seggen, Farne, Pilze, Wildblumen und Bäumen.

„Newman's Birds of Southern Africa" (Newman, K.,9. Aufl., Kapstadt 2010, ISBN 9781770078765, 21x15 cm, 528 S., zahll. Farbillustr., 39,95 €). Dieser führende englischsprachige ornithologische Führer beschreibt die Vögel zwischen Sambesi und Antarktis und enthält einen Namensindex in Deutsch.

„Pflanzenführer für die zentrale Namib" (Burke, A., Windhoek 2005, ISBN 978-3-936858-51-8, 21x15 cm, 112 S., zahlr. Farbfotos, 19,95 €). Bestimmung der Hauptgruppen der Pflanzenarten der Namib, die mit einer erstaunlicher hohen Artenvielfalt eines der botanisch wertvollsten Gebiete in Namibia ist.

„Pflanzenführer für die südliche Namib" (Burke, A., 2. Aufl., Windhoek 2008, ISBN 978-3-936858-72-3, 21x15 cm, 111 S., zahlr. Farbfotos, 19,95 €). Der zweite Band der Serie.

„Pflanzenführer für die nördliche Namib" (Burke, A., Windhoek 2005, ISBN 978-3-936858-61-7, 21x15 cm, 112 S., zahlr. Farbfotos, 19,95 €). Der dritte Band der Serie.

„Bäume und Sträucher des Etosha-Nationalparks und in Nord- und Zentral-Namibia" (Berry, C., Windhoek 2005, ISBN 978-3-936858-21-1, 15x21 cm, 164 S., 1 Faltkarte, sw- und Farbabb., 27,50 €). Beschreibung von 50 regionstypischen Bäumen und Sträuchern, mit Karte des Etoscha-Nationalparks, Beschreibungen der Vegetationsbereiche, volkstümliche Namen der Pflanzen sowie eine Liste mit allen bisher bekannten Pflanzenarten.

„Wüstenskifahren. Ausstieg nach Namibia. Von einem, der auszog, die Freiheit zu finden" (May, Henrik; ISBN 9783862683376; 16x24 cm, 202 S., zahlr. sw- u. Farbfotos. Henrik May wagte nach der Wende den Ausstieg nach Namibia. Er entdeckte die Freiheit und das Wüstenskifahren.

„Das alte Kaokoland" (von Koenen, E., Göttingen 2004, ISBN 978-3-933117-24-3, 21x30 cm, 159 S., zahlr. Farb- und sw-Fotos, 1 Karte, Beilage, 1 DVD, 38,00 €) Erlebnisse, Erfahrungen und ein legendärer historischer Film (DVD) über das Kaokoveld der 50er Jahre. Nur wenigen Besuchern war es vor 1980 möglich, diese abgeschiedene Gegend im südwestlichen Afrika zu bereisen.

„Der Wahrheit eine Gasse" (Schneider-Waterberg, 3. Aufl., Swakopmund 2012, ISBN 978-3-941602-72-4, 15x21 cm, 340 S., zahlr. sw-Fotos und Karten, 16,90 €): Anmerkungen zum Kolonialkrieg in Deutsch-Südwestafrika 1904. Richtungsweisende Auswertung noch unveröffentlichter, unberücksichtigter oder weitgehend unbekannter Dokumente, mit hervorragendem Kartenmaterial.

„Als Telegrafenbauer in Deutsch-Südwest" (Schmidt, W. R., Erfurt 2006, ISBN 978-3-89702-992-7, 17x24 cm, 128 S., 154 sw-Fotos, 18,90 €) Dieser ungemein spannende Bildband beruht auf dem Nachlaß von Otto Schiffbauer, der 1905-13 im Auftrag der Reichspostverwaltung in Deutsch-Südwestafrika Telegrafenleitungen baute.

„Abenteuer, Spuk und Diamanten" (Honeyborne, Windhoek 2005, ISBN 978-3-936858-82-2, 15x21 cm, 276 S., zahlr. sw-Fotos, 26,50 €). Abenteuerlicher Polizeidienst im Sperrgebiet der 20er bis 60er Jahre. Seinen Aufzeichnungen über einen Zeitraum von 50 Jahren, verdanken wir dieses spannende Buch.

„Wenn es Krieg gibt, gehen wir in die Wüste" (Martin, H., Hamburg 2004, ISBN 978-3-935453-00-4, 13x21 cm, 362 S., 14 sw-Fotos, 2 Karten, 25,50 €) Zwei deutsche Geologen in Südwestafrika entziehen sich im 2. Weltkrieg der Internierung durch „Flucht in die Wüste" und kämpfen dort zwei Jahre um das nackte Überleben unter Hunger und Durst und in wechselnden, primitiven Unterkünften. Feinfühlig und spannend!

„Lüderitzbucht - 1908 bis 1901" (Baericke, M. E., Windhoek 2001, ISBN 978-3-936858-41-9, 15x21 cm, 189 S., 79 sw- und Farbfotos, 1 Faltkarte, 14,90 €). Erinnerungen eines Diamantensuchers aus der deutschen Diamantenzeit in Südwestafrika.

„Der weiße Buschmann Peter Stark" (Stark, P., Windhoek 2003, ISBN 978-3-936858-29-7, 15x21 cm, 216 S., zahlr. sw-Abb., 19,95 €). Tollkühne, aber illegale Jagderlebnisse: Seine Einstellung zur Jagd ändert sich drastisch, als „der weiße Buschmann" vom Ministerium für Naturschutz angestellt wird und nun selbst den Wilddieben im Etoscha-Nationalpark das Handwerk legen muß.

„Lüderitzbucht - Damals und gestern" (Schoedder et al., Windhoek 1998, ISBN 3-936858-42-X, 22x30 cm, 219 S., zahll. sw-Fotos u. Abb., 36,80 €). Ein rührender Charme geht von dieser zauberhaften Stadt aus: unzählige hochinteressante Fotos, Texte und reproduzierte Dokumente aus ihrer Vergangenheit. Tolles Buch!

Literaturverzeichnis Namibia

„Entdeckungsreise in das Innere Südwestafrikas" (Alexander, J. E., Windhoek 2005, ISBN 978-3-936858-50-1, 21x15 cm, 377 S., einige sw-Abb., 1 Faltkarte, 22,50 €) Spannender Reisebericht eines englischen Offiziers, der von Kapstadt nach Walvis Bay, dann durch das Groß-Namaland in 1835 und 1836 reiste.

„Etoscha-Karte" (Frandsen, J., Fourways, 2010, ISBN 9780958474863, 20x28 cm, 16 S., farbige Abb., Deutsch; Englisch, 9,95 €) Mit illustrierter Tier- und Vogelidentifizierung. Wenn der Etoscha-Nationalpark eines Ihrer Reiseziele ist, sollten Sie dieses wirklich hilfreiche und preiswerte Heft dabei haben. Es enthält alles über den Nationalpark, was Sie wissen müssen.

„Namibia Road Atlas" (MapStudio, ISBN 978-1-77026-438-0; 17x24 cm, 96 S., Kartenwerk 1:1.500.000, Text in Englisch; durchgehend Karten u. Fotos, 17,50 €)„) Namibia im Maßstab 1:1,5 Mio. und 21 Stadtpläne.

„Kammi der Kameldornzwerg". (du Plessis, Hadi; Windhoek o. J.; Audio-CD, 9 Kapitel, Laufzeit 74 Min.; 19,95 €) Dieses Hörbuch enstand nach dem bekannten Namibia-Kinderbuch von Hadi du Plessis.

„Die Sterne sind glühende Kohlen und Asche" (Wielligh, G. R., Windhoek 2005, ISBN 3-936858-81-0, 15x21 cm, 96 S., etliche sw-Abb., 14,95 €) Wunderbare Buschmann-Erzählungen, Mythologie und Legenden von G.R. von Wielligh (1859-1932) gesammelt und dadurch der Nachwelt erhalten.

„Masken Zauber Mythen - Geschichten aus Namibia" (Kubisch et alt., Witvlei 2005, ISBN 978-3-936858-49-5, 21x15, 134 S., einige sw-Abb., 16,50 €) Geschichten aus dem Alltag Namibias oder der Vergangenheit von sieben deutschstämmigen Autoren.

„Benni, der kleine Elefant" (Heddenhausen, A., Windhoek 2005, ISBN: 978-3-936858-80-8, 30x21 cm, 16 S., 16 Malvorlagen, dt.-engl., 7,50 €) Ein schönes namibisches Mal- und Erzählbuch mit einer kleinen Geschichte für die kleinsten Namibia-Freunde.

„Und seither lacht die Hyäne" (Metzger, F., Windhoek 2004, ISBN: 978-3-936858-55-6, 15x21 cm, 111 S., etliche Illustr., 19,50 €) Fritz Metzger, (1911-99) hat während auf seiner Farm, die Lebensweise, Mythen und Gebräuche der Buschleute kennengelernt und gibt diese und Ihre Fabeln mit liebevollen Einfühlungsvermögen wieder.

„Lass Bäume sprechen" (von Koenen, E., Windhoek 2003, ISBN 978-3-936858-99-0, 22x30 cm, 86 S., durchg. illustr., 19,95 €) Eine wunderbare Charakterstudie namibischer Baumtypen des bekannten Künstlers Eberhard von Koenen.

„Klassische & moderne Rezepte aus Namibia" (Kornmeyer, E., 4. Aufl., Dreieich 2007, ISBN 978-3-9808785-4-8, 15x21 cm, 204 S., zahlr. sw-Abb., 12,95 €) Über 200 Rezepte aus den Küchen der Farmen, Restaurants und den Lagerfeuern im Südwesten Afrikas. Dieses Buch bietet einen umfassenden Überblick über die Landesküche und ermöglicht, die kulinarischen Urlaubserinnerungen in der eigenen Küche nachzuerleben.

„Buschmänner von Ombili" (Wustig, R. u. G., Audio-CD, 50 Min., 12,95 €) Die Schul- und Buschmannchöre von Ombili tragen 30 schöne gesungene Lieder vor. Diese CD wurde im Ombili-Projekt auf der Farm Hedwigslust bei Tsumeb aufgenommen. Für ethnisch verschiedene San-Gruppen werden hier in zwei Dörfern behutsam neue Lebensperspektiven geschaffen.

Film: Land Matters. Strategien als Reaktion auf Auswirkung der Landreform in Namibia (Schütte, Thorsten; DVD-Video, 65 Minuten, Untertitel in Deutsch, Englisch, Französisch, Afrikaans. 14,80 €) Wie Farmer in Namibia Strategien als Reaktion auf Auswirkung der Landreform entwickeln und ihre Gedanken darüber zeigt der Film Land Matters.

„Passage through Time - The Fossils of Namibia" (Schneider, G.; Marais, C., Windhoek 2005, 22x30cm, 158 S., durchg. illustr., 59,00 €) Das einzige Werk, das sich in wissenschaftlicher Qualität auf populärer Weise den Dinosauriern Namibias nähert. Fantastisches Buch!

„Sesriem und Sossusvlei - Die Wüste erleben" (Bridgeford, P. u. M., Walvis Bay 2005, 21x15 cm, 70 S., 2 Kartenskizzen, zahlr. sw-Abb., 9,95 €) Ein beliebtes landeskundliches Büchlein über die Namib.

Weitere Namibia-Bücher:

Boden, G.: **Jäger und Gejagte.** Die Buschleute im südlichen Afrika. Duisburg, 1997

Vogt, Andreas: **Nationale Denkmäler in Namibia.** Ein Inventar der proklamierten nationalen Denkmäler in der Republik Namibia. Windhoek, 2006

Lempp, Horst: **Verjagt verweht vergessen.** Die Hai||om und das Etoschagebiet. Windhoek, 2009

Schulverein der Privatschule Karibib: **100 Jahre Privatschule Karibib.** Karibib, Namibia 2010

Becker, Wiltrud: **Der Regenwichtel und andere namibische Kindergeschichten.** Windhoek, Namibia 2011

Reise, Christin H.: **Tüte, der kleine Bär auf Safari in Afrika.** Müllrose, 2011

Schnurr, Michael: **Aufbruch nach Namibia.** Der lange Weg von Reiner und Gillian Stommel zur Farmschule Otjikondo. Sipplingen, 2011

Wentenschuh, Walter G.: **Namibia: Geschichte – Menschen – Perspektiven.** Klaus Hess Verlag, Göttingen 2011

von Schmettau, Konny: **Auf Pad.** Mit Journalistin Konny von Schmettau durch den Süden Namibias, inklusive der Diamantenstadt Oranjemund. Swakopmund, Namibia 2012

Wallace, Marion: **Geschichte Namibias,** Basler Afrika Bibliographien, 2. Afl. 2015. M. Wallace bietet einen fundierten Überblick über die Geschichte Namibias – von historischen Epochen, gesellschaftlichen Entwicklungen und der Kolonialzeit bis zur Unabhängigkeit.

Klöppel, Renate: **Namibia – Namibia,** Wellhöfer Verlag 2016. Roman, der die Schicksale einer deutschstämmigen Farmerstochter und einer jungen Hererofrau mit Gegenwart und Vergangenheit verbindet.

Wiegelmann, Norbert J.: **Svens fantastische Reise,** Elvea Verlag 2016. Die Freunde Sven und Tim bereisen in Gedanken Namibia. Bernd, ihr Guide, zeigt ihnen Vielfalt und Schönheit dieses faszinierenden Landes.

Lektüre antiquarisch

van der Post, Laurens: **Die verlorene Welt der Kalahari,** Henssel Vlg., Berlin, 1959

Rautenberg, Hulda: **Das alte Swakopmund 1892–1919,** Swakopmund, 1967

Bjerre, Jens: **Kalahari,** Brockhaus Vlg., Wiesbaden, 1969

Timm, Uwe: **Morenga,** München, 1978

Hoffmann, Giselher u. Attila: **Im Bunde der Dritte,** Selbstverlag, Windhoek, 1983

Garnier, v. Christine: **Ich habe einen der letzten Kolonialherren Afrikas geheiratet** Rowohlt Vlg., Reinbeck, 1987

Schmidt, Sigrid: **Märchen aus Namibia,** Diederichs Vlg., Köln, 1990

Brodersen-Manns, Hertha: **Wie alles anders kam in Afrika,** Kuiseb Vlg., Windhoek, 1991

Kenntner, Georg/Kremnitz, Walter: **Kalahari,** Ambro Lacus Vlg., Andechs-Frieding, 1992

Schatz, Ilse: **Unter Buschleuten,** Selbstverlag, Tsumeb, 1993

Eckenbrecher, v. Margarethe: **Was Afrika mir gab und nahm** Nachdruck der Originalausgabe von 1940 durch Peter's Antiques, Swakopmund, 1994

Kaujeua, Jackson: **Tears over the Desert,** New Namibia Books, Windhoek, 1994

van der Post, Laurens: **Das Herz des kleinen Jägers,** Diogenes Vlg., Zürich, 1994

Voigt, Bernhard: **Deutsch-Südwestafrika,** Nachdruck der Originalausgabe von 1913 durch Peter's Antiques, Swakopmund, 1994

Groth, Siegfried: **Namibische Passion,** Hammer Vlg., Wuppertal, 1995

Bezugsquelle für alle genannten und viele weitere Titel:

Namibiana Buchdepot

Literatur, Landkarten und Medien über Namibia und das südliche Afrika
Bismarckplatz 2, 27749 Delmenhorst, www.namibiana.de

Das komplette Programm zum Reisen und Entdecken von
REISE KNOW-HOW

- **Reiseführer** – alle praktischen Reisetipps von kompetenten Landeskennern
- **CityTrip** – kompakte Informationen für Städtekurztrips
- **CityTrip**PLUS – umfangreiche Informationen für ausgedehnte Städtetouren
- **InselTrip** – kompakte Informationen für den Kurztrip auf beliebte Urlaubsinseln
- **Wohnmobil-Tourguides** – alle praktischen Reisetipps für Wohnmobil-Reisende
- **Wanderführer** – exakte Tourenbeschreibungen mit Karten und Anforderungsprofilen
- **KulturSchock** – Orientierungshilfe im Reisealltag
- **Kauderwelsch Sprachführer** – vermitteln schnell und einfach die Landessprache
- **Kauderwelsch plus** – Sprachführer mit umfangreichem Wörterbuch
- **world mapping project™** – aktuelle Landkarten, wasserfest und unzerreißbar
- **Edition REISE KNOW-HOW** – Geschichten, Reportagen und Abenteuerberichte

Von unseren eigenen Wünschen auf Afrikareisen und der tiefen Liebe zur afrikanischen Landschaft und Natur geleitet, möchten wir unseren Gästen einen einzigartigen Eindruck dieser Regionen vermitteln. Jede Lodge bietet Aktivitäten an, die Ihren Aufenthalt zu einem Erlebnis steigern. Lassen Sie sich inspirieren.

WWW.ONDILI.COM

Helmut Hermann, Bettina Romanjuk

Tourguide Südafrika

Sanibona – Willkommen in Südafrika

Mit dem „Tourguide Südafrika" das Land am Kap selbstorganisiert und authentisch kennenlernen. Unverzichtbar für alle, die das faszinierende Südafrika individuell bereisen wollen.

- **Routenbasiertes Konzept:** Von Johannesburg nach Kapstadt oder vice versa vom Kap der Guten Hoffnung bis zur Nordprovinz Limpopo – entdecken Sie Südafrika auf 9 Haupt- und vielen Nebenrouten. Nach persönlichem Zeitrahmen und Ihren Vorlieben ausbau- oder verkürzbar

- Alle praktischen Reisefragen von A bis Z, interessante Hintergrundinformationen über Land und Leute und zum neuen Südafrika

- Auf den Punkt gebrachte Beschreibungen von Städten und Orten mit ihren Sehenswürdigkeiten, kulturelle, künstlerische, architektonische und landschaftliche Highlights

- Übernachten in den südafrikatypischen und sehr gastfreundlichen Bed & Breakfasts oder in anderen Unterkünften für jeden Geldbeutel

- Kulinarische Empfehlungen von Kennern und Einheimischen, Wine & fine Dining-Restaurants

- Nicht zu versäumende Nationalparks mit ihren Tierpopulationen, spannende und unbekannte Winkel, Wandervorschläge für Fitte und Faule sowie Tipps für sportliche Aktivitäten

Reise Know-How
Verlag H. Hermann
780 Seiten
ISBN 978-3-89662-506-9
€ 25,00 [D]

- Mehr als 80 Stadt- und Ortspläne, Nationalpark- und Routenkarten, alle korrespondierend mit dem Inhalt
- Über 370 stimmungsvolle Fotos und historische Abbildungen
- Glossar und ausführliches Register, Griffmarken, Seiten- und Kartenverweise zur einfachen Handhabung
- Zahllose geprüfte Internet-Adressen, GPS-Daten zum problemlosen Finden von Unterkünften und Sehenswürdigkeiten
- Konkrete Empfehlungen für Bed & Breakfasts, Hotels, Hostels und Campingplätze
- Strapazierfähige PUR-Bindung

Faltkarte Südafrika

Kapstadt, Garden Route & Kap-Provinz

Verbinden Sie Erholung und Aktivität, Natur und Kultur zu einem einmaligen Erlebnis-Urlaub am Kap. Dieser Führer bringt das einzigartige Lebensgefühl auf den Punkt.

- Top-aktuelles Reise-Know-How. Mit dem Mietwagen das Land am Kap auf 8 schönen Reiserouten durch die interessantesten Gebiete der Kap-Provinz.
- Präzise Streckenbeschreibungen mit den besten Tipps, Adressen und Attraktionen.
- Wissenswertes über Land & Leute, visualisiert mit zahlreichen Fotos
- Kulinarische Entdeckungstouren, Wine & Dine in Weingütern, konkrete Hotel- und Restraurant-Empfehlungen, Tipps mit Kindern, …
- Die hübschesten Orte der Garden Route, die Big Five erleben und zahlreiche Aktivitäten-Vorschläge …

Elke Losskarn
ISBN 978-3-89662-574-8
€ 17,50 [D]

348 S., strapazierfähige PUR-Bindung, 30 Karten und Stadtpläne, mehr als 250 Farbfotos, Griffmarken, Seiten- und Kartenverweise, Register

---

Namibia kompakt

… ist ein Reiseführer mit hoher Informationsdichte für eines der beliebtesten Reiseziele des südlichen Afrika. Beschrieben werden alle Highlights des Landes und wichtige Sehenswürdigkeiten im angrenzenden Zimbabwe und Botswana. Für organisiert Reisende und für die, die indivuell unterwegs sind, der optimale Reisebegleiter.

Namibia kompakt …

- kombiniert detailgenaue, verlässliche Reiseinformationen mit unterhaltsamen Themen über Land und Leute, visualisiert durch zahlreiche Fotos und Illustrationen.
- enthält viele Karten und Stadtpläne, die alle eng mit dem Inhalt verzahnt sind. Nennt die besten Adressen für Ihre Reise.
- wurde von kompetenten Autoren mit langer Namibia-Erfahrung verfasst.
- ist zusätzlich ein Kulturführer und verschafft Zugang zur ethnischen Vielfalt des Landes. beleuchtet geschichtliche Hintergründe und historische Zusammenhänge.
- gibt Tipps und macht Vorschläge für Aktivitäten und zur Gestaltung freier Zeit.

Daniela Schetar, Friedrich Köthe
ISBN 978-3-89662-602-8
€ 17,50 [D]

300 S., strapazierfähige PUR-Bindung, 45 Karten und Stadtpläne, mehr als 190 Farbfotos, Griffmarken, Seiten- und Kartenverweise, Register

Literatur
Landkarten
& Medien

Namibia
Südafrika
Botswana

Das größte Angebot nördlich von Windhoek!

Namibiana Buchdepot ist der einzige spezialisierte Anbieter für Bücher, Landkarten, Video, DVD und CD zu den Themen Namibia und südliches Afrika. 1981 gegründet, führen wir ein Gesamtangebot von über 4000 Artikeln von mehr als 780 Verlagen und Autoren und liefern binnen 24 Stunden aus.

Telefon ++49-(0)42 21-1 230 240
Fax ++49-(0)42 21-1 230 241
buchdepot@namibiana.de
www.namibiana.de

www.namibiana.de

Klipspringer-Tours GmbH
Königsallee 57 · 71638 Ludwigsburg

Persönliche Beratung:
+49 7141 1477-550 · info@klipspringer-tours.de

AFRIKA HAUTNAH

Lassen Sie sich von unserem umfangreichen Reiseangebot auf unserer Website inspirieren!

Jacana Tours GmbH
Willibaldstr. 27, D-80689 München
Tel.: 089 5808041, Fax 089 5808504
e-mail: info@jacana.de

www.jacana.de

Entdecke Afrika!

Abendsonne Afrika ist Ihr Top-Safarispezialist für Reisen in das südliche und östliche Afrika.

Ob Individual- oder Kleingruppenreise – unsere erfahrenen Spezialisten beraten Sie in allen Fragen rund um spannende Safaris, Selbstfahrerreisen oder Flugsafaris.

Selbstfahrerreise zu den Highlights Namibias
15 Tage Windhoek - Sossusvlei - Swakopmund - Damaraland - Etosha - Waterberg
ab 1.798,- ab/bis Deutschland inkl. Mietwagen

Abendsonne Afrika GmbH
Zur Unteren Mühle 1, D-89290 Buch
Tel.: +49 (0) 7343.92998-0, Fax - 29
E-Mail: info@abendsonneafrika.de
www.abendsonneafrika.de

Ihre Safarispezialisten!

Fordern Sie unseren Katalog an! Wir beraten Sie gerne!

Botswana, Namibia, Südafrika, Simbabwe, Sambia, Tansania, Malawi, Madagaskar, Uganda, Ruanda, Kenia, Oman, Mosambik, La Réunion, Seychellen, Mauritius, Vereinigte Arabische Emirate

»Eine der besten allgemeinen Geschichten eines afrikanischen Landes.« DIE ZEIT

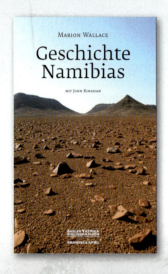

Marion Wallace
Geschichte Namibias
Mit einem Beitrag von John Kinahan
In Zusammenarbeit mit Brandes & Apsel
Frz. Broschur, 576 Seiten, Illustrationen,
Tabellen, Karten.
ISBN 978-3-95558-063-6 (D & A)
ISBN 978-3-905758-41-2 (CH)
EUR 29,90

1990 erlangte Namibia, das ehemalige Deutsch-Südwestafrika, als letzte afrikanische Kolonie die Unabhängigkeit. Mit diesem Buch liegt erstmals eine umfassende Einführung in die Geschichte dieses faszinierenden Vielvölkerstaates in deutscher Sprache vor. Die Historikerin Marion Wallace (London) und der Archäologe John Kinahan (Windhoek) bieten einen fundierten Überblick über die historischen Epochen und gesellschaftlichen Entwicklungen seit den ersten Niederlassungen von Menschen in den Savannen und Wüsten des südwestlichen Afrikas. Die vielschichtige Darstellung der deutschen und der von Apartheidspolitik und Befreiungskampf geprägten südafrikanischen Kolonialzeit schließt mit einer Einschätzung von Gesellschaft, Politik und Wirtschaft des unabhängigen Namibias.

Basler Afrika Bibliographien • Switzerland • +41 61 228 9333 • bab@baslerafrika.ch • www.baslerafrika.ch

BASLER AFRIKA BIBLIOGRAPHIEN
Namibia Resource Centre – Southern Africa Library

TARUK
GROSSE REISE. KLEINE GRUPPE.

GRATIS REISEKATALOG + DVDs

AFRIKA AMERIKA ASIEN AUSTRALIEN

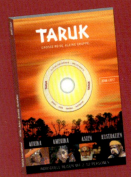

Erleben Sie außergewöhnliche Reisen mit dem Fernreise-Spezialisten TARUK: Wir kennen unsere Touren, weil wir vor Ort gelebt haben.

- deutschsprachige, engagierte Reiseleiter
- handverlesene Unterkünfte
- Begegnungen mit Menschen und Natur
- persönlich konzipierte und getestete Reiserouten, z.B.

20 Tage Namibia: Welwitschia	ab 3.699 €
14 Tage Namibia: Akazie	ab 2.899 €
14 Tage Südnamibia: Fish River	ab 2.999 €
20 Tage Namibia & Botswana	ab 4.199 €
20 Tage Namibia & Südafrika	ab 4.199 €

Beratung: 033209 21740 | www.taruk.com

TARUK International GmbH | Str. der Einheit 54 | 14548 Schwielowsee

INDIVIDUELL REISEN MIT 2-12 PERSONEN

Register A–Z

ǃNamiǂNûs 407

Ababis 358
Abbé Breuil 519
Abschleppdienste 76
Affen 149
Affenbrotbaum 602
African Wilderness Trails 475
Afrikaans 223
Agate Beach 415
Ahnenbaums 142
Ahnengedenktag 467
Ahnengedenktag 109
Ai-Ais 383
Aids 49, 190
Aktivitäten 82
Alaskit 530
Ameib Ranch 511
Anabaum 133
Andoni 489
Angeln 82
Angra Pequena 175
Anhalter 20
Ankunft 60
Anreise 38
Antilopen 149
Apartheid 187
Apollo-11-Höhle 174
Arandis 23
Araukarien 533
Arbeit 191
Archer's Rock 457
Architektur 230
Arnhem-Höhle 619
Aroab 380
Artenschutz 107
Astronomie 82
Aus 400
Auslandskrankenversicherung 56
Ausrüstung 41
Auto 39
Autoausrüstung 43
Autobahnen 71
Automobilclub 76
Avis Staudam 328

B&B-Unterkünfte 32
Babies 35
Backpacker 20
Bagani 597
Baiweg 458
Ballonfahren 83
Balsamstrauch 132
Bambatsi 521
Bankautomaten 64
Banken 63
Bankkarten 64
Baobab 602
Baobabs 147
Barchanen 122
Bärenpavian 149
Basters 221

Bed & Breakfast 32
Begleitfahrzeuge 77
Beherbergungsbetriebe 30
Bekleidung 41
Bergbau 195
Bergsteigen 83
Bergzebra 155
Bethanie 369
Bier 98
Big Five 157
Biltong 97
Bird Park 432
Bissbehandlungen 81
Blutfruchtbaum 142
Blutkuppe 457
Bogenfels 417
Bootsausflüge 83
Bosua Pass 458
Botschaft 45
Botswana 622
Botterboom 141
Braai 97
Brandberg 516
Breitmaulnashorn 163
Brief 108
Brukkaros-Krater 363
Buchung 29
Budget 29
Buffalo Core Conservation Area 596
Büffel 157, 159
Buitepos 616, 647
Bull's Party 511
BüllsPort 356
Bungee-Jumping 84
Buren 223
Buschleute 175
Buschmänner 200
Buschmannkerze 132
Bushman Art 104
Busse 65

Canyon Roadhouse 384
Canyon Lodge 384
Canyon Mountain Cam 384
Cape Cross 575
Caprivi-Strip 592
Caprivi-Tierparks 593
Caravan Parks 32
Cassinga-Nationalfeiertag 108
CDM 181
Charitsaub 485
Charterflugzeug 20, 67
Cheetah Conservation Fund 475
Chobe Park 638
Christliche Mission 179
Container 40
Containerverschiffung 40
Cross Border Charges (CBC) 40
Culling 107
Curt-von-François-Feste 459

Daan Viljoen Wildpark 458, 459
Dam 125

Damara 174, 209
Dampftraktor Martin Luther 454
DDR-Namibier 227
Deadvlei 352
Desert Express 66, 92
Deutsch-Namibische Gesellschaft 50
Deutsche 224
Deutsche Afrika-Stiftung 50
Diamanten 129, 405
Diamantenfieber 405
Diaz Point 416
Dikdik-Drive 489
Dinosaurier-Fußspuren 527
Diogo Cão 166, 576
Diplomatische Vertretungen 45
Divundu 649
Dokumente 46
Dolfholz 613
Dordabis 619
Dornhügel 588
Dorob-Nationalpark 431, 573
Droppings 330
DTA 183
Durstlandtrekker 588
Duwisib 372

Ebenholzbaum 134
Einkaufen 102
Einreise 60
Eisenbahn 66, 92
Elefant 157, 160
Elefantendung 330
Elephant's Head 511
Elizabeth Bay 417
Energiequellen 196
Entfernungen 21
Epupa-Fälle 554
Erdfrühzeit 125
Erdhörnchen 138
Erdneuzeit 126
Erongo-Massiv 511
Erste Weltkrieg 180
Essen 96
Etosha Viewpoint 486
Etosha-Pfanne 478

Fahrleistung 239
Fahrzeug einlagern 76
Fallschirmspringen 84
Farbige 222
Fauna 131
Feenkreise 559
Feiertage 108
Felsbilder 172, 518
Ferien 108
Fernsehen 109
Feste 109
Festivals 109
Fettschwanzschafen 370
Fischen 82
Fischerei 195
Fish River Canyon 386

Register A–Z

Fish River Canyon (Westseite) 368
Fisher's Pan 489
Flora 131
Flughafentransfer 67
Flugrettung 76
Flugzeug 38
Flugzeug-Safari 85
Flussfahrt 394
Flusspferd 151
Fly-in-Safari 85
Fly-in-Safaris 84
Fotoausrüstung 42
Fotoversicherung 57
François, Curt von 178
Franke-Turm 524
Fredericks, Joseph 178, 369, 408
Fremdenverkehrsamt 51
Funktelefon 113

Gästefarm Bambatsi 521
Gästefarm Dornhüge 588
Gästefarmen 31
Gebirge 116
Gefahren 36
Geld 63
Geldüberweisung 65
Geldwechsel 63
Gemsbok Wilderness Trail 380
Gemsbok-Park 380
Gemsbokvlakte 484
Geographische Begriffe 125
Geologie 121
Gepard 157
Geschichte 166
Geschwindigkeitsbeschränkung 73
Gesteine 125
Gesteinsschichten 125
Gesundheitsregeln 48
Gesundheitsvorsorge 47
Gesundheitswesen 190
Ghanzi 645
Giant's Playground 364
Gibeon 362
Gibeon-Meteorit 322
Gifttiere 79
Giraffe 152
Global Positioning System 44
Goageb 369, 400
Gobabis 616
Gochas 375
Goldschmiedearbeiten 229
Golfen 84
GPS 43
Gravierungen 536
Grillen 97
Groot Tinkas 457
Grootfontein 584, 585
Gross Barmen 471
Grünau 382
Gruppenreisende 18
Guano 140
Guesthouses 31
Gumare 651

Halali 486
Halifax Island 416
Hamakari 497

Handelsstützpunkt 178
Hardap Erholungsgebiet 343
Hartmannsche Bergzebra 139
Hartmanntal 561
Hauptferientermine 24
Haustiere 50
Helgoland-Sansibar-Vertrag 168
Helmeringhausen 371
Henties Bay 574
Herero 211
Herero-Aufstand 466
Herero-Friedhof 466
Heroe's Acre 329
Himakulu-See 570
Himba 217
Hoba-Meteorit 584
Höhlenforschung 90
Hologg 389
Homeb 427
Hotels 31
Hottentotten 175, 205
Hunsberge 382
Hunting Farms 95
Hyäne 153

Impfungen 47
Industrie 195
Inflationsrate 63
Informationsstelle 50
Informationsstellen 50
Intercape Mainliner 65
Internationale Führerschein 47
Internet 51
Intu Afrika Game Reserve 342

Jagdfarmen 32, 95
Jagdwaffen 58, 95
Jagen 95
Jahreszeiten 23
Jan Jonker Afrikaner 176
John Ndevasia Muafangejo 234
Jugendstil 232

Kachikau 639
Kalahari 123
Kalahari-Gemsbok Park 376
Kalkfeld 527
Kamanjab 537, 552
Kambrium 126
Kameldorn 133
Kandelaber-Euphorbie 141
Kanutouren 90
Kaoko Otavi 547
Kaokoveld 543
Karakulzucht 370
Karasburg 391
Karibib 508
Karneval 109
Karoo-Formation 126
Kartenmaterial 238
Kartentelefone 113
Kasane 623
Katima Mulilo 599
Katutura 317, 318
Kaudom-Wildpark 610
Kaujeua, Jackson 235
Kayak-Touren 83

KAZA-Schutzgebiet 596
Kazungula 635, 638
Keetmanshoop 366
Kfz-Versicherung 57
Kgalagadi Transfrontier Park 376
Khoisan 201
Khoikhoin 205
Khomasdal 318
Khorixas 518, 533
Kinder 35
Kinderlähmung 47
King Nahale/Lya Mpigana Gate 571
Kiripotib 619
Klein Tinkas 457
Klein-Nauas 620
Klima 118
Klimabereiche 118
Klippspringer 149
Klippschliefer 153
Kobras 80
Köcherbaum 135
Köcherbaumwälder 364
Koës 376
Kolmanskop 403
Kolonial-Souvenirs 107
Kolonie 178
Kompanie Franke 525
König Taapopi 566
Koppje 125
Korruption 188
Kraftfahrzeugeinfuhr 63
Kreditkarten 64
Kreidezeit 126
Kreuz des Südens 577
Kriminalität 111
Krokodil 148
Kudu 143, 150
Kuiseb Canyon 424
Kulturen 199
Kunene 549, 559
Kunst 228
Kunsthandwerk 103, 228
Kürschnerei 229
Küste 140
Küstennebel 137
Kwela 236

Lake Guinas 490
Lake Lyambezi 639
Lake Otjikoto 491
Landesknigge 101
Landkarten 43
Landreform 193
Landwirtschaft 192
Langustenfang 418
Leopard 157, 158
Leoparden 145
Leutwein, Major 178
Lewala, Zacharias 404
Liebighaus 459
Lindequist, Friedrich von 481
Linksverkehr 72
Literaturverzeichnis 655
Livingstone 633
Livingstone, Dr. 627
Lodges 32
Löwe 157, 158

Lüderitz 407
Lüderitz-Halbinsel 417
Lüderitz, Adolf 177
Luftfracht 41
Luftpost 108

Madisia, John 234
Maharero 465
Mahango-Wildpark 593
Mahango-Wildreservat 596
Mahangu Safari Lodge 593
Maharero, Samuel 180
Makalani-Palme 142
Malaria 47, 77
Malariagebiet 77
Malerei 234
Maltahöhe 345
Mamili (Nkasa Lupala) National Park 597
Märchenwald 480
Mariental 344
Mata Mata 379
Matrilinear 200
Maun 643
Medikamente 78
Mehrwertsteuer 58
Menschen 199
Mesosaurier 365
Messum Krater 581
Mietwagen 51
Mietwagenfirmen 53
Mietwagenversicherung 57
Minengesellschaften 196
Mineralien 105
Mittel Tinkas 457
Mode 229
Moon Valley 455
Mopanebaum 142
Moremi 641
Moremi Game Reserve 640
Moremi Wildlife Reserve 641
Morenga, Jakob 180
Morgenstern 134
Moringa Forest 480
Moringabaum 142
Mosi-o-tunya 627
Moskitonetz 48
Motorradausrüstung 44
Motorradfahren 76
Mudumu National Park 597
Mudumu-Nationalpark 593
Muramba Bushman Trails 601
Musik 235
Mythen 172

Nacobta 33
Nama 174, 205
Namib 121
Namib-Naukluft Park 354, 423
Namib-Wildpferde 402
Namibia Dollar 63
Namibische Passion 187
NamibRand 373
Namutoni 487
Nara 134
Nashorn 157, 162

Nashörner 146
National West Coast Tourist Recreational Area 573
Nationalparks Chobe 638
Natürliche Ressourcen 129
Naukluft Park 354
Navigation 75
Nebel 137
Neuras Winery 353
Ngoma 622
Nilpf 151
Noordoewer 398
Notfall-Telefonnummern 76
Nu-khoin 209

Ochsenkarren 25
Öffnungszeiten 109
Öffnungszeiten der Grenzstellen 62
Okahandja 464
Okakarara 497
Okarohombo 560
Okaukuejo 483
Okongwati 553, 558
Okororo-See 570
Olifantsbad 484
Olive Trail 354
Olukonda 569
Omanethe-See 570
Omaruru 523
Omatako-Berge 472
Ondangwa 568
Ongongo-Wasserfall 543
OPO 182
Oponono-See 570
Opuwo 547
Oranje 394
Orlaam 175, 176
Orupembe 561, 562
Oshakati 565, 567
Oshana 125
Otavi 494, 584
Otjimbingwe 528
Otjisazu 471
Otjiveze 549, 553
Otjiwarongo 473, 496
Outjo 475
Ovahimba 545
Ovambo 175, 214
Ovambo, Herero 175
Ovamboland 565

Paaltjes 432
Pad 125
Padrão 166
Palmenmeer 587
Palmwag 541
Papiere 46
Patrilinear 200
Pauschalanbieter 18
Pauschalreise 18
Paviane 149
Penny Whistle 236
Pennywhistle-Jive 236
Pensionen 31
Perlenschmuck 229
Pfeilköcher 135

Pflanzenwelt 131
Phillip's Cave 512
Polentswa 380
Politik der Segregation 181
Politik heute 184
Polizei 76
Popa-Fälle 593
Post 108
Potjie 100
Präkambrium 125
Prepaid-Karte 113
Presse 197
Puffotter 80
Pulverturm 529
Purros 563

Quadbikes 83

Radausrüstung 68
Radfahrer 68
Radreisen 68
Rafting 90
Rastlager 32
RDP 186
Reconciliation 187
Rehoboth 339
Rehobother Baster 221
Reiseapotheke 49
Reisebudget 28
Reisegepäckversicherung 56
Reisekosten 28
Reisen mit Kindern 35
Reisepass 46
Reiserücktrittskostenversicherung 56
Reisetipps 35
Reiseveranstalter in Namibia 55
Reiseversicherungen 55
Reisevorbereitungen 18
Reisezeit 23
Reiten 90
Restcamps 32
Rietfontein 379
Rinderhaltung 589
Rivier 125
Riviere 23, 72, 116, 117, 120
Roaming 113
Robben 575
Roll-on/Roll-off 40
Romantik 232
Rooibank Nature Trail 432
Rooibos-Wanderweg 460
Rosh Pinah 399
Rössing-Mine 530
Routen 240
Routenplanung 238
Routenwahl 21
Ruacana 505
Ruacana Dorf 551
Ruacana-Fälle 549
Rucana-Fälle 550
Rückholversicherung 56
Rücktransport 56
Rundfunk 110, 197, 198
Rundu 590

Register A–Z

Saddle Hill 418
Safari-Brevier 164
Salz-Ton-Pfannen 124
Salzgewinnung 432
San 174, 200, 608, 612
Sandrosen 418
Sandveld 124
Sandwich Harbour 433
Save the Rhino Trust 541
Savuti 639
Savuti-Camp 638
Savuti-Ebene 639
Schabrackenschakal 154
Schafwoll-Teppiche 106
Schakal 154
Schießen 91
Schiff 39
Schlacht am Waterberg 180, 503
Schlangen 79, 80
Schlangenbisse 49
Schloss Duwisib 372
Schmuck 105
Schulen 189
Schulferien 109
Schutztruppe 180
Seeheim 368, 389
Segelfliegen 91
Sehenswürdigkeiten 241
Sekretär 155
Selbstfahrer 71
Sendelingsdrift 399
Seronga 651
Sesfontein 544, 563
Sesriem 348
Shakawe 649
Shark Island 414
Sicherheitsvorkehrungen 111
Skeleton Coast National Park 573, 577
Skorpione 79
Solitaire 358
Sossusvlei 348
Souvenirs 102
Sperr-Annahmedienst 64
Spinnen 79
Spirituosen 99
Spitzmaulnashorns 162
Spitzkoppe 512
Sprache 112, 187
Sprachführer 654
Stauch, August 180, 404
Steppenzebra 154
Sterndünen 350
Steuern 65
Straßenkategorien 71
Straßenzustand 71
Strauß 139
Swakara 105
Swakopmund 437, 573
SWAPO 182
Sweetthorn-Trail 460

Talerbusch 132
Tamariske 133
Taxifahren 67
Telefonieren 112
Telefonnetz 112
Tented Camps 32
Terrace Bay 579
Tierwelt 131
Tiras Berge 421
Tivoli 620
Tomakas 563
Torra Bay 579
Tourismus 197
Townships 232
Tradition 172
Traditional Village Grashoek 605
Traditionen 228
Trans Caprivi Highway 592
TransNamib Limited 66
Transportmittel 65
Treibstoffversorgung 75
Trekking 91
Trinken 96
Trinkgeld 65
Trockenflüsse 23, 120
Trockenwald 147
Tsandi 566
Tsintsabis 601
Tsodilo Hills 649
Tsomsoub 491
Tsumeb 491
Tsumkwe 606
Twee Palms 489
Twee Rivieren 379
Tweerivier 375, 376
Twyfelfontein 535

UDF 209
Ugab-Mündung 580
Uis 516, 580
Ulili-See 570
Umweltschutz 194
Unabhängigkeitstag 108
Unfallursachen 74
Universität 189
Unterkünfte - Liste 247
Uran 129
Urzeitnadelwald 533
Usakos 510
Uupeke-See 570

Vambo 214
Van Zyl's Pass 559
VAT 58, 65
Veld 125
Veranstalter 19
Verfassung 185
Vergleichsportal für Mietwagen 52
Verkehrsmittel 65
Verkehrsregeln 72
Versicherungen 55
Versteinerter Wald 533
Versuchsfarm Nomtsas 346
Verwaltung 187
Victoria Falls 627
Vingerklip 520
Vktorianische Tracht 213
Vlei 125
Vleis 350
Vogelfederberg 428
Vogelsang, Dr. Heinrich 408
Von-Bach-Damm 464
Vorwahl 113

Waffen 95
Wag'n-bietjie-Wanderweg 460
Wagenkategorien 52
Währung 63
Walvis Bay 94, 429
Wanderarbeit 191
Wandern 91
Warmbad 392
Warmquelle 543
Warzenschwein 154
Wasser 78, 101
Wasserkanister 43
Wasserkraftwerk Epupa 555
Wasserwirtschaft 119
Waterberg Plateau Park 498
Waterkloof Trail 354
Webereien 106
Webervögel 155
Wechselkurs 63
Weine 99
Weiße Dame 518
Weiße Frau 519
Wellblech 72
Welwitschia 134
Welwitschia mirabilis 456
Welwitschia Trail 454
Welwitschia-Trail 135
White Lady 519
Windhoek 316
Wirtschaftliches Potential 190
Witbooi, Hendrik 180, 357
Wundstarrkrampf 47
Wüste 132
Wüsten 116
Wüstenelefanten 544
Wüstenerlebnisse 91

Xwama Cultural Village 329

Zambia 632
Zebra 154
Zebra Pan 427
Zeitbedarf 21
Zeitungen 113, 197
Zeitverschiebungen 114
Zeltplätze 32
Zentrale Hochland 124
Zeraua-Fest 524
Zimbabwe 626
Zoll 57
Zusatzversicherung 54

Südafrika perfekt

www.suedafrikaperfekt.de

 Unterkünfte ▾ | Weinland Südafrika ▾ | Land & Leute ▾ | Südafrika entdecken ▾ | Suche

Die schönsten Unterkünfte in Südafrika …

▸ Große Auswahl an Unterkünften und Hotels
▸ Unterkünfte in allen Preisklassen
▸ Budget, Backpacker & Camping
▸ Interaktive Karte aller Unterkünfte
▸ Gästebewertungen
▸ Reisen in Südafrika
▸ Informationen zu Land & Leuten
▸ Wining & Dining
▸ Reiseführer und Literatur
▸ **Jetzt auch mit Unterkünften in Namibia**

Über 350 Unterkünfte
Guest Houses, Lodges, Hotels, Ferienhäuser und mehr

Übersichtskarte
Provinzen + Nachbarländer

Übernachtungsführer Südafrika
Gratis Download E-Book

Wining & Dining
Die besten südafrikanischen Weingüter

Reisebücher und mehr

Budget & Backpacker
Günstig Übernachten

Camping
Die schönsten Plätze

Kinder willkommen
Familienunterkünfte

Wellness - Hotels
Die besondere Unterkunft

Arche Noah Krügerpark
Unter wilden Tieren

Der perfekte Familienurlaub
Kinderfreundliche Unterkünfte

Nationalparks
Einzigartige Fauna und Flora

Namaqualand
Südafrikas Wildblumen-Paradies